W0417674

AUSGABE A

NATUR UND TECHNIK

Chemie

Cornelsen

NATUR UND TECHNIK
Chemie

Autorinnen und Autoren: Barbara Barheine (Bruchsal), Martin Einsiedel (Rüsselsheim am Main), Anita Gutmann (Zell im Wiesental), Carsten Kuck (Rheinfelden), Christine Kummer (Alsbach-Hähnlein), Ruth Leidinger (Oberzent), Martin Löffelhardt (Tübingen), Peter Slaby (Spangenberg)

Mit Beiträgen von: Kurt Becker, Markus Gaus, Dr. Stephan Kienast, Ute Klinkmüller, Reimund Krönert, Christian Lauer, Cornelia Pätzelt, Reinhard Sinterhauf, Petra Wlotzka

Redaktion: Stefanie Roth

Grafik und Illustration: Laure Carleton, Robert Fontner-Forget, Rainer Götze, Matthias Pflügner, Detlef Seidensticker

Umschlaggestaltung: SOFAROBOTNIK GbR, Augsburg & München

Layout und technische Umsetzung: Typo Concept GmbH, Hannover

www.cornelsen.de

Dieses Werk enthält Vorschläge und Anleitungen für Untersuchungen und Experimente.
Vor jedem Experiment sind mögliche Gefahrenquellen zu besprechen.
Beim Experimentieren sind die Richtlinien zur Sicherheit im Unterricht einzuhalten.

1. Auflage, 1. Druck 2019

Alle Drucke dieser Auflage sind inhaltlich unverändert
und können im Unterricht nebeneinander verwendet werden.

© 2019 Cornelsen Verlag GmbH, Berlin

Das Werk und seine Teile sind urheberrechtlich geschützt.
Jede Nutzung in anderen als den gesetzlich zugelassenen Fällen bedarf der vorherigen schriftlichen Einwilligung des Verlages.
Hinweis zu §§ 60 a, 60 b UrhG: Weder das Werk noch seine Teile dürfen ohne eine solche Einwilligung an Schulen oder in Unterrichts- und Lehrmedien (§ 60 b Abs. 3 UrhG) vervielfältigt, insbesondere kopiert oder eingescannt, verbreitet oder in ein Netzwerk eingestellt oder sonst öffentlich zugänglich gemacht oder wiedergegeben werden.
Dies gilt auch für Intranets von Schulen.

Soweit in diesem Buch Personen fotografisch abgebildet sind und ihnen von der Redaktion Namen, Berufe, Dialoge und Ähnliches zugeordnet oder diese Personen in bestimmten Situationen dargestellt werden, sind diese Zuordnungen und Darstellungen fiktiv und dienen ausschließlich der Veranschaulichung und dem besseren Verständnis des Buchinhalts.

Druck und Bindung: Mohn Media Mohndruck, Gütersloh

ISBN 978-3-06-015876-8

PEFC
PEFC/04-31-1033

PEFC zertifiziert
Dieses Produkt stammt aus nachhaltig bewirtschafteten Wäldern und kontrollierten Quellen.

www.pefc.de

Wasser immer noch rätselhaft?

Material A

Alles klar?

1 Ordne den Buchstaben (A) bis (L) im Text die zugehörigen Begriffe zu. Schreibe den Text in dein Heft.

Bindungselektronen, Dipol, Wasserstoffbrücken, Sauerstoff-Atom, Teilladungen, positiven, Wasserstoff-Atomen, Oberflächenspannung, Verbindung, H_2O, negativen, Elektronegativitäten

Wasser ist eine (A), die aus zwei (B) und einem (C) besteht. Daher lautet die Summenformel (D). Die beiden Elemente besitzen unterschiedliche (E). Durch diese Differenz entstehen (F) im Molekül. Sauerstoff zieht die (G) aus der Elektronenpaarbindung näher zu sich. Deshalb gibt es im Bereich des Sauerstoff-Atoms einen (H) Pol und im Bereich der Wasserstoff-Atome einen (I) Pol. Wasser ist deshalb ein sogenannter (J) mit polaren Elektronenpaarbindungen. Zwischen benachbarten Wassermolekülen können sich deshalb (K) ausbilden. Das heißt, der positive Pol des einen Moleküls zieht den negativen Pol eines benachbarten Moleküls an und umgekehrt. Wasserstoffbrücken sind die Ursache für die (L) des Wassers.

Material B

Wenn Wasserstrahlen sich verknoten

Materialliste: Blechdose, Hammer, Nagel

1 Schlage vorsichtig mit dem Nagel und dem Hammer circa 5 Löcher nebeneinander in Bodennähe in die Blechdose. Achte auf einen gleichen Abstand zwischen den Löchern.

2 Halte die Dose über dem Waschbecken oder im Freien in der Hand.

3 Fülle sie nun zügig mit Wasser, bis sie ganz voll ist, und beobachte.

4 Fahre dann mit dem Finger über die Löcher der Dose und beobachte die Wasserstrahlen erneut.

5 Fertige ein Versuchsprotokoll an.

6 Beschreibe, was durch die Reibung mit dem Finger passiert.

7 Erkläre das Versuchsergebnis im Zusammenhang mit dem Bau der Wassermoleküle.

226 | Wasser – genau untersucht

Material C

Hat Wasser eine Haut?

Materialliste: Glasschüssel, Büroklammern, Küchenpapier, Wasser, Spülmittel

Fülle die Glasschüssel halb voll mit Wasser. Versuche, mit dem Küchenpapier die Büroklammern vorsichtig auf die Wasseroberfläche zu legen, sodass sie schwimmen.

1 Betrachte die Büroklammern auf der Wasseroberfläche von der Seite. Beschreibe die Berührungsstellen zwischen den Büroklammern und dem Wasser.

2 Gib nun etwas Spülmittel ins Wasser. Beschreibe, wie sich das Spülmittel auswirkt.

3 Erkläre deine Beobachtungen.

3 Warum zerlaufen die Tropfen nicht?

Materialliste: 1-Cent-Münze, Tropfpipette, Wasser, Speiseöl

Schätze, wie viele Tropfen Wasser auf die Münze passen. Gib mithilfe der Pipette langsam Wassertropfen auf die Münze und zähle sie. Wiederhole danach den Versuch mit Öl.

4 Erkläre deine Beobachtungen. Worin besteht der Unterschied zwischen dem Verhalten von Wasser und Öl?

Material D

Polar oder unpolar?

Je größer die Differenz zwischen den Elektronegativitätswerten zweier Atome ist, desto polarer ist die Bindung.

1 Berechne die Elektronegativitätsdifferenz folgender Bindungen: H–H, H–F, H–Cl, H–Br, H–O, O–O, C–O, C–Cl, C–N. Sortiere die Bindungen anschließend aufsteigend nach ihrer Polarität.

H 2,1							He –
Li 1,0	Be 1,5	B 2,0	C 2,5	N 3,0	O 3,5	F 4,0	Ne –
Na 0,9	Mg 1,2	Al 1,5	Si 1,8	P 2,1	S 2,5	Cl 3,0	Ar –
K 0,8	Ca 1,0	Ga 1,6	Ge 1,8	As 2,0	Se 2,4	Br 2,8	Kr –
Rb 0,8	Sr 1,0	In 1,7	Sn 1,8	Sb 1,9	Te 2,1	I 2,5	Xe –
Cs 0,7	Ba 0,9	Tl 1,8	Pb 1,8	Bi 1,9	Po 2,0	At 2,2	Rn –

4 Elektronegativitätswerte im Periodensystem der Elemente

2 Es gibt Zusammenhänge zwischen den Elektronegativitätswerten der Elemente und ihrem Atombau. Finde diese Zusammenhänge in Tabelle 4 und beschreibe sie.

227

Materialseiten

... vor allem zum Anwenden und Üben

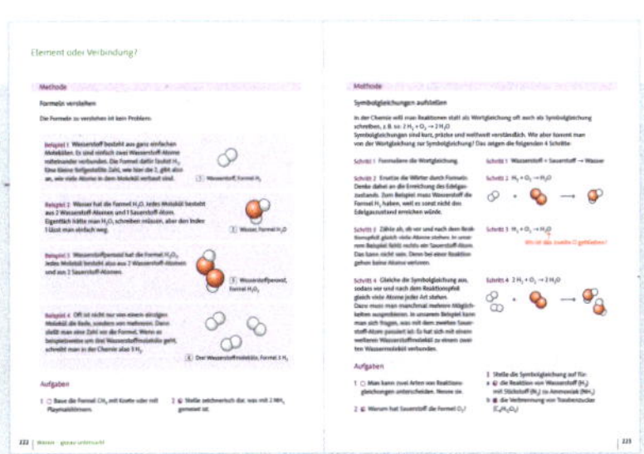

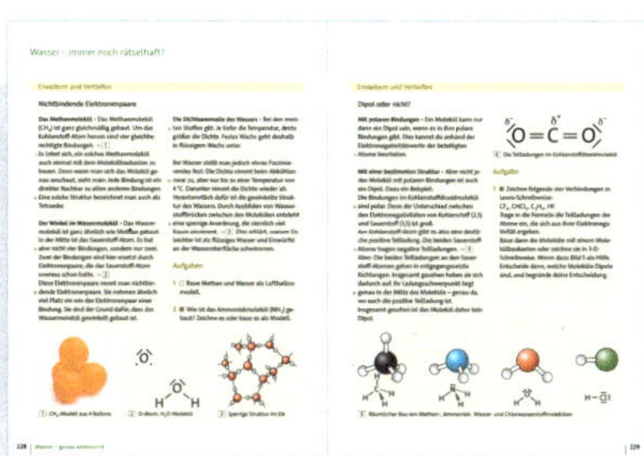

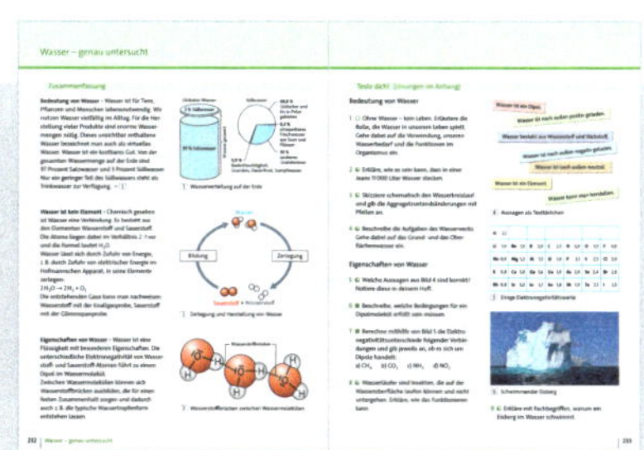

Methodenseiten zeigen Schritt für Schritt, wie man eine Arbeitsweise sinnvoll angeht.

Erweitern und Vertiefen-Seiten bieten für manche Themen vertiefende Inhalte an.

Die **Zusammenfassung** gibt einen Überblick über die Lerninhalte des Kapitels.

... Aufgaben der **Teste-dich!-Seiten** ...lbst

ARS-LMF
Martin Einsiedel
Chemie
chem 1 / Mar
10868

Inhaltsverzeichnis

Endlich Chemie – neues Fach, neuer Raum 10

Chemie – mitten im Leben 12
Experimentieren – aber sicher 14
Erweitern und Vertiefen:
Kennzeichnung von Gefahrstoffen 16
Der Gasbrenner 20
Methode: Das Versuchsprotokoll 22
Arbeitsgeräte der Chemie 24
Zusammenfassung – Teste dich! 28

Eine Welt aus Stoffen 30

Nicht verwechseln: Stoff und Gegenstand 32
Erfahrbare Stoffeigenschaften 34
Messbare Stoffeigenschaften 36
Methode: Langzeitversuch zum natürlichen Recycling 40
Erweitern und Vertiefen: Rekorde bei Stoffen 41
Zu jedem Stoff ein Stoffsteckbrief 42
Stoffgruppen unterscheiden 44
Aggregatzustände von Stoffen 48
Reinstoffe und Stoffgemische 52
Erweitern und Vertiefen:
Stoffgemische im Teilchenmodell 54
Erweitern und Vertiefen: Da bewegt sich was * 55
Stoffe lösen sich in Wasser 58
Trennverfahren 60
Abfall – ein Wertstoffgemisch 64
Zusammenfassung – Teste dich! 68

* Zusatzangebot für leistungsorientiertere Schülerinnen und Schüler

Luft und Verbrennung 70

Luft – ein Gemisch ... 72
Erweitern und Vertiefen: Unsichtbares sichtbar machen ... 74
Drei Dinge braucht das Feuer ... 76
Feuer ist gefährlich ... 80
Die Kerze – eine kleine Gasfabrik ... 84
Verbrennung in Alltag und Umwelt ... 90
Feinstaub ... 92
Methode: Ein Punktdiagramm erstellen ... 94
Zusammenfassung – Teste dich! ... 96

Chemische Reaktion – was ist das? 98

Chemische Reaktionen im Alltag ... 100
Chemische Reaktion – was passiert da? ... 104
Was ist eigentlich Energie? ... 108
Let's start – die Aktivierungsenergie ... 112
Erweitern und Vertiefen: Katalysatoren ... 114
Viele Reaktionen setzen Energie frei ... 116
Manche Reaktionen brauchen Energie ... 120
Zusammenfassung – Teste dich! ... 122

Metalle – wertvoll und wichtig 124

Was genau sind Metalle? ... 126
Man findet eigentlich nur Erze ... 130
Eisen aus dem Hochofen ... 134
Erweitern und Vertiefen:
Eisengewinnung durch Direktreduktion * ... 137
Edle und unedle Metalle ... 138
Metalle sind gefährdet ... 140
Werkstoffe nach Maß ... 142
Erweitern und Vertiefen: Berufe im Bereich „Metalle“ ... 146
Zusammenfassung – Teste dich! ... 148

Die Ordnung der Elemente 150

Aus was besteht unsere Welt? 152
Kugelteilchen, Kuchenteilchen oder ...? 154
Erweitern und Vertiefen:
Wie groß sind eigentlich Atome? 158
Erweitern und Vertiefen: Entdeckung der Radioaktivität 159
Wie viel wiegt ein Atom? 160
Die Atomhülle unter die Lupe genommen 162
Methode: Das Multi-Interview 164
Erweitern und Vertiefen: Modell gleich Modell? 165
Atomsorten und ihre Eigenschaften 166
Isotope – Zwillinge bei Elementen? 168
Das Periodensystem sorgt für Ordnung 170
Erweitern und Vertiefen: Elektronen abspalten * 173
Nebengruppen * 174
Beschränkung auf das Wesentliche 176
Alkalimetalle 178
Halogene 180
Edelgase 182
Zusammenfassung – Teste dich! 184

Drei Wege zum Edelgaszustand 186

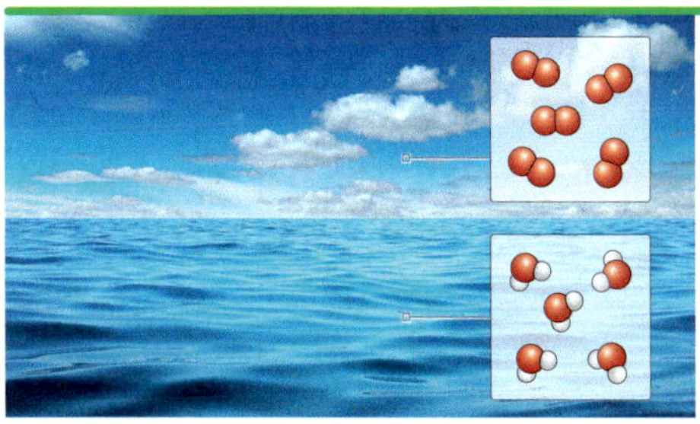

Warum verbinden sich Atome? 188
Die Elektronenpaarbindung 190
Aus Atomen werden Ionen 194
Methode: Formeln von Salzen aufstellen 198
Die Metallbindung 200
Zusammenfassung – Teste dich! 204

Wasser – genau untersucht 206

Ohne Wasser kein Leben 208
Wasser unterwegs 212
Aufbereitung von Wasser 216
Element oder Verbindung? 218
Erweitern und Vertiefen:
Die erste Zerlegung von Wasser 221
Methode: Formeln verstehen 222
Methode: Symbolgleichungen aufstellen 223
Wasser – immer noch rätselhaft? 224
Erweitern und Vertiefen:
Nichtbindende Elektronenpaare 228
Erweitern und Vertiefen: Dipol oder nicht? 229
Wasserstoff als Energieträger 230
Zusammenfassung – Teste dich! 232

Vielfalt der Salze 234

Kochsalz – das weiße Gold 236
Die Eigenschaften der Salze 240
Die Eigenschaften der Salze erklären 242
Salzlösungen – verschieden konzentriert* 246
Was ist eigentlich Mineralwasser? 248
Vielfältige Salze – das Beispiel Nitrate 250
Vielfältige Salze – das Beispiel Gips 254
Zusammenfassung – Teste dich! 256

Säuren und Alkalien – ätzende Stoffe 258

Säuren und Alkalien – zwei Stoffgruppen 260
Die entscheidenden Teilchen 264
Salzsäure 268
Ein Multitalent – die Schwefelsäure 270
Erweitern und Vertiefen: Vielfach nützlich 273
Kohlensäure 274
Kalk in der Natur 276
Kalk in der Technik 280
Alkalien 282
Erweitern und Vertiefen: H^+-Räuber und OH^--Diebe * 284
Zusammenfassung – Teste dich! 286

Elektrische Energie und chemische Prozesse 288

Elektronenübertragung 290
Vom Ion zum Atom – die Elektrolyse 294
Chemie macht Strom 298
Erweitern und Vertiefen: Das Daniell-Element 301
Strom aus Zink und Luft 302
Immer wieder laden und entladen 304
Ausgedient, aber gefährlich 306
Brennstoffzellen 308
Zusammenfassung – Teste dich! 310

Kohlenstoff – der Molekülbauer 312

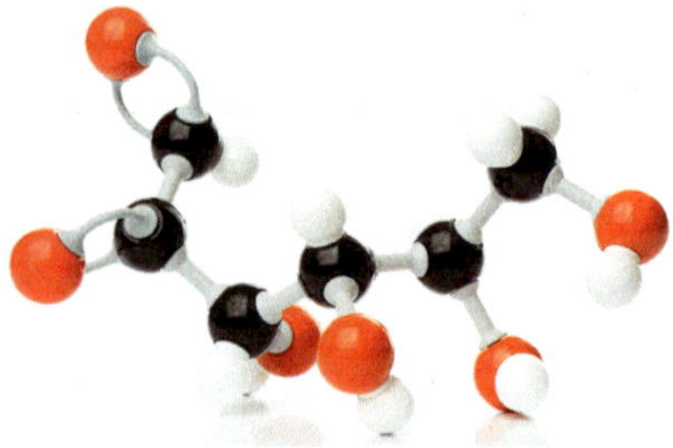

Kohlenstoff gibt es fast überall ... 314
Erweitern und Vertiefen:
Ein Element – viele Strukturen ... 317
Methanmoleküle – sehr energiereich ... 318
Methan und seine „Verwandten“ ... 322
Verwandt und doch so unterschiedlich ... 324
Erweitern und Vertiefen: Der Begriff „organisch“ ... 327
Doppelt und dreifach gebunden ... 328
Verzweigte Ketten ... 330
Methode: Kohlenwasserstoffe benennen ... 331
Erweitern und Vertiefen:
Vielfalt der Kohlenstoffverbindungen ... 333
Erdöl – zu schade zum Verbrennen ... 334
Aufbereitung von Erdöl ... 338
Erweitern und Vertiefen:
Stickoxide – Ist der Diesel schuld? * ... 340
Erweitern und Vertiefen:
Vorsicht beim Umgang mit Diagrammen * ... 341
Kohlenstoffdioxid und Treibhauseffekt ... 342
Welt der Kunststoffe ... 346
Zusammenfassung – Teste dich! ... 350

Alkohole, Carbonsäuren und Kohlenhydrate 352

Was steckt im Alkohol? ... 354
Erweitern und Vertiefen: Gewinnung von Alkohol ... 358
Erweitern und Vertiefen: Alkohol ganz alltäglich? ... 359
Carbonsäuren * ... 360
Ester – dufte Stoffe * ... 364
Fette sind Ester * ... 366
Kohlenhydrate * ... 368
Zusammenfassung – Teste dich! ... 372

Sauber und schön 374

Lösungsmittel ... 376
Tenside als Schmutzlöser ... 380
Weitere Wirkstoffe in Waschmitteln ... 382
Cremes – eine interessante Mischung ... 384
Zusammenfassung – Teste dich! ... 388

Anhang 390

Operatoren ... 390
Berufe mit Chemie ... 392
Informationen zu den ersten 18 Elementen ... 394
Laborgeräte ... 399
Lösungen der Testaufgaben ... 400
Schmelz- und Siedetemperaturen ... 408
Gefahrstoffhinweise, Gefahrstoffliste ... 410
Stichwortverzeichnis ... 418
Bildquellenverzeichnis ... 424

Endlich Chemie – neues Fach, neuer Raum

Experimentieren ist spannend. Damit es nicht gefährlich wird, gelten bestimmte Regeln. Kennst du sie?

Ein Gasbrenner ist praktisch.
Aber wie wird er bedient?
Und ist er auch sicher?

Was schreibt man in ein Versuchsprotokoll und wie zeichnet man Laborgeräte?

Chemie – mitten im Leben

1 Wo steckt hier die Chemie?

Eine Sportlerin fährt mit ihrem Rennrad, trägt dabei Funktionsbekleidung und stillt ihren Durst mit einem Sportgetränk. Was hat das mit Chemie zu tun?

2 Trinkwassersprudler

Chemie in unserem Körper • Unser gesamter Stoffwechsel wird von chemischen Vorgängen bestimmt. Wir beziehen unsere Energie aus chemischen Reaktionen der Nahrung mit dem Sauerstoff, den wir mit der Atemluft aufnehmen. Beim Sport braucht unser Körper besonders viel Energie. Leistungssportler nutzen Sportgetränke zur Flüssigkeitszufuhr und als Energielieferant. In Sportgetränken steckt ebenfalls Chemie. Sie bestehen aus Wasser, Kohlenhydraten und Mineralstoffen und sind häufig mit Zusatzstoffen wie Vitaminen und Aminosäuren versetzt.

Chemie im Alltag • Wir kommen täglich mit Chemie in Berührung – meist, ohne dass es uns bewusst ist. Wir putzen uns die Zähne mit Zahnpasta, die Fluorid enthält. Unser Wasser versetzen wir selbst mithilfe eines Trinkwassersprudlers mit Kohlensäure. → 2 Wir fahren ein Rennrad, das einen Hightech-Carbonrahmen hat. → 1
Auch beim Backen eines Kuchens mit Backpulver oder beim Entkalken der Kaffeemaschine mithilfe von Essigessenz ist Chemie dabei.
Unsere Kleidung steckt ebenfalls voller Chemie. Wir tragen eine mit dem Farbstoff Indigo gefärbte Jeans und Sportbekleidung aus Hightech-Fasern.

Chemie und Technik • Elektrische Geräte wie Smartphones und Tablets verfügen dank chemischer Elemente über leistungsstarke Speicherchips und Akkus sowie Displays aus Flüssigkristallen (LCD). Auch unsere Mobilität ist der Chemie geschuldet. Kein Fahrzeug, ob elektrisch oder mit Benzin betrieben, würde ohne sie auskommen.

Die Chemie spielt in vielen Bereichen unseres Lebens eine wichtige Rolle.

Aufgabe

1 ○ Nenne drei eigene Beispiele aus deinem Alltag, die mit Chemie zu tun haben.

Material A

Chemie ist überall

In Bild 3 siehst du verschiedene Dinge aus dem Alltag.

1 Erkläre, wie diese Gegenstände mit Chemie zusammenhängen.

3

Material B

Von der Alchemie zur Chemie heute

Bereits seit Jahrhunderten versucht die Menschheit, künstlich Gold und Silber herzustellen. Die sogenannte Alchemie entstand im 1. Jahrhundert n. Chr. in Ägypten. Die Alchemisten hatten als Hauptziel, mithilfe des Steins der Weisen Metalle in Gold oder Silber umzuwandeln. Ein weiteres Ziel war das Erreichen der ewigen Jugend und der Unsterblichkeit. Diese Bemühungen blieben jedoch erfolglos. Viele Alchemisten bezahlten ihre Experimente und Forschungen mit ihrem Leben, weil sie mit explosiven Stoffen arbeiteten oder weil die Goldherstellung misslang und sie deshalb von ihren Herrschern hingerichtet wurden. Jedoch verdanken wir heute den vermeintlichen Goldmachern allerlei Entdeckungen, die sie bei ihren Forschungen zufällig machten. Beispiele dafür sind die Entdeckung des Phosphors, die Herstellung von Porzellan und die Erfindung des Schwarzpulvers. Zudem entwickelten die Alchemisten viele chemische Verfahren wie etwa das Destillieren, das Schmelzen und das Legieren. Diese Verfahren haben heute ihren festen Platz in der Chemie. Die Naturwissenschaft Chemie baut also auf der Alchemie auf, jedoch bleibt die Goldherstellung ein Wunschgedanke.

4

5 Alchemist im Labor

1 Stelle in einer Tabelle gegenüber, was die Alchemisten erreicht und was sie nicht erreicht haben.

Experimentieren – aber sicher

1 Wichtige Experimentierregeln

Im neuen Unterrichtsfach Chemie kommen viele neue Dinge auf dich zu. Viele spannende Experimente erwarten dich. Um dich und deine Mitschüler dabei zu schützen, gibt es aber einige Regeln zu beachten.

Verhaltensregeln • Da im Fachraum mit allerlei Chemikalien und Geräten gearbeitet wird, ist es wichtig, bestimmte Regeln einzuhalten, um sich keinen unnötigen Gefahren auszusetzen.
Folgende Regeln gelten im Fachraum:
- Nicht essen und trinken!
- Der Fachraum darf nur mit Erlaubnis der Lehrerin oder des Lehrers betreten werden.
- Den Anweisungen der Lehrerin oder des Lehrers folgen.
- Den Raum sauber verlassen.

Experimentierregeln • Neben den Verhaltensregeln gibt es zahlreiche Vorschriften, die ein sicheres Experimentieren gewährleisten sollen. → 1

Zehn grundlegende Regeln
1. Die Versuchsanleitung vor dem Experiment genau durchlesen.
2. Die Schutzbrille immer tragen!
3. Lange Haare zusammenbinden.
4. Schals und Halstücher ablegen.
5. Reagenzgläser sollen immer schräg gehalten und nicht auf Personen gerichtet erhitzt werden.
6. Geruchsproben werden nur durch Zufächeln genommen, keine Geschmacksproben!
7. Immer mit kleinen Mengen arbeiten.
8. Stolperfallen vermeiden!
9. Chemikalien werden gesondert entsorgt. Beachte die Anweisungen deines Lehrers oder deiner Lehrerin.
10. Alle verwendeten Geräte werden nach dem Versuch geputzt und wieder an ihren Aufbewahrungsort gebracht.

Zur eigenen und zur Sicherheit anderer gibt es im Fachraum besondere Regeln zu beachten.

der Not-Ausschalter
der Gefahrstoff
das Gefahrenpiktogramm

Sicherheitseinrichtungen • Im Fachraum befinden sich für den Notfall zahlreiche Sicherheitseinrichtungen, die grün markiert sind. → 2 Gelangen Chemikalien ins Auge, findet man am Waschbecken eine Augenbrause. Zur Brandbekämpfung werden eine Löschdecke, Feuerlöscher und Löschsand bereitgestellt. Diese Löschmittel erkennst du an der roten Farbe der Aufbewahrungsorte. Um den Strom und die Gasversorgung zu unterbrechen, gibt es im Raum mehrere rote Not-Aus-Schalter. Diese dürfen im Notfall auch Schülerinnen und Schüler betätigen.

Gefahrstoffe • Chemikalien werden entsprechend ihren Eigenschaften in Gefäßen aus Kunststoff bzw. Glas aufbewahrt. Die Gefäße müssen eindeutig beschriftet sein, sodass sie nicht verwechselt werden. Zusätzlich werden bei einigen Stoffen Gefahrenpiktogramme verwendet. Diese helfen, die Gefahren einzuschätzen und Sicherheitsvorkehrungen zu treffen, z. B. das Tragen von Handschuhen.

Entsorgung • Da entnommene Chemikalienreste verunreinigt sein können, dürfen sie nie zurück in den Behälter gegeben werden. Diese und die Abfallprodukte von Versuchen werden in speziellen Sammelgefäßen entsorgt. → 3 Die Gefäße werden von einem Entsorgungsunternehmen abgeholt. Einige ungefährliche Stoffe dürfen nach Rücksprache mit der Lehrkraft in den Hausmüll oder Ausguss gegeben werden.

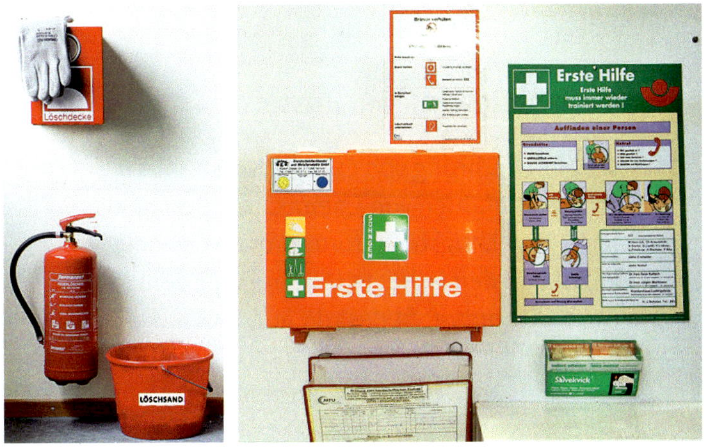

2 Sicherheitseinrichtungen im Fachraum

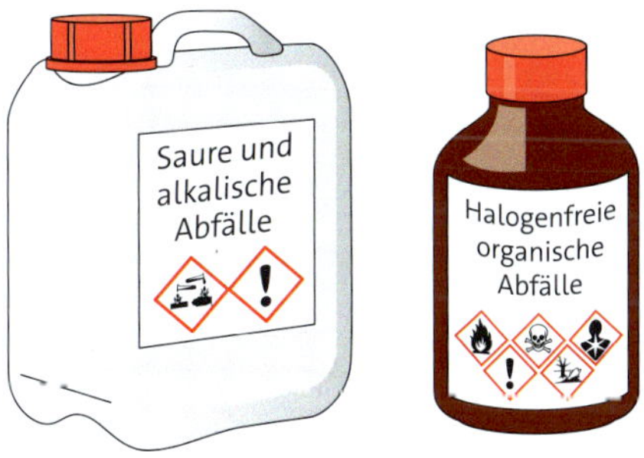

3 Sammelgefäße für Gefahrstoffe im Labor

Gefahrstoffe sind mit Gefahrenpiktogrammen gekennzeichnet. Auf die entsprechende Entsorgung muss man achten.

Aufgaben

1 ○ Nenne Verhaltensregeln im Fachraum.

2 ◐ Finde Gründe für die Experimentierregeln.

3 ◐ Beschreibe, wie man beim Entsorgen von Chemikalien vorgehen muss.

Experimentieren – aber sicher

Erweitern und Vertiefen

Kennzeichnung von Gefahrstoffen

Bei der Durchführung von Experimenten musst du über die Gefahren von Chemikalien Bescheid wissen. Die wichtigsten Informationen über die Gefahren und den sicheren Umgang mit dem jeweiligen Gefahrstoff findest du auf dem Etikett. → 1 Dort findest du das Gefahrenpiktogramm und die Signalwörter. Zusätzlich sind Gefahrenhinweise, die sogenannten H-Sätze, und Sicherheitshinweise, die sogenannten P-Sätze, angegeben. Auch die Gefahrstoffe im Haushalt werden nach diesem System gekennzeichnet. → 2

Gefahrenpiktogramme • Die neun Gefahrenpiktogramme geben eine schnelle Information über die Hauptgefahr, die von einem Stoff ausgeht. → 3

Signalwörter • Es gibt zwei verschiedene Signalwörter, die sofort über den Gefährdungsgrad eines Stoffs oder eines Stoffgemischs Auskunft geben:
GEFAHR für schwerwiegende Gefahrenkategorien
ACHTUNG für weniger schwerwiegende Gefahrenkategorien

Gefahrenhinweise und Sicherheitshinweise • Durch die **H**-Sätze (engl. **H**azard: Gefahr) wird angegeben, ob von den Stoffen physikalische Gefahren, Gesundheitsgefahren oder Umweltgefahren ausgehen.
Durch die **P**-Sätze (engl. **P**recautionary: vorbeugend) werden Vorsorgemaßnahmen beim Umgang mit dem Stoff oder Hinweise zu seiner Entsorgung gegeben.

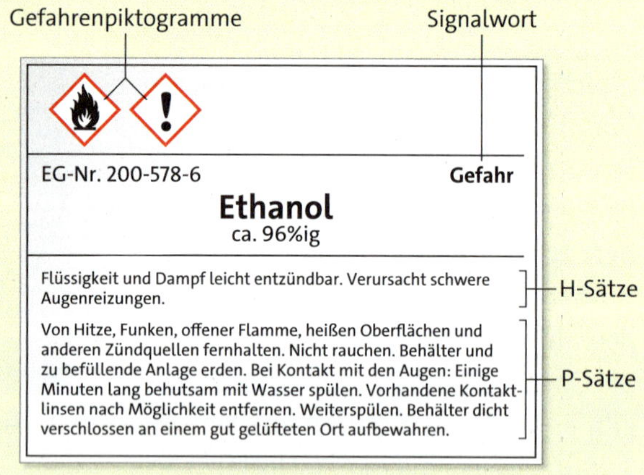

1 Etikett für Ethanol (Spiritus)

2 Gefahrstoffe gibt es auch im Haushalt.

Aufgaben

1 ○ Beschreibe den Nutzen von Gefahrensymbolen.

2 ○ Informiere dich über die Gefahren, die von Brennspiritus ausgehen.

3 ◐ Nenne zu drei Piktogrammen jeweils einen Stoff, der dieses Piktogramm trägt. → 3

4 ● Begründe den P-Satz „Von Zündquellen fernhalten – nicht rauchen“ für Brennspiritus.

Gefahrenpiktogramm	Die gekennzeichneten Stoffe und Gemische ...	Signalwort
	können sich selbst zersetzen, können explodieren.	Gefahr oder Achtung
	sind entzündbar, können sich selbst erhitzen, entwickeln bei Berührung mit Wasser entzündbare Gase.	Gefahr oder Achtung
	haben eine brandfördernde Wirkung.	Gefahr oder Achtung
	stehen unter Druck (gilt für Gase).	Achtung
	verursachen Verätzungen der Haut und schwere Augenschäden.	Gefahr oder Achtung
	sind giftig, bereits in geringen Mengen lebensgefährlich.	Gefahr
	sind gesundheitsschädlich, verursachen Haut- und/oder Augenreizungen, allergische Reaktionen, Reizungen der Atemwege, Schläfrigkeit und Benommenheit.	Achtung
	können beim Verschlucken und Eindringen in die Atemwege tödlich sein, können Organe schädigen.	Gefahr oder Achtung
	sind giftig für Wasserorganismen.	Achtung

3 Kennzeichnung von Gefahrstoffen mit Piktogrammen

T+: sehr giftig T: giftig	Xn: gesundheitsschädlich Xi: reizend	E: explosionsgefährlich	F+: hoch entzündlich F: leicht entzündlich	C: ätzend	O: brandfördend	N: umweltgefährlich

4 Diese Gefahrensymbole dürfen seit dem 01.06.2015 nicht mehr aufgebracht werden. Du findest sie teilweise noch auf alten Gefäßen.

Experimentieren – aber sicher

Material A

Hier läuft einiges falsch!

1

1 ▢ Wer verhält sich im Quadrat B 2 nicht richtig?

2 ◪ Gib der Schülerin in C 3 einen Tipp.

3 ■ Übernimm die Tabelle in dein Heft und fülle sie aus.

Quadrat	Fehlverhalten	Sicherheitstipp
A 2, A 3	Wildes Herumrennen	Langsam gehen und auf die Mitschüler achten
C 1	...	...
...	...	...
...	...	...
...	...	...

Material B

Sicher experimentieren

1 ▢ Ordne den Lücken (A) bis (O) die richtigen Begriffe zu. Schreibe den Text in dein Heft.

sauber, kaputtem, gebracht, Versuchsanleitung, trinken, Protokoll (2 ×), Stehen, Schutzbrille, essen, Sitzen, Stolperfallen, zusammengebunden, Tisch, gereinigt

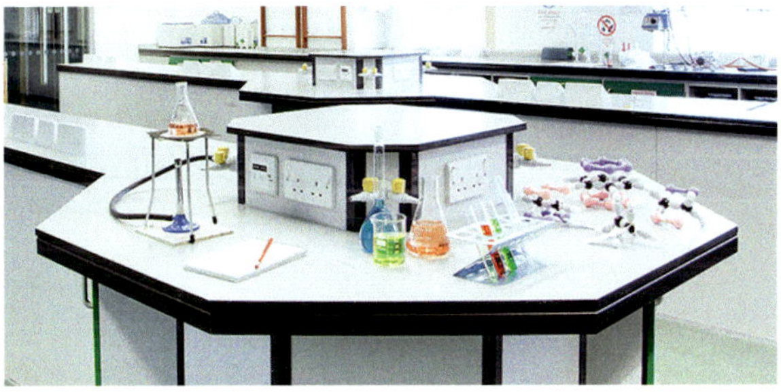

2 Experimentiertisch

Im Chemieunterricht darf man im Fachraum nicht **(A)** und **(B)** und auch keinen Kaugummi kauen. Vor jedem Experiment muss die **(C)** gründlich gelesen werden, um Fehler zu vermeiden. Lange Haare werden zur eigenen Sicherheit immer **(D)**. Bei jedem Experiment muss man eine **(E)** tragen. Mit **(F)** Material darf nicht experimentiert werden. Frage deinen Lehrer, wo du es entsorgen kannst. Den Experimentiertisch muss man stets **(G)** halten. Am besten teilt man sich den Tisch ein: eine Seite für das Experiment und eine Seite für das **(H)**. Auch die Fluchtwege müssen frei gehalten werden. Schultaschen dürfen keine **(I)** sein. Deshalb verstaut man sie am besten unter dem **(J)**. Experimentiert wird im **(K)**, nicht im **(L)**. Am Ende des Experiments werden alle verwendeten Geräte **(M)** und wieder an ihren Aufbewahrungsort **(N)**. Danach wird das **(O)** angefertigt.

Material C

Gefahrenpiktogramme

Im nebenstehenden Bild siehst du einige Gefahrenpiktogramme.

1 ▢ Zeichne die Piktogramme in dein Heft ab.

2 ▢ Ordne diesen Gefahrenpiktogrammen die richtige Gefahrenbezeichnung zu.

3 ◔ Finde für jedes hier abgebildete Gefahrenpiktogramm ein Beispiel.

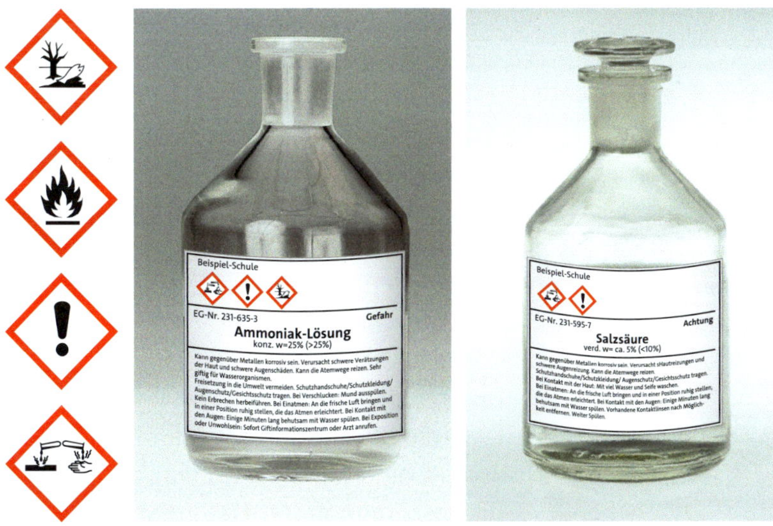

3 Gefahrensymbole

Der Gasbrenner

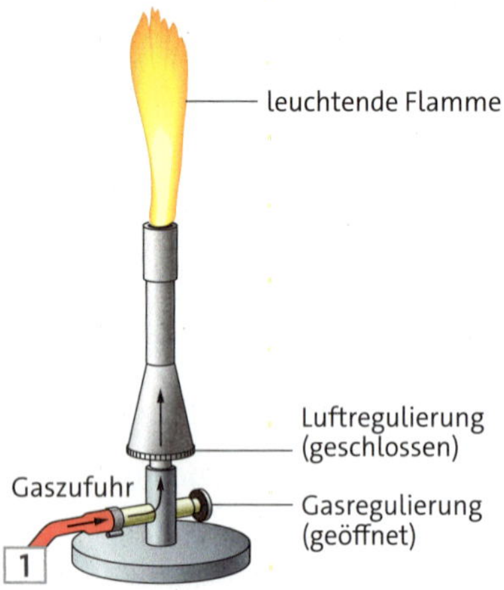

1

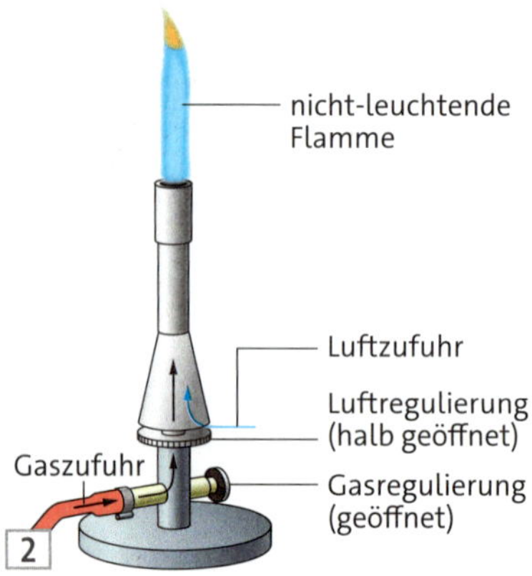

2

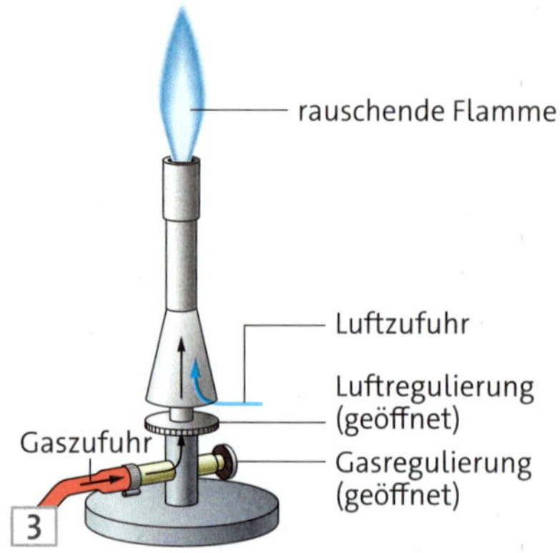

3

Für viele Experimente braucht man hohe Temperaturen von über 1000 °C. Im Labor erreicht man dies mit einem Gasbrenner.

Aufbau • Ein Gasschlauch verbindet den Brenner mit dem Gashahn. Mit zwei Stellschrauben kann man die Gas- und die Luftzufuhr regeln. → 1

4 Eine gute Alternative – der Gastrobrenner

Sicherheitsregeln • Immer Schutzbrille tragen, lange Haare zusammenbinden und Kordeln von Pullovern nach innen stecken. Schals ablegen!

Bedienung • Folgende Punkte sind der Reihe nach durchzuführen:

1. Stellschrauben für Gas- und Luftzufuhr kontrollieren und schließen.
2. Gaszufuhr über einen Schlauch mit dem Gashahn verbinden.
3. Gashahn durch gleichzeitiges Drücken und Drehen öffnen.
4. Feuerzeugflamme an den Flammenaustritt halten und Stellschraube für Gaszufuhr öffnen. Das ausströmende Gas entzündet sich sofort. Niemals Gas unverbrannt ausströmen lassen.
5. Stellschraube für Luftzufuhr öffnen.

Abstellen • Der Brenner soll in folgender Reihenfolge abgestellt werden: Luftzufuhr schließen, Gaszufuhr schließen, Gashahn schließen, abkühlen lassen und danach abbauen.

Der Gasbrenner wird unter Beachtung von Sicherheitsregeln in festgelegter Reihenfolge von Arbeitsschritten in Betrieb genommen.

Aufgaben

1 ▢ Begründe, warum man bei der Arbeit mit dem Brenner seinen Schal ablegen muss.

2 ◐ Man spricht von leuchtender, nicht leuchtender und rauschender Flamme. Erkläre, wie man die rauschende Flamme einstellen kann.

der Gasbrenner
die Luft- und Gaszufuhr

Material A

Betriebsanleitung für Gasbrenner

1 ○ Schreibe den nebenstehenden Text in dein Heft.
Ersetze die Lücken (A) bis (I) durch die richtigen Begriffe.

Gas, Gashahn (2 ×), Gaszufuhr (2 ×), geschlossen, Luftzufuhr (2 ×), Feuerzeugflamme

Zuerst kontrolliert man, ob die Stellschrauben für die **(A)** und die **(B)** **(C)** sind. Als Nächstes wird der Brenner mithilfe eines Gasschlauchs an den **(D)** angeschlossen. Jetzt wird zunächst der **(E)** geöffnet. Danach wird die **(F)** an den Flammenaustritt gehalten und die **(G)** geöffnet. Sofort entzündet sich das nun ausströmende **(H)**. Zum Abschluss noch die **(I)** öffnen.

5 Anleitung für die Inbetriebnahme eines Gasbrenners

Material B

Vergleich der Brennerflammen

Materialliste: Gasbrenner, 2 Reagenzgläser, Reagenzglashalter, Stoppuhr, Porzellanschale, Tiegelzange, Magnesiastäbchen, Gastrobrenner

6 Von der leuchtenden zur rauschenden Brennerflamme

1 Nimm den Brenner wie auf der Seite zuvor beschrieben unter Beachtung der Sicherheitsregeln in Betrieb.
a Halte den Boden einer Porzellanschale mithilfe der Tiegelzange für etwa 10 Sekunden in die leuchtende Brennerflamme. Betrachte den Boden der Schale.
b Öffne die Luftzufuhr und wiederhole den Versuch.

Achtung • Öffnung des Reagenzglases nie auf Mitschüler richten!

2 Befülle 2 Reagenzgläser jeweils 2 cm hoch mit Wasser.
a Stoppe, wie lange es bis zum Sieden des Wassers dauert, wenn du das Reagenzglas in die rauschende Flamme hältst.
b Wiederhole den Versuch mit dem zweiten Reagenzglas unter Verwendung der leuchtenden Flamme.
c Bringe das Wasser mit dem Gastrobrenner zum Sieden. Stoppe auch diesmal wieder die Zeit.
d ◐ Sortiere die drei Brennerflammen danach, welche am heißesten ist. Begründe deine Antwort.

3 Suche mithilfe eines Magnesiastäbchens die heißeste Stelle in der rauschenden Flamme.
● Erkläre dein Vorgehen.

Der Gasbrenner

Methode

Das Versuchsprotokoll

Naturwissenschaftler führen Versuche durch, um Naturerscheinungen planmäßig zu beobachten und Regeln der Natur daraus ableiten zu können. Dazu ist es wichtig, die Experimente nachvollziehbar und wiederholbar zu dokumentieren.
In einem Versuchsprotokoll werden folgende Punkte notiert:
- Versuchsfrage
- Vermutung
- Materialliste
- Durchführung
- Beobachtung
- Auswertung

1 Welche Stoffe lösen sich in Wasser?

1. Frage stellen Schreibe die Frage auf, die du mit dem Versuch beantworten möchtest.
Beispiel: Lösen sich Sand, Mehl, Speiseöl und Zuckersirup in Wasser?

2. Vermutung aufschreiben Schreibe auf, welche Antwort du auf die Frage erwartest.
Beispiel: Die festen Stoffe lösen sich nicht in Wasser, die Flüssigkeiten lösen sich in Wasser.

3. Versuch planen und Materialliste erstellen Überlege dir, wie dein Versuch ablaufen soll und welche Materialien du brauchst.
Beispiel: Für den Versuch benötige ich 4 Bechergläser, Löffel, Wasser, Sand, Mehl, Speiseöl und farbigen Zuckersirup.

4. Versuch durchführen Beschreibe, wie du deinen Versuch durchführst. Eine Skizze des Versuchsaufbaus ist dabei hilfreich.
Beispiel: Zuerst fülle ich in alle Bechergläser gleich viel Wasser. Dann gebe ich in jedes Becherglas jeweils einen Löffel voll Sand, Mehl, Speiseöl oder Zuckersirup. Nach 5 Minuten rühre ich kräftig um.

5. Beobachtungen festhalten Beobachte deinen Versuch und notiere, was du siehst. Du kannst deine Beobachtungen als Text, als Zeichnung oder in einer Tabelle festhalten.
Beispiel: Sand und Mehl setzen sich als Bodensatz ab. Öl schwimmt auf dem Wasser. Der Zuckersirup ist nicht mehr zu sehen, das Wasser hat die Farbe des Sirups angenommen.

6. Versuch auswerten Werte die Beobachtungen aus, die du bei deinem Versuch gemacht hast. Beantworte damit deine Versuchsfrage.
Beispiel: Sand, Mehl und Speiseöl lösen sich nicht in Wasser, Zuckersirup dagegen schon.

Versuchsprotokoll
Name: Anne Schmidt *Datum: 13.4.2016*

Versuchsfrage: Lösen sich Sand, Mehl, Speiseöl und Zuckersirup in Wasser?

Vermutung: Sand und Mehl lösen sich nicht in Wasser, Speiseöl und Zuckersirup lösen sich in Wasser.

Materialliste: Für den Versuch benötige ich 4 Bechergläser, Löffel, Wasser, Sand, Mehl, Speiseöl und farbigen Zuckersirup.

Durchführung: Zuerst fülle ich in alle Bechergläser gleich viel Wasser. Dann gebe ich in jedes Becherglas jeweils einen Löffel voll Sand, Mehl, Speiseöl oder Zuckersirup. Nach 5 Minuten rühre ich kräftig um.

Beobachtung: Sand und Mehl setzen sich als Bodensatz ab. Öl schwimmt auf dem Wasser. Der Zuckersirup ist nicht mehr zu sehen, das Wasser hat die Farbe des Zuckersirups angenommen.

Auswertung: Sand, Mehl und Speiseöl lösen sich nicht in Wasser. Zuckersirup löst sich in Wasser.

2 Annes Versuchsprotokoll zum Versuch „Lösen sich Sand, Mehl, Speiseöl und Zuckersirup in Wasser?“

Versuchsprotokoll
Name: Niklas Schneider *Datum: 13.4.2016*

Versuchsfrage: Löst sich Zuckersirup in heißem Wasser schneller als in kaltem Wasser?

Durchführung: Ich fülle 2 Bechergläser mit kaltem Wasser. Das Wasser in einem Becherglas erhitze ich mit einer Heizplatte. Dann gebe ich in beide Bechergläser je einen Löffel Zuckersirup.

Beobachtung: Nach 5 Minuten ist der Zuckersirup im heißen Wasser vollständig gelöst. Im kalten Wasser ist noch etwas Sirup am Boden übrig. Zuckersirup löst sich in heißem Wasser schneller als in kaltem.

3 Niklas' Versuchsprotokoll zum Versuch „Löst sich Zuckersirup in heißem Wasser schneller als in kaltem?“

Aufgaben

1 ○ Erkläre, warum Naturwissenschaftler Versuche durchführen und Protokolle schreiben.

2 ○ Beschreibe, wie man bei einem Versuchsprotokoll vorgehen muss.

3 ◐ Niklas' Versuchsprotokoll stimmt nicht ganz. → 3 Überprüfe, welche Schritte er vergessen hat. Schreibe diese in dein Heft.

4 ● Niklas hat Beobachtung und Auswertung vermischt. Trenne beide Teile voneinander und berichtige Niklas' Protokoll.

Arbeitsgeräte der Chemie

1 Becherglas, Reagenzgläser, Messzylinder, Rundkolben, Erlenmeyerkolben, Pipette

Für Versuche braucht man die passenden Geräte. Du sollst lernen, wie sie heißen, wie man sie verwendet und wie man sie einfach zeichnen kann.

2 Reagenzglas im Ständer mit Halter

Arbeiten mit dem Reagenzglas • Sehr häufig verwendet man ein Reagenzglas. Zum Abstellen und Halten des Reagenzglases gibt es Hilfsgeräte: den Reagenzglasständer und den Reagenzglashalter. → 2 3

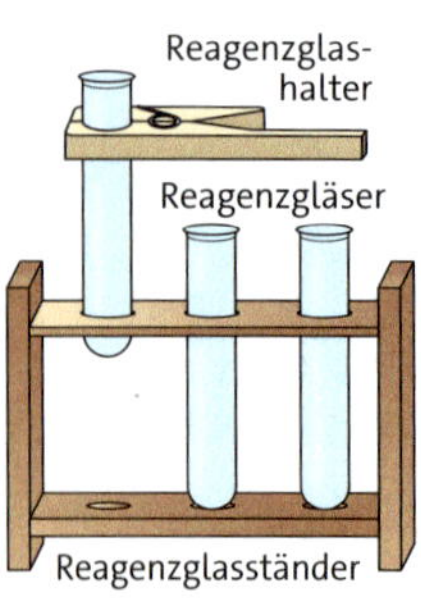

3 Zeichnung eines Reagenzglases im Ständer mit Halter

Glasgefäße und Messen • Neben dem Reagenzglas gibt es eine Reihe weiterer Gefäße für Stoffe: Erlenmeyerkolben, Becherglas, Messzylinder und Pipette. → 1

Erlenmeyerkolben und Becherglas eignen sich, wenn Stoffe gemischt werden sollen. Eine grobe Messskala für Flüssigkeitsmengen ist aufgedruckt. Will man genauere Abmessungen vornehmen, so sollte man einen Messzylinder verwenden.

Will man Flüssigkeiten ganz genau abmessen, so nimmt man eine Pipette. Mit diesem Gerät kann man auf 0,1 ml genau abmessen.

Alle diese Geräte gibt es in verschiedenen Größen.

Erhitzen und Temperaturen messen • Es gibt Versuche, bei denen man Stoffe erhitzen will. Dabei soll dann die Temperatur bestimmt werden.

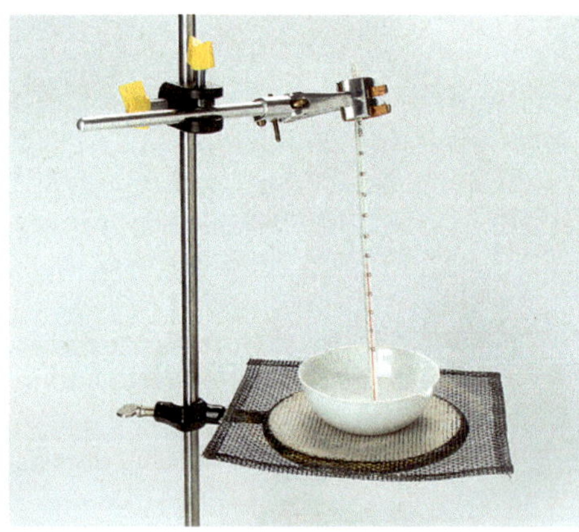

4 Apparatur zum Erhitzen von Stoffen

der Erlenmeyerkolben
der Messzylinder
die Pipette
die Abdampfschale

Dazu eignet sich eine Versuchsapparatur wie in Bild 4. Sie besteht aus einem eingespannten Ring (oder Dreifuß) mit Netz, Abdampfschale, Stativ (bestehend aus Fuß, Stativstange, Doppelmuffe und Kolbenhalter) und Thermometer.

Tiegel sind sehr hitzebeständig. Allerdings darf man sie nach dem Erhitzen nicht sofort unter Wasser abspülen, da sie sonst zerbrechen. Einen heißen Tiegel hält man mit der Tiegelzange.

Gase auffangen • Mithilfe eines Kolbenprobers lassen sich Gase auffangen. → 6 7 In Bild 6 wird das Gas Kohlenstoffdioxid aufgefangen. Es entsteht, indem Salzsäure aus dem Tropftrichter auf Calciumcarbonat-Pulver im Erlenmeyerkolben tropft. Über ein Glasrohr wird das Gas in den Kolbenprober geleitet.

Es gibt für verschiedene Versuche geeignete Geräte.
Bei Versuchszeichnungen werden diese vereinfacht dargestellt.

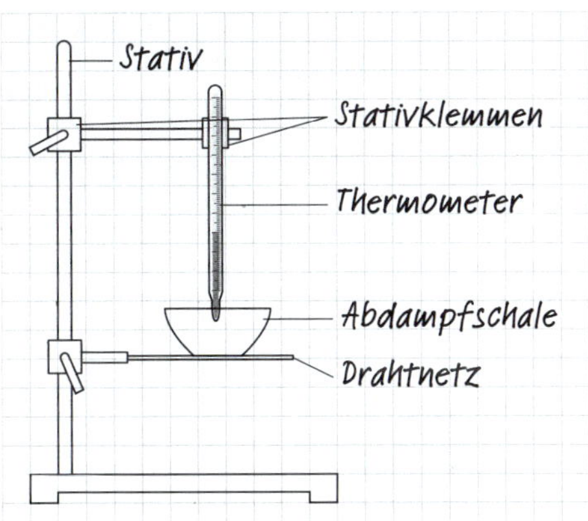

5 Zeichnung von Bild 4

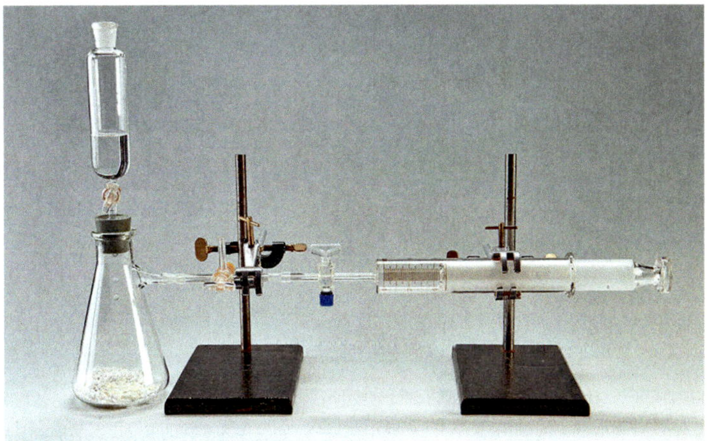

6 Möglicher Versuchsaufbau zum Auffangen von Gasen

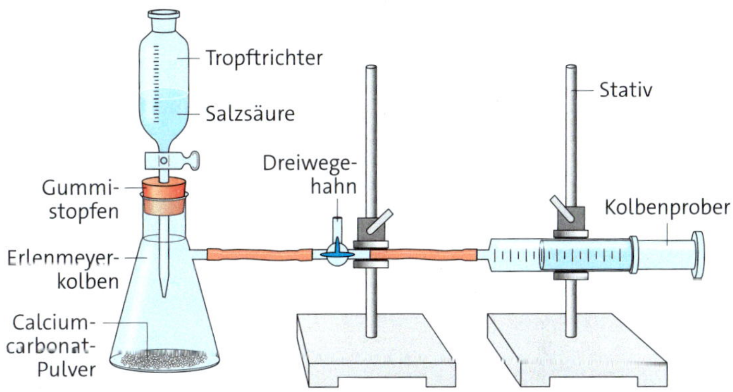

7 Beschriftete Zeichnung von Bild 6

Aufgaben

1 ○ Erkläre, welche Geräte sich zum Abmessen von Flüssigkeiten eignen.

2 ○ Nenne die Bauteile, aus denen ein Stativ besteht. Erkläre, wofür das Stativ verwendet wird.

3 ◐ Exakt 10 ml Wasser sollen erhitzt werden, bis das Wasser siedet. Zähle auf, welche Geräte du für diesen Versuch benötigst.

Arbeitsgeräte der Chemie

Material A

Schwenken von Flüssigkeiten

Bei einigen Versuchen ist es notwendig, Flüssigkeiten zu schwenken. Um nichts zu verschütten, muss man geeignete Gefäße nehmen und die richtige Technik anwenden.

Materialliste: Becherglas, Erlenmeyerkolben, Reagenzglas, Tintenpatrone

1 ▢ Befülle ein Becherglas zu $\frac{3}{4}$ mit Wasser. Gib 2 Tropfen Tinte hinzu. Schwenke es nach der oberen Methode in Bild 1. Wiederhole den Versuch nach der unteren Methode. → 1 Welche Methode ist geeigneter?

2 ▢ Schwenke nacheinander jeweils ein zu $\frac{3}{4}$ gefülltes Becherglas, einen Erlenmeyerkolben und ein Reagenzglas. Welche Gefäße sind zum Schwenken geeignet?

1 Zwei Möglichkeiten, Flüssigkeiten zu schwenken

Material B

Abmessen von Flüssigkeiten

Verschiedene Geräte eignen sich unterschiedlich gut zum Abmessen von Flüssigkeiten. Weiß man, dass 100 ml Wasser 100 g wiegen, kann man dies nutzen, um abgemessene Wassermengen zu überprüfen.

Materialliste: 2 Bechergläser, Erlenmeyerkolben, Messzylinder, Pipette mit Pipettierhilfe, Waage

1 ▢ Stelle ein leeres Becherglas auf die Waage und bestimme das Gewicht des Glases. Notiere es.

2 ▢ Miss mit einem zweiten Becherglas so genau wie möglich 100 ml Wasser ab und gib es in das Becherglas auf der Waage. Bestimme die Masse des Wassers. Wie viel ml waren es tatsächlich?

3 ▢ Wiederhole den Versuch aus Aufgabe 2 nacheinander mit einem Erlenmeyerkolben, einem Messzylinder und einer Pipette.

4 ▢ Welches Werkzeug eignet sich am besten zum Abmessen von Flüssigkeiten? Welche sind für präzises Abmessen nicht geeignet?

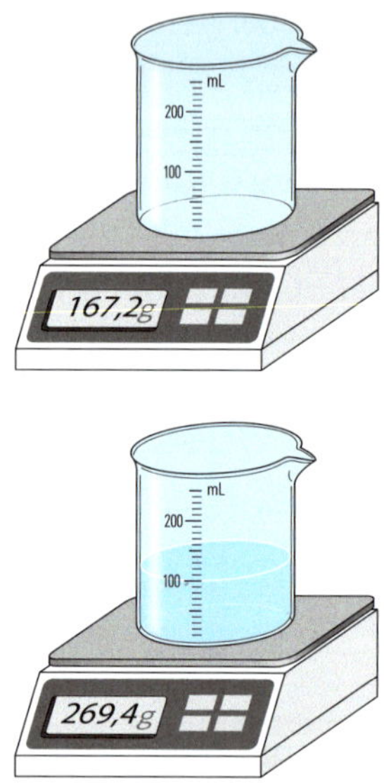

Masse (Wasser): 269,4 g – 167,2 g = 102,2 g
Volumen (Wasser): 102,2 g ≙ 102,2 ml

2 Bestimmung der Menge von Wasser mithilfe einer Waage

Material C

Versuchsaufbauten zeichnen

Zu jedem Versuchsprotokoll gehört eine Zeichnung des Versuchsaufbaus.

1 ◻ Zeichne den Versuchsaufbau aus Bild 3. Nutze die vereinfachten Zeichnungen, die du auf den Seiten 24 und 25 kennengelernt hast. Beschrifte anschließend deine Zeichnung.

2 ◔ Zeichne den Versuchsaufbau von Bild 4 und beschrifte ihn.

3 Erhitzen einer Flüssigkeit im Reagenzglas

4 Erhitzen eines Stoffs im Wasserbad

Material D*

Versuche planen und skizzieren

Für folgenden Versuch sollst du die Planung mithilfe einer Zeichnung machen: Mineralwasser enthält Kohlensäure. Erhitzt man das Mineralwasser, so entweicht die Kohlensäure in Form eines Gases. Dieses Gas soll aufgefangen und die Menge des Gases gemessen werden.

1 Skizze und Beschreibung

a ● Erstelle eine beschriftete Versuchsskizze.

b ● Schreibe eine Versuchsbeschreibung zur Durchführung des Versuchs.

2 ● Nachdem die Lehrkraft deine Planung gesehen hat, kannst du den Versuch durchführen. Was zeigt der Messzylinder an, nachdem kein Gas mehr entweicht? Kannst du die Ergebnisse erklären?

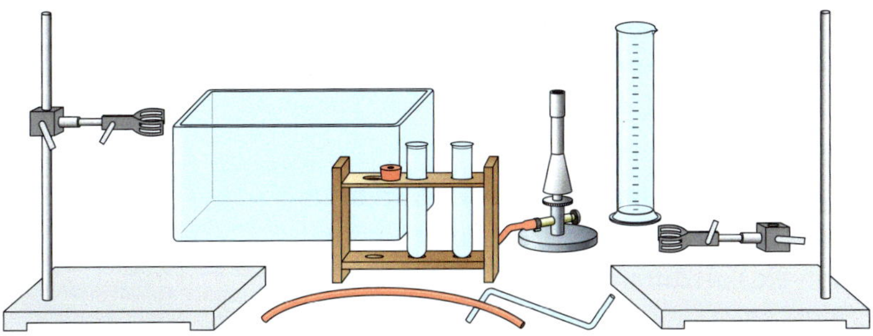

5 Werkzeuge zur Umsetzung des Versuchs

Endlich Chemie – neues Fach, neuer Raum

Zusammenfassung

Verhaltensregeln • Im Fachraum ist es wichtig, einige Regeln zu beachten. Man darf den Fachraum nicht ohne Lehrkraft betreten. Das Essen und Trinken ist in diesen Räumen nicht erlaubt. Speziell beim Experimentieren ist den Anweisungen der Lehrkraft Folge zu leisten.
Verschiedene Sicherheitseinrichtungen wie Not-Aus-Knopf oder Feuerlöscher dürfen nur im Notfall bedient werden.
Um Gefahrstoffe schnell einschätzen zu können, gibt es verschiedene Gefahrensymbole.

GHS06
Totenkopf mit
gekreuzten Knochen

GHS05
Ätzwirkung

1 Gefahrensymbole für giftige und ätzende Stoffe

Das Versuchsprotokoll • Beim Experimentieren ist es wichtig, dass man im Nachhinein überprüfen kann, was beim jeweiligen Versuch abgelaufen ist. Daher wird das Vorgehen in Form eines Versuchsprotokolls festgehalten. Das Versuchsprotokoll umfasst folgende Punkte:
- Versuchsfrage
- Vermutung
- Materialliste
- Durchführung
- Beobachtung
- Auswertung

Versuchsprotokoll *Datum:*

Versuchsfrage:

Vermutung:

Materialliste:

Durchführung:

Beobachtung:

Auswertung:

2 Die sechs Punkte des Versuchsprotokolls

Der Gasbrenner • Der Gasbrenner ist ein wichtiges Arbeitsmittel. Für den sicheren Umgang ist einiges zu beachten. So müssen lange Haare zusammengebunden werden und es ist eine Schutzbrille zu tragen. Der Brenner wird in einer feststehenden Reihenfolge von Arbeitsschritten in Betrieb genommen. Gearbeitet wird oft mit der rauschenden Flamme, die dann entsteht, wenn die Luftzufuhr geöffnet ist. Die rauschende Flamme ist heißer und rußt nicht.

3 Die rauschende Brennerflamme ist bläulich.

Teste dich! (Lösungen im Anhang)

Sicher experimentieren

1 ▢ Nenne mindestens fünf grundlegende Regeln für das Experimentieren im Fachraum.

2 ◪ Gib die Bedeutung der Gefahrensymbole in Bild 4 an.

3 ▢ Schreibe die in Bild 5 notierte Betriebsanleitung für Gasbrenner in der richtigen Reihenfolge ab.

Arbeitsgeräte der Chemie

4 ▢ Mit einigen Glasgeräten kann man Flüssigkeiten abmessen. Sortiere folgende Geräte danach, wie präzise man mit diesen messen kann. Beginne mit dem genauesten Gerät: *Becherglas – Messzylinder – Pipette*.

5 ◪ Peter behauptet: „In hoch gelegenen Dörfern im Himalaja kocht Wasser bei niedrigeren Temperaturen als auf Meereshöhe." Erstelle eine beschriftete Versuchsskizze eines Aufbaus, mit dem man die Temperatur bestimmen kann, bei der Wasser kocht.

6 Zum Auffangen von Gasen kann man einen Versuch wie in Bild 6 aufbauen.

a ◪ Erstelle eine beschriftete Skizze des Versuchsaufbaus von Bild 6.

b ■ Skizziere einen Versuchsaufbau, mit dem du die Menge an Kohlensäure in verschiedenen Mineralwasserproben vergleichen kannst.

4 Gefahrensymbole

- Gashahn durch gleichzeitiges Drücken und Drehen öffnen.
- Stellschraube für Luftzufuhr öffnen.
- Stellschrauben für Luft- und Gaszufuhr kontrollieren und gegebenenfalls schließen.
- Gaszufuhr über einen Schlauch mit dem Gashahn verbinden.
- Feuerzeugflamme an den Flammenaustritt halten und Stellschraube für Gaszufuhr öffnen.

5 Durcheinandergeratene Betriebsanleitung für Gasbrenner

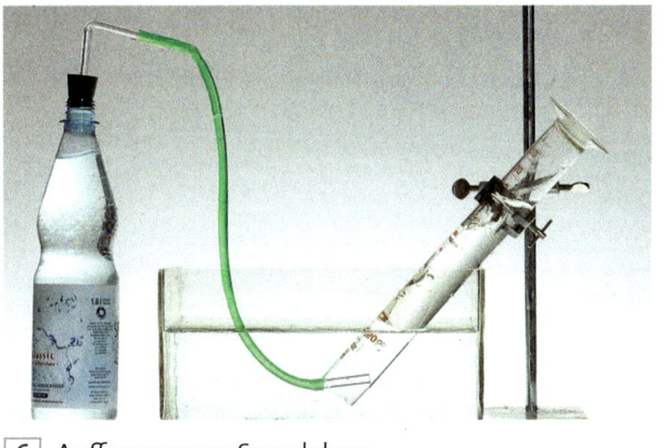

6 Auffangen von Sprudelgas

Eine Welt aus Stoffen

Mehl, Zucker, Pfeffer und Salz – wir können diese Stoffe auch unterscheiden, ohne sie zu probieren.

Ist Milch ein Reinstoff oder ein Stoffgemisch?

Plastik, Aluminium, Eisenblech – im Gelben Sack ist alles gemischt. Wie lässt sich dieses Müllgemisch trennen, damit man die wertvollen Materialien darin wieder nutzen kann?

Nicht verwechseln: Stoff und Gegenstand

1 Ein Steg aus Holz, ein Boot aus Holz, ein Haus aus Holz ...

Der Steg, das Boot oder auch die Bäume auf dem Bild haben eine Gemeinsamkeit: Alle bestehen aus dem gleichen Material – Holz.

Stoffe • Forscher haben einen eigenen Begriff für Materialien: Materialien werden Stoffe genannt.
Aus einem Stoff können verschiedene Gegenstände hergestellt werden. Diese unterscheiden sich in ihrem Verwendungszweck. Der Steg und das Boot sind Beispiele dafür.

Gegenstände bestehen aus Stoffen • Ein Gegenstand muss nicht immer aus dem gleichen Stoff hergestellt sein. So kann man beispielsweise einen Teller aus Porzellan, aus Kunststoff oder aus anderen Stoffen herstellen. → 2
Ein Gegenstand, z. B. ein Auto oder ein Handy, kann auch aus mehreren Stoffen bestehen. → 3

Forscher bezeichnen Materialien mit dem Begriff Stoff.

2 Teller

3 Autoinnenraum

Aufgaben

1 ○ Übernimm die Tabelle in dein Heft. Trage die im Text genannten Stoffe und Gegenstände ein.

Stoff	Gegenstand
?	?

2 ◐ Nenne jeweils drei weitere Beispiele für einen Stoff und einen Gegenstand.

der Stoff
der Gegenstand

Material A

Baum Sand Wasser Auto Gold Holz

Tisch Tasse Kette Silber Regal

Luft Buch Papier Schere

Stoff oder Gegenstand?

1 ▢ Sortiere die Begriffe oben nach Stoff und Gegenstand. Trage das Ergebnis in eine Liste oder Tabelle ein.

2 ◐ Erstelle eine eigene Liste mit zehn Begriffen, die entweder Stoffe oder Gegenstände bezeichnen. Tausche die Liste mit einem Mitschüler aus und sortiere die Begriffe anschließend.

3 ◐ Suche fünf Gegenstände, die in dem Raum sind, in dem du dich gerade befindest. Gib an, aus welchem Stoff oder aus welchen Stoffen der jeweilige Gegenstand besteht.

Material B

Gemeinsamkeiten

1 ◐ Nenne Gemeinsamkeiten der Gegenstände auf den Bildern 4 und 5.

2 ◐ Nenne weitere Gegenstände, die aus verschiedenen Stoffen hergestellt werden.

3 ● „Ein Glas ist ein Gegenstand, Glas ist ein Stoff." Erläutere diese Aussage.

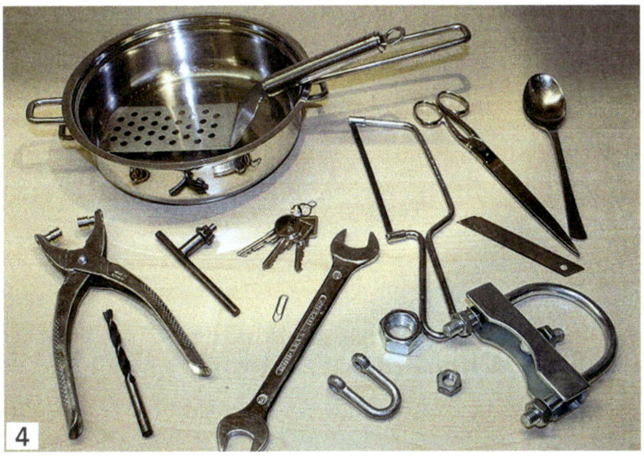
4

5

Erfahrbare Stoffeigenschaften

1 Die zwei Schüler und die Schülerin sollen einen Stoff so beschreiben, dass er eindeutig erkennbar ist.

Es gibt eine riesige Zahl von verschiedenen Stoffen. Häufig ist es schwierig, sie zu unterscheiden, aber manchmal reichen bereits unsere fünf Sinne aus, um sie eindeutig zu beschreiben.

Stoffe beschreiben • Das Aussehen von Stoffen kann man beschreiben. Unser Auge erfasst sofort, ob der Stoff fest, flüssig oder gasförmig ist. Dies wird als Aggregatzustand bezeichnet. Weiterhin nehmen wir die Farbe, den Glanz und die Durchsichtigkeit wahr. Händler von Diamanten und Edelsteinen brauchen einen besonderen Prüfblick. Zur weiteren Unterscheidung kann man den Geruch prüfen. Tausende von Stoffen mit unterschiedlichen, meist angenehmen Gerüchen werden bei Parfüms eingesetzt. Bei einigen Stoffen aus dem Lebensmittelbereich testet man auch den Geschmack. Aber: Im Labor und in Chemieräumen dürfen Stoffe niemals gekostet werden. Unser Tastsinn kann die Oberflächenbeschaffenheit prüfen und testen, ob sich der Stoff warm oder kalt anfühlt. Und schließlich haben Stoffe manchmal einen eigenen Klang. Hersteller von Musikinstrumenten nutzen die Klangunterschiede verschiedener Werkstoffe wie Holz, Messing oder Zinn. So spielen unsere Sinnesorgane beim Unterscheiden von Stoffen bereits eine große Rolle. Zusätzlich werden eine ganze Reihe von Stoffeigenschaften mit Hilfsmitteln oder Messinstrumenten festgestellt und zur eindeutigen Bestimmung von Stoffen genutzt.

Stoffe beschreibt man durch ihre Eigenschaften. Stoffeigenschaften sind durch unsere Sinne, aber auch durch Messinstrumente erfahrbar.

Aufgabe

1 ○ Nenne Stoffeigenschaften, die unser Auge unmittelbar erfassen kann.

Material A

Die gute Nase

Unser Geruchssinn kann unterschiedliche Gerüche wahrnehmen. Du weißt zum Beispiel, welchen Duft Schokolade oder eine Zwiebel verströmt.
Hier kannst du dein Duftgedächtnis in einem Geruchsquiz testen.

Materialliste: 12 Filmdöschen oder Salbenkruken (25 ml), Watte, Sonnenblumenöl, Lavendelöl, Eukalyptusöl, Campher, Menthol, Fichtennadelöl, Terpentinöl, Eugenol, Holzessig, Echt Kölnisch Wasser, Backöl Rumaroma, Backöl Vanille, Backöl Bittermandel

Die 12 kleinen Dosen wurden vorbereitend mit einem kleinen ölgetränkten Wattebausch belegt und fortlaufend mit A, B, C usw. beschriftet. In jede Dose wurde je ein Riechstoff (3 Tropfen) hineingegeben.

1 Die Döschen gehen nach der Vorbereitung reihum – von Nase zu Nase.

2 ▢ Notiere den Buchstaben der Dose und den Geruch, den du wahrgenommen hast. Benenne anschließend den Stoff. Vergleiche am Ende mit der Lösung deines Lehrers oder deiner Lehrerin, wie viele der 12 Riechstoffe du erkannt hast.

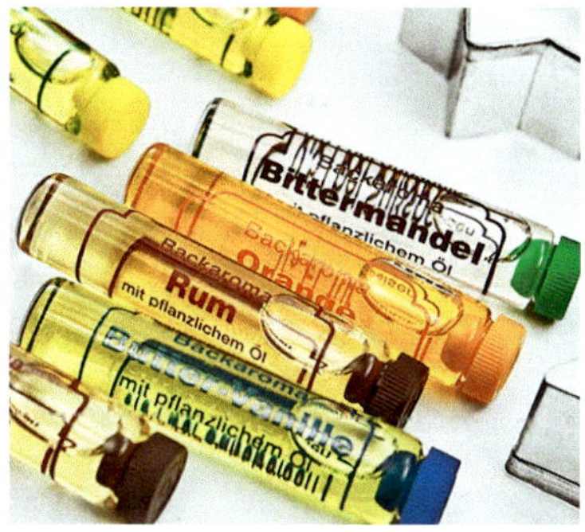

2 Backöle mit charakteristischen Gerüchen

3 Salbenkruken

Material B

Klangunterschiede

Fällt eine Kugel auf die Tischplatte und schlägt hart auf, entsteht ein Geräusch, ein spezieller Klang. Kannst du verschiedene Materialkugeln am Klang unterscheiden?

Materialliste: Augenbinde, Kugeln (etwa gleich groß) aus Glas, Holz, Wachs, Kork, Eisen, Quarz, Blei, Zellstoff, Kunststoff

1 Geht in Zweiergruppen zusammen. Ein Partner verbindet sich die Augen. Der andere lässt aus ungefähr 30 cm Höhe nacheinander eine der Kugeln auf die Tischplatte fallen.
Wenn alle Kugeln getestet sind und die unterschiedlichen Materialien erkannt wurden, werden die Rollen getauscht.

4 Orgelpfeifen – Klangunterschiede bei Holz und Zinn

Messbare Stoffeigenschaften

1 Hausbau

Beim Bau eines Hauses werden wärmeleitende, stromleitende und isolierende Materialien eingesetzt. Bestimmte Eigenschaften von Materialien lassen sich messen.

Ritzhärte • Die Härte ist sowohl bei Werkstoffen aus Metall und Kunststoff als auch bei Steinen und Mineralien ein wichtiges Unterscheidungsmerkmal. Sie wird mit verschiedenen Prüfmethoden bestimmt.
Ein Verfahren ist ein Härtetest durch Ritzen. Man benutzt dazu ein 10-teiliges Ritzbesteck mit jeweils unterschiedlich harten Spitzen. Das härteste Ritzwerkzeug ist eine Diamantspitze, die eine Härte von 10 besitzt.

Magnetisierbarkeit • Ein Magnet ist ein Gegenstand, der bestimmte Stoffe anzieht oder abstößt. Magnetisierbare Stoffe wie Eisen, Nickel oder Cobalt werden von Magneten angezogen. Nichtmagnetisierbare Stoffe wie Holz, Gummi, Plastik, Glas oder Porzellan werden nicht von Magneten angezogen.

Elektrische Leitfähigkeit • Einige Stoffe sind in der Lage, elektrischen Strom zu leiten. Dazu gehören Metalle wie Eisen, Kupfer und Aluminium. Sie werden als Leiter bezeichnet. Holz, Gummi, Glas, Plastik und Porzellan dagegen leiten den elektrischen Strom nicht und werden daher Nichtleiter oder Isolatoren genannt. Bei Stromkabeln macht man sich diese Eigenschaft zunutze. Sie bestehen aus Kupfer, einem Leiter, und sind von einem Kunststoffmantel, einem Nichtleiter, umgeben.

Schmelz- und Siedetemperatur • Feste Stoffe werden beim Erhitzen flüssig. Flüssigkeiten verdampfen, wenn sie weiter erhitzt werden. Dies geschieht jeweils bei bestimmten Temperaturen, die für jeden Stoff typisch sind: Schmelztemperatur (Smp) und Siedetemperatur (Sdp).

die Magnetisierbarkeit
die Leitfähigkeit
die Schmelztemperatur
die Siedetemperatur
die Dichte

Wärmeleitfähigkeit • Stoffe können Wärme unterschiedlich gut leiten. Diese Eigenschaft nennt man Wärmeleitfähigkeit. Das erfährt man z. B. beim Kochen und Braten: Um sich nicht am heißen Metall zu verbrennen, haben Töpfe und Bratpfannen oft Griffe aus Holz oder Plastik. Ansonsten muss man einen Topflappen benutzen. → 2 Metalle haben eine hohe Wärmeleitfähigkeit. Wolle, Holz, Kunststoffe und Kork besitzen eine geringe Wärmeleitfähigkeit und werden zur Isolation gegen Wärme oder Kälte genutzt.

Rottefähigkeit • Ob Materialien durch Bakterien und Bodenlebewesen zersetzt und abgebaut werden, ist eine wichtige Stoffeigenschaft. Sie entscheidet darüber, ob Stoffe bei der Abfallbeseitigung kompostiert werden können.

Dichte • „Eisen ist schwerer als Holz." Das stimmt so nicht, denn ein Eisenschlüssel ist zum Beispiel leichter als ein großer Holzklotz. → 3
Die Aussage stimmt nur, wenn man die Massen gleich großer Gegenstände vergleicht. Ein Würfel aus Eisen ist schwerer als ein gleich großer Würfel aus Holz. → 4 Man sagt: „Eisen hat eine größere Dichte als Holz." Zur Berechnung der Dichte eines Gegenstands muss man den Wert für seine Masse in Gramm (g) durch den Wert für sein Volumen in Kubikzentimetern (cm³) oder Millilitern (ml) teilen.

$$\text{Dichte} = \frac{\text{Masse}}{\text{Volumen}}$$

2 Topflappen wirken wärmeisolierend.

3 Eisen: leichter als Holz?

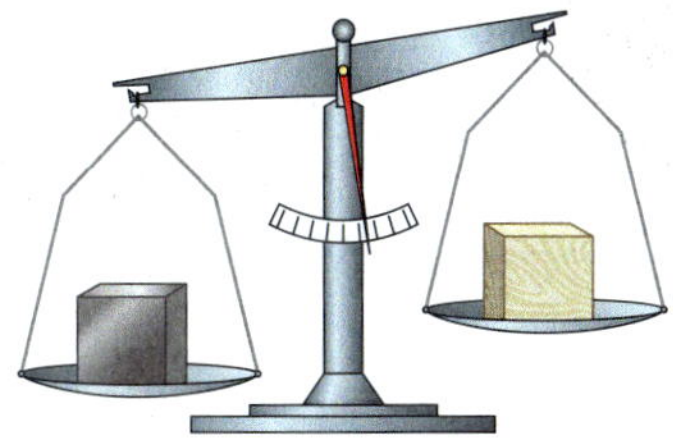

4 Eisen: schwerer als Holz?

Wichtige Stoffeigenschaften sind Aussehen, Geruch, Geschmack, Aggregatzustand, Dichte, Härte, Wärmeleitfähigkeit, elektrische Leitfähigkeit und magnetische Eigenschaften.

Aufgaben

1 ○ Nenne drei mit den Sinnen wahrnehmbare und drei messbare Eigenschaften von Stoffen.

2 ◐ Gib an, aufgrund welcher Eigenschaft Holz, Gras und Obstreste zum Kompost gegeben werden können.

3 ● Gib an, wo in einem Haus wärmeleitende, stromleitende und isolierende Materialien eingesetzt werden.

Messbare Stoffeigenschaften

Material A

Ritzproben

Bei Materialproben von Kunststoffen, Metallen, Hölzern usw. kannst du mit einem zweiteiligen Ritzwerkzeug die unterschiedlichen Härten testen.

Materialliste: Zahnstocher (Holz), Eisennagel (Stahl), verschiedene Metalle, verschiedene Hölzer, Kunststoffe, Seife, Marienglas, Glas

1 Versuche die verschiedenen Materialproben zu ritzen, zuerst mit dem Zahnstocher, dann mit dem Nagel.

2 ○ Sortiere die getesteten Materialproben in drei Gruppen:
weiche, harte und sehr harte Stoffe.

3 ◐ Ob ein Brillant wirklich aus Diamant besteht, kann man schnell prüfen: Man versucht, Glas damit zu ritzen. Erkläre, was das über die Härte von Glas und Diamant aussagt.

1 Hier wird die Härte eines Stoffs überprüft.

Material B

Wärmeleitfähigkeit

Wie gut oder schlecht Stoffe Wärme leiten, ist sowohl beim Hausbau als auch bei Küchengeräten von Bedeutung.
Wie kann man testen, ob und wie stark Holz, Glas, Kunststoff und Eisen die Wärme leiten?

Materialliste: kleine Schüssel, Wasserkocher, Styroporplatte, Stäbe aus Holz, Glas, Eisen, Kunststoff und Aluminium

1 Erhitze Wasser im Wasserkocher. Gieße anschließend die Schüssel zu drei Vierteln voll mit heißem Wasser. Lege den Styropordeckel, in dem sich verschiedene Stäbe befinden, auf den Becher.
Nach ca. 3 Minuten fasst du vorsichtig die Stäbe an.

2 ○ Gib an, welches Material die Wärme gut leitet und welches eher schlecht.

3 ◐ Begründe, in welchen Bereichen der Küche die Verwendung von Materialien mit geringer Wärmeleitfähigkeit sinnvoll ist.

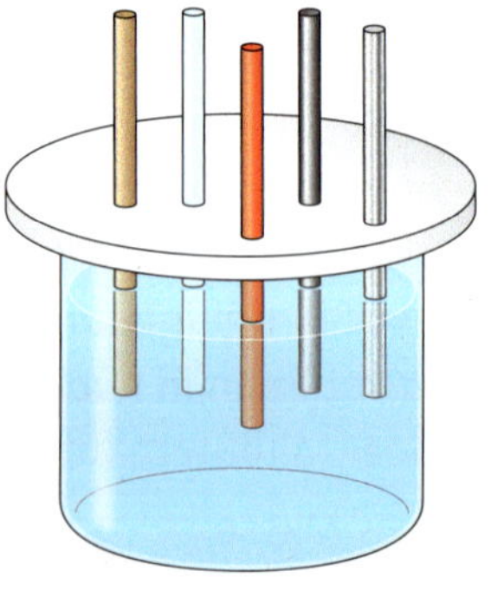

2

Material C

Die Dichte bestimmen

Materialliste: Kubikzentimeterwürfel aus verschiedenen Stoffen (Holz, Eisen, Aluminium, Kupfer, Hartgummi ...), Waage, Becherglas, Pipette, Wasser, Spiritus, Glycerin, Pflanzenöl

1 Überprüfe, ob es sich um Kubikzentimeterwürfel handelt. Miss dazu die Kantenlänge der Würfel aus und berechne das Volumen.

2 Wiege die Würfel auf der Waage und notiere ihre Massen. → 3

3 Stelle das Becherglas auf die Waage und drücke die Tara-Taste. Gib mit der Pipette genau 10 ml Wasser in das Glas. Notiere die Masse in der Tabelle. → 4 Verfahre für die anderen Flüssigkeiten genauso.

3 Kubikzentimeterwürfel

4 Berechne die Dichte der Feststoffe und der Flüssigkeiten. Trage die Ergebnisse in die Tabelle ein.

Feststoff	Masse	Volumen	Dichte
Eisen	7,9 g	1 cm^3	7,9 $\frac{g}{cm^3}$
...	?	?	?
Flüssigkeit	**Masse**	**Volumen**	**Dichte**
Wasser	10 g	10 ml	1 $\frac{g}{ml}$
...	?	?	?

4 Mustertabelle

Material D

Aus welchem Stoff besteht ein Spitzer?

Materialliste: Messzylinder (20 ml), 2 Metallspitzer (ohne Schneide), Feinwaage

1 Wiege die beiden Spitzer und notiere ihre Masse.

2 Fülle den Messzylinder zur Hälfte mit Wasser. Lies den genauen Füllstand ab und notiere ihn. → 5

3 Lass die Spitzer in das Wasser gleiten und lies den Wasserstand erneut ab. → 5
Berechne das Volumen der beiden Spitzer in ml.

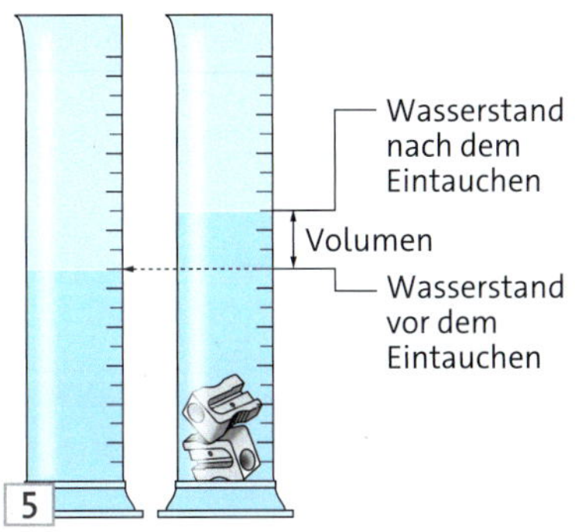

5

4 Berechne die Dichte aus den Werten für Masse und Volumen.

5 Benenne den Stoff, aus dem der Spitzer besteht. → 6

Stoff	Dichte in $\frac{g}{ml}$
Eisen	7,9
Magnesium	1,74
Zink	7,17
Silber	10,49
Aluminium	2,7

6 Dichten verschiedener Stoffe

Messbare Stoffeigenschaften

Methode

Langzeitversuch zum natürlichen Recycling

Manchmal brauchen Naturwissenschaftler viel Geduld beim Experimentieren. Sie bauen Versuche auf, die dann über Tage und Wochen dauern. In der Wetter- und Klimaforschung und bei Versuchen mit Lebewesen laufen Experimente manchmal sogar über Monate oder Jahre.
Hier wird ein Langzeitversuch vorgestellt, bei dem du wochenlang beobachtest und dokumentierst. Du untersuchst, welche Materialien auf dem Kompost vollständig verrotten, also welche Materialien die Natur zurücknimmt und abbaut.

Materialliste: flache, durchsichtige Plastikschälchen mit Deckel (z. B. für Fleischsalat), Blumenerde, Klebeetiketten, briefmarkengroße Materialstücke: Aluminium, Eisen, Kupfer, Papier, Pappe, Kork, Holz, Glas, Porzellan, Gips, verschiedene Kunststoffe, Textilien, Brotrinde, Wachs, Fett, Seife, Schokolade, Wurst, Käse, Speck, Obstschalen

1 Materialien für den Langzeitversuch

1. Versuch aufbauen Lege jeweils ein Materialstück auf den Boden je einer Schale. Fülle die Schale dann randvoll mit Blumenerde, die du mit etwas Wasser anfeuchtest. → 1
Drücke sie gut fest. Verschließe die Dosen gut und halte sie die ganze Zeit über verschlossen. Klebe ein beschriftetes Etikett mit der Materialbezeichnung darauf.

2. Beobachten und Dokumentieren Stelle die Dosen mit dem Boden nach unten in einen Raum mit Zimmertemperatur. Fertige eine Liste mit allen Materialien an, die du testest. Betrachte in der ersten Woche täglich deine Dosen. Ändern die Materialproben ihr Aussehen? Notiere die Veränderungen oder notiere „unverändert". Gib jeweils das Datum deiner Beobachtung an. → 2

Material	Veränderung	Datum
Aluminium	?	?

2 Mustertabelle

In den fünf folgenden Wochen betrachtest du die Materialproben alle zwei Tage.

3. Entsorgen Nach sechs Wochen wird der Versuch beendet. Gib alle verschlossenen Dosen mit ihrem Inhalt in den Hausmüll.

4. Fazit ziehen Notiere unter deiner Tabelle dein Versuchsergebnis. Welche Materialien verrotten vollständig, sodass ihre Abfälle auf dem Kompost entsorgt werden können?

Rekorde bei Stoffen

3

Du weißt nun einiges über verschiedene Stoffeigenschaften. Im Unterricht hast du es aber nicht immer mit den Rekordträgern unter den Stoffen zu tun. Daher jetzt die Sieger in verschiedenen Kategorien:

Schmelztemperatur • Feste Stoffe werden bei Erwärmung irgendwann flüssig. Rekordhalter dabei ist Tantalhafniumcarbid. Es wird erst bei 4215 °C flüssig. Das ist ungefähr so heiß wie an der Oberfläche der Sonne.
Das andere Extrem in dieser Kategorie ist Wasserstoff. Fester Wasserstoff schmilzt schon bei –259 °C. Dies ist nahe an der tiefstmöglichen Temperatur überhaupt.

Dichte • Der Stoff mit der größten Dichte ist Osmium mit einem Wert von $22{,}6\,\frac{g}{cm^3}$. Wenn du eine Stoffprobe Osmium in der Größe eines Tetrapaks Milch hättest, würde diese 22,6 kg wiegen.
Wissenschaftler haben kürzlich den Feststoff mit der bislang geringsten Dichte hergestellt: einen Schwamm aus Siliciumdioxid mit einer Dichte von $0{,}003\,\frac{g}{cm^3}$.

Elektrische Leitfähigkeit • Der Stoff, der die elektrische Strömung am besten leitet, ist Silber. Knapp dahinter folgt Kupfer. Warum werden dann Elektrokabel aus Kupfer hergestellt und nicht aus Silber? Ganz einfach – Silber ist viel teurer als Kupfer.
Eine äußerst geringe elektrische Leitfähigkeit weist reinstes Wasser auf. Diese ist noch 10 000-mal geringer als die von Leitungswasser, da im Leitungswasser immer Stoffe gelöst sind.

Härte • Der härteste bekannte Stoff ist Diamant. Wegen der extremen Härte nutzt man Diamanten in Bohrköpfen. Vom Bohrer in der Zahnarztpraxis bis zu Bohrern bei der Erdölförderung werden sie verwendet.
Geschliffene Diamanten sind wertvoll und dienen als Schmucksteine. Der größte jemals gefundene Diamant wog 621,3 g. Er wurde in mehrere Diamanten aufgetrennt, die nun Teil der britischen Kronjuwelen sind.

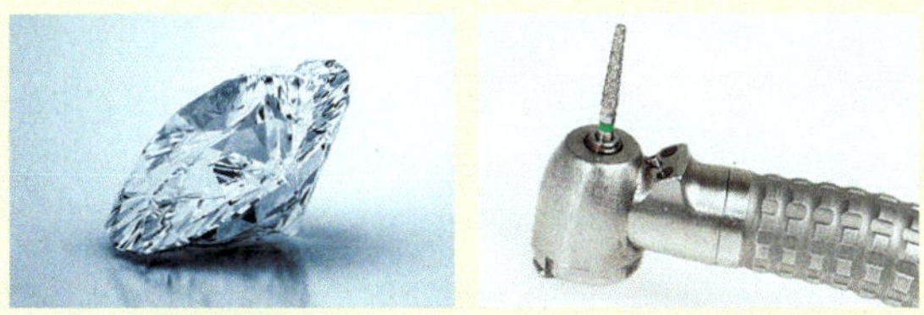

4 Diamant – Schmuckstein und Werkzeug

Heißeste Flamme • Die heißeste Flamme erreicht man beim Verbrennen des giftigen Dicyans: bis zu 4800 °C.
Die Flamme aus dem Laborbrenner erreicht dagegen nur etwa 1400 °C, eine Kerzenflamme an der heißesten Stelle bis zu 1000 °C.

Zu jedem Stoff ein Stoffsteckbrief

1 Steckbriefe geben übersichtlich wichtige Eigenschaften an.

Manchmal werden Personen mit Steckbriefen gesucht. Durch die klare Darstellung können dabei alle wichtigen Merkmale übersichtlich aufgelistet werden. Die Merkmale der Stoffe sind die Stoffeigenschaften.

Stoffsteckbriefe • Steckbriefe helfen auch bei Stoffen, die Übersicht zu behalten. Denn auch hier gibt es eine große Vielfalt.
Ein Stoffsteckbrief nennt wichtige Eigenschaften eines Stoffs. Neben dem Aussehen des Stoffs können weitere Eigenschaften aufgeführt werden, z. B. magnetische Eigenschaften, elektrische Leitfähigkeit oder die Dichte eines Stoffs.

Stoffsteckbriefe stellen die wichtigsten Eigenschaften von Stoffen übersichtlich dar.

Aufgaben

1 ○ Nenne mithilfe des Textes vier Punkte, die in einem Stoffsteckbrief aufgeführt werden können.

2 ○ Nenne weitere Punkte, die in einem Stoffsteckbrief genannt werden könnten. Sieh dir dazu auch die vorherigen Seiten durch.

3 ◐ Es ist nicht festgelegt, wie viele Punkte ein Stoffsteckbrief aufweisen muss. Nenne Vor- und Nachteile eines besonders umfangreichen Steckbriefs.

4 ◐ Recherchiere, um welchen Stoff es sich bei dem rechten Steckbrief in Bild 1 handelt.

Material A

Einen Stoffsteckbrief erstellen

In Bild 2 siehst du eine Kugelsammlung aus verschiedenen Stoffen. Um die Stoffe zu vergleichen und Steckbriefe zu erstellen, untersuchst du die Stoffe systematisch. Manche Stoffeigenschaften kannst du mit deinen Sinnen erkennen, andere durch Experimente ermitteln.

Materialliste: Kugeln aus Holz, Zellstoff, Kork, Bienenwachs, Glas, Alabaster, Quarz, Zinn und Basalt

1 Untersuche und notiere die Farbe, den Glanz, die Durchsichtigkeit und den spezifischen Geruch. Prüfe, ob sich die Kugeln kühl oder warm anfühlen.

2 Prüfe mit einem Magneten die Magnetisierbarkeit der Kugeln.

3 Prüfe die elektrische Leitfähigkeit. Baue dir dazu mit einer Batterie, einer kleinen Lampe und Kabeln einen offenen Stromkreis. Notiere die Ergebnisse.

4 ▢ Erstelle einen Stoffsteckbrief zu vier ausgewählten Kugeln deiner Wahl und ordne alle experimentellen Befunde zu.

2 Kugelsammlung aus verschiedenen Stoffen

Material B

Drei Stoffe – zum Verwechseln ähnlich

1 ▢ Vergleiche die drei Steckbriefe. Notiere die gemeinsamen Eigenschaften von allen drei Stoffen.

2 ◪ Stelle die Unterscheidungsmerkmale der drei Stoffe in einer Tabelle zusammen.

Stoffsteckbrief: Eisen
Farbe: grau
Durchsichtigkeit: undurchsichtig
Glanz: metallisch glänzend
Geruch: keiner
Oberfläche: glatt,
fühlt sich kühl an
Elektrische Leitfähigkeit: ja
Magnetisierbarkeit: ja
Verhalten bei Druck: biegsam,
verformt sich

Stoffsteckbrief: Hämatit
Farbe: grau
Durchsichtigkeit: undurchsichtig
Glanz: metallisch glänzend
Geruch: keiner
Oberfläche: glatt,
fühlt sich kühl an
Elektrische Leitfähigkeit: nein
Magnetisierbarkeit: nein
Verhalten bei Druck: spröde,
splittert

Stoffsteckbrief: Graphit
Farbe: grau
Durchsichtigkeit: undurchsichtig
Glanz: metallisch glänzend
Geruch: keiner
Oberfläche: glatt
Elektrische Leitfähigkeit: ja
Magnetisierbarkeit: nein
Verhalten bei Druck: spröde,
zerbröselt

Stoffgruppen unterscheiden

1 Woraus besteht dein Mobiltelefon?

Du verwendest es jeden Tag, um mit Freunden in Kontakt zu sein oder im Internet zu surfen. Aber woraus besteht dein Mobiltelefon?

Stoffgruppen • Stoffe mit einer Kombination gemeinsamer Eigenschaften werden in Stoffgruppen zusammengefasst.

2 Metalle werden in verschiedenen Gegenständen verarbeitet.

Metalle • Einige Teile deines Handys bestehen aus Metall. Du erkennst Metalle daran, dass sie an glatten Oberflächen einen spiegelnden Glanz haben, weil sie das Licht reflektieren. → 2 Metalle leiten elektrischen Strom und Wärme. Sie sind meist leicht verformbar. Einige Metalle, z. B. Eisen, sind magnetisierbar. Der Kern unserer Erde besteht zum größten Teil aus Eisen. Weitere häufige Metalle sind Aluminium, Calcium, Magnesium, Natrium und Kalium. Gold, Silber und Platin werden zur Herstellung von Schmuck verwendet. Sie sind sehr beständig und selten und daher sehr wertvoll.

Salze • Salze lassen sich meist gut in Wasser auflösen. Die wässrigen Lösungen leiten den elektrischen Strom. Salzkristalle sind spröde: Sie knirschen beim Zerdrücken auf fester Unterlage und zerbröseln. Du kennst aus der Küche Kochsalz, Soda und Natron. → 3 Salzartige Stoffe kommen auch in einigen Handy-Displays vor und sorgen dafür, dass du ein farbiges Bild siehst.

Steinartige Stoffe • Diese Stoffgruppe ist von der Menge her die größte der Erde. Zu ihr zählen alle Bestandteile unserer Gesteine, z. B. Granit. Auch Glas, Porzellan und Ton gehören zu den steinartigen Stoffen. Diese Stoffe sind spröde und schmelzen erst bei hohen Temperaturen. Sie sind nicht löslich in Wasser und leiten den elektrischen Strom nicht. Die Front deines Handys besteht aus Glas.

die **Stoffgruppe**
die **Metalle**
die **Salze**
die **steinartigen Stoffe**
die **flüchtigen Stoffe**

Kunststoffe • Kunststoffe, Baumharz und Bernstein werden in der Hitze weich oder zersetzen sich. In Wasser sind sie meist nicht löslich und den elektrischen Strom leiten sie auch nicht. Die Schutzhülle deines Handys, Teile der SIM-Karte und viele innere Bauteile bestehen aus Kunststoff. → 5

Leichtflüchtige Stoffe • Stoffe mit niedrigen Schmelz- und Siedetemperaturen bezeichnet man als leichtflüchtig. Zu dieser Gruppe zählen die Gase in unserer Luft und leicht verdampfbare Flüssigkeiten wie Spiritus und Essig. Auch leicht schmelzende Feststoffe wie Wachs zählen dazu. Leichtflüchtige Stoffe besitzen eine geringe Härte und sind weder magnetisierbar noch leiten sie den elektrischen Strom.

Weitere Stoffgruppen • Je nachdem, ob man andere gemeinsame Eigenschaften, den Verwendungszweck oder die Herkunft von Stoffen betrachtet, kann man viele weitere Stoffgruppen zusammenstellen. So werden zum Beispiel alle Stoffe, von denen Gefahren ausgehen, als Gefahrstoffe zusammengefasst oder Stoffe natürlichen Ursprungs als Naturstoffe.

Metalle sind verformbar und metallisch glänzend. Sie leiten Wärme und den elektrischen Strom. Andere Stoffgruppen wie Salze, Kunststoffe, steinartige und leichtflüchtige Stoffe besitzen ebenfalls eine Kombination an gemeinsamen Eigenschaften.

3 Natron – ein Salz aus der Küche

4 Granit, Porzellan, Glas

5 Teile deiner SIM-Karte bestehen aus Kunststoff.

Aufgaben

1 ○ Vergleiche Metalle, Salze und Kunststoffe hinsichtlich der elektrischen Leitfähigkeit.

2 ◐ Ordne fünf Stoffe in deiner Umgebung den Gefahrstoffen und Naturstoffen zu.

3 ● Für die Einrichtung im Badezimmer werden oft steinartigen Stoffe wie Granit, Porzellan oder Glas verwendet. → 4 Begründe dies.

Stoffgruppen unterscheiden

Material A

Lösliches aus der Küche

Eine ganze Reihe von weißen, kristallinen Stoffen wird in der Küche und im Haushalt verwendet. Finde heraus, was diese Stoffe gemeinsam haben.

Materialliste: Kochsalz, Hirschhornsalz, Natron, Soda, Glaubersalz, Alaun, Zucker, Gabel, 2 Kohleelektroden, Flachbatterie, Krokodilklemmen, Kabel, Lämpchen auf Sockel oder Rotor

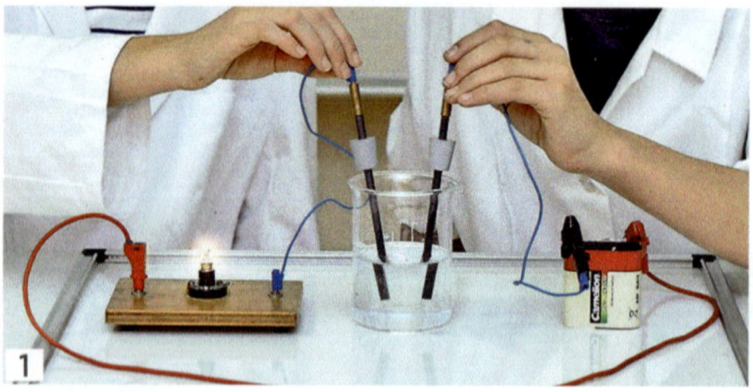
1

1 Löse von jedem Stoff eine Teelöffelportion mit wenig Wasser in einer Petrischale auf und lass die Ansätze tagelang in Ruhe eintrocknen.

2 Zerquetsche wenige Kristalle von einem Stoff mit einem Löffel auf einer harten Unterlage.
Beschreibe deine Beobachtung.

3 Baue die Testvorrichtung für die Leitfähigkeitsprüfung zusammen. Löse die Salze durch Umrühren erneut in etwas Wasser auf.

4 Prüfe durch Eintauchen der zwei Kohleelektroden mit wenig Abstand, ob die Lösungen den elektrischen Strom leiten.

5 Begründe, warum Zucker nicht zur Gruppe der Salze gehört.

Material B

Eisen – eines von vielen Metallen

2 Verschiedene Magnete

Eisen und Stahl sind die häufigsten Metallwerkstoffe, die wir um uns herum finden. Eisen ist magnetisierbar. Manchmal versteckt sich dieser Werkstoff unter einer Lackschicht, manchmal unter einer Emaille-Schicht.
Mit einem Magneten kannst du auf die Suche gehen.

Materialliste: Stabmagnet oder Türklappenmagnet oder andere Kleinmagnete, Spitzer, Stifte

1 An welchen Teilen bleibt der Magnet „kleben“? Was ist magnetisierbar?
Fertige eine Liste an.

2 Anschließend prüfst du die Magnetisierbarkeit von Möbeln und Geräten oder Geräteteilen im Klassenraum bzw. Fachraum.
Fertige auch hier eine Liste der Teile an, die du als magnetisierbar getestet hast.

Material C

Stoffe, Stoffgruppen und ihre Eigenschaften

1 Übertrage die Tabelle in dein Heft. → 3
Ordne darin folgende Stoffe und Stoffgruppen zu:

Stoffe: Quarz, Acrylglas, Nickel, Kerzenwachs, Kochsalz
Stoffgruppen: Metalle, Salze, Steinartige, Kunststoffe, Leichtflüchtige

Magnetisierbarkeit	Wasserlöslichkeit	Lösung elektrisch leitfähig	Härte	Schmelztemperatur	Spröde/ Biegsam	Stoff	Stoffgruppe
ja	nein	wasserunlöslich	hart	sehr hoch	biegsam	?	?
nein	ja	ja	hart	hoch	spröde	?	?
nein	nein	wasserunlöslich	weich	erweicht, zersetzt sich	biegsam	?	?
nein	nein	wasserunlöslich	weich	niedrig	biegsam	?	?
nein	nein	wasserunlöslich	sehr hart	sehr hoch	spröde	?	?

3

Material D

Getränkeverpackungen

Materialliste: Getränkekarton einer H-Milch, Schere, Kleber

Getränkeverpackungen für H-Milch bestehen nicht nur aus einem Stoff, sondern aus drei Schichten verschiedener Stoffe. Die innerste Schicht ist aus Aluminium. Aluminium ist ein leichtes Metall und bildet für Sauerstoff und Licht eine Barriere. Das Getränk in der Verpackung ist länger haltbar, wenn es nicht mit Sauerstoff und Licht in Kontakt kommt. Die mittlere Schicht ist aus stabilem Papier. Die äußerste Schicht ist aus Kunststoff, der das Papier vor Durchnässung von außen schützt.

4

1 Schneide aus einer Getränkeverpackung ein kleines Stück aus. Trenne die Schichten voneinander.

2 Erstelle eine Skizze vom Aufbau einer Getränkeverpackung. Beschrifte die verschiedenen Schichten und klebe jeweils das passende Stück dazu.

3 Begründe, warum gerade die genannten Stoffe für die Verpackung verwendet werden. → 4

4 Nenne weitere Gegenstände, die aus verschiedenen Stoffen bestehen, und begründe die Verwendung der Stoffe anhand ihrer Eigenschaften.

Aggregatzustände von Stoffen

1 Gestein kann sowohl fest (**A**) als auch flüssig sein (**B**).

Steine sind fest, Wasser ist flüssig und Luft ist ein Gas. Aber das ist nicht immer so: In einem Vulkan können Steine flüssig sein, Wasser gefriert im Winter zu Eis und verdunstet bei Sonnenschein zu Wasserdampf.

Aggregatzustände • Stoffe können fest, flüssig oder gasförmig sein. Diese drei Zustandsarten nennen wir die Aggregatzustände. Welchen Aggregatzustand ein Stoff einnimmt, hängt vor allem von der Temperatur ab. Eis schmilzt bei 0 °C zu Wasser. Wasser siedet bei 100 °C, es entsteht Wasserdampf. Dieser Wasserdampf kann wieder zu flüssigem Wasser werden, wenn er an einer kalten Glasscheibe kondensiert. Wasserdampf kann an kalten Tagen auch direkt zum Feststoff werden. → 2 Dieser feste Raureif kann sich auch wieder in Luft auflösen. Wird ein fester Stoff direkt gasförmig, spricht man vom Sublimieren. Wird ein gasförmiger Stoff wiederum fest, nennt man dies Resublimieren.

2 Eichenblatt mit Raureif

Schmelz- und Siedetemperatur • Die Temperatur beim Übergang vom festen in den flüssigen Aggregatzustand heißt Schmelztemperatur. Die Temperatur beim Übergang vom flüssigen in den gasförmigen Zustand heißt Siedetemperatur. Schmelztemperatur und Siedetemperatur hängen von der Art des Stoffs ab: Soll Sauerstoff flüssig werden, so muss man ihn auf –183 °C abkühlen. Daher ist Sauerstoff auch im Winter immer gasförmig.
Eisen bleibt dagegen bis 1536 °C im festen Aggregatzustand. Daher wird ein Gegenstand aus Eisen auch bei größter Hitze im Sommer nie flüssig.

Teilchenmodell • Das Teilchenmodell ist eine Vorstellung zum Aufbau von Stoffen. Wir stellen uns vor, dass alle Stoffe aus einzelnen kleinsten Teilchen bestehen. Diese sind so winzig, dass man sie nicht sehen kann. Mithilfe des Teilchenmodells kann man die Aggregatzustände von Stoffen beschreiben und erklären.

der **Aggregatzustand**
die **Schmelztemperatur**
die **Siedetemperatur**

Feststoff • Im festen Aggregatzustand halten die kleinsten Teilchen eines Stoffs stark zusammen. Sie liegen dicht an dicht und bewegen sich zitternd an ihren Plätzen. → 3

Flüssigkeit • Wird ein Stoff erwärmt, bewegen sich die kleinsten Teilchen stärker. Ihr Zusammenhalt wird schwächer. Bei Erreichen der Schmelztemperatur wird der Stoff flüssig. Die Teilchen haben nun keine festen Plätze mehr und bewegen sich gegeneinander.

Gas • Bei noch höherer Temperatur bewegen sich die Teilchen noch schneller. Bei Erreichen der Siedetemperatur wird der flüssige Stoff gasförmig. Die Teilchen besitzen keinen Zusammenhalt mehr und verteilen sich im Raum.

Stoffe können fest, flüssig oder gasförmig sein. Der Aggregatzustand eines Stoffs hängt vor allem von der Temperatur ab. Die Aggregatzustände und ihre Übergänge sind mithilfe des Teilchenmodells erklärbar.

Aufgaben

1 ○ Nenne die drei Aggregatzustände.

2 ◐ Beschreibe mithilfe von Bild 3 folgende Vorgänge mit den Fachbegriffen: Nasse Wäsche trocknet; Brille beschlägt; Wasserpfütze gefriert; Morgentau bildet sich; Eiszapfen „verschwindet"; Schokolade wird im Sonnenlicht weich.

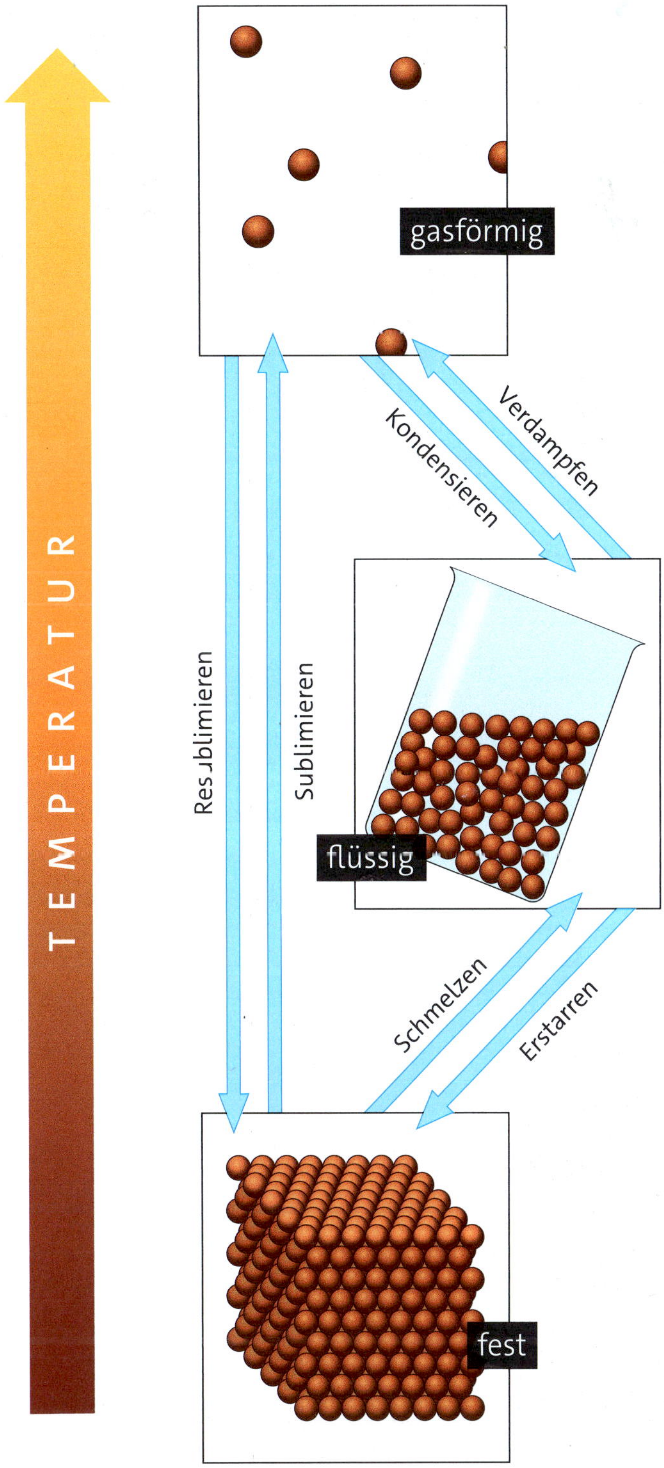

3 Die Übergänge zwischen den drei Aggregatzuständen

Aggregatzustände von Stoffen

Material A

Aggregatzustände verschiedener Stoffe

1 Lies ab, welche der Stoffe bei Zimmertemperatur (20 °C) fest, flüssig oder gasförmig sind. → 1

2 Nenne die Stoffe, die bei:
a 150 °C flüssig sind.
b 80 °C gasförmig sind.
c 100 °C fest sind.

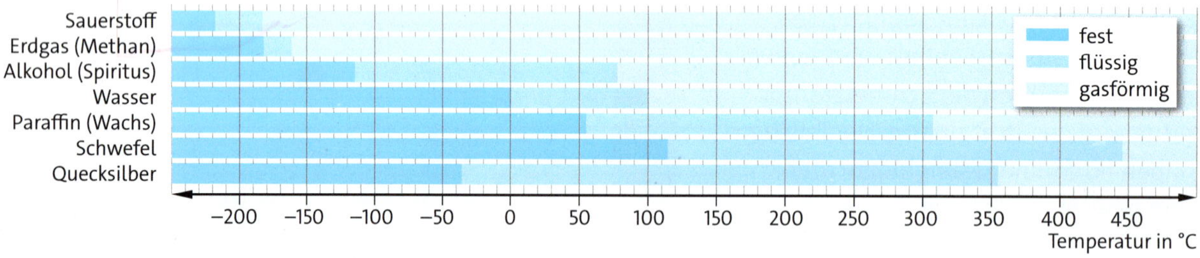

1 Aggregatzustände bei verschiedenen Temperaturen

Material B

Schmelz- und Siedetemperaturen

Die Tabelle in Bild 2 ist etwas durcheinandergeraten.

Stoff	Aggregatzustand bei Raumtemperatur	Schmelztemperatur Siedetemperatur
Aluminium 	flüssig	−272 °C −269 °C
 Spiritus	fest	−114,5 °C 78 °C
Heliumgas 	gasförmig	660 °C 2 743 °C

2

1 Erstelle eine neue Tabelle in deinem Heft und ordne den Stoffen die richtigen Aggregatzustände, Schmelz- und Siedetemperaturen zu.

2 Erweitere deine Tabelle durch die folgenden Stoffe: Blei, Eisen, Gold, Heizöl, Kupfer, Kochsalz, Zink. Recherchiere die Schmelz- und Siedetemperaturen der Stoffe. Nutze dafür auch den Anhang des Buches.

3 Füge in deine Tabelle auch Abbildungen der Stoffe oder Abbildungen von Gegenständen aus den jeweiligen Stoffen ein.

Material C

Schmelztemperaturen bestimmen

Materialliste: Heizplatte, Becherglas (250 ml), 3 Reagenzgläser, Thermometer, Spatel, Margarine, Schokolade, Paraffin

1 Baue den Versuch wie in der Zeichnung auf. → 3 Gib dann nacheinander Margarine, Schokolade und Gelatinepulver in jeweils ein Reagenzglas. Stelle das jeweilige Reagenzglas in das kalte Wasserbad und erhitze es vorsichtig. Sobald dein Stoff schmilzt, notierst du diese Schmelztemperatur.

2 ▢ Notiere deine Ergebnisse in einer Tabelle.

3 ◪ Du hast ein Teelicht und ein Thermometer. Beschreibe, wie du damit die Schmelztemperatur von Wachs bestimmen kannst.

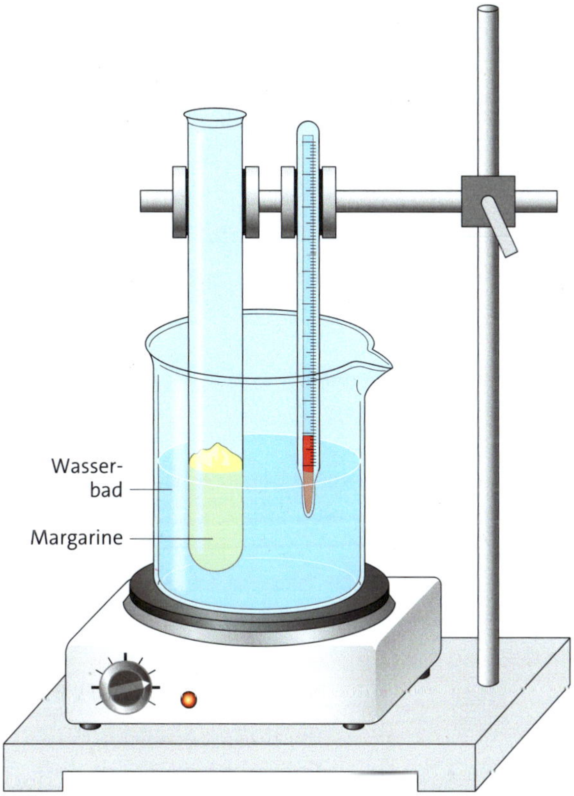

3

Material D

Die Kerze genauer betrachtet

Bei einer brennenden Kerze ist Wachs in allen drei Aggregatzuständen vorhanden.

1 ◪ Beschreibe für das Wachs die Übergänge zwischen den Aggregatzuständen mit den passenden Fachbegriffen.

2 ● Erläutere, was bei den Übergängen der Aggregatzustände mit den kleinsten Wachsteilchen geschieht.

4

Reinstoffe und Stoffgemische

1 Müsli mit Früchten und Nüssen

2 Die Plastikflasche besteht aus PET, einem Reinstoff.

Schon beim Frühstück begegnen dir Stoffgemische, z. B. dein Müsli. Es besteht meist aus Haferflocken, Früchten, Nüssen und Milch.

Stoffgemische und Reinstoffe • Bei Müsli handelt es sich um ein Stoffgemisch. Wer zum Beispiel keine Rosinen mag, kann das Stoffgemisch durch Auslesen der Rosinen leicht trennen. Es gibt viele andere Stoffgemische, z. B., Apfelsaft, Milch, Suppe. Um solche Gemische zu trennen, braucht man andere Trennverfahren. Wenn sich ein Stoff nicht weiter auftrennen lässt, handelt es sich um einen Reinstoff. Reinstoffe bestehen aus einem einzigen Stoff, Stoffgemische aus mehreren. → 5

Hausmüll – ein Gemenge • Auch unser Hausmüll ist ein Stoffgemisch, ein Gemenge aus festen Stoffen. Es besteht aus verschiedenen Stoffen wie Glas, Papier, Kunststoff und Metall. Wir trennen diese Stoffe und sammeln sie in unterschiedlichen Abfalltonnen. Die Müllabfuhr bringt diese dann zu Recyclinganlagen. Dort werden diese Wertstoffe aufbereitet und zu neuen Produkten verarbeitet.

Arten von Gemischen • Nicht nur das Müsli, sondern auch die meisten Stoffe in der Natur kommen als Gemische vor. Daher hat man Gemische nach bestimmten Merkmalen geordnet. Zunächst werden alle Gemische in homogene und heterogene Gemische unterteilt.

das Stoffgemisch
der Reinstoff
homogen
heterogen

Homogene Gemische • Bei homogenen, einheitlichen aussehenden Gemischen sind die einzelnen Bestandteile nicht zu erkennen – auch nicht unter dem Mikroskop. Ein Beispiel dafür ist eine Salzlösung (Salzwasser). Sie sieht an jeder Stelle gleich aus. → 3 Wer schon einmal Meerwasser in den Mund bekommen hat, konnte schmecken, dass ein zweiter Stoff, das Salz, darin gelöst ist.

3 Meerwasser – ein homogenes Gemisch

Heterogene Gemische • Bei heterogenen, uneinheitlichen Gemischen sind verschieden aussehende Bereiche oder zwei Phasen erkennbar. Bei Gartenerde oder Granit kann man mit bloßem Auge verschiedene Bestandteile erkennen. → 4 Bei Verbrennungen entstehen Stoffe, die als Rauch in der Luft zu sehen sind. Die festen Bestandteile des Rauchs sind gut sichtbar, die gasförmigen nicht.

4 Granit – ein heterogenes Gemisch

Stoffgemische bestehen aus mindestens zwei Reinstoffen. Stoffe, die sich nicht mehr trennen lassen, sind Reinstoffe.

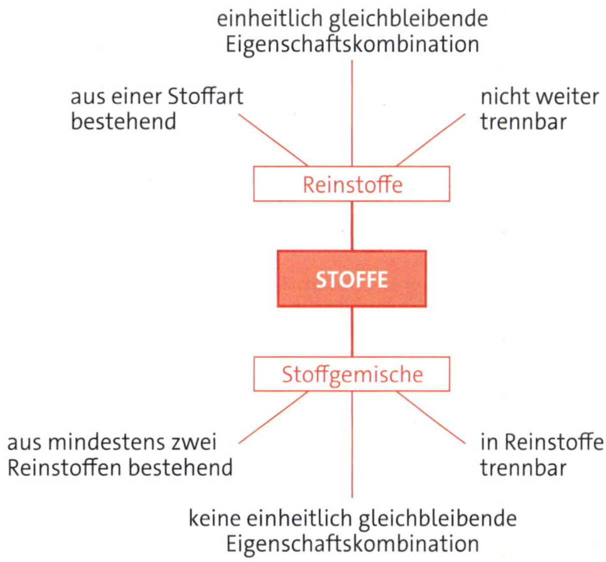

5 Einteilung der Stoffe

Aufgaben

1 Ordne zu, ob es sich bei den Beispielen um Reinstoffe oder Stoffgemische handelt: Milch, Mineralwasser, Apfelsaft, Müll, Waschpulver, Eisenpulver.

2 Nenne jeweils zwei Reinstoffe und Stoffgemische aus der Küche.

Reinstoffe und Stoffgemische

Erweitern und Vertiefen

Stoffgemische im Teilchenmodell

Stoffgemische unterscheiden • Stoffe bestehen aus kleinsten Teilchen von unterschiedlicher Größe. Beim Mischen von Stoffen verteilen sich die kleineren Stoffteilchen des einen Stoffs zwischen den größeren Stoffteilchen des anderen Stoffs.
Gemische werden nach den Aggregatzuständen ihrer Bestandteile unterteilt. → 1
Stoffgemische, in denen Feststoffe in einer Flüssigkeit schweben, nennt man Suspensionen. Eine Emulsion dagegen ist ein Stoffgemisch, bei dem in Wasser fein verteilte Fetttröpfchen enthalten sind. → 2

Name	Aggregatzustände	Beispiel
Lösung	Feststoff in Flüssigkeit	Salzwasser
Suspension	Feststoff in Flüssigkeit	Schmutzwasser
Emulsion	Flüssigkeit in Flüssigkeit	Essig-Öl-Salatsauce
Rauch	Feststoff in Gas	Kaminabgase
Nebel	Flüssigkeit in Gas	Wolke

1 Arten von Gemischen

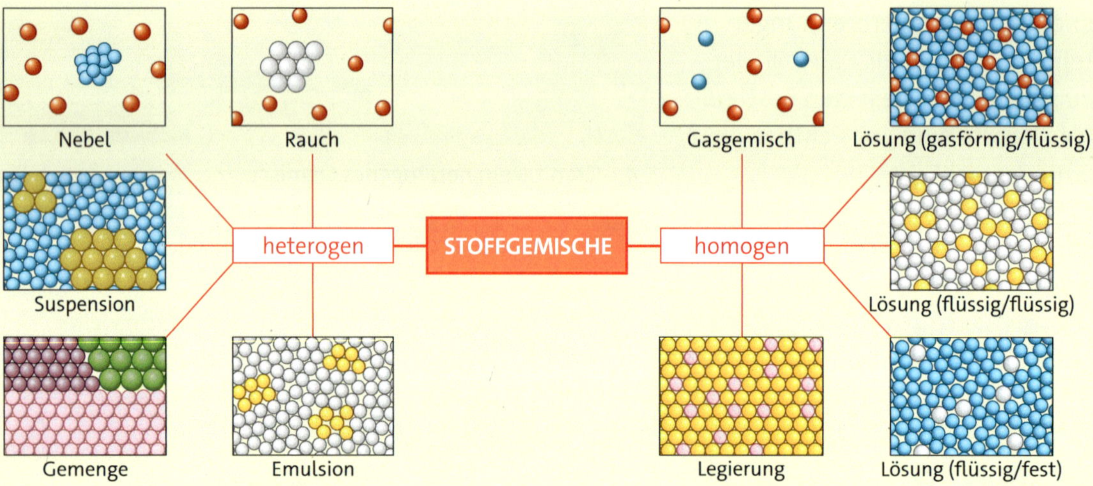

2 Verschiedene Stoffgemische im Teilchenmodell

Aufgaben

1 Nenne jeweils ein Beispiel für eine Lösung und eine Suspension. Erkläre den Unterschied zwischen Lösung und Suspension mit dem Teilchenmodell. → 2

2 Begründe mit dem Teilchenmodell, warum Nebel ein heterogenes Gemisch ist. → 2

3 Beschreibe an einem Beispiel, wie man eine Emulsion herstellt.

Erweitern und Vertiefen *

Da bewegt sich was

Die Bewegung der Teilchen kann man nicht sehen. Dafür sind sie viel zu klein. Indirekt kann man die Teilchenbewegung aber doch beobachten.

Die Beobachtungen des Mr Brown • Im Jahr 1827 machte der schottische Biologe Robert Brown eine Entdeckung. Er beobachtete unter dem Mikroskop, dass sich Blütenpollen in einem Wassertropfen ständig ein wenig hin- und herbewegen. Erklären konnte er diese Bewegungen nicht.
Später machte man ähnliche Beobachtungen, z. B. bei Fetttröpfchen in Milch oder bei feinem Aluminiumstaub in Wasser. Diese Bewegungen nennt man brownsche Bewegung.

Ursache der brownschen Bewegung • Heute weiß man, dass sich zum Beispiel die Wasserteilchen in einem Wassertropfen ständig chaotisch hin- und herbewegen. Dabei stoßen sie immer wieder an das größere Pollenkorn. Dieses wird auf diese Weise zufällig in verschiedene Richtungen bewegt. → 3

Diffusion • Angenommen, man gibt Zucker in eine Tasse Tee, rührt aber den Tee nicht um, sondern lässt ihn völlig ruhig stehen. Dann schmeckt nach einiger Zeit dennoch der ganze Tee süß. Die Zuckerteilchen haben sich selbstständig im ganzen Tee verteilt.
Diese selbstständige Verteilung von Teilchen nennt man Diffusion. Auch ihre Ursache liegt in der ständigen Bewegung der Teilchen. Diffusionen spielen in der Natur eine große

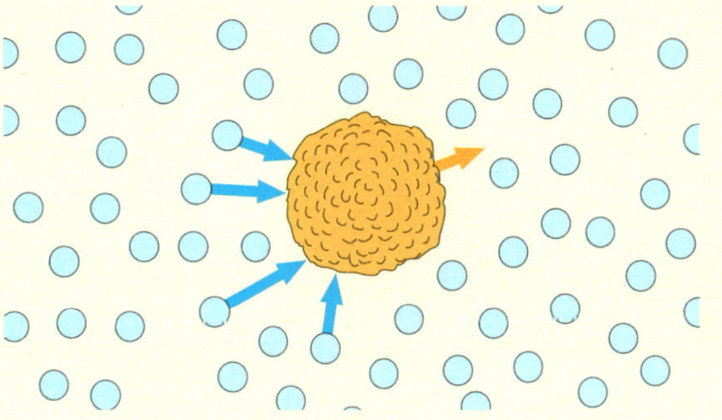

3 Pollenkorn (orange) wird durch Zusammenstöße mit Wasserteilchen (blau) bewegt.

Rolle, zum Beispiel wenn Wasser allmählich in Pflanzenwurzeln eindringt oder wenn sich Stoffe in unseren Körperzellen verteilen.
Wie schnell die Diffusion erfolgt, hängt vom Aggregatzustand und der Temperatur der Stoffe ab: Je höher die Temperatur, desto schneller die Diffusion.

Die brownsche Bewegung wird durch die Bewegung der kleineren Teilchen in einer Flüssigkeit verursacht. Die Durchmischung verschiedener Stoffe durch Bewegung ihrer Teilchen heißt Diffusion.

Aufgaben

1 ○ Nenne die Ursache der Diffusion.

2 ◐ Schichte Kirsch- und Bananensaft in einem Glas ganz vorsichtig übereinander. Lass es einen Tag lang völlig ruhig stehen und beschreibe dann die Beobachtungen.

3 ● „Pflanzen nehmen Nährstoffe aus dem Boden durch Diffusion auf." Erkläre.

Reinstoffe und Stoffgemische

Material A

Früchtemüsli sortieren – hilfreiche Einsichten

Materialliste: 3 unterschiedliche Sorten Früchtemüsli, Pinzetten, 7 Petrischalen, Blatt Papier, Waage, Becherglas (500 ml), Löffel

1 Schütte das Früchtemüsli in ein Becherglas und durchmische es mit einem Löffel.

2 Wiege 50 g der Früchtemüslimischung ab und gib sie auf ein Blatt Papier.

3 Sortiere die Früchte aus der Müslimischung aus und ordne sie jeweils einer Petrischale zu.

4 ◔ Schätze den Anteil der Früchte am Müsligewicht in Prozent.
Überprüfe deine Schätzung durch Wiegen der Fruchtbestandteile.

5 ▢ Überprüfe, ob du die auf der Packung genannten Früchte wiedergefunden hast.

6 ▢ Notiere, welche Früchte du besonders häufig findest. Stelle eine Vermutung an, warum diese häufig vorkommen.

7 ◔ Würdest du das untersuchte Früchtemüsli kaufen? Begründe deine Entscheidung.

1 Früchtemüslipackung

Material B

Kakao unter Beobachtung

Materialliste: Kakaopulver, Salz, Zucker, Milch, Wasser, Becherglas (250 ml), Messzylinder, Esslöffel

1 Miss 150 ml Milch ab und gib sie in das Becherglas.

2 Füge 3 Esslöffel Kakaopulver zu der Milch und verrühre die Mischung.

3 Beobachte, was mit der Mischung geschieht.
▢ Beschreibe deine Beobachtung.

4 Wiederhole das Experiment mit Salz und Zucker und Wasser.

5 ◔ Benenne die Arten der Stoffgemische, die du hergestellt hast. Begründe deine Entscheidung.

2 Eine heiße Schokolade – ein Stoffgemisch

Material C

Granit untersuchen

3 Granitsteine

Wenn du wissen willst, wie bestimmte Geräte oder Spielzeuge aufgebaut sind, schaust du sie dir zunächst genau an. Danach nimmst du sie möglicherweise auseinander und zerlegst sie. So lernst du die Bestandteile bis ins kleinste Detail kennen.
Genauso machst du es mit dem Granitstein. → 3

Materialliste: Granitstein, Lupe, Mörser aus Gusseisen, Stofftasche, Hammer, Löffel, Zahnstocher, Klebestreifen

1 Nimm den Granitstein in die Hand und schau ihn dir genau an, benutze eine Lupe. Schätze ein, aus wie vielen verschiedenen Mineralien der Stein aufgebaut ist.

2 Lege den Granitstein in den Mörser und zerstoße ihn zu kleinen Krümeln. Alternativ kannst du den Stein auch in einer Stofftasche mit einem Hammer zerschlagen. Schütze deine Augen vor herumfliegenden Splittern mit einer Schutzbrille!

3 Nimm eine Löffelportion der Gesteinskrümel und sortiere das Material auf der Tischplatte mit einem Zahnstocher. Suche für Glimmer, Feldspat und Quarz jeweils einen besonders schönen, einheitlichen Kristall heraus.

4 Lege von jeder Mineralsorte ein oder zwei Splitter in dein Heft, überklebe sie mit Klarsichtfilm und beschrifte das Mineral an der Seite.

Glimmer: blättrige schwarze oder silbrige, stark glänzende Kristalle

Feldspat: rötliche oder hautfarbene Kristalle, die nicht blättrig, sondern körnig sind

Quarz: weißliche oder glasig durchsichtige Kristalle, die nicht besonders glänzen

4 Zwei verschiedene Granitsorten mit Zuordnung der Bestandteile Quarz, Feldspat und Glimmer

Stoffe lösen sich in Wasser

1 Salzgarten

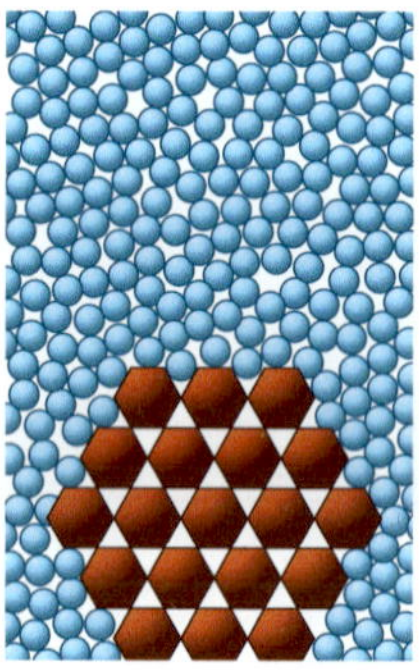

2 Zucker vor dem Lösen in Wasser

In Salzgärten wird in flachen Becken Kochsalz aus Meerwasser gewonnen. Gibt man das Kochsalz später wieder in Wasser, löst es sich erneut. Was geschieht dabei mit dem Salz?

Der Lösevorgang • Im Salzkristall hängen die kleinsten Teilchen eng und fest zusammen. Beim Lösen in Wasser werden sie von den Wasserteilchen angestoßen und weggerissen.
Sie schwimmen dann zwischen den Wasserteilchen herum.
Das Wasser schmeckt nun salzig. Daran sieht man, dass die kleinsten Teilchen beim Lösen nicht verloren oder kaputtgegangen sind. Wir können sie nur nicht sehen, weil sie zu klein sind. Erst wenn das Wasser verdunstet, sieht man die gelösten Stoffe wieder als Kristalle.
Auch Gase, z. B. Kohlenstoffdioxid, können in Wasser gelöst werden. So wird Sprudelwasser hergestellt.

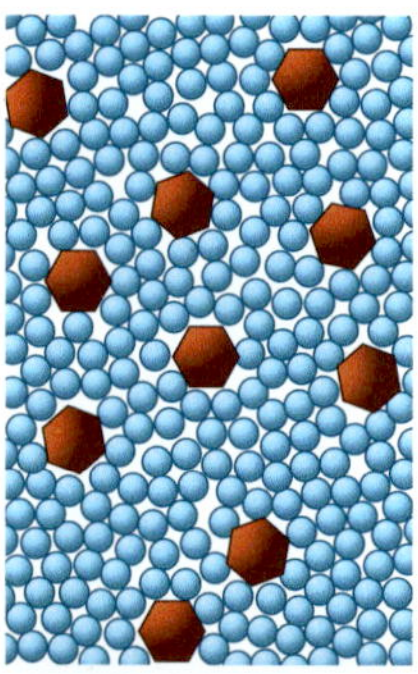

3 Zucker nach dem Lösen in Wasser

Lösungsmittel • Lösungsmittel sind Flüssigkeiten, die andere Stoffe feinst möglich in sich verteilen. Es handelt sich nicht immer um Wasser. Stoffe können in einem Lösungsmittel leicht oder schwer löslich sein. Die Löslichkeit wird durch die Temperatur des Lösungsmittels beeinflusst.
Viele Aromastoffe lösen sich besser in Öl oder Alkohol. Sie werden daher für die Verwendung in Parfüms oder anderen Kosmetika durch Lösen in Alkohol oder Öl gewonnen.

Löslichkeit • Gibt man Salz in Wasser oder Zucker in den Tee, so lässt sich nur eine begrenzte Menge im Wasser oder Tee lösen. Ist die Grenze erreicht, so setzt sich der Zucker oder das Salz am Boden ab. Eine solche Lösung bezeichnet man als gesättigt.

Lösen und Schmelzen • Lösen und Schmelzen sind verschiedene Vorgänge. Wenn ein Stoff schmilzt, entsteht eine Flüssigkeit. Das ist aber kein Lösevorgang, da kein anderer Stoff in der Flüssigkeit gelöst ist.

Feststoffe, Flüssigkeiten oder Gase lösen sich in Wasser. Die Löslichkeit ist abhängig vom gelösten Stoff, dem Lösungsmittel und der Temperatur.

Aufgabe

1 Beschreibe, wie man eine gesättigte Lösung herstellt.

der Lösevorgang
das Lösungsmittel
die Löslichkeit
gesättigt

Material A

Löslichkeit im Test

Materialliste: Kochsalz, Gips, Kalk, 3 Bechergläser (250 ml), Spatellöffel, Rührstab, Wasserkocher

1 Gib jeweils 100 ml kaltes Wasser in ein Becherglas und füge löffelweise Kochsalz hinzu. Rühre gut um. Zähle die Löffel des gelösten Stoffs.

2 Wiederhole das Experiment mit Gips und Kalk.

3 Teile die Stoffe in leicht oder schwer löslich ein.

4 Wiederhole das Experiment mit siedendem Wasser aus dem Wasserkocher. Beschreibe deine Beobachtungen.

4

Material B

Eine Grenze beim Lösen?

Du sollst herausfinden, wo beim Lösen von Salz in Wasser die „Grenze" ist. Diese Grenze ist erreicht, wenn trotz des Rührens noch ein Bodensatz Salz ungelöst liegen bleibt.

Materialliste: Becherglas (250 ml), Salz, Rührstab, Löffel, Waage

Wiege einen Löffel Salz. Gib dann 100 ml Wasser in das Becherglas. Gib nun Löffel für Löffel Salz ins Wasser. Zähle die Löffel und rühre um, bis alles Salz gelöst ist.

1 Berechne das Gewicht an Salz, das sich gerade noch im Wasser löst.

2 Betrachte Bild 5.

a Erläutere, was für ein Zusammenhang dargestellt ist.

b Lies ab, wie viel Zucker sich bei 80 °C in 100 ml Wasser löst.

c Berechne, wie viel Zucker man in einer Kanne mit 500 ml Tee bei 60 °C lösen könnte.

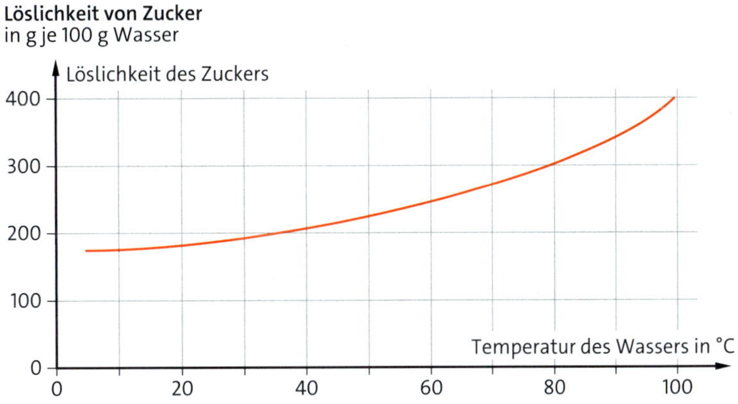

5

Trennverfahren

1 Minztee

Aroma- und Wirkstoffe aus Pflanzen nutzen wir, um einen wohlschmeckenden Tee zuzubereiten. Um diese Stoffe zu gewinnen, nutzt der Chemiker Trennverfahren.

Sieben und Filtrieren • Beim Sieben von Feststoffgemischen kann man die verschiedenen Teilchengrößen nutzen. So gewinnt man zum Beispiel Kieselsteine verschiedener Größe oder trennt die groben Bestandteile aus dem Kompost ab.
Suspensionen aus Flüssigkeiten und feineren Feststoffen werden mithilfe eines Filters voneinander getrennt. Dazu faltest du einen Rundfilter zu einem Viertelkreis und platzierst ihn dann in einem Trichter. → 4 Anschließend gibst du das Stoffgemisch in den Trichter. Die Feststoffe bleiben als Rückstand im Filter, die Flüssigkeit fließt durch den Filter und landet als Filtrat im Auffanggefäß. Je nach Größe der Festbestandteile verwendet man Filter mit geeigneter Porengröße. Filter sind Siebe für ganz kleine Teilchen.

2 Filtrieren von Kaffee

Sedimentieren und Dekantieren • Suspensionen aus Flüssigkeiten und groben Feststoffen kannst du trennen, indem du das Gemisch einfach stehen lässt. Die Feststoffe setzen sich auf dem Boden des Gefäßes ab. Diesen Bodensatz nennt man Sediment und den Vorgang Sedimentieren. → 3
Dann gießt du die überstehende Flüssigkeit einfach ab. Man sagt auch: Man dekantiert die Flüssigkeit. Auf diese Weise kannst du Schlamm und Erde von Wasser trennen. Die unterschiedlichen Dichten der Bestandteile lassen sie unterschiedlich sinken.

Eindampfen • Lösungen aus Flüssigkeiten und Feststoffen, z. B. Salzwasser, können nur durch Eindampfen getrennt werden. → 5
Der gelöste Feststoff Salz wird abgetrennt, indem man das Wasser verdampfen lässt. Wasser hat eine viel niedrigere Siedetemperatur als Salz.

Destillation • Beim technischen Verfahren der Destillation von Rotwein zu Brandwein nutzt man die unterschiedlichen Siedetemperaturen von Alkohol und Wasser. Dabei kommt es zu einem stufenweisen Verdampfen und Kondensieren der verschiedenen Flüssigkeiten. Der Kondensationsvorgang wird durch eine Wasserkühlung verstärkt.

das Sedimentieren
das Dekantieren
die Destillation
das Extrahieren
die Adsorption

Extrahieren • Viele Stoffe sind gut wasserlöslich, andere sind schlecht in Wasser löslich. Sie lösen sich besser in Alkohol, Öl oder Benzin. Mit dem richtigen Lösungsmittel kann man also einen Stoff aus einem Gemisch herauslösen. Zahlreiche Aromastoffe werden durch dieses Verfahren, die Extraktion, gewonnen. → 1

Adsorption • Mit Bentonit oder Aktivkohle können Farbstoffe, Geruchsstoffe oder Schadstoffe aus Lösungen entfernt werden. Die Stoffe lagern sich dabei an die Kohle- und Bentonitoberfläche an. Bentonit ist als Katzenstreu im Einsatz. Aktivkohle ist eine Holzkohle mit einer stark vergrößerten Oberfläche. Sie wird als Filter in der Trinkwasseraufbereitung genutzt, um Schadstoffe aus dem Wasser zu entfernen.

Stoffgemische lassen sich durch unterschiedliche Verfahren in ihre Bestandteile trennen. Diese Trennverfahren nutzen die Eigenschaften der Stoffe wie Dichte, Löslichkeit, Korngröße oder Siedetemperaturen.

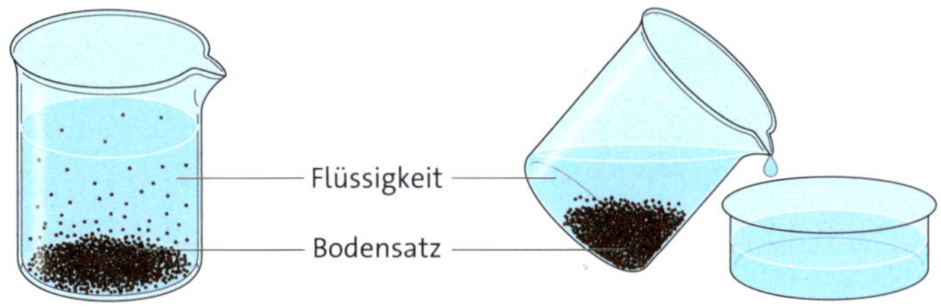

3 Sedimentieren und Dekantieren

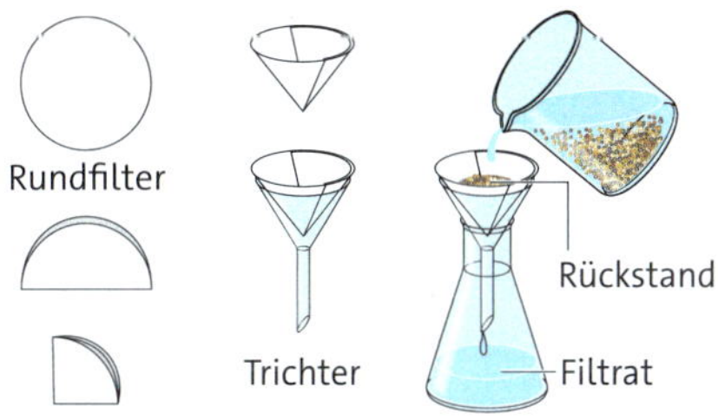

4 Stofftrennung durch Filtern

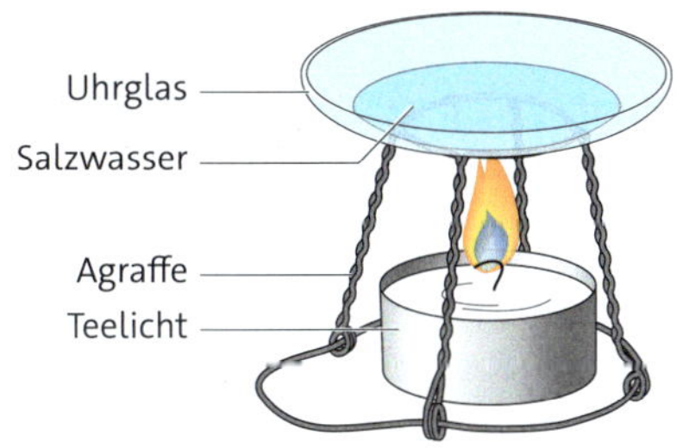

5 Stofftrennung durch Eindampfen

6 Eine Destillerie

Aufgaben

1 Trinkwasser aus Meerwasser:

a Beschreibe ein Verfahren, wie du aus Meerwasser Trinkwasser gewinnen kannst.

b Gib an, welche Stoffeigenschaft du bei dem Verfahren nutzt.

2 In der Parfümherstellung werden zahlreiche Aromastoffe aus Pflanzen verwendet. Benenne und beschreibe ein Verfahren zu ihrer Gewinnung.

Trennverfahren

Material A

Alkohol aus Rotwein

Materialliste: Rotwein, Siedesteinchen, Reagenzglashalter, kleines Reagenzglas, gewinkeltes Glasrohr, durchbohrter Stopfen, Porzellanschälchen, Teelicht

Achtung • Die aufgefangene Flüssigkeit ist leicht entzündlich!

1 Fülle das Reagenzglas zu etwa einem Drittel mit Rotwein und gib zwei Siedesteinchen hinzu.

2 Verschließe das Reagenzglas mit dem Stopfen und stecke das Glasrohr hinein.

3 Befestige das Reagenzglas an einem Reagenzglashalter und stelle ein Porzellanschälchen unter die Öffnung des Glasrohrs.

4 Erhitze nun den Rotwein. Beobachte die Vorgänge im Reagenzglas und in dem seitlichen Glasrohr.
Stoppe die Erhitzung, wenn sich wenige Tropfen Flüssigkeit im Porzellanschälchen gesammelt haben.

5 Beobachtung und Ergebnis:
a ○ Beschreibe die Farbe und und den Geruch des Destillats.

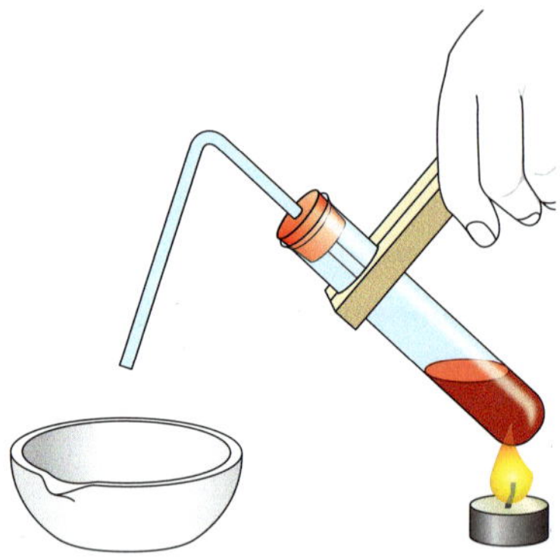

1 Destillation von Rotwein

b ◑ Gib an, um welchen Stoff es sich handelt und wie du das überprüfen könntest.

6 ◑ Erläutere, welche Stoffeigenschaft man bei der Destillation zur Trennung nutzt.

Material B

Wasser aus Halbfettmargarine

Materialliste: Halbfettmargarine, Backmargarine, Reagenzglas, Becherglas (500 ml), Wasserkocher, Spatel, Salz

1 Gib etwa 50 g Halbfettmargarine mit dem Spatel in ein weites Reagenzglas. Stelle das Reagenzglas in ein Becherglas mit heißem Wasser. Lass die Halbfettmargarine schmelzen.

2 Gib dann eine Spatelspitze Kochsalz hinzu und schüttle einmal gut durch. Kochsalz dient hier als Trennmittel. Lass das Glas anschließend wieder ruhig im heißen Wasser stehen.

3 Führe denselben Versuch mit Backmargarine durch.

4 Betrachte die ölige Phase und die wässrige Phase.
○ Miss mit dem Lineal die Höhe der beiden Schichten.

2 Halbfett- und Backmargarine

5 ◑ Benenne die Stoffeigenschaft, die für die Schichtung verantwortlich ist.

6 ◑ Erkläre, was sich beim Schmelzen abgespielt hat.

Material C

Extraktion und Papierchromatographie

1 Extrahieren von Blattgrün

Ein aufwendigeres Trennverfahren ist das Extrahieren. Dabei wird ein Stoff aus einem Stoffgemisch herausgelöst.

Materialliste: Becherglas, Salat- und Spinatblätter, Reibschale mit Pistill, Sand, Spiritus ⟨GHS02⟩ ⟨GHS07⟩, Stativ mit Stativring, Trichter, Filterpapier

a Zerkleinere die Blätter mit der Hand und zerreibe sie gründlich mit etwas Sand und Spiritus in einer Reibschale. → 3
b Filtriere danach den Inhalt der Reibschale.
c ◐ Erkläre die Verfärbung des Spiritus.

3 Reibschale und Pistill

d ◐ Auch im Alltag wird extrahiert. Gib an, wobei es sich um Extraktionen handelt:

Kartoffeln kochen, Tee kochen, Kaffee kochen, Eier kochen

2 Reinstoff oder Stoffgemisch?

Die Papierchromatographie ist ein Trennverfahren, das mithilfe von Filterpapier und einem Lösungsmittel Farbstoffe in ihre Bestandteile auftrennt.
Dabei nutzt man die Anhaftung der Stoffe an das Trägermaterial sowie ihre Löslichkeit in der mobilen Phase, in unserem Fall Spiritus.
In dem Versuch wird der grüne Blattfarbstoff aufgetrennt. Diesen Farbstoff nennt man auch Chlorophyll. Chlorophyll wird in den Pflanzen zur Fotosynthese genutzt.

Teste mit folgendem Experiment, ob es sich bei dem in Versuch 1 extrahierten Farbstoff um einen Reinstoff oder ein Stoffgemisch handelt.

Materialliste: Filterpapier, Petrischale, Spiritus ⟨GHS02⟩ ⟨GHS07⟩

a Fülle den gefärbten Spiritus in die Petrischale
b Lege einen Rundfilter mit Loch auf die Schale.
c Durch das Loch steckst du einen zusammengerollten Rundfilter als „Docht". → 4

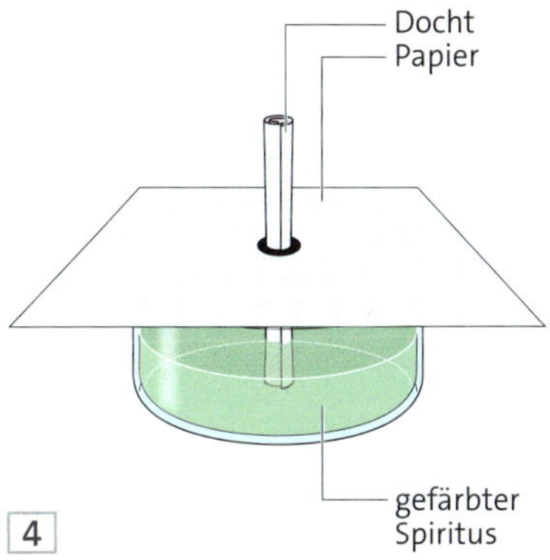

4

5

d Lass den Aufbau einige Minuten stehen und beobachte.
e ● Begründe, ob es sich bei dem extrahierten Farbstoff um einen Reinstoff oder ein Stoffgemisch handelt.

Abfall – ein Wertstoffgemisch

1 Der Gelbe Sack und die Gelbe Tonne – eine Fülle an Wertstoffen

2 Der Grüne Punkt

Einige Abfälle, die wir im Haushalt trennen, bedürfen noch einer weiteren Trennung. In Gelben Säcken und Gelben Tonnen werden zum Beispiel Abfälle aus Kunststoffen, Metallen und Verbundstoffen gesammelt. Wie gewinnt man aus dem Abfallgemisch die einzelnen Wertstoffe?

Wertstoffe • Die umweltverträgliche Beseitigung aller Abfälle ist gesetzlich geregelt. Verkaufsverpackungen aus Glas, Papier, Kunststoff und Metall gehören zu den Wertstoffen. Wertstoffe werden wieder in den Produktionskreislauf zurückgeführt und können somit wiederverwertet werden. Auch Verbundstoffe wie Tetrapaks zählen zu diesen Wertstoffen. Viele Verkaufsverpackungen, die Wertstoffe sind, tragen den Grünen Punkt. → 2
Die Hersteller sind eigentlich verpflichtet, Verpackungen zurückzunehmen. Da sie das nicht leisten können, haben sie diese Aufgabe an Abfallunternehmen abgegeben.
Die Abfallunternehmen kümmern sich um die Wiederverwertung. Die Kosten trägt indirekt der Verbraucher, da die Verwertungskosten auf den Verkaufspreis jeder Ware aufgeschlagen werden.

Was ist eigentlich Restmüll? • Abfälle, die nicht wiederverwertbar sind, gehören in die graue Restmülltonne. Zum Restmüll zählen zum Beispiel Windeln, leere Kugelschreiber und Zahnbürsten. Der Restmüll wird gesondert erfasst und in der Müllverbrennungsanlage verbrannt.

Sortieren, sortieren, sortieren • Eine möglichst saubere und getrennte Sortierung direkt im Haushalt ist notwendig, um besonders viel von unserem

der **Wertstoff**
der **Restmüll**
die **Müllsortieranlage**

Haushaltsabfall zu recyceln. Nach der getrennten Sammlung bringen Müllfahrzeuge die Wertstoffe zu Müllsortieranlagen und den Restmüll zu Müllverbrennungsanlagen. Auch ein großer Teil des Mülls aus den Wertstofftonnen oder Gelben Säcken wird verbrannt.

Müllsortieranlage • In der Müllsortieranlage werden die Gelben Säcke maschinell aufgerissen und der Müll über Transportbänder befördert. Über verschiedene Förderbänder werden die einzelnen Wertstoffe getrennt erfasst. → 3

Trennverfahren • Zur Trennung der einzelnen Wertstoffe werden in der Müllsortieranlage verschiedene Verfahren angewandt. Magnetabscheider ziehen Metalle wie Eisen aus dem Stoffgemisch. Ein sogenannter Windsichter trennt die übrigen, nicht magnetischen Metalle durch Luftstrom nach ihrem Gewicht. Verbundstoffe wie Tetrapaks werden mechanisch in ihre Bestandteile Papier, Plastik und Aluminium zerlegt. Infrarotscanner unterscheiden die verschiedenen Kunststoffarten, z. B. Joghurtbecher, Ketchup- oder Shampooflaschen. Alle Wertstoffe werden sauber und getrennt erfasst. Ein geringer Anteil nicht wiederverwertbarer Stoffe wird als Restmüll entsorgt.

Abfallvermeidung • Es ist wichtig, Abfälle dem Wertstoffkreislauf zuzuführen, damit diese wiederverwertet werden können. Das sauber getrennte

3 Transportbänder in der Müllsortieranlage

Erfassen und Recyceln ist jedoch aufwendig, kosten- und arbeitsintensiv. Daher sollte jeder Einzelne umweltbewusst handeln und Abfälle vermeiden, wo immer es möglich ist: Mehrwegprodukte und langlebige Produkte kaufen.

In einer Müllsortieranlage werden die einzelnen Wertstoffe voneinander getrennt, um sie anschließend wiederverwerten zu können. Verschiedene Trennverfahren werden dafür genutzt.

Aufgaben

1 ○ Nenne Abfälle, die bei dir selbst als Restmüll anfallen.

2 ◐ Erkläre die Notwendigkeit, Wertstoffe möglichst sauber getrennt voneinander zu sammeln.

3 ◐ Beschreibe den technischen Ablauf in einer Müllsortieranlage.

Abfall – ein Wertstoffgemisch

Material A

Mülltrennung im Versuch

Stellt in großen Bechergläsern „Müllgemische“ her: viele Stückchen von Papier, Radiergummi, Büroklammern, Steine, Holz, Sand, Sägespäne ...

1 ◐ Notiert in einer Tabelle, welche Eigenschaften die verschiedenen Materialien jeweils haben.

2 Überlegt euch verschiedene Trennmethoden. Trennt die Müllgemische.

Material B

Einen Windsichter bauen

Materialliste: Schutzbrille, Handschuhe, große PET-Flasche, Schere, Netz aus Kunststoff, Klebestreifen, Föhn, Müllgemisch

Achtung • Scharfe Kanten!

Entferne von der PET-Flasche den oberen und den unteren Teil. Du erhältst ein Kunststoffrohr. Decke das untere Ende mit dem Kunststoffnetz ab und klebe das Netz fest. Fülle etwas Müllgemisch ein.

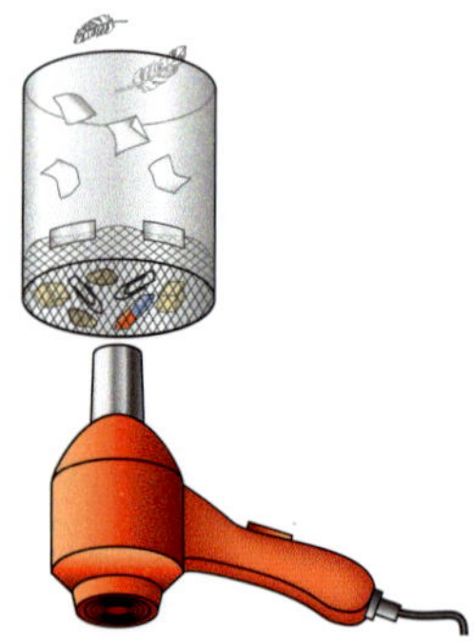

1 Selbst gebauter Windsichter

1 ○ Beschreibe, was du beim Einschalten des Föhns beobachten kannst.

2 ◐ Erkläre, wie der Windsichter funktioniert.

Material C

Schwimm-Sink-Trennung

Bevor die verschiedenen Kunststoffsorten in unserem Müll wiederverwertet werden können, müssen sie voneinander getrennt werden.

Kunststoff	Dichte
PE (Polyethylen), z. B. Tintenpatronen	0,92 $\frac{g}{ml}$
PS (Polystyrol), z. B. Joghurtbecher	1,04 $\frac{g}{ml}$
PET (Polyethylenterephthalat), z. B. Trinkflaschen	1,38 $\frac{g}{ml}$

2 Kunststoffe und ihre Dichten

Materialliste: Kunststoffabfälle aus PE, PS und PET, Schere, Seitenschneider, Becherglas, Löffel, Sieb, Salz, Papiertücher

1 Zerkleinere die Gegenstände aus Kunststoff und vermische alles. Gib das Gemisch in ein Becherglas mit Wasser. Rühre um. → 3

3

2 Entferne die oben schwimmende Schicht mit dem Löffel und lege alles auf ein Tuch.

3 Füge löffelweise Salz in das Becherglas und rühre um. Schöpfe wieder die oberste Schicht ab und lege alles auf ein weiteres Papiertuch.

4 Trenne mit dem Sieb die verbliebenen Kunststoffstücke von der Salzlösung.

5 ● Erkläre, wie die Schwimm-Sink-Trennung funktioniert.

Material D

Klassenausflug zu einer Müllsortieranlage

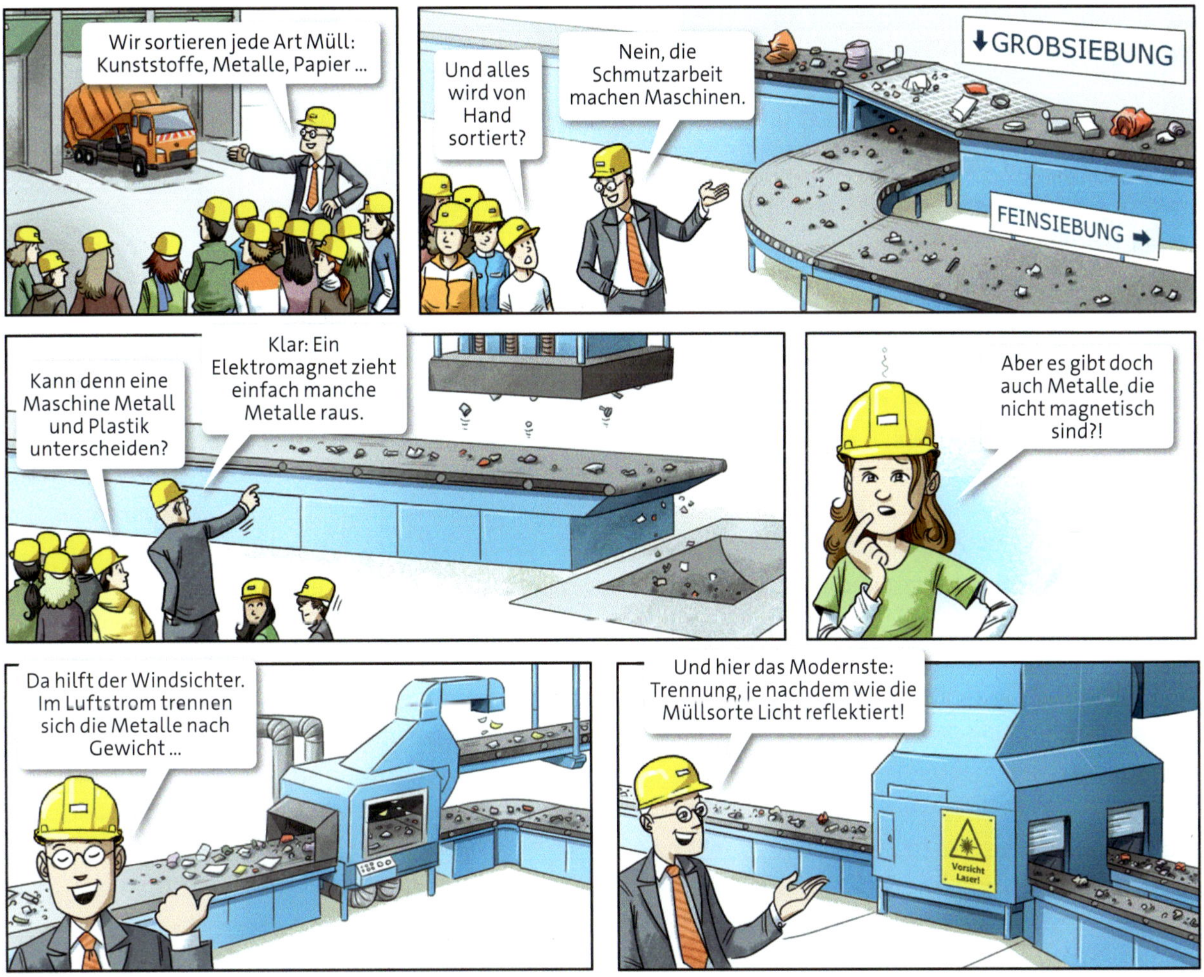

4 In der Müllsortieranlage

1 ○ Nenne Müllsorten, die in der Anlage angeliefert werden.

2 ◔ Erkläre die Funktion von zwei Teilen der Anlage.

3 ● Erläutere, weshalb Müllvermeidung für die Umwelt so wichtig ist.

Zusammenfassung

Stoffe und Gegenstände • Das Material, aus dem ein Gegenstand besteht, nennt man Stoff. Ein Gegenstand ist ein Körper, der aus einem bestimmten Stoff besteht.

Aggregatzustand • Stoffe sind bei Zimmertemperatur fest, flüssig oder gasförmig. Zur Veranschaulichung der Aggregatzustände wird das Teilchenmodell verwendet. Bei Erreichen der Schmelztemperatur wechselt der Stoff vom festen in den flüssigen Aggregatzustand. Bei Erreichen der Siedetemperatur wechselt der Stoff vom flüssigen in den gasförmigen Aggregatzustand.

Eigenschaften der Stoffe • Wichtige Eigenschaften der Stoffe sind das Aussehen, der Geruch, der Aggregatzustand, die Schmelz- und Siedetemperaturen, die Leitfähigkeit von Wärme und Strom, die Dichte, die Magnetisierbarkeit und die Härte. Sie können in Steckbriefen erfasst werden.

Stoffgruppen • Metalle haben einen typischen Glanz, leiten elektrischen Strom und Wärme und sind meistens gut verformbar. Salze und steinartige Stoffe sind dagegen meist spröde. Die wässrigen Lösungen der Salze sind elektrisch leitend. Steinartige Stoffe und Kunststoffe leiten den Strom nicht. Kunststoffe lassen sich häufig beim Erwärmen verformen.

1 Münzen sind aus Metall.

2 Müll ist ein Stoffgemisch.

Reinstoffe und Stoffgemische • Ein Stoff, der sich nicht weiter auftrennen lässt, ist ein Reinstoff. Kupfer, Eisen und Wasser sind Reinstoffe. Ein Stoffgemisch besteht aus mindestens zwei Reinstoffen. → 2 Stoffgemische lassen sich in homogene und heterogene Gemische einteilen.

Wasserlöslichkeit • Viele Stoffe sind in Wasser löslich. Die Teilchen (z. B. von Feststoffen) werden dabei von den Wasserteilchen angestoßen und weggerissen. Sie schwimmen dann einzeln im Wasser herum. Auch Gase oder andere Flüssigkeiten können sich in Wasser lösen.

Trennverfahren • Durch Trennverfahren wie Filtrieren, Dekantieren, Sedimentieren und Eindampfen kann ein Stoffgemisch in seine Bestandteile zerlegt werden.

Mülltrennung • Unser Hausmüll ist ein Stoffgemisch. Im Gelben Sack und der Gelben Tonne werden Abfälle aus Kunststoffen, Metallen und Verbundstoffen gesammelt. In der Müllsortieranlage wendet man verschiedene Trennverfahren an, um die einzelnen Wertstoffe zu trennen, z. B. Windsichter und Magnetabscheider.

Teste dich! (Lösungen im Anhang)

Stoffe und ihre Eigenschaften

1 Backformen können aus Eisen, Glas, Silikon oder Papier sein. → 3

a ○ Ordne die Stoffe nach den Stoffgruppen Metall, steinartiger Stoff, Kunststoff und Naturstoff.

b ● Begründe mithilfe der Stoffeigenschaften, warum Kuchenformen aus diesen Stoffen zum Kuchenbacken geeignet sind.

3 Backformen aus Eisen, Silikon, Glas und Papier

2 ◐ Nenne Stoffeigenschaften, die du

a ○ mit den Sinnen erkennen kannst.

b ○ mit Experimentieren bestimmst.

c ◐ Wähle drei der genannten Stoffeigenschaften aus Aufgabenteil b und beschreibe, wie du vorgehen musst, um sie zu bestimmen.

Aggregatzustände

3 ◐ Benenne folgende Vorgänge mit den richtigen Fachbegriffen:

- Wasserdampf wird an einer kalten Scheibe wieder zu flüssigem Wasser.
- Fett wird beim Erhitzen flüssig.
- Wasser wird zu Wasserdampf.
- Das Gas Wasserstoff wird beim Einfüllen in eine Druckgasflasche flüssig.
- Schokolade zerfließt in der Sonne.
- Ein Eiswürfel wird in der Sonne zu Wasser und anschließend gasförmig.

4 Es ist ein kalter Wintertag mit –10 °C. Bei deinem Einkauf ist das Olivenöl in der Tasche fest geworden, das Sonnenblumenöl ist noch flüssig und die Margarine sehr fest. Zu Hause zeigt das Thermometer 20 °C an. Beide Öle sind jetzt flüssig und die Margarine streichweich. Auf den warmen Kachelofen gestellt, wird auch die Margarine im Becher flüssig.
● Gib an, in welchem Bereich die Schmelztemperaturen der drei Stoffe liegen.

Reinstoff und Stoffgemisch

5 ○ Erläutere die Begriffe Reinstoff und Stoffgemisch.

6 ◐ Nenne jeweils zwei homogene und zwei heterogene Stoffgemische.

Stofftrennung

7 ◐ Nenne das passende Trennverfahren:

a Orangensaft mit Fruchtfleisch

b Salzwasser – Salz und Wasser

c Rotwein – Alkohol und Wasser

8 ◐ In der Tabelle ist einiges durcheinandergeraten. Übernimm die Tabelle korrigiert in dein Heft. → 4

Trennverfahren in der Müllsortieranlage	
Windsichter	Trennung von Eisen und anderen Metallen
Magnetabscheider	Trennung von verschiedenen Kunststoffen
Schwimm-Sink-Anlage	Trennung von leichten und schweren Bestandteilen

4

Luft und Verbrennung

Luft umgibt uns immer und überall. Wir brauchen sie zum Atmen. Wir bewegen uns in ihr, aber wir sehen sie nicht. Was ist eigentlich Luft?

Feuer fasziniert die Menschen seit Urzeiten. Es ist zugleich Symbol und spendet Wärme und Licht. Was braucht ein Feuer, damit es brennt?

Vom Feuer können auch Gefahren ausgehen. Was hilft, Brände zu vermeiden und zu löschen?

Luft – ein Gemisch

1 Lufthülle der Erde

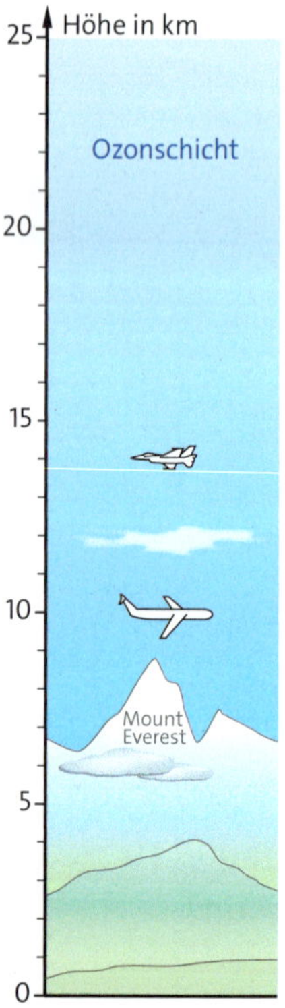

2 Aufbau der Atmosphäre

Unsere Erde ist von einer Lufthülle umgeben. Diese dünne Lufthülle – die Atmosphäre – ermöglicht das Leben auf der Erde. Sie schützt uns vor Strahlung aus dem Weltall und verhindert eine zu starke Abkühlung oder Erwärmung unseres Planeten.

Unsichtbar, aber vorhanden • Luft ist nicht sichtbar, aber man kann sie beobachten und ihre Bewegung zum Beispiel beim Fahrradfahren spüren. Sie ist ein Gasgemisch aus mehreren Gasen: Stickstoff, Sauerstoff, Kohlenstoffdioxid und Edelgasen. Luft setzt sich wie alle Stoffe aus winzigen Teilchen zusammen. Viele dieser Teilchen bestehen aus mehreren miteinander verbunden Bausteinen, den Atomen. Teilchen aus zwei oder mehr Atomen nennt man Moleküle. Diese Moleküle der Luftbestandteile nehmen einen Raum ein und bewegen sich in ihm. Die Bewegung kann man zum Beispiel beobachten, wenn erwärmte Luft aufsteigt.

Luft und ihre Bestandteile • Luft besteht zu 78 Prozent aus Stickstoff und zu 21 Prozent aus Sauerstoff. Das heißt von 100 Litern Luft sind etwa 78 Liter Stickstoff und 21 Liter Sauerstoff. Außerdem enthält Luft 0,04 Prozent Kohlenstoffdioxid. Bei 100 Litern Luft entspricht dies dem Volumen eines Tischtennisballs. Die restlichen 0,97 Prozent der Luft bestehen aus Edelgasen. Außerdem enthält Luft darin gelöstes Wasser und Schadstoffe.

Stickstoff • Mit einem Volumenanteil von 78 Prozent ist Stickstoff der Hauptbestandteil der Luft. Das Gas ist farb- und geruchlos. Stickstoff unterstützt die Verbrennung nicht. In reinem Stickstoff erlischt Feuer, Lebewesen

der Stickstoff
das Kohlenstoffdioxid
das Edelgas
das Atom
das Molekül

ersticken darin. Stickstoff wird als Schutzgas beim Verpacken von Lebensmitteln eingesetzt. Flüssigen Stickstoff nutzt man als Gefriermittel. Sein Siedepunkt liegt bei –196 °C.

Sauerstoff • Ungefähr ein Fünftel der Luft besteht aus Sauerstoff, einem farb- und geruchlosen Gas. Sauerstoff wird für Verbrennungsvorgänge und die Atmung benötigt. Ohne Sauerstoff können Pflanzen, Tiere und Menschen nicht leben.

Kohlenstoffdioxid • Das farblose und geruchlose Gas Kohlenstoffdioxid ist zwar ein kleiner, aber auch bedeutender Bestandteil der Luft. Pflanzen stellen aus Kohlenstoffdioxid und Wasser bei der Fotosynthese Zucker und Sauerstoff her. Dazu benötigen sie die Energie des Sonnenlichts.
Den Sauerstoff, den die Pflanzen bei der Fotosynthese in die Luft abgeben, atmen Menschen und Tiere wieder ein. Beim Ausatmen geben Menschen und Tiere Kohlenstoffdioxid und Wasserdampf in die Luft ab.

Edelgase • Nur 1 Prozent des Luftvolumens besteht aus den Edelgasen Argon, Helium, Neon, Krypton und Xenon. Argon besitzt dabei den größten Volumenanteil. Edelgase sind farb- und geruchlos. Sie brennen nicht. Luftballons und Luftschiffe werden mit Helium gefüllt. Neon wird in Leuchtstoffröhren und Xenon in Autolampen verwendet. Als Schutzgas bei Schweißvorgängen ist Argon im Einsatz. → 4

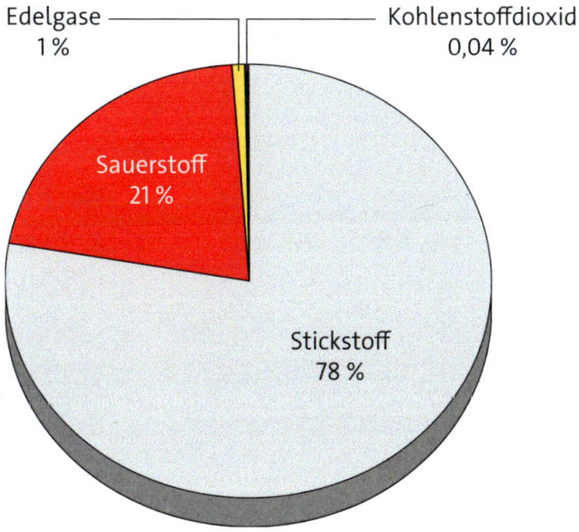

3 Hauptbestandteile von trockener Luft

4 Schutzgasschweißen

Luft ist ein Stoffgemisch. Ihre Hauptbestandteile sind Stickstoff und Sauerstoff.

Aufgaben

1 ◯ Gib die Bestandteile der Luft an und nenne zu jedem Bestandteil eine Eigenschaft.

2 ◯ Gib den Bestandteil der Luft an, der für die Verbrennung notwendig ist.

3 ◔ Beschreibe, was mit einer Flamme geschieht, wenn sie in Edelgase getaucht wird.

Luft – ein Gemisch

Erweitern und Vertiefen

Unsichtbares sichtbar machen

Nachweismethoden • Die Bestandteile der Luft sind nicht sichtbar. Um festzustellen, welche Stoffe in der Luft vorhanden sind, setzt man chemische Nachweisverfahren ein. Ein Nachweis ist eine Methode, um Stoffproben zu untersuchen. Mit einer Nachweisreaktion kann man feststellen:

- welche Stoffe, in einem Stoffgemisch vorhanden sind: qualitative Analyse.
- welche Stoffmengen in einem Stoffgemisch vorhanden sind: quantitative Analyse.
- welche Eigenschaften Stoffe haben.

Nachweis von Sauerstoff • Sauerstoff ist für eine Verbrennung notwendig. Stoffe verbrennen in reinem Sauerstoff besser als in Luft. Diese Beobachtung nutzt man, um reinen Sauerstoff nachzuweisen.
Ein Holzspan, der nur glimmt, flammt in reinem Sauerstoff auf. → 1 Dies bezeichnet man als Glimmspanprobe.

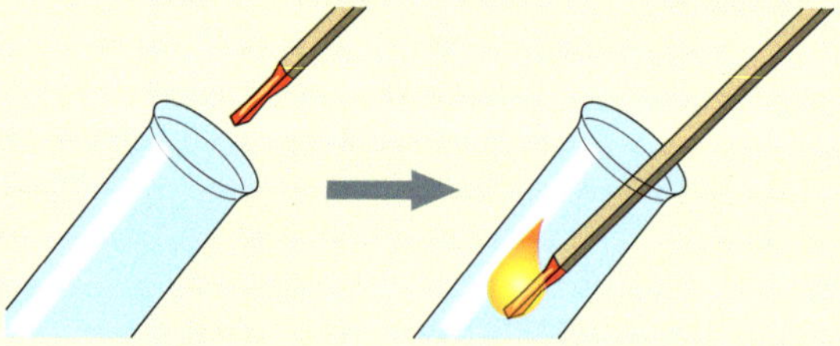

1 Glimmspanprobe

Nachweis von Kohlenstoffdioxid • Das Gas Kohlenstoffdioxid weist man durch Einleiten in Kalkwasser nach. Kalkwasser ist eine gesättigte Kalklösung. Leitet man Kohlenstoffdioxid in Kalkwasser ein, entsteht eine milchig-trübe Flüssigkeit und es bildet sich ein weißer Feststoff: Kalk.

Nachweis von Wasser • Luft enthält auch Wasser. Es wird aber nur sichtbar, wenn es als Nebel in die Luft geht oder an kalten Oberflächen kondensiert.
Wasser kann man nachweisen, wenn man es mit dem Stoff Kupfersulfat in Kontakt bringt. Wasserfreies Kupfersulfat ist ein weißes Pulver. Bei Kontakt mit dem Wasser in der Luft färbt sich Kupfersulfat blau. → 2 Chemiker verwenden Watesmopapier, um Wasser nachzuweisen. Dieses enthält Kupfersulfat und färbt sich bei der Anwesenheit von Wasser dunkelblau.

2 Wassernachweis

Aufgaben

1 Beschreibe eine Nachweismethode, mit der du feststellen kannst, ob bei einer Verbrennung Kohlenstoffdioxid entsteht.

2 An einer kalten Fensterscheibe kondensiert eine farblose Flüssigkeit. Beschreibe, wie du die Vermutung, dass es Wasser ist, überprüfen kannst.

Material A

Kalkwassertrübung

Ständig atmest du Luft ein und wieder aus. Unterscheiden sich eingeatmete und ausgeatmete Luft voneinander? Mit folgenden Informationen kannst du das herausfinden:

Kohlenstoffdioxid trübt Kalkwasser. Sauerstoff und Stickstoff machen das nicht.

Materialliste: Marmeladenglas mit Deckel, Trinkhalm, Kalkwasser, Pipette

1 Atme durch den Trinkhalm in das umgedrehte Marmeladenglas aus. → 3A Verschließe das noch umgedrehte Glas sofort mit dem Deckel. Warte 20 Sekunden.

2 Drehe das Glas um. Öffne den Deckel und gib vorsichtig Kalkwasser in das Glas. → 3B Verschließe das Glas wieder und schüttle es. → 3C
▢ Beschreibe deine Beobachtung.

3 Führe das Experiment mit normaler Luft im Glas durch.
▢ Beschreibe deine Beobachtung.

4 Vergleiche und erläutere deine Ergebnisse.

3 Versuchsaufbau

Material B

Struktur-Lege-Technik

4 Begriffe rund um das Thema „Luft"

1 Bildet Zweiergruppen und schaut euch die Begriffskärtchen links an. Bringt gemeinsam die aufgeführten Begriffe in einen sinnvollen Zusammenhang. Zeichnet diese Struktur in eure Hefte bzw. in eure Ordner.

2 Erstellt für die fünf fett gedruckten Begriffe jeweils einen kurzen Infotext.

Drei Dinge braucht das Feuer

1 Was braucht ein Feuer?

Ein Lagerfeuer spendet Licht und Wärme. Ein Feuer zu entzünden ist aber nicht immer einfach. Willst du zum Beispiel feuchtes Laub entzünden, so qualmt es bloß. Nicht jedes Material kann brennen und manchmal geht ein schon brennendes Feuer wieder aus. Welche Bedingungen braucht ein Feuer?

Brennstoff • Damit ein Feuer entstehen kann, muss ein brennbarer Stoff vorhanden sein. Holz, Kohle, Öl und Gas sind solche Stoffe. Aber auch Kunststoffe und sogar einige Metalle können brennen. Bei einer Verbrennung entstehen aus den Brennstoffen andere Stoffe wie Kohlenstoffdioxid und Wasser. Außerdem entstehen Wärme und Licht.

Sauerstoff • Bläst man in ein Feuer, lodert es kräftig auf. Woran liegt das? Die Luft ist ein Gasgemisch, das Sauerstoff enthält.
Durch das Einblasen von Luft, führst du dem Feuer also Sauerstoff zu. Sauerstoff ist für jede Verbrennung nötig. Ohne Sauerstoff erlischt ein Feuer.

Zündtemperatur • Ein brennbarer Stoff und Sauerstoff sind allein nicht ausreichend, damit ein Feuer entsteht. Ein Stapel Holz kann beispielsweise über Jahre an der Luft gelagert werden, ohne dass er anfängt zu brennen. Ein brennbarer Stoff entzündet sich erst bei einer bestimmten Temperatur von selbst. Die Temperatur, ab der sich ein Stoff entzündet, nennt man Zündtemperatur. Jeder Stoff hat eine eigene Zündtemperatur. → 3
Ein Streichholz entzündet sich zum Beispiel bereits bei 60 °C. Bei Papier sind 175 °C und bei Holz und Kohle sogar 300 °C zur Entzündung nötig. Um einen Stoff zum Brennen zu bringen, ist also eine bestimmte Temperatur und nicht unbedingt eine offene Flamme nötig.

Flammtemperatur • Von Flammtemperatur spricht man, wenn ein Stoff verdampft und sich dieses Dampf-Luft-Gemisch mit einer Zündquelle entzünden lässt. Die Flammtemperatur von Benzin liegt deutlich unter der Raumtemperatur. Daher sind Benzindämpfe so gefährlich. Ein Funke genügt, um die Dämpfe zu entzünden.

die Flammtemperatur
der Zerteilungsgrad
das Produkt
das Edukt
die Oxidation

Zerteilungsgrad • Je kleiner zerteilt der Brennstoff ist, umso besser brennt er. Das fein zerteilte Holz hat eine größere Oberfläche. Das ermöglicht einen besseren Kontakt mit dem Sauerstoff in der Luft, der für die Verbrennung benötigt wird. Das fein zerteilte Holz lässt sich deshalb leichter entzünden als dicke Holzscheite und brennt auch schneller ab.

Verbrennung • Verbrennungen sind Reaktionen der Brennstoffe mit Sauerstoff. Brennstoffe wie Holz, Kohle, Öl und Gas enthalten das Element Kohlenstoff.
Kohlenstoff reagiert mit dem Sauerstoff der Luft zu Kohlenstoffdioxid. Aus den Ausgangsstoffen wie Holz und Sauerstoff entstehen bei diesem Verbrennungsvorgang Kohlenstoffdioxid und Wasser. → 4
Die entstehenden Stoffe nennt man Produkte, die Ausgangsstoffe Edukte. Aus den Edukten entstehen neue Stoffe mit anderen Eigenschaften. Holz ist ein Feststoff, Kohlenstoffdioxid ein farbloses Gas und Wasser eine Flüssigkeit.
Die Reaktion eines Stoffs mit Sauerstoff ist eine Oxidation, die neu entstehenden Stoffe nennt man Oxide. Kohlenstoffdioxid ist die Verbindung von Kohlenstoff und Sauerstoff.

Um ein Feuer zu entzünden, benötigt man einen Brennstoff, ausreichend Sauerstoff sowie die entsprechende Zündtemperatur des Brennstoffs.

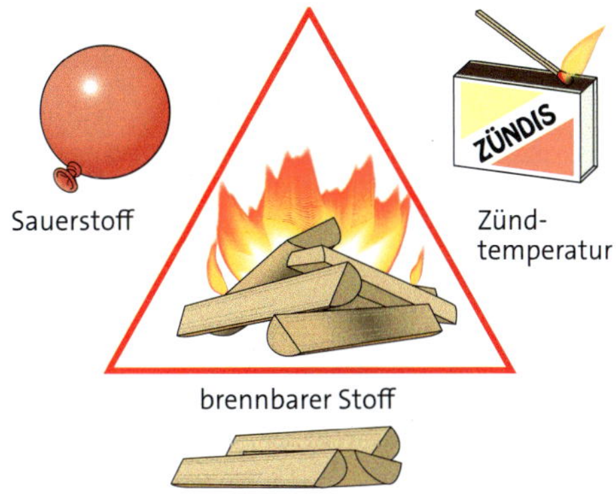

2 Verbrennungsdreieck

weißer Phosphor	34 °C
Zeitungspapier	175 °C
Schwefel	250 °C
Stroh	280 °C
Holzkohle	300 °C
Zucker	410 °C

3 Zündtemperaturen verschiedener Stoffe

Holz + Sauerstoff → Kohlenstoffdioxid + Wasser
Der Pfeil (→) steht für „reagieren zu“.

4 Eine Oxidation

Aufgaben

1 Benenne die Bedingungen, die erfüllt sein müssen, damit ein Feuer brennt.

2 Fett in einer Pfanne beginnt zu brennen, wenn es zu stark erhitzt wird. Begründe dies.

3 Erkläre den Begriff Zerteilungsgrad.

Drei Dinge braucht das Feuer

Material A

Kerzentod

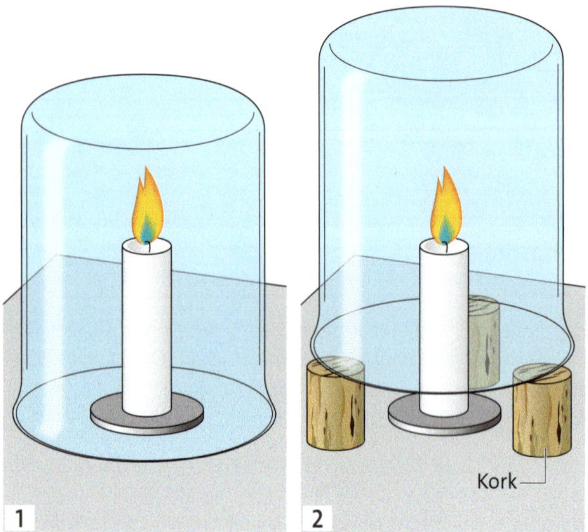

1 2

Materialliste: Becherglas, Teelichter oder Kerze, Korkscheiben, Stoppuhr

1 Stülpe das Becherglas über die brennende Kerze. → 1
○ Notiere deine Beobachtung.

2 Wiederhole das Vorgehen. Setze das Becherglas diesmal auf drei Korkscheiben. → 2
○ Notiere deine Beobachtung.

3 ◐ Vergleiche deine Beobachtungen und erkläre sie.

Material B

Die heiße Strecke

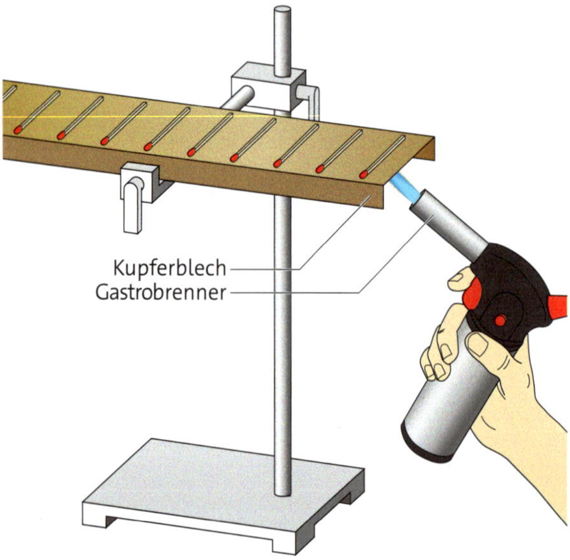

3 Versuchsaufbau

Materialliste: Stativmaterial, Kupferblech (abgekantet), Gastrobrenner, Streichhölzer

1 Befestige das Kupferblech am Stativ.

2 Reihe mehrere Streichhölzer auf dem Kupferblech in daumenbreiten Abständen hintereinander auf.

3 Die Lehrkraft erhitzt nun das Kupferblech von unten. → 3

4 ○ Beschreibe deine Beobachtung.

5 ◐ Erkläre deine Beobachtung.

Material C

Eisen brennt

Materialliste: Eisennagel, Eisenwolle, Streichhölzer, Flachbatterie, Tiegelzange

1 Versuche zunächst, den Eisennagel und anschließend die Eisenwolle mit einem Streichholz zu entzünden. → 4

2 ▢ Vergleiche deine Beobachtungen. Erkläre die unterschiedliche Brennbarkeit.

3 Schaffst du es, die Eisenwolle mit einer Flachbatterie zu entzünden? Probiere es aus.

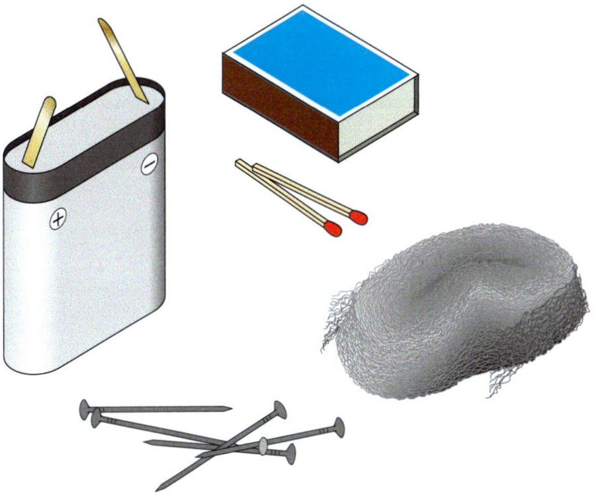

4

Material D

Feuerwolke

Materialliste: Pappkarton ohne Deckel, Alufolie, Bärlappsporen, Trinkhalm mit Knickgelenk, Kerze

1 Schlage den Pappkarton von innen mit Alufolie aus.

2 Stelle den Pappkarton mit der kurzen Seite aufrecht auf den Tisch. Stelle die Kerze unten in die Mitte des Kartons. Entzünde die Kerze.

3 Fülle eine kleine Portion Bärlappsporen in das abgewinkelte Stück des Trinkhalms.

4 Führe nun das geknickte Trinkhalmende nahe an die Kerzenflamme und blase kräftig durch das lange Stück des Trinkhalms die Sporen in die Flamme. → 5

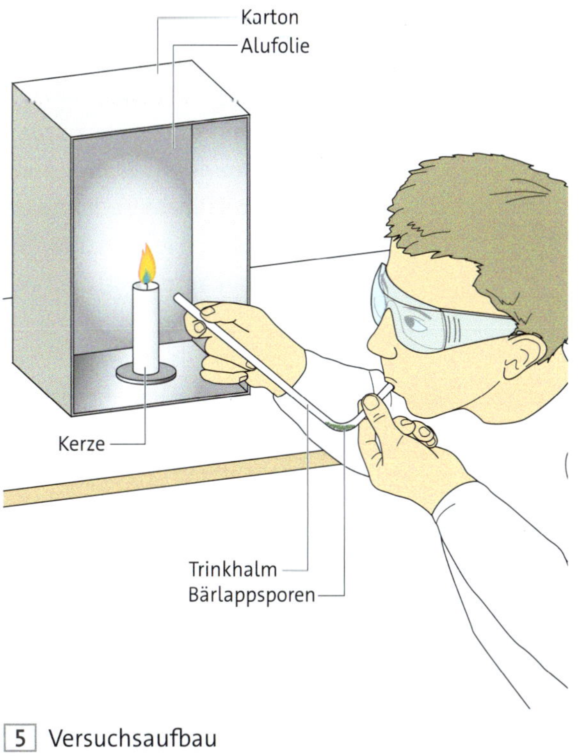

5 Versuchsaufbau

Feuer ist gefährlich

1 Löscheinsatz der Feuerwehr

Wohnungs- und Hausbrände stellen für die Menschen schon immer eine besondere Gefahr dar. Ganze Dörfer und Städte wurden schon Opfer der Flammen. Vor allem Waldbrände breiten sich unkontrolliert aus. In unseren Dörfern und Städten gibt es Spezialisten für die Brandbekämpfung, die Feuerwehren.

Gefahren des Feuers • Bei einem Brand geht die Gefahr nicht nur von der hohen Temperatur aus. Besonders gefährlich sind die entstehenden Rauchgase, weil sie neben Kohlenstoffdioxid und Kohlenstoffmonooxid viele giftige Verbrennungsprodukte enthalten. Selbst bei kleinen Bränden können sich giftige Rauchschwaden ausbreiten. Menschen, die diesen Rauch einatmen, können ersticken.

Brandbekämpfung • Ein Feuer kann nur entstehen und weiterbrennen, wenn ein brennbarer Stoff, ausreichend Sauerstoff und die entsprechende Zündtemperatur vorhanden sind. Dieses Wissen nutzt man bei der Auswahl der Feuerlöscher, um Brände zu löschen. → 3

Um Waldbrände zu bekämpfen, schlägt man Schneisen in den Wald. So wird dem Feuer der Brennstoff entzogen.

Mit einer Löschdecke oder dem Schaumlöscher wird die Luftzufuhr unterbunden. Dem Feuer wird also der Sauerstoff entzogen.

Beim Löschen von Feuer mit Wasser wird die Temperatur gesenkt. Die nötige Zündtemperatur wird nicht mehr erreicht und das Feuer erlischt.

die Rauchgase
die Brandbekämpfung
die Brandursache

Brände vermeiden • Die Feuerwehr rückt in Deutschland pro Jahr bei etwa 180 000 echten Bränden aus. Wohnungs- und Hausbrände sind dabei besonders gefährlich. Die Brandursachen können sehr unterschiedlich sein. → 2 Oft spielt Unachtsamkeit eine Rolle. So führen vergessene brennende Kerzen und offene Feuer häufig zu Bränden. Auch defekte Elektrogeräte oder überlastete Stromkabel gehören zu den häufigsten Brandursachen. Es entstehen Schwelbrände. Viele dieser Brände ließen sich durch Achtsamkeit vermeiden. Rauchmelder sind Frühwarnsysteme und für Wohnungen vorgeschrieben. → 4 Sie helfen, einen Brand frühzeitig zu entdecken, die Feuerwehr zu alarmieren und so den Schaden zu begrenzen.

Aufgrund der hohen Temperaturen und der giftigen Rauchgase ist Feuer gefährlich. Um einen Brand zu bekämpfen, kann man den Brennstoff entfernen, die Luftzufuhr unterbrechen oder die Temperatur senken.

Aufgaben

1 Beschreibe und erkläre, was passiert, wenn du einen Eimer Wasser in ein Lagerfeuer kippst.

2 Begründe, warum man bei einem Zimmerbrand die Fenster und Türen schließen sollte.

3 Beschreibe das Diagramm in Bild 2.

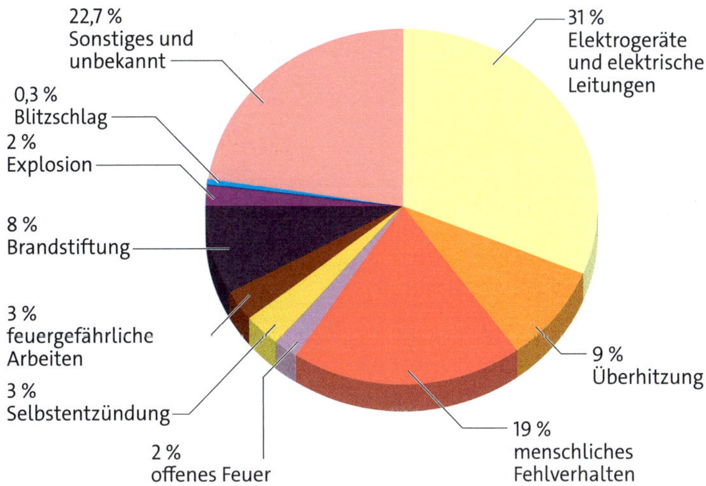

2 Brandursachenstatistik in Deutschland für das Jahr 2016

Feuerlöscher	Funktionsprinzip	Einsatz
Nasslöscher	Wasser wird durch eine Düse verteilt.	feste Brennstoffe, Holz, Kohle, Papier, Textilstoffe
Kohlenstoffdioxidlöscher (Schaumlöscher)	Entstehendes Kohlenstoffdioxidgas schäumt das Löschmittel auf.	feste Brennstoffe, Kunststoffe, elektrische Geräte
Trockenlöscher	Er enthält Natron als Löschpulver.	gasförmige und flüssige Stoffe, Gase unter Druck, brennendes Auto

3 Verschiedene Feuerlöscher

4 Rauchmelder können Leben retten.

Feuer ist gefährlich

Material A

Was tun, wenn's brennt?

Materialliste: feuerfeste Unterlage, Tonschale, Sand, Spritzflasche mit Wasser, festes Tuch, Küchenpapier, Stabfeuerzeug → 1

1 Lege ein Blatt Küchenpapier in die Tonschale.

2 Überlege dir verschiedene Methoden, mit denen du das brennende Papier löschen könntest.

3 ▢ Zünde das Papier an und probiere die Löschmethoden aus.

1 Materialien

4 ▢ Notiere in der Tabelle, wie du jeweils vorgehst und ob die Löschmethode funktioniert. → 2

Löschmittel	?
So gehe ich vor:	?
Welche Bedingung für die Verbrennung entfällt?	?
Methode funktioniert?	?

2 Mustertabelle

Material B

Feuerkiller

3 Versuchsaufbau

Materialliste: großes Becherglas, Mineralwasser in der Glasflasche, passender Stopfen mit kurzem Glasrohr, ca. 50 cm langes Schlauchstück, Teelicht, Stabfeuerzeug, Zucker, Spatel

1 Stelle das Teelicht in das Becherglas und entzünde es mit dem Stabfeuerzeug.

2 Befestige den Schlauch am Glasrohr des Stopfens.

3 Öffne die Mineralwasserflasche und gieße etwa ein Drittel Wasser ab. Verschließe die Flasche mit dem Stopfen.

4 Schüttle die Flasche leicht und leite das entweichende Gas mit dem Schlauch in das Becherglas. → 3
Tipp: Halte den Schlauch dabei an den Rand des Becherglases möglichst weit nach unten.

5 ◪ Beobachte, was geschieht. Erkläre deine Beobachtung.

6 Gib nun etwas Zucker zum Mineralwasser und wiederhole den Versuch.
◪ Erkläre deine Beobachtung.

Material C

Löschmethoden

Ein Feuer braucht drei Bedingungen: einen brennbaren Stoff, genügend Sauerstoff und die jeweilige Zündtemperatur. Dies sind die drei Ecken des Verbrennungsdreiecks. Um ein Feuer zu löschen oder um es zu vermeiden, reicht es aus, eine Ecke zu entfernen.

1 Beschreibe die Löschmethoden A–F und nenne jeweils die Bedingung, die dem Feuer entzogen wird. Erstelle eine Tabelle.

Löschmethode	Entzogene Bedingung
?	?
?	?

A

B

C

D

E

F

Material D

Mieter bei Fettbrand verletzt

Mannheim. Am Mozartring ist es am Dienstag zu einer Fettexplosion gekommen, bei der ein junger Mann Verletzungen an den Händen erlitt. Brandmeisterin Annie Bohm: Fett niemals mit Wasser löschen! Nach Angaben der Feuerwehr war in der Küche eine Pfanne mit Speiseöl wegen Überhitzung in Brand geraten. Der Mann versuchte, das entzündete Fett mit Wasser zu löschen. Dabei verdunstete das Wasser sofort und riss heiße Fetttröpfchen mit in die Luft. Es kam zur Explosion und der Mann zog sich Brandverletzungen an den Händen zu.

4

Fettbrände

1 Lies dir den Zeitungsausschnitt durch. Gib ihn mit eigenen Worten wieder.

2 Beschreibe, was passiert, wenn man brennendes Fett mit Wasser löscht. Welche Löschmethode bietet sich bei einem Fettbrand an?

Die Kerze – eine kleine Gasfabrik

1 Kerzen auf einem Markt

2 Kerzenflamme

Kerzen aus Bienenwachs und Talg sind in fast allen Kulturen bekannt. Bis in die heutige Zeit verbreiten sie Licht und eine besondere Atmosphäre.

3 Römische Öllampe

Ein anspruchsvolles Produkt • Kerzen sind neben Fett- und Öllämpchen die ersten Lichtquellen, die man auch in geschlossenen Räumen nutzen konnte. Über viele Jahrhunderte war das Handwerk des Kerzenmachers sehr angesehen. Er stellte ein anspruchsvolles Produkt her. Seine Kerzen mussten bei gleichmäßiger Flamme dauerhaft brennen, ohne zu viel Ruß zu entwickeln. Jede Kerze besteht aus Wachs und einem Docht. Das Kerzenwachs moderner Kerzen besteht hauptsächlich aus Paraffin und der Docht aus geflochtenen Baumwollfäden. Der Docht ist so geflochten, dass sich seine Spitze beim Brennen krümmt. Dadurch wird die Rußbildung verringert.

Die Kerze – eine Gasfabrik • Wird der Docht einer Kerze entzündet, so schmilzt das feste Wachs in der Nähe der Flamme. Es bildet sich eine kleine Pfütze aus flüssigem Wachs um den Docht. Das flüssige Wachs steigt im Docht nach oben und verdampft an der Spitze. Das gasförmige Wachs brennt. An einer Kerze brennt also nicht der Docht, sondern das Wachs. Der Docht hat die Aufgabe, das Wachs wie in einem Aufzug nach oben zu bringen und an seiner Spitze zu verteilen.

Wo bleibt das Wachs? • Wenn eine Kerze längere Zeit brennt, wird das Wachs immer weniger. Während der Verbrennung wird es verbraucht, genauso wie der Sauerstoff aus der Luft. Bei der Verbrennung entstehen dafür neue Stoffe: Kohlenstoffdioxid und Wasser.

das Paraffin
der Flammenkern
der Flammenmantel
der Flammensaum
die Thermolyse

Die Kerzenflamme • Paraffin ist ein Gemisch aus Molekülen, die aus Kohlenstoff und Wasserstoff bestehen. Der Flammenkern, der dunkle Bereich der Flamme, enthält das durch die Hitze gasförmig gewordene Paraffin. Durch die Hitze wird das Paraffin in Bruchstücke zersetzt. Diesen Vorgang nennt man Thermolyse.
Im Flammenmantel, dem leuchtend-gelben Bereich der Flamme, erfolgt die Verbrennung des Paraffins unvollständig, da hier nicht ausreichend Sauerstoff vorhanden ist. Die Kerze rußt.
Im äußeren Flammensaum verbrennt das Paraffin vollständig, da in diesem Bereich ausreichender Kontakt zum Luftsauerstoff vorhanden ist.
Dagegen verbrennt es im unteren blauen Bereich der Flamme sofort vollständig zu Kohlenstoffdioxid und Wasser.

Verbrennung von Paraffin • Paraffin ist ein Produkt, das bei der Erdölverarbeitung entsteht. Bei der Verbrennung reagieren die Kohlenstoff- und Wasserstoff-Atome des Paraffins mit dem Sauerstoff der Luft. Es entsteht Kohlenstoffdioxid und Wasser. → 5
Auch diese Reaktion ist eine Oxidation.

Eine Kerze ist eine kleine Gasfabrik. Das gasförmige Paraffin verbrennt unter Verbrauch von Sauerstoff. Bei der Verbrennung entstehen Kohlenstoffdioxid und Wasser. Im Flammensaum verbrennt das Paraffin vollständig, im Flammenmantel dagegen unvollständig.

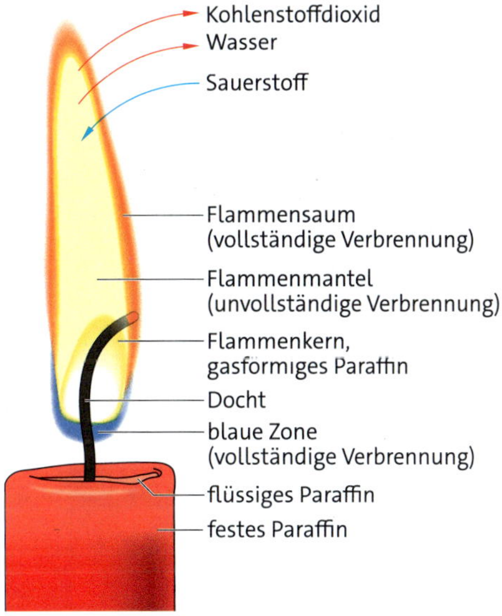

4 Zonen einer Kerzenflamme

Paraffin + Sauerstoff → Kohlenstoffdioxid + Wasser

5 Eine Oxidation

Aufgaben

1 ○ Nenne die Stoffe, die beim Abbrennen der Kerze entstehen.

2 ○ Die Kerzenflamme und ihre verschiedenen Zonen:
a ○ Zeichne das Bild der Kerzenflamme mit ihren verschiedenen Zonen farbig in dein Heft und beschrifte es.
b ◐ Erkläre die Vorgänge in den Zonen.

3 ● Erkläre folgende Aussage: „Der Docht der Kerze ist ein Wachsvergaser.“

Die Kerze – eine kleine Gasfabrik

Material A

Flammenzonen

Die Flammenzonen einer Kerze kannst du mit einem Holzstäbchen einfach unterscheiden.

Materialliste: Stumpenkerze, Feuerzeug, Holzstäbchen (Cocktailspieße)

1 Entzünde die Kerze.

2 Fasse das Holzstäbchen an beiden Enden an und führe es waagerecht durch die dickste Stelle der Flamme. → 1

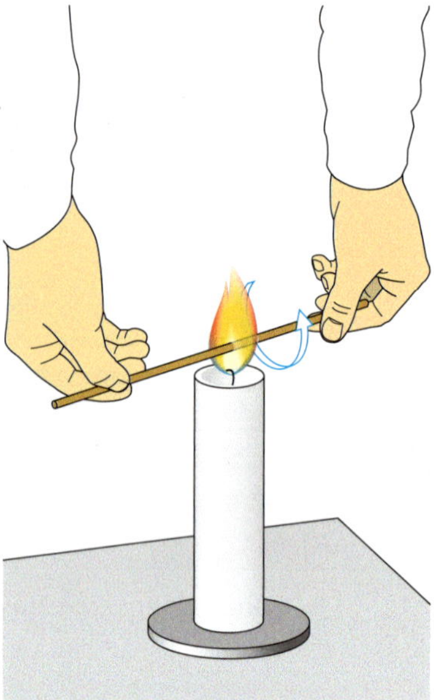

1 Holzspieß und Kerze

Drehe das Holzstäbchen dabei gleichmäßig, sodass es nicht anbrennt und die Flamme ruhig bleibt.

3 Nimm das Holzstäbchen wieder aus der Flamme.

4 ▢ Beschreibe, was du auf dem Stäbchen erkennen kannst.

5 ◐ Erkläre deine Beobachtung.

Material B

Paraffingas entzünden

Materialliste: Stumpenkerze, Streichhölzer

1 Entzünde die Kerze.

2 Entzünde das Streichholz. Lösche die Kerze durch leichtes und nicht zu heftiges Pusten.

3 Nähere sofort, nachdem du die Kerze ausgepustet hast, langsam das brennende Streichholz von oben dem Docht an. → 2

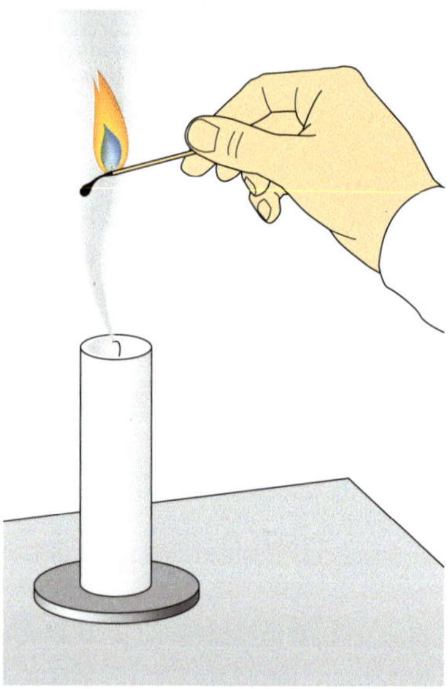

2 Nähere das Streichholz von oben dem Docht an.

4 ▢ Beschreibe deine Beobachtung.

5 ◐ Erkläre deine Beobachtung.

6 ● Erkläre, warum du beim Auspusten der Kerze nicht zu stark pusten darfst.

Material C

3 Paraffingas ausleiten

Paraffingas ausleiten

Materialliste: Kerze, Tiegelzange, kleines Becherglas, gewinkeltes Glasrohr (6 cm/6 cm), Streichhölzer

1 Entzünde die Kerze.

2 Halte das Glasrohr mit der Tiegelzange in die Kerzenflamme. Die Öffnung des Röhrchens muss dabei genau im Kern der Flamme sein. Die andere Öffnung endet im Becherglas. → 3

3 Im Becherglas bildet sich weißer Nebel. Lege das Röhrchen zur Seite, wenn der Nebel ein Drittel des Glases füllt.

4 Entzünde ein Streichholz und lass es in das Becherglas fallen. → 3

5 ○ Beschreibe deine Beobachtung.

6 ◐ Erkläre.

Material D

Paraffin brennt ohne Docht

Achtung • Den folgenden Versuch führt deine Lehrkraft als Demonstrationsversuch durch.

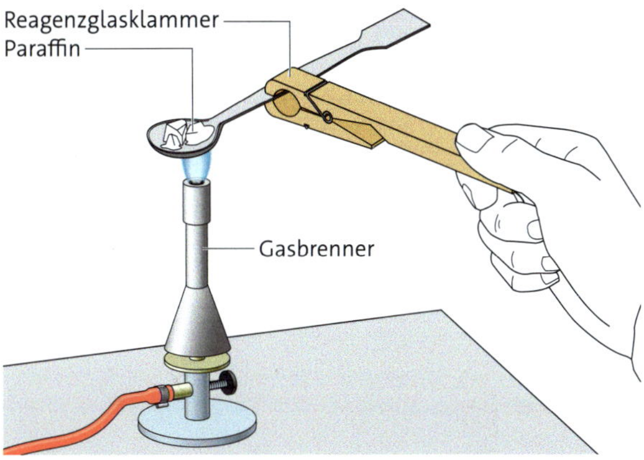

4 Paraffin wird erhitzt.

Materialliste: Kerzenwachs (Paraffin), Reagenzglasklammer, Löffel, Gasbrenner, feuerfeste Unterlage

1 Ein etwa erbsengroßer Paraffinkrümel wird auf den Löffel gelegt.

2 Der Löffel wird mit dem Reagenzglashalter über der rauschenden Flamme des Gasbrenners erhitzt. → 4

3 Beobachte, was während und nach dem Erhitzen mit dem Paraffin passiert.
○ Notiere deine Beobachtungen.

4 Sarah sagt: „Bei einer Kerze brennt der Docht."
● Nimm zu ihrer Aussage Stellung.

Die Kerze – eine kleine Gasfabrik

Material E

Der Docht als Wachsaufzug

Materialliste: Glasschale oder Becherglas, langes Stück Docht, Lebensmittelfarbe, Wasser

1 Gib etwa 10 ml Wasser in das Becherglas und färbe es mit der Lebensmittelfarbe ein. → 1

2 Tauche das untere Ende des Dochts in die gefärbte Flüssigkeit. → 2

3 ○ Beschreibe deine Beobachtungen.

4 ◐ Welche Aufgabe erfüllt der Docht bei einer Kerze? Erläutere.

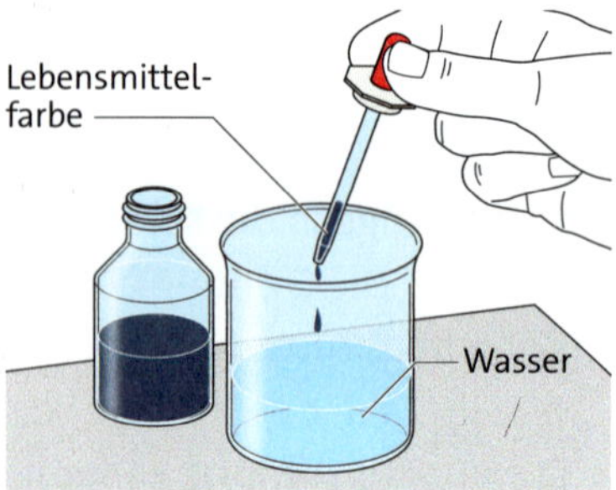

1 Wasser färben

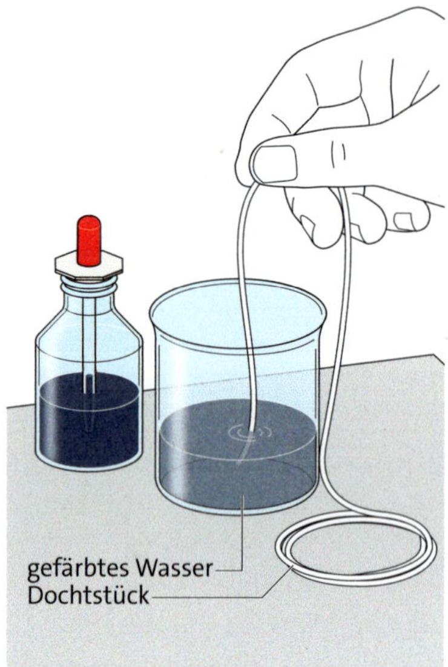

2 Docht eintauchen

Material F

Blick in die Kerzenflamme

Materialliste: Stumpenkerze, Streichhölzer, Edelstahllöffel, Kupferdrahtnetz, Tiegelzange

1 Entzünde die Kerze. Lass sie mit ruhiger Flamme brennen.

2 Führe das Kupferdrahtnetz von oben langsam bis zum Flammenkern.
◐ Beschreibe und erläutere deine Beobachtungen.

3 Halte den Löffel mit der Unterseite zuerst in den äußersten Bereich der Kerzenflamme, dann in den Flammenmantel.
○ Beschreibe deine Beobachtung.

4 ● Neben Kohlenstoffdioxid und Wasser entsteht noch ein weiterer Stoff bei Verbrennungen.
a Benenne den Stoff und gib an, unter welchen Bedingungen er entsteht.
b Gib an, in welcher Zone er entsteht.

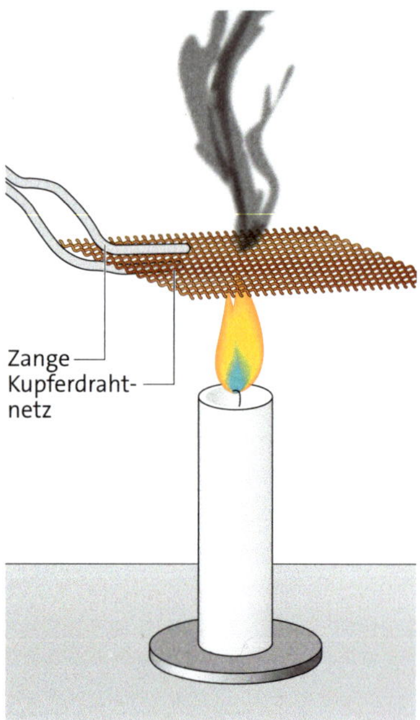

3 Grafik zum Versuchsablauf

Material G

Glasglocke über der Kerze

Materialliste: Stumpenkerze, Becherglas, Streichhölzer

1 Entzünde die Kerze.

2 Halte das Becherglas einige Sekunden über die Kerzenflamme. Der untere Rand des Becherglases sollte dabei auf Höhe der Flammenspitze sein. → 4

3 ▢ Beschreibe deine Beobachtung.

4 ▢ Welches Verbrennungsprodukt hast du nachgewiesen? Überprüfe das Verbrennungsprodukt mit Watesmopapier.

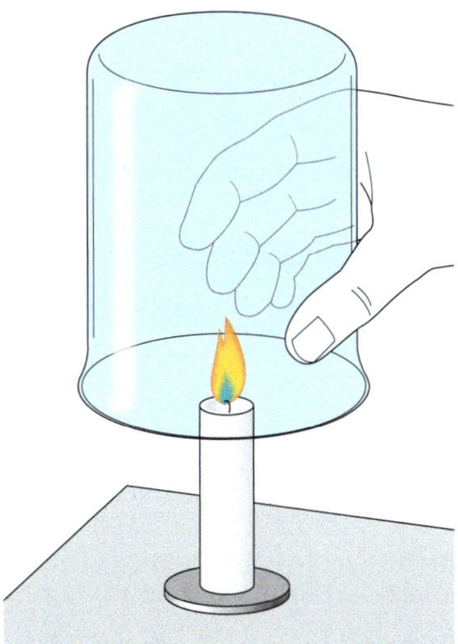

4 Versuchsaufbau

Material H

Kalkwasserprobe

Materialliste: Teelicht, Marmeladenglas mit Deckel, Holzspieß, Stabfeuerzeug, Pipette, Kalkwasser

1 Stelle das Teelicht in das offene Marmeladenglas und entzünde es mit dem Stabfeuerzeug. → 5

2 Verschließe das Glas mit dem Deckel. Lass es, nachdem das Teelicht erloschen ist, 1 Minute lang ruhig stehen.

3 Drehe anschließend den Deckel auf und hole das Teelicht mit dem Holzspieß aus dem Glas heraus. → 6 Achte darauf, dass du den Holzspieß seitlich in das Wachs stichst und die Kerze senkrecht herausziehst.

4 Gib eine Pipette Kalkwasser in das Glas und schwenke es. → 7

5 ▢ Beschreibe deine Beobachtung.

6 ▢ Welches Verbrennungsprodukt hast du nachgewiesen?

Tipp:
Mit klarem Kalkwasser kann man Kohlenstoffdioxid nachweisen. Bei Kontakt mit Kohlenstoffdioxid wird das Kalkwasser trüb.

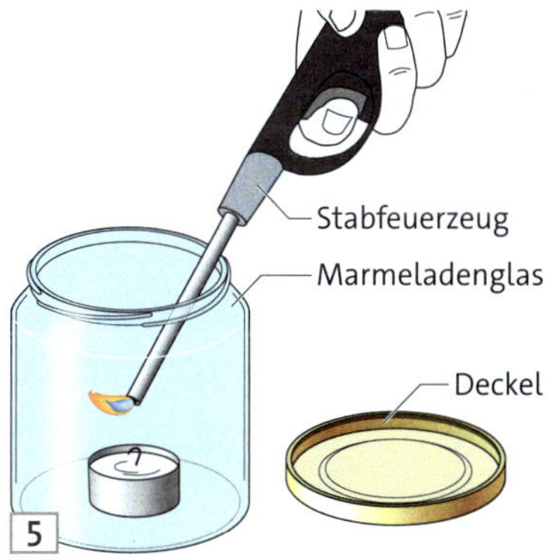

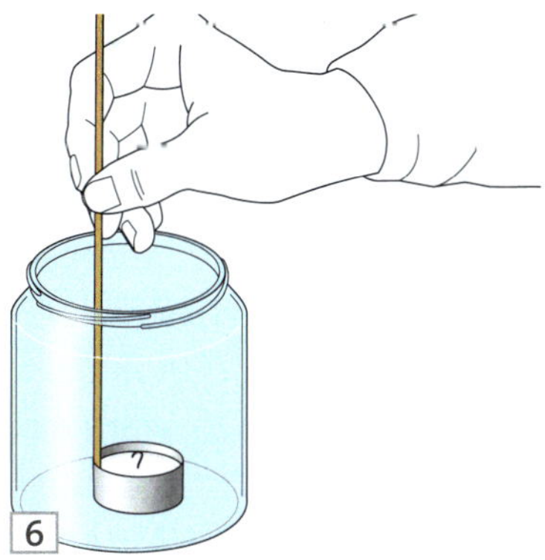

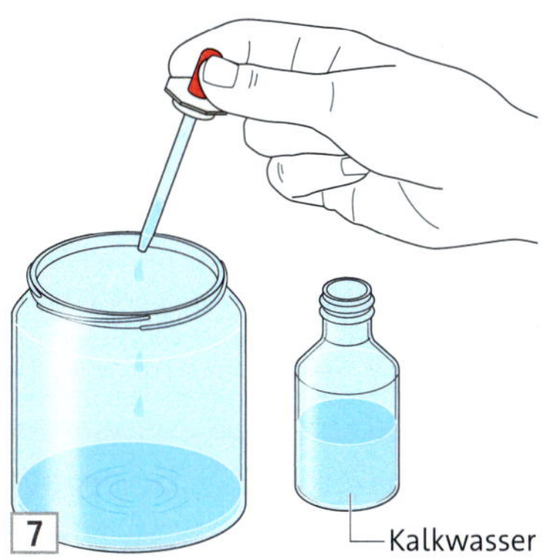

Verbrennung in Alltag und Umwelt

1 Verbrennung im Straßen- und Luftverkehr

In unserem Alltag laufen überall Verbrennungen ab. Wir verbrennen Holz, Kohle, Erdöl und Erdgas zum Heizen unserer Häuser und sind auch im Straßen- und Luftverkehr auf Verbrennungen angewiesen.

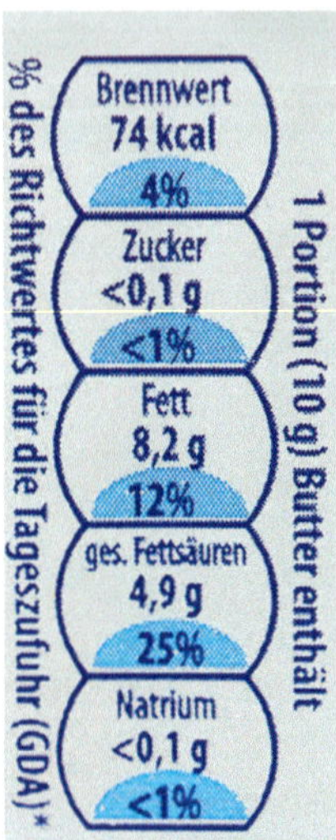

2 Brennwertangabe auf Nahrungsmittelverpackungen

Was uns warm macht • Fossile Brennstoffe wie Erdöl und Erdgas sind vor Jahrmillionen aus Lebewesen entstanden. Sie enthalten den Baustein Kohlenstoff. Ihre Verbrennung liefert Wärme und Licht. Die Wärme nutzen wir zum Heizen unserer Häuser.
Wie bei den meisten Verbrennungen entsteht dabei das Gas Kohlenstoffdioxid.

Verbrennung im Körper? • Auch in Nahrungsbestandteilen wie Zuckern und Fetten ist Kohlenstoff enthalten. Aus der Verbrennung der Nahrung gewinnen wir Energie für unsere Fortbewegung und unseren Stoffwechsel. Die Umwandlung der Nährstoffe ist keine Verbrennung im eigentlichen Sinne, da keine hohen Temperaturen und keine Flammen entstehen. Sie ist aber eine Oxidation, da auch bei diesen Stoffumwandlungen der Kohlenstoff mit Sauerstoff zu Kohlenstoffdioxid reagiert.
Das entstehende Kohlenstoffdioxid atmen wir aus. Der Körper nutzt also die Nährstoffe als Brennstoffe. Die Nährstoffe haben einen sogenannten Brennwert. Dieser Brennwert wird häufig auf Nahrungsmittelverpackungen angegeben. → 2

Schadstoffe in der Luft • Durch den Auto- und Luftverkehr sowie durch Industrieanlagen gelangen noch weitere Stoffe in die Luft. Autos, Lastkraftwagen und Flugzeuge setzen Gase wie Kohlenstoffdioxid, Kohlenstoffmonooxid und Stickoxide frei. Kohlenstoffdioxid ist ein Gas, das mitverantwortlich für die Temperaturerhöhung in der Atmosphäre ist.

Fossile Brennstoffe enthalten gebundenen Kohlenstoff. Sie werden als Antrieb für Fahrzeuge sowie zum Heizen und Kochen genutzt. Nährstoffe wie Zucker und Fette enthalten ebenfalls Kohlenstoff. Sie haben einen Brennwert und liefern dem Körper Energie.

Aufgabe

1 ○ Nenne drei Beispiele, bei denen Verbrennungen stattfinden.

Material A

Kohlenstoffdioxid in der Atemluft?

Materialliste: Erlenmeyerkolben, Kalkwasser, Strohhalm

1 Fülle einen kleinen Erlenmeyerkolben mit Kalkwasser. Nimm ein Röhrchen und blase vorsichtig und langsam deine Atemluft in das Kalkwasser.
▢ Notiere deine Beobachtung. Welches Ergebnis kannst du aus deiner Beobachtung schließen?

2 Gib an, welche Stoffe unser Körper verbrennt und wo die Verbrennung stattfindet.

3 Was steckt in der ausgeatmeten Luft?

Material B

Brennende Nuss

Den Brennwert einer Nuss kannst du nachweisen.

Materialliste: Walnuss, Wasser, Büroklammer, Stativmaterial, Erlenmeyerkolben (250 ml), Thermometer, Siedesteine

1 Stecke die Nuss auf die aufgebogene Büroklammer. Fülle den Erlenmeyerkolben mit 100 ml Wasser, gib einige Siedesteine in das Wasser und befestige den Erlenmeyerkolben an der Stativklemme. Miss die Temperatur. Entzünde die Nuss und erhitze mit der brennenden Nuss das Wasser. Miss nach dem Verbrennen der Nuss die Temperatur des Wassers erneut.
▢ Beschreibe deine Beobachtungen und notiere die Messwerte.

2 Formuliere eine Aussage zum Brennwert der Nuss.

3 Stelle zu folgenden Aspekten des Versuchs Hypothesen auf:
- Welche Stoffe der Nuss verbrennen?
- Welche Produkte entstehen beim Verbrennen der Nuss?
- Mit welchen Methoden können die Produkte nachgewiesen werden?

4 Brennende Nuss

5 Versuchsaufbau

Feinstaub

1 Messstation für Feinstaub

Feinstaub befindet sich in der Luft und belastet die Gesundheit der Menschen. In Messstationen wird regelmäßig die Feinstaubbelastung gemessen.

2 Fahreinschränkung für Lkws

Was ist Feinstaub? • In unserer Luft gibt es Teilchen, die nicht sofort zu Boden sinken, sondern eine gewisse Zeit in der Luft bleiben. Diese Teilchen nennt man Feinstaub. Besonders die Verbrennungsvorgänge im Verkehr, bei Heizungen und in bestimmten Industriebetrieben sind große Feinstaubquellen.

Gesundheitliche Auswirkungen • Eingeatmeter Feinstaub hat schädliche Auswirkungen auf unsere Gesundheit. Entscheidend ist der Durchmesser der Staubteilchen. Teilchen mit einem Durchmesser von weniger als 2,5 Mikrometern – das ist der tausendste Teil eines Millimeters – werden kurz $PM_{2,5}$ genannt. Diese kleinen Teilchen sind besonders gefährlich, denn sie setzen sich in unserer Lunge fest. Beim Einatmen dringen sie tief in die Bronchien unserer Lunge ein und gelangen sogar in die Lungenbläschen. Von dort lassen sie sich auch durch Husten kaum wieder entfernen.

Gegenmaßnahmen • Weil der Feinstaub so schädlich ist, soll vermieden werden, dass er entsteht. Deshalb werden Filter in Industrieanlagen, Autos und Heizungen eingebaut. In einigen Städten werden Pkw- und Lkw-Verkehr zeitweise verboten.

Messungen der Feinstaubkonzentration • Die Feinstaubkonzentration wird vor allem in den Städten genau gemessen und beobachtet. In Deutschland führt das Bundesumweltamt regelmäßig Messungen der Feinstaubbelastung der Luft durch und stellt sie in Diagrammen dar.

Feinstaub entsteht bei Verbrennungsprozessen. Die winzigen Staubteilchen dringen beim Einatmen tief in die Lunge ein und belasten dadurch die Gesundheit.

Aufgaben

1 ○ Benenne verschiedene Feinstaubquellen.

2 ◐ Erkläre, warum Feinstaub besonders gefährlich ist.

Material A

Kreisdiagramm

Mit einem Kreisdiagramm können Anteile oder Verhältnisse dargestellt werden.

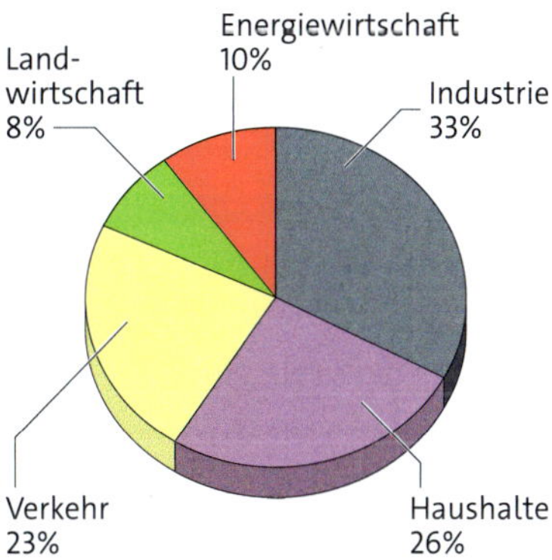

3 Feinstaubverursacher ($PM_{2,5}$) im Jahr 2015

1 Beschreibe das dargestellte Diagramm. → 3

Material B

Säulendiagramm

Ein Säulendiagramm eignet sich, um Größen miteinander zu vergleichen und Unterschiede aufzuzeigen. → 4

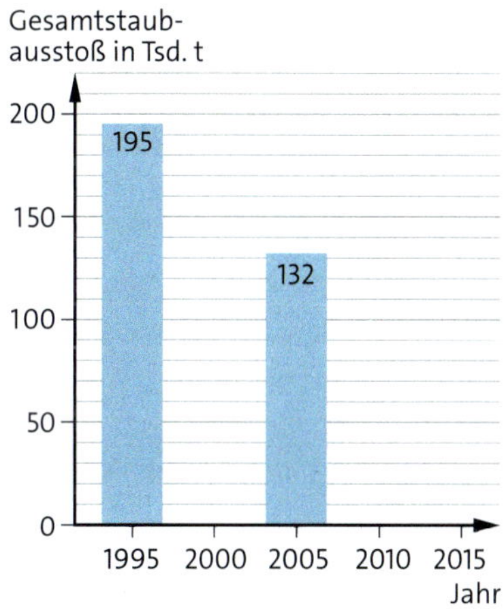

4 Gesamtstaubausstoß in Deutschland

1 Übertrage das Säulendiagramm in dein Heft und ergänze es um die noch fehlenden Werte aus Tabelle 5.

Jahr	Feinstaubausstoß ($PM_{2,5}$)
1995	195 Tsd. t
2000	160 Tsd. t
2005	132 Tsd. t
2010	117 Tsd. t
2015	100 Tsd. t

5 Feinstaubausstoß in tausend Tonnen (Tsd. t)

2 Beschreibe das Diagramm.

3 Erläutere den Begriff „Gesamtstaub".

Material C

Balkendiagramm

Mit einem Balkendiagramm kann man besonders gut Rangfolgen darstellen.

1 Erläutere das dargestellte Diagramm.

2 Was schlägst du vor, um die Feinstaubbelastung in der Stadt in deiner Nähe zu verringern?

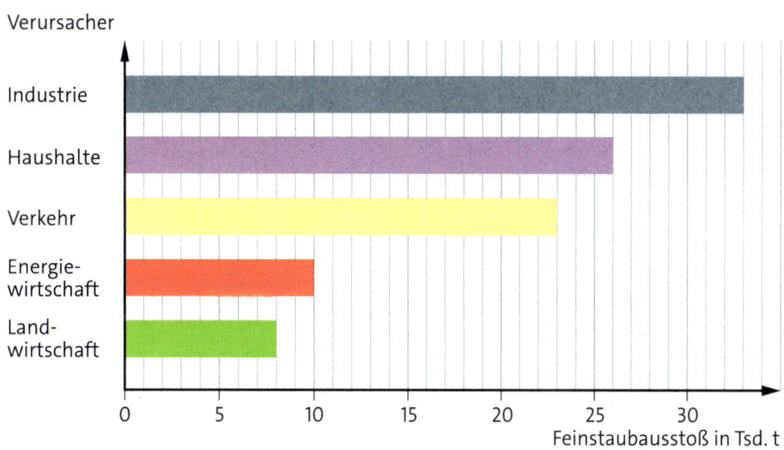

6 Verursacher des Feinstaubausstoßes im Jahr 2015

Feinstaub

Methode

Ein Punktdiagramm erstellen

Das Bundesumweltamt ermittelt jedes Jahr die Feinstaubmenge, die in Deutschland innerhalb des Jahres in die Luft abgegeben wurde.
Nun ist es natürlich interessant zu wissen, wie sich der jährliche Feinstaubaustoß mit der Zeit verändert.
Ein Punktdiagramm eignet sich besonders gut, um die Entwicklung und Veränderung von Werten über einen bestimmten Zeitraum zu verdeutlichen. Wie geht man vor, um ein Punktdiagramm zu erstellen?

1. Daten sammeln Daten können beim Beobachten von Naturerscheinungen, durch Experimente oder beim Recherchieren ermittelt werden. Die Feinstaubkonzentration wird jedes Jahr durch Messungen bestimmt.

2. Daten ordnen Zur besseren Übersicht werden die Daten in einer Tabelle geordnet.
In Tabelle 1 sind die Mengen an Feinstaub, die in Deutschland pro Jahr ausgestoßen wurden, für den Zeitraum von 1995 bis 2015 angegeben. Die Feinstaubmengen wurden auf tausend Tonnen gerundet. → 1

3. Diagramm zeichnen Zeichne nun mithilfe der Werte aus Tabelle 1 ein Punktdiagramm auf kariertes Papier oder Millimeterpapier.

a Zeichne mit dem Lineal eine waagerechte und eine senkrechte Achse.
Die waagerechte Achse wird auch *x*-Achse und die senkrechte *y*-Achse genannt. → 2

b Trage auf der waagerechten *x*-Achse die Jahre auf, beginnend mit dem Jahr 1995. Dieses Jahr der ersten Messung ist in deinem Diagramm der Nullpunkt. Jedes weitere Jahr trägst du ein Kästchen weiter rechts auf der *x*-Achse ein.

c Trage auf der senkrechten *y*-Achse die Feinstaubmenge ein. 50 tausend Tonnen entsprechen vier Kästchen.

d Zeichne von der *x*-Achse ausgehend beim Jahr 2000 eine Hilfslinie senkrecht nach oben. Suche dann den Wert für die zugehörige Feinstaubmenge aus Tabelle 1 auf der *y*-Achse und zeichne von dort eine waagerechte Hilfslinie. Dort, wo sich beide Hilfslinien treffen, machst du ein Kreuz. Du hast nun den Punkt markiert, der den Feinstaubausstoß im Jahr 2000 darstellt.

e Verfahre so für alle weiteren Wertepaare.

f Gib deinem Diagramm zum Schluss einen passenden Titel, zum Beispiel „Entwicklung des jährlichen Feinstaubausstoßes in Deutschland“.

Jahr	1995	2000	2005	2010	2011	2012	2013	2014	2015
Feinstaubausstoß ($PM_{2,5}$) in Tsd. t	195	160	132	117	112	106	106	100	100

1 Feinstaubausstoß ($PM_{2,5}$) in Deutschland von 1995 bis 2015 in tausend Tonnen

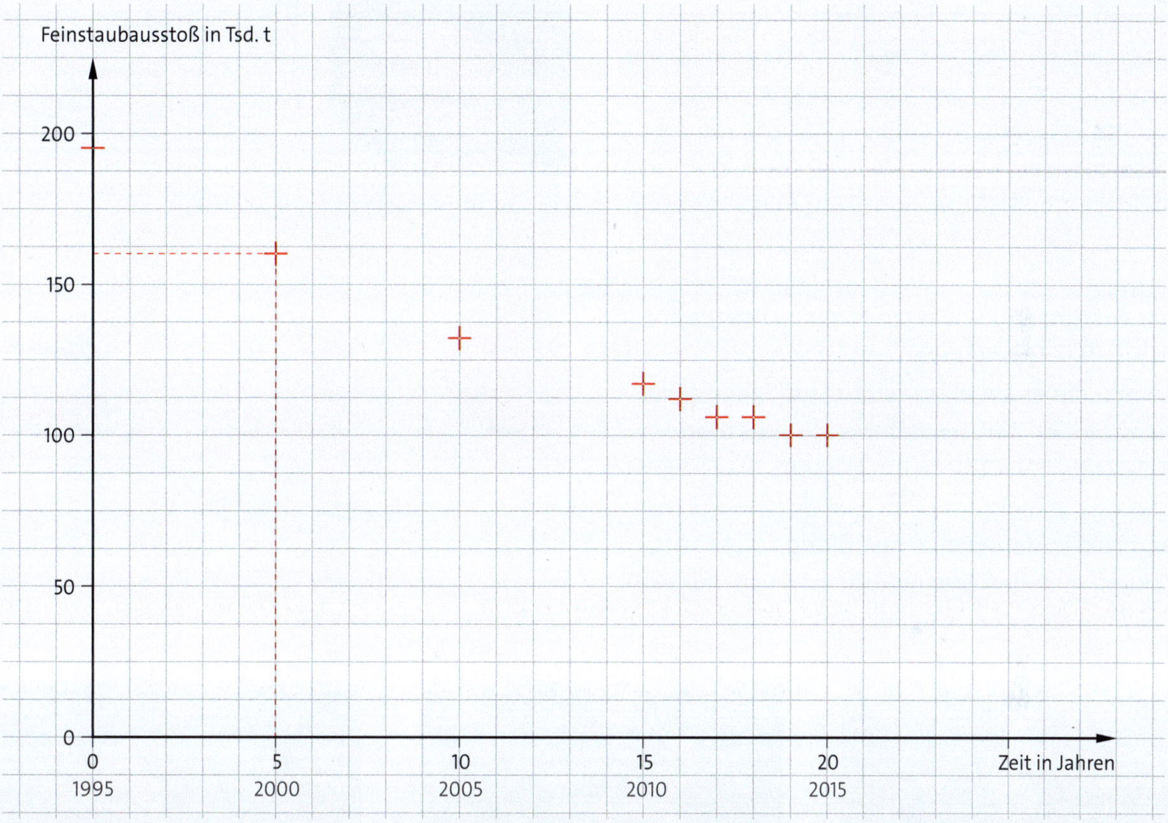

2 Entwicklung des jährlichen Feinstaubausstoßes ($PM_{2,5}$) in Deutschland

Aufgaben

1 ○ Beschreibe die Entwicklung des Feinstaubausstoßes seit 1995. → 2

2 ● Feinstaubteilchen mit einem Durchmesser von 10 Mikrometern werden kurz PM_{10} genannt. Erstelle mithilfe von Tabelle 3 ein Diagramm zur Entwicklung des jährlichen Feinstaubausstoßes an PM_{10} in Deutschland.

Jahr	1995	2000	2005	2010	2011	2012	2013	2014	2015
Feinstaubausstoß (PM_{10}) in Tsd. t	329	290	245	232	232	225	229	224	221

3 Feinstaubausstoß (PM_{10}) in Deutschland von 1995 bis 2015 in tausend Tonnen

Zusammenfassung

Bestandteile der Luft • Die Luft ist ein Gemisch aus vielen Gasen. → 1 Sie enthält Sauerstoff, Stickstoff, Edelgase und Kohlenstoffdioxid.
- Sauerstoff ist nötig, damit etwas brennen kann.
- Stickstoff erstickt Flammen und Lebewesen.
- Kohlenstoffdioxid benötigen Pflanzen für die Fotosynthese.
- Edelgase sind Helium, Neon, Argon und Xenon.

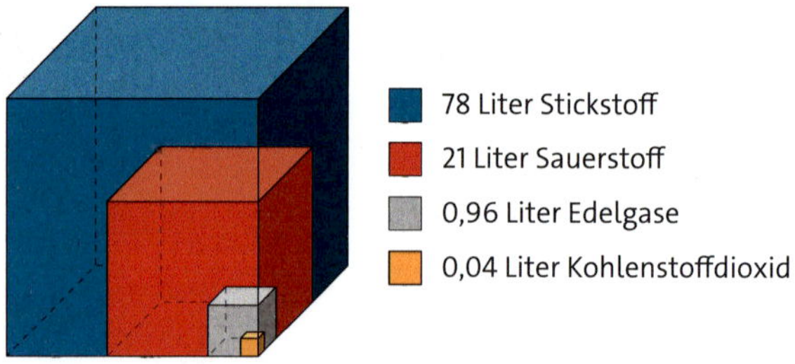

1 Zusammensetzung von 100 Litern Luft

Feuer entzünden ... • Um ein Feuer zu entzünden, müssen drei Bedingungen erfüllt sein: Man braucht einen brennbaren Stoff, genügend Sauerstoff und die Zündtemperatur des brennbaren Stoffs muss überschritten sein.

... und bekämpfen • Um einen Brand zu bekämpfen, kann man den Brennstoff entfernen, die Luftzufuhr unterbrechen oder die Temperatur senken.

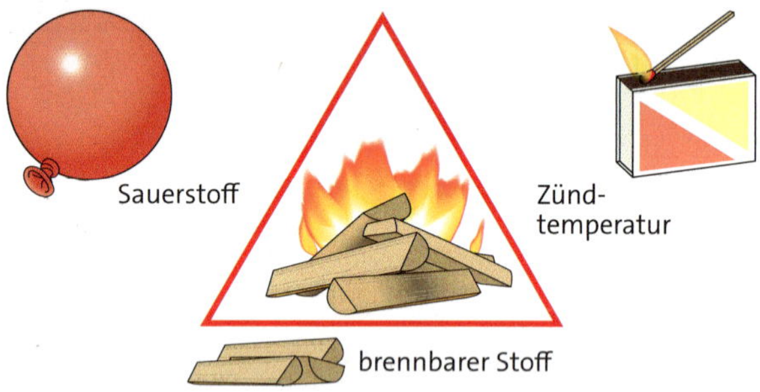

2 Verbrennungsdreieck

3 Brennstoff entziehen

4 Sauerstoffzufuhr unterbinden

5 Abkühlen mit Wasser

Die Kerze • Die Kerze ist eine kleine Gasfabrik. Flüssiges Wachs wandert am Docht nach oben und verdampft an der Spitze. Das gasförmige Wachs verbrennt unter Verbrauch von Sauerstoff. Die Flamme der Kerze lässt sich in unterschiedliche Zonen einteilen: den Flammenkern, den Flammenmantel und den Flammensaum. Neben Wasser und Kohlenstoffdioxid entsteht auch Ruß als Verbrennungsprodukt.

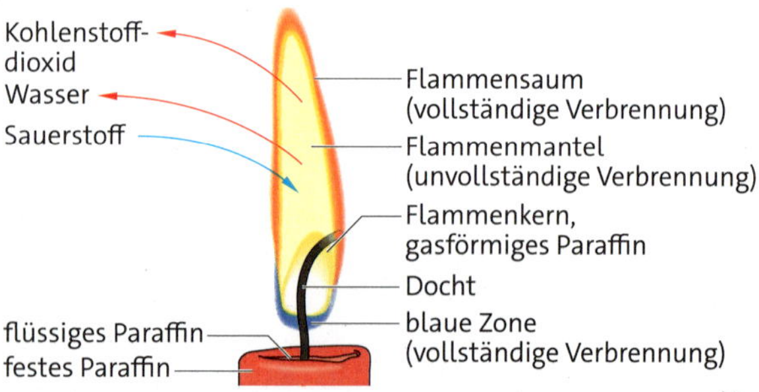

6 Flammenzonen

Teste dich! (Lösungen im Anhang)

Luft

1 ○ Nenne die Bestandteile von Luft.

2 ◐ Beschreibe, mit welchem Versuch du überprüfen kannst, dass es sich bei einem Gas um Kohlenstoffdioxid handelt.

Bedingungen für ein Feuer

3 ◐ Ein leeres Becherglas wird über eine brennende Kerze gestülpt. Beschreibe und erkläre, was geschieht.

4 Der Junge in Bild 7 hat eine Bedingung für ein Feuer nicht berücksichtigt.
a ○ Nenne die vergessene Bedingung.
b ◐ Beschreibe, wie man vorgehen muss, um ein Lagerfeuer zu entzünden.

7 Warum klappt es nicht?

5 ● Ein Eisennagel brennt nicht, Eisenwolle dagegen schon. → 8 Erkläre dies.

8

Die Kerze

9

6 Kerzen können sehr unterschiedlich geformt sein. → 9 Der grundlegende Aufbau ist jedoch immer gleich.
a ○ Nenne und beschreibe die Bestandteile einer Kerze.
b ◐ Gib an, welche Stoffe bei der Verbrennung einer Kerze entstehen.
c ● Bewerte folgende Aussage: „Bei einer Kerze brennt der Docht."

Feuer bekämpfen

7 ● Begründe folgende Brandschutzmaßnahmen:
a Im Brandfall Türen und Fenster schließen!
b Das Rauchen ist in Garagen, in Autowerkstätten und an Tankstellen verboten.
c Benutze niemals Spiritus als Grillanzünder.
d Lösche einen Fettbrand niemals mit Wasser.
e Lege um ein Lagerfeuer einen Kreis aus Steinen. → 10

10

Chemische Reaktion – was ist das?

Chemische Reaktionen können heftig sein, wie das spektakuläre Feuerwerk an Silvester.

Chemische Reaktionen finden aber auch da statt, wo man es nicht auf den ersten Blick sieht.

Auch beim Backen sind wir auf chemische Reaktionen angewiesen.

Chemische Reaktionen im Alltag

1 Eine brennende Wunderkerze

Chemie ist überall. Man begegnet ihr ständig – egal ob beim Kochen oder beim Abbrennen einer Wunderkerze. Was passiert dabei eigentlich genau?

Im Alltag • Täglich hat man mit chemischen Reaktionen zu tun:
Beim Frühstück werden Brötchen gebacken. Die Heizung im Haus geht an und verbrennt Öl, Gas oder Holz. Bei der Fahrt in die Schule verbrennt das Auto, der Roller oder der Bus Treibstoff. Nach dem Unterricht gibt es zu Mittag gebratenes Fleisch mit gebackenen oder gekochten Beilagen. Zu Hause angekommen, legt man eine Brausetablette in Wasser, um ein Erfrischungsgetränk herzustellen. Zum Abschluss gibt es beim Abendessen Pfannkuchen. Bei diesem Tagesablauf werden chemische Reaktionen beschrieben. Aber was genau ist eine chemische Reaktion?

Neue Stoffe • Chemische Reaktionen sind Vorgänge, bei denen eine Stoffumwandlung stattfindet. Das sieht man auch in Bild 1: Wunderkerzen bestehen unter anderem aus Eisenpulver und Aluminiumpulver. Diese Ausgangsstoffe werden gezündet und verändern sich. Es findet eine chemische Reaktion statt. Die Metallteilchen verbrennen und erzeugen leuchtende Funken. Zurück bleibt ein poröser schwarzer Stoff. Man bezeichnet die neu entstandenen Stoffe als Reaktionsprodukte.
In unserem Beispiel sind dies die abgebrannte Wunderkerze, Aschekrümel und Verbrennungsgase.

Andere Stoffeigenschaften • Die Reaktionsprodukte haben also andere Stoffeigenschaften als die Edukte. Die abgebrannte Wunderkerze kann man nicht noch mal entzünden. Es entstehen stechend riechende Gase, wo vorher nur feste Stoffe waren.
Ein anderes Beispiel: Dort, wo vorher festes, grau glänzendes Eisen war, ist nun bröseliger roter Rost. → 2

die chemische Reaktion
das Reaktionsprodukt
die Reaktionsgleichung

Energieumsatz • Bei chemischen Reaktionen wird immer auch Energie umgesetzt. Wunderkerzen leuchten hell beim Abbrennen, weil Energie in Form von Licht frei wird. Dabei werden auch große Mengen an Wärme frei, weshalb man bei Wunderkerzen auch nach dem Abbrennen aufpassen muss, dass man sich nicht an ihnen verbrennt.

Merkmale chemischer Reaktionen • Chemische Reaktionen lassen sich anhand bestimmter Merkmale erkennen:
1. Es entstehen neue Stoffe mit anderen Eigenschaften. Diese Eigenschaftsänderungen sieht man zum Beispiel am Aufglühen, an der Farbumschlag oder an der Gasentwicklung. → 3
2. Es wird Energie umgesetzt.

An diesen beiden Merkmalen kann man eine chemische Reaktion auch von der Trennung eines Stoffgemischs unterscheiden. Dort entsteht kein neuer Stoff und es wird nichts heißer oder kälter.

Reaktionsgleichung • In der Chemie benutzt man eine Reaktionsgleichung, um eine chemische Reaktion zu veranschaulichen.
Beispiel: Die Edukte Brausepulver und Wasser reagieren miteinander zu den Reaktionsprodukten Getränk und Gas. → 4

Chemische Reaktionen sind Stoffumwandlungen, bei denen neue Stoffe entstehen. Zum Notieren und Vereinfachen verwendet man eine Reaktionsgleichung.

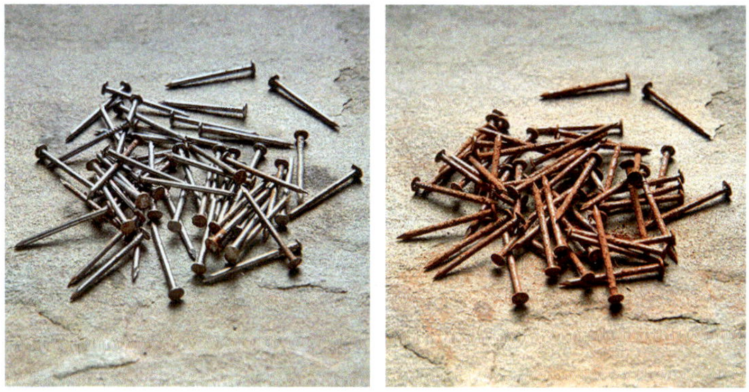

2 Das Rosten von Eisennägeln – eine chemische Reaktion

3 Gasentwicklung einer Brausetablette

4
Brausepulver + Wasser → Getränk + Gas
Der Pfeil (→) steht für „reagieren zu".

Aufgaben

1 ▢ Nenne verschiedene chemische Reaktionen aus deinem Alltag.

2 ▢ Was ist eine chemische Reaktion? Erläutere.

3 ◪ Beschreibe die Stoffumwandlung am Beispiel eines verbrannten Toasts.

Chemische Reaktionen im Alltag

Material A

Brennende Streichhölzer

1 Nach dem Brennen

Reibe ein Streichholz an der Reibefläche der Schachtel. Lass das Streichholz abbrennen. → 1 Wenn es zu heiß wird, lege es schnell auf eine feuerfeste Unterlage.

Materialliste: Schachtel Streichhölzer, feuerfeste Unterlage

1 ○ Notiere deine Beobachtungen.

2 ◐ Schau dir das verbrannte Streichholz genau an und bestimme seine Farbe. Zerreibe es danach zwischen den Fingern. Was passiert? Vergleiche mit einem unbenutzten Streichholz.

3 ◐ Entscheide, ob eine Stoffumwandlung eingetreten ist. Benenne gegebenenfalls das passende Merkmal für chemische Reaktionen.

4 ● Falls eine chemische Reaktion stattgefunden hat, schreibe eine Wortgleichung dazu auf.

Material B

Langsame Reaktionen?

2 Eierschale in Essig

Gibt es auch ganz langsame chemische Reaktionen?

Materialliste: Reagenzglas, Speiseessig (5%ig), Eierschale

1 Fülle ein Reagenzglas 1 cm hoch mit 5%igem Speiseessig. Gib ein Stück Eierschale hinzu.

a ○ Schau dir die Eierschale genau an. Notiere die Eigenschaften.

b ◐ Nenne Beobachtungen, die für chemische Reaktionen typisch sind.

c ◐ Lass deinen Versuch 1–2 Tage stehen. Überprüfe dann, ob eine Stoffumwandlung stattgefunden hat.

d ● Schreibe dein Ergebnis als Wortgleichung auf.

2 ◐ In einem Becherglas liegt ein mit Wasser angefeuchteter Watteknäuel (Ø 2 cm). Ein metallisch glänzender neuer Eisennagel wird über die Öffnung gelegt. Hat sich nach 2 Tagen etwas verändert? Erläutere.

Material C

Chemische Reaktion – ja oder nein?

Materialliste: Schaschlikspieß, 2 Reagenzgläser, Becherglas, Marmor, Muschel, Speiseessig (5%ig), Zuckerwürfel, Kochsalz, Gasbrenner

1 Führe folgende Versuche durch und notiere deine Beobachtungen. Entscheide jeweils, ob eine chemische Reaktion stattgefunden hat. Erläutere auch, welche Merkmale von chemischen Reaktionen zu beobachten sind.

a ▢ Zerbrich einen Schaschlikspieß.

b ▢ Halte einen Schaschlikspieß in die Brennerflamme und entzünde ihn.

c ▢ Gib etwas Wasser in ein Reagenzglas und füge ein Stück Marmor oder Muschel hinzu.

d ▢ Gib etwas Speiseessig (5%ig) in ein Reagenzglas und füge ein Stück Marmor oder Muschel hinzu.

e ▢ Löse ein Stück Würfelzucker mit Wasser im Becherglas auf.

f ◪ Erhitze etwas Zucker im Reagenzglas vorsichtig in der Brennerflamme.

g ◪ Erhitze etwas Kochsalz im Reagenzglas vorsichtig in der Brennerflamme.

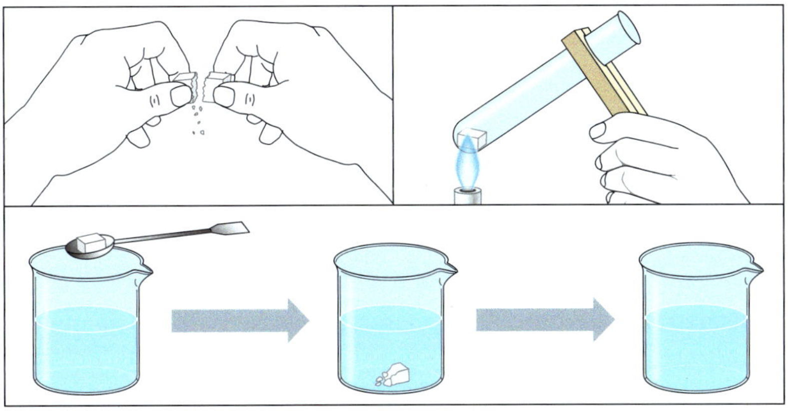

3 Zucker bei verschiedenen Vorgängen – wo findet eine Stoffumwandlung statt?

Material D

Gips reagiert mit Wasser

Materialliste: Gipspulver, Joghurtbecher, Löffel, Schale mit Blumenerde

4 Spurensicherung

1 ▢ Gib etwas Gipspulver in einen leeren Joghurtbecher. Gieße ein wenig Wasser vorsichtig hinzu und verrühre alles sacht mit einem Löffel zu einem Brei. Verwende nicht zu viel Wasser. Umfasse den Becher mit der Hand. Notiere deine Beobachtungen und beschreibe dann die Stoffumwandlung genauer.

2 Gips wird bei der Spurensicherung verwendet, um Reifenspuren oder Fußabdrücke zu sichern. → 4 Wenn du den Abdruck deines Schuhs in einer Schale mit feuchter Blumenerde sichern willst, dann musst du einfach den flüssigen Gipsbrei in den Abdruck geben und trocknen lassen.

Chemische Reaktion – was passiert da?

1 Modellbau mit einfachen Materialien

Chemische Reaktionen kann man mit Modellen begreifbar machen.

Modelle • Es gibt Dinge, die man nicht so einfach verstehen kann. Bei solchen Schwierigkeiten machen sich Wissenschaftler Modelle. Modelle vereinfachen den Sachverhalt sehr, damit die Thematik anschaulicher wird. Auch chemische Reaktionen kann man mit Modellen verständlich machen. → 1

Teilchen • Alle Stoffe – egal, in welchem Zustand (fest, flüssig oder gasförmig) – sind aus kleinsten Teilchen aufgebaut. Bei der Darstellung dieser Teilchen benutzt man häufig Kugeln, aber auch Quader oder Zylinder sind möglich.
So würde man sich z. B. das Metall Eisen aus sehr vielen einzelnen Eisenteilchen vorstellen, die eng aneinanderliegen. → 2 Aluminium würde nach dem Teilchenmodell aus sehr vielen Aluminiumteilchen bestehen, die sich gegenseitig berühren. → 3

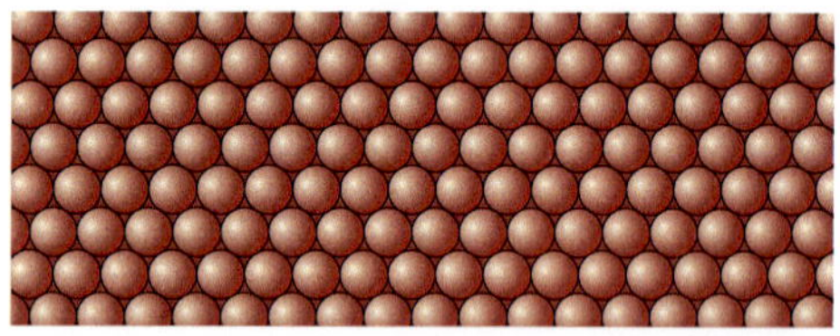

2 Eisen, als Teilchenmodell dargestellt

3 Aluminium, als Teilchenmodell dargestellt

Da Eisen ein anderer Stoff als Aluminium ist, würde man diesen Unterschied in Farbe, Form oder Größe der Teilchen darstellen.
Stoffe können auch aus Verbindungen von Teilchen bestehen, z. B. das Gas rechts in Bild 5.
Modelle kann man durch unterschiedliche Materialien darstellen. Playmaiskörner, Legosteine, Knete oder Murmeln sind gute Baumaterialien.

das Modell

Neu angeordnet • Zwei Stoffe, nämlich die Ausgangsstoffe A und B, gehen eine chemische Reaktion ein. Jeder Ausgangsstoff besteht aus sehr vielen kleinsten Teilchen. Bei der chemischen Reaktion passiert nun Folgendes: Die Teilchen der Stoffe A und B gehen nicht verloren, sondern verändern nur ihre Anordnung. Auf diese Weise bilden sie das Reaktionsprodukt. Die Teilchen werden also nur umgruppiert. → 4 5

Gesetz der Massenerhaltung • Bei einer chemischen Reaktion gehen weder Teilchen verloren noch kommen welche neu hinzu. Daher bleibt auch die Masse der Teilchen gleich. Das lässt sich am Beispiel der Reaktion von Eisen und Schwefel klarmachen: Lässt man 32 Gramm Schwefel mit 56 Gramm Eisen reagieren, so bekommt man 88 Gramm Eisensulfid heraus. Natürlich muss man dabei beachten, dass man alle Produkte und alle Edukte mitwiegt. Wenn beispielsweise eine Kerze verbrennt, braucht es Luftsauerstoff und es entstehen Gase, die in die Luft entweichen. Daher muss man die Gase auffangen und mitwiegen. Es gilt: Die Masse der Produkte ist in einem geschlossenen System gleich der Masse der Edukte.

Bei chemischen Reaktionen werden die Teilchen der Ausgangsstoffe neu als Reaktionsprodukt angeordnet. Dabei gehen weder Teilchen verloren noch kommen welche neu hinzu.

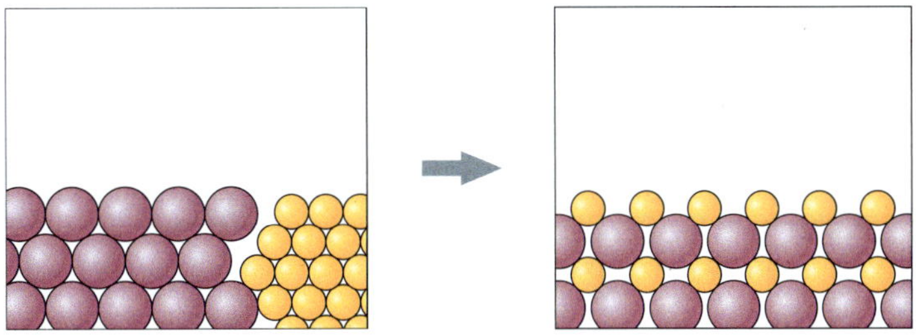

4 Feststoff + Feststoff → Feststoff

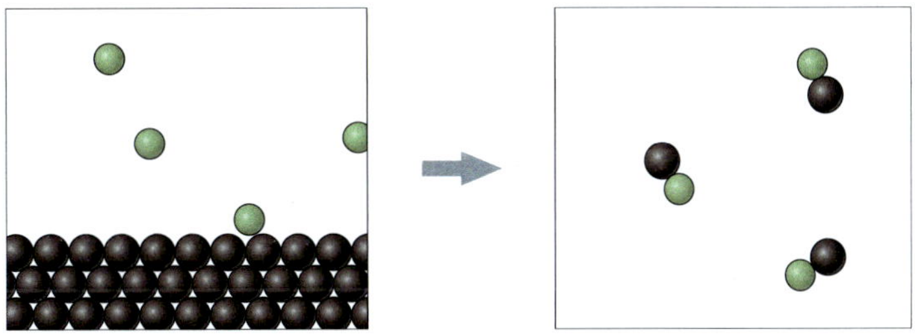

5 Gas + Feststoff → Gas

Aufgaben

1 ▢ Alle Stoffe bestehen aus Teilchen. Erläutere und zeichne ein mögliches Teilchenmodell des Metalls Silber.

2 ◪ Zeichne ein Teilchenmodell für die chemische Reaktion von Eisen und Schwefel.

3 ■ Für jeden Liter Benzin produziert ein Auto 2,3 kg Kohlenstoffdioxid. Berechne, wie viel CO_2 ein Auto produziert, wenn es in einem Jahr 30 000 km fährt und 6 Liter auf 100 km verbraucht.

Chemische Reaktion – was passiert da?

Material A

Chemische Reaktionen

Hier geht es um chemische Reaktionen. Dabei entstehen neue Stoffe.

Bei chemischen Reaktionen entsteht immer mindestens ein Reaktionsprodukt, also ein neuer Stoff. Dafür ein Beispiel:
Man lässt Eisenpulver mit Schwefelpulver reagieren. Nach Zufuhr von Aktivierungsenergie glühen die beteiligten Stoffe auf, die Reaktion findet statt und danach ist ein neuer Stoff entstanden: Eisensulfid. Dies ist viel mehr als nur eine Änderung des Aggregatzustands.

1 Baue mit Playmaiskörnern, Legosteinen oder Knete die Reaktion von Eisen und Schwefel zu Eisensulfid nach.

2 Welches Merkmal von chemischen Reaktionen kann man beobachten, wenn Eisen und Schwefel miteinander reagieren? → 1

3 In der Chemie gilt das „Gesetz der Massenerhaltung“. Es besagt, dass alle Reaktionsprodukte zusammen genauso viel wiegen wie alle Ausgangsstoffe zusammen.

a Gib an, wie viel Eisensulfid entsteht, wenn 28 g Eisen mit 16 g Schwefel reagieren.

b Zeige an einem selbst gebauten Beispiel im Teilchenmodell, weshalb das Gesetz der Massenerhaltung gelten muss.

c Wenn eine Kerze brennt, ist sie nachher „weg“. Erläutere, weshalb das Gesetz der Massenerhaltung trotzdem auch hier gilt.

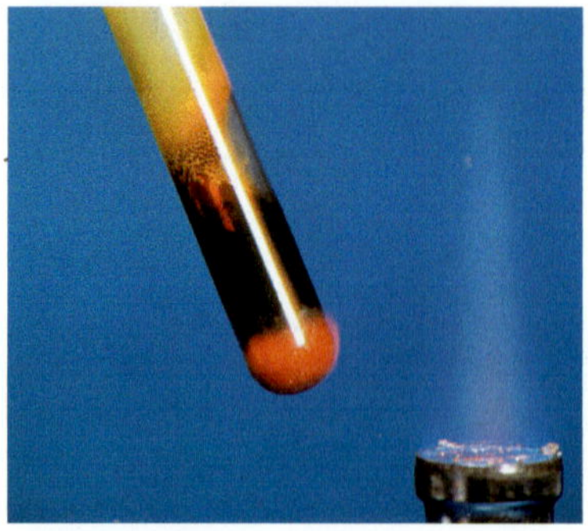

1 Reaktion von Eisen und Schwefel

Material B

Die Masse bleibt gleich

Bild 2 zeigt einen Versuch mit einer brennenden Kerze.

1 Erläutere, was das Gesetz der Erhaltung der Masse besagt.

2 Begründe, warum es wichtig ist, ein Glas über die Kerze zu stülpen.

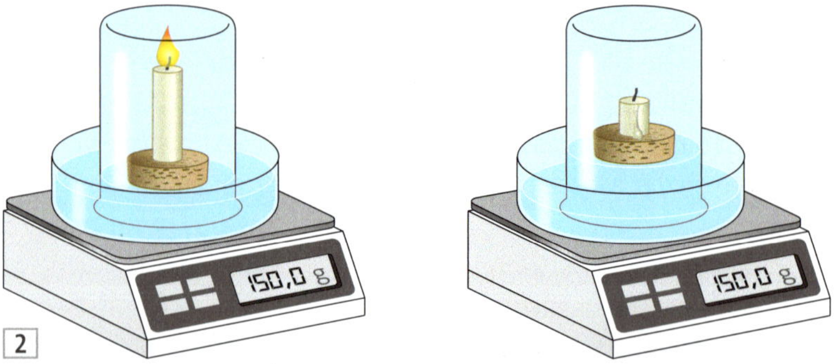

2

3 Erkläre, was passieren würde, wenn man die Kerze einfach brennend auf die Waage stellt.

Material C

Verbrennung von Eisenwolle

Materialliste: Eisenwolle, Digitalwaage, Porzellanschale, Brenner, Tiegelzange

Lege ein kleines Büschel Eisenwolle in die Porzellanschale. Wiege die Schale mit der Wolle und notiere das Gewicht. Zünde die Eisenwolle mithilfe der Streichhölzer an. Achte darauf, dass das gesamte Büschel durchglüht. Wiege es erneut.

1 ○ Erstelle ein Versuchsprotokoll.

2 ◐ Begründe, warum die Gewichtszunahme nicht dem Gesetz der Erhaltung der Masse widerspricht.

3 ● Erkläre, warum das Reaktionsprodukt schwerer ist als der Ausgangsstoff.

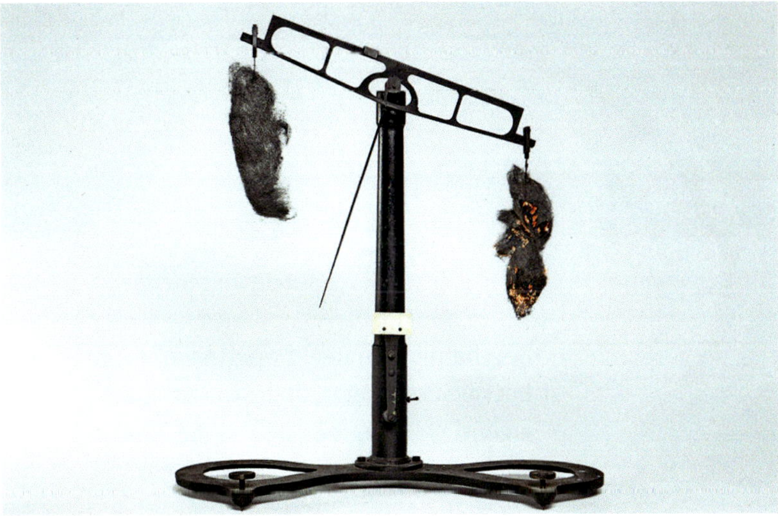

3 Eisenwolle wiegt nach dem Brennen mehr.

Material D

Gesetz der konstanten Massenverhältnisse

Masse Kupfer (Cu)	Masse Kupfersulfid (CuS)	Masse Schwefel (S)	Masse Cu zu S
100 mg	148 mg	48 mg	?
201 mg	297 mg	96 mg	?
300 mg	446 mg	146 mg	?
402 mg	591 mg	189 mg	?
499 mg	740 mg	241 mg	?
600 mg	892 mg	292 mg	?

4 Hier reagierte jeweils eine Portion Kupfer mit Schwefel zu Kupfersulfid.

Bild 4 zeigt die Ergebnisse einer Versuchsreihe. Dabei reagierte jeweils Kupfer mit Schwefel.

1 ○ Berechne das Verhältnis der Massen, indem du die Masse des Kupfersulfids durch die Masse des Schwefels teilst.

2 ● Erkläre, warum das Verhältnis der Massen von Kupfer zu Schwefel immer gleich ist.

Was ist eigentlich Energie?

1 Lageenergie

2 Bewegungsenergie

3 Spannenergie

Bei chemischen Reaktionen wird Energie umgesetzt, aber was ist eigentlich Energie? Ein Bungeespringer hilft uns, diese Frage zu beantworten.

Energieformen • Energie tritt in verschiedenen Formen auf. Die verschiedenen Energieformen kann man sich gut anhand des Bungeespringers verdeutlichen.
Für seinen Sprung begibt er sich zunächst in ausreichende Höhe, z. B. auf ein hohes Gebäude oder einen Kran. Der Bungeespringer besitzt nun Lageenergie. → 1
Sobald er von der Plattform springt, bewegt er sich Richtung Boden. → 2
Sich bewegende Personen oder Gegenstände besitzen Bewegungsenergie.
Am Ende seines Sprungs wird das Bungeeseil gespannt und der Springer dadurch aufgefangen. Das gespannte Seil besitzt Spannenergie. → 3

Energieumwandlungen • Die verschiedenen Energieformen sind ineinander umwandelbar.
Beim Sprung von der Plattform wandelt sich die Lageenergie des Bungeespringers in Bewegungsenergie um. Die Bewegungsenergie wandelt sich wiederum in Spannenergie des Seils um.
Auch beim Tennisspielen wird Bewegungsenergie in Spannenergie umgewandelt. → 4

Energie verschwindet nicht • Wenn ein fallender Stein nach dem Aufschlag am Boden liegt, so ist die Energie scheinbar verschwunden.
Aber nur scheinbar! Wenn man nämlich die Aufschlagstelle mit einer Wärmebildkamera filmt, kann man sehen, dass sich der Boden erwärmt hat. Die Bewegungsenergie wurde also in Wärmeenergie umgewandelt.
Lange waren sich Forscher nicht sicher,

die Lageenergie
die Bewegungsenergie
die Spannenergie
die Wärmeenergie
die chemische Energie

aber heute weiß man, dass Wärme kein Stoff, sondern eine Energieform ist.

Energiespeicherung • Man kann Energie auch speichern. Dazu eignen sich die verschiedenen Energieformen unterschiedlich gut. Wärme ist eine Energieform, die sich nur sehr schlecht speichern lässt: Wenn man heißes Wasser in einem Becher aufbewahrt, ist es nach einer Stunde wieder kalt. Auch eine Thermoskanne kann die Abkühlung nicht sehr lange verhindern. Nach einem Tag ist auch darin der heiße Tee kalt geworden.
Sehr gut lässt sich Energie dagegen in Form von Lageenergie speichern. Wenn etwas in der Höhe liegt, kann es dort jahrelang bleiben und mit ihm die gespeicherte Energie. Beispielsweise ist in hoch gelegenen Stauseen sehr viel Energie gespeichert. → 5

Chemische Energie • Auch in Form von chemischer Energie lässt sich Energie speichern. Holz kann jahrelang gelagert werden. Sobald man es verbrennt, liefert die chemische Reaktion große Mengen an Wärme- und Lichtenergie. In unserer Nahrung ist ebenfalls chemische Energie gespeichert, die wir durch die Verdauung nutzen können.

Energie tritt in verschiedenen Formen auf, z. B. als Lage-, Bewegungs- oder Spannenergie. Auch Wärme ist eine Energieform.
Die einzelnen Energieformen sind ineinander umwandelbar.
Energie kann gespeichert werden.

4 Hier wird Bewegungsenergie in Spannenergie umgewandelt.

5 Ein Stausee speichert große Mengen Energie.

Aufgaben

1 ○ Nenne drei Energieformen und überlege dir jeweils ein Beispiel aus dem Alltag, wo diese Form auftritt.

2 ◐ Nenne die Energieformen, die bei einem Tennisspiel auftreten.

3 ● Ein Stausee ist ein guter Energiespeicher. Begründe dies.

Was ist eigentlich Energie?

Material A

1 Auf dem Skihang ist viel los!

Energieformen

Auf dem Bild kann man viele verschiedene Energieformen erkennen.

Energieform	Zu finden in
Lageenergie	A3
Spannenergie	...
...	...
...	...
...	...
...	...

1 ○ Übertrage die Tabelle in dein Heft und fülle sie aus.

2 ◐ Gib für drei der von dir entdeckten Energieformen an, in welche Energieform sie umgewandelt werden.

3 ● Erläutere, was aus der elektrischen Energie wird, die den Skilift antreibt.

Material B

Knetkugel

Materialliste: Knete, Digitalthermometer (0,1 °C genau)

1 Forme eine Kugel aus Knete. Miss die Temperatur im Innern der Kugel. Ziehe das Thermometer danach wieder heraus.

2 Wirf die Kugel 10-mal kräftig auf festen Boden. Miss dann wieder die Temperatur in ihrem Innern.

3 ○ Vergleiche die Messwerte.

4 ◐ Gib an, welche Energieformen ineinander umgewandelt wurden.

Material C

Draht biegen

Materialliste: Draht (10 cm lang, 1 mm dick)

1 Biege den Draht in der Mitte 20-mal schnell hin und her.

2 ○ Beschreibe, was du danach an der Biegestelle fühlst.

3 ◐ Erkläre deine Beobachtung unter Verwendung der Fachbegriffe.

Material D

2

3

4

Chemische Energie im Alltag

Sehr oft nutzen wir chemische Energie und wandeln sie in andere Energieformen um.

1 ◐ Betrachte die oben gezeigten Dinge und Situationen. Gib jeweils an, in welche Energieform die chemische Energie in diesen Beispielen umgewandelt wird.

2 ● Überlege dir weitere Beispiele aus dem Alltag, wo chemische Energie in andere Formen umgewandelt wird. Gib jeweils die entstehende Energieform an.

Let's start – die Aktivierungsenergie

1 Auch eine Kettenreaktion braucht einen Auslöser.

Ein Streichholz kann jahrelang aufbewahrt werden, ohne dass es sich entzündet. Was braucht es, damit es anfängt zu brennen?

Wege der Entzündung • Man kann ein Streichholz auf viele verschiedene Arten entzünden: durch das Reiben an der Zündfläche oder das Halten in eine Flamme. Genauso gut wird es aber auf einer heißen Oberfläche oder mit einer Lupe zum Brennen gebracht. Das zeigt, dass die Art der Energie keine Rolle spielt, es muss nicht Wärmeenergie sein.

Aktivierungsenergie • Um eine chemische Reaktion zu starten, muss immer Energie zugeführt werden. Diese Energie nennt man Aktivierungsenergie. Jede chemische Reaktion hat ihre eigene Aktivierungsenergie. So reicht bei einem Streichholz schon die Reibungswärme, um den Streichholzkopf zu entzünden. Eine Wunderkerze dagegen muss man schon einige Zeit in eine Flamme halten, damit sie anfängt zu brennen. Es gibt sogar Reaktionen, für die die Zimmertemperatur oder das Tageslicht ausreichen.

Die meisten Reaktionen laufen nach der Zugabe von Aktivierungsenergie von alleine weiter ab. In Bild 2 schiebt das Mädchen das Auto den Berg hoch. Oben angekommen rollt das Auto von alleine den Berg hinunter. Ähnlich verhalten sich die Ausgangsstoffe bei vielen chemischen Reaktionen. Wenn genug Energie (Aktivierungsenergie) zugeführt wurde, kann die Reaktion von alleine zu Ende laufen.

2 Aktivierungsenergie am „Bergmodell“

Chemische Reaktionen starten erst nach Zufuhr von Aktivierungsenergie.

Aufgaben

1 ○ Formuliere eine Definition für die Aktivierungsenergie.

2 ◐ Begründe, ob auch Knallerbsenexplosionen auf die Zufuhr von Aktivierungsenergie angewiesen sind.

3 ● Wähle drei bisher bekannte Versuche aus. Gib an, wie die Aktivierungsenergie dort zugeführt wird.

Material A

Aktivieren durch Reiben

Materialliste: Streichholz, Streichholzschachtel

Entzünde ein Streichholz an der Reibefläche der Streichholzschachtel. Probiere schnelles und langsames, druckvolles und druckloses Reiben.

1 ▢ Erkläre, welchen Unterschied es macht, wenn man langsam oder mit wenig Druck reibt.

3

Material B

Aktivieren durch Wärme

Materialliste: Streichhölzer, Gasbrenner, Reagenzglas, Reagenzglashalter

Halte das Reagenzglas etwa 30 Sekunden in die rauschende Flamme. Nimm es aus der Flamme und halte sofort ein Streichholz an das heiße Glas.

1 ◐ Erkläre, was passiert, wenn man das Reagenzglas nicht lange genug in die Flamme hält.

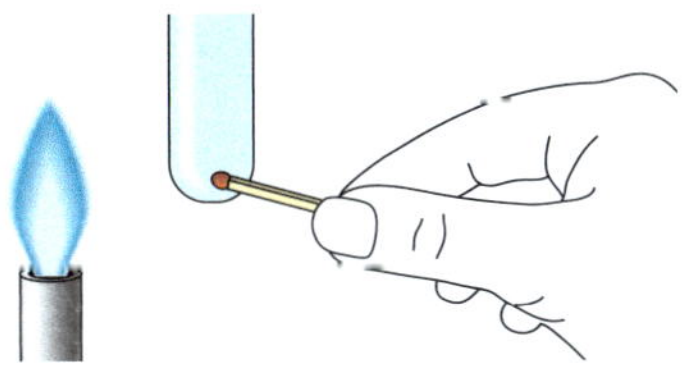

4

Material C

Aktivieren durch die Wärme einer Flamme

Materialliste: Streichhölzer, Wunderkerze

Versuche eine Wunderkerze mit einem Streichholz zu entzünden.

1 ◐ Würde man die Wunderkerze auch mit einem heißen Reagenzglas anzünden können? Begründe mithilfe deiner Beobachtungen.

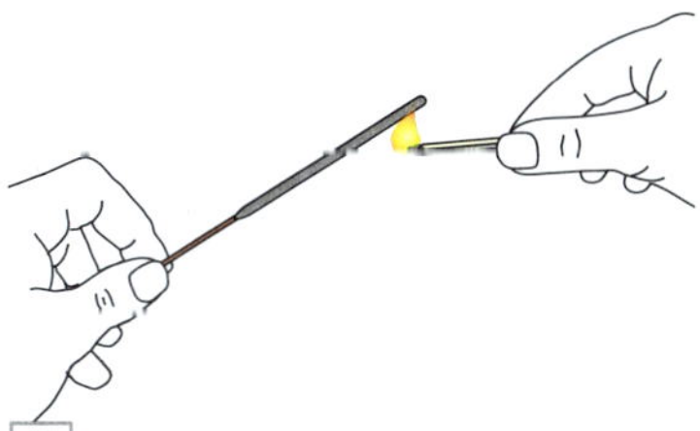

5

Material D

Aktivieren durch Strom

Materialliste: Eisenwolle, Tiegelzange, Flachbatterie

Nimm die Eisenwolle mit der Tiegelzange und halte sie so, dass sie beide Pole der Batterie gleichzeitig berührt.

1 ▢ Begründe, ob das Aktivieren auch mit einer leeren Batterie möglich ist.

6

Let's start – die Aktivierungsenergie

Erweitern und Vertiefen

Katalysatoren

Feuerzeug ohne Zündfunken • Johann Wolfgang Döbereiner erfand im Jahre 1823 ein Feuerzeug, das ohne Zündfunken arbeitet. Das entweichende Gas ist Wasserstoff, der mit dem Sauerstoff der Luft reagiert. Döbereiner leitete den Wasserstoff über einen Platinschwamm. Platin sorgt dafür, dass die Aktivierungsenergie der Reaktion herabgesetzt wird. Dadurch reicht schon die normale Raumtemperatur für den Ablauf der Reaktion aus. Das Platin wird dabei nicht verbraucht.

Katalysatoren • Stoffe, die die Aktivierungsenergie herabsetzen, nennt man Katalysatoren. → 1 Sie werden durch die Reaktion nicht verändert.
In der chemischen Industrie werden über 80 Prozent aller Erzeugnisse mithilfe von Katalysatoren hergestellt. In Automobilen wird seit 1986 auch Platin als Katalysator eingesetzt. Der Katalysator sitzt zwischen Motor und Auspuff und lässt Abgase zu etwas weniger schädlichen Stoffen reagieren.

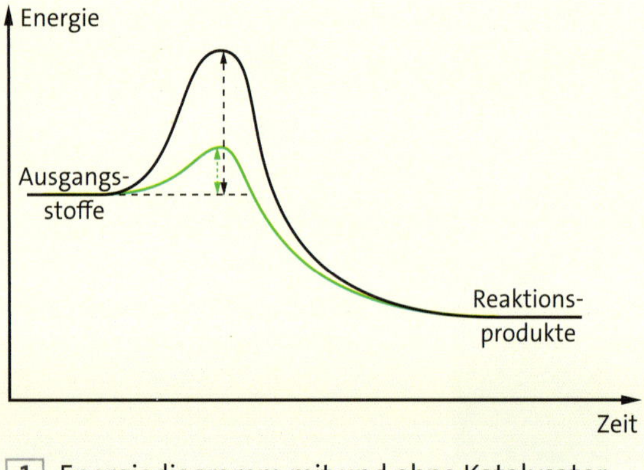

1 Energiediagramm mit und ohne Katalysator

2 Döbereiner mit seinem Feuerzeug

Enzyme • In Lebewesen wirken vielfältige Biokatalysatoren, sogenannte Enzyme, bei den vielen chemischen Reaktionen mit. Zucker wird in den Zellen beispielsweise zu Kohlenstoffdioxid und Wasser verbrannt. Diese Reaktion braucht zum Glück keinen Zündfunken und läuft dank Enzymen bei 37 °C ab. Solche in unserem Körper ablaufenden Reaktionen nennt der Biologe Stoffwechselvorgänge. Schon dieser Name zeigt, dass dort chemische Reaktionen ablaufen.

Katalysatoren ermöglichen Reaktionen, indem sie die Aktivierungsenergie herabsetzen. Sie werden dabei nicht verbraucht.

Aufgaben

1 Erkläre die Wirkung eines Katalysators mithilfe des Energiediagramms. → 1

2 Im Speichel ist ein Enzym, das die Stärke im Brot zu Zucker reagieren lässt. Erstelle einen Versuch, der dies beweist.

Material E

Kann man Zucker zum Brennen bringen?

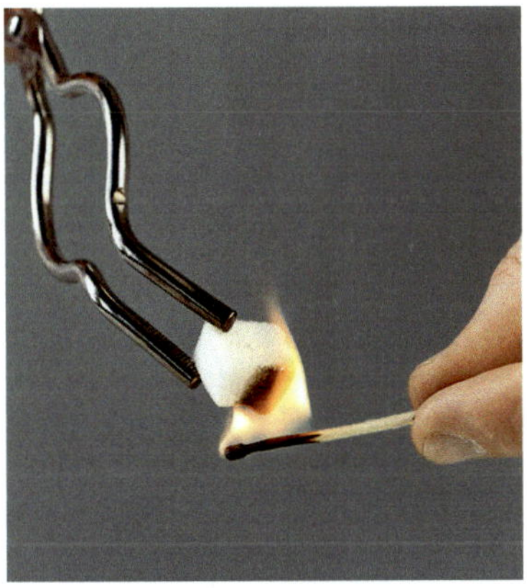

3 Entzünden von Zucker

Materialliste: Würfelzucker, Holzasche, Streichhölzer, Tiegelzange

Führt diesen Versuch in Partnerarbeit durch. Einer hält ein Stück Würfelzucker mit der Tiegelzange über eine Unterlage. Der Partner versucht, den Zucker mit einem Streichholz zu entzünden. Wiederholt dann den Versuch mit einem Stück Zucker, das ihr leicht befeuchtet und in Asche getaucht habt.

1 ▢ Erstellt ein Versuchsprotoll.

2 ◙ Welche Reaktion läuft bei der Wiederholung des Versuchs ab, die vorher offensichtlich nicht ablaufen konnte? Erklärt, warum die Reaktion beim zweiten Versuch ablief.

3 ● Erstellt Energiediagramme für beide Versuche. Erklärt damit die Beobachtungen.

Material F

Braunwerden von Äpfeln

Wenn ein Apfel aufgeschnitten wird, läuft er an den Schnittstellen braun an. Durch das Aufschneiden werden die Zellstrukturen zerstört. Es treten Enzyme aus und lassen einige Stoffe aus dem Apfel nun mit der Luft reagieren und den Apfel braun werden. Kann dieser Bräunungsprozess verlangsamt oder gar gestoppt werden? Hausmittel dagegen gibt es viele. Meist wird das Beträufeln mit Zitrone vorgeschlagen, aber auch das Abspülen mit Wasser oder die Aufbewahrung im Kühlschrank werden empfohlen.

Materialliste: Apfel, Zitronensaft, Wasser

1 ▢ Plant eine Versuchsreihe, um die Effektivität der Hausmittel zu testen. Erstellt eine Versuchsvorschrift für den Versuch.

2 ▢ Führt den Versuch durch und protokolliert eure Beobachtungen in einer Tabelle. → 4 Ihr könnt auch zusätzlich Vorher Nachher-Fotos machen.

3 ◙ Erläutere, welche Wirkung das Aufbewahren im Kühlschrank für die Aktivierungsenergie spielt.

4 ◙ Recherchiere, welche Rolle das Vitamin C im Zitronensaft bei dem Versuch spielt.

	Nach 1 Tag	Nach 2 Tagen	Nach 5 Tagen
ohne Hausmittel	?	?	?
mit Zitrone	?	?	?
...	...	...	...

4 Beispieltabelle

Viele Reaktionen setzen Energie frei

1 Kaminfeuer

Im Ofen brennt ein wärmendes Feuer. Was hat das mit chemischer Energie zu tun?

Energiefreisetzung • Bei vielen chemischen Reaktionen geht es gar nicht darum, dass ein bestimmter Stoff entsteht. Wichtig ist bei diesen Reaktionen nur eins: Chemische Energie wird in andere Energieformen umgewandelt. Meist handelt es sich dabei um thermische Energie.
Seit Tausenden von Jahren macht man sich zunutze, dass beim Brennen Energie frei wird. Schon die Steinzeitmenschen nutzten die frei werdende thermische Energie zum Heizen und Kochen. Später wurde Kohle verbrannt, um mit der thermischen Energie Dampfmaschinen anzutreiben. Und auch heute verbrennen wir noch Kohle, Gas, Öl und Holz. Wir verwenden die thermische Energie, um Kraftwerke zu betreiben, Fahrzeuge anzutreiben oder Häuser zu heizen.

Speicherung • Der Brennstoff enthält in den beschriebenen Fällen immer Kohlenstoff. Er wird in Pflanzen bei der Fotosynthese aus dem Kohlenstoffdioxid der Luft hergestellt. Dabei gibt die Pflanze Sauerstoff ab. Die Energie für diese Reaktion kommt von der Sonne. Nur bei Lichteinstrahlung kann die Pflanze diese chemische Reaktion aufrechterhalten und wachsen.

Kohlenstoffdioxid • Wie du gelernt hast, reagiert der Brennstoff beim Brennen immer mit Sauerstoff. Als Reaktionsprodukt des Kohlenstoffs entsteht Kohlenstoffdioxid. Dieses Gas ist eigentlich harmlos: farblos, geruchlos und ungiftig. Es ist aber der Hauptverursacher des Klimawandels. 2014 lag sein Ausstoß weltweit bei 36 Milliarden Tonnen. Das entspricht dem Gewicht von über 7 Milliarden Elefanten. Die chemische Energie ist in Brennstoff und Sauerstoff gespeichert. Viele Brennstoffe sind Millionen von Jahren alt. Daran kann man sehen, dass sich chemische Energie sehr gut speichern lässt.

In Stoffen kann chemische Energie gespeichert sein. Wenn diese bei Verbrennungen umgewandelt wird, entsteht meist Kohlenstoffdioxid.

Exotherme Reaktionen • Solche Reaktionen, bei denen Energie frei wird, bezeichnet man als exotherme Reaktionen. Dieser Fachbegriff kommt, wie so viele Begriffe in den Naturwissenschaften, aus dem Griechischen. Das Wort „exo“ heißt übersetzt „außen“.

das Energiediagramm
exotherm

Den Begriff „thermo" kennst du bestimmt aus Wörtern wie Thermometer oder Thermoskanne. Er lässt sich mit „Wärme" übersetzen. Exotherm bedeutet also „Wärme nach außen", obwohl es eigentlich egal ist, ob die Energie als Wärme, Licht oder Strom frei wird.

Energiediagramme • In Diagrammen lässt sich zeigen, wie sich der Energiegehalt während der chemischen Reaktion verändert. → 2 Dazu wird die Energie auf der *y*-Achse und die Reaktionszeit auf der *x*-Achse aufgetragen. Betrachten wir das Brennen eines Streichholzes: Am Anfang ist viel Energie in den Stoffen gespeichert. Der Energiegehalt ist hoch.
Um die Reaktion zu starten, muss man Aktivierungsenergie hinzufügen, das heißt der Energiegehalt des Systems steigt. Sobald das Streichholz brennt, wird Energie als Licht und Wärme an die Umwelt abgegeben. Die Energie des Systems nimmt ab.
Am Ende der Reaktion steckt weniger chemische Energie in den Produkten. Es gibt neben den Verbrennungen noch andere Reaktionen, bei denen Energie frei wird.
Bei Batterien nutzen wir die Umwandlung von chemischer Energie in elektrische Energie.
Bei Leuchtstäben wandelt sich chemische Energie in Lichtenergie um. → 3

Reaktionen, bei denen Energie frei wird, nennt man exotherme Reaktionen.

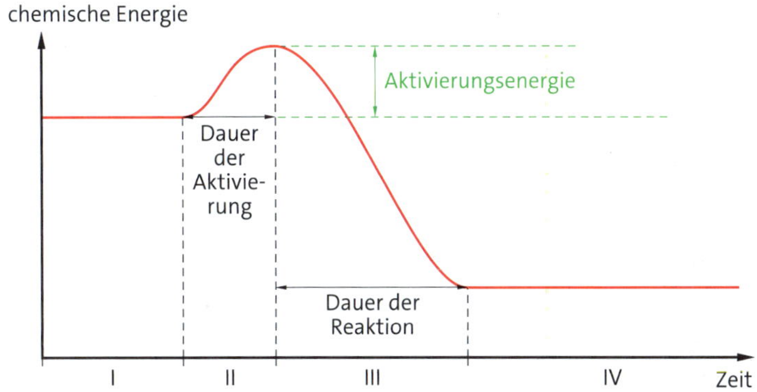

2 Energiediagramm mit eingezeichneter Aktivierungsenergie

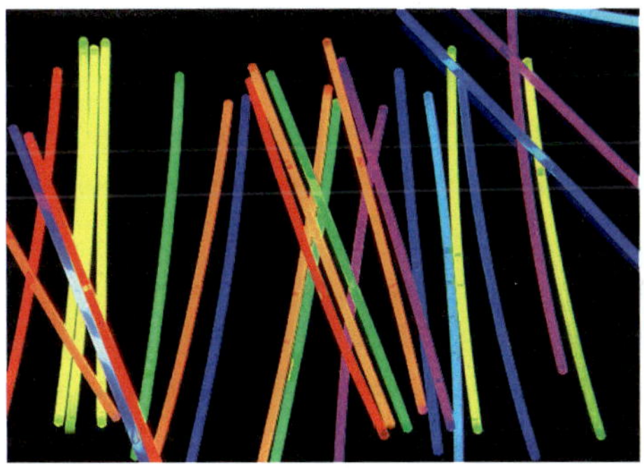

3 Leuchtstäbe

Aufgaben

1 ○ Nenne zwei Beispiele für exotherme Reaktionen.

2 ◐ Ordne den Phasen I – IV in Bild 2 folgende Vorgänge beim Abbrennen eines Streichholzes zu: *Reiben des Holzes an der Zündfläche – Streichholz vor der Reaktion – das Streichholz hat gebrannt – das Streichholz brennt.*

3 ● „Die Wärme eines Feuers kommt von der Sonne." Nimm Stellung zu dieser Aussage.

Viele Reaktionen setzen Energie frei

Material A

Die Energiefreisetzung messen

Das Brennen von Streichhölzern ist eine exotherme chemische Reaktion. Wovon hängt es ab, wie viel Energie frei wird?

Materialliste: Streichhölzer, Teelichthülle, Tiegelzange, Abdampfschale, Thermometer

1 ▢ Fülle 5 ml Wasser in die Hülle eines Teelichts und miss die Temperatur. Lass dann ein halbes Streichholz unter der Teelichthülle brennen und miss erneut die Temperatur. Berechne, um wie viel Grad sich das Wasser erwärmt hat. Wiederhole den Versuch, nimm aber diesmal 10 ml Wasser. Was kannst du feststellen?

2 ◐ Fülle 5 ml Wasser in die Hülle eines Teelichts und miss die Temperatur. Lass zweimal ein halbes Streichholz unter der Teelichthülle brennen und miss erneut die Temperatur. Berechne, um wie viel Grad sich das Wasser erwärmt hat. Was fällt dir auf?

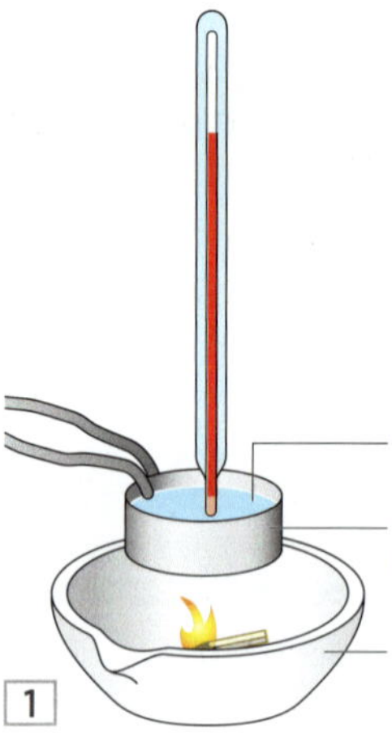

1

3 ● Wiege ein Streichholz. Erwärme anschließend mit dem Streichholz 5 ml Wasser in der Teelichthülle. Ermittle, wie stark sich das Wasser erwärmt hat. Wiege das Streichholz erneut. Sage voraus, wie viel Gramm Holz brennen müssten, um das Wasser zum Kochen zu bringen.

Material B

Vorsicht heiß

Materialliste: wasserfreies weißes Kupfersulfat ⟨!⟩ ⟨Umwelt⟩, Abdampfschale, Tiegelzange, Thermometer, Spatellöffel

1 Gib in das weiße Kupfersulfat einen Spritzer Wasser und miss mit einem Thermometer die Temperaturdifferenz.

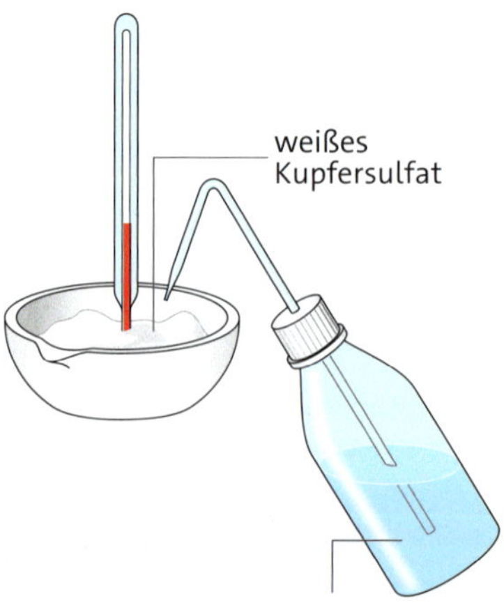

2

2 ▢ Protokolliere deine Beobachtungen.

3 ◐ Beurteile, ob dieser Versuch exotherm ist.

4 ● Dieser Versuch ist umkehrbar. Stelle Vermutungen an, was man dafür tun muss.

Material C

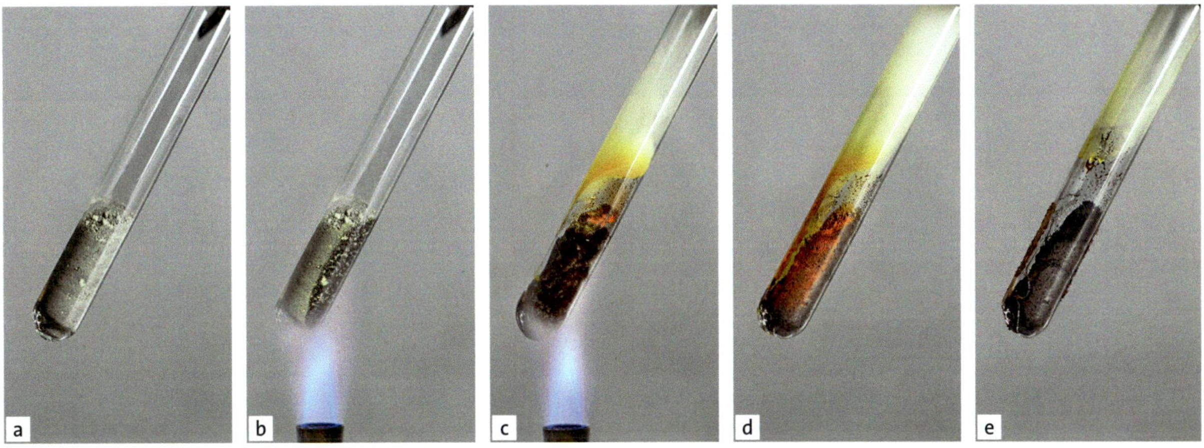

3 Die Reaktion von Eisen und Schwefel

Erstellen eines Energiediagramms

In einem Reagenzglas befand sich ein Gemisch aus Eisenpulver und Schwefelpulver. → 3a Nach 5 Sekunden wurde ein Gasbrenner unter das Reagenzglas gestellt. → 3b Weitere 12 Sekunden später sah man, wie das Gemisch aufglühte. → 3c Der Gasbrenner wurde augenblicklich entfernt. In den folgenden 36 Sekunden war zu sehen, dass das Gemisch durchglühte. → 3d Es wurde dabei so heiß, dass das Reagenzglas zersprang. Das letzte Foto der Reihe zeigt das Reagenzglas am Ende der Reaktion. Zu diesem Zeitpunkt waren insgesamt 53 Sekunden vergangen. → 3e

1 Bild 6 zeigt ein noch nicht ausgefülltes Energiediagramm.

a Zeichne ein solches Diagramm in dein Heft. Hinweis: 1 cm entspricht auf der *x*-Achse 3 Sekunden. Die *y*-Achse wird nicht skaliert.

b Beschrifte das Diagramm, indem du bei den einzelnen Phasen angibst, was zu dieser Zeit abgelaufen ist.

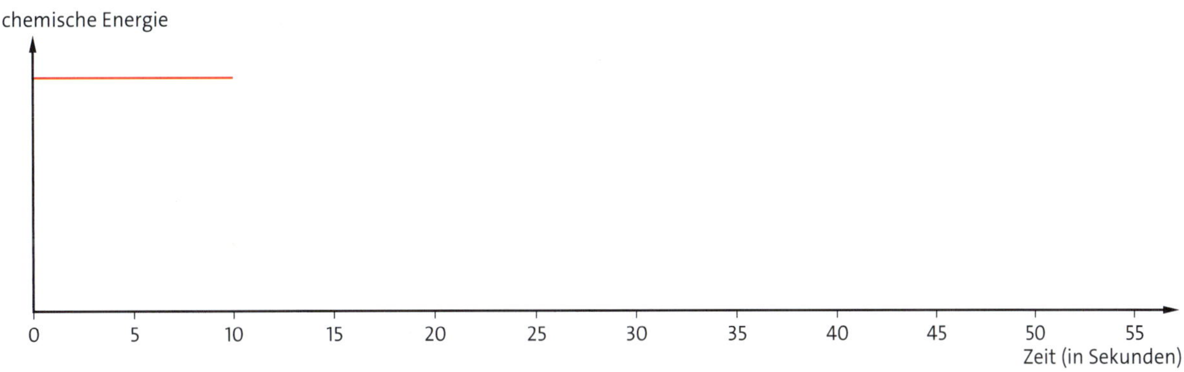

4 Hier soll die Reaktion von Eisen und Schwefel als Energiediagramm dargestellt werden.

Manche Reaktionen brauchen Energie

1 Bariumhydroxid und Ammoniumthiocyanat reagieren miteinander – und dabei wird es kalt.

Das Gegenteil von „abgeben“ ist „aufnehmen“. Gibt es auch ein Gegenteil von „exotherm“?

Exotherm und endotherm • Exotherme Reaktionen geben Energie ab. Je länger solche Reaktionen verlaufen, desto heißer kann es zum Beispiel im Reagenzglas werden. Es gibt dann mehr thermische Energie im Reagenzglas. Wie wäre das bei einer umgekehrten Reaktion? Es würde im Reagenzglas kälter werden. Denn die Stoffe, die dort reagieren, würden thermische Energie aufnehmen.
Solche Reaktionen gibt es tatsächlich. Man nennt sie endotherme Reaktionen. Bild 1 ist dafür ein Beispiel.

2 Laden des Akkus

Laden und Entladen • Der Akku im Handy gibt Energie ab. Denn im Akku laufen exotherme chemische Reaktionen ab. Das setzt Energie frei – und zwar als elektrische Energie.
Beim Aufladen des Akkus ist es umgekehrt. Dann finden im Akku endotherme Reaktionen statt. Dazu muss man Strom anlegen. Die chemischen Stoffe im Akku nehmen dann Energie auf. Endotherme Reaktionen sind also auf Energiezufuhr angewiesen.

Chemische Reaktionen, die nur dann ablaufen, wenn dauernd Energie zugeführt wird, nennt man endotherme Reaktionen.

Aufgaben

1 ○ Nenne zwei Beispiele für endotherme Reaktionen.

2 ◔ Zeichne ein Energiediagramm für eine endotherme Reaktion.

3 ● Beim Brennen eines Streichholzes muss zu Beginn Energie zugeführt werden. Begründe, warum es sich dabei nicht um eine endotherme Reaktion handelt.

endotherm

Material A

Exotherm oder endotherm?

1 ◔ Ordne die chemischen Reaktionen in den Bildern 3–7 danach, ob sie exotherm oder endotherm sind.
Begründe anschließend deine Entscheidung.

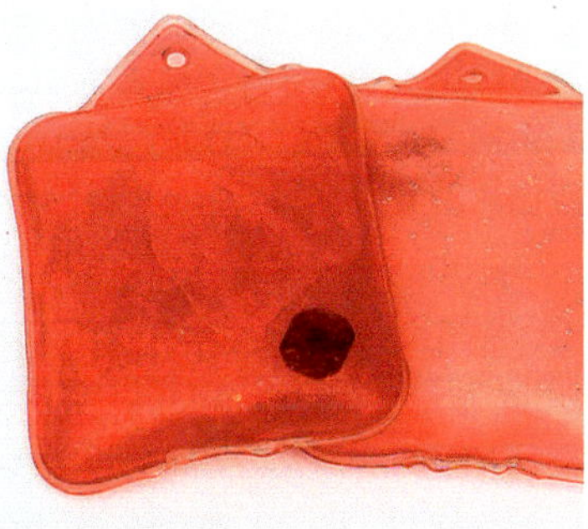

3 Wärmekissen

4 Spiegelei braten

5 Elektroauto an der Ladestation

6 Feuerwerk

7 Brennende Eisenwolle

Material B

Energiesparen durch Recycling

Die Herstellung von Aluminium aus Bodenschätzen erfordert mehrere energieintensive endotherme Reaktionen. Weniger Energie ist notwendig, um altes Aluminium durch Umschmelzen zu recyceln. Das Diagramm in Bild 8 zeigt den jeweiligen Bedarf.

1 ○ Lies aus dem Diagramm den Energiebedarf für die Bereitstellung von 1 kg Aluminium aus Bodenschätzen und aus recyceltem Aluminium ab.

2 ◔ Der Bedarf an Aluminium liegt in Deutschland bei rund 2 Milliarden kg pro Jahr. Berechne, wie viel Energie sich durch Recycling einsparen ließe.

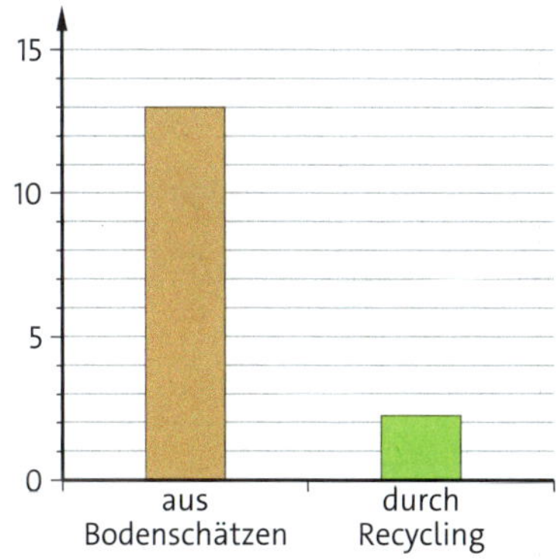

8 Energiebedarf in kWh zur Herstellung von jeweils 1 kg Aluminium

Chemische Reaktion – was ist das?

Zusammenfassung

Neue Stoffe • Bei chemischen Reaktionen entstehen aus den Ausgangsstoffen neue Stoffe, die Reaktionsprodukte. Es findet also eine Stoffumwandlung statt. Dabei kann man zum Beispiel ein Aufglühen, einen Farbumschlag oder eine Gasentwicklung beobachten. Um chemische Reaktionen übersichtlich zu notieren, benutzt man Reaktionsgleichungen.

1 Feststoff + Flüssigkeit → Gas (in der Wirklichkeit)

Darstellung im Modell • Stoffe und ihre Reaktionsprodukte kann man mit Modellen veranschaulichen. Da alle Stoffe aus kleinsten Teilchen bestehen, verwendet man oft ein sogenanntes Teilchenmodell. Dabei werden die Teilchen z. B. als Kugeln in verschiedenen Farben und Größen dargestellt. Bei einer Reaktion geht kein Teilchen verloren und keines wird neu gebildet. Die Teilchen ordnen sich nur neu an.

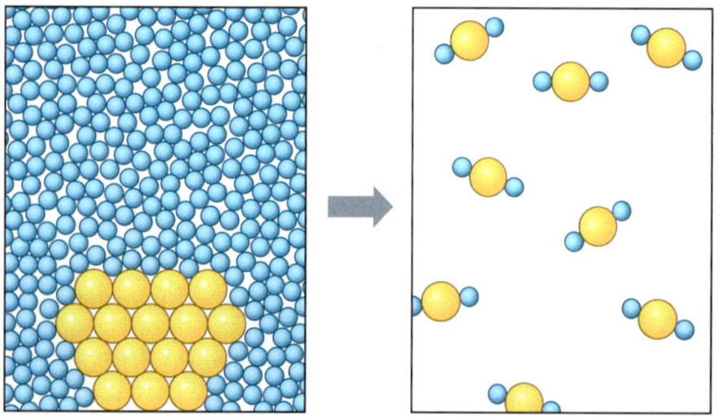

2 Feststoff + Flüssigkeit → Gas (im Modell)

Energie • Energie tritt in verschiedenen Formen auf, z. B. als Lageenergie, Bewegungsenergie oder thermische Energie. Die verschiedenen Energieformen sind ineinander umwandelbar. Energie lässt sich speichern – je nach Energieform gut oder weniger gut. Besonders gut lässt sich Energie in Form von chemischer Energie speichern. Diese steckt zum Beispiel in Holz, Kohle, Erdöl oder Erdgas.

Aktivierungsenergie • Chemische Reaktionen starten nicht von alleine, sondern nur nach Zufuhr von Aktivierungsenergie. Diese wird meist in Form von thermischer Energie (Wärme) zugeführt.

Chemische Reaktionen und Energie • Bei chemischen Reaktionen wird immer Energie umgewandelt. Wenn Energie freigesetzt wird, spricht man von einer exothermen Reaktion. Meist wird die chemische Energie dabei in Wärmeenergie umgewandelt.
Reaktionen, die nur ablaufen, wenn man fortwährend Energie zuführt, nennt man endotherme Reaktionen.

3 Eine exotherme Reaktion

Teste dich! (Lösungen im Anhang)

Merkmale chemischer Reaktionen

1 ▢ Das Mädchen in Bild 4 fährt mit ihrem Roller zur Schule. Eine Mitschülerin behauptet, dass bei dieser Fahrt eine chemische Reaktion stattgefunden hat. Erläutere, ob sie recht hat.

2 Die A-Jugend des Fußballvereins veranstaltet einen Rundenabschluss mit Lagerfeuer. Es wird ein großer Haufen an Holz verbrannt. Die Reaktionsgleichung dazu ist aber etwas durcheinandergeraten:

Asche + Holz ⟶ Sauerstoff + Kohlenstoffdioxid

a ◪ Korrigiere die Reaktionsgleichung.

b ▢ Welche Merkmale von chemischen Reaktionen lassen sich dabei beobachten? Erläutere.

c ◪ Für den Hunger werden Würste gegrillt und Stockbrot gebacken. Begründe, ob es sich hierbei um chemische Reaktionen handelt.

3 Ali hat 16 g Schwefel und will daraus Eisensulfid herstellen.

a ▢ Nenne den Stoff, den er noch dafür braucht.

b ▢ Gib an, wie viel von diesem Stoff er braucht.

c ■ Wie viel Eisensulfid kann er aus diesen 16 g Schwefel höchstens herstellen? Begründe.

d ■ Zeichne die chemische Reaktion von Kupfer und Schwefel als Teilchenmodell.

Chemische Reaktionen und Energie

4 Damit ein Benzinmotor funktioniert, braucht er eine sogenannte Zündkerze, die Funken erzeugt.

a ◪ Begründe, warum man für die Verbrennung von Benzin einen Zündfunken braucht.

b ■ Gib zwei weitere Wege an, wie man Benzin noch zum Brennen bringen könnte.

4 Eine chemische Reaktion im Motor?

5 Eine chemische Reaktion auf dem Grill?

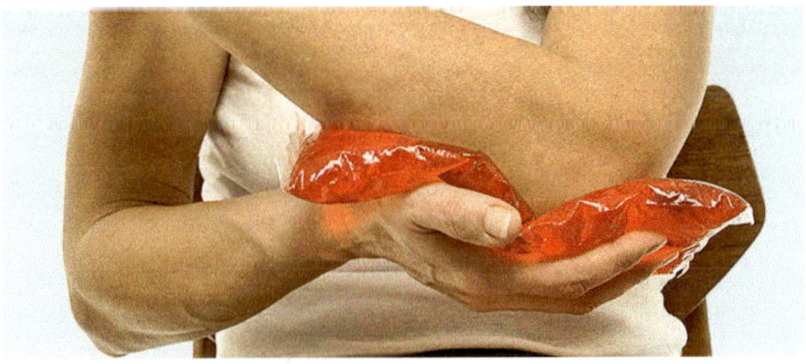

6 Wärmekissen

5 Wenn man bei einem Wärmekissen ein Metallplättchen im Innern knickt, heizt sich das Kissen für eine Weile auf und wird schließlich fest. → 6 Grund dafür ist, dass im Innern eine chemische Reaktion in Gang gesetzt wird.

a ▢ Entscheide, ob es sich um eine exotherme oder endotherme Reaktion handelt.

b ◪ Wie bezeichnet man das Knicken des Plättchens aus reaktionsenergetischer Sicht?

c ◪ Zeichne das Energiediagramm dieser chemischen Reaktion.

Metalle – wertvoll und wichtig

Sind Metalle spröde oder biegsam?

Woher stammen die Rohstoffe für Metalle?

Woraus besteht Stahl?

Was genau sind Metalle?

1 Sind Metalle grundsätzlich hart, stabil und glänzend?

Ein Blick in die Geschichtsbücher zeigt: Metalle waren immer sehr wichtig. Es gab ganze Zeitalter, die nach Metallen benannt wurden.

Wenn du dich in deiner Umgebung umschaust, werden dir viele Stoffe auffallen: Kunststoffe, Holz, Metalle ... Metalle spielen in der Chemie eine wichtige Rolle. Was ist typisch für diese Stoffgruppe?

Verformbarkeit • Alle Metalle sind verformbar. Das kannst du leicht feststellen, wenn du einen dünnen Draht in eine bestimmte Form bringen willst. Sogar dicke Stahlträger können sich durch große Krafteinwirkung verbiegen. Dabei zerbrechen die Metalle nicht so einfach.

Elektrische Leitfähigkeit • Metalle leiten sehr gut den elektrische Strom. Auch einige andere Stoffe können den Strom leiten, aber Metalle sind die Spitzenreiter unter den Stromleitern.

Wärmeleitfähigkeit • Sicherlich haben sich viele schon einmal den Finger an einem heißen Kochtopf aus Metall verbrannt. Metalle leiten nämlich auch Wärme hervorragend.

Metallischer Glanz • Metalle haben eine glänzende Oberfläche. Allerdings kann dieser Glanz auch sehr schnell wieder verschwinden, wenn das Metall chemisch reagiert.
Für die Schmuckherstellung sind daher überwiegend Gold und Silber interessant, da sie sehr beständig sind. Besonders Gold ist aufgrund seiner Farbe und seines seltenen Vorkommens ein begehrtes Metall.

Metalle bilden eine Stoffgruppe. Alle Stoffe in dieser Stoffgruppe haben mehrere gleiche Eigenschaften.

das **Leichtmetall**
das **Schwermetall**
das **Edelmetall**
das **unedle Metall**

Es gibt aber auch eine Reihe von Unterschieden zwischen den Metallen:

Magnetismus • Nur wenige Metalle sind magnetisierbar, nämlich nur Eisen, Cobalt und Nickel. Die anderen Metalle lassen sich von einem Magneten nicht anziehen.

Härte • Manche Metalle sind so weich, dass man sie mit einem Fingernagel ritzen kann. Dazu gehört Blei. Daher verwendete man es früher gerne beim Dachausbau. Es lässt sich leicht in die entsprechende Form schneiden und biegen. → 2

Schmelztemperatur • Die Schmelztemperaturen der Metalle sind sehr unterschiedlich. Ein einziges Metall ist sogar schon bei Raumtemperatur flüssig: Quecksilber.

Leicht- und Schwermetalle • Auch die Dichte ist sehr unterschiedlich. Man unterscheidet Leichtmetalle, z. B. Aluminium, und Schwermetalle, z. B. Blei.

Edelmetalle und unedle Metalle • Einige Metalle, z. B. Gold, gehen normalerweise keine chemischen Reaktionen ein. Sie bleiben für immer unverändert. Solche Metalle nennt man Edelmetalle.
Andere Metalle können mit einer Reihe von Stoffen reagieren. Dabei verändern sie sich. Beispielsweise verschwindet dann der Metallglanz. Eisen ist ein Beispiel für diese unedlen Metalle, denn Eisen kann rosten.

2 Abdichtung eines Schornsteins mit Blei

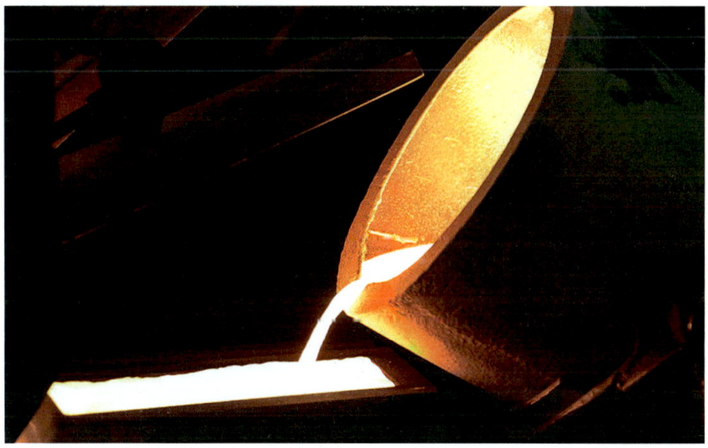

3 Aluminium ist oberhalb von 660 °C flüssig.

Aufgaben

1 ○ Nenne die gemeinsamen Eigenschaften der Stoffgruppe der Metalle.

2 ○ Nenne die magnetisierbaren Metalle.

3 ◐ Erkläre, warum Gold ein begehrtes Material für die Schmuckherstellung ist.

Was genau sind Metalle?

Material A

„Bleigießen“ an Silvester

Weil Bleiverbindungen giftig sind, verwendet man heute Alternativen zu Blei. Ein geeignetes Ersatzmetall beim ursprünglichen Bleigießen ist Zinn. An Silvester ist es beliebt, aus den dabei entstehenden Formen die Zukunft „vorherzusagen“.

Materialliste: Kerze, großer, Löffel, Zinngranulat, Becherglas mit Wasser

1 Gib auf den Löffel einen halben Teelöffel Zinn. Halte den Löffel über eine brennende Kerze.

2 Wenn sich eine gelbliche Haut gebildet hat, gießt du das Zinn in das Wasser.

3 Informiere dich bei einem kommerziellen Bleigieß-Set über die Zusammensetzung des „Bleis“, das dort verwendet wurde.

4 Beim Abschrecken von Zinn in Wasser ändert sich der Aggregatzustand. Stelle in einem Comic aus mehreren Bildern auf Teilchenebene dar, was dabei geschieht.

1 Erhitzen von Zinn

2 Abschrecken in Wasser

Material B

Ermittlung der Schmelztemperatur von Zinn

Mit einem Versuchsaufbau wie in Bild 4 kannst du die Schmelztemperatur von Zinn überprüfen.

Materialliste: Teelicht, Löffel, Thermometer, Zinn, Stativ, Erhöhung für Teelicht

1 Baue den Versuch auf und überprüfe die Schmelztemperatur von Zinn.

Zinn	232 °C
Blei	327 °C
Zink	420 °C
Aluminium	660 °C
Kupfer	1085 °C
Eisen	1538 °C

3 Schmelztemperaturen

2 Begründe, warum dieser Versuchsaufbau nur bei Zinn, Zink und Blei funktioniert.

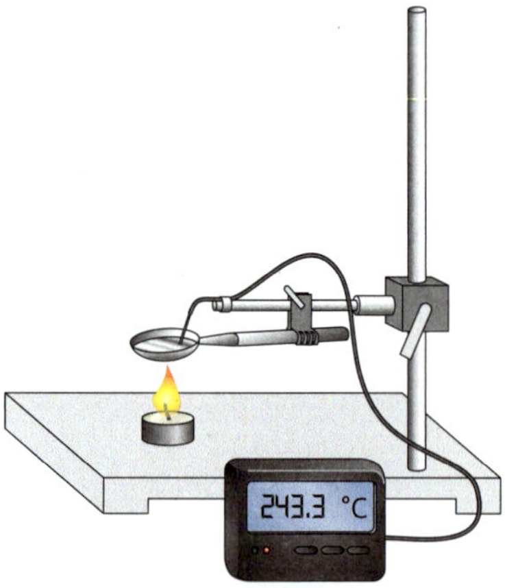

4 Versuchsaufbau zur Messung der Schmelztemperatur

Material C

Welche Münzen sind magnetisch?

Materialliste: Cent- und Euromünzen, Magnet

1 Untersuche, welche Münzen magnetisierbar sind, also von einem Magneten angezogen werden.
▢ Erstelle eine Tabelle mit deinen Ergebnissen. → 5

2 ▢ Ergänze in deiner Tabelle zu jeder Münze die enthaltenen Metalle. → 6

3 ◐ Nur zwei der enthaltenen Metalle sind magnetisierbar. Welche? Begründe deine Entscheidung.

Münze	Magnetisierbar?	Enthaltene Metalle
1 Cent	?	?
2 Cent	?	?
5 Cent	?	?
...	...	...

5 Mustertabelle

Metalle in Geldmünzen

Die rötlichen Cent-Stücke bestehen aus Eisen mit einem Überzug aus Kupfer.

Die goldglänzenden Cent-Stücke bestehen aus einem Schmelzgemisch aus Kupfer, Aluminium, Zink und Zinn.

Der innere Teil der 1-Euro-Münze besteht aus einem Schmelzgemisch aus Kupfer und Nickel. Der äußere Teil enthält zusätzlich Zink. Bei der 2-Euro-Münze ist es umgekehrt.

6

Material D

Nicht die Finger verbrennen!

Materialliste: Metallstreifen aus Aluminium, Kupfer und Eisen, Silberlöffel, Glasstab, Brenner

Achtung • Verbrennungsgefahr!

1 Fünf Schülerinnen und Schüler erhalten jeweils einen Gegenstand von einer Sorte.

2 Haltet die Spitzen der Gegenstände gleichzeitig in die Flamme. Der Abstand von den Fingern zur Materialspitze sollte bei allen gleich sein. Achtet darauf, dass ihr die Gegenstände rechtzeitig weglegt, bevor sie zu heiß werden.

3 ▢ Dokumentiere, in welcher Reihenfolge die Gegenstände heiß werden.

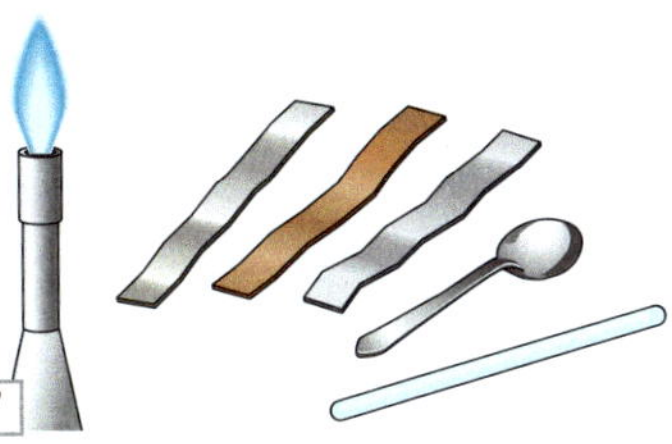

7

4 ◐ Kochtöpfe werden aus Aluminium, Kupfer und Eisen (Cromargan) hergestellt, nicht aber aus Silber. Begründe.

Man findet eigentlich nur Erze

1 Hier wird kein Eisen abgebaut, sondern Eisenerz.

2 Hämatit (Eisenoxid)

Es gibt nur wenige Metalle, die auf der Erde in ihrer reinen Form vorkommen. Dazu gehören die Edelmetalle Gold, Silber und Platin. Der weitaus größere Teil der Metalle liegt in Form von Erzen vor.

Oxide und Sulfide • Viele Metalle reagieren leicht mit Sauerstoff. Die Verbindungen, die sich bei diesen Oxidationen bilden, heißen Metalloxide, z. B.:

Eisen + Sauerstoff ⟶ Eisenoxid

Neben Sauerstoff reagieren Metalle auch mit Schwefel. Bei dieser Reaktion entstehen Metallsulfide, z. B.:

Kupfer + Schwefel ⟶ Kupfersulfid

Erze • Die meisten Metalle liegen in der Erde als Metallverbindungen vor. Wenn diese Metallverbindungen wirtschaftlich genutzt werden, nennt man sie Erze.

Erze als Schmuck • Erze sehen ganz anders aus als die Metalle. Kupferoxid beispielsweise ist nicht kupferrot, sondern schwarz.
Manche Erze werden auch als Schmuck genutzt, z. B. polierter Hämatit (ein Eisenoxid) oder Malachit (eine Kupferverbindung). → 2

Erze als Rohstoff • Aus den Erzen kann man die Metalle gewinnen. Daher werden zum Beispiel Eisenoxide in riesigen Mengen in Bergwerken abgebaut. → 1
Oft ist dies mit erheblichen Folgen für die Umwelt verbunden. Auch der anschließende Transport und die Aufarbeitung der Erze kann die Umwelt belasten. Ob sich der Abbau einer Lagerstätte lohnt, hängt vor allem vom Metallgehalt ab. Bei einem wertvollen Metall wie Kupfer kann sich der Abbau schon ab einem Kupfergehalt von 1 Prozent lohnen.

das **Erz**
die **Reduktion**
die **Redoxreaktion**

Wie kommt man nun aber vom Erz zum Metall, also zum Beispiel vom Kupferoxid zum reinen Kupfer?

Reduktion • Wenn Kupferoxid Sauerstoff abgibt, entsteht reines Kupfer.

Kupferoxid → Kupfer + Sauerstoff

Kupferoxid ist bei dieser Reaktion ein Sauerstoffgeber. Dieser Vorgang wird Reduktion genannt.
Um diesen Prozess ablaufen zu lassen, wird ein Reaktionspartner für den Sauerstoff benötigt. Dieser Sauerstoffnehmer wird als Reduktionsmittel bezeichnet. Er hat ein größeres Bindungsbestreben zu Sauerstoff als Kupfer.

Redoxreaktion • Holzkohle bietet sich für diese Reaktion an. Der Kohlenstoff aus der Holzkohle verbindet sich mit dem Sauerstoff. Er ist das Reduktionsmittel. Kohlenstoff wird dabei zu Kohlenstoffdioxid oxidiert.
Da Oxidation und Reduktion immer gleichzeitig ablaufen, spricht man auch von einer Reduktions-Oxidations-Reaktion, kurz Redoxreaktion. → 5

Viele wichtige Metalle kommen in der Natur nur als Erze vor. Die Metalle gewinnt man z. B. durch Reduktion bestimmter Erze.

3 Malachit (roh und poliert) ist eine Kupferverbindung.

4 Reaktion von Kupferoxid mit Kohlenstoff – dargestellt mit Playmais

Aufgaben

1 ○ Erläutere, was man unter einem Erz versteht.

2 ○ Nenne drei Metalle, die in der Natur in reiner Form vorkommen.

3 ○ Erkläre die Begriffe Oxidation, Reduktion und Redoxreaktion.

4 ◐ Du willst reines Eisen gewinnen. Gelingt dir das durch feines Zerreiben von Eisenoxid? Erkläre.

Kupferoxid (Sauerstoffgeber)	+	Kohlenstoff (Sauerstoffnehmer)	→	Kupfer	+	Kohlenstoffdioxid

5

Man findet eigentlich nur Erze

Material A

Kupfergewinnung zu Ötzis Zeiten

1 Bild von Ötzi mit Beil

1991 wurde in den Ötztaler Alpen eine über 5000 Jahre alte Mumie gefunden. Sie war im Gletscher konserviert worden und durch die Gletscherschmelze zum Vorschein gekommen. Die Mumie „Ötzi" hatte einige Gegenstände bei sich, die die Forscher faszinierten. Unter anderem besaß Ötzi ein Beil mit einer Klinge aus Kupfer. Ötzis Beil war eine Sensation: Man wusste jetzt, dass die Menschen in der Steinzeit schon in der Lage waren, Kupfer aus Kupferoxid zu gewinnen. Wie aber kamen Ötzis Zeitgenossen an das Kupfer?

2 Ötzis Beil

1 ○ Betrachte die Bilder 3, 4 und 5. Ordne die folgenden Textstücke den Bildern zu:

a „Ich glaube, ich vermische die Kohle mit dem Erz noch besser."

b „Ist das heiß hier. Das Luftpumpen geht ganz schön in die Arme."

c „Das flüssige Kupfer müsste sich jetzt am Boden gesammelt haben. Ich öffne nun den Ofen, damit die Schlacke hinausfließen kann."

d „Also das Zerkleinern ist wirklich anstrengend. Bring mir noch mehr Holzkohle."

e „Der Ofen sieht gut aus. Hast du auch an die Öffnung für die Luftzufuhr gedacht?"
„Klar. Ohne Luft brennt die Kohle ja nicht."

3

4

5

2 ◐ Beschreibe mit eigenen Worten, wie die Kupfergewinnung in der Steinzeit ablief.

3 ● Formuliere die Wortgleichungen zu den ablaufenden Reaktionen.

Material B

Vom Malachit zum Kupfer

1 Auch im Schullabor kann man Kupfer aus Erzen gewinnen.

a Plant ein Experiment, mit dem ihr die Kupfergewinnung aus Malachit nachstellen könnt.

b Führt das Experiment durch und dokumentiert die Ergebnisse eurer Arbeit in Form eines Versuchsprotokolls.

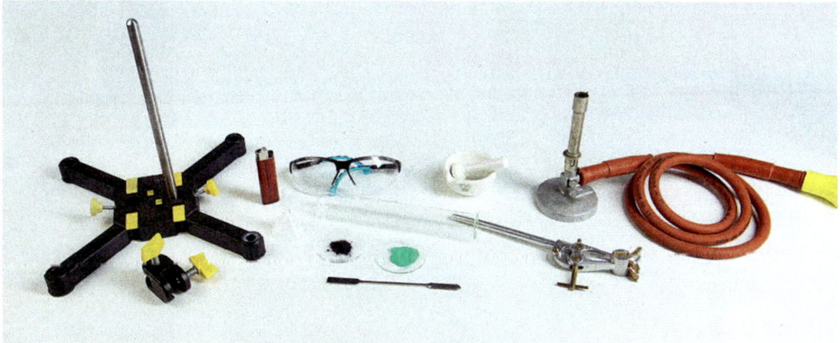

6 Geräte und Chemikalien zum Versuch

c Auch Gase spielen bei der Kupfergewinnung eine wichtige Rolle. Erweitert euer Experiment und weist das bei der Reaktion entstehende Gas nach.

Material C

Gewinnung von Silber aus Silberoxid

Silber kommt in der Natur sowohl in reiner Form als auch in Verbindungen vor.

7 Reines Silbernugget aus der Natur

In einem Versuch kannst du selbst aus Silberoxid Silber gewinnen.

Materialliste: Reagenzglas, Silberoxid, Spatel, Brenner

1 Gib 2–3 Spatel Silberoxid in das Reagenzglas. Spanne es schräg in ein Stativ ein. Erhitze es und halte einen glimmenden Span in die Öffnung.

2 Erstelle eine Wortgleichung für den Vorgang.

3 Vergleiche die Reaktion mit der Reduktion von Kupferoxid. Nenne die Unterschiede. Formuliere eine Vermutung, warum dies so ist.

4 Begründe, ob es sich um eine Reduktion handelt. Verwende in deiner Begründung den Begriff Sauerstoffgeber.

8 Silberoxid erhitzen

5 Entscheide, ob es sich beim Erhitzen von Silberoxid um eine exotherme oder endotherme Reaktion handelt.

Eisen aus dem Hochofen

1 Modell eines antiken Rennofens

2 Hochofen von heute

3 Pyrit – ein Eisenerz

Die Gewinnung von Eisen hat eine mehr als 2000 Jahre alte Tradition. Bereits die Römer gewannen Eisen mithilfe eines Rennofens. Heute findet die Eisengewinnung mit dem Hochofen statt. Wie schafft man es, aus Eisenerz reines Eisen zu erhalten?

Hochofen • Um Eisen in großen Mengen zu gewinnen, wird ein Hochofen benötigt. Im Prinzip ist das eine riesige gemauerte und feuerfeste Röhre. Außen ist sie mit Stahl ummantelt. Der Hochofen wird immer von oben befüllt. Es wird ein Gemisch von Eisenerz und Zusatzstoffen eingefüllt. Die Zusatzstoffe, z. B. Kalk und Sand, dienen dazu, störende Stoffe im Eisenerz zu binden. Abwechselnd wird auch immer eine Schicht Koks zugefügt. Dabei handelt es sich um eine aufbereitete Kohle, die annähernd aus reinem Kohlenstoff besteht.

Redoxreaktion • Bei hohen Temperaturen verbrennt ein Teil der Kohle zu Kohlenstoffdioxid. Dieses Kohlenstoffdioxid reagiert mit weiterem Kohlenstoff zu Kohlenstoffmonooxid. → 4 Kohlenstoffmonooxid ist ein Gas, das giftig und ziemlich reaktionsfähig ist. Beispielsweise hat es ein großes Bindungsbestreben zu Sauerstoff. Es entzieht dem Eisenoxid den Sauerstoff. → 5 Bei dieser Redoxreaktion wird viel Energie frei, die den Hochofen heizt. Außerdem erhält man durch diese Reaktion das gewünschte Eisen. Das entstehende Kohlenstoffdioxid ist gasförmig und entweicht nach oben.

4 Kohlenstoff + Kohlenstoffdioxid → Kohlenstoffmonooxid

5 Kohlenstoffmonooxid + Eisenoxid → Kohlenstoffdioxid + Eisen

der Hochofen
der Koks
das Kohlenstoffmonooxid
die Schlacke
das Thermitverfahren

Reaktionsprodukte • Das flüssige Eisen sammelt sich unten im Hochofen. Darüber schwimmt die leichtere Schlacke. Sie ist aus den Zusatzstoffen und aus anderen Stoffen im Eisenerz entstanden.

Das Roheisen wird abgelassen und zur Bearbeitung weitertransportiert. Roheisen ist sehr spröde und wird deshalb meist noch zu Stahl weiterverarbeitet. Auch die Schlacke wird entfernt und zu Schotter oder Zement aufbereitet. Die heißen Abgase nutzt man zum Anheizen von Luft, die dann mit Druck in den unteren Teil des Hochofens geblasen wird.

Im Hochofen wird Eisenoxid durch Zugabe von Kohlenstoff zu Eisen reduziert. Dabei wird Kohlenstoff zu Kohlenstoffdioxid oxidiert.

Thermitverfahren • Einen „Hochofen im Kleinen" nutzt man beim Verschweißen von Bahnschienen. → 6 Dabei wird flüssiges Eisen zwischen zwei Schienenstücke gegossen. Dadurch entsteht eine glatte Nahtstelle. Um das flüssige Eisen zu erhalten, wird eine stark exotherme Reaktion gestartet. Man entzündet mit einem Zündstab ein Gemisch aus Eisenoxid und Aluminiumgrieß. Außerdem fügt man die Metalle Vanadium und Mangan hinzu. Das erhöht die Belastbarkeit der Nahtstelle.

Das Eisenoxid wird durch Aluminium reduziert. Dabei wird viel Energie frei. Das Eisen schmilzt und fließt in die Form zwischen den Schienen.

6 Thermitschweißen von Schienen

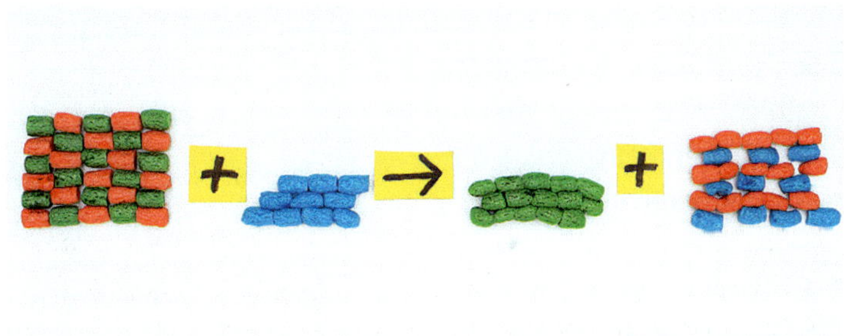

7 Thermitreaktion – dargestellt mit Playmais

Aufgaben

1 ○ Nenne das Reduktionsmittel, mit dem Eisenoxid im Hochofen reduziert wird.

2 ● Erkläre, weshalb in den Hochofen durch seitliche Düsen ständig große Mengen Luft eingeblasen werden.

3 ● Man braucht 1,6 t Eisenerz und 0,6 t Koks, um 1,0 t Eisen herzustellen. Bei einer chemischen Reaktion geht aber nichts verloren. Erkläre.

Eisen aus dem Hochofen

Material A

Den Hochofen verstehen

An den Vorgängen im Hochofen sind eine Reihe von Stoffen beteiligt. Lies dazu den Text. → 1

1 ○ Erkläre, warum sich das Eisen unten im Hochofen ansammelt.

2 ◔ Beschreibe mit eigenen Worten, wie man aus Eisenerz Eisen gewinnt.

3 ◔ Formuliere die Reaktionsgleichungen für die drei wesentlichen Reaktionen, die im Hochofen stattfinden.

4 ◔ Begründe, warum die Wasserkühlung im Text rechts nicht erwähnt wird.

5 ◔ Nenne die Aufgaben der Zusatzstoffe bei der Eisenherstellung.

6 ● „Die Schlacke schützt das Eisen vor Oxidation." Erkläre, was damit gemeint ist.

7 ● Jeder Hochofenbetreiber strebt einen möglichst hohen Gewinn an. Notiere Vorschläge, mit welchen Maßnahmen man dies erreichen könnte.

Rein und Raus beim Hochofen

In den Hochofen kommen:
- Eisenerz (= Eisenoxid mit verschiedenen Verunreinigungen)
- Zusatzstoffe (= Kalk, Sand und weitere Stoffe)
- Koks (= Kohlenstoff) als Reduktionsmittel
- Luft (= Stickstoff, Sauerstoff und andere Gase)

Aus dem Hochofen kommen:
- Roheisen (Eisen mit einem Anteil an Kohlenstoff und anderen Stoffen, z. B. Silicium)
- Schlacke (= Calciumoxid, Siliciumdioxid und andere Oxide)
- Gichtgase (Kohlenstoffdioxid, Stickstoff u. a.)

1

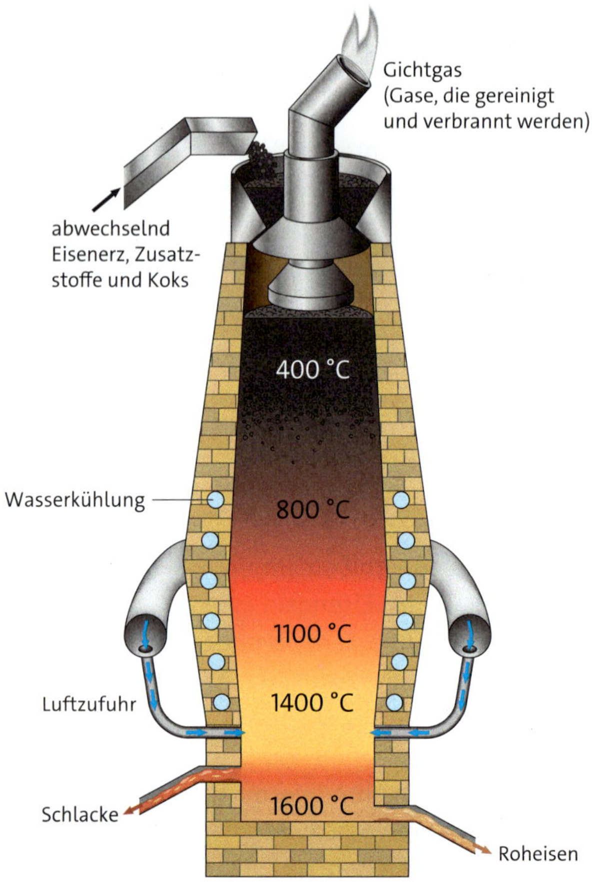

2 Schema des Hochofens

Erweitern und Vertiefen *

Eisengewinnung durch Direktreduktion

Alternative zum Hochofen • Im Hochofenprozess wird viel Energie benötigt. Außerdem ist die Stahlindustrie mit 6 Prozent am Kohlenstoffdioxid-Ausstoß beteiligt. Eine Alternative zum Hochofen ist die Direktreduktion.

Verfahren der Direktreduktion • Bei der Direktreduktion wird Eisenoxid anstatt mit Koks mit Wasserstoff und Kohlenstoffmonooxid reduziert. Diese Gase werden aus einem Gasgemisch aus Erdgas, Kohlenstoffdioxid und Wasserdampf gewonnen. Die Eisenoxid-Pellets werden mit dem Gasgemisch in Eisenschwamm umgewandelt, der weiterverarbeitet werden kann. → 3 4

Vorteile der Direktreduktion • Die Prozesse laufen im Gegensatz zum Hochofen bei deutlich geringeren Temperaturen ab. Der klassische Hochofen muss immer laufen. Ihn herunterzufahren, kostet Zeit und somit auch Geld. Bei der Direktreduktion kann der Ofen relativ kurzfristig stillgelegt werden, zum Beispiel um Reparaturen oder Wartungen durchzuführen.

Nachteile der Direktreduktion • Der Wasserstoff für die Direktreduktion wird noch aus Erdgas erzeugt. Dies erfordert hohe Umwandlungskosten. Soll Stahl komplett ohne Kohlenstoffdioxid-Ausstoß produziert werden, müssten für die Erzeugung des Wasserstoffs ausschließlich erneuerbare Energien eingesetzt werden. Dies erfordert jedoch noch höhere Kosten.

3 Eisenoxid-Pellets

4 Eisenschwamm

5 Eisenoxid + Wasserstoff → Eisen + Wasser

Aufgaben

1 ▢ Nenne die Vor- und Nachteile der Direktreduktion.

2 ◐ Stelle in einer Abbildung die beiden Möglichkeiten der Roheisengewinnung gegenüber. Nenne dabei die Ausgangsstoffe, welche Reaktionen ablaufen und welche Stoffe entstehen.

Edle und unedle Metalle

1 Ein vergoldeter Türgriff

2 Ein Türgriff aus Eisen

Manche Metalle behalten ihren Glanz über lange Zeit, andere hingegen sehen schnell matt oder gar rostig aus. Woher kommt dieser Unterschied?

Edle Metalle • Metalle, die kein oder nur ein geringes Bestreben haben, mit anderen Stoffen zu reagieren, werden als edle Metalle bezeichnet. Sie behalten ihren Glanz und ihr Aussehen. Bekannte edle Metalle sind Gold, Silber und Platin. Auch Quecksilber ist ein relativ edles Metall. Seine glänzende Oberfläche bleibt bei Kontakt mit Luft nahezu unverändert.

3 Von ganz unedel bis ganz edel

Unedle Metalle • Metalle, die ein großes Bestreben haben, sich mit anderen Stoffen zu verbinden, bezeichnet man als unedle Metalle. Sie verlieren zum Beispiel schnell ihren Metallglanz. Bekannte unedle Metalle sind Aluminium, Eisen und Blei. Unedle Metalle kann man auch daran erkennen, dass sie mit Säuren reagieren. Dabei wird Wasserstoff freigesetzt.

Oxidierte Oberfläche • Aluminium ist ein sehr unedles Metall. Es hat ein sehr großes Bestreben, sich mit dem Sauerstoff der Luft zu verbinden. Allerdings ist diese Oxidschicht des Aluminiums so dünn, dass man sie nicht sehen kann. Sie bildet eine stabile und geschlossene Oberfläche. Durch sie ist das darunterliegende Aluminium vor weiterer Oxidation geschützt.

Metalle können in edle und unedle Metalle eingeteilt werden. Unedle Metalle haben ein großes Bestreben, mit anderen Stoffen zu reagieren. Edle Metalle reagieren dagegen kaum mit anderen Stoffen.

Aufgaben

1 ○ Nenne die Verbindungen, die entstehen, wenn Aluminium, Blei oder Eisen mit dem Sauerstoff der Luft reagieren.

2 ◔ Sortiere die im Text genannten Metalle von edel nach unedel.

das edle Metall
das unedle Metall

Material A

Reaktion unedler Metalle mit Säure

Materialliste: Magnesium, Spatel, verdünnte Salzsäure ⟨!⟩, Reagenzgläser

4 Magnesium, Zink und Kupfer in Salzsäure

1 Gib eine Spatelspitze Magnesiumgranulat oder ein Stück Magnesiumband in ein Reagenzglas.

2 Gieße 1,5 cm hoch verdünnte Salzsäure hinzu.

3 ○ Beschreibe deine Beobachtung.

4 ◐ Begründe, warum du Metallgegenstände generell nicht mit Essig reinigen solltest.

5 ○ In Bild 4 siehst du Magnesium, Zink und Kupfer jeweils in einem Reagenzglas mit Salzsäure.
Beschreibe die Unterschiede bei den drei Metallen und ihrer Reaktion mit Salzsäure.

Material B

Mit Strategie erfolgreich experimentieren

Aus Silberoxid, Kupferoxid und Eisenoxid sollen die reinen Metalle zurückgewonnen werden. Als Hilfsstoff steht dir Kohlenstoff zur Verfügung. Du darfst Kohlenstoff aber nur einmal einsetzen. Nachdem du ein Metall gewonnen hast, steht es dir als Reinstoff für weitere Experimente zur Verfügung.

1 ● Plane eine Versuchsreihe, mit der du alle Metalle gewinnen kannst. Dokumentiere deine Planung in Form eines Protokolls.

2 ● Diskutiere deine Planung mit einem Partner und einigt euch auf eine gemeinsame Vorgehensweise.

3 ● Formuliere die Wortgleichungen für die abgelaufenen Reaktionen.

5

Metalle sind gefährdet

1 Der Eiserne Steg in Frankfurt

Der Eiserne Steg in Frankfurt ist eine Eisenbrücke über den Main. Regelmäßig sind hier Teams beschäftigt, die rostigen Stellen auszubessern und zu streichen. Warum ist dieser Arbeitsaufwand notwendig?

Korrosion • Unter Korrosion versteht man die chemische Zersetzung von Metallen. Dabei entstehen neue Stoffe mit anderen Eigenschaften. Die Korrosion des Eisens wird als Rosten bezeichnet.

Bedingungen des Rostens • Eisen rostet unter Anwesenheit von Sauerstoff und Wasser. Rost entsteht, wenn sich Wasserteilchen zwischen den Eisenoxid-Teilchen einlagern. Es handelt sich also um ein wasserhaltiges Eisenoxid. Rost bildet eine poröse Oberfläche. Dadurch kann verstärkt Feuchtigkeit und Sauerstoff an die betroffenen Stellen gelangen und der Rost breitet sich aus. Andere Metalle oxidieren auch. Es entstehen dabei aber Oberflächen, die sehr kompakt sind. Dadurch wird das Metall geschützt.

Korrosionsschutz • Um die Korrosion von Metalloberflächen zu verhindern, kann man die Oberfläche mit einem korrosionsbeständigen Metall überziehen. Auch Lackieren oder Ölen kommen in Frage.

Unedle Metalle korrodieren. Bei Eisen nennt man diesen Vorgang Rosten. Dies kann durch Überziehen der Metalloberfläche mit einer Schutzschicht verhindert werden.

Aufgaben

1 ○ Nenne vier Gegenstände, die rosten können.

2 ◐ Das Rosten von Eisen ist eine Oxidation. Erstelle die Wortgleichung für diesen Vorgang.

die Korrosion
das Rosten
der Korrosionsschutz

Material A

Unedle Metalle korrodieren

Jährlich entstehen weltweit durch Umwelteinflüsse Korrosionsschäden in Milliardenhöhe. Betroffen ist auch die Schifffahrt. → 2 Beim Korrodieren verändern sich die Materialeigenschaften der Metalle. In einem Versuch kannst du selbst testen, wovon es abhängt, dass ein Metall korrodiert.

2 Rostendes Schiff

Materialliste: Reagenzgläser, Reagenzglasständer, Eisennagel, Zinknagel, Aluminiumnagel, Wasser, Salz

1 Baue den Versuch entsprechend Bild 3 auf. Lass den Versuch eine Woche stehen und beobachte, was passiert.

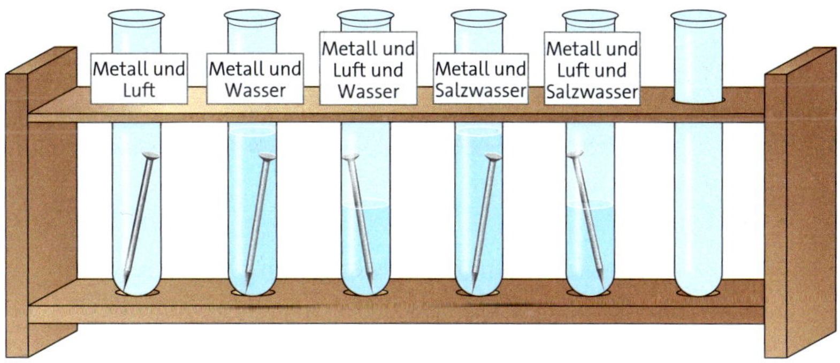

3 Versuchsreihe

2 ○ Beschreibe deine Beobachtungen.

3 ◐ Gib an, von welchen Faktoren es abhängt, wie schnell ein Metall korrodiert.

4 ◐ Nenne Möglichkeiten, wie du die Nägel vor dem Rosten hättest schützen können.

Material B

Wärmekissen aus Eisen

Materialliste: Becherglas, Spatel, Uhrglas, Thermometer, Eisenpulver, feinkörnige Aktivkohle, Kochsalz, Wasser

Mische 16 g Eisenpulver mit 3 g Aktivkohle. Füge 3 g Kochsalz hinzu und befeuchte es mit 2,5 ml Wasser. Gib die Mischung auf das Uhrglas.

1 ○ Erstelle ein Versuchsprotokoll.

2 ◐ Formuliere die Wortgleichung. Die Aktivkohle, das Kochsalz und das Wasser müssen dabei nicht berücksichtigt werden. Sie beschleunigen nur die Reaktion.

3 ● Begründe, warum sich das Gemisch so stark erwärmt.

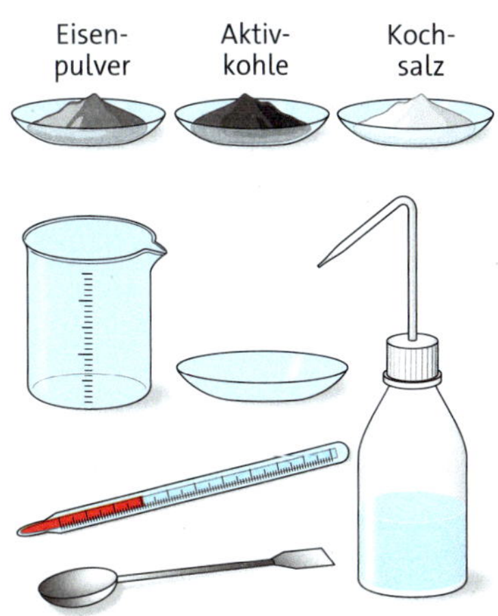

4

Werkstoffe nach Maß

1 Nicht alles, was nach Gold aussieht, ist auch wirklich aus Gold.

Wenn man ein Metall mit einem weiteren Stoff zusammenschmilzt, entstehen Legierungen. Legierungen haben andere, oft sogar bessere Eigenschaften als die reinen Metalle.

Eisenlegierungen • Stahl ist eine Legierung, die überwiegend Eisen enthält, außerdem einen kleinen Anteil Kohlenstoff und noch weitere Elemente, meistens andere Metalle.
Wegen der vielen Kombinationsmöglichkeiten gibt es inzwischen Tausende von Stahlsorten für alle möglichen Anwendungen. Stahl ist bei Weitem der wichtigste metallische Werkstoff und das meiste Eisen wird zu Stahl verarbeitet.
Im Haushalt kommt oft Edelstahl (Chrom-Nickel-Stahl) zum Einsatz. Er rostet nicht und ist sehr hart.

Goldlegierungen • Reines Gold ist wegen seiner Farbe und seiner Beständigkeit als Schmuck sehr beliebt. Allerdings hat reines Gold einen großen Nachteil: Es ist zu weich.
Daher werden dem Gold in der Schmuckindustrie weitere Metalle zugemischt. Durch Zugabe von Silber und Platin entsteht Weißgold. Auch Kupfer kann als Zusatz dienen. Dann entsteht Rotgold. Diese Goldlegierungen sind deutlich härter als reines Gold.
In Goldschmuck wird der Goldanteil mit einem Prägestempel eingestanzt. So besteht 750er-Gold zu 75,0 Prozent aus Gold.
Auch Goldmünzen bestehen nicht unbedingt aus reinem Gold. Die bekannten Krügerrand-Münzen etwa sind aus 917er-Gold gefertigt. Der Rest ist Kupfer – zur Erhöhung der Kratzfestigkeit.

die **Legierung**
der **Stahl**
die **Bronze**
das **Messing**
das **Lötzinn**

Bronze • Bronze ist eine Legierung aus den Metallen Kupfer und Zinn. Bronze ist härter als reines Kupfer. Da sie zudem noch gut zu gießen ist, nutzte der Mensch diese Legierung schon vor 5000 Jahren. Die Bronzezeit ist nach dieser Legierung benannt.
Heute ist Bronze ein beliebter Werkstoff für technische Geräte, Kirchenglocken und Kunstgegenstände.

Messing • Wenn dem Kupfer ein anderes Metall zugefügt wird, nämlich ungefähr 40 Prozent Zink, entsteht Messing. → 3 Diese Legierung sieht sehr ähnlich aus wie Gold, ist aber ganz erheblich preiswerter. Musikinstrumente wie Trompeten oder Saxofone sind oft aus Messing. → 1 Auch Schrauben werden häufig aus Messing hergestellt, weil diese Legierung kaum oxidiert und keine Funken schlägt.

Lötzinn • Wenn man Zinn zum Beispiel mit Blei zusammenschmilzt, erhält man Lötzinn. Diese Legierung schmilzt – je nach Mengenverhältnis der Metalle – schon bei etwa 190 °C. Allerdings ist Blei ein giftiges Schwermetall und sollte daher nicht verwendet werden. Beim Verlöten gibt man etwas geschmolzenes Lötzinn auf zwei Metallteile, die miteinander verbunden werden sollen, und lässt das Lötzinn dann erstarren.

Legierungen sind metallische Stoffgemische. Sie haben andere Eigenschaften als die reinen Metalle.

2 Gold, Silber, Bronze ...

	Kupfer	Messing	Zink
Farbe	rötlich	braun bis goldgelb (je mehr Zink, desto heller)	blassgrau
Schmelztemperatur	1085 °C	1065–902 °C (je mehr Zink, desto niedriger)	420 °C
Dichte	$8{,}9\,\frac{g}{cm^3}$	ca. $8{,}6\,\frac{g}{cm^3}$ (je mehr Zink, desto niedriger)	$7{,}1\,\frac{g}{cm^3}$
Härte (nach Mohs)	3,0	3–4 (je nach Zinkgehalt)	2,5
Stromleitfähigkeit	sehr hoch	hoch	weniger hoch

3 Eigenschaften von Kupfer, Messing und Zink

Aufgaben

1 ○ Nenne die wichtigste Eisenlegierung.

2 ○ Gib an, was mit 900er-Gold gemeint ist.

3 ○ Vergleiche die Eigenschaften von Kupfer, Messing und Zink. → 3

Werkstoffe nach Maß

Material A

Beim Gruppenpuzzle mehr erfahren

1 Teilt eure Klasse in die vier Gruppen A, B, C und D ein.

2 Jede Gruppe sucht sich eine interessante Legierung als Thema aus. Tragt in eurer Gruppe möglichst viele Informationen zu eurer Legierung zusammen.

3 Anschließend bildet je ein Mitglied aus Gruppe A, B, C und D eine neue Gruppe.

4 In dieser neuen Gruppe seid ihr die Experten für eure Legierung.
Stellt in der Gruppe eure Legierung vor.

5 Erstellt anschließend in eurem Heft eine Übersicht über die vier Legierungen.
→ 1

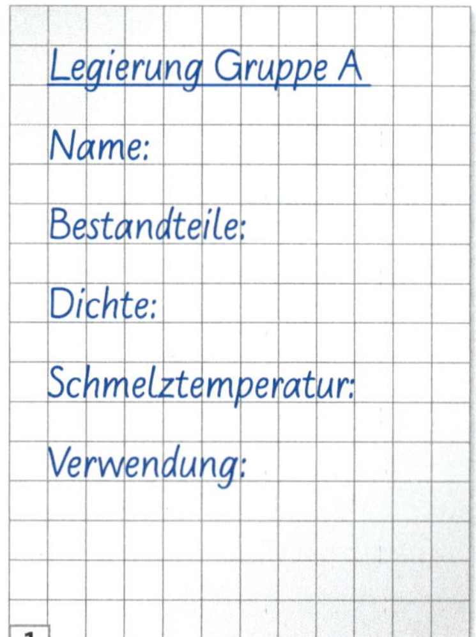

1

Material B

Löten – Metalle verbinden

2 Löten eines Kupferrohrs

3 Löten von Schmuck

Um Metallstücke dauerhaft miteinander zu verbinden, wird gelötet. Dabei werden zwei Metallflächen mit einem Metall mit geringer Schmelztemperatur verbunden. Die beiden Metalle verbinden sich zu einer Legierung.

Materialliste: Kupferblech, Stahlwolle, Kupferdraht, Lötzinn, Gastrobrenner, Tiegelzange, feuerfeste Unterlage, Stativmaterial

1 Reinige die Werkstücke mit der Stahlwolle. Es sollte kein Staub oder Fett auf der Oberfläche haften.

2 Spanne das Kupferblech in ein Stativ. Lege dann ein kleines Stück Draht darauf.

3 Erhitze von oben und halte das Lötzinn an den Übergang vom Blech zum Draht.

4 Begründe, warum die Oberfläche staub- und fettfrei sein muss.

5 Informiere dich über die Inhaltsstoffe des Lötzinns.

6 Nenne Gegenstände aus deinem Umfeld, die gelötet wurden.

Material C

Eine goldene Münze?

Kann man rotbraune Kupfermünzen in glänzende Goldmünzen verwandeln?

Materialliste: Spülmittel, Haushaltsessig, Spatel, 2 Bechergläser (100 ml und 250 ml), Dreifuß mit Drahtnetz, Brenner, Tiegelzange, Thermometer, Petrischale, Papiertücher, 2 Kupfermünzen, 0,8 g Zinkpulver, 2,0 g Natriumhydroxid, Wasser

Reinigen der Münzen
Reinige die Kupfermünzen mit etwas Spülmittel und Essig. Sie sollen möglichst blank sein.

Verzinken
Miss 40 ml Wasser in dem kleinen Becherglas ab.
Gib vorsichtig 2,0 g Natriumhydroxid hinzu. Dabei entsteht eine Lauge, die schwere Verätzungen hervorrufen kann. Arbeite also vorsichtig und sauber. Wenn etwas danebengeht, informiere sofort die Lehrkraft.
Gib das Zinkpulver und die sauberen Münzen hinzu.
Erhitze vorsichtig auf 80 °C. Kontrolliere die Temperatur mit dem Thermometer.
Schalte dann den Brenner aus.
Decke das Becherglas mit einer Petrischale ab. Lüfte den Raum.
Schütte den Inhalt des Becherglases nach 2 Minuten in das große Becherglas, das zur Hälfte mit Wasser gefüllt ist.
Nimm die Münzen mit der Tiegelzange heraus und spüle sie unter fließendem Wasser gründlich ab.
Säubere alle verwendeten Geräte unter fließendem Wasser. Die Lauge kannst du in den Ausguss schütten.

Herstellen der Legierung
Halte die gereinigte Münze für 5–10 Sekunden in die rauschende Brennerflamme. Kühle die Münze unter fließendem Wasser ab.

1 ○ Beschreibe das Aussehen der Münze nach dem Reinigen, nach dem Verzinken und am Ende des Versuchs.

2 ◐ Informiere dich im Buch, welche Legierung entstanden sein könnte.

3 ● Versuche die Vorgänge auf der Münzoberfläche mithilfe des Teilchenmodells zu erklären. Begründe, weshalb hier sicherlich kein Gold entstanden ist.

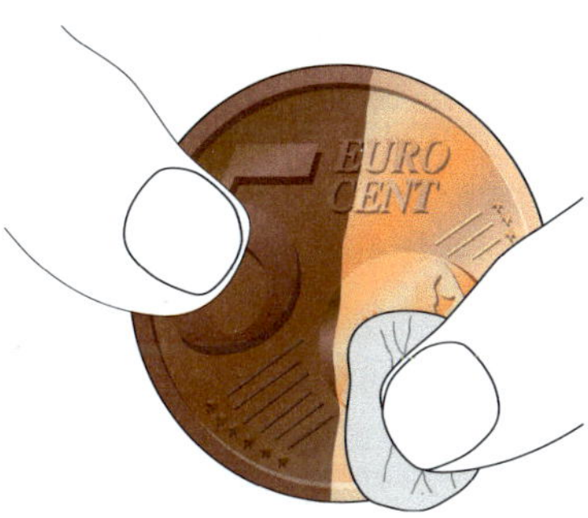

4 Reinigen der Münzen

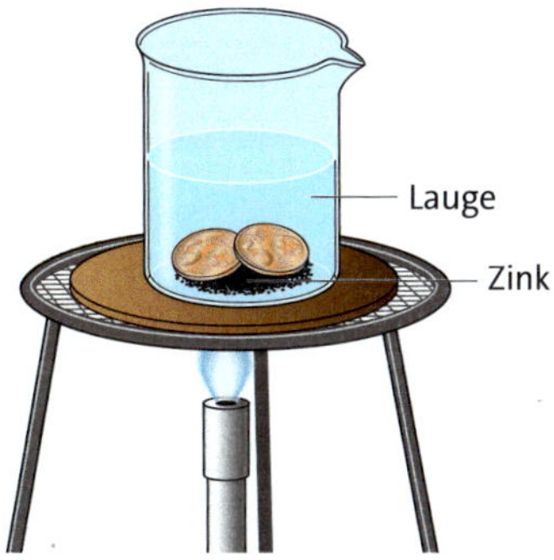

5 Verzinken

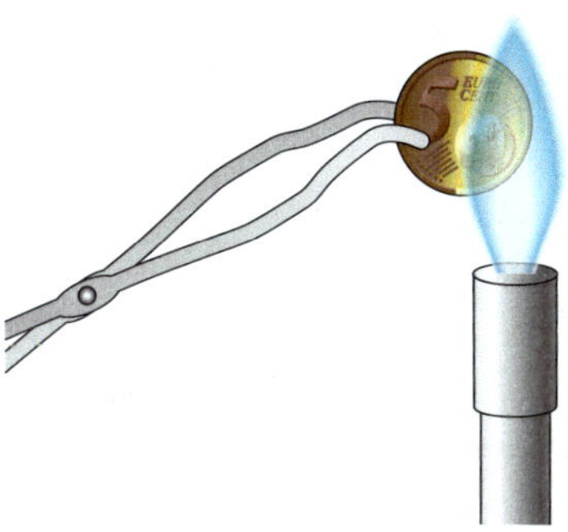

6 Herstellen der Legierung

Werkstoffe nach Maß

Erweitern und Vertiefen

[1] Ausbildung an einem Lötgerät

[2] Arbeit an einer Fräsmaschine

Berufe im Bereich „Metalle“

Michael, Funda, Fatih und Leni haben ihren Schulabschluss gemacht. Heute ist der erste Tag an der Berufsschule und die vier treffen sich zufällig in der Pause.

Michael: Mensch, ich freu mich, euch zu sehen. Was macht ihr denn hier? Ich dachte, die Schule ist nur für Industriemechaniker gedacht.

Funda: Glaubst du ernsthaft, dass so viele Leute Industriemechaniker lernen? Ich mache die Ausbildung zum CNC-Fräser.

Leni: Als Mädchen?

Funda: Klar. Bei der Berufsberatung habe ich herausgefunden, dass es zum Beispiel wichtig ist, sehr sorgfältig zu sein. Ich programmiere und überwache Fräsmaschinen. Dabei laufen die Vorgänge weitgehend computergesteuert ab. Jetzt in der Ausbildung arbeite ich natürlich auch mit Feile und Bohrer an Metall – es ist ja wichtig, dass ich erst mal die Grundlagen verstanden habe. Nach der Ausbildung würde ich gerne im Luft- oder Raumfahrzeugbereich arbeiten. Und was machst du eigentlich?

Fatih: Meine korrekte Berufsbezeichnung lautet – in drei Jahren, wenn ich fertig bin – Anlagenmechaniker.

Funda: Und das heißt ...?

Fatih: Ich werde später in Unternehmen zum Beispiel große Kessel und Behälter für die Lebensmittelindustrie herstellen und zusammenbauen. Ich kann aber auch in einer Erdölraffinerie arbeiten.
Auf jeden Fall bin ich dafür verantwortlich, dass die Maschinen laufen. Ich muss sie auch warten, also dafür sorgen, dass sie lange funktionieren.

Michael: Das klingt, als ob wir dann Kollegen sein könnten. Ich werde Geräteteile oder Baugruppen für Anlagen herstellen.
Und ich übernehme dann auch Reparatur- und Wartungsaufgaben. Dann werden wir zusammen dafür sorgen, dass im Betrieb alles läuft.

3 Ausbildung zur Industriemechanikerin

4 Goldschmiedin bei der Arbeit

Leni: Und ich werde Goldschmiedin. Mir liegt es, etwas in der Hand zu haben und daraus etwas zu formen und kreativ tätig zu sein.

Funda: Macht ihr denn gar nichts mit dem Computer?

Leni: Doch. Wir können Entwürfe am PC erstellen, aber letztendlich ist der Rest schöne Handarbeit. Vielleicht kann ich dann mal einen kleinen Laden aufmachen. Dann bin ich mein eigener Chef. Seht ihr den Typ dahinten? Der träumt davon, eine eigene Schmiedewerkstatt zu haben. Allerdings lernt er nicht Schmied, sondern das heißt jetzt Metallbauer Fachrichtung Metallgestaltung.

Fatih: Das ist ja auch cool. Macht er dann Ritterrüstungen für die vielen Ritter, die hier so rumlaufen?

Leni: Haha. Nee, er hat gesagt, er kann dann so teure Gartenzäune und Tore machen. Sein Hobby ist aber wohl das Mittelalter – also vielleicht macht er dann doch noch Waffen und Rüstungen.

Funda: Also das ist ja echt interessant, was für Berufe hier so sind. Total unterschiedliche Berufe und trotzdem haben wir alle die gleiche Basis.

5 Und später gibt es dann noch viele Möglichkeiten, sich fortzubilden …

Aufgaben

1 ○ Nenne die Berufe, die in dem Gespräch erwähnt wurden, und gib kurz ihren Tätigkeitsschwerpunkt an.

2 ◐ Erläutere, warum bei einer CNC-Fräserin Sorgfalt genauso wichtig ist wie bei einem Goldschmied.

Metalle – wertvoll und wichtig

Zusammenfassung

Die Stoffgruppe der Metalle • Metalle bilden eine Stoffgruppe. Das kann man an ihren gemeinsamen Eigenschaften erkennen:
Alle Metalle leiten Wärme und den elektrischen Strom gut, sind verformbar und besitzen eine glänzende Oberfläche, wenn sie frisch poliert sind.
Die einzelnen Metalle kann man anhand einiger spezieller Eigenschaften unterscheiden:
Nur Eisen, Cobalt und Nickel sind magnetisch. Härte, Schmelz- und Siedetemperaturen, die Dichte oder zum Beispiel das Bindungsbestreben zu Sauerstoff sind jeweils verschieden.

Eisen aus dem Hochofen • Eisen ist ein sehr wichtiger Rohstoff. Man gewinnt ihn aus Eisenoxid, also aus Eisenerzen. In Hochöfen wird in mehreren Reaktionsschritten das reine Eisen gewonnen. Dazu ist Kohlenstoff nötig, der in Form von Koks in den Hochofen eingefüllt wird.
In der Hitze des Hochofens entsteht zunächst Kohlenstoffmonooxid. Dieses reaktionsfähige Gas entzieht dem Eisenoxid den Sauerstoff:

Kohlenstoffmonooxid + Eisenoxid
→ Kohlenstoffdioxid + Eisen

Gewinnung von Metallen • In der Natur kommen nur Edelmetalle wie Gold, Silber oder Platin in reiner Form vor. Alle anderen Metalle sind Verbindungen mit anderen Stoffen eingegangen. Man nennt diese Verbindungen Erze. Sauerstoff ist ein häufiger Verbindungspartner. Um das reine Metall zu gewinnen, muss diese Reaktion rückgängig gemacht werden.

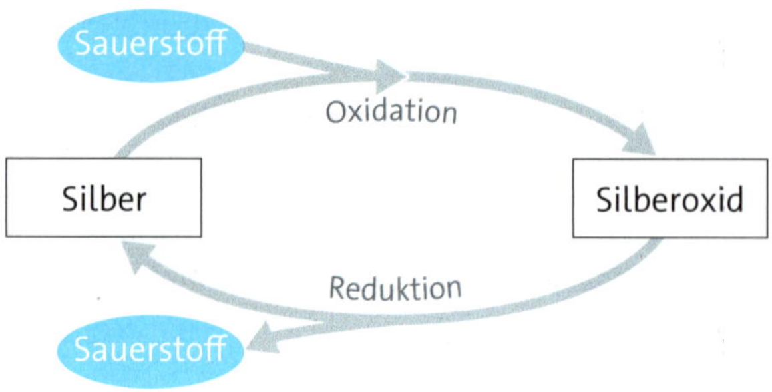

1 Ein Beispiel für Oxidation und Reduktion

Edle und unedle Metalle • Metalle, die ein großes Bestreben haben, mit anderen Stoffen zu reagieren, bezeichnet man als unedle Metalle. Unedle Metalle sind zum Beispiel Magnesium und Aluminium. Edle Metalle, z. B. Silber und Gold, haben dagegen ein geringes Bestreben, mit anderen Stoffen zu reagieren.
Um die chemische Zersetzung von Metallen zu verhindern, überzieht man die Oberflächen mit einem korrosionsbeständigen Metall.

Interessante Legierungen • Metalle lassen sich im flüssigen Zustand mit anderen Metallen zusammenmischen. Dadurch entstehen Legierungen, die andere Eigenschaften als die Ausgangsmetalle haben.

Bestandteil 1	Bestandteil 2	Legierung
Eisen	Kohlenstoff	Stahl
Gold	Silber	Weißgold
Kupfer	Zink	Messing

2 Wichtige Legierungen

Teste dich! (Lösungen im Anhang)

Metalle und Legierungen

1 ▢ Nenne die gemeinsamen Eigenschaften der Metalle.

2 ◐ In einigen Sätzen hat sich der Fehlerteufel eingeschlichen. Übernimm die Sätze korrigiert in dein Heft.
- Legierungen sind Moleküle aus mindestens zwei Metall-Atomen.
- Legierungen haben oft bessere Eigenschaften als die reinen Metalle.
- Stahl ist eine Legierung aus Eisen und Kupfer.
- Stahl ist die wichtigste Legierung weltweit.
- Blei ist die Legierung mit der höchsten Dichte.

3 Edelstahl – vielfältig genutzt

Reduktion und Oxidation

3 ◐ Erkläre am Beispiel des Erzes Malachit und seinen Reaktionen die Begriffe Oxidation, Reduktion und Redoxreaktion.

4 ▢ Zinkoxid kann mit Aluminium reduziert werden. Mit Kupfer funktioniert dies nicht. Erkläre.

5 ● Ein Kohlenfeuer erreicht Temperaturen um 1000 °C. Im Hochofen herrschen aber Temperaturen von bis zu 1600 °C. Erkläre, woher diese zusätzliche Energie kommt.

6 ● In Bild 4 siehst du einen Versuchsaufbau für das Thermitverfahren. Das Thermitgemisch besteht aus Eisenoxidpulver und Aluminiumgrieß.

a Erkläre die Reaktion, die nach dem Entzünden stattfindet.

b Erkläre, warum dieses Verfahren beim Zusammenfügen von Schienen zum Einsatz kommt.

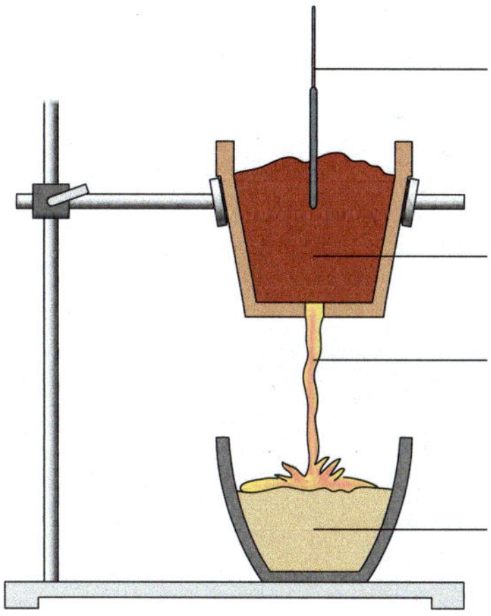

4 Thermitverfahren

Edle und unedle Metalle

7 ▢ Beschreibe, wodurch sich Edelmetalle und unedle Metalle unterscheiden.

8 ◐ Gib die Bedingungen des Rostens an. Erkläre, wie Metalloberflächen vor Korrosion geschützt werden können.

Die Ordnung der Elemente

Was ist ein chemisches Element?

Was ist ein Atom?

Was ist ein Molekül?

Aus was besteht unsere Welt?

1 Gibt es einen Ur-Stoff, aus dem alles besteht?

Woraus besteht unsere Welt? Das fragten sich schon die alten Griechen. Sie meinten, dass alles aus Erde, Wasser, Feuer und Luft bestehen würde.

2 Demokrit

3 Dalton

Etwa 400 v. Chr. • Der griechische Philosoph Demokrit hatte eine andere Idee: Angenommen, man teilt ein Blatt Papier immer und immer wieder in der Hälfte – dann kommt bestimmt ein Punkt, an dem man es nicht mehr teilen kann. Diese unteilbaren Teilchen nannte er Atome (griech. atomos: unteilbar). Für ihn bestand die Welt aus winzigen, für das Auge unsichtbaren, unteilbaren Teilchen.

Im Jahr 1803 • Über 2000 Jahre später griff John Dalton, ein Engländer, die Idee von Demokrit wieder auf. Er stellte sich die Atome als kleine, massive Kugeln vor. Je nach Atomsorte sind sie unterschiedlich groß und unterschiedlich schwer. Dieses Kugelteilchenmodell wird auch heute noch benutzt, z. B. in Modellbaukästen: Dort hat man den Atomsorten Farben gegeben, z. B. Rot für Sauerstoff-Atome oder Grün für Chlor-Atome. Diese Farben sind aber frei erfunden. In Wirklichkeit kann man Atome nicht direkt betrachten.

Nach Dalton sind Atome winzige Kugeln, die sich in Größe und Masse unterscheiden.

Aufgaben

1 ○ Beschreibe, was sich Demokrit unter Atomen vorstellte.

2 ◐ Nenne Eigenschaften, in denen sich Atome nach Dalton unterscheiden.

3 ◐ „Stickstoff-Atome sind blau." Nimm Stellung zu dieser Aussage.

Material A

Ein Beleg für Daltons Theorie?

Materialliste: 6 Messzylinder (100 ml), Wasser, Erbsen, Linsen, Alkohol (Spiritus ◈ ◈)

1 Gib Alkohol in Messzylinder 1, bis genau 50 ml erreicht sind. Beim Ablesen des Füllstands musst du aufpassen: Dein Auge muss genau auf der Höhe des oberen Rands der Flüssigkeit sein. → 5

2 Messzylinder 2 füllst du mit genau 50 ml Wasser.

3 Schütte nun beide Flüssigkeiten vorsichtig und gleichzeitig in Messzylinder 3. Schwenke vorsichtig um und lies dann ab, wie viel Gemisch sich im Messzylinder befindet.

4 ○ Nenne das bei diesem Versuch zu erwartende Messergebnis.

5 ● Du hast das Messergebnis mit eigenen Augen gesehen. Versuche, dafür eine Erklärung zu finden oder eine Theorie aufzustellen. Denke auch an mögliche Messfehler.

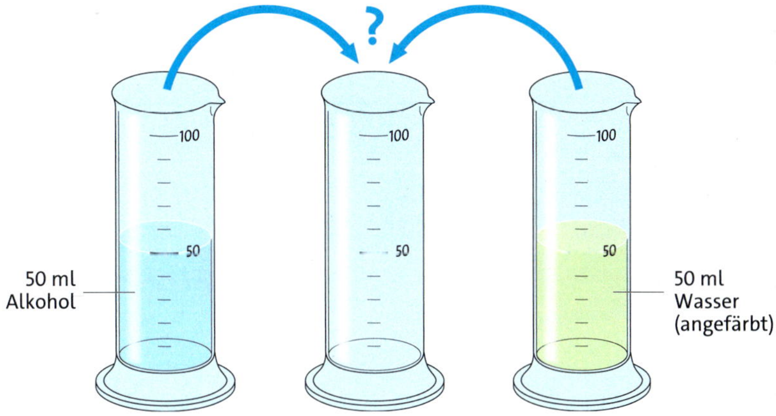

4 Alkohol-Wasser-Versuch

6 Führe jetzt noch einen Modellversuch durch:

a Gib genau 50 ml Erbsen in Messzylinder 4 und 50 ml Linsen in Messzylinder 5. Schütte die abgemessenen Erbsen und Linsen gleichzeitig in Messzylinder 6. Schüttle mehrfach um, indem du den Zylinder quer hältst und die Öffnung mit der Hand verschließt. Lies das Ergebnis ab.

b ◐ Erkläre, wie sich die Größe der Erbsen und der Linsen auswirkt.

7 ● Erkläre das Ergebnis des Alkohol-Wasser-Versuchs mithilfe des Erbsen-Linsen-Modells.

8 ● Begründe, ob der Alkohol-Wasser-Versuch für oder gegen die Theorie von Dalton spricht.

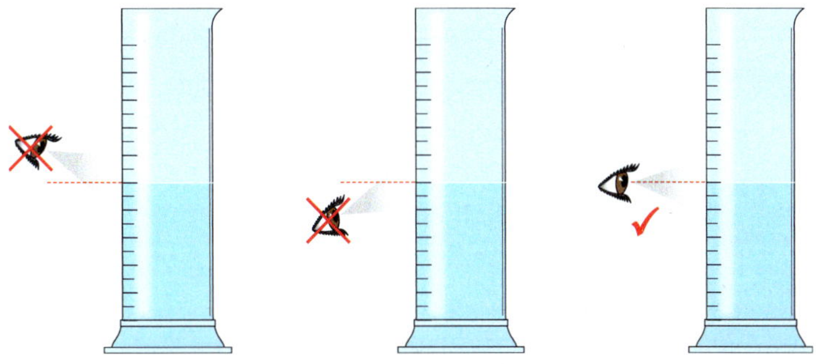

5 Ablesen beim Messzylinder: Man darf nicht von oben oder unten, sondern muss aus gleicher Höhe blicken.

Kugelteilchen, Kuchenteilchen oder ...?

1 Joseph John Thomson stellte sich 1897 Atome noch ähnlich wie einen Rosinenkuchen vor.

Sind Atome einfach nur Kügelchen, die sich je nach Atomsorte unterscheiden? Der britische Physiker Joseph John Thomson stellte etwas fest, das man mit Daltons Atommodell nicht erklären konnte.

2 Thomson

3 Rutherford

Im Jahr 1897 • Thomson entdeckte, dass Atome mit Elektrizität zu tun haben. Weitere Versuche zur Elektrizität passten ebenfalls nicht zu Daltons Kugelteilchenmodell. Es musste etwas in den Atomen geben, das elektrisch negativ geladen ist: die sogenannten Elektronen. Thomsons Gedanke: Die Elektronen stoßen sich gegenseitig ab. Daher müssen sie im Atom verteilt sein wie Rosinen in einem Kuchen. Atome sind aber insgesamt elektrisch neutral. Daher nahm Thomson an, dass es auch eine über das gesamte Atom verteilte positive Ladung gibt.

Nach Thomson haben Atome in ihrem Innern Elektronen und eine gleich große positive Ladung.

Im Jahr 1911 • Nach Dalton und Thomson machte sich auch Ernest Rutherford, ein neuseeländischer Physiker, auf Spurensuche zum Atombau. Er führte den sogenannten Streuversuch durch: Eine dünne Goldfolie wurde mit positiv geladenen α-Teilchen beschossen. → 4
Fast alle α-Teilchen gingen einfach glatt durch die Folie hindurch. Diese α-Teilchen hatten die Gold-Atome der Folie mühelos durchdrungen.
Ein paar α-Teilchen wurden schwach abgelenkt, nur wenige wurden stark abgelenkt. Sie mussten in den Gold-Atomen gegen etwas Massives, positiv Geladenes gestoßen sein.

Kern-Hülle-Modell • Rutherford fasste seine Beobachtungen und Berechnungen als Kern-Hülle-Modell zusammen: Im Innern des Atoms gibt es einen Kern. Er ist zwar winzig, trägt aber die gesamte positive Ladung in Form von sogenannten Protonen und 99,9 Prozent der gesamten Atommasse in sich.

das Kern-Hülle-Modell
das Elektron
das Proton
das Neutron
das Element

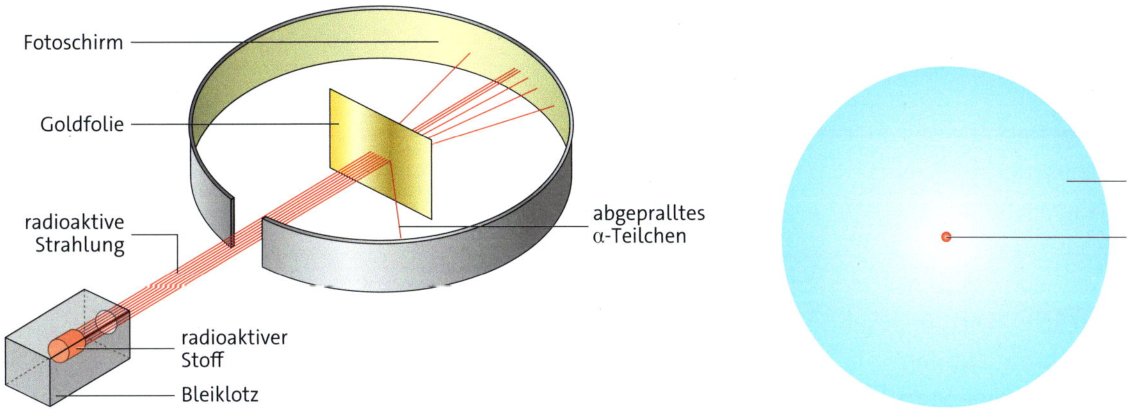

4 Ernest Rutherford führte den berühmten Streuversuch durch und stellte das Kern-Hülle-Modell auf.

Um den Kern herum ist die Atomhülle. Sie ist viel größer als der Kern und beinhaltet alle Elektronen. Die Hülle hat aber fast keine Masse und ist sozusagen „leer“: Denn die Elektronen haben nur eine geringe Masse.

Atome haben einen Kern und eine Hülle. Im Kern sind die Protonen, in der Hülle die Elektronen.

Den Kern genauer untersucht • Atome bestehen also aus Protonen (p^+) im Kern und Elektronen (e^-) in der Hülle. Die Elektronen sind in ständiger Bewegung und stoßen sich – wegen ihrer gleichen Ladung – gegenseitig ab. Doch was hält die positiv geladenen Protonen im Kern zusammen? Die Antwort ist ein weiterer Bestandteil im Kern: die Neutronen (n). Diese sind nicht elektrisch geladen, das heißt neutral. → 5

Anhand dieser drei Bestandteile werden die Atomsorten, auch Elemente genannt, unterschieden.

Kennzahlen von Atomen • Jedes Element hat ein Elementsymbol, eine Ordnungszahl und eine Massenzahl. Die Ordnungszahl gibt die Zahl der Protonen bzw. Elektronen an.
Die Massenzahl entspricht der Summe an Protonen und Neutronen. → 6
Da Atome insgesamt neutral sind, ist die Anzahl der Protonen gleich der Anzahl der Elektronen.

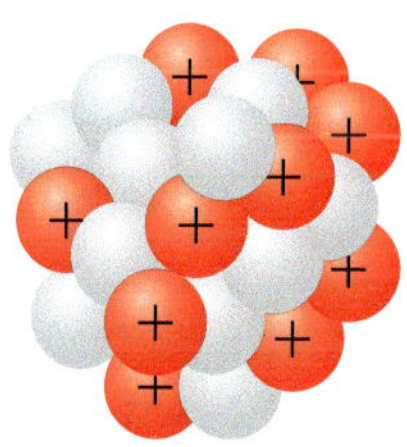

5 Neutronen und Protonen im Atomkern

Aufgaben

1 ○ Erkläre, warum Thomson sein Modell Rosinenkuchenmodell nannte.

2 ◐ Erläutere, welche neuen Erkenntnisse zum Atombau Rutherfords Streuversuch lieferte.

3 ○ Nenne die drei Bestandteile, aus denen Atome aufgebaut sind.

4 ◐ Nenne die Kennzahlen, an denen man Atome unterscheiden kann.

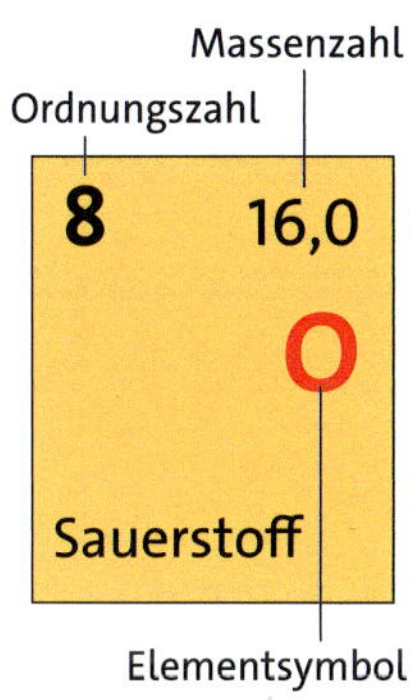

6 Das Element Sauerstoff

Kugelteilchen, Kuchenteilchen oder ...?

Material A

Streuversuch im Modell

Materialiste: Deckel eines Schuhkartons, mindestens 6 kleine Nägel, eine möglichst kleine Metallkugel

1 Lege den Schuhkartondeckel verkehrt herum auf den Tisch. Zeichne eine Startlinie ca. 3 cm vom Rand entfernt ein.

2 Stich die Nägel im Zickzack in der Mitte des Deckels ein.

3 Stelle den Deckel nun so auf den Tisch, dass der Startbereich leicht erhöht ist.

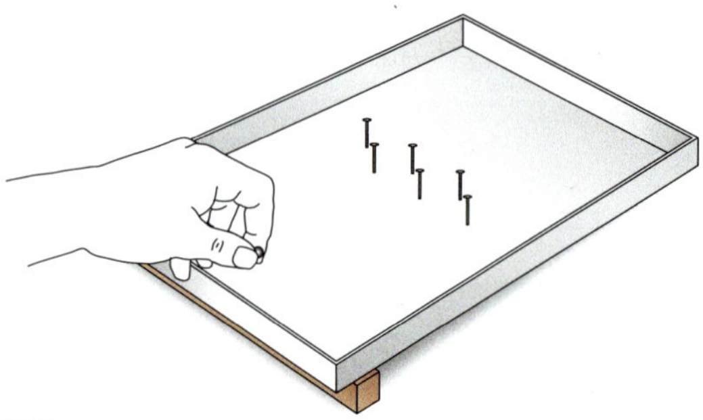

1 Modellversuch

4 Lass nun eine Metallkugel vom Startbereich aus losrollen und beobachte, wohin sie rollt. Wiederhole den Versuch.

5 ▢ Dokumentiere, wie oft die Kugel einen Nagel trifft, ihn berührt oder dazwischen hindurchrollt.

6 ◔ Gib an, wofür die Nägel in dem Modell stehen.

7 ◔ Beurteile dein Ergebnis im Hinblick auf das Modell von Rutherford.

Material B

Neue Theorien

1 ◔ Hätten Dalton und Thomson zur selben Zeit gelebt, hätten sie sich sicher über ihre Modelle ausgetauscht. Verfasse in Thomsons Namen einen Brief an Dalton, in dem er ihn über seine neuen Erkenntnisse informiert.

2 ● Erkläre, warum Daltons Kugelmodell heute gelegentlich immer noch verwendet wird.

Der Gang der Wissenschaft

Forscher hören ja nicht auf zu forschen. Dabei entdecken sie manchmal auch Unerwartetes. Die neuen Ergebnisse passen dann nicht zu den alten Theorien. Also versucht man, die alten Theorien anzupassen oder zu erweitern. Aber das reicht nicht immer. Manchmal muss man die alten Theorien völlig durch neue Theorien ersetzen.

2

Material C

Thomson gegen Rutherford

Aufgrund der Versuchsergebnisse von Rutherford wurde Thomsons Rosinenkuchenmodell erweitert und damit abgelöst.

1 ◔ Erstelle einen Vergleich in Form einer Tabelle, in der du die Gemeinsamkeiten und die Unterschiede der beiden Atommodelle darstellst.

Material D

Kennzahlen von Atomen

Anhand von Ordnungszahl und Massenzahl kannst du die Elemente erkennen oder die Anzahl der anderen Bestandteile, z. B. der Neutronen, berechnen.

Dazu ein Beispiel: Das Element Kohlenstoff hat die Ordnungszahl 6 und die Massenzahl 12. Da die Ordnungszahl die Zahl der Protonen angibt, müssen Kohlenstoff-Atome 6 Protonen haben.
Atome sind elektrisch neutral. Also müssen Kohlenstoff-Atome auch 6 Elektronen haben.

Element	Ordnungszahl	Massenzahl	Protonen	Elektronen	Neutronen
Kohlenstoff	6	12	6	6	6
Sauerstoff	8	?	?	?	8
Schwefel	?	?	?	16	16
Eisen	?	56	26	?	?

3 Kennzahlen von drei Elementen

Die Neutronen kannst du anhand der Massenzahl bestimmen. Die Massenzahl ist ja die Summe aus der Anzahl der Protonen und der Neutronen. Also besitzt ein Kohlenstoff-Atom auch 6 Neutronen. → 3

1 Übernimm die Tabelle in dein Heft und fülle sie durch Berechnen aus. → 3

2 Wasserstoff hat die Massenzahl 1. Wie viele Neutronen hat ein Wasserstoff-Atom?

Material E

Dünne Hülle, fast nichts

Krasse Theorie

Eigentlich unglaublich: Rutherford behauptet, dass die Atomhülle 3000-mal größer ist als der Atomkern. Trotzdem wiegt die Hülle fast gar nichts. Der winzige Kern wiegt viel mehr.
Das liegt daran, dass die Elektronen nahezu keine Masse haben. Wenn sie nicht die negative Ladung tragen würden – man könnte sie fast „übersehen".
Laut Rutherford müsste man ein Stück Goldfolie aus 20 Gold-Atomen eigentlich so zeichnen (Atomkerne in Rot):

4

1 Erkläre, warum die α-Teilchen in Rutherfords Versuch die Hüllen der Gold-Atome mühelos durchdringen konnten.

2 Angenommen, ihr wollt für euren Klassenraum ein Modell von einem Atom bauen. Als Atomkern nehmt ihr eine Erbse, die 5 mm groß ist.
Berechne, wie groß dann die Hülle sein müsste.
Notiere auch ein geeignetes Material für die Hülle.

Kugelteilchen, Kuchenteilchen oder ...?

Erweitern und Vertiefen

Wie groß sind eigentlich Atome?

Echte Winzlinge • Atome sind wirklich winzig. Sie haben einen Durchmesser von ungefähr 0,000 000 000 1 m.

Ein Gedankenexperiment • Da die winzigen Atome schlecht vorstellbar sind, sollst du ein Gedankenexperiment durchführen: Stelle dir vor, du streckst deine Hand aus und jemand legt dir ein Atom in deine Handfläche. Nun kommt eine tolle Erfindung zum Einsatz: ein Größenverdoppler. Bei jedem Knopfdruck wird das gewünschte Objekt in seiner Größe verdoppelt. Das soll nun mit dir und dem Atom in deiner Handfläche geschehen. Dieser Vorgang wird so oft wiederholt, bis das Atom in deiner Hand so groß ist wie eine Erbse. Was schätzt du, welche Größe du dann hättest: 200 m, 3 km, 50 km? Du wärst 100 000 km groß! Das bedeutet, dass die Erde für dich wie ein Fußball wäre. → 1

Mühsam zu zählen • Ein weiterer Vergleich: Ein Fingerhut ist mit Wasser gefüllt. → 2 Stelle dir vor, die Menschheit will die Wasserteilchen in diesem Fingerhut zählen. Alle 7 500 000 000 Menschen zählen mit. Jeder Mensch zählt pro Sekunde ein Teilchen. Wenn die Menschheit nur noch zählen würde – ohne zu essen, ohne zu schlafen oder sonst irgendetwas zu tun –, wie lange würde sie brauchen? Die Menschheit wäre unfassbar lange beschäftigt, nämlich etwa 30 000 Jahre! Und das nur für die Teilchen in einem Fingerhut voll Wasser.

Nanoteilchen • Vielleicht hast du schon einmal etwas von Nanoteilchen gehört. Dabei handelt es sich um winzige Strukturen, die besondere Eigenschaften aufweisen. Nanoteilchen sind etwa 10-mal so groß wie Atome. Also handelt es sich immer noch um unvorstellbar winzige Strukturen.

1 Ein Riese – mit der Erde als „Fußball“

2 Fingerhut, mit Wasser gefüllt

Erweitern und Vertiefen

Entdeckung der Radioaktivität

Strahlende Stoffe • Rutherfords Streuversuch beruht auf der Entdeckung der radioaktiven Strahlung, zu der auch die α-Teilchen gehören. Die Radioaktivität wurde 1896 vom Physiker Antoine Henri Becquerel durch Zufall beim Experimentieren mit Uranerzen entdeckt. Becquerel untersuchte zunächst die Phosphoreszenz von verschiedenen Mineralien. Unter Phosphoreszenz versteht man die Eigenschaft mancher Stoffe, noch nachzuleuchten, wenn die Einwirkung von Licht oder Röntgenstrahlen schon beendet ist.
Bei seinen Experimenten bemerkte Becquerel, dass Uran auch Spuren auf einer Fotoplatte hinterlässt, wenn es nicht zuvor mit Licht bestrahlt wurde. Daraus schloss er, dass Uransalze von sich aus strahlen.

Die Forscherin Marie Curie • Marie Sklodowska kam 1891 von Polen nach Paris, um dort Mathematik und Physik zu studieren, da in Frankreich das Studieren für Frauen erlaubt war. Nach ihrem Studium begann sie als Doktorandin für Becquerel zu forschen. Ihre Forschung zu strahlenden Substanzen wurde erheblich durch die Entdeckung der Röntgenstrahlung von Wilhelm Conrad Röntgen und die zeitgleiche Entdeckung der radioaktiven Strahlung von Becquerel beeinflusst.
Im Jahr 1895 heiratete sie Pierre Curie. Sie forschte mit ihm gemeinsam in einem selbst eingerichteten Labor in einem Schuppen. Nach einigen Jahren gelang es dem Ehepaar Curie, zwei radioaktive Elemente aus Uranerz zu isolieren. Sie nannten diese Elemente Polonium (lat. polonia: Polen) und Radium (lat. radio: strahlen).

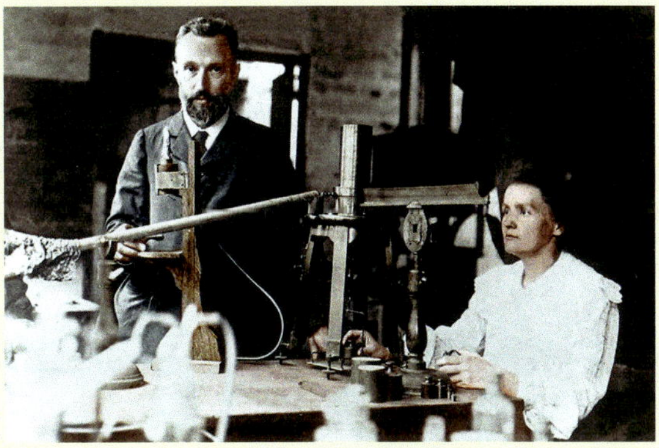

3 Pierre und Marie Curie im Labor

Für ihre Arbeit erhielt Marie Curie 1903 gemeinsam mit ihrem Mann und Becquerel den Nobelpreis für Physik. 1911 folgte der Nobelpreis in Chemie als Anerkennung der Entdeckung des Radiums. Damit war Marie Curie die erste Person, die zweimal mit einem Nobelpreis ausgezeichnet wurde.
1934 starb Marie Curie an Anämie, einer besonderen Form der Blutarmut, im Alter von 67 Jahren.

Aufgaben

1 ○ Beschreibe mit eigenen Worten, wie Becquerel die Radioaktivität entdeckte.

2 ○ Nenne das Element, für dessen Entdeckung Marie Curie den Nobelpreis erhielt.

3 ◐ Überlege, was Curies Tod mit ihrer Arbeit zu tun gehabt haben könnte.

Wie viel wiegt ein Atom?

1 Kann man Atome wiegen?

Atome sind unvorstellbar winzig. Dann muss auch ihre Masse sehr klein sein. Kann man Atome wiegen und wie viel wiegen sie?

2 Das Element Lithium

3 Das Element Gold

Atommasse • Man kann aus den Elementkärtchen unter anderem die Massenzahl entnehmen. → 2 3 Die Massenzahl gibt an, wie viel ein Atom wiegt. Bei Lithium sind dies 7 u, bei Gold 197 u. Die Einheit u ist eine sehr kleine Gewichtseinheit: 1 u entspricht 0,00000000000000000000000166 g. Einzelne Atome kann man nicht wie einen Apfel auf die Waage legen und die Masse bestimmen.

Das Mol • Um Stoffportionen wiegen zu können, muss man viele Atome zu einer Stoffportion zusammenfassen. Dies hat man getan und diese Stoffportion 1 Mol genannt. Um 1 Mol eines Stoffs zu erhalten, muss man $6{,}022 \cdot 10^{23}$ (600 Trilliarden) Teilchen dieses Stoffs nehmen.

Molare Masse • Unter der molaren Masse versteht man die Masse von 1 mol Teilchen. Diese entspricht genau der Massenzahl dieser Atomsorte in der Einheit $\frac{g}{mol}$. Das bedeutet, wenn man die Stoffportion von 1 mol Lithium-Atomen hat, so wiegt diese 7 g. → 2 Ein halbes Mol Lithium-Atome wiegt folglich 3,5 g. Umgekehrt lässt sich folgern, dass bei einer Masse 14 g Lithium die Stoffportion von 2 mol vorliegt.

Die Massenzahl gibt an, wie viel u ein Atom wiegt und wie viel Gramm 1 Mol dieser Atome wiegt.
1 Mol ist eine Stoffportion von $6{,}022 \cdot 10^{23}$ Teilchen.

4 1 Mol von verschiedenen Stoffen

Aufgaben

1 ○ Gib an, wie viel ein Gold-Atom und wie viel 1 mol Gold-Atome wiegen.

2 ◐ Berechne, wie viel Mol bei 591 g Gold vorliegen.

das Mol
die molare Masse

Material A

Atommasse, Mol und molare Masse

Teste dein Wissen zu den Begriffen Atommasse, Mol und molare Masse. → 5

1 ○ Ordne den Begriffen 1–5 die passenden Beschreibungen A–E zu.

Begriff		Beschreibung	
1	molare Masse	A	sehr kleine Gewichtseinheit, in der die Masse von Atomen angegeben wird
2	Mol	B	Gewichtseinheit für die molare Masse
3	Massenzahl	C	Masse von 1 mol Teilchen des Stoffs
4	Gewichtseinheit u	D	gibt an, wie viel u ein Atom bzw. 1 mol Atome in g wiegen
5	Gewichtseinheit g	E	bestimmte Anzahl der Teilchen eines Stoffs, nämlich $6{,}022 \cdot 10^{23}$

5

Material B

Mit Massenzahlen umgehen

Den Zusammenhang zwischen Atommasse, Mol und molarer Masse zu kennen, ist der erste Schritt. Die Anwendung dieser Zusammenhänge ist der nächste Schritt.

1 ○ Gib an, wie viel folgende Stoffe wiegen:

a 1 Atom Aluminium
b 1 mol Chrom
c 4 Natrium-Atome
d 16 Kohlenstoff-Atome
e 7 mol Helium
f 2,5 mol Kohlenstoff
g 0,2 mol Aluminium
h 17,3 mol Natrium

2 ◐ Gib an, wie viele Teilchen man bei folgenden Massen hat:

a 12 u Kohlenstoff
b 69 u Natrium
c 12 g Helium
d 81 g Aluminium
e 208 g Chrom
f 30 g Kohlenstoff
g 80,5 g Natrium
h 21,4 g Helium

3 ◐ Gib an, was mehr wiegt:

a 3 mol Kohlenstoff oder 2 mol Natrium
b 1000 Chrom-Atome oder 0,2 mol Helium
c eine Stecknadel oder 1 000 000 Chrom-Atome
d 1 mol Chrom oder 13 mol Helium

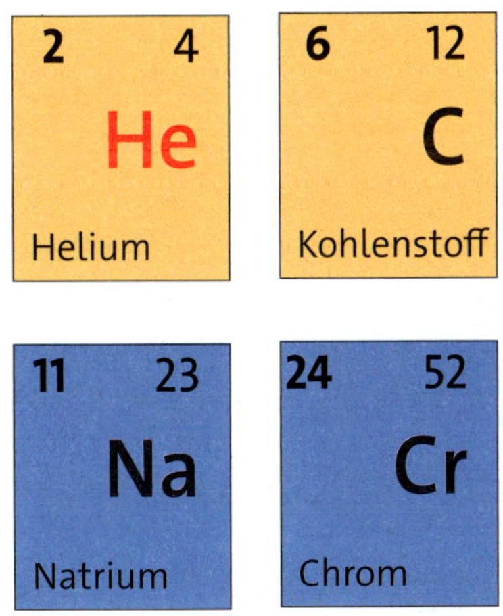

6 Kennzahlen verschiedener Elemente

Die Atomhülle unter die Lupe genommen

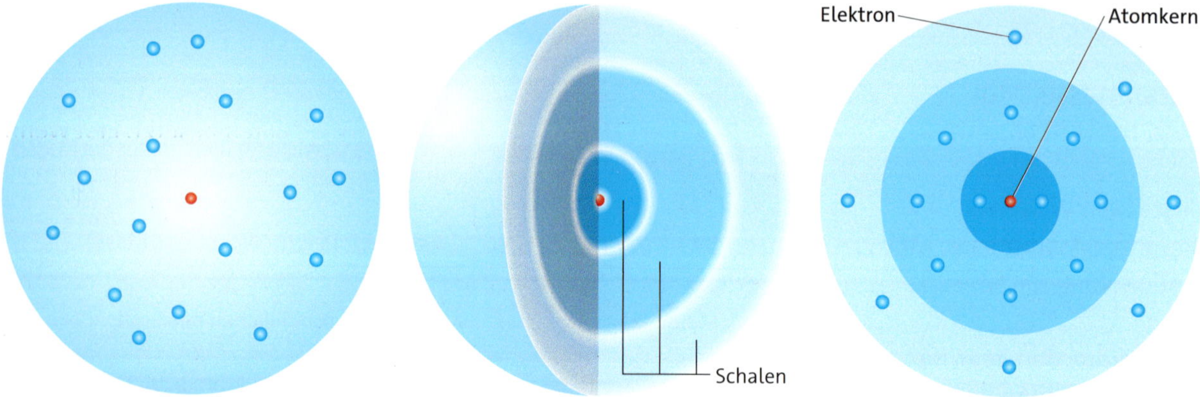

1 Ein Chlor-Atom in den Vorstellungen von Ernest Rutherford (links) und Niels Bohr (Mitte und rechts)

Auch nach Rutherford stand die Forschung nicht still. Niels Bohr, ein Schüler von Ernest Rutherford, schaute sich die Atomhülle genauer an und entwickelte daraus unsere heutige Vorstellung vom Aufbau der Atome.

Im Jahr 1913 • Bohr führte Experimente zur Abspaltung der Elektronen aus einem Atom durch. Dabei stellte er fest, dass man unterschiedlich viel Energie benötigt, um ein Elektron vom Atom zu lösen. Er folgerte, dass sich einige Elektronen näher, andere weiter entfernt vom Kern befinden müssen. Aus diesen Erkenntnissen entwickelte er sein Atommodell, das Schalenmodell:
Gruppen von Elektronen, die sich auf einem ähnlichen Energieniveau befinden, bilden gemeinsam eine Elektronenschale. Diese „Schalen" umgeben den Kern kugelförmig. Dabei sind die darin enthaltenen Elektronen nicht an einem festen Ort, sondern bewegen sich ständig um den Atomkern.

2 Bohr

Schalenbesetzung • Die innerste Schale kann bis zu 2 Elektronen aufnehmen, die 2. und die 3. Schale jeweils bis zu 8 Elektronen. Eine neue Schale wird erst dann angefangen, wenn die vorherige komplett gefüllt ist.
Die Elektronen auf der äußersten Schale bezeichnet man als Außenelektronen. An der für jedes Atom typischen Elektronenverteilung kann man die Elemente unterscheiden.

Die Atomhülle gliedert sich in Schalen. Die innerste Schale kann bis 2, die 2. und 3. jeweils bis 8 Elektronen aufnehmen.

Aufgaben

1 ○ Gib an, wie viele Elektronen auf die einzelnen Schalen passen.

2 ◐ Nenne Gemeinsamkeiten und Unterschiede der Atommodelle von Rutherford und Bohr.

das Schalenmodell
die Elektronenschale

Material A

Lückenlos (?)

Im Jahr **(A)** entwarf der dänische Wissenschaftler Niels Bohr eine neue gedankliche Vorstellung vom Aufbau der Atome. Durch die Forschungen von **(B)** wusste er, dass Atome einen winzigen Kern besitzen, in dem sich die gesamte **(C)** Ladung und nahezu die gesamte Masse befindet.

Doch über den Aufbau der Atomhülle war nur bekannt, dass sich darin die **(D)** befinden. Bohr machte sich Gedanken, wie die Atomhülle aufgebaut sein könnte. Er kam zu dem Ergebnis, dass sich die Elektronen in **(E)** bewegen. In die innerste Schale passen **(F)** Elektronen, in die 2. und 3. Schale jeweils **(G)** Elektronen.

Zunächst werden immer die **(H)** Schalen besetzt. Erst wenn diese voll besetzt sind, darf man die äußere Schale auffüllen. Die Elektronen, die sich auf der Außenschale befinden, nennt man **(I)**.

1 ▢ Ergänze die Lücken (A) bis (I). Schreibe den Text in dein Heft.

Material B

Verschiedene Elemente

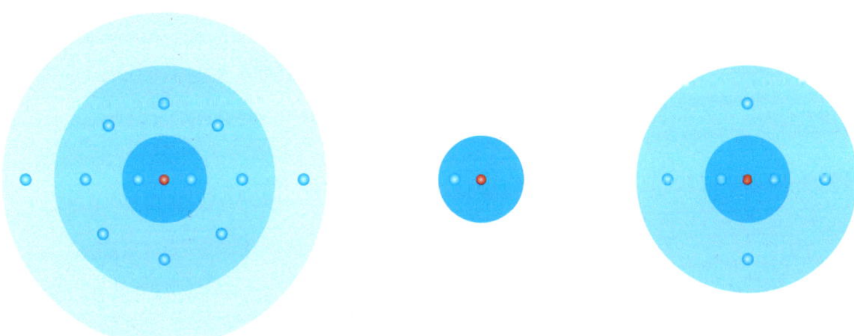

3 Drei Elemente im Schalenmodell

1 ◔ In Bild 3 siehst du Atome von drei verschiedenen Elementen, dargestellt im Schalenmodell nach Niels Bohr. Finde heraus, um welche Elemente es sich handelt. Nutze dazu das Periodensystem am Ende des Buchs.

2 ◔ Zeichne das Schalenmodell für die Elemente Helium, Natrium und Fluor. → 4 Achte auf die Maximalbesetzung der verschiedenen Elektronenschalen.

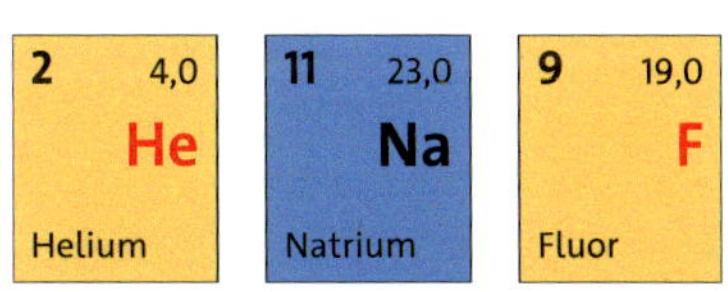

4 Helium, Natrium und Fluor

Material C

Sprunghaft anders

… Deshalb spaltete ich alle sechs Elektronen von den Kohlenstoff-Atomen ab. Dabei machte ich eine merkwürdige Entdeckung: Um die ersten vier Elektronen abzuspalten, war nicht viel Energie nötig. Für die zwei letzten Elektronen aber brauchte man viel mehr Energie. Das passte nicht zu den Ergebnissen von Rutherford. So kam ich zu meinem Atommodell …

1 ● Lies den oben stehenden Brief, den Bohr an eine Kollegin schrieb. Erkläre die Beobachtung, die Bohr machte.

Die Atomhülle unter die Lupe genommen

Methode

Multi-Interview

Eine gute Möglichkeit zum Üben ist das Multi-Interview. Du kannst es hier am Beispiel des Schalenmodells ausprobieren.

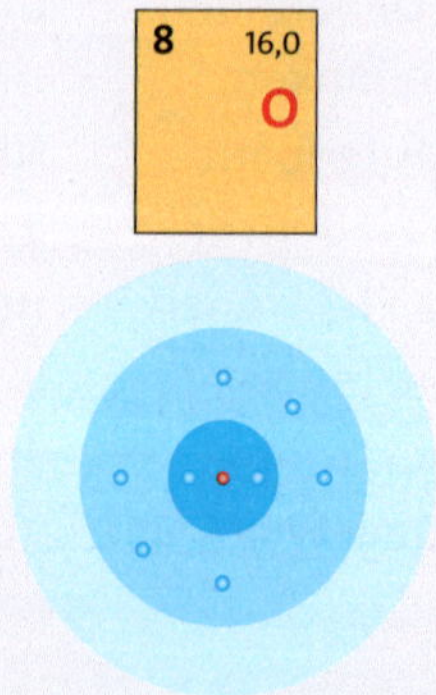

1 Beispiel für eine Multi-Interview-Karte

1. Schritt Falte ein DIN-A4-Papier zur Hälfte und klebe es zusammen.

2. Schritt Wähle dir ein Element aus und schreibe sein Elementsymbol groß auf die Vorderseite des Kärtchens. → 1
Schreibe die Massenzahl des Elements oben rechts, die Ordnungszahl oben links über das Elementsymbol.

3. Schritt Drehe das Kärtchen um und zeichne die ersten drei Schalen des Schalenmodells und einen Kern, in den du Elementsymbol, Massen- und Ordnungszahl schreibst.

4. Schritt Zeichne die Elektronenverteilung zu deinem gewählten Element in die Elektronenschalen ein. Achte dabei auf die maximale Anzahl der Elektronen pro Schale.
Wenn du dir unsicher bist, lass das Ergebnis von der Lehrerin oder dem Lehrer prüfen.

5. Schritt Stehe nun auf, gehe durch das Klassenzimmer und tausche dich in der Klasse mit deinen Klassenkameraden aus. Halte deinem Interviewpartner die Kärtchenvorderseite mit dem Elementsymbol hin. Dein Partner nennt dir die Elektronenverteilung.
Prüfe seine Lösung mit deiner Kärtchenrückseite.

6. Schritt Nun ist es umgekehrt: Du nennst ihm die Elektronenverteilung zu dem Element, das er gewählt hat.

7. Schritt Du kannst die Befragung fortführen, bis du viele von deinen Klassenkameraden interviewt hast.

2

3

Erweitern und Vertiefen

Modell gleich Modell?

Im Alltag • Häufig begegnet man Modellen, z. B. Modellflugzeugen, einem Globus als Modell der Erde oder einem Augenmodell beim Augenarzt. Sie alle bilden die Wirklichkeit verkleinert oder vergrößert ab. Man nennt sie Anschauungsmodelle oder – wenn sie Abläufe verdeutlichen – Funktionsmodelle.

In der Chemie • Die Atommodelle in der Chemie sind keine Abbildungen der Wirklichkeit. Sie sind nur Vorstellungshilfen, um bestimmte Aspekte besser beschreiben und verstehen zu können. Diese sogenannten Gedankenmodelle können als Modellbau oder als Zeichnung vorliegen. → 5 Sie machen etwas Unbeobachtbares für uns vorstellbar, obwohl sie oft nur Teilaspekte der Wirklichkeit aufgreifen.

Ablösung alter Modelle • In diesem Kapitel werden fünf Modelle zum Atombau vorgestellt. Jedes Modell liefert eine neue Grundidee. Außerdem erweitert es das vorherige Modell um dazugewonnene Erkenntnisse. Wenn ein Modell im Widerspruch zu neuen Erkenntnissen steht, wird es erweitert. Eventuell muss man es aber auch komplett verwerfen und durch ein ganz neues Modell ersetzen.

Modelle zur Auswahl • Je nach Phänomen, das man mit einem Modell erklären möchte, kann ein Modell gut oder weniger gut sein. Beispielsweise braucht man Thomsons Rosinenkuchenmodell nicht, um den Alkohol-Wasser-Versuch auf Seite 153 zu erklären. Es bietet es sich aber hervorragend an, wenn es um Elektrizität geht.

4 Modellhubschrauber

Aufgaben

1 ○ Erläutere, was man in der Chemie unter einem Modell versteht.

2 ◐ Erstelle eine Tabelle, in der du Anschauungsmodelle naturwissenschaftlichen Gedankenmodellen gegenüberstellst.

3 ○ In der Biologie werden oft bewegliche Skelettmodelle eingesetzt, um unseren Körperbau zu verstehen. Um was für eine Art von Modell handelt es sich hierbei?

4 ● Erläutere, welche Vor- und Nachteile das Modell in Bezug auf die Wirklichkeit hat. → 5

5 Atommodell aus Metall

Atomsorten und ihre Eigenschaften

1 Schwefel, Kohlenstoff und Kupfer

Es gibt eine Vielzahl von Atomsorten – alle mit unterschiedlichen Eigenschaften.

120 Elemente • Man kennt heute rund 120 Atomsorten, auch Elemente genannt. Sie unterscheiden sich grundsätzlich in der Anzahl ihrer Protonen, Elektronen und Neutronen.
Doch nicht nur die Anzahl der Atombausteine ist unterschiedlich. Auch die Stoffeigenschaften der Elemente zeigen oft große Unterschiede. Andererseits gibt es aber auch ganze Gruppen von Elementen mit ähnlichen Eigenschaften.
Bevor man sich ein Ordnungssystem für die Elemente überlegt, sollte man sich einen Überblick über ihre Eigenschaften verschaffen, z. B. über Schmelz- und Siedetemperatur, Anzahl der Protonen und Elektronen oder die Anzahl der Außenelektronen.

Es gibt rund 120 Elemente mit unterschiedlichem Atombau und unterschiedlichen Stoffeigenschaften.

2 Quecksilber ist bei Raumtemperatur flüssig.

Aufgaben

1 ○ Auf dieser Seite werden einige der rund 120 Elemente abgebildet. Nenne mindestens drei Elemente.

2 ◐ Nenne mithilfe des Textes drei Eigenschaften, in denen sich die Atomsorten unterscheiden können. Überlege dir drei weitere Eigenschaften, an denen man die Atomsorten unterscheiden könnte.

Material A

Atomsteckbriefe und Ordnung bei den Atomen

Auf den Seiten 394–398 findest du Beschreibungen von 18 verschiedenen Atomsorten. Sowohl Informationen zur Anzahl der Atombausteine als auch zu den Eigenschaften des Elements sind dort zu finden.

1 Erstelle eine Tabelle mit:
- der Anzahl der Protonen und Elektronen
- den Siede- und Schmelztemperaturen
- der Anzahl der Außenelektronen

2 Suche selbst nach einer Ordnung in den 18 Elementen:

a Erstelle Atomsteckbriefe nach dem Muster in Bild 3. Achte darauf, dass alle 18 Kärtchen gleich groß sind. *Tipp:* Wenn du die Kärtchen mithilfe eines Textverarbeitungsprogramms erstellst, ist es günstig, mit Textfeldern zu arbeiten und diese dann zu kopieren.

b Schneide die Atomsteckbriefe aus. Überlege dir ein mögliches Ordnungsmerkmal und sortiere die Atomsorten nach diesem Merkmal.

c Zeige einem Mitschüler die nach deinem Merkmal sortierten Atomsteckbriefe. Der Mitschüler soll herausfinden, nach welchem System du die Kärtchen sortiert hast.

d Suche dir einen Partner, der ein anderes Ordnungsmerkmal als du ausgewählt hat. Schafft ihr es, ein System zu entwickeln, das beide Ordnungsmerkmale vereint?

Sauerstoff (O)	
Protonen	8
Elektronen	8
Außenelektronen	6
Massenzahl	16
Siedetemperatur	−183 °C
Schmelztemperatur	−218 °C

3 Steckbrief eines Elements

Material B

Welches Element ist gemeint?

??? (?)	
Protonen	10
Elektronen	?
Außenelektronen	?
Massenzahl	?
Siedetemperatur	−246 °C
Schmelztemperatur	?

??? (?)	
Protonen	?
Elektronen	?
Außenelektronen	?
Massenzahl	23
Siedetemperatur	?
Schmelztemperatur	98 °C

4 Unvollständige Steckbriefe von zwei Elementen

1 Gib mithilfe der Informationen auf den Seiten 394–398 an, welche Elemente in Bild 4 gemeint sind.

2 Erstelle selbst einen unvollständigen Steckbrief. Achte darauf, dass deine Atomsorte nicht zu einfach zu erraten ist. Die Informationen müssen aber eindeutig sein. Suche immer wieder neue Partner. Tauscht eure Rätsel aus.

Isotope – Zwillinge bei Elementen?

1 Zwei Elemente und ihre Kennzahlen

Atome bestehen aus drei Bausteinen: Protonen, Elektronen und Neutronen. Deren Anzahl lässt sich aus Ordnungszahl und Massenzahl ermitteln. Doch manchmal treten dabei verblüffende Werte auf. Wie kann das sein?

Halbe Neutronen? • Aus der Ordnungszahl kann man die Anzahl der Protonen und Elektronen ablesen. Die Massenzahl entspricht der Summe der Teilchen im Kern. Das sind bekanntlich die Protonen und Neutronen. So kann man aus der Differenz von Massenzahl und Ordnungszahl die Anzahl der Protonen bestimmen.
Beim Sauerstoff kommt man auf 8 Neutronen.
Aber was ist bei Chlor los? Hat Chlor dann 18,5 Neutronen: 18 ganze Neutronen und ein halbes Neutron?

Unterschiedliche Neutronenzahl • Halbe Neutronen gibt es nicht. Aber es gibt verschiedene Chlor-Atome. Manche haben 17 Neutronen, andere 19. Atome eines Elements mit unterschiedlicher Neutronenzahl werden als Isotope bezeichnet. Sie haben alle die gleichen chemischen Eigenschaften. Etwa 75 Prozent aller Chlor-Atome haben 17 Neutronen und damit die Massenzahl 35. Die restlichen 25 Prozent haben 19 Neutronen und damit die Massenzahl 37. Berücksichtigt man diese Verteilung, so ergibt sich für die Massenzahl von Chlor ein Mittelwert von 35,5.

Atome eines Elements mit gleicher Protonenzahl und unterschiedlicher Neutronenzahl nennt man Isotope.

Aufgaben

1 ○ Erkläre mit eigenen Worten, was man unter Isotopen versteht.

2 ● Bei Sauerstoff ist die Massenzahl 16. Begründe, ob es von diesem Element Isotope geben kann.

Material A

Übersicht über Isotope

Es gibt Tabellen, in denen Isotope aufgeführt sind. In Bild 2 kannst du solch eine Tabelle für die ersten fünf Elemente sehen.

1 ▢ Betrachte die Tabelle. Gib an, wie viele Isotope es von den Elementen Wasserstoff (H) und Beryllium (Be) gibt.

2 ◪ Lies aus der Tabelle die Anzahl der Neutronen folgender Isotope ab: ^{8}He, ^{9}B, ^{12}Be.

Protonen	1	2	3	4	5
	H	He	Li	Be	B
Neutronen					
0	^{1}H				
1	^{2}H	^{3}He	^{4}Li	^{5}Be	
2	^{3}H	^{4}He	^{5}Li	^{6}Bc	^{7}B
3		^{5}He	^{6}Li	^{7}Be	^{8}B
4		^{6}He	^{7}Li	^{8}Be	^{9}B
5		^{7}He	^{8}Li	^{9}Be	^{10}B
6		^{8}He	^{9}Li	^{10}Be	^{11}B
7		^{9}He	^{10}Li	^{11}Be	^{12}B
8		^{10}He	^{11}Li	^{12}Be	^{13}B
9				^{13}Be	^{14}B
10				^{14}Be	^{15}B
11					^{16}B
12					^{17}B

2 Isotopentabelle der ersten fünf Elemente

Material B*

Dem Gemisch auf der Spur

Isotop	Anteil in %
^{196}Hg	0,15
^{198}Hg	10,04
^{199}Hg	16,94
^{200}Hg	23,14
^{201}Hg	13,17
^{202}Hg	29,74
^{204}Hg	6,82

3 Übersicht über Vorkommen der Quecksilberisotope

Die in Elementkarten angegebene Massenzahl ergibt sich aus den Atommassen und dem Verhältnis der natürlich vorkommenden Isotope.

1 Bei Wasserstoff findet man die Massenzahl 1,01. ◪ Gib an, welches Wasserstoffisotop das mit Abstand häufigste ist.

2 Aus der Tabelle kannst du entnehmen, zu welchem Anteil die verschiedenen Isotope des Elements Quecksilber (Hg) vorkommen. → 3 Schlägt man im Periodensystem die Massenzahl nach, so findet man 200,6. ■ Begründe durch Berechnung, wie man auf diese Zahl kommt.

Das Periodensystem sorgt für Ordnung

Periode (Anzahl der Schalen)		Hauptgruppe (Anzahl der Außenelektronen)							
		I	II	III	IV	V	VI	VII	VIII
	1	1 1,0 **H** Wasserstoff							2 4,0 **He** Helium
	2	3 6,9 **Li** Lithium	4 9,0 **Be** Beryllium	5 10,8 **B** Bor	6 12,0 **C** Kohlenstoff	7 14,0 **N** Stickstoff	8 16,0 **O** Sauerstoff	9 19,0 **F** Fluor	10 20,2 **Ne** Neon
	3	11 23,0 **Na** Natrium	12 24,3 **Mg** Magnesium	13 27,0 **Al** Aluminium	14 28,1 **Si** Silicium	15 31,0 **P** Phosphor	16 32,1 **S** Schwefel	17 35,5 **Cl** Chlor	18 40,0 **Ar** Argon
	4	19 39,1 **K** Kalium	20 40,1 **Ca** Calcium	31 69,7 **Ga** Gallium	32 72,6 **Ge** Germanium	33 74,9 **As** Arsen	34 79,0 **Se** Selen	35 79,9 **Br** Brom	36 83,8 **Kr** Krypton

1 Das Periodensystem der Elemente (Ausschnitt)

2 Mendelejew

3 Meyer

Das Periodensystem bringt Ordnung in die Elemente – doch nach welchen Merkmalen oder Regeln ist es aufgebaut?

Mendelejew und Meyer • Die verschiedenen Atomsorten, auch Elemente genannt, lassen sich auf unterschiedliche Art und Weise sortieren. Unabhängig voneinander haben zwei Forscher nahezu zeitgleich diese Ordnungsmerkmale erkannt und umgesetzt. Der Russe Dmitri Mendelejew und der Deutsche Lothar Meyer kamen zum gleichen Ergebnis: dem Periodensystem. Wie sind die beiden bei ihrer Arbeit vorgegangen?

Außenelektronen • Ein Ordnungsmerkmal ist die Anzahl der Außenelektronen. Außenelektronen haben große Auswirkungen auf die Eigenschaften der jeweiligen Elemente. Ein Beispiel sind Lithium, Natrium und Kalium: Alle diese Elemente haben ein Außenelektron, alle drei sind weiche Metalle und alle drei reagieren heftig mit Wasser.

Elementgruppen • Elemente mit der gleichen Anzahl an Außenelektronen werden als Gruppen zusammengefasst. Im Periodensystem sind diese Gruppen so angeordnet, dass sie senkrecht untereinander stehen. Die I. Hauptgruppe (Lithium, Natrium, Kalium, Rubidium und Caesium) nennt man Alkalimetalle. Die Nummer der Gruppe gibt die Anzahl der Außenelektronen an. So haben die Elemente der V. Hauptgruppe alle 5 Außenelektronen. Ein gängiger Begriff für Elemente

das Periodensystem
die Hauptgruppe
die Periode

einer Hauptgruppe ist Elementfamilie. Weitere Elementfamilien sind die Erdalkalimetalle (II. Hauptgruppe), die Halogene (VII. Hauptgruppe) und die Edelgase (VIII. Hauptgruppe).

Protonen und Elektronen • Ein weiteres Ordnungsmerkmal ist die Anzahl der Protonen bzw. Elektronen. Auch dieses Kennzeichen wurde bei der Erstellung des Periodensystems berücksichtigt. Liest man das Periodensystem wie einen Text von links oben nach rechts unten, so steigt die Ordnungszahl, die die Anzahl der Protonen und Elektronen angibt, jeweils um eins an.

Elektronenschalen • Es gibt noch ein weiteres Merkmal, das im Periodensystem berücksichtigt ist: die Anzahl der Elektronenschalen. Diese kann man an den Zeilen, die Perioden genannt werden, ablesen. Atome, die in der ersten Zeile aufgeführt sind, bilden die erste Periode. Diese besitzen eine Elektronenschale. Alle Elemente der zweiten Periode besitzen zwei und die Elemente der dritten Periode drei Elektronenschalen. Die innerste Schale bezeichnet man als K-Schale, die zweite als L-Schale und die dritte als M-Schale.

Voraussagen • Zu Zeiten Mendelejews waren noch nicht alle Elemente entdeckt, die heute bekannt sind. Mendelejew war aber so überzeugt von seinem System, dass er Lücken für Elemente ließ, die noch nicht entdeckt waren. → 4 Ein Beispiel dafür ist das Element Germanium.

	K = 39	Rb = 85	Cs = 133
	Ca = 40	Sr = 87	Ba = 137
	—	?Yt = 88?	?Di = 138?
	Ti = 48?	Zr = 90	Ce = 140?
	V = 51	Nb = 94	—
	Cr = 52	Mo = 96	—
	Mn = 55	—	—
	Fe = 56	Ru = 104	—
	Co = 59	Rh = 104	—
	Ni = 59	Pd = 106	—
Na = 23	Cu = 63	Ag = 108	—
Mg = 24	Zn = 65	Cd = 112	—
Al = 27,3	—	In = 113	—
Si = 28	—	Sn = 118	—
P = 31	As = 75	Sb = 122	—
S = 32	Se = 78	Te = 125?	—
Cl = 35,5	Br = 80	J = 127	—

4 Mendelejews Periodensystem (Ausschnitt)

Das Periodensystem vereint mehrere Ordnungsmerkmale: die Anzahl der Außenelektronen, die Anzahl der Protonen und Elektronen sowie die Anzahl der Elektronenschalen.

Aufgaben

1 ▢ Nenne die drei Ordnungsmerkmale des Periodensystems.

2 ◪ Nenne drei Elemente, die ähnliche Eigenschaften haben und die im Text nicht genannt werden.

Das Periodensystem sorgt für Ordnung

Material A

Suchen und Finden im Periodensystem

Das Periodensystem berücksichtigt verschiedene Ordnungsmerkmale. Dabei sind die Elemente in Gruppen und Perioden eingeteilt.

1 ○ Nenne die Elementsymbole der folgenden Elemente:
- II. Hauptgruppe und 3. Periode
- VII. Hauptgruppe und 2. Periode
- VIII. Hauptgruppe und 5. Periode
- IV. Hauptgruppe und 4. Periode

2 ○ Gib für folgende Elemente Hauptgruppe und Periode an: Chlor (Cl), Magnesium (Mg), Radon (Rn), Aluminium (Al).

3 ◐ Erstelle Elementsteckbriefe. Es sollen das Elementsymbol, die Anzahl der Elektronen und Protonen sowie die Anzahl der Außenelektronen und die Elektronenschalen enthalten sein.
- Das Element steht in der 4. Periode der IV. Hauptgruppe.
- Dieses Element hat die Ordnungszahl 16.
- Die gesuchte Atomsorte hat 14 Elektronen.

Kalium (K)

Protonen 19
Elektronen 19
Außenelektronen 1
Elektronenschalen 4
Massenzahl 39
Siedetemperatur .... 774 °C
Schmelztemperatur .... 63 °C

Interessantes:
typisches Alkalimetall, reagiert heftig mit sehr vielen Stoffen

1 Steckbrief des Elements Kalium

Material B

Informationen gewinnen aus dem PSE

Mithilfe des Periodensystems der Elemente lassen sich viele Informationen gewinnen.

1 ◐ Übertrage die Tabelle in dein Heft und fülle mithilfe des Periodensystems die Lücken aus. → 2

Hauptgruppe	Periode	Elementsymbol	Element	Massenzahl	Protonen	Elektronen	Neutronen
II.	3.	...	...	...	...	...	...
...	...	P	...	...	...	...	...
...	...	...	Xenon	...	...	...	...
...	...	...	...	...	9	...	...
...	...	...	...	23	...	...	12
...	...	...	...	...	...	17	...

2

Erweitern und Vertiefen *

Elektronen abspalten

Ein Argument für das Schalenmodell • Man kann Elektronen aus Atomen abspalten. Dazu führte Niels Bohr um 1913 Experimente durch. Aus den Ergebnissen dieser Forschungen wurde das Atommodell von Rutherford weiter zum Schalenmodell entwickelt. Bohr stellte nämlich bei seinen Versuchen fest, dass man unterschiedlich viel Energie benötigt, um ein Elektron vom Atom zu lösen. Er folgerte, dass sich einige Elektronen näher, andere dagegen weiter entfernt vom Kern befinden müssen.

Anziehung innerhalb einer Periode • Die Energie, die nötig ist, um ein Elektron von einem Atom zu trennen, nimmt bei den Atomen innerhalb einer Periode zu. Man erklärt das so: Mit steigender Protonenzahl nimmt die Anziehungskraft des Kerns auf die Elektronen in derselben Schale immer mehr zu.

Anziehung innerhalb einer Gruppe • In einer Gruppe nimmt diese Energie von oben nach unten ab. Auch das lässt sich mit dem Schalenmodell erklären: Die weiter unten angeordneten Atome haben mehr Schalen. Dadurch steigt der Abstand ihrer Außenelektronen zum Kern. Durch den größeren Abstand wird die Anziehung des Kerns geringer.

Die Anzahl der Protonen im Kern und der Abstand der Außenelektronen zu diesen Protonen bestimmt die Anziehungskraft des Kerns auf die Außenelektronen.

Aufgaben

1 ▢ Beschreibe, wie sich die Anziehung auf die Elektronen innerhalb einer Periode verändert.

2 ◐ Nenne und erkläre die zwei Faktoren, die die Anziehung von Elektronen innerhalb eines Atoms bestimmen.

3 ● Erkläre die Zusammenhänge in dem Diagramm. → 3

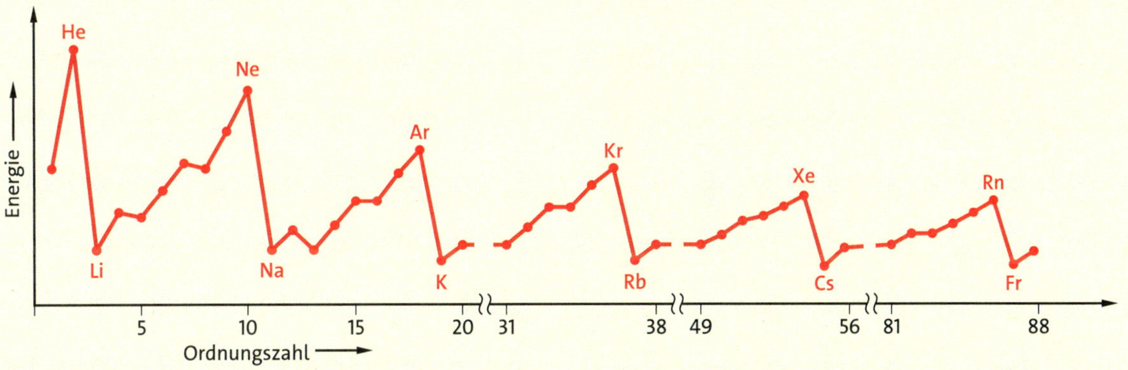

3 Energie zur Abspaltung des jeweils ersten Außenelektrons (bei allen Elementen des Periodensystems)

Nebengruppen*

Hauptgruppe				Nebengruppen							Hauptgruppe
II	III	IV	V	VI	VII	VIIIa	VIIIb	VIIIc	I	II	III
Be											B
Mg											Al
Ca	Sc	Ti	V	Cr	Mn	Fe	Co	Ni	Cu	Zn	Ga
Sr	Y	Zr	Nb	Mo	Tc	Ru	Rh	Pd	Ag	Cd	In
Ba	La	Hf	Ta	W	Re	Os	Ir	Pt	Au	Hg	Tl
Ra	Ac	Rf	Db	Sg	Bh	Hs	Mt	Ds	Rg	Cn	Nh

1 Das Periodensystem der Elemente (Ausschnitt)

Neben den Hauptgruppen gibt es im Periodensystem auch die Nebengruppen. Was ändert sich ab den Nebengruppen?

Auffüllen von Schalen • Nach unseren bisherigen Kenntnissen müsste das erste Nebengruppenelement Scandium (Sc) 3 Elektronen auf der äußeren Schale haben. Es hat aber nur 2. → 2 Dies kommt daher, dass ab der 4. Schale eine innere Schale mit weiteren Elektronen aufgefüllt wird. Bei Scandium weist die 3. Schale nun 9 Elektronen auf und die äußere weiterhin 2 Elektronen. → 2

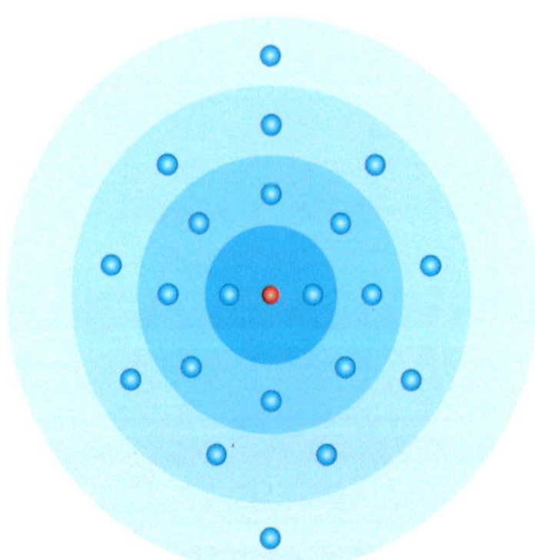

2 Schalenmodell von Scandium

Beim nächsten Element Titan (Ti) sind auf der 3. Schale dann 10 Elektronen. Die 3. Schale kann, wenn sie nicht die äußerste Schale ist, bis zu 18 Elektronen aufnehmen, wie es dann ab Zink (Zn) der Fall ist. Ab Gallium (Ga) wird die äußere Schale wieder weiter aufgefüllt. Bei Krypton (Kr) schließlich sind 2 Elektronen auf der innersten Schale, 8 auf der 2., 18 auf der 3. und 8 auf der 4. Schale.

Maximale Schalenbesetzung • Das maximale Auffüllen innerer Schalen lässt sich mit folgender Formel berechnen: $2 \cdot n^2$.
n steht dabei für die Schalen. Ist zum Beispiel die 4. Schale nicht die äußerste, so ergibt sich folgende Berechnung: $2 \cdot 4^2 = 32$.
Auf der 4. Schale können also bis zu 32 Elektronen aufgenommen werden.

Bei den Nebengruppen werden innere Schalen mit Elektronen weiter aufgefüllt.

Aufgaben

1 ○ Nenne fünf Elemente aus den Nebengruppen.

2 ◐ Erkläre, wie es möglich ist, dass Krypton ebenso wie Neon 8 Außenelektronen aufweist.

Material A

Nebengruppenelemente im bohrschen Modell

1 In Bild 3 siehst du die Darstellung zweier Nebengruppenelemente nach Bohr.

a ▢ Gib an, um welche Elemente es sich handelt. → 3

b ◪ Gib an, wie viele Elektronen maximal noch auf der 3. und auf der 4. Schale hinzukommen können.

c ◪ Nenne weitere Nebengruppenelemente der 4. Periode und gib an, wie viele Außenelektronen sie aufweisen.

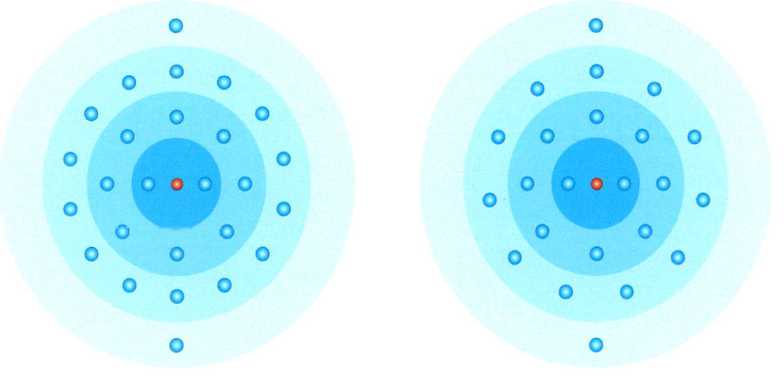

3 Zwei Nebengruppenelemente in der Darstellung nach Bohr

2 ◪ Zeichne die Elemente Zink (Zn) und Gallium (Ga) nach der bohrschen Atomvorstellung.

3 ● Zeichne Cadmium (Cd) in der bohrschen Darstellungsweise.

4 ● Bei den Nebengruppenelementen handelt es sich ausschließlich um Metalle. Erkläre, warum diese Elemente ähnliche Eigenschaften aufweisen.

Material B

Maximale Schalenbesetzung

Die maximale Besetzung mit Elektronen lässt sich mithilfe der Formel $2 \cdot n^2$ berechnen.

1 ◪ Gib an, wie viele Elektronen maximal auf die 3., 4., 5. und 6. Schale passen unter der Voraussetzung, dass diese nicht die äußersten Schalen sind.

Material C

Stimmt das?

Andreas und Carla hatten im Unterricht das Thema „Nebengruppen und bohrsches Atommodell". Anschließend unterhalten sie sich darüber.

1 Lies dir die Aussagen der beiden durch.
◪ Begründe für jede Aussage, ob sie richtig oder falsch ist.

Aussagen:

a Andreas: Die 1. und die 2. Schale können nicht weiter aufgefüllt werden.

b Carla: Germanium (^{32}Ge) hat auf der 4. Schale 14 Elektronen.

c Andreas: Die 4. Schale kann immer bis zu 32 Elektronen aufnehmen.

d Carla: Scandium und Calcium haben beide 2 Außenelektronen.

4

Beschränkung auf das Wesentliche

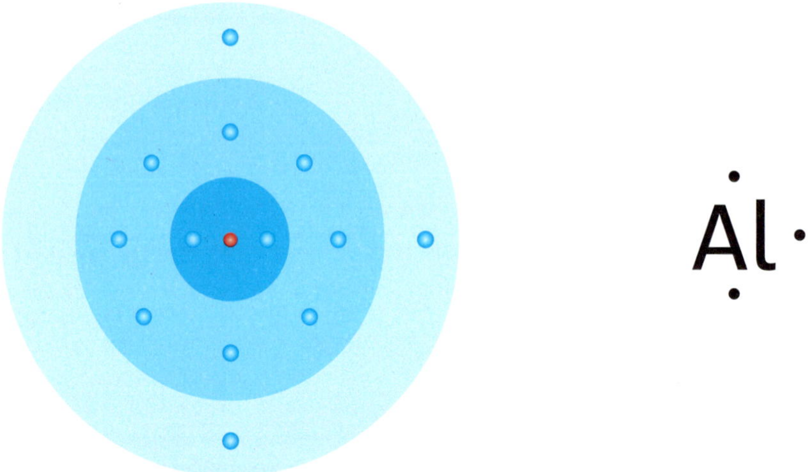

1 Aluminium mit allen seinen Elektronenschalen – Aluminium nur mit seinen Außenelektronen

2 Natrium

3 Kohlenstoff

4 Stickstoff

In der Chemie geht es fast immer nur um die Außenelektronen. Die inneren Elektronenschalen braucht man meistens nicht zu beachten.

Lewis-Schreibweise • Der Amerikaner Gilbert Newton Lewis erkannte früh, dass die Anzahl der Außenelektronen wesentlich für die Eigenschaften von Atomen ist. Auf Basis dieser Erkenntnis entwickelte er eine vereinfachte Schreibweise zum Aufbau der Atomhülle. Entscheidend ist dabei, dass nicht alle Elektronen notiert werden, sondern nur die Außenelektronen. Dabei stellt man jedes Außenelektron als einen Punkt dar, der um das Elementsymbol notiert wird. → 2 Bis zu vier Außenelektronen werden als Punkte notiert. → 3 Wenn weitere Außenelektronen hinzukommen, zeichnet man anstelle eines weiteren Punkts an einer Seite des Elementsymbols einen Strich, als Symbol für ein Elektronenpaar. → 4 Es ist nicht gestattet, einen Strich als Symbol für zwei Elektronen zu notieren, bevor nicht an allen Seiten des Elementsymbols ein Elektron als Punkt markiert worden ist.

Bei der Lewis-Schreibweise werden nur die Außenelektronen notiert. Ein Punkt steht dabei für ein, ein Strich für zwei Außenelektronen.

Aufgaben

1 ○ Gib an, wofür ein Punkt und wofür ein Strich in der Lewis-Schreibweise steht.

2 ○ Gib an, wie viele Außenelektronen das Element Stickstoff hat. → 4

3 ◐ Nenne den Grund, weshalb Lewis eine Schreibweise für den Aufbau der Atomhülle entwickelte, bei der man nur die Außenelektronen notiert.

Material A

Die Lewis-Schreibweise lesen

Aus der Lewis-Schreibweise kann man Informationen entnehmen.

1 ○ Erstelle eine Tabelle, aus der man die Anzahl der Außenelektronen der in Bild 5 dargestellten Elemente entnehmen kann.

2 ◐ Sortiere die in Bild 5 stehenden Elemente in Gruppen nach ähnlichen Eigenschaften. Benenne die Gruppen, soweit du sie kennst.

3 ◐ Spiele das rechts beschriebene Lernspiel mit einem Mitschüler. → 6

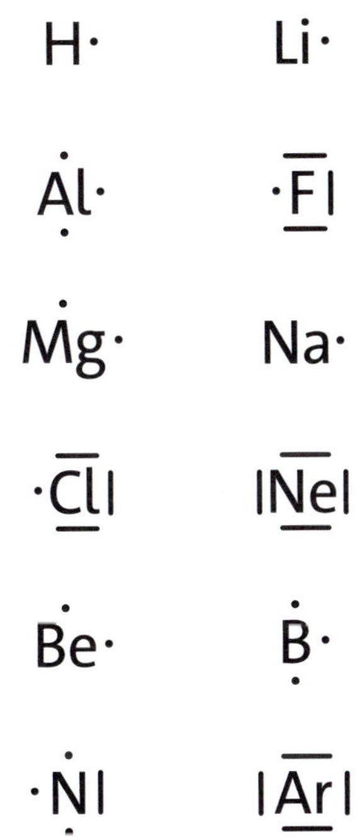

5 Außenelektronen einiger Elemente nach der Schreibweise von Lewis

Die Lewis-Schreibweise als Lernspiel

Lernen macht mehr Spaß mit einem Partner. Man kann auch mit spielerischen Formen erfolgreich sein: Noah sucht sich ein Element aus Bild 5 aus und nennt die Anzahl der Außenelektronen: „Mein Element hat 7 Außenelektronen."
Nun kommen zwei Elemente in Frage: Fluor (F) und Chlor (Cl).
Lisa stellt die passende Frage, um es herauszufinden: „Hat dein Element 2 oder 3 Elektronenschalen?"
Noah antwortet: „3."
Lisa: „Dann ist es Chlor!"
Noah: „Richtig. Jetzt du!"

6

Material B

Die Lewis-Schreibweise anwenden

Es ist hilfreich, wenn man selbst die Elektronenverteilung gemäß der Lewis-Schreibweise notieren kann.

1 Notiere die Elektronenverteilung nach Lewis von folgenden Elementen:

a ○ Schwefel (S), Silicium (Si) und Phosphor (P)

b ◐ Barium (Ba), Xenon (Xe) und Iod (I)

2 ◐ In Bild 7 ist die Elektronenverteilung des Elements Schwefel abgebildet. Notiere dieses Element nach der Schreibweise von Lewis.

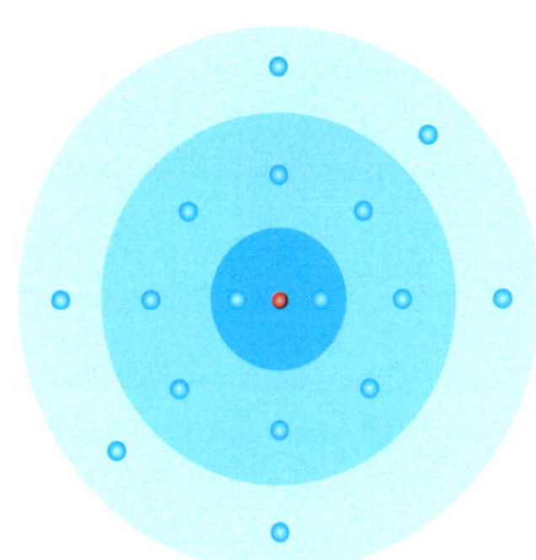

7 Elektronenverteilung nach Bohr

Alkalimetalle

1 Reaktion von Natrium mit Wasser

2 Natrium schneiden mit dem Messer

3 Aufbewahrung von Rubidium in einer Glasampulle

Natrium reagiert heftig mit Wasser. Wie verhalten sich die anderen Elemente der I. Hauptgruppe?

Gemeinsames • Die Elemente der I. Hauptgruppe werden als Alkalimetalle bezeichnet. Sie besitzen ein Elektron auf ihrer äußersten Schale und sind sehr reaktionsfreudig. Alkalimetalle kann man anhand typischer Verfärbungen in der nicht leuchtenden Brennerflamme identifizieren. Aufgrund ihrer geringen Dichte zählen sie zu den Leichtmetallen.

Lithium • Bei Lithium sieht man auf den ersten Blick nicht, dass es ein Metall ist. Es ähnelt einem schwarzen Stein. Daher kommt auch der Name (griech. lithos: Stein). Mit etwas Kraft lässt es sich mit dem Messer schneiden. An der Schnittfläche erkennt man dann den typisch metallischen Glanz. Lithium ist an einer karminroten Flammenfärbung zu erkennen.

Natrium • Natrium lässt sich deutlich leichter schneiden als Lithium. Auch hier ist beim Durchschneiden der metallische Glanz erkennbar. → 2
Im Vergleich zu Lithium läuft die Reaktion von Natrium mit Wasser noch heftiger und schneller ab. → 1
Natrium zeigt eine kräftige gelbe Flammenfärbung.

Kalium • Der Schnitt mit dem Messer geht bei Kalium noch leichter. Die Reaktion mit Wasser ist noch heftiger als bei Natrium, sodass es spontan zum Entzünden der entstehenden Gase kommen kann.
Kalium zeigt in der Flamme eine rotviolette Färbung.

Rubidium und Caesium • Bei diesen beiden Elementen ist die Reaktion bereits mit einer geringen Wassermenge so heftig, dass diese Stoffe nur in fest verschlossenen Glasampullen aufbewahrt werden können. → 3 Die Reaktion von Caesium mit Wasser ist dabei noch heftiger als die von Rubidium.

Alkalimetalle sind sehr reaktionsfreudig. Ihre Reaktivität nimmt von Lithium zu Caesium zu.

Aufgaben

1 ○ Gib an, welche Elemente zu den Alkalimetallen gehören.

2 ○ Nenne zwei gemeinsame Eigenschaften der Alkalimetalle.

Material A

Flammenfärbung

Materialliste: Brenner, Magnesiastäbchen, verdünnte Salzsäure ⚠, Kaliumchlorid, Natriumchlorid, Lithiumchlorid ⚠, Porzellanschale, Uhrgläser

Bestimmte Elemente zeigen in der Brennerflamme eine typische Farbe. Dafür taucht man ein Magnesiastäbchen in verdünnte Salzsäure und dann in die Stoffprobe. Nun wird das Stäbchen mit der Stoffprobe in die rauschende Brennerflamme gehalten. Danach wird es gereinigt, indem es abwechselnd in die verdünnte Säure und in die Flamme gehalten wird. Dies erfolgt so lange, bis die Flammenfärbung nicht mehr zu sehen ist.

4 Flammenfärbung bei Lithium, Natrium und Kalium

1 Führe den beschriebenen Versuch nacheinander mit folgenden Stoffproben durch: Kaliumchlorid, Lithiumchlorid und Natriumchlorid.
Dokumentiere die Verfärbung der Brennerflamme bei jedem einzelnen Salz.

2 Die Verbindungen bestehen jeweils aus einem Chlorteilchen, das mit einem Kalium-, Lithium- oder Natriumteilchen verbunden ist.
Gib an, welche Teilchen für die Flammenfärbung verantwortlich sind.

Material B

Vorhersagen treffen

1 Gib an, welche Angaben in die Lücken A, B und C gehören: → 5
A: 17; 39; 64; 118
B: nicht schneidbar – mit dem Messer schneidbar – sehr leicht schneidbar
C: keine Reaktion mit Wasser – heftige Reaktion – explosionsartige Reaktion

Element	Schmelztemperatur (°C)	Härte	Reaktion mit Wasser
Lithium	180	mit dem Messer schwer zu schneiden	sichtbare Reaktion, löst sich langsam auf
Natrium	98	B	heftige Reaktion, schnelles Auflösen
Kalium	63	mit dem Messer leicht zu schneiden	entzündet sich, wenn man es in Wasser gibt
Rubidium	A	weich	explosionsartige Reaktion
Caesium	28	sehr weich	C

5

Halogene

1 Fluor, Chlor, Brom und Iod

Was haben Fluor, Chlor, Brom und Iod gemeinsam?

Gemeinsames • Die Elemente der VII. Hauptgruppe bezeichnet man als Halogene. Sie besitzen 7 Außenelektronen und sind sehr reaktive Elemente. Die Halogene zählen zu den Nichtmetallen.

Fluor • Fluor ist das reaktivste von allen Elementen des Periodensystems. Das Gas reagiert spontan mit nahezu allen Stoffen. Leitet man es zum Beispiel über Holzwolle, Aluminium oder Ziegelsteine, so entflammen diese Stoffe spontan.

2 Bleichwirkung von Chlor

Chlor • Chlor ist bei Raumtemperatur ebenfalls gasförmig. Das stechend riechende Gas ist bereits in geringen Mengen giftig. Beim Einatmen reagiert es spontan mit den Lungenbläschen und zerstört diese. Aufgrund der Bakterien abtötenden Wirkung wird Chlor in sehr geringen Konzentrationen dem Wasser in Schwimmbädern zugesetzt. Außerdem besitzt es eine bleichende Wirkung. → 2

Brom • Brom ist eines der ganz wenigen Elemente, die bei Raumtemperatur flüssig vorliegen. Es ist eine braune, stechend riechende Flüssigkeit, die allerdings bereits bei Raumtemperatur verdunstet. Die bräunlichen Dämpfe sind sehr reaktionsfreudig und giftig.

Iod • Betrachtet man Iod bei Raumtemperatur, so sieht man grauschwarze, glänzende Kristalle. Bei leichter Erwärmung sublimieren diese zu violetten Dämpfen. Auch wenn Iod weitaus weniger reaktionsfreudig ist als die anderen Halogene, so reagiert es dennoch mit vielen Stoffen, z. B. mit Metallen, Gummi oder Kork.

Halogene sind reaktionsfreudige Stoffe. Fluor, Chlor und Brom sind giftig, Iod ist gesundheitsschädlich.

Aufgaben

1 ○ Nenne die Elemente, die zur Familie der Halogene gehören.

2 ◐ Sortiere die Halogene nach ihrer Reaktionsfreudigkeit.

3 ◐ Gib an, welche Gemeinsamkeit die Halogene bezüglich des Baus ihrer Atomhülle haben.

Material A

Halogene und ihre Eigenschaften

Die Halogene haben ähnliche Eigenschaften. Dennoch unterscheiden sie sich in einigen Dingen.

1 Übertrage die Tabelle in dein Heft und ordne dem jeweiligen Halogen seine typische Eigenschaft zu. → 3

Halogen		Eigenschaft	
1	Fluor	A	bei Raumtemperatur flüssig
2	Chlor	B	geht beim Erwärmen direkt vom festen in den gasförmigen Zustand über
3	Brom	C	extrem reaktionsfreudig, entflammt verschiedene Stoffe spontan
4	Iod	D	tötet Bakterien ab und wird deshalb zur Desinfektion eingesetzt

3 Fluor, Chlor, Brom, Iod mit einigen typischen Eigenschaften

Material B

Chloreinsatz im Schwimmbad – sinnvoll oder gefährlich?

4 Keimfreies Wasser durch Chlor

1 Lies den Text. → 5

a ○ Erkläre, warum es sinnvoll ist, Chlor ins Badewasser öffentlicher Bäder zu geben.

b ○ Nenne Gründe gegen den Einsatz von Chlor in öffentlichen Bädern.

c ◐ Erkläre, warum speziell in Hallenbädern die Gefahr durch Chloramine besteht.

Baden im Schwimmbad – Gefahr für die Gesundheit?

Die Betreiber öffentlicher Bäder sind verpflichtet, dafür zu sorgen, dass sich die Badegäste nicht mit gefährlichen Krankheitserregern infizieren. Je größer die Zahl der Badegäste in Schwimmbädern ist, desto größer ist auch die Gefahr, dass Krankheitserreger ins Wasser gelangen.

Die Schwimmbadbetreiber geben daher geringe Mengen von Chlor ins Badewasser. Das giftige Chlor tötet die Krankheitserreger ab.

Manchmal kann man im Schwimmbad einen stechenden Geruch wahrnehmen. Dieser stammt jedoch nicht vom Chlor, das in den verwendeten Konzentrationen geruchlich nicht wahrnehmbar ist. Der stechende Geruch stammt von Verbindungen, die Chlor mit Harnstoff eingegangen ist. Harnstoff gelangt über die Haut oder durch den Urin in das Wasser. Dabei entstehen stechend riechende Chloramine.

Chloramine können die Augen und die Atemwege stark reizen.

Besonders Kinder und Asthmatiker sind anfällig für diese unerwünschten Wirkungen.

5

Edelgase

1 Xenon – Füllgas in modernen Scheinwerfern

Xenon wird als Füllgas in modernen Scheinwerfern eingesetzt. Welche Eigenschaft macht man sich hier zunutze?

Gemeinsames • Die Elemente der VIII. Hauptgruppe bezeichnet man als Edelgase. Ihre herausragende Eigenschaft ist die extreme Reaktionsträgheit. Diese lässt sich mit dem Aufbau ihrer Atomhülle erklären. Die äußerste Schale der Edelgase ist stets voll besetzt. Dies wird als Edelgaszustand bezeichnet, der von allen Atomen angestrebt wird.

2 Bunte Werbung mit Leuchtstoffröhren

Helium • Dieses farb- und geruchlose Gas wird aufgrund seiner Reaktionsträgheit und sehr geringen Dichte als sicheres Füllgas in Luftschiffen verwendet.

Neon • Auch dieses Gas ist ausgesprochen reaktionsträge. Da die ersten Leuchtstoffröhren mit Neon gefüllt waren, bezeichnet man sie heute noch als Neonröhren. → 2 Heute enthalten diese ein Gemisch aus Neon, Argon und Quecksilberdampf.

Argon • Aufgrund seiner Reaktionsträgheit wird Argon beim Schweißen als Schutzgas verwendet. Es verhindert, dass Sauerstoff mit dem flüssigen Stahl in Kontakt kommt.

Krypton • Wird als Füllgas in Glühlampen gegeben. Da es sehr reaktionsträge ist, verhindert es eine Reaktion des Glühdrahts mit anderen Stoffen und sorgt so für eine längere Lebensdauer.

Xenon • Da Xenon ebenfalls nicht mit anderen Stoffen reagiert, wird es in Autoscheinwerfern verwendet. Ähnlich wie Krypton in Glühlampen erhöht es die Lebensdauer der Lampen.

Edelgase sind sehr reaktionsträge. Dies liegt an der voll besetzten äußersten Elektronenschale. Dieser von allen Atomen angestrebte Zustand wird als Edelgaszustand bezeichnet.

Aufgaben

1 ○ Gib für jedes der Edelgase ein Verwendungsbeispiel an.

2 ○ Nenne und erkläre die wichtigste gemeinsame Eigenschaft der Edelgase.

Material A

Edelgase

In der VIII. Hauptgruppe stehen die Edelgase.

1 ▢ Zeichne die Atomhüllen der Edelgase in der 1., 2. und 3. Periode nach der Modellvorstellung von Niels Bohr.

2 ◪ Nenne die Gemeinsamkeiten, die diese Atomsorten bezüglich ihrer Atomhülle aufweisen.

3 ◪ Gib an, was trotz der Gemeinsamkeit der Edelgase eine Besonderheit des Elements Helium in dieser Gruppe ist.

3 Das reaktionsträge Helium wird als Füllgas in Luftballons verwendet.

Material B

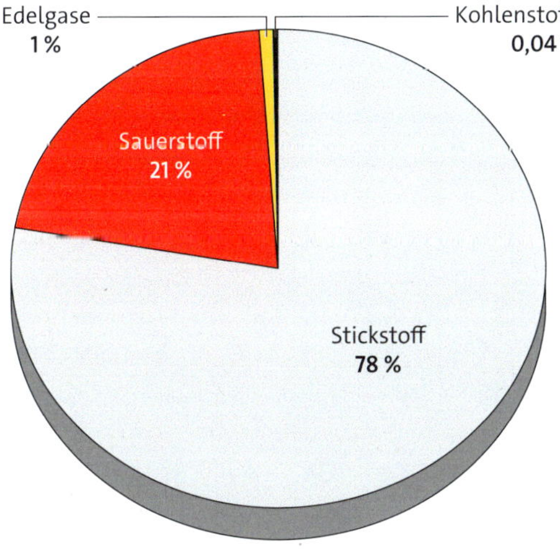

4 Darstellung der Zusammensetzung eines Gasgemischs

Stoff	Anteil an den Edelgasen in der Luft
Argon	99,74 %
Neon	0,2 %
Helium	0,049 %
Krypton	0,01 %
Xenon	0,001 %

5 Anteile der Edelgase in der Luft

Informationen aus Diagrammen und Tabellen entnehmen

Daten lassen sich in Diagrammen oder Tabellen darstellen. → 4 5

1 ▢ Gib an, um welches Gasgemisch es sich in Bild 4 handelt.

2 ◪ Nenne jeweils Vorteile für die Angabe von Daten in Diagrammform und in Tabellenform.

3 ◪ Begründe, warum es nicht sinnvoll ist, die Edelgase im Diagramm von Bild 4 einzeln aufzuführen.

4 Berechne:

a ◪ Wie viel Milliliter Edelgase befinden sich in 500 ml Luft (entspricht etwa einem Atemzug)?

b ● Wie viel Milliliter der einzelnen Edelgase atmet man je Atemzug ein?

Die Ordnung der Elemente

Zusammenfassung

Atommodelle • Die Vorstellung, dass alle Stoffe aus kleinsten unteilbaren Teilchen bestehen, ist schon sehr alt. Schon vor etwa 2500 Jahren hatte Demokrit diesen Gedanken. Dalton beschrieb diese Atome im Jahr 1803 als Kugeln. Die Entdeckung des Elektrons veranlasste Thomson 1897 zur Entwicklung des sogenannten Rosinenkuchenmodells.
Durch seinen Streuversuch kam Rutherford 1911 auf sein Kern-Hülle-Modell, das Bohr zwei Jahre später zum Schalenmodell erweiterte. → 1

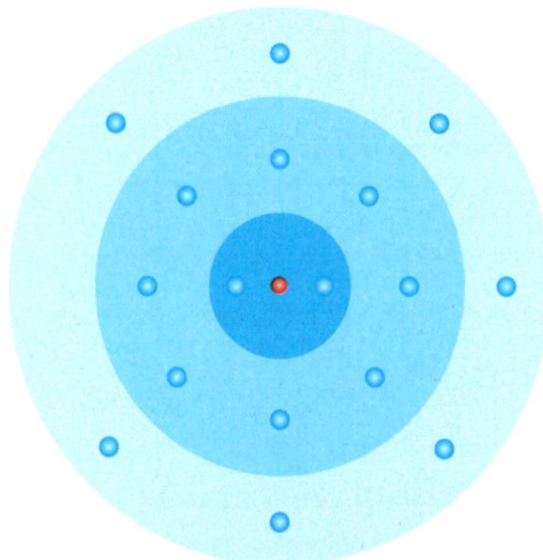

1 Ein Chlor-Atom nach den Vorstellungen von Bohr

Periodensystem • Als immer mehr Elemente entdeckt wurden, bemühte man sich um ein Ordnungssystem. Mendelejew und Meyer waren dabei erfolgreich. Unabhängig voneinander entwickelten sie das Periodensystem der Elemente. Seine wesentlichen Ordnungsmerkmale sind:

- Elemente, die untereinander stehen, haben gleich viele Außenelektronen. Solche Elemente bilden eine Gruppe.
- Elemente, die in einer Zeile stehen, haben gleich viele Schalen. Die Zeilen nennt man auch Perioden.
  Wenn man das System wie ein Buch von links oben nach rechts unten liest, steigt die Ordnungszahl immer weiter an.

Periode	Hauptgruppe I	II	III	IV	V	VI	VII	VIII
1	1 1,0 H Wasserstoff							2 4,0 He Helium
2	3 6,9 Li Lithium	4 9,0 Be Beryllium	5 10,8 B Bor	6 12,0 C Kohlenstoff	7 14,0 N Stickstoff	8 16,0 O Sauerstoff	9 19,0 F Fluor	10 20,2 Ne Neon
3	11 23,0 Na Natrium	12 24,3 Mg Magnesium	13 27,0 Al Aluminium	14 28,1 Si Silicium	15 31,0 P Phosphor	16 32,1 S Schwefel	17 35,5 Cl Chlor	18 40,0 Ar Argon
4	19 39,1 K Kalium	20 40,1 Ca Calcium	31 69,7 Ga Gallium	32 72,6 Ge Germanium	33 74,9 As Arsen	34 79,0 Se Selen	35 79,9 Br Brom	36 83,8 Kr Krypton

2 Ausschnitt aus dem Periodensystem

Hauptgruppen und ihre Reaktivität • Die Alkalimetalle und Halogene sind sehr reaktionsfreudige Elemente. Edelgase hingegen verhalten sich sehr reaktionsträge. Sie besitzen eine voll besetzte äußerste Elektronenschale. → 3
Dieser Zustand wird als Edelgaszustand bezeichnet.

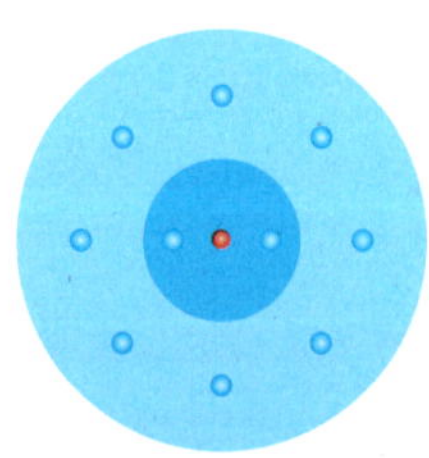

3 Ein Neon-Atom: Die äußerste Schale ist voll besetzt.

Teste dich! (Lösungen im Anhang)

Atombau und Atommodelle

1 ▢ Vergleiche die Atommodelle von Dalton, Rutherford und Bohr.

2 ▢ Gib für die Elemente in Bild 4 an, aus wie vielen Protonen, Neutronen und Elektronen die Atome jeweils bestehen.

3 ◪ Aus der Massenzahl kann man einige Informationen entnehmen.

a Gib die Masse von einem Stickstoff-Atom an.

b Berechne, wie viel 2 mol Blei wiegen.

c Berechne, wie viel Mol man bei 714 g Uran hat.

4 Atome eines Elements können unterschiedlich aufgebaut sein. → 5

a ▢ Gib an, wie man die unterschiedlich aufgebauten Atome eines Elements nennt.

b ◪ Beschreibe, worin sich die beiden Atome in Bild 5 unterscheiden und welche Eigenschaften gleich sind.

4 Kennzahlen für die Elemente Stickstoff, Blei und Uran

5 Worin liegen die Unterschiede?

Periodensystem

5 In Bild 6 ist ein Atom nach den Vorstellungen von Bohr dargestellt.

a ▢ Um welche Atomsorte handelt es sich? Nimm das Periodensystem im Anhang zu Hilfe.

b ▢ Befindet sich das dargestellte Atom im Edelgaszustand? Begründe deine Antwort.

c ▢ Stelle die Elemente Kohlenstoff (C), Magnesium (Mg) und Chlor (Cl) nach der Atomvorstellung von Bohr dar.

d ◪ Gib das Formelzeichen und die Anzahl der Protonen, Neutronen und Elektronen folgender Elemente an:

- 3. Periode, I. Hauptgruppe
- 4. Periode, VII. Hauptgruppe
- 3. Periode, VIII. Hauptgruppe

e ◪ Gib Periode und Hauptgruppe folgender Elemente an: Calcium (Ca), Selen (Se) und Argon (Ar). Aus wie vielen Protonen, Neutronen und Elektronen bestehen diese Atome?

6 ▢ Notiere die Atome von Lithium, Aluminium und Schwefel in der Lewis-Schreibweise.

7 ▢ Beschreibe die Merkmale der I. Hauptgruppe.

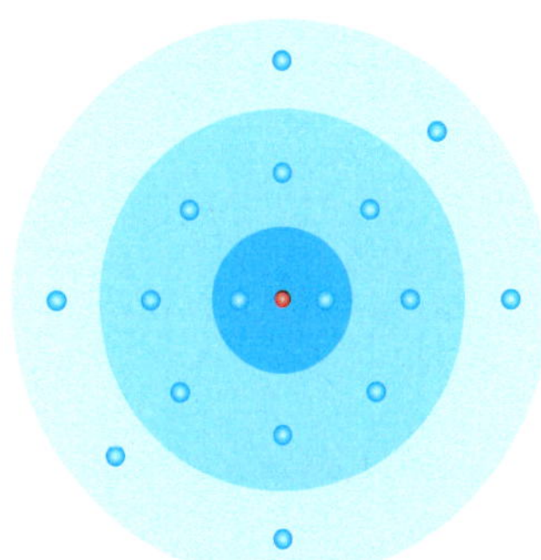

6 Ein Atom nach den Vorstellungen von Bohr

Drei Wege zum Edelgaszustand

Wasser und Sauerstoff sind zwei aus Molekülen aufgebaute Stoffe. Was kennzeichnet die Bindung zwischen Atomen eines Moleküls?

Natriumchlorid-Kristalle bestehen nicht aus Molekülen, sondern aus Ionengittern. Was versteht man unter einem Ion?

Metalle haben besondere Eigenschaften. Kupfer leitet beispielsweise sehr gut elektrischen Strom. Was zeichnet die Metallbindung aus?

Warum verbinden sich Atome?

1 Brennende Hindenburg, gefüllt mit Wasserstoff

2 Luftschiff heute, gefüllt mit Helium

1937 explodierte das Luftschiff Hindenburg kurz vor seiner Landung. Es war mit explosivem Wasserstoff gefüllt. Heute sind Luftschiffe mit unbrennbarem Helium gefüllt. Wie lassen sich diese sehr unterschiedlichen Eigenschaften der zwei leichtesten Gase erklären?

Edelgase sind reaktionsträge • Helium ist ein Edelgas. Edelgase sind die einzigen Elemente, die nur voll besetzte Schalen haben. Sie sind deswegen absolut reaktionsträge. Selbst bei starkem Erhitzen, hohem Druck, mit sehr reaktionsfreudigen Partnern oder mithilfe von Katalysatoren reagieren sie praktisch nicht. Wenn diese Elemente nicht reagieren, muss eine volle Außenschale der perfekte Zustand für Atome sein.

Das Streben nach Perfektion • Wasserstoff dagegen ist reaktionsfreudig. Wie alle Elemente mit nicht vollständig aufgefüllten Schalen hat Wasserstoff das Bestreben, den Edelgaszustand zu erreichen.
Bei chemischen Reaktionen finden immer Veränderungen statt, die den beteiligten Atomen volle Außenschalen ermöglichen. Da die Atomkerne bei chemischen Reaktionen aber nicht verändert werden, entstehen dabei auch keine „richtigen" Edelgase. Die Veränderungen finden nur in den Schalen statt.

Bei chemischen Reaktionen erreichen die beteiligten Atome auf verschiedene Arten volle Außenschalen – den Edelgaszustand.

Aufgaben

1 ○ Erläutere die Besonderheit im Bau der Edelgase.

2 ◐ Erkläre, was sich im Bau der Atome bei chemischen Reaktionen ändert.

Material A

Anwendung des Periodensystems

1 Betrachte im Periodensystem folgende Elemente: Na, Ca, S, N, Cl, O, K, Br, Kr.

a ○ Gib an, wie viele Außenelektronen die einzelnen Elemente haben.

b ◑ Gib an, wie viele Elektronen jeweils zu einer vollen Schale fehlen.

c ◑ Hätte Na eine volle Außenschale, wenn es ein Außenelektron abgeben würde? Begründe.

2 ◑ Nenne die Hauptgruppe und die Periode der Elemente mit folgendem Atombau:
- 2 Schalen, 3 Außenelektronen
- 1 Schale, 2 Außenelektronen
- 3 Schalen, 4 Außenelektronen
- 2 Schalen, 7 Außenelektronen
- 11 Elektronen insgesamt
- 20 Elektronen insgesamt

3 ◑ Ordne folgende Elemente an die richtige Stelle im Periodensystem: Al, Cl, F, H, Li, Mg. → 3 Erkläre deine Entscheidung mit ihrem Atombau.

	I	II	III	IV	V	VI	VII	VIII
1	1							2
2	3	4	5	6	7	8	9	10
3	11	12	13	14	15	16	17	18

3 Periodensystem mit Ordnungszahlen

Material B

Die Besonderheit der Edelgase

1 ◑ Schreibe den folgenden Text in dein Heft. Ergänze die Lücken A–G mithilfe von Bild 4.

Wenn man Gase im Modell betrachtet, bemerkt man Unterschiede. Viele Gase wie **(A)**, Sauerstoff oder **(B)** kommen immer als zweiatomige Moleküle vor. Dabei sind jeweils zwei Atome derselben Sorte miteinander **(C)**. Edelgase wie Helium dagegen sind immer **(D)** und gehen keine Bindung ein.
Dies liegt daran, dass Helium eine **(E)** Außenschale hat und somit **(F)** ist.
Wasserstoff, Sauerstoff und Stickstoff haben keine vollständig aufgefüllte äußere Schale. Sie haben das Bestreben, den **(G)** zu erreichen.

2 ◑ Sortiere folgende Elemente danach, ob sie einatomig oder zweiatomig vorkommen, und begründe deine Entscheidung: Fluor, Krypton, Argon, Iod.

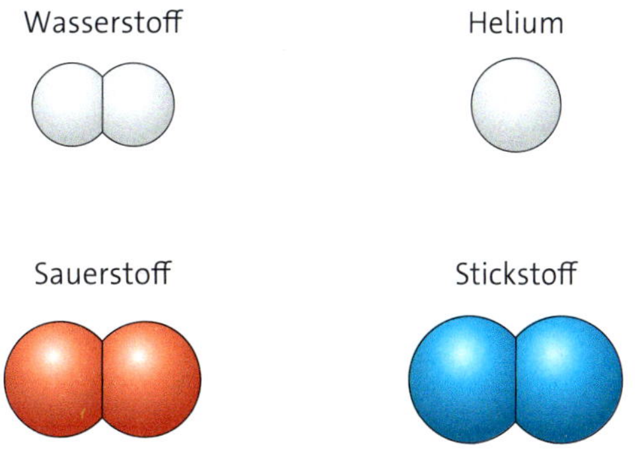

4

Die Elektronenpaarbindung

1 Verschiedene Verbindungen im Modell

Molekülmodelle zeigen uns miteinander verbundene Atome. Was kennzeichnet diese Bindung zwischen den Atomen?

Elektronenpaarbindung • Alle Atome streben nach einer vollen Außenschale. Eine Möglichkeit, dies zu erreichen, ist das Eingehen einer Elektronenpaarbindung. Betrachten wir dazu ein Fluor-Atom (F): Bei diesem Atom befinden sich auf der äußersten Schale 7 Elektronen. → 2 Um die äußerste Schale voll zu besetzen, bräuchte es noch ein weiteres Elektron.
Bei Wasserstoff-Atomen ist es ähnlich: Auch ihnen fehlt ein Elektron für eine volle äußerste Schale. → 3
Wenn ein Fluor- und ein Wasserstoff-Atom aufeinandertreffen, können sie ihr Problem gemeinsam lösen: Beide Atome nähern sich so weit an, dass ein Teil ihrer Schalen überlappt.
Von beiden Atomen befindet sich je ein Elektron in dem gemeinsamen Bereich beider Atomhüllen.

2 Fluor mit Außenelektronen

3 Wasserstoff mit Außenelektronen

Durch dieses gemeinsame Elektronenpaar hat nun das Fluor-Atom 8 und das Wasserstoff-Atom 2 Elektronen auf der äußersten Schale. Wir sagen: Beide Atome befinden sich jetzt im Edelgaszustand.

Und wie halten sie zusammen? • Das gemeinsame Elektronenpaar und die positiv geladenen Kerne ziehen sich gegenseitig an. Dadurch bleiben die zwei Atome miteinander verbunden. Diese Verbindung nennt man Elektronenpaarbindung.

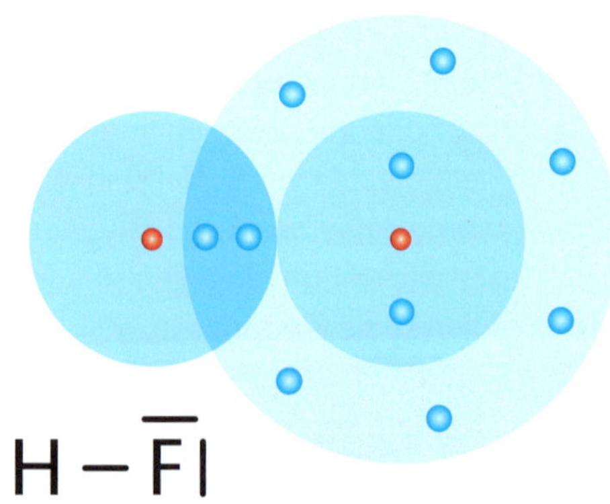

4 Elektronenpaarbindung zwischen Wasserstoff und Fluor

die Elektronenpaarbindung
die Doppelbindung
die Dreifachbindung

Doppelbindung • Treffen zwei Sauerstoff-Atome (O) aufeinander, gehen sie miteinander 2 Elektronenpaarbindungen ein. → 7 Dadurch haben die Atome jeweils zwei Elektronen auf der äußersten Schale gemeinsam und gelangen so in den Edelgaszustand.

Dreifachbindung • Es gibt auch dreifache Elektronenpaarbindungen. Beispielsweise sind zwei Stickstoff-Atome (N) über eine solche Bindung verbunden. → 7

Lewis-Schreibweise • In der Lewis-Schreibweise gibt es für die Elektronenpaarbindung ein Symbol: Ein Strich zwischen zwei Atomen steht für ein gemeinsames Elektronenpaar und damit auch für die Bindung. Doppelbindungen stellt man als Doppelstrich dar, Dreifachbindungen als Dreifachstrich.

Bindigkeit • Je nach Aufbau der Atomhülle brauchen die Atome unterschiedlich viele Elektronenpaarbindungen, um den Edelgaszustand zu erreichen. Die Anzahl der dazu nötigen Bindungen wird als Bindigkeit bezeichnet.

Moleküle • Verbindungen aus zwei oder mehreren Atomen, die über Elektronenpaarbindungen verbunden sind, bezeichnet man als Moleküle.

Bei einer Elektronenpaarbindung teilen sich zwei Atome ein, zwei oder drei Elektronenpaare. Dadurch erreichen beide Atome den Edelgaszustand, also eine voll besetzte äußerste Elektronenschale.

5 Sauerstoff mit Außenelektronen

6 Stickstoff mit Außenelektronen

7 Sauerstoff (O_2) und Stickstoff (N_2) in der Lewis-Schreibweise

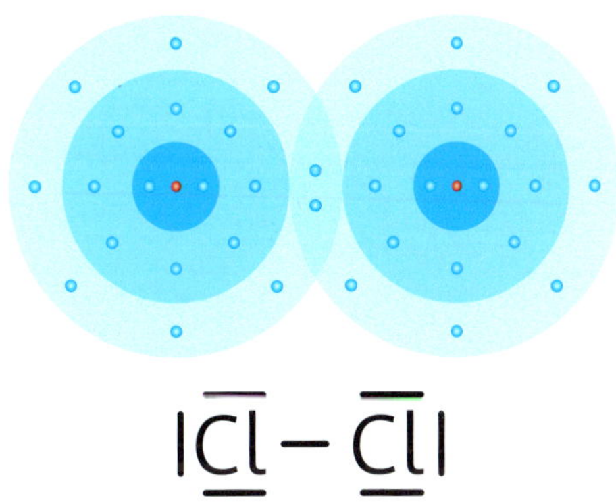

8 Chlormolekül

Aufgaben

1 ○ Erläutere, wie man am Aufbau der Atomhülle erkennen kann, ob der angestrebte Edelgaszustand erreicht ist.

2 ◐ Erkläre, warum manche Moleküle Zweifach- oder Dreifachbindungen haben.

3 ◐ Notiere mithilfe der Lewis-Schreibweise die Verbindung zwischen zwei Fluor-Atomen.

Die Elektronenpaarbindung

Material A

Anzahl der Bindungen

In der Chemie musst du oft die chemischen Formeln von Verbindungen ermitteln. Dazu ist es wichtig zu wissen, wie viele Elektronenpaarbindungen ein Element eingehen kann.

1 ○ Übernimm die Tabelle von Bild 1 in dein Heft und fülle sie komplett aus. Du kannst auch das Periodensystem zu Hilfe nehmen.

2 ◑ Kannst du einen Zusammenhang zwischen der Zugehörigkeit zu einer Hauptgruppe und der Anzahl der Bindungen erkennen?

Formuliere Sätze wie: „Die Elemente der VII. Hauptgruppe sind alle …“

Element	Hauptgruppe	Anzahl der Bindungen
Fluor	?	?
Sauerstoff	?	?
Schwefel	?	?
Stickstoff	?	?
Phosphor	?	?
Brom	?	?
Kohlenstoff	?	?
Silicium	?	?
Iod	?	?
Chlor	?	?

1 Zusammenhang zwischen Hauptgruppe und Anzahl der Bindungen

Material B

Chemische Formeln

In chemischen Formeln, z. B. CO_2, steckt viel Wissen. Die Formel CO_2 bedeutet, dass ein Kohlenstoff-Atom mit zwei Sauerstoff-Atomen verbunden ist.
Umgekehrt kann man aus zeichnerischen Darstellungen herauslesen, was die richtige Formel einer Verbindung ist.

1 ◑ In Bild 2 siehst du die Darstellung einer Verbindung. Gib die Formel der dargestellten Verbindung an.

2 ● Stelle die folgenden Verbindungen in der Schreibweise nach Bohr und in der Lewis-Schreibweise dar:
- HCl
- NH_3
- CO_2
- CH_4

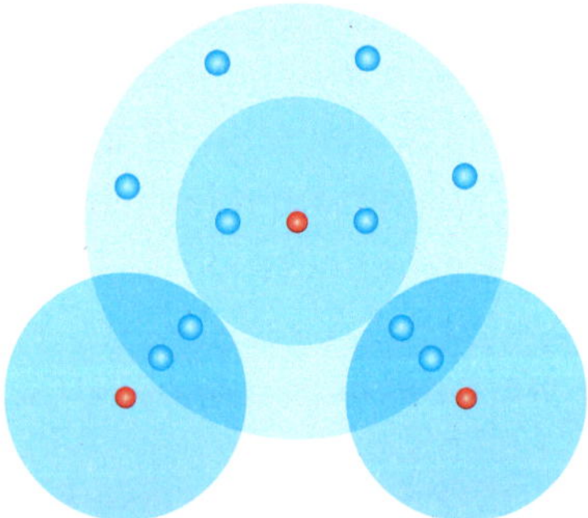

2 Wie lautet die chemische Formel?

Material C

Formeln ermitteln

Wenn man die Zahl der Außenelektronen zweier Elemente kennt, kann man Rückschlüsse auf die Formel ziehen.
Beispiel: Sauerstoff hat 6 Außenelektronen, ihm fehlen also zwei Elektronen zur vollen Schale.
Er braucht also zwei Bindungen.
Wasserstoff braucht für eine volle Schale nur eine Bindung.
Deshalb reagieren zwei Wasserstoff-Atome mit einem Sauerstoff-Atom. Die Formel lautet H_2O.

Ammoniak:

NH oder NH_2 oder NH_3 oder NH_4?

Methan:

CH oder CH_2 oder CH_3 oder CH_4?

Chlorwasserstoff:

HCl oder H_2Cl oder H_3Cl oder H_4Cl?

3 Welche Formel stimmt?

1 In Bild 3 stehen verschiedene Formeln für Verbindungen zur Auswahl. Entscheide dich für die richtige und begründe deine Antwort.

2 Notiere die Formeln für folgende Stoffe:
- Bromwasserstoff
- Schwefelwasserstoff
- Iodwasserstoff
- Phosphan (Phosphorwasserstoff)
- Chlor
- Siliciumdioxid

Material D

Entstehung von Wasser

Wasserstoff ist ein Gas. Wenn man dieses Gas entzündet, verbrennt es. Es reagiert also mit Sauerstoff. Bei dieser chemischen Reaktion entsteht Wasser.

Im Verhältnis 2 : 1

Wasser hat die Formel H_2O. Das sagt auch etwas darüber aus, wie Wasser entsteht: Man muss jeweils zwei Moleküle Wasserstoff nehmen und nur ein Molekül Sauerstoff, um Wasser entstehen zu lassen.

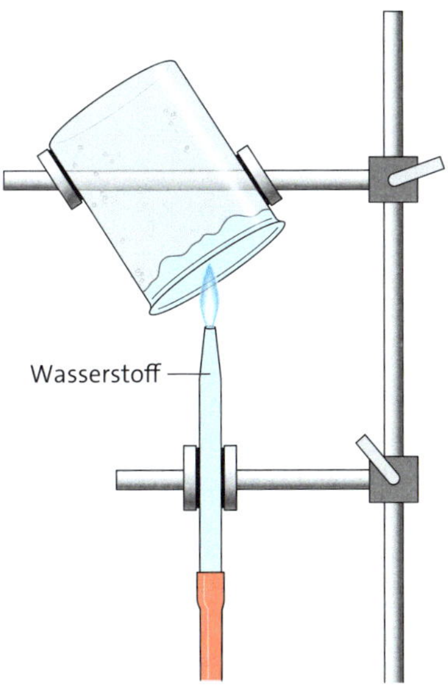

4 Hier verbrennt Wasserstoff. In dem Becherglas sammeln sich Wassertröpfchen.

1 Welche der folgenden chemischen Formeln für Sauerstoff und Wasserstoff sind richtig? Begründe jeweils deine Antworten.
- O oder O_2 oder O_3
- H oder H_2 oder H_3

2 Notiere die Reaktionsgleichung für die Verbrennung von Wasserstoff:
- in der Darstellung nach Bohr
- in der Lewis-Schreibweise
- in der Formelschreibweise

Aus Atomen werden Ionen

1 Natrium reagiert sehr heftig mit Chlor. Dabei entsteht Kochsalz (Natriumchlorid).

Warum reagieren Natrium und Chlor so heftig miteinander? Um das zu verstehen, muss man sich den Atombau näher ansehen.

Warum sie reagieren • Wenn sich Natrium und Chlor verbinden, versuchen ihre Atome – wie bei anderen Reaktionen auch – den Edelgaszustand zu erreichen. Da Natrium in seiner Außenschale aber nur ein Elektron hat, kann das nicht durch Elektronenpaarbindungen geschehen.

Übergang eines Elektrons • Chlor hat ein größeres Bestreben, Elektronen an sich zu ziehen, als Natrium. Wenn sich diese Atome nahekommen, zieht also das Chlor-Atom das Außenelektron des Natrium-Atoms stark an.
Diese Anziehung geht so weit, dass das Außenelektron des Natrium-Atoms in die fast volle Außenschale des Chlor-Atoms springt. Die äußere Schale des Chlor-Atoms wird dadurch aufgefüllt und erreicht so den Edelgaszustand.
Das Natrium-Atom gibt also sein Außenelektron ab. Die Folge: Die äußere Schale existiert nicht mehr. Dadurch wird die weiter innen liegende – volle (!) – Schale die neue Außenschale. So erreicht auch das Natrium-Atom den Edelgaszustand.

Und andere Salze? • Bei anderen Salzen funktioniert das genauso. Elemente mit wenigen Außenelektronen können dabei immer ihre Außenelektronen abgeben, Elemente mit vollеren Außenschalen können diese Elektronen aufnehmen.

Bei Salzbildungen springen alle Außenelektronen vollständig auf die Außenschale des Reaktionspartners. So erreichen beide den Edelgaszustand.

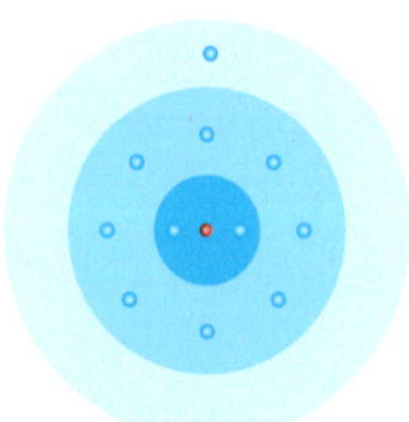

2 Natrium-Atom

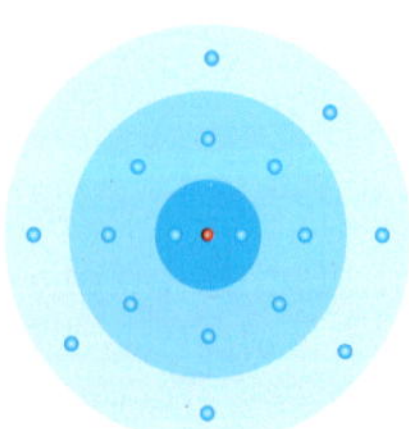

3 Chlor-Atom

das Ion
das Kation
das Anion
die Ionenbindung
das Ionengitter

Entstehung von Ionen • Die Natrium-Atome haben nach der Reaktion ein Elektron weniger, die Chlor-Atome ein Elektron mehr. Die Anzahl der Protonen im Kern hat sich aber nicht geändert. Dadurch sind die Teilchen jetzt positiv bzw. negativ geladen. Solche geladenen Teilchen nennt man Ionen. Die positiv geladenen Ionen heißen Kationen, die negativ geladenen Anionen.

Schreibweise • In der Formelschreibweise werden die Ladungen als Hochzahl angegeben. Bild 4 zeigt, wie die Reaktionsgleichung zur Bildung von z. B. Natrium-Ionen aussieht.

Ionengitter • Die positiv und negativ geladenen Ionen ziehen sich gegenseitig an. Die entstehende Bindung wird Ionenbindung genannt. Viele positiv und negativ geladene Ionen lagern sich dabei regelmäßig zusammen: Es entsteht ein Ionengitter. Salzkristalle sind aus solchen Ionengittern aufgebaut. → 6

Durch eine Reaktion mit Elektronenübergang entstehen positiv und negativ geladene Ionen. Diese ziehen sich gegenseitig an und lagern sich zu einem Ionengitter zusammen.

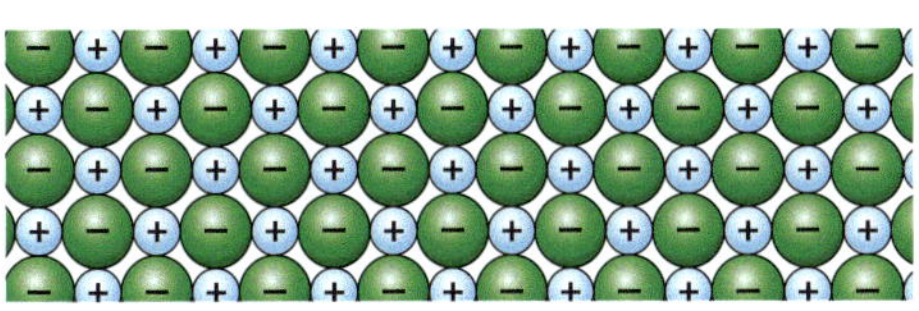

6 Ionengitter

4

Na	→	Na^+	+	e^-
Natrium-Atom	→	Natrium-Ion	+	ein Elektron

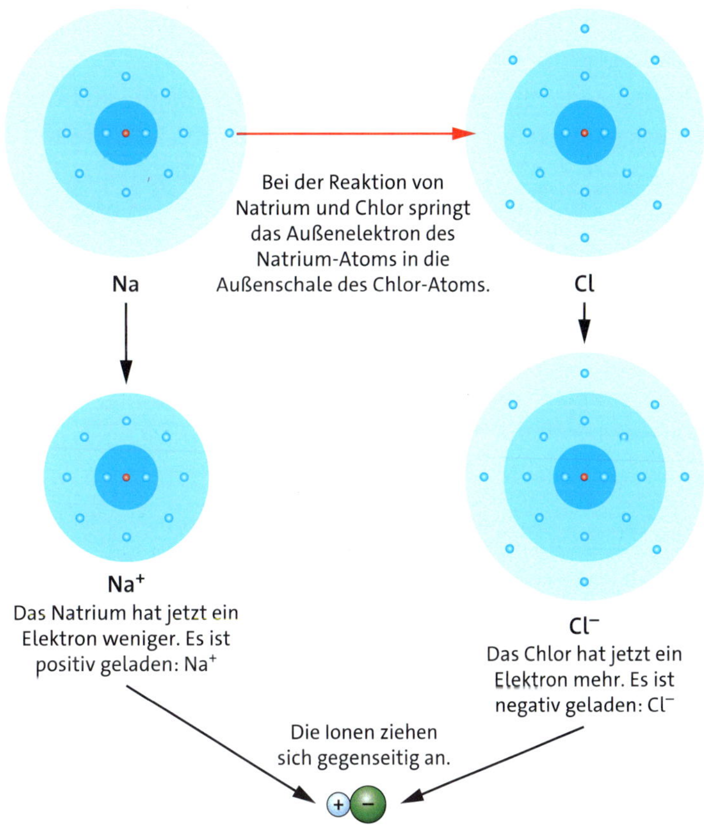

5 Entstehung von Ionen und Ionengittern

Aufgaben

1 ○ Beschreibe, wie Natrium- und Chlor-Atome bei ihrer Reaktion eine volle Außenschale erhalten.

2 ◑ Erkläre den Unterschied zwischen Atomen und Ionen.

3 ◑ Erkläre den Zusammenhalt eines Salzkristalls.

Aus Atomen werden Ionen

Material A

Wir bauen Ionenmodelle

Bei unseren Modellen zeichnen wir die Elektronen auf Papierstreifen. Jeder Streifen stellt eine Schale dar.

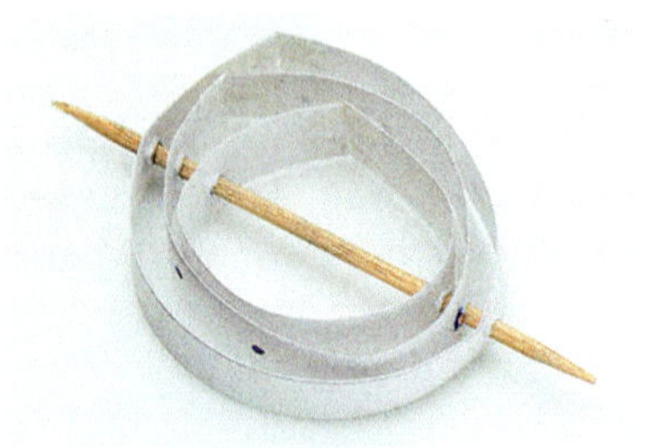

1 Modell eines Natrium-Atoms

Zu ganzen Atomen oder Ionen zusammengebaut werden sie mit Zahnstochern. → 1

1 ○ Schneide aus Papier Streifen von 1 cm Breite mit folgenden Längen aus: je einmal 8 cm, 10 cm und 12 cm. Zeichne dann auf die Streifen die Elektronen des Na-Atoms ein. Stecke (beginnend mit dem kleinsten) die Streifen auf einen Zahnstocher. → 1 Beschrifte dann dein Natrium-Atom wie in Bild 1.

2 ◔ Baue jetzt ebenso ein Na^{+}-Ion. Überlege, wie viele Schalen du brauchst.

3 ◔ Baue jetzt Atome und Ionen von Lithium, Fluor und Chlor. Zeichne die Atome und die entsprechenden Ionen auch jeweils nebeneinander ins Heft. Erkläre, weshalb die Ionen den Edelgaszustand erreicht haben.

Material B

Bildung von Salzen

Natrium ist ein Metall, Chlor ein Nichtmetall. Metalle und Nichtmetalle können miteinander zu Salzen reagieren. Denn alle Metalle haben nur wenige Außenelektronen, während alle Nichtmetalle eine fast volle Außenschale haben. Bild 2 zeigt, wie Metalle und Nichtmetalle in drei Schritten zu einem Salz reagieren können.

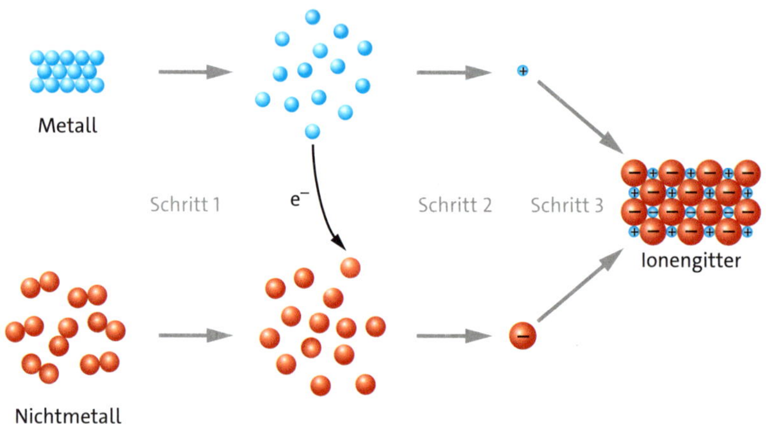

2 Aus einem Metall und einem Nichtmetall entsteht ein Salz.

1 ○ Gib an, wer bei der Ionenbildung Elektronen abgibt und wer sie aufnimmt. In welchem Schritt von Bild 2 geschieht das?

2 ◔ Beschreibe und erkläre die drei Schritte. → 2 Verwende die Begriffe Atom, Außenelektron, Edelgaszustand, Ionengitter.

3 ● Erkläre, in welchem der drei Schritte von Bild 2 bei der Ionenbildung die eigentliche chemische Reaktion geschieht.

Material C

Edelgaszustand durch Ionenbildung

1 Viele Metall-Atome und Nichtmetall-Atome können durch Abgabe oder Aufnahme von Elektronen Ionen bilden. Dabei entstehen verschiedene Salze.

a ○ Erkläre, wie das Lithium-Atom und das Fluor-Atom in Bild 3 den Edelgaszustand erreichen könnten.

b ◐ Nenne die Ionen, die sich dabei bilden.

c ◐ Nenne die Edelgase, die dieselbe Elektronenanordnung wie diese Ionen haben.

2 Die Außenelektronen sind immer entscheidend.

a ○ Gib die Anzahl der Außenelektronen der folgenden Atome an: Mg, O, F, Al, N.

b ◐ Gib an, welche Atome von Teil a bei einer Reaktion Elektronen abgeben und welche Atome Elektronen aufnehmen. Wie viele Elektronen werden jeweils abgegeben bzw. aufgenommen? Gib an, welche Ionen entstehen.

c ● Gib an, welche Ionen bei chemischen Reaktionen aus den folgenden Atomen entstehen: K, Br, Ca, S. Verwende die Formelschreibweise.

3 Modell eines Lithium- und eines Fluor-Atoms

Material D

Chemische Namen der Salze

Die Namen vieler Salze setzen sich zusammen aus dem Namen des Metalls, des Nichtmetalls und der Endung -id. Kochsalz, das Salz aus den Elementen Natrium und Chlor, heißt daher Natriumchlorid.

1 ○ Gib die Namen für die folgenden Salze an:
Salz aus Calcium und Fluor,
aus Magnesium und Chlor,
aus Kalium und Iod.

Material E

Zusätze in Speisesalz

1 ○ Speisesalz kann mehrere Zusatzstoffe enthalten:

4 Iodsalz aus dem Supermarkt

Kalium- und Natriumfluorid werden zur Vorbeugung von Karies zugesetzt, Iodsalze zur Vorbeugung von Schilddrüsenerkrankungen.

a Gib an, aus welchen Ionen die Fluoridsalze bestehen.

b Bestimme die Ladung der Ionen.

2 ◐ Das Iod im Iodsalz wird meist in Form von Kaliumiodat zugesetzt. Informiere dich, wie Iodat-Ionen aufgebaut sind.

Aus Atomen werden Ionen

Methode

Formeln von Salzen aufstellen

Formel als Verhältnis der Ionen • Im Ionengitter eines Salzkristalls sind viele Millionen von Ionen fest miteinander verbunden. Ihr Mengenverhältnis ist aber nicht beliebig. Bei der Entstehung von Kochsalz z. B. gibt je ein Natrium-Atom ein Elektron an ein Chlor-Atom ab und bildet so eine Ionengruppe. Somit hat ein Kochsalzkristall gleich viele Na^{+}- wie Cl^{-}-Ionen.
Es besteht also folgendes Mengenverhältnis: Na : Cl = 1 : 1. Die Formel von Kochsalz ist also Na_1Cl_1 oder einfacher NaCl. → 1

Und wenn Ionen mehrfach geladen sind? • Wenn ein Atom mehrere Elektronen abgibt, müssen entsprechend viele oder passende Reaktionspartner da sein. Wenn z. B. Magnesium mit Chlor reagiert, überträgt das Magnesium-Atom seine zwei Außenelektronen an zwei Chlor-Atome. Es entstehen also immer doppelt so viele Cl^{-}- wie Mg^{2+}-Ionen.
Somit ergibt sich folgendes Verhältnis: Mg : Cl = 1 : 2, also die Formel $MgCl_2$. → 2

Ein weiteres Beispiel • Natrium reagiert mit Schwefel. Dabei gibt das Natrium-Atom ein Außenelektron an ein Schwefel-Atom ab. Damit auch das Schwefel-Atom eine volle Schale erhält, muss es von einem zweiten Natrium-Atom ein zweites Elektron bekommen.
Es ergibt sich dann folgendes Verhältnis: Na : S = 2 : 1, also die Formel Na_2S.

Möglichst einfach • Um Formeln möglichst einfach zu schreiben, wird immer das kleinstmögliche Verhältnis angegeben.

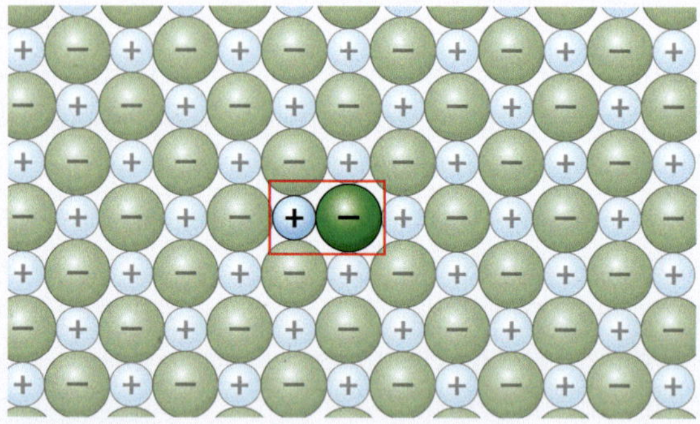

1 Natriumchlorid hat die Formel NaCl.

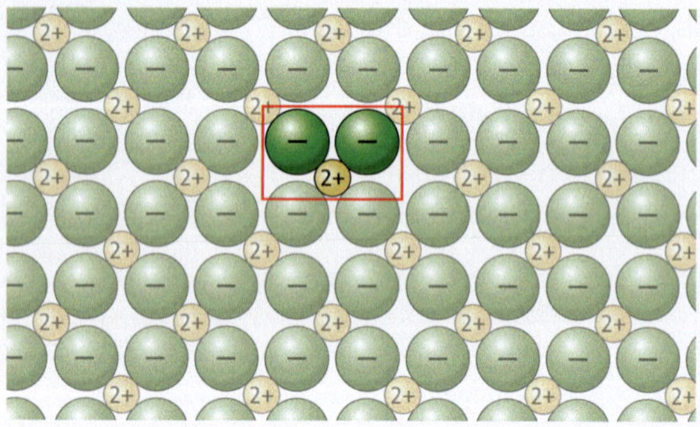

2 Magnesiumchlorid hat die Formel $MgCl_2$.

Aufgaben

1 ○ Beschreibe an einem selbst gewählten Beispiel, wie Formeln von Ionenverbindungen erstellt werden.

2 ◔ Stelle die Formeln der Salze auf, die entstehen, wenn folgende Stoffe miteinander reagieren:
- Lithium und Fluor
- Aluminium und Brom
- Magnesium und Schwefel
- Calcium und Chlor

Material F

Flussspat – ein häufiges Mineral

Flussspat ist ein Mineral, das in der Natur häufig vorkommt. Reiner Flussspat ist farblos und transparent. Durch verschiedene Verunreinigung kann er aber fast alle Farben annehmen.

3 Flussspat

4 Roter Flussspat

1 Der chemische Name von Flussspat lautet Calciumfluorid.

a Zeichne ein Calcium-Ion und ein Fluorid-Ion in Modellschreibweise.

b Gib die Ladung der beiden Ionen an und erstelle die Formel von Calciumfluorid.

Material G

Formeln von Ionenverbindungen

Wenn bei chemischen Reaktionen Ionen entstehen, müssen alle abgegebenen Elektronen vom Reaktionspartner aufgenommen werden. Die Anzahl der Atome bei der Reaktion muss daher passend sein. Einfache Beispiele findest du auf der Methodenseite links. Ein weiteres Beispiel: Wenn Aluminium mit Sauerstoff reagiert, gibt jedes Aluminium-Atom drei Elektronen ab. Jedes Sauerstoff-Atom kann aber nur zwei Elektronen aufnehmen.
Alle Elektronen sind untergebracht, wenn zwei Aluminium-Atome mit drei Sauerstoff-Atomen zu Al_2O_3 reagieren.
Um solche Formeln zu ermitteln, kann dir die Darstellung in Bild 5 eine Hilfe sein.

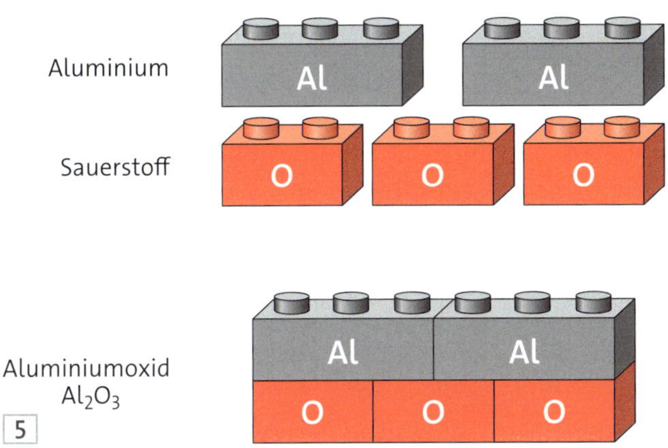

5

1 Erstelle die Formel der Ionenverbindungen, die bei der Reaktion folgender Stoffe entstehen:
- Natrium und Brom
- Kalium und Sauerstoff
- Calcium und Brom
- Calcium und Sauerstoff
- Aluminium und Schwefel

Die Metallbindung

1 Aluminiumstäbe

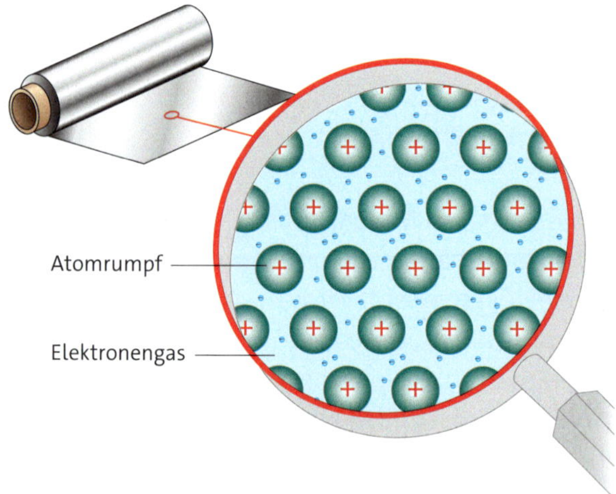

2 Aluminium unter der chemischen Lupe

Bei reinen Metallen sind nur Atome einer Sorte, z. B. nur Aluminium-Atome, miteinander verbunden.
Wie erreichen solche Atome den Edelgaszustand?

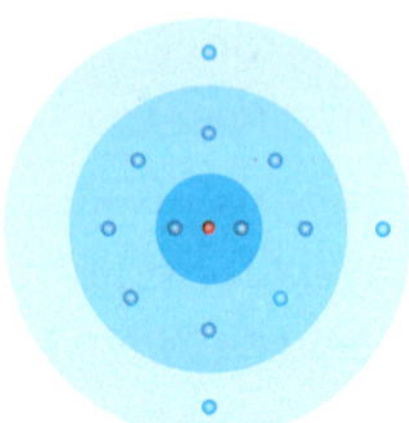

3 Aluminium im Schalenmodell

Ziemlich freie Außenelektronen • Die Außenelektronen der Metall-Atome werden nur schwach vom Kern angezogen. Sie können leicht ihren Aufenthaltsbereich verlassen. Anders als bei der Bildung von Ionen werden die äußeren Elektronen aber nicht an einen Reaktionspartner abgegeben.

Freie Elektronen • Da die Metall-Atome dicht gepackt aneinanderliegen, überschneiden sich die äußeren Schalen der Atome. Dadurch entstehen gemeinsame Aufenthaltsräume. Über diese hinweg können sich die Elektronen frei durch das Metall bewegen. → 2
Die Elektronen in diesen Bereichen bezeichnet man auch als Elektronengas. Die äußeren Elektronen sind also keinem Atom mehr fest zugeordnet. Man sagt: Sie sind delokalisiert.

4 Atomrumpf und Außenelektronen

Atomrumpf • Die inneren Elektronen werden vom Kern stärker angezogen und sind dadurch nicht frei beweglich. Gemeinsam mit dem Kern bilden sie den sogenannten Atomrumpf. Dieser ist aufgrund des Protonenüberschusses positiv geladen. → 4

Metallbindung • Das negative Elektronengas hält die positiven Atomrümpfe durch elektrostatische Anziehungskräfte zusammen.
Diese spezielle Form der Bindung innerhalb eines Metalls nennt man Metallbindung.

In Metallen werden positiv geladene Atomrümpfe von frei beweglichen Elektronen zusammengehalten. Diese Form der Bindung nennt man Metallbindung.

das **Metallgitter**
das **Elektronengas**
der **Atomrumpf**
die **Metallbindung**

Der Bau bestimmt die Eigenschaften. Die frei beweglichen Elektronen erklären die besonderen Eigenschaften der Metalle:

Verformbarkeit • Die Verformbarkeit der Metalle beruht darauf, dass die im Metallgitter angeordneten Atomrümpfe aneinander vorbeigleiten können. Dabei bleiben sie ständig von Elektronen umgeben und werden auch in ihrer neuen Position fest zusammengehalten. → 5

Elektrische Leitfähigkeit • Im Gegensatz zu den Salzen verfügen Metalle auch im festen Zustand über bewegliche Elektronen. Dadurch können die Elektronen bei einem geschlossenen Stromkreis ungehindert durch das Metall fließen. → 6

Wärmeleitfähigkeit • Wenn man ein Metall erhitzt, wird sowohl dem Atomrumpf als auch den freien Elektronen Energie zugeführt: Die Atomrümpfe schwingen stärker und stoßen die benachbarten Atomrümpfe an. So wird die Wärmeenergie über das ganze Metall weitergegeben. Auch die freien Elektronen nehmen an der Wärmeleitung teil. Sie nehmen die Energie in Form von zusätzlicher Bewegungsenergie auf und verteilen sie so über das Metall.

Die Eigenschaften der Metalle lassen sich mit frei beweglichen Elektronen und positiv geladenen Atomrümpfen erklären.

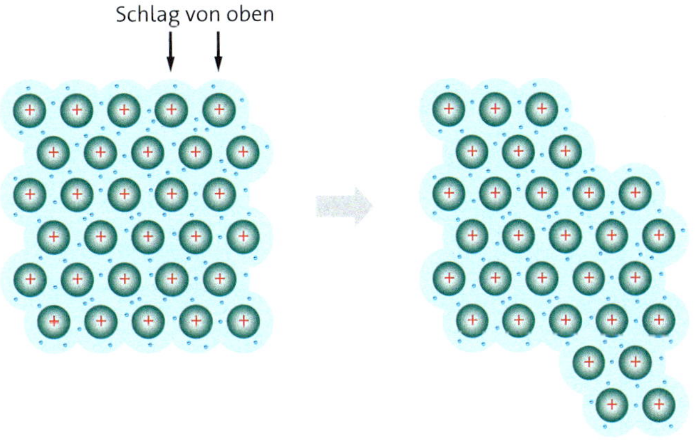

5 Metallkristalle lassen sich bei Druck verbiegen.

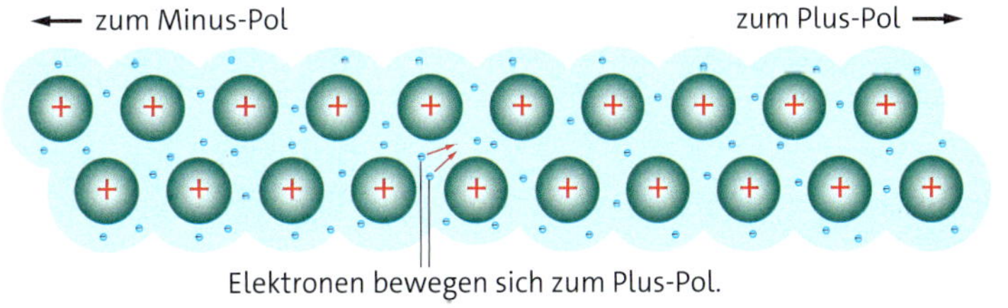

6 Stromfluss in einem Metall bei angelegter Spannung

Aufgaben

1 ▢ Stelle Lithium und Natrium wie in Bild 4 mit Atomrumpf und Außenelektronen dar.

2 ◪ Zeichne einen Ausschnitt eines Metallgitters von Magnesium. → 2

3 ◪ Vergleiche anhand von Bild 5 die Verformbarkeit der Metalle mit der Verformbarkeit der Salze.

4 ◪ Begründe, warum Metalle im Gegensatz zu Salzen den elektrischen Strom auch im festen Zustand leiten.

Die Metallbindung

Material A

Metalle lassen sich leicht verbiegen

Im Bild unten siehst du, wie gut ein Metalldraht, z. B. zu Kunstwerken, verarbeitet werden kann. → 1

1 Kunstwerke aus Draht

1 ○ Nenne die Eigenschaft der Metalle, die diese Verarbeitung ermöglicht, ohne dass der Draht bricht oder beschädigt wird.

2 ◐ Erkläre diese Eigenschaft durch den Aufbau der Metalle. Warum wird der Zusammenhalt beim Biegen ohne Probleme erhalten?

3 ◐ Begründe, warum beim Erhitzen die Biegsamkeit noch erhöht wird.

Material B

Warum leiten Metalle den Strom so gut?

2

Mit folgendem Experiment könnt ihr diese Frage beantworten:
10 bis 15 Schülerinnen und Schüler eurer Klasse stellen sich mit gleichem Abstand in eine Reihe. Es wird nun so schnell wie möglich ein Stift vom ersten links zum letzten rechts durch die Reihe gegeben. Messt die Zeit, bis der Stift beim letzten angekommen ist.
In einem zweiten Versuch bekommt jeder der Teilnehmer einen Stift in die linke Hand. Alle Beteiligten geben ihren Stift nach rechts weiter. Stoppt wieder die benötigte Zeit, bis der letzte einen Stift in der rechten Hand hat.

1 ◐ Erkläre, die unterschiedlichen Ergebnisse in den Versuchen.

2 ◐ Gib an, für was die Stifte in dem Versuch stehen.

3 ◐ Begründe, welcher der beiden Versuche den Aufbau der Metalle besser wiedergibt.

4 ● Erkläre mit diesem Versuch die gute Leitfähigkeit der Metalle. Verwende Fachbegriffe.

Material C

Elektronen werden gebremst

Materialliste: Messgerät (A), Gleichspannungsquelle (2 V), 4 Kabel, 2 Isolatoren, Glühlampe mit Fassung, 3 Stück Kupferdraht (ca. 1 mm Durchmesser)

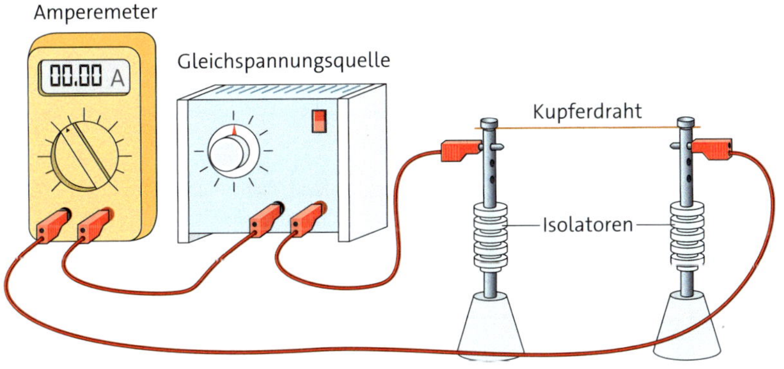

3 Leitfähigkeitsmessung

Baue den Versuch wie in Bild 3 auf. Gib in den Stromkreis:

- Kupferdraht, der mindestens eine Stunde im Gefrierfach war
- Kupferdraht mit Zimmertemperatur

Halte dann ein Feuerzeug unter den zweiten Draht und beobachte weiter.

1 ▢ Protokolliere deine Beobachtungen und formuliere ein Ergebnis.

2 ◪ Erkläre die Veränderung der Leitfähigkeit.

Material D

Wie „Sand im Getriebe"

Um bei metallischen Werkstoffen eine größere Härte zu erreichen, werden andere Stoffe beigemischt.

1 Betrachte die Bilder 4 und 5:

a ▢ Beschreibe, was passiert, wenn bei einem reinen Metall Druck ausgeübt wird. → 4

b ● In Bild 5 wurde dem Metall ein Fremdatomrumpf zugefügt. Erkläre mithilfe von Bild 5 die Zunahme der Härte bei gleichzeitiger Abnahme der Verformbarkeit.

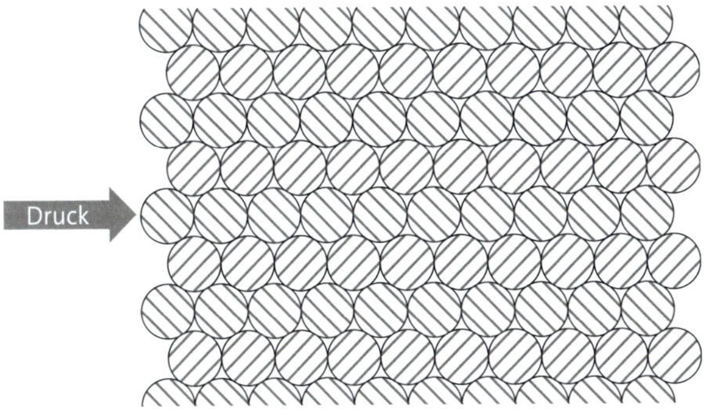

4 Reines Metall (im Kugelmodell)

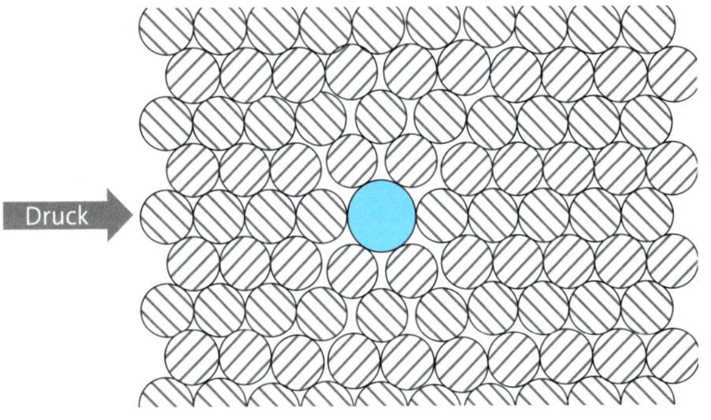

5 Metall mit einem Fremdatom (im Kugelmodell)

Drei Wege zum Edelgaszustand

Zusammenfassung

Bindungen • Grundantrieb der Atome bei Bindungen ist es immer, den Edelgaszustand zu erreichen. Dieser ist dann erreicht, wenn die äußerste Elektronenschale voll besetzt ist.

Es gibt drei Arten von Bindungen, durch die dieser Zustand zu erreichen ist:
- Elektronenpaarbindung
- Ionenbindung
- Metallbindung

	Elektronenpaarbindung	Ionenbindung	Metallbindung
Modell	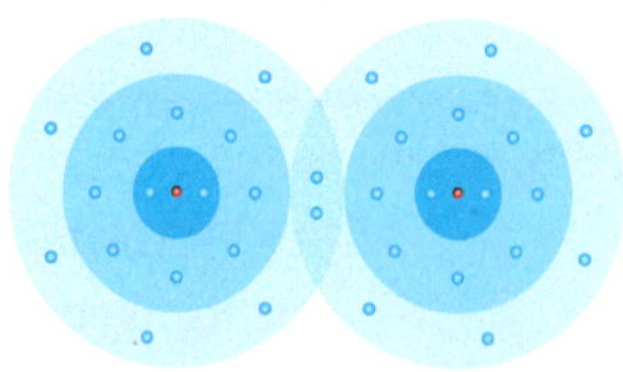	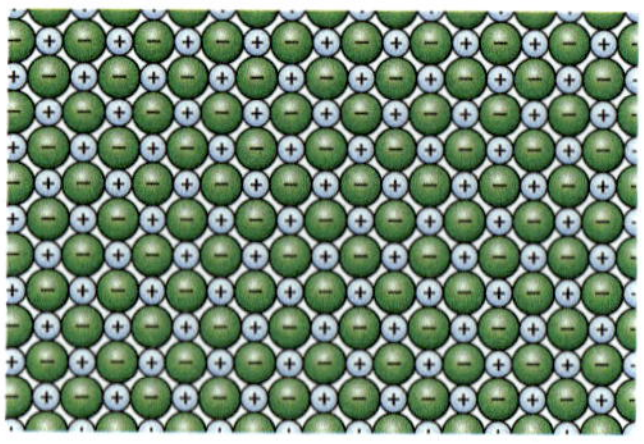	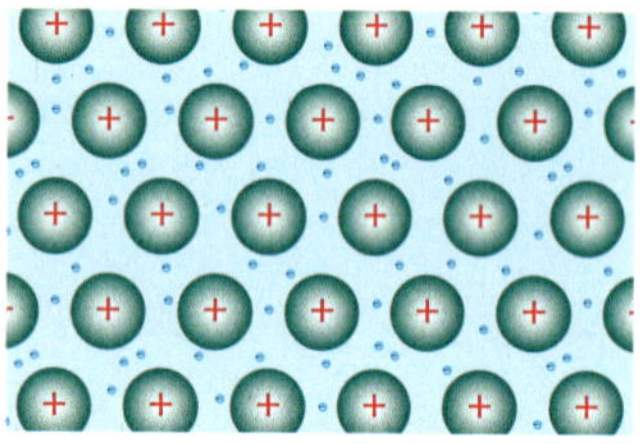
Entstehung	Beide Atome geben jeweils ein Elektron in die gemeinsame Bindung. Dieses Elektronenpaar gehört dann zu beiden Atomkernen. Ein Atom kann bis zu vier solcher Elektronenpaarbindungen eingehen – entweder mit verschiedenen „Partnern“ oder auch bis zu drei Bindungen mit einem „Partner“.	Es kommt vor, dass einem Atom genauso viele Elektronen zum Edelgaszustand fehlen, wie ein Reaktionspartner zu viel zum Edelgaszustand hat. So ein Fall liegt bei Natrium und Chlor vor. Hier gibt das Natrium-Atom ein Elektron an das Chlor-Atom ab. Dadurch entstehen Ionen: positiv geladene Natrium-Teilchen und negativ geladene Chlor-Teilchen. Die unterschiedlich geladenen Ionen ziehen sich an und sind dadurch miteinander verbunden.	Die Metall-Atome ordnen sich in einem dreidimensionalen Gitter an. Dabei geben die Atome jeweils sämtliche Außenelektronen ab. Diese bilden ein sogenanntes Elektronengas, das sich zwischen den Atomen ausbreitet. Die Anziehung der positiv geladenen Atomrümpfe zu den Elektronen im Elektronengas sorgt für den stabilen Zusammenhalt.
Teilchen	Moleküle aus zwei oder mehreren Atomen	Positiv und negativ geladene Ionen, die ein Ionengitter bilden	Positiv geladene Atomrümpfe und frei bewegliche Elektronen
Beispiele	Wasserstoff, Sauerstoff, Chlor, Wasser, Fluorwasserstoff	Natriumchlorid, Kaliumchlorid, Magnesiumchlorid, Aluminiumoxid	Eisen, Kupfer, Silber, Natrium

1 Übersicht der Bindungsarten

Teste dich! (Lösungen im Anhang)

Elektronenpaarbindung

1 Erkläre, wie zwei Wasserstoff-Atome durch eine Elektronenpaarbindung den Edelgaszustand erreichen.

2 Erläutere, wie die Atome eines Moleküls mithilfe einer Elektronenpaarbindung zusammenhalten.

3 Erkläre am Beispiel von O_2 und N_2, warum manche Atome Doppel- oder Dreifachbindungen eingehen.

4 Gib folgende Moleküle in Lewis-Schreibweise mit allen Außenelektronen an: H_2O, F_2, HBr, CO_2, C_2H_2.

Ionenbindung

5 Erläutere, wie bei einer Ionenbindung die beteiligten Atome/Ionen die Edelgasregel erfüllen.

6 Warum sind die Ionen von Elementen der V. bis VII. Hauptgruppe immer negativ geladen? Erkläre.

7 Benenne folgende Salze: CaF_2, NaI, KBr, $MgCl_2$.

8 Übertrage die Tabelle in dein Heft und ergänze die Lücken. → 2

Metallbindung

9 Wie erreichen Aluminium-Atome in einem Aluminiumstab den Edelgaszustand? Erkläre.

Summenformel	Beteiligte Ionen	Name der Ionenverbindung
$MgCl_2$	Mg^{2+} und Cl^-	Magnesiumchlorid
NaBr	?	Natriumbromid
?	K^+ und O^{2-}	Kaliumoxid
KCl	?	?
?	Ca^{2+} und Br^-	?
?	?	Magnesiumoxid
?	?	Aluminiumchlorid

2 Formeln und Namen von Ionenverbindungen

3 Metalle sind gute Wärmeleiter.

10 Beschreibe, wie Metalle zusammenhalten.

11 Erkläre, was „delokalisierte" Elektronen sind.

12 Metalle sind nicht spröde, sondern lassen sich verformen. Beschreibe, was beim Verformen eines Metalls geschieht.

13 Erkläre, warum Metalle gute Wärmeleiter sind.

Wasser – genau untersucht

Was stellt man fest, wenn man Wasser chemisch untersucht?

Was hat der Energieträger Wasserstoff mit Wasser zu tun?

Was ist der Grund für die Besonderheiten von Wasser?

Ohne Wasser kein Leben

1 Wassernutzung für viele alltägliche Zwecke

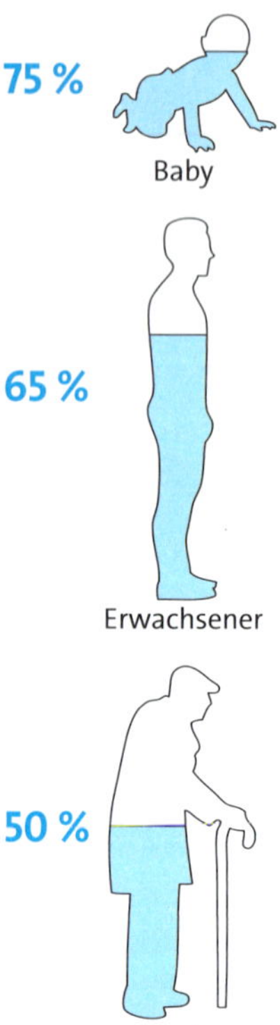

2 Wasseranteil im menschlichen Körper

Wasser spielt in vielen Lebensbereichen eine wichtige Rolle. Pro Tag verbraucht jeder von uns in Deutschland durchschnittlich 121 Liter Trinkwasser allein im Haushalt.

Bedeutung von Wasser • Wir nutzen Wasser nicht nur, um unseren Durst zu stillen. Wir benötigen es auch für die tägliche Hygiene, zum Kochen, Wäschewaschen oder für viele Freizeitbeschäftigungen wie Schwimmen, Surfen oder Skifahren.
Darüber hinaus wird Wasser auch in der Landwirtschaft und in der Industrie zum Herstellen von Lebensmitteln und anderen Produkten wie Kleidung benötigt.

Wasser im Organismus • Der Körper eines Erwachsenen besteht zu 65 Prozent aus Wasser. → 2 Es ist als Baustoff in den Zellen, im Blut, in den Verdauungssäften und Tränen vorhanden. Wasser dient im Körper als Lösungsmittel, über das Mineralstoffe und Zuckerstoffe aus Nahrungsmitteln aufgenommen werden können. Gleichzeitig ist es auch Transportmittel, um Endprodukte des Stoffwechsels abzutransportieren. Dabei wird Wasser in Form von Schweiß über die Haut oder in Form von Urin über die Nieren ausgeschieden. Zusätzlich wird über den Schweiß die Körpertemperatur reguliert. Wasser ist somit der Wärmeregulator unseres Körpers.

Wasserbedarf • Täglich sollten wir 2 bis 3 Liter Wasser zu uns nehmen – davon 1,5 Liter über Getränke und den Rest über die Nahrung. Dabei richtet sich der Wasserbedarf nach unserer körperlichen Aktivität und Gesundheit. Bei Krankheit oder beim Sport haben wir einen erhöhten Flüssigkeitsbedarf.

Wasserverteilung • Fast drei Viertel der Erdoberfläche sind mit Wasser bedeckt, und dennoch gibt es Wassermangel. Das meiste Wasser ist Salzwasser. Lediglich 3 Prozent des auf der Erde vorkommenden Wassers ist Süßwasser und nur ein Drittel davon steht zur Trinkwassergewinnung zur Verfügung. → 3

In Deutschland wird das meiste Trinkwasser aus Quellen, dem Grundwasser oder Seen, z. B. dem Bodensee, gewonnen. Dafür ist aber eine aufwendige Aufbereitung notwendig. In südlichen Ländern wird Trinkwasser oft aus Meerwasser gewonnen.

Etwa 1 Milliarde Menschen hat keinen Zugang zu sauberem Trinkwasser. Die Folgen davon sind Infektionskrankheiten, die oft zum Tod führen.

Virtuelles Wasser • Für die Herstellung von Lebensmitteln und Kleidung wird mehr Wasser benötigt, als darin tatsächlich enthalten ist.

So werden für die Herstellung einer Tasse Kaffee nicht 150 ml, sondern circa 140 Liter Wasser benötigt. Das meiste Wasser erfordert der Anbau der Kaffeebohnen, aber auch mit Transport und Herstellung der Verpackung ist Wasserverbrauch verbunden.

In einer Jeans stecken sogar 11 000 Liter Wasser. Das entspricht der Füllung von 80 Badewannen. → 4

Dadurch ist unser Wasserverbrauch pro Kopf erheblich höher als nur der tägliche Wasserverbrauch des „fließenden“ Wassers.

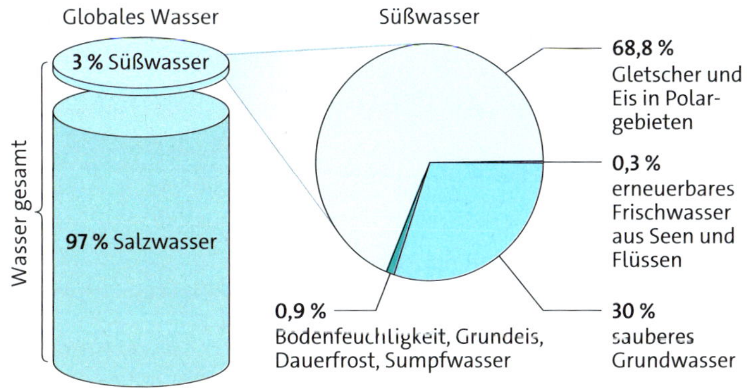

3 Wasserverteilung auf der Erde

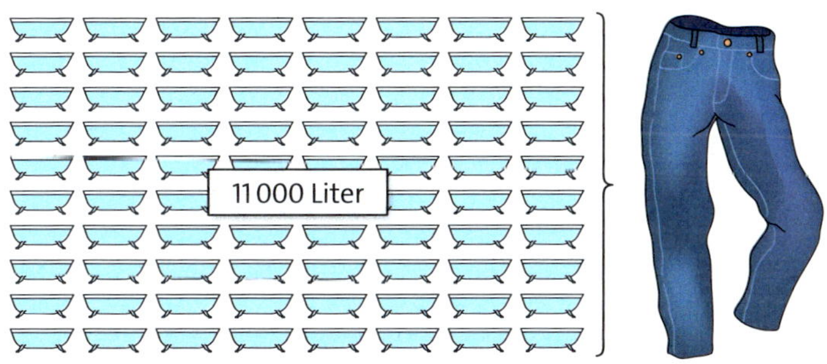

4 Die Jeans – ein „durstiges“ Kleidungsstück

Wasser ist lebensnotwendig und erfüllt vielfältige Funktionen. Nur ein kleiner Teil des Wassers auf der Erde ist Trinkwasser. Für die Produktion vieler Produkte des täglichen Lebens sind enorme Wassermengen nötig.

Aufgaben

1 ▢ „Wasser ist Leben.“ Erkläre.

2 ◪ Beschreibe die Aufgaben, die Wasser in unserem Körper erfüllt.

3 ◪ Erkläre den Begriff „virtuelles Wasser“.

Ohne Wasser kein Leben

Material A

Wasser und unser Körper

Ohne Flüssigkeit kann ein gesunder Mensch höchstens 3 Tage überleben, ohne Essen kommt er um die 70 Tage aus. Der Wasserhaushalt muss durch Wasserzufuhr und Ausscheidung im Gleichgewicht gehalten werden, damit das Wasser seine lebenswichtigen Funktionen im Körper erfüllen kann.

Begriff		**Beschreibung**	
1	Wärmeregulator	A	Endprodukte des Stoffwechsels, wie Harnstoff, werden über Wasser in Form von Urin ausgeschieden.
2	Baustoff	B	Die verwertbaren Nahrungsbestandteile werden in Wasser gelöst und so in die Zellen aufgenommen.
3	Transportmittel	C	Wasser wird über Schweiß ausgeschieden. Auf der Haut erzeugt Schweiß Verdunstungskälte und kühlt so den Körper.
4	Lösungsmittel	D	Wasser ist Bestandteil aller Körperflüssigkeiten wie Blut, Verdauungssäfte, Lymphe und Tränen. In allen Zellen ist Wasser enthalten.

1 Zuordnung: Aufgaben von Wasser im Körper

1 ○ Ordne die Beschreibungen A–D den Begriffen 1–4 zu.

Material B

Virtuelles Wasser

Das Wasser, das unsichtbar in unseren alltäglichen Gütern steckt, nennt man virtuelles Wasser. Um all die Waren zu produzieren, die wir täglich kaufen, werden durchschnittlich 4000 Liter Wasser pro Kopf und Tag gebraucht. Deutschland zählt damit zu den weltweit zehn größten Importeuren von virtuellem Wasser. In Bild 2 siehst du, wie viel virtuelles Wasser in verschiedenen Produkten steckt.

1 ○ Vergleiche den virtuellen Wassergehalt eines Hamburgers mit dem eines Fahrrads.

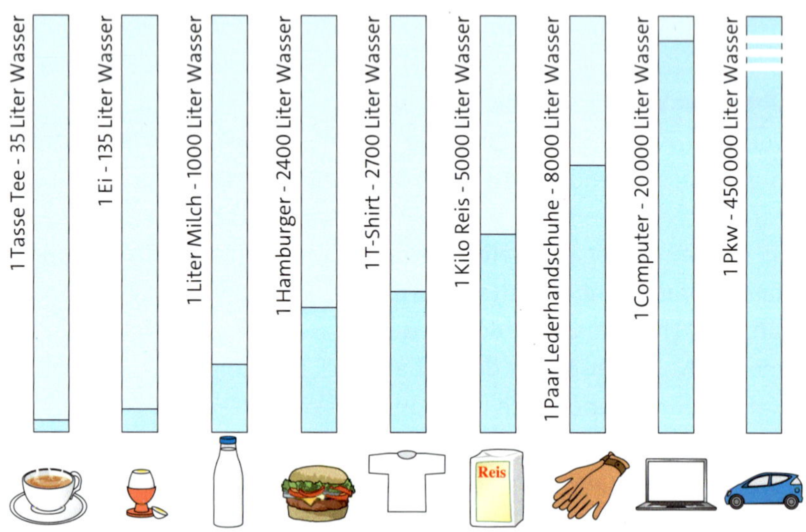

2 Virtuelles Wasser in verschiedenen Produkten

2 ◐ Erkläre, wie es sein kann, dass in 1 Liter Milch 1000 Liter Wasser stecken.

3 ● Nenne Möglichkeiten, wie du dazu beitragen kannst, dass dein persönlicher „Wasserfußabdruck" kleiner wird.

Material C

Sparer und Verschwender

In Bild 3 ist der jährliche Wasserverbrauch in verschiedenen Industrieländern aufgezeigt. Dabei gibt es gravierende Unterschiede.

1 ▢ Beschreibe das Diagramm. → 3

2 ◐ Diskutiert in Gruppen Ursachen für den unterschiedlichen Pro-Kopf-Verbrauch in den Ländern.

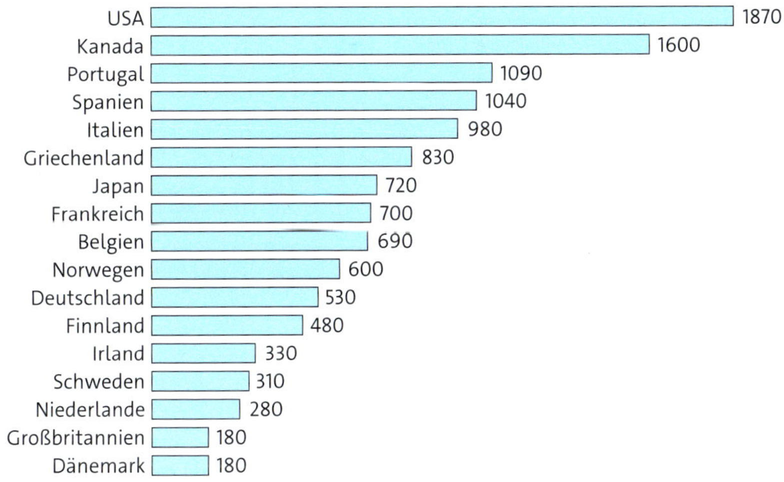

3 Jährlicher Wasserverbrauch in Industrieländern je Einwohner in 1000 Litern

Material D

Konflikte um Wasser

In Äthiopien entsteht derzeit der größte Staudamm Afrikas. Für das Land ist der Bau des „Grand Ethiopian Renaissance Dam“ am Blauen Nil ein Großprojekt. Es soll die Armut des Landes bekämpfen, Hochwasser vermeiden und die Wirtschaft durch Stromexporte und ausreichende Bewässerung ankurbeln.
Doch das stromabwärts gelegene Ägypten hat bereits jetzt Angst um die eigene Trinkwasserversorgung. 60 Prozent des Nilwassers in Ägypten stammen aus dem Blauen Nil. Durch die Anlegung und Befüllung des neuen Stausees in Äthiopien befürchten Geologen eine Verringerung der Wassermenge in Ägypten mit verheerenden Folgen für die Landwirtschaft. Der Konflikt um das Nilwasser führt somit auch zu politischen Spannungen zwischen den beiden Ländern.

4

5 Bau des Nil-Staudamms in Äthiopien

6 Geografische Lage des Staudamms

1 ◐ Lies den Text. → 4 „Wasser ist Schlüssel zu Krieg und Frieden.“ – Erkläre diese Aussage.

Wasser unterwegs

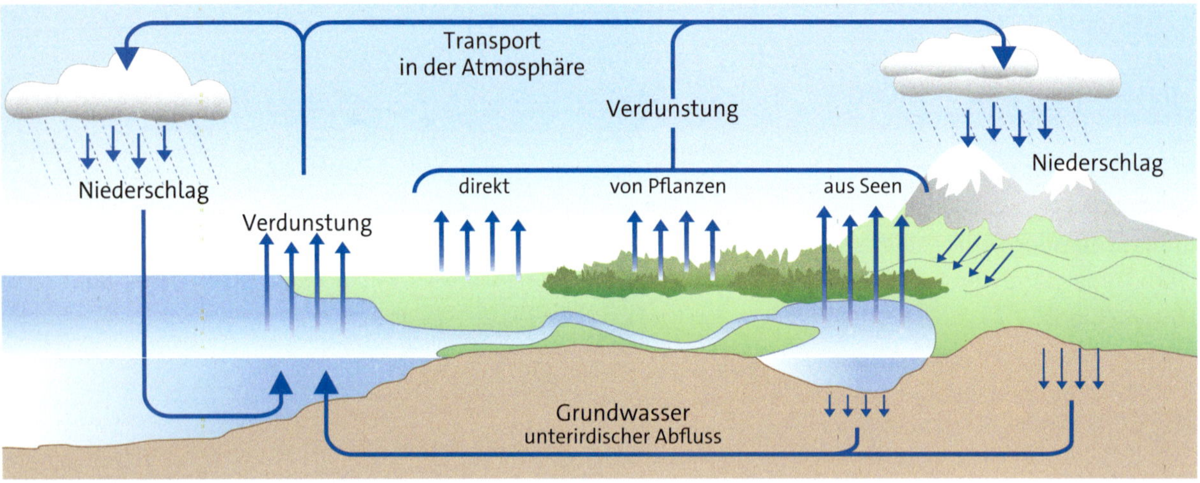

1 Wasserkreislauf

Über schlechtes Wetter wie Regen oder Hagel ärgert man sich häufig. Doch dies ist ein wichtiger Bestandteil des natürlichen Wasserkreislaufs.

Verdunstung und Kondensation • Über den Ozeanen, Seen, Flüssen und dem Land verdunstet Wasser durch die Sonneneinstrahlung. → 1 Auch Pflanzen geben Wasser über ihre Blätter ab, das dann verdunstet. Es steigt als Wasserdampf in die Atmosphäre auf. Dort trifft der Dampf auf kühlere Luftschichten, wodurch er zu Tröpfchen kondensiert. Diese sind dann als Nebel oder Wolken für uns sichtbar und werden durch Wind weitergeleitet.

Niederschlag • Treffen genug Wassertröpfchen in einer Wolke aufeinander, so bilden sich Regentropfen, die als Niederschlag wieder zur Erde fallen. In noch höheren Lagen gefriert der Wasserdampf zu Eiskristallen, die sich zu Schneeflocken oder Hagelkörnern vereinen können und wieder herabfallen. So kann es sein, dass es auch im Sommer kleine Eisbröckchen hagelt. Der gefallene Niederschlag verdunstet zum Teil wieder. Das erkennt man beispielsweise an austrocknenden Pfützen oder schmelzendem Schnee.

Abfluss und Versickerung • Ein weiterer Teil des Wassers fließt als Oberflächenwasser oberirdisch in Flüsse und Seen. Nur ein Bruchteil davon versickert in der Erde und wird als unterirdischer Abfluss dem Grundwasser zugeführt. → 1 Dieses mündet letztendlich wieder in die Ozeane. So schließt sich der Kreislauf. Die Wasservorräte auf der Erde sind damit festgelegt und es verschwindet kein Wasser, aber es kommt auch keines hinzu.

Unser Wasser befindet sich in ständiger Bewegung in einem natürlichen Kreislauf, der von der Sonne angetrieben wird.

Woher stammt das Wasser? • Trinkwasser kann aus verschiedenen Wasservorkommen gewonnen werden: aus Salzwasser durch Entsalzen, aus Quellen, Oberflächengewässern oder aus Grundwasser.

Oberflächenwasser • Um Trinkwasser aus Quellen, Seen und Flüssen zu gewinnen, wird das Wasser über Rohrleitungen zum Wasserwerk transportiert. → 2 So werden zum Beispiel circa 4 Millionen Menschen mit Wasser aus dem Bodensee versorgt.

Grundwasser • Grundwasser entsteht aus versickerndem Oberflächenwasser. Beim Weg durch die Erdschichten nimmt das Wasser Stoffe wie Kalk, Eisen und Kohlensäure aus dem Boden auf. Gleichzeitig wirkt der Boden als natürlicher Filter, der unerwünschte Stoffe aus dem Sickerwasser zurückhält. Die Trinkwassergewinnung erfolgt durch den Bau eines Brunnens über dem Grundwasserstockwerk. Zur Wasserförderung werden Pumpen eingesetzt.

Aufbereitung im Wasserwerk • Die zuständigen Wasserwerke versorgen die Verbraucher in Deutschland mit Trinkwasser. Jedoch muss das Wasser einige Qualitätskriterien erfüllen. Es muss frei von Krankheitserregern sein, eine Mindestkonzentration von Mineralstoffen aufweisen, geschmacksneutral und farb- und geruchlos sein. Deutschland besitzt mit die höchsten Qualitätsstandards für Trinkwasser.

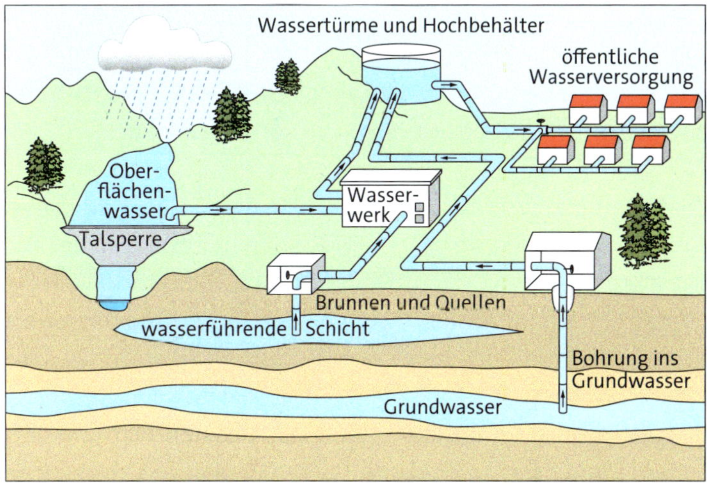

2 Wasserversorgung

3 Wasseranalyse im Labor

Zur Trinkwassergewinnung gibt es verschiedene Möglichkeiten. Wasserwerke bereiten das Wasser nach bestimmten Gütekriterien auf.

Aufgaben

1 ○ Beschreibe den Wasserkreislauf.

2 ◐ Beschreibe die Rolle der verschiedenen Aggregatzustände im Wasserkreislauf.

3 ◐ Nenne Möglichkeiten zur Trinkwassergewinnung.

Wasser unterwegs

Material A

Ein Modell des Wasserkreislaufs bauen

Materialliste: großes Einmachglas, Erde, Sand, Kies, Kressesamen, Wasser, Frischhaltefolie, Gummiband

1 Fülle das Glas mit Erde, Sand und Kies. → 1 Gieße dann kräftig und streue die Kressesamen auf die Erde. Verschließe das Glas zuletzt mit Frischhaltefolie.
▢ Notiere täglich deine Beobachtungen.

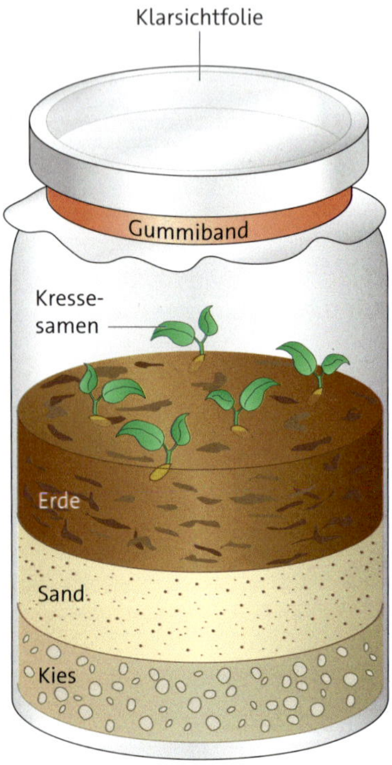

1 Modell des Wasserkreislaufs

Material B

Das Wasserwerk unter der Lupe

In Bild 2 siehst du die verschiedenen Stationen der Trinkwasseraufbereitung vom Rohwasser aus Grundwasser bis hin zum fertigen Trinkwasser.

1 Lies den Text und betrachte Bild 2.
▢ Beschreibe die verschiedenen Stationen im Wasserwerk.

2 Die von Natur aus im Rohwasser enthaltenen Bestandteile sind für uns nicht gesundheitsschädlich.
◪ Begründe, warum das Wasser trotzdem aufbereitet wird.

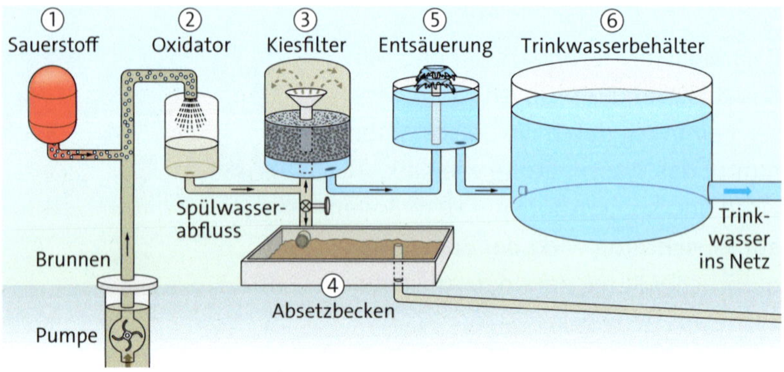

2 Grundwasseraufbereitung im Wasserwerk

Zunächst wird dem Rohwasser Sauerstoff zugeführt (1). Durch den Sauerstoff werden im Oxidator (2) z. B. Eisen und Mangan oxidiert und dabei in unlösliche Bestandteile umgewandelt. Diese unlöslichen Bestandteile können anschließend durch einen Filter mit Sand oder Kies aus dem Wasser entfernt werden (3). Dadurch verändert sich sowohl der Geschmack als auch die Färbung des Wassers. Im Absetzbecken (4) werden die ausgeflockten Bestandteile gesammelt und wieder zurückgeführt. Das Rohwasser enthält von Natur aus zu viel Kohlensäure und schmeckt daher leicht faulig. Mithilfe von Laugen oder durch Ausgasen wird es entsäuert (5). In Trinkwasserbehältern (6) wird das fertige Trinkwasser gesammelt, bevor es über Rohrleitungen zum Verbraucher gelangt.

3

Material C

Trinkwassergewinnung aus Salzwasser

In vielen küstennahen Ländern, in denen Trinkwasser knapp ist, wird Trinkwasser aus Meerwasser gewonnen.
Ein mögliches Verfahren ist die Meerwasserentsalzung durch Sonneneinstrahlung. → 3 Hierbei wird das salzhaltige Wasser durch die Sonne erwärmt. Das Wasser verdunstet und schlägt sich am Glasdach der Anlage als Kondensat nieder. Das Salz bleibt zurück. Das flüssige Wasser läuft an der Glasscheibe hinab und wird in einer Rinne gesammelt.
Dem gewonnenen Wasser müssen noch Mineralsalze zugeführt werden. Für die Meerwasserentsalzung im großen Maß reicht die Sonneneinstrahlung nicht aus. Das Salzwasser muss daher erhitzt werden, was sehr viel Energie erfordert.

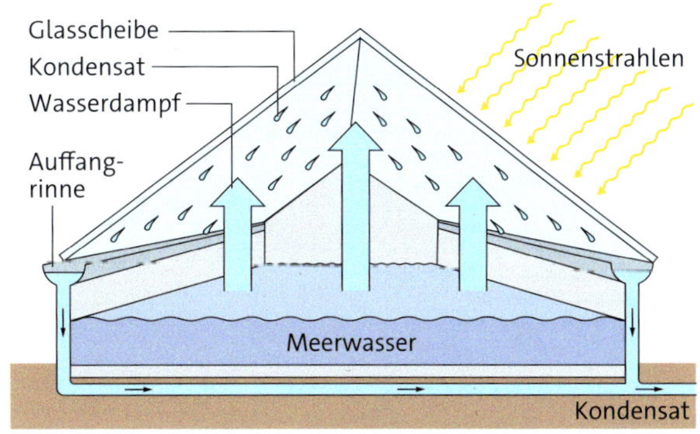

3 Anlage zur Trinkwassergewinnung aus Meerwasser

1 Beschreibe den Aufbau und die Funktion der Anlage zur Trinkwassergewinnung. → 3

2 Erläutere Vor- und Nachteile der Meerwasserentsalzung durch Sonneneinstrahlung.

Material D

Destillation von Salzwasser

Materialliste: Stativmaterial, Brenner, Rundkolben, passender Gummistopfen mit Lochbohrung, Thermometer, Destillationsaufsatz, Liebig-Kühler mit 2 Gummischläuchen, Laborboy, Wasseranschluss, Becherglas, Kochsalzlösung, Siedesteinchen

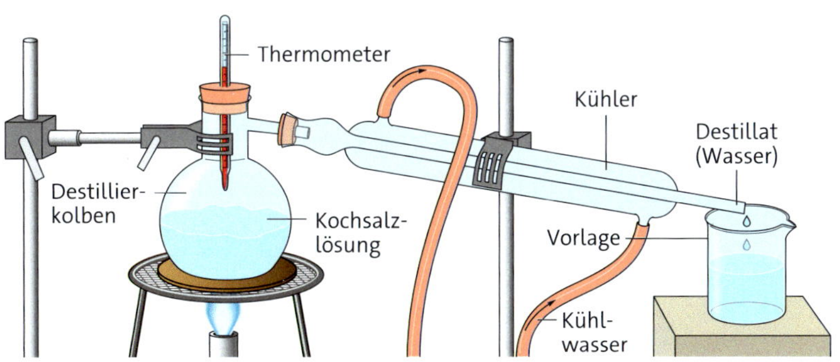

4 Destillationsapparatur im Labor

1 Baue die Apparatur wie in Bild 4 auf. Achte dabei auf die Schräglage des Liebig-Kühlers.

2 Erhitze die Kochsalzlösung bis zum Sieden und beobachte.
Fertige ein Protokoll an.

3 Gib an, welche Eigenschaften der Stoffe Wasser und Salz man sich bei der Destillation zunutze macht.

Aufbereitung von Wasser

1 Luftbild einer Kläranlage

Täglich verwenden wir sauberes Trinkwasser zum Duschen, Geschirrspülen oder Spülen der Toilette. Doch was passiert danach mit dem schmutzigen Abwasser?

Die Kläranlage • Nachdem das Wasser in unserem Abfluss verschwunden ist, gelangt es unter den Straßen über die Kanalisation zu einer Kläranlage. Dort wird das verschmutzte Wasser wieder zu frischem Wasser aufbereitet. Dazu sind allerdings einige Schritte notwendig.
Der Klärprozess gliedert sich in drei unterschiedliche Reinigungsstufen:

Mechanische Reinigung • Als Erstes wird das Abwasser mithilfe von Rechen, Sandfang und einem Vorklärbecken von grobem Schmutz befreit. Stoffe wie Plastikteile, Essensreste und Toilettenpapier werden dabei ausgesondert, entwässert und zu einer Deponie gebracht oder verbrannt.

Biologische Reinigung • In der biologischen Reinigungsstufe kommen Mikroorganismen in sogenanntem Belebtschlamm zum Einsatz. Die Mikroorganismen zersetzen mithilfe von Sauerstoff organische Verunreinigungen im Wasser. Nach dieser Stufe sind circa 90 Prozent der ursprünglichen Verunreinigungen bereits beseitigt.

Chemische Reinigung • In der sich anschließenden chemischen Reinigungsstufe werden Problemstoffe wie Phosphat mit Flockungsmitteln gebunden und entfernt.
In allen Reinigungsschritten entsteht Schlamm. Dieser wird in sogenannte Faultürme geleitet. Dort bilden sich durch Gärung Biogase, die als Brennstoff verwendet werden können. Der übrige Teil der Faulschlämme findet als Dünger Verwendung. Nach diesem Prozess kann das gereinigte Wasser wieder der Umwelt zugeführt werden.

In einer Kläranlage gibt es drei Reinigungsstufen: die mechanische, die biologische und die chemische Reinigung.

Aufgaben

1 ○ Beschreibe die drei Reinigungsstufen im Klärprozess mit eigenen Worten.

2 ◐ Erkläre, welche Funktion die Mikroorganismen im Klärprozess haben.

Material A

Wir bauen eine Kläranlage

Materialliste: 4 Joghurtbecher mit jeweils einem Loch im Boden (Bleistiftdicke), Becherglas, (Kaffee-)Filter, Wattepads, Sand, Kies, Aktivkohle, verschmutztes Wasser aus Pfütze, Bach ...

1 Wasche den Sand und den Kies, bis das Wasser klar ist.

2 Decke die Löcher der Joghurtbecher jeweils mit einem Wattepad ab. Fülle anschließend je einen Joghurtbecher zur Hälfte mit Aktivkohle, mit Sand und mit Kies.
Setze den Filter in den vierten Joghurtbecher.

3 Staple nun alle Becher in das Becherglas. → 2 Gieße verschmutztes Wasser oben in den Turm und beobachte. Bewahre einen Rest des verschmutzten Wassers zum späteren Vergleich auf.

4 ◐ Schreibe ein Versuchsprotokoll und gehe dabei auf den Zustand des Wassers vor und nach dem Versuch ein.

5 Leite Spülwasser in einem zweiten Versuch durch deine Mini-Kläranlage.

a ○ Beschreibe deine Beobachtung.

b ◐ Beschreibe, was passiert, wenn du das Filtrat schüttelst.

2 Modell der Kläranlage

6 ◐ Erkläre, warum in den Joghurtbechern unterschiedliche Materialien eingesetzt werden.

Material B

Die Klärstufen im Detail

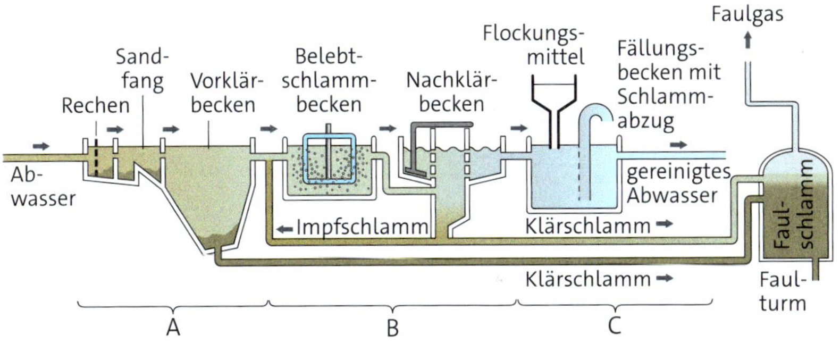

3 Der Klärprozess

In Bild 3 siehst du den Klärprozess schematisch dargestellt.

1 ○ Übernimm die Zeichnung in dein Heft und beschrifte die drei Klärstufen A, B und C.

2 ◐ Informiere dich über die Kläranlage, die für das Abwasser aus deinem Wohnort zuständig ist.

Element oder Verbindung?

1 Ist Wasser ein Ur-Element unserer Welt?

Die alten Griechen glaubten, Wasser wäre ein grundsätzliches Element des Universums. Heute sehen wir das anders.

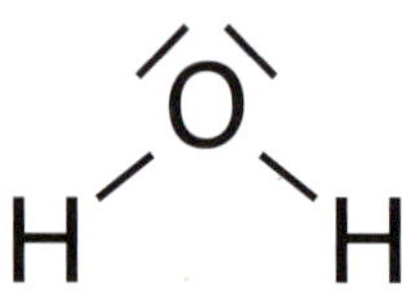

2 Wasser in der Lewis-Schreibweise

Wasser – eine Verbindung • Die Formel H_2O steht für Wasser. Wasser ist also eine Verbindung aus den Elementen Wasserstoff und Sauerstoff. → 3 Ein Wassermolekül besteht aus zwei Wasserstoff-Atomen und einem Sauerstoff-Atom, die über Elektronenpaarbindungen miteinander verbunden sind. → 2

Wasser herstellen • Wasser kann man am einfachsten herstellen, indem man Wasserstoff und Sauerstoff zur Reaktion bringt.
Dazu mischt man die beiden Gase im Verhältnis 2 : 1. Beim geringsten Zündfunken explodiert ein solches Knallgasgemisch. Es findet also eine heftige chemische Reaktion statt. Bei dieser Reaktion entsteht Wasser. Eine Reaktion, bei der ein neuer Stoff hergestellt wird, nennt man Synthese.
Für die Herstellung von Wasser ergibt sich folgende Reaktionsgleichung:

$$\text{Wasserstoff} + \text{Sauerstoff} \rightarrow \text{Wasser}$$
$$2\,H_2 + O_2 \rightarrow 2\,H_2O$$

	Element	Verbindung
Aufbau	gleiche Atome oder Moleküle aus gleichen Atomen	Moleküle aus verschiedenen Atomen
Beispiele	Sauerstoff, Wasserstoff 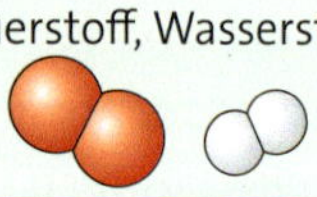	Wasser 

3 Übersicht: Element und Verbindung

Wasser ist eine Verbindung aus den Elementen Wasserstoff und Sauerstoff. Aus diesen Elementen lässt sich auch wieder Wasser herstellen.

die Verbindung
das Element
der Wasserstoff
die Analyse
die Synthese

Zerlegung mit Strom • Zerlegt man eine Verbindung, erhält man die Elemente, aus denen sie bestand. Dies nennt man Analyse. Mithilfe von elektrischem Strom lässt sich Wasser zerlegen. Dazu braucht man einen Plus- und einen Minuspol und eine Spannung von circa 3 Volt. Außerdem muss das Wasser ein wenig Säure enthalten, weil es sonst den Strom nicht leitet. Der Hofmannsche Apparat ist die passende Apparatur dafür. Durch die angelegte Spannung wird das Wasser allmählich zersetzt.
Dabei lässt sich Folgendes feststellen: An beiden Polen bildet sich Gas, aber am Minuspol ist das Gasvolumen doppelt so groß. Das liegt daran, dass bei der Zerlegung von Wasser doppelt so viel Wasserstoff wie Sauerstoff entsteht. → 5

Nachweis der Gase • Die in der Wasseranalyse entstehenden Gase kann man in Reagenzgläsern auffangen. Mit dem am Pluspol entstandenen Gas führt man eine Glimmspanprobe durch. Das Aufleuchten des glimmenden Spans im Reagenzglas ist ein Nachweis für Sauerstoff. Mit dem Gas vom Minuspol führt man eine Knallgasprobe durch. Dazu hält man das Reagenzglas an eine offene Flamme. Ein kurzes Ploppgeräusch gilt als Nachweis für Wasserstoff.

Wasser lässt sich mithilfe von elektrischem Strom in die Elemente Sauerstoff und Wasserstoff zerlegen.

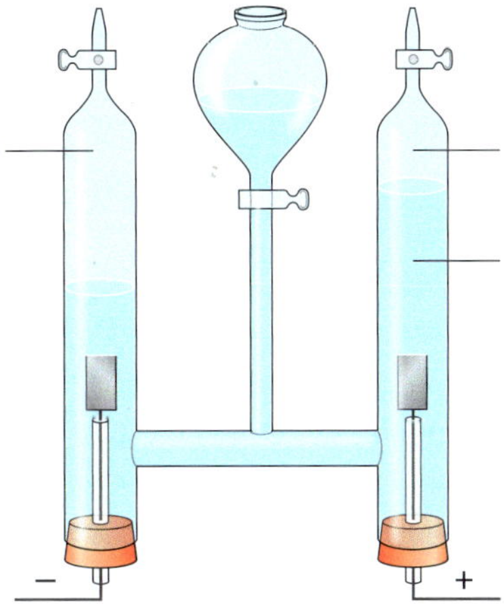

4 Hofmannscher Zersetzungsapparat

5 $$2\,H_2O \rightarrow 2\,H_2 + O_2$$

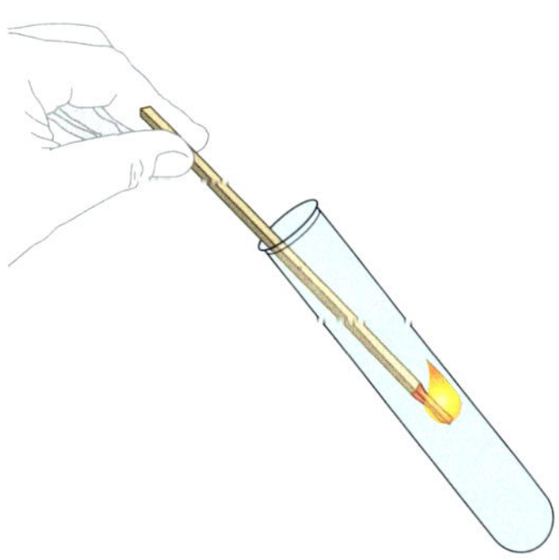

6 Glimmspanprobe

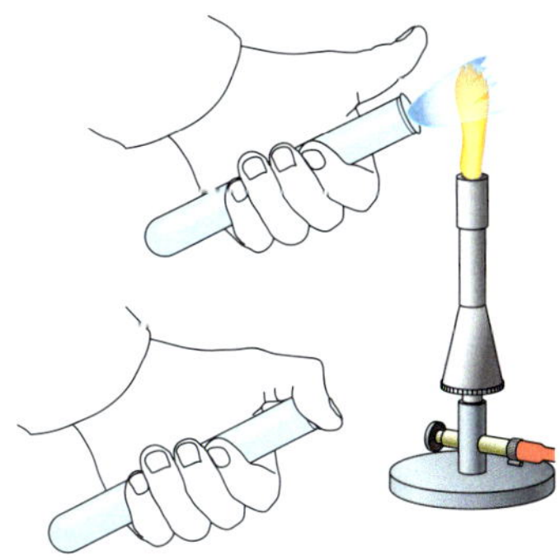

7 Knallgasprobe

Aufgaben

1 ▢ Begründe, weshalb Wasser kein chemisches Element ist.

2 ◪ Erkläre die Begriffe Synthese und Analyse am Beispiel Wasser.

3 ◪ Beschreibe die Funktionsweise des Hofmannschen Zersetzungsapparats.

Element oder Verbindung?

Material A

Zerlegung von Wasser

Was geschieht, wenn man elektrischen Strom durch Wasser leitet, das leicht angesäuert ist?

Materialliste: 2 Nägel, Becherglas, Kabel, Krokodilklemmen, Batterie (4,5 V), verdünnte Schwefelsäure (5%ig, ◇)

Gib verdünnte Schwefelsäure in das Becherglas. Befestige mit einer Krokodilklemme an jedem Nagel ein Kabel und stelle die Nägel in das Becherglas.

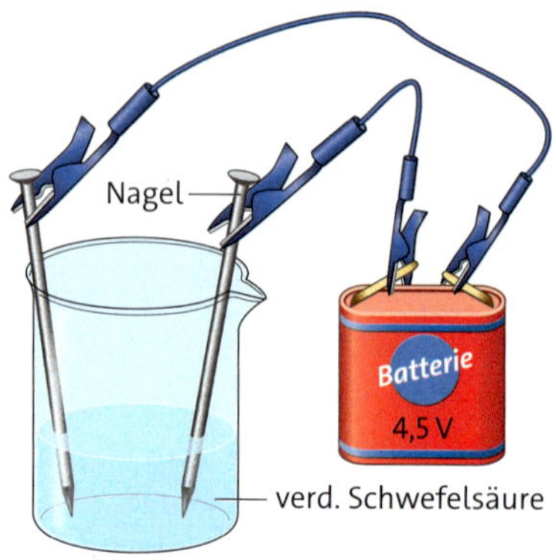

1 Aufbau des Versuchs

Dabei dürfen sich die Nägel nicht berühren. → 1
Verbinde nun die beiden Kabel mit der Batterie und beobachte.

1 ○ Erstelle ein Versuchsprotokoll. Beschreibe dabei auch, ob die Vorgänge an den beiden Nägeln gleich oder unterschiedlich sind.

2 ◐ Vergleiche den Aufbau und die Ergebnisse des Versuchs mit der Wasserzersetzung in einem Hofmann-Zersetzungsapparat.

3 ● Schlage vor, wie man die entstehenden Gase auffangen und nachweisen könnte.

Material B

Wasserstoff nachweisen

Wasserstoff ist ein hochentzündliches Gas. Die folgenden Versuche darfst du daher nur mit kleinen Mengen und in Gegenwart der Lehrkraft durchführen!

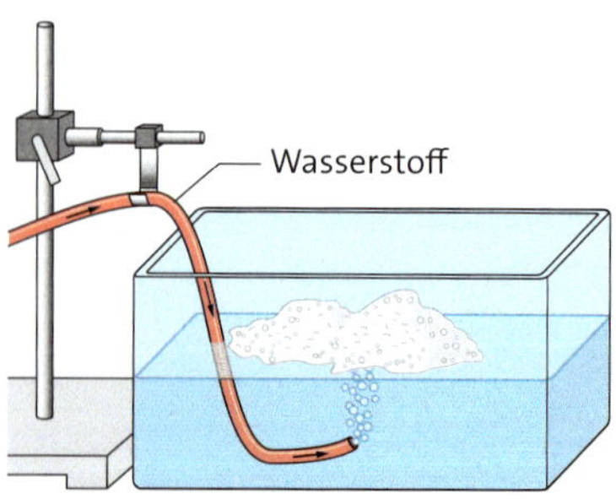

2 Einleiten von Wasserstoff

Materialliste: Reagenzgläser, Brenner, Kunststoffwanne, Seifenwasser, Teelöffel, Wasserstoff ◇ ◇ und Sauerstoff ◇ ◇ aus Vorratsflaschen

- Lass ein Reagenzglas durch die Lehrkraft mit Wasserstoff befüllen. Verschließe es mit dem Daumen. Zieh den Daumen weg und halte das Reagenzglas schnell an eine Brennerflamme. Achte genau auf das auftretende Geräusch.
- Gib etwas Seifenwasser in die Kunststoffwanne. Lass dann Wasserstoff in die Seifenlauge einleiten. → 2 Nimm mit einem Teelöffel einige Schaumblasen und halte sie an die Brennerflamme. Wiederhole den Versuch, lass aber von der Lehrkraft zusätzlich etwas Sauerstoff in das Seifenwasser einleiten.

1 ○ Beschreibe die Beobachtungen bei den Versuchen.

2 ● Erkläre, welche Rolle die Seifenblasen in dem Versuch spielen.

3 ● Erkläre, warum die Reaktion mit zusätzlichem Sauerstoff heftiger ist.

Erweitern und Vertiefen

Die erste Zerlegung von Wasser

Lavoisier • Antoine Laurent de Lavoisier war einer der ersten Chemiker, der sich sehr gute Glasgeräte und Waagen herstellen ließ. Jahrelang experimentierte er mit großer Genauigkeit, wog alle beteiligten Stoffe und protokollierte seine Messwerte. Er lebte von 1743 bis 1794 in Frankreich.

Was bereits bekannt war • Vor Lavoisier waren viele wichtige Fragen der Chemie noch nicht geklärt. Beispielsweise war das Gas Sauerstoff noch nicht bekannt. Man konnte Verbrennungen also noch nicht korrekt verstehen. Man wusste auch noch nicht, dass Wasser eine Verbindung ist.
Immerhin aber wusste man schon, dass es verschiedene Gase gibt, auch eine „brennbare Luft". Außerdem hatte man z. B. mit Metallen viele praktische Erfahrungen gemacht. Die Schmiede wussten seit Jahrtausenden, dass sich Eisen verändert, wenn man es heiß ins Wasser hält. Es wird dadurch gehärtet. Kann heißes Eisen also mit Wasser reagieren?

Das Experiment • Im Jahr 1783 erfuhr Lavoisier, dass der englische Naturwissenschaftler Henry Cavendish Wasser in zwei Gase zerlegt hatte. Lavoisier untersuchte dies genauer: Er ließ Wasserdampf über heiße Eisenstückchen strömen. → 3
Natürlich hatte er das Eisen vorher gewogen. Es wog nach dem Versuch mehr und war auch dunkler geworden. Es war Eisenoxid entstanden. Das Eisen musste sich also mit einem Bestandteil des Wassers verbunden haben.

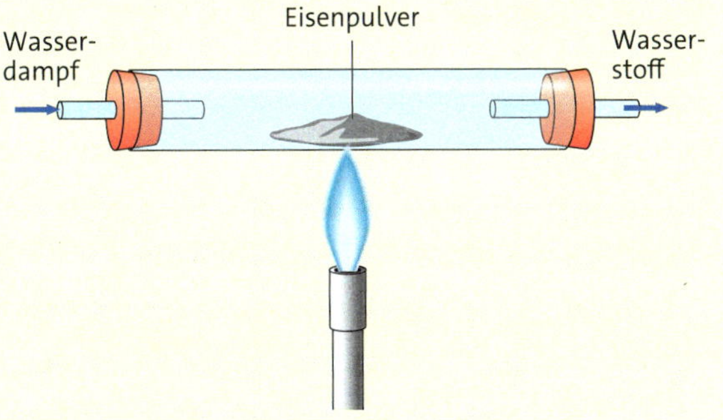

3 Nachbau von Lavoisiers Versuch

Der Wasserstoff • Bei der Reaktion entstand auch ein Gas. → 3 Lavoisier fing es auf und untersuchte es: Es war „brennbare Luft". Lavoisier nannte dieses Gas Wasserstoff, weil er damit Wasser herstellen konnte.

Aufgaben

1 ○ Lavoisier spaltete Wasser nicht mit elektrischem Strom, sondern mithilfe eines Stoffs. Nenne diesen Stoff.

2 ◐ Formuliere die Reaktionsgleichung zu Lavoisiers Versuch.

3 ◐ Immer wenn Lavoisier 10,0 g Eisenstückchen zur Reaktion brachte, wogen sie hinterher 14,2 g. Erkläre diese Massenzunahme.

4 ● Lavoisier wandelte seinen Versuch ab. Er ließ nicht Wasserdampf, sondern Luft über die heißen Eisenstückchen strömen. Auch dabei reagierte das Eisen, wurde dunkler und nahm an Masse zu. Erkläre, welche Reaktion dabei stattgefunden hatte.

Element oder Verbindung?

Methode

Formeln verstehen

Die Formeln zu verstehen ist kein Problem:

Beispiel 1 Wasserstoff besteht aus ganz einfachen Molekülen. Es sind einfach zwei Wasserstoff-Atome miteinander verbunden. Die Formel dafür lautet H_2. Eine kleine tiefgestellte Zahl, wie hier die 2, gibt also an, wie viele Atome in dem Molekül verbaut sind.

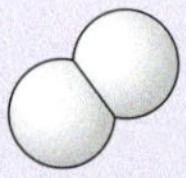

1 Wasserstoff, Formel H_2

Beispiel 2 Wasser hat die Formel H_2O. Jedes Molekül besteht aus 2 Wasserstoff-Atomen und 1 Sauerstoff-Atom. Eigentlich hätte man H_2O_1 schreiben müssen, aber den Index 1 lässt man einfach weg.

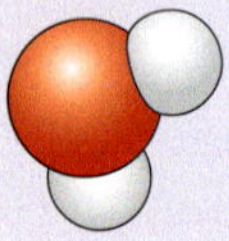

2 Wasser, Formel H_2O

Beispiel 3 Wasserstoffperoxid hat die Formel H_2O_2. Jedes Molekül besteht also aus 2 Wasserstoff-Atomen und aus 2 Sauerstoff-Atomen.

3 Wasserstoffperoxid, Formel H_2O_2

Beispiel 4 Oft ist nicht nur von einem einzigen Molekül die Rede, sondern von mehreren. Dann stellt man eine Zahl vor die Formel. Wenn es beispielsweise um drei Wasserstoffmoleküle geht, schreibt man in der Chemie also 3 H_2.

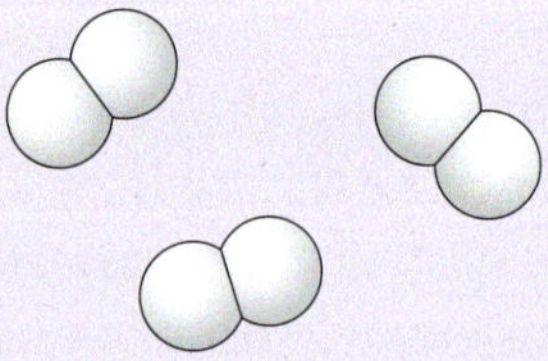

4 Drei Wasserstoffmoleküle, Formel 3 H_2

Aufgaben

1 ○ Baue die Formel CH_4 mit Knete oder mit Playmaiskörnern.

2 ◔ Stelle zeichnerisch dar, was mit 2 NH_3 gemeint ist.

Methode

Symbolgleichungen aufstellen

In der Chemie will man Reaktionen statt als Wortgleichung oft auch als Symbolgleichung schreiben, z. B. so: $2\,H_2 + O_2 \rightarrow 2\,H_2O$
Symbolgleichungen sind kurz, präzise und weltweit verständlich. Wie aber kommt man von der Wortgleichung zur Symbolgleichung? Das zeigen die folgenden 4 Schritte:

Schritt 1 Formuliere die Wortgleichung.

Schritt 1 Wasserstoff + Sauerstoff → Wasser

Schritt 2 Ersetze die Wörter durch Formeln. Denke dabei an die Erreichung des Edelgaszustands. Zum Beispiel muss Wasserstoff die Formel H_2 haben, weil es sonst nicht den Edelgaszustand erreichen würde.

Schritt 2 $H_2 + O_2 \rightarrow H_2O$

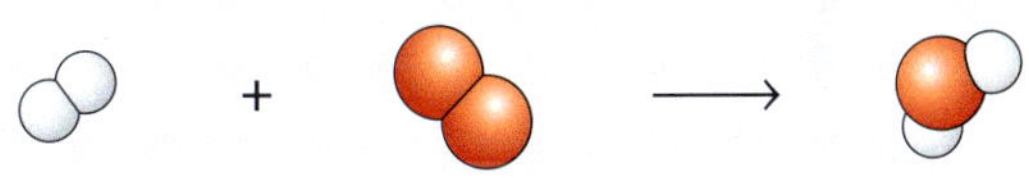

Schritt 3 Zähle ab, ob vor und nach dem Reaktionspfeil gleich viele Atome stehen. In unserem Beispiel fehlt rechts ein Sauerstoff-Atom. Das kann nicht sein. Denn bei einer Reaktion gehen keine Atome verloren.

Schritt 3 $H_2 + O_2 \rightarrow H_2O$

Wo ist das zweite O geblieben?

Schritt 4 Gleiche die Symbolgleichung aus, sodass vor und nach dem Reaktionspfeil gleich viele Atome jeder Art stehen.
Dazu muss man manchmal mehrere Möglichkeiten ausprobieren. In unserem Beispiel kann man sich fragen, was mit dem zweiten Sauerstoff-Atom passiert ist: Es hat sich mit einem weiteren Wasserstoffmolekül zu einem zweiten Wassermolekül verbunden.

Schritt 4 $2\,H_2 + O_2 \rightarrow 2\,H_2O$

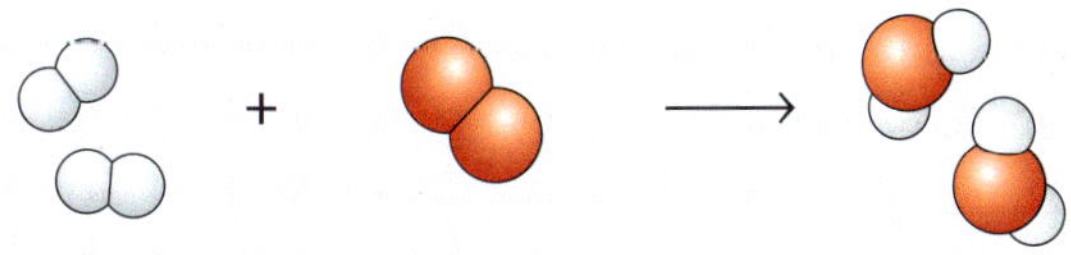

Aufgaben

1 ○ Man kann zwei Arten von Reaktionsgleichungen unterscheiden. Nenne sie.

2 ◐ Warum hat Sauerstoff die Formel O_2?

3 Stelle die Symbolgleichung auf für:
a ◐ die Reaktion von Wasserstoff (H_2) mit Stickstoff (N_2) zu Ammoniak (NH_3)
b ● die Verbrennung von Traubenzucker ($C_6H_{12}O_6$)

Wasser – immer noch rätselhaft?

1 Manche Tiere können auf Wasser laufen.

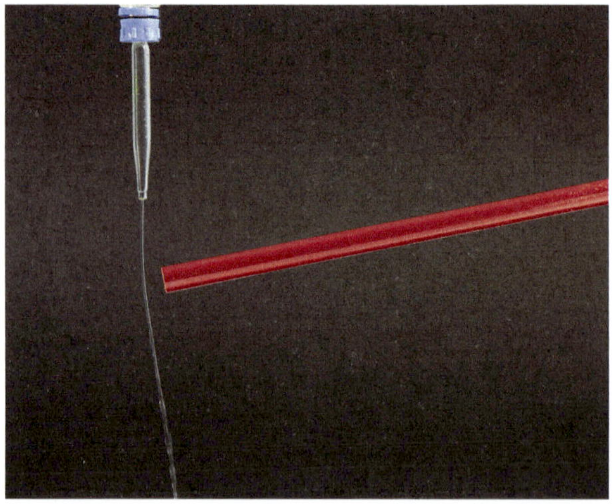

2 Wasser lässt sich im elektrischen Feld umlenken.

Wasser hat einige besondere Eigenschaften – die man aber auch erklären kann.

Ladungen im Molekül • In Bild 2 wurde ein Kunststoffstab elektrisch aufgeladen. Mit ihm kann man einen Wasserstrahl anziehen und umlenken. Das spricht dafür, dass es im Wassermolekül elektrische Ladungen gibt.

Polare Bindungen • Im Wassermolekül gibt es Elektronenpaarbindungen zwischen Sauerstoff- und Wasserstoff-Atomen. Das Sauerstoff-Atom hat die Eigenschaft, Bindungselektronen besonders stark an sich zu ziehen. Diese Eigenschaft nennt man Elektronegativität (EN). Die Elektronegativität von Sauerstoff (EN = 3,5) ist größer als die von Wasserstoff (EN = 2,1). Die Bindungselektronen sind daher näher beim Sauerstoff-Atom als beim Wasserstoff-Atom. In Bild 4 ist das mit den beiden Keilen dargestellt.

Element	EN
Na	0,9
Si	1,8
H	2,1
C	2,5
N	3,0
Cl	3,0
O	3,5
F	4,0

3 Elektronegativitäten von einigen Elementen

Im Bereich des Sauerstoff-Atoms gibt es daher eine negative Teilladung, bei den Wasserstoff-Atomen eine positive Teilladung. Ein solches Molekül mit zwei Polen nennt man einen Dipol. Die Pole bezeichnet man mit δ^+ (sprich: Delta plus) bzw. δ^-. Auch die beiden Elektronenpaarbindungen im Wassermolekül bezeichnet man als polar.

Die Bindungen im Wassermolekül sind polar. Daher ist das Wassermolekül ein Dipol – mit einer positiven und einer negativen Teilladung.

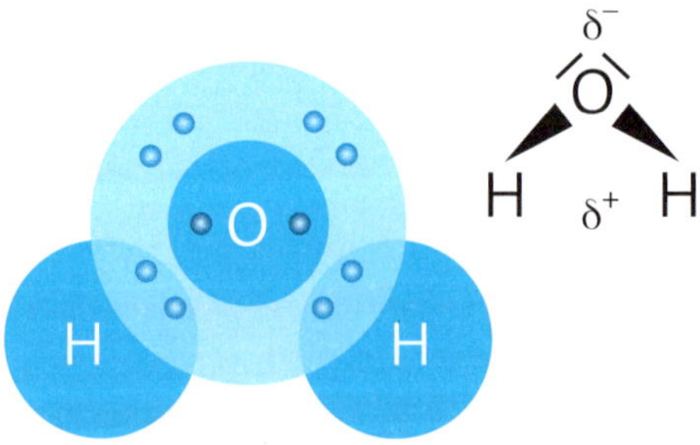

4 Die Bindungen im Wassermolekül

die Elektronegativität
der Dipol
die Wasserstoffbrücke

Wasserstoffbrücken • Der positive Pol eines Wassermoleküls und der negative Pol eines Nachbarmoleküls ziehen sich gegenseitig an. → 5 Diese Anziehung zwischen dem Sauerstoff-Atom des einen Moleküls und dem Wasserstoff-Atom des anderen Moleküls bezeichnet man als Wasserstoffbrücke.

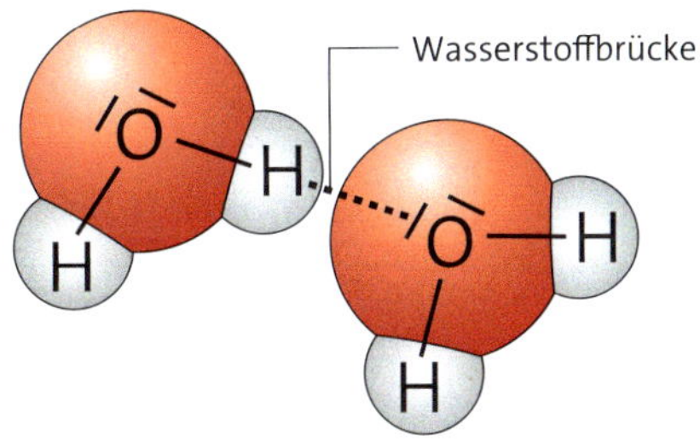

5 Wasserstoffbrücke

Fester Zusammenhalt • Die Wasserstoffbrücken sind der Grund dafür, dass Wassermoleküle ziemlich fest zusammenhalten. Weil sich die Moleküle gegenseitig anziehen, bleiben sie zusammen und bilden die typische runde Tropfenform. → 7

6 Wasser bildet Tropfen.

Oberflächenspannung • Es gibt kleine Insekten, die auf Wasser laufen können, als hätte es eine Haut. → 1 Auch dies lässt sich auf die Wasserstoffbrücken zwischen den Wassermolekülen zurückführen. Die in das Wasser gerichteten Kräfte lassen die Grenzfläche zwischen Wasser und Luft wie eine Haut wirken. Dies nennt man Oberflächenspannung – und der Wasserläufer macht sie sich zunutze.

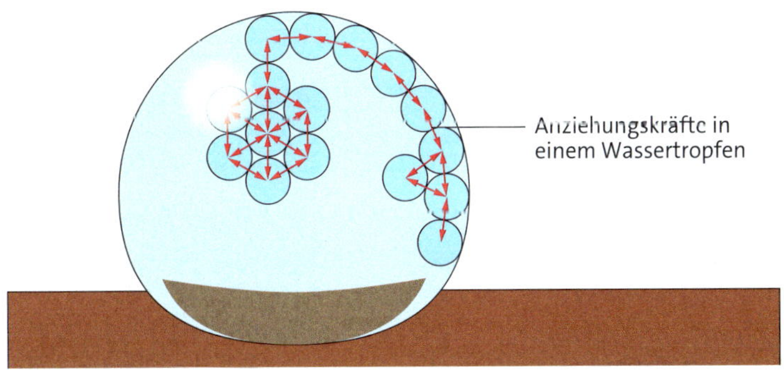

7 Wasserstoffbrücken sorgen für die Tropfenform.

Löslichkeit von Wasser • Auch die Löslichkeit von Wasser in anderen Stoffen wird durch die Wasserstoffbrücken beeinflusst. So löst sich Wasser am besten in polaren Stoffen, die ebenfalls Wasserstoffbrücken ausbilden können.

Zwischen den Dipolmolekülen des Wassers herrschen starke Anziehungskräfte, die Wasserstoffbrücken.

Aufgaben

1 ▢ Nenne Eigenschaften des Wassers.

2 ◪ Wasser ist ein Dipolmolekül. Erkläre.

3 ◪ Erläutere das Zustandekommen der Tropfenform beim Wasser. Verwende dabei Fachbegriffe.

Wasser immer noch rätselhaft?

Material A

Alles klar?

1 Ordne den Buchstaben (A) bis (L) im Text die zugehörigen Begriffe zu. Schreibe den Text in dein Heft.

Bindungselektronen, Dipol, Wasserstoffbrücken, Sauerstoff-Atom, Teilladungen, positiven, Wasserstoff-Atomen, Oberflächenspannung, Verbindung, H_2O, negativen, Elektronegativitäten

Wasser ist eine **(A)**, die aus zwei **(B)** und einem **(C)** besteht. Daher lautet die Summenformel **(D)**. Die beiden Elemente besitzen unterschiedliche **(E)**. Durch diese Differenz entstehen **(F)** im Molekül. Sauerstoff zieht die **(G)** aus der Elektronenpaarbindung näher zu sich. Deshalb gibt es im Bereich des Sauerstoff-Atoms einen **(H)** Pol und im Bereich der Wasserstoff-Atome einen **(I)** Pol. Wasser ist deshalb ein sogenannter **(J)** mit polaren Elektronenpaarbindungen. Zwischen benachbarten Wassermolekülen können sich deshalb **(K)** ausbilden. Das heißt, der positive Pol des einen Moleküls zieht den negativen Pol eines benachbarten Moleküls an und umgekehrt. Wasserstoffbrücken sind die Ursache für die **(L)** des Wassers.

Material B

Wenn Wasserstrahlen sich verknoten

Materialliste: Blechdose, Hammer, Nagel

1 Schlage vorsichtig mit dem Nagel und dem Hammer circa 5 Löcher nebeneinander in Bodennähe in die Blechdose. Achte auf einen gleichen Abstand zwischen den Löchern.

2 Halte die Dose über dem Waschbecken oder im Freien in der Hand.

3 Fülle sie nun zügig mit Wasser, bis sie ganz voll ist, und beobachte.

1

2

4 Fahre dann mit dem Finger über die Löcher der Dose und beobachte die Wasserstrahlen erneut.

5 Fertige ein Versuchsprotokoll an.

6 Beschreibe, was durch die Reibung mit dem Finger passiert.

7 Erkläre das Versuchsergebnis im Zusammenhang mit dem Bau der Wassermoleküle.

Material C

Hat Wasser eine Haut?

Materialliste: Glasschüssel, Büroklammern, Küchenpapier, Wasser, Spülmittel

Fülle die Glasschüssel halb voll mit Wasser. Versuche, mit dem Küchenpapier die Büroklammern vorsichtig auf die Wasseroberfläche zu legen, sodass sie schwimmen.

1 ▢ Betrachte die Büroklammern auf der Wasseroberfläche von der Seite. Beschreibe die Berührungsstellen zwischen den Büroklammern und dem Wasser.

2 ◗ Gib nun etwas Spülmittel ins Wasser. Beschreibe, wie sich das Spülmittel auswirkt.

3 ◗ Erkläre deine Beobachtungen.

3 Warum zerlaufen die Tropfen nicht?

Materialliste: 1-Cent-Münze, Tropfpipette, Wasser, Speiseöl

Schätze, wie viele Tropfen Wasser auf die Münze passen. Gib mithilfe der Pipette langsam Wassertropfen auf die Münze und zähle sie. Wiederhole danach den Versuch mit Öl.

4 ◗ Erkläre deine Beobachtungen. Worin besteht der Unterschied zwischen dem Verhalten von Wasser und Öl?

Material D

Polar oder unpolar?

Je größer die Differenz zwischen den Elektronegativitätswerten zweier Atome ist, desto polarer ist die Bindung.

1 ◗ Berechne die Elektronegativitätsdifferenz folgender Bindungen: H–H, H–F, H–Cl, H–Br, H–O, O–O, C–O, C–Cl, C–N. Sortiere die Bindungen anschließend aufsteigend nach ihrer Polarität.

H 2,1							He –
Li 1,0	Be 1,5	B 2,0	C 2,5	N 3,0	O 3,5	F 4,0	Ne –
Na 0,9	Mg 1,2	Al 1,5	Si 1,8	P 2,1	S 2,5	Cl 3,0	Ar –
K 0,8	Ca 1,0	Ga 1,6	Ge 1,8	As 2,0	Se 2,4	Br 2,8	Kr –
Rb 0,8	Sr 1,0	In 1,7	Sn 1,8	Sb 1,9	Te 2,1	I 2,5	Xe –
Cs 0,7	Ba 0,9	Tl 1,8	Pb 1,8	Bi 1,9	Po 2,0	At 2,2	Rn –

4 Elektronegativitätswerte im Periodensystem der Elemente

2 ● Es gibt Zusammenhänge zwischen den Elektronegativitätswerten der Elemente und ihrem Atombau. Finde diese Zusammenhänge in Tabelle 4 und beschreibe sie.

Wasser – immer noch rätselhaft?

Erweitern und Vertiefen

Nichtbindende Elektronenpaare

Das Methanmolekül • Das Methanmolekül (CH_4) ist ganz gleichmäßig gebaut. Um das Kohlenstoff-Atom herum sind vier gleichberechtigte Bindungen. → 1
Es lohnt sich, ein solches Methanmolekül auch einmal mit dem Molekülbaukasten zu bauen. Denn wenn man sich das Molekül genau anschaut, sieht man: Jede Bindung ist ein direkter Nachbar zu allen anderen Bindungen. Eine solche Struktur bezeichnet man auch als Tetraeder.

Der Winkel im Wassermolekül • Das Wassermolekül ist ganz ähnlich wie Methan gebaut. In der Mitte ist das Sauerstoff-Atom. Es hat aber nicht vier Bindungen, sondern nur zwei. Zwei der Bindungen sind hier ersetzt durch Elektronenpaare, die das Sauerstoff-Atom sowieso schon hatte. → 2
Diese Elektronenpaare nennt man nichtbindende Elektronenpaare. Sie nehmen ähnlich viel Platz ein wie das Elektronenpaar einer Bindung. Sie sind der Grund dafür, dass das Wassermolekül gewinkelt gebaut ist.

Die Dichteanomalie des Wassers • Bei den meisten Stoffen gilt: Je tiefer die Temperatur, desto größer die Dichte. Festes Wachs geht deshalb in flüssigem Wachs unter.

Bei Wasser stellt man jedoch etwas Faszinierendes fest: Die Dichte nimmt beim Abkühlen zwar zu, aber nur bis zu einer Temperatur von 4 °C. Darunter nimmt die Dichte wieder ab. Verantwortlich dafür ist die gewinkelte Struktur des Wassers. Durch Ausbilden von Wasserstoffbrücken zwischen den Molekülen entsteht eine sperrige Anordnung, die ziemlich viel Raum einnimmt. → 3 Dies erklärt, warum Eis leichter ist als flüssiges Wasser und Eiswürfel an der Wasseroberfläche schwimmen.

Aufgaben

1 ○ Baue Methan und Wasser als Luftballonmodell.

2 ● Wie ist das Ammoniakmolekül (NH_3) gebaut? Zeichne es oder baue es als Modell.

1 CH_4-Modell aus 4 Ballons

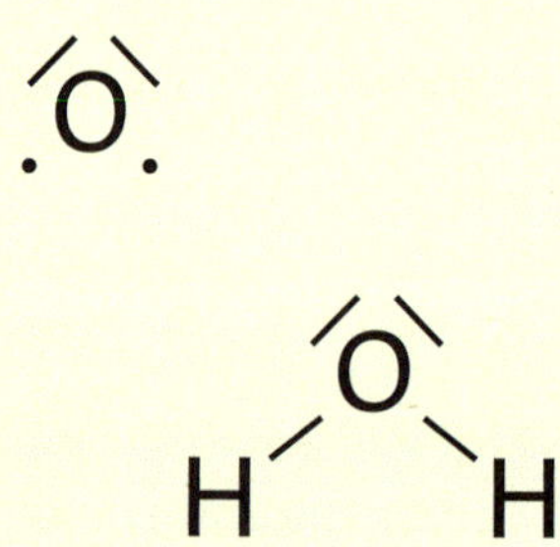

2 O-Atom, H_2O-Molekül

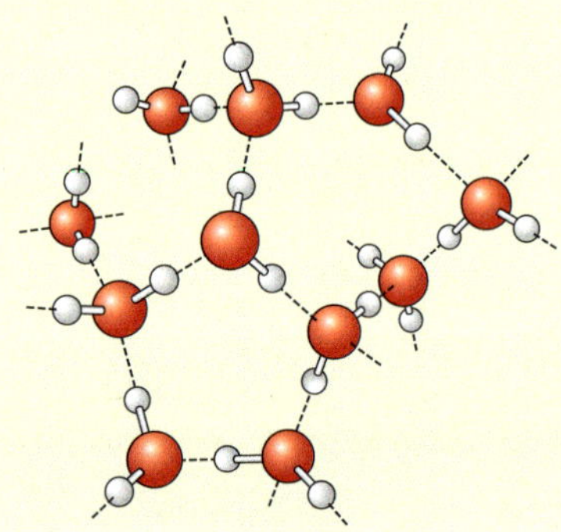

3 Sperrige Struktur im Eis

Erweitern und Vertiefen

Dipol oder nicht?

Mit polaren Bindungen • Ein Molekül kann nur dann ein Dipol sein, wenn es in ihm polare Bindungen gibt. Dies kannst du anhand der Elektronegativitätswerte der beteiligten Atome beurteilen.

Mit einer bestimmten Struktur • Aber nicht jedes Molekül mit polaren Bindungen ist auch ein Dipol. Dazu ein Beispiel:
Die Bindungen im Kohlenstoffdioxidmolekül sind polar. Denn der Unterschied zwischen den Elektronegativitäten von Kohlenstoff (2,5) und Sauerstoff (3,5) ist groß.
Am Kohlenstoff-Atom gibt es also eine deutliche positive Teilladung. Die beiden Sauerstoff-Atome tragen negative Teilladungen → 4
Aber: Die beiden Teilladungen an den Sauerstoff-Atomen gehen in entgegengesetzte Richtungen. Insgesamt gesehen heben sie sich dadurch auf. Ihr Ladungsschwerpunkt liegt genau in der Mitte des Moleküls – genau da, wo auch die positive Teilladung ist.
Insgesamt gesehen ist das Molekül daher kein Dipol.

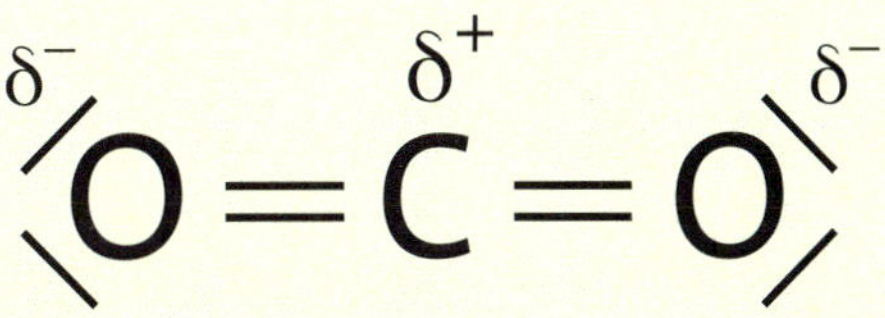

4 Die Teilladungen im Kohlenstoffdioxidmolekül

Aufgabe

1 ● Zeichne folgende vier Verbindungen in Lewis-Schreibweise:
CF_4, $CHCl_3$, C_2H_6, HF.
Trage in die Formeln die Teilladungen der Atome ein, die sich aus ihrer Elektronegativität ergeben.
Baue dann die Moleküle mit einem Molekülbaukasten oder zeichne sie in 3-D-Schreibweise. Nimm dazu Bild 5 als Hilfe.
Entscheide dann, welche Moleküle Dipole sind, und begründe deine Entscheidung.

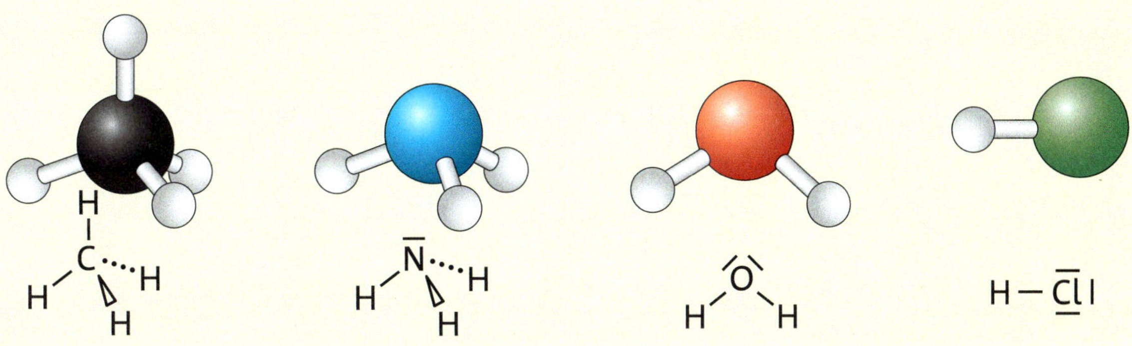

5 Räumlicher Bau von Methan-, Ammoniak-, Wasser- und Chlorwasserstoffmolekülen

Wasserstoff als Energieträger

1 Start einer Rakete

Bei einem Raketenstart sind rund 11 Millionen PS aktiv. Die Energie für diese unvorstellbare Leistung liefert eine chemische Reaktion zwischen Wasserstoff und Sauerstoff.

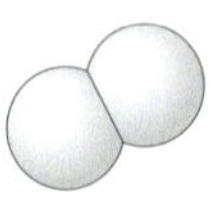

2 H_2-Molekül

Eigenschaften von Wasserstoff • Zu den möglichen Energieträgern der Zukunft zählt Wasserstoff. Wasserstoff ist das erste Element im Periodensystem. Bei Raumtemperatur ist er ein farb-, geruch- und geschmackloses Gas, in Form eines zweiatomigen Moleküls H_2. → 2 Wasserstoff ist leichter als Luft, weshalb er früher zum Beispiel als Füllgas in Luftschiffen verwendet wurde. Wasserstoff ist brennbar, unterhält die Verbrennung aber nicht.

3 Explodierender Wasserstoff

Wasserstoff als Energieträger • Wasserstoff bildet mit Sauerstoff ein explosives Reaktionsgemisch, das sogenannte Knallgas. Bei dieser stark exothermen Reaktion wird sehr viel Energie frei. Das zeigt sich, wenn man einen kleinen Ballon mit Wasserstoff füllt und den Ballon dann – mit sehr viel Sicherheitsabstand – entzündet. → 3 Der Ballon explodiert mit einem lauten Knall. Bei dieser Knallgasreaktion entsteht als Produkt Wasser bzw. Wasserdampf:

$$\text{Wasserstoff} + \text{Sauerstoff} \rightarrow \text{Wasser}$$
$$2\,H_2 + O_2 \rightarrow 2\,H_2O$$

Einsatz von Wasserstoff • Die Knallgasreaktion lässt sich in kleinen Mengen kontrollieren, sodass man die frei werdende Energie nutzen kann. So wird Wasserstoff beispielsweise als Raketenantrieb oder in Autos als Benzinersatz verwendet.

Wasserstoff ist durch seine Eigenschaften ein alternativer Treibstoff.

Aufgabe

1 ○ Nenne Eigenschaften von Wasserstoff.

Material A

Wasserstoff – ein Knaller

Materialliste: Stativmaterial, starrer Metalldraht (ca. 20 cm), Streichhölzer, lange Kerze, Standzylinder, Wasserstoff aus der Gasflasche

1 Bohre den Metalldraht von unten in die Kerze, sodass du sie sicher damit halten kannst. Befestige den Standzylinder kopfüber am Stativ. Der Standzylinder wird von deiner Lehrkraft mit Wasserstoff gefüllt. Führe die entzündete Kerze langsam von unten in den Standzylinder und ziehe sie wieder heraus.

2 Erkläre den Knall, den es beim ersten Einführen der Kerze gibt.

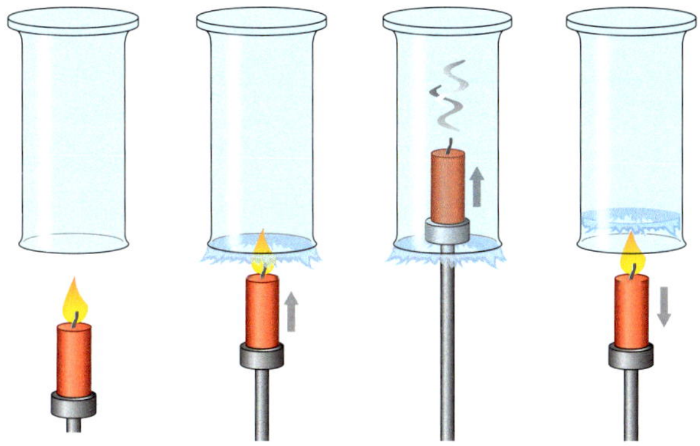

4 Eine Kerze wird in einen mit Wasserstoff gefüllten Standzylinder eingeführt.

3 „Wasserstoff ist brennbar, unterhält die Verbrennung aber nicht." Erkläre diese Aussage.

Material B

Wasserstoff im Vergleich

Wasserstoff bietet im Vergleich zu anderen Treibstoffen eine Reihe von Vorteilen. In dem Diagramm siehst du einen Vergleich von Wasserstoff mit anderen Treibstoffen. Bei gleicher Menge: Wie viel Energie liefert jeweils der Treibstoff?

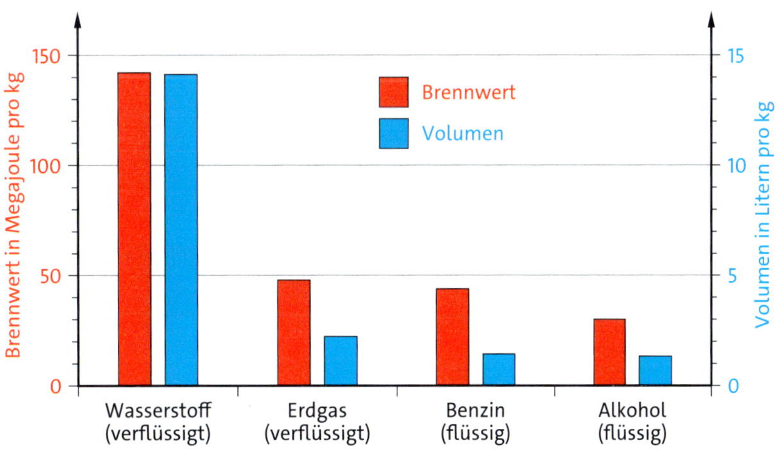

5 Treibstoffe im Vergleich

1 Beschreibe das Diagramm.

2 Vergleiche Wasserstoff mit den anderen Treibstoffen. Was fällt dir auf?

3 Bewerte, ob Wasserstoff insgesamt ein geeigneter Energieträger ist. Gehe dabei auf Vor- und Nachteile der Eigenschaften von Wasserstoff für die Technik ein.

Wasser – genau untersucht

Zusammenfassung

Bedeutung von Wasser • Wasser ist für Tiere, Pflanzen und Menschen lebensnotwendig. Wir nutzen Wasser vielfältig im Alltag. Für die Herstellung vieler Produkte sind enorme Wassermengen nötig. Dieses unsichtbar enthaltene Wasser bezeichnet man auch als virtuelles Wasser. Wasser ist ein kostbares Gut. Von der gesamten Wassermenge auf der Erde sind 97 Prozent Salzwasser und 3 Prozent Süßwasser. Nur ein geringer Teil des Süßwassers steht als Trinkwasser zur Verfügung. → 1

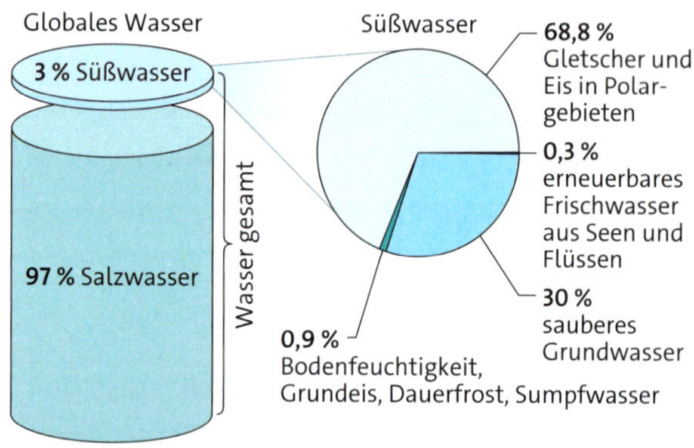

1 Wasserverteilung auf der Erde

Wasser ist kein Element • Chemisch gesehen ist Wasser eine Verbindung. Es besteht aus den Elementen Wasserstoff und Sauerstoff. Die Atome liegen dabei im Verhältnis 2 : 1 vor und die Formel lautet H_2O.
Wasser lässt sich durch Zufuhr von elektrischer Energie in seine Elemente zerlegen:

$$2\,H_2O \rightarrow 2\,H_2 + O_2$$

Die entstehenden Gase kann man nachweisen: Wasserstoff mit der Knallgasprobe, Sauerstoff mit der Glimmspanprobe.

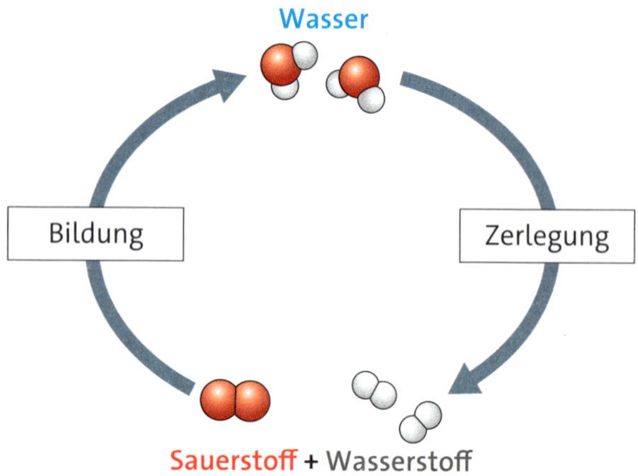

2 Zerlegung und Herstellung von Wasser

Eigenschaften von Wasser • Wasser ist eine Flüssigkeit mit besonderen Eigenschaften. Die unterschiedliche Elektronegativität von Wasserstoff- und Sauerstoff-Atomen führt zu einem Dipol im Wassermolekül.
Zwischen Wassermolekülen können sich Wasserstoffbrücken ausbilden, die für einen festen Zusammenhalt sorgen und dadurch auch z. B. die typische Wassertropfenform entstehen lassen.

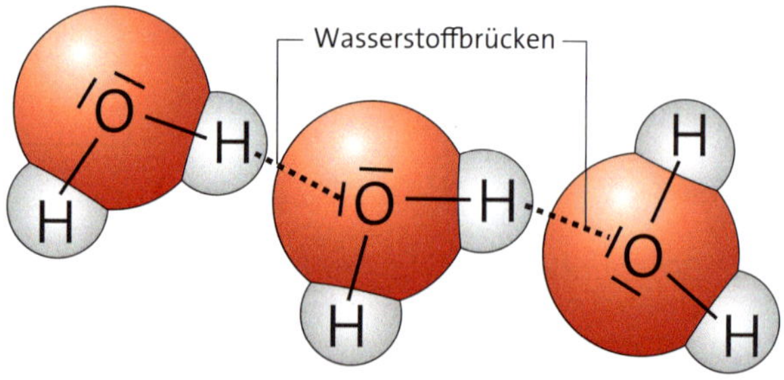

3 Wasserstoffbrücken zwischen Wassermolekülen

Teste dich! (Lösungen im Anhang)

Bedeutung von Wasser

1 ▢ Ohne Wasser – kein Leben. Erläutere die Rolle, die Wasser in unserem Leben spielt. Gehe dabei auf die Verwendung, unseren Wasserbedarf und die Funktionen im Organismus ein.

2 ◪ Erkläre, wie es sein kann, dass in einer Jeans 11000 Liter Wasser stecken.

3 ◪ Skizziere schematisch den Wasserkreislauf und gib die Aggregatzustandsänderungen mit Pfeilen an.

4 ◪ Beschreibe die Aufgaben des Wasserwerks. Gehe dabei auf das Grund- und das Oberflächenwasser ein.

Eigenschaften von Wasser

5 ◪ Welche Aussagen aus Bild 4 sind korrekt? Notiere diese in deinem Heft.

6 ● Beschreibe, welche Bedingungen für ein Dipolmolekül erfüllt sein müssen.

7 ● Berechne mithilfe von Bild 5 die Elektronegativitätsunterschiede folgender Verbindungen und gib jeweils an, ob es sich um Dipole handelt:
a) CH_4 b) CO_2 c) NH_3 d) NO_2

8 ◪ Wasserläufer sind Insekten, die auf der Wasseroberfläche laufen können und nicht untergehen. Erkläre, wie das funktionieren kann.

Wasser ist ein Dipol.

Wasser ist nach außen positiv geladen.

Wasser besteht aus Wasserstoff und Stickstoff.

Wasser ist nach außen negativ geladen.

Wasser ist nach außen neutral.

Wasser ist ein Element.

Wasser kann man herstellen.

4 Aussagen als Textkartchen

H 2,1						
Li 1,0	**Be** 1,5	**B** 2,0	**C** 2,5	**N** 3,0	**O** 3,5	**F** 4,0
Na 0,9	**Mg** 1,2	**Al** 1,5	**Si** 1,8	**P** 2,1	**S** 2,5	**Cl** 3,0
K 0,8	**Ca** 1,0	**Ga** 1,6	**Ge** 1,8	**As** 2,0	**Se** 2,4	**Br** 2,8
Rb 0,8	**Sr** 1,0	**In** 1,7	**Sn** 1,8	**Sb** 1,9	**Te** 2,1	**I** 2,5

5 Einige Elektronegativitätswerte

6 Schwimmender Eisberg

9 ◪ Erkläre mit Fachbegriffen, warum ein Eisberg im Wasser schwimmt.

Vielfalt der Salze

Im Meer ist viel Salz enthalten.
Wie gewinnt man reines, sauberes Kochsalz?

Im Alltag ist oft von Kochsalz die Rede. In der Chemie geht es aber auch um viele andere wichtige Salze.

Bei Salat denkt man nicht an Salze. In der Chemie wird aber auch zum Beispiel der Gehalt an Nitratsalzen im Salat gemessen.

Kochsalz – das weiße Gold

1 Salz ist lebensnotwendig.

Kochsalz ist heute für wenig Geld überall zu haben. Das war nicht immer so: Früher galt es als „weißes Gold“ und wurde sogar als Zahlungsmittel verwendet.

Salz früher • Im Mittelalter wurde Salz über weite Wege – die „Salzstraßen“ – nach Europa eingeführt und war sehr kostbar. Wo Salz bei uns abgebaut wurde, entstanden oft reiche Städte. Ortsnamen mit „hall“ wie Schwäbisch Hall, Bad Reichenhall oder Halle an der Saale erinnern noch heute daran.

2 Kochsalzkristalle unter der Lupe

Kochsalz ist lebenswichtig • Unser Körper braucht täglich 3–5 g dieses wichtigen Minerals. Es regelt unter anderem den Flüssigkeitshaushalt und den Blutdruck unseres Körpers. Wenn wir im Sommer schwitzen, verliert der Körper mit dem Wasser auch Salz. Leistungssportler nehmen daher spezielle Getränke zu sich, um den Salzverlust auszugleichen. Im Allgemeinen reichen aber Leitungswasser und normale Nahrung.

Ein Multitalent • Salz ist weit mehr als ein Mittel zum Würzen von Speisen. Es hilft beispielsweise, Lebensmittel haltbar zu machen. Nach Unfällen oder bei Operationen verwenden Ärzte eine 0,9%ige Kochsalzlösung gegen den Blutverlust. Sie wird „physiologische Kochsalzlösung“ genannt. Im Winter dient Streusalz zum Auftauen von Eis und Schnee auf den Straßen. Als Viehsalz wird gepresstes Steinsalz in Ställen oder im Wald den Tieren angeboten.

Salzgewinnung • Salz wird bei uns aus Salzstöcken weit unter der Erde gewonnen. Die Salzlagerstätten in Mitteldeutschland beispielsweise entstanden vor etwa 250 Millionen Jahren in der Zechsteinzeit. Große Teile Mitteleuropas waren damals von Meeren bedeckt, die oft nur eine schmale Verbindung zu den Ozeanen hatten. Auch aus dem Meer wird Salz durch Verdunsten des Wassers gewonnen.

die Saline

Entstehung der Salzlager • In flachen Binnenmeeren wie zum Beispiel im Werra-Fulda-Becken kam es zur Bildung der heutigen Salzlagerstätten. Beim damals herrschenden heißen Klima verdunstete das salzhaltige Meerwasser schneller, als es der seltene Regen ersetzen konnte. Dadurch stieg die Salzkonzentration immer mehr an, bis das wenige Wasser das Salz nicht mehr komplett lösen konnte. Ungelöstes Salz sank in Kristallen auf den Meeresboden. Dieses Salz wurde überzogen mit vom Land her hereingewehten Staub- und Sandschichten. → 2

Salz aus dem Bergwerk • Salz wird heute oft direkt abgebaut. Dazu wird salzhaltiges Gestein durch Sprengung und Abbau mit großen Maschinen aus dem Boden geholt. → 4 Das so gewonnene Steinsalz nutzt man als Streusalz. Als Speisesalz muss es durch Lösen, Filtrieren und Eindampfen noch von Gesteinsbestandteilen gereinigt werden.

Siedesalzsalinen • In Salinen kann seit etwa 50 Jahren Salz durch Lösen direkt in der Erde gewonnen werden. Man bohrt dazu unter Tage Löcher in die salzhaltige Erdschicht und füllt sie mit Wasser. Dieses Wasser löst das Salz. Die entstehende Salzlösung kann man nach einiger Zeit hochpumpen.

Salzlager entstanden aus urzeitlichen Meeren. Dieses Salz kann in Salinen durch Lösen oder in Bergwerken durch direkten Abbau gewonnen werden.

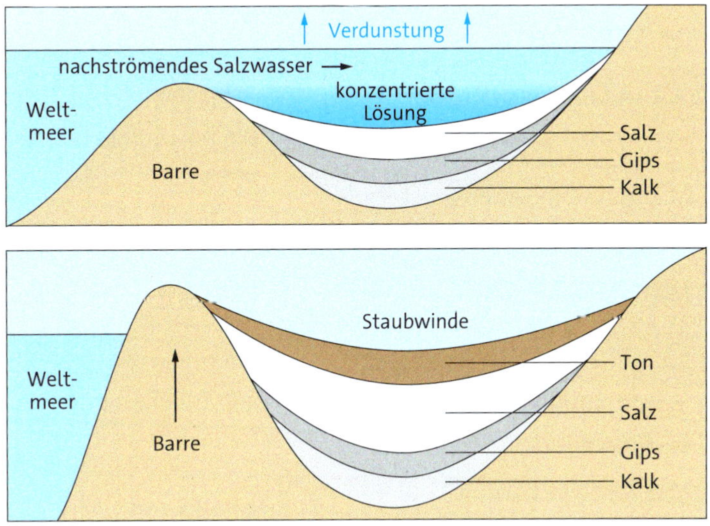

3 Entstehung der Salzlager

4 Abbau von Salz im Bergwerk

Aufgaben

1 ○ Nenne Verwendungsmöglichkeiten von Salz und seine Funktion im menschlichen Körper.

2 ◐ Beschreibe die Entstehung der Salzlager.

3 ◐ Beschreibe die Gewinnung von Salz im Bergbau und die Gewinnung von Salz in Salinen.

Kochsalz – das weiße Gold

Material A

Salz in Lebensmitteln

Salzgehalt in Lebensmitteln (in g Salz pro 100 g)

Kartoffeln	0,05
Karotten, gekocht	0,10
Dosenkarotten	4,00
Schweinefleisch	0,20
Fleischwurst	2,50
Emmentaler Käse	0,90
Tomate, roh	0,02
Tomatenketchup	3,00
Salzstangen	4,50
Salami	5,00
Fertigpizza	2,50
Bohnen, roh	0,01

1

1 ▢ Nenne Lebensmittel, die besonders wenig Salz enthalten. → 1

2 ▢ Nenne Folgen von zu hohem Salzkonsum. → 2

3 ◪ Vergleiche den Salzgehalt von frischen und verarbeiteten Lebensmitteln. → 1

4 ● Berechne, mit wie viel Gramm eines Lebensmittels die empfohlene Tagesdosis erreicht wird:

a für Kinder bis 10 Jahren

b für Erwachsene

Salzkonsum

Zu viel Salz kann den Blutdruck erhöhen und Herzerkrankungen verursachen. Zudem erhöht sich das Risiko, an Nierenleiden oder Osteoporose zu erkranken. Mit einer salzarmen Diät würden Menschen mit Bluthochdruck weniger Medikamente benötigen. Für einen Erwachsenen reichen etwa 5 g Salz pro Tag. Kindern bis 10 Jahren genügt 1 g pro Tag, Babynahrung sollte gar nicht gesalzen sein. Schon kleine Mengen Salz können für Babys tödlich sein.

2

Material B

Streusalz ist umstritten

1 Lies die Empfehlung der Stadtverwaltung. → 3
◪ Nenne die Nachteile der Verwendung von Streusalz im Winter.

2 ◪ Schreibe einen Leserbrief zu dem Thema. Beziehe darin auch die Vorteile des Streuens mit ein.

Auf Streusalz verzichten

Lässt sich Schnee nicht komplett räumen, weil er zu nass oder angefroren ist, sollte mit abstumpfenden Mitteln gestreut werden. Am besten geeignet sind Sand oder Feinsplitt. Beides kann man im Supermarkt oder im Baumarkt erwerben. Dabei ist darauf zu achten, dass dem Streumaterial kein Salz beigemischt ist. Auftauende Mittel wie Streusalz dürfen nur im Ausnahmefall benutzt werden, wenn die Glätte nicht anders beseitigt werden kann. Für Hunde ist es besonders wichtig, auf Streusalz zu verzichten, denn das aggressive Salz greift die Pfoten der Tiere an. Streusalz schadet aber auch Pflanzen, trägt zum Rosten von Metallen bei und schädigt Beton. Deshalb bittet das Umweltamt, wirklich nur in Ausnahmefällen Streusalz zu benutzen. Räumen ist außerdem Pflicht, um Unfälle zu vermeiden.

3

Material C

Wir gewinnen Kochsalz aus Steinsalz

Hier geht es darum, aus Steinsalz, wie es aus dem Bergwerk kommt, reines Kochsalz zu gewinnen.

4 Steinsalz

5 Kochsalz

Materialliste: grob gemahlenes Steinsalz, Becherglas, Trichter mit Filterpapier, Erlenmeyerkolben, Dreifuß, Gasbrenner, Abdampfschale

Vorsicht • Am Ende kann es spritzen! Abkühlen lassen!

1 ▢ Zeichne die drei Schritte von Bild 6 ab und beschrifte sie passend mit den Begriffen Lösen, Eindampfen und Filtrieren. Führe den Versuch in der richtigen Reihenfolge durch.

2 ◔ Gib an, was sich nach dem Filtrieren im Erlenmeyerkolben befindet.

3 ◔ Erkläre, welche Eigenschaften des Salzes und des Gesteins die Trennung von Salz und Gestein ermöglichen.

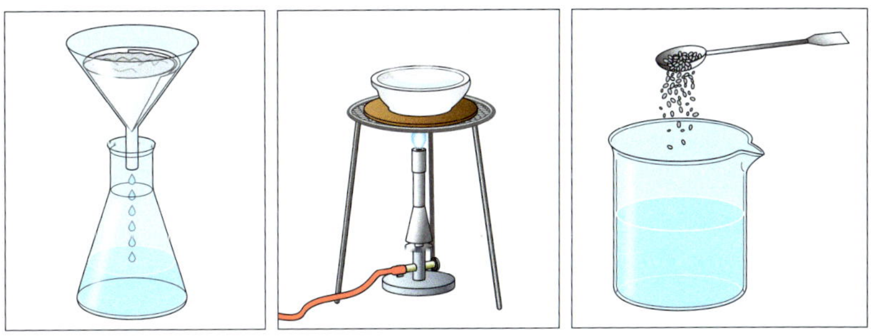

6 Drei Arbeitsschritte

Material D

Wie sind die Salzlager entstanden?

Materialliste: Becherglas (250 ml), Spatel, Kochsalz, Wasser, Dreifuß, Drahtnetz, Gasbrenner

1 Fülle ca. 100 ml Wasser in das Becherglas. Gib dann so lange Salz ins Wasser, bis trotz des Rührens ein Bodensatz bleibt.

2 Erhitze deine gesättigte Salzlösung, bis etwa die Hälfte des Wassers verdampft ist.

3 ▢ Notiere deine Beobachtungen.

4 ◔ Erkläre mithilfe deiner Beobachtungen die Entstehung der Salzlager.

5 ◔ Erkläre, was in der Realität der Salzlösung im Glas und dem Verdampfen durch den Gasbrenner entspricht.

7 Abbau von Salz aus Salzlagern

Die Eigenschaften der Salze

1 Kristalle von Natriumchlorid (Kochsalz, links), Kupfersulfat (Mitte) und Calciumfluorid (rechts)

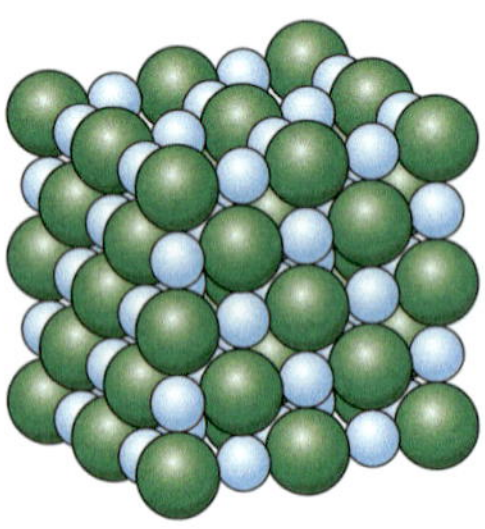

2 Natrium-chlorid-Gitter

Eine ganze Gruppe von Stoffen hat ihren Namen vom Kochsalz: die Salze. Was ist das Gemeinsame dieser Stoffgruppe?

Hohe Schmelztemperaturen • Alle Salze sind bei Zimmertemperatur fest. Sie schmelzen erst bei Temperaturen von mehreren Hundert Grad:

Lithiumbromid	550 °C
Kaliumchlorid	770 °C
Natriumchlorid (Kochsalz)	800 °C
Natriumfluorid	990 °C
Magnesiumoxid	2800 °C

Löslichkeit in Wasser • Viele Salze lösen sich gut in Wasser. In anderen Lösungsmitteln, z. B. in Benzin oder Spiritus, lösen sie sich dagegen nicht.

Salze bilden Kristalle • Viele Salze bilden Kristalle mit jeweils für sie typischen Formen. Kochsalzkristalle z. B. sind immer würfelförmig. → 1

Salze sind spröde • Salze sind sehr spröde: Die Kristalle zerbrechen schon bei geringem Stoß oder Druck. Das kann man beobachten, wenn man grobes Salz zerreibt und dasselbe auch mit einem Metall versucht, zum Beispiel mit Zinkkörnern.

Elektrische Leitfähigkeit • Hier stellt man Folgendes fest:
- Salzkristalle leiten den elektrischen Strom nicht.
- Geschmolzene oder in Wasser gelöste Salze leiten den elektrischen Strom dagegen gut.

Außer Kochsalz gibt es zahlreiche andere Salze. Diese Stoffgruppe hat eine Reihe gemeinsamer Eigenschaften.

Aufgaben

1 ○ Nenne typische Eigenschaften von Salzen.

2 ◐ Erstelle einen Steckbrief der Stoffgruppe Salze.

Material A

Kochsalz und andere Salze zum Schmelzen bringen

Dieser Versuch gelingt nur, wenn du das Reagenzglas einige Zeit ruhig an die heißeste Stelle des Brenners hältst. → 3

Materialliste: Lupe, Gasbrenner, schwer schmelzbares Reagenzglas, Reagenzglashalter, Porzellanschale, Kochsalz (Natriumchlorid), andere Salze, z. B. Kaliumnitrat, Kaliumchlorid, Natriumsulfat oder Natriumnitrat

Betrachte die Kochsalzkristalle mit einer Lupe.
Versuche dann, 1 cm hoch Kochsalz im Reagenzglas zu schmelzen. Wenn dir das gelingt, gieße das Geschmolzene schnell in die Porzellanschale aus. Wiederhole den Versuch mit einem anderen Salz.

1 Vergleiche die Schmelztemperaturen der Salze.

2 Erläutere, was dieser Versuch über den Zusammenhalt der einzelnen Teilchen der Salzkristalle aussagt.

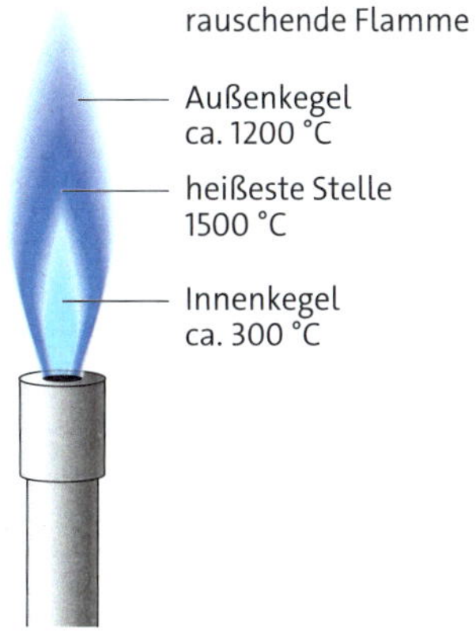

3 Temperaturen im Gasbrenner

3 Begründe, warum die Schmelztemperatur von Kochsalz niedriger ist als die Temperatur der Flamme.

Material B

Salze und elektrische Leitfähigkeit

Bei der elektrischen Leitfähigkeit von Salzen spielt Wasser eine große Rolle.
Achtung • Führe den folgenden Versuch nur im Abzug durch!

Materialliste: Bechergläser (100 ml), Spatel, destilliertes Wasser, Kochsalz (Natriumchlorid), andere Salze (z. B. Kaliumchlorid oder Natriumsulfat), Kochsalzkristall, Leitfähigkeitsmessgerät → 4

1 Vergleiche die Leitfähigkeit der Salze.
a Prüfe einen Salzkristall auf elektrische Leitfähigkeit.
b Prüfe auch destilliertes Wasser auf elektrische Leitfähigkeit.
c Löse eine Spatelspitze Salz in ca. 50 ml destilliertem Wasser und prüfe die Salzlösung auf Leitfähigkeit.
d Löse drei weitere Spatelspitzen Kochsalz und prüfe erneut. Erkläre die Beobachtungen.
e Wiederhole die Schritte a–d mit einem anderen Salz.

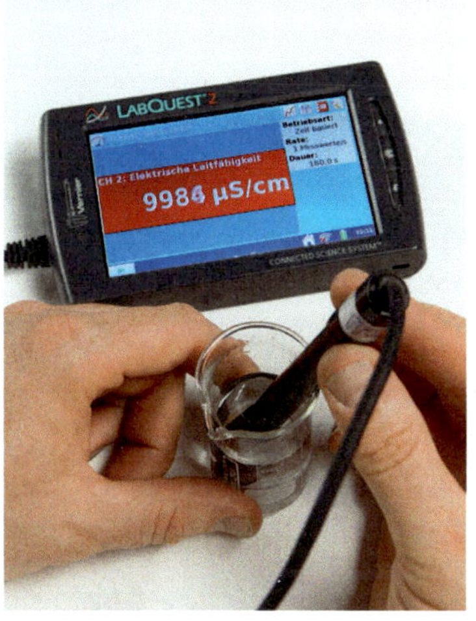

4 Prüfung der Leitfähigkeit

f Stelle deine Ergebnisse in einer Tabelle zusammen.

Die Eigenschaften der Salze erklären

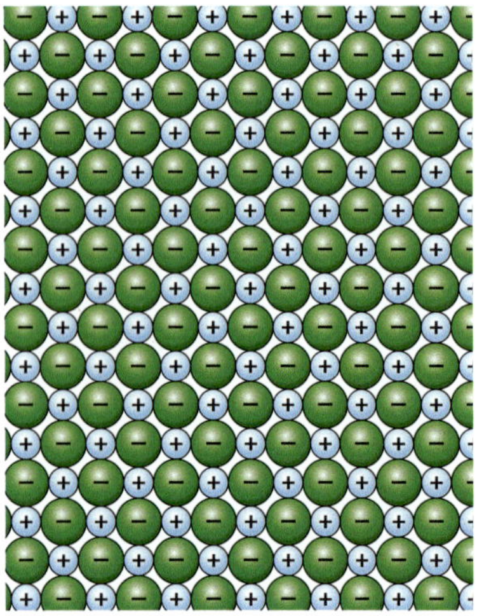

1 Festes Kochsalz

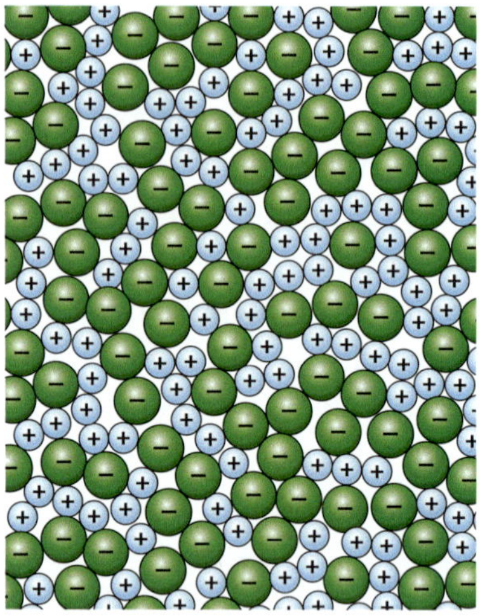

2 Geschmolzenes Kochsalz

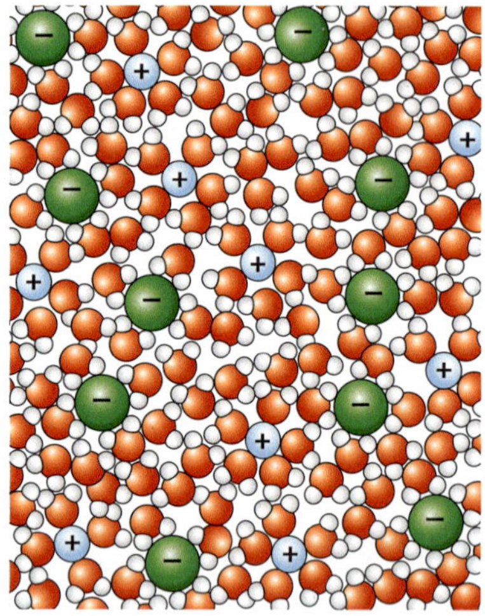

3 In Wasser gelöstes Kochsalz

Du weißt schon, dass Salze gemeinsame Eigenschaften haben. Alle diese Eigenschaften lassen sich mit dem Aufbau der Salze aus Ionen erklären.

Salze haben eine hohe Schmelztemperatur • Salze sind aus Ionengittern von positiven und negativen Ionen aufgebaut. Zwischen den unterschiedlich geladenen Ionen herrschen starke Anziehungskräfte. Um diese Anziehungskräfte zu überwinden, braucht man viel Energie in Form von Wärme. Die Folge: Die Schmelztemperaturen der Salze – und auch ihre Siedetemperaturen – sind sehr hoch.

Salze bilden Kristalle • Zwischen den positiven und negativen Ionen herrschen nach allen Seiten gleich starke Anziehungskräfte. Dadurch ordnen sich Ionen zu einem gleichmäßigen Ionengitter an. Es entsteht ein Kristall, also ein hartes Gebilde mit geraden und glatten Kanten.

Salze sind spröde • Obwohl die Ionen im Gitter einen starken Zusammenhalt haben, sind Salze spröde und brechen leicht. Eine winzige Verschiebung um eine Ionenschicht führt bereits dazu, dass Abstoßungskräfte zwischen Ionen ausgelöst werden. Ionen mit gleicher Ladung, die nun benachbart liegen, stoßen sich gegenseitig ab. → 4

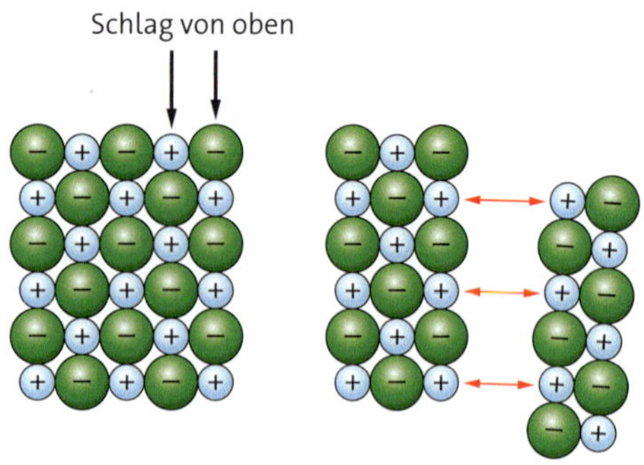

4 Spaltung eines Salzkristalls

Die Eigenschaften der Salze kann man mit ihrem Bau aus positiv und negativ geladenen Ionen erklären.

die Hydratation
die Hydrathülle

Ionen treffen auf Wassermoleküle • Kochsalz löst sich problemlos in Wasser. Dabei sind die zwei Stoffe doch sehr verschieden: Salzkristalle bestehen aus Ionengittern, Wasser besteht aus Molekülen mit Elektronenpaarbindungen. Die Wassermoleküle haben allerdings eine wichtige Besonderheit: Sie sind Dipolmoleküle mit positiven und negativen Teilladungen. → 5

Der Lösevorgang • Was geschieht, wenn ein Salz in Wasser gelöst wird? Die Seiten der Wassermoleküle mit der positiven Teilladung werden von den negativ geladenen Ionen, bei Kochsalz also von den Chlorid-Ionen, angezogen. Die Seite der Wassermoleküle mit der negativen Teilladung wird von den positiven Ionen, bei Kochsalz von den Natrium-Ionen, angezogen. → 7 Wenn Wassermoleküle in ihrer Bewegung an ein passendes Ion stoßen und dann mehrere Wassermoleküle daran „ziehen", wird es aus dem Ionengitter herausgelöst. → 6

Hydratation • Wenn ein Ion aus dem Gitter gelöst ist, wird es sofort von weiteren Wassermolekülen umlagert. Diesen Vorgang nennt man Hydratation. Die durch die Wassermoleküle entstandene „Hydrathülle" hält die Ionen davon ab, wieder ins Kristallgitter zurückgezogen zu werden. → 7

Salze lösen sich in Wasser, weil die zwei Pole des Wassers die Ionen aus dem Ionengitter herausziehen. Die entstehende Hydrathülle verhindert eine Rückkehr ins Ionengitter.

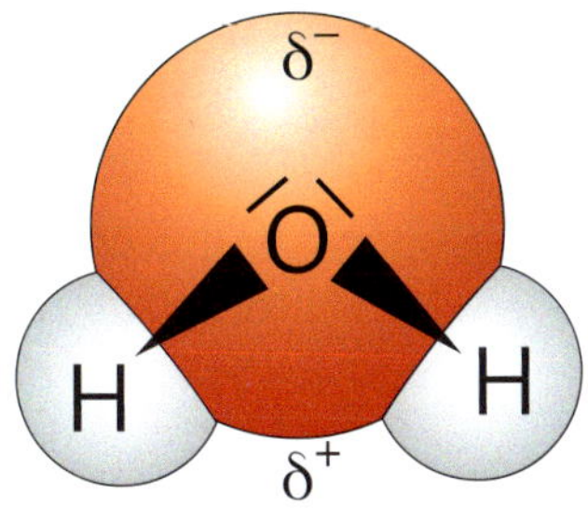

5 Dipolmolekül Wasser mit Teilladungen

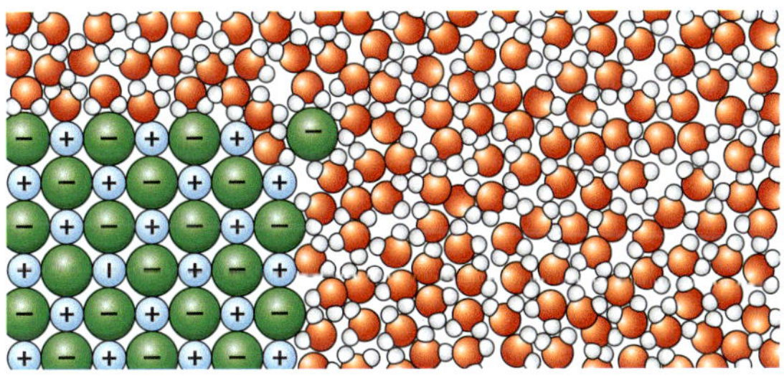

6 Wassermoleküle lösen ein Chlorid-Ion.

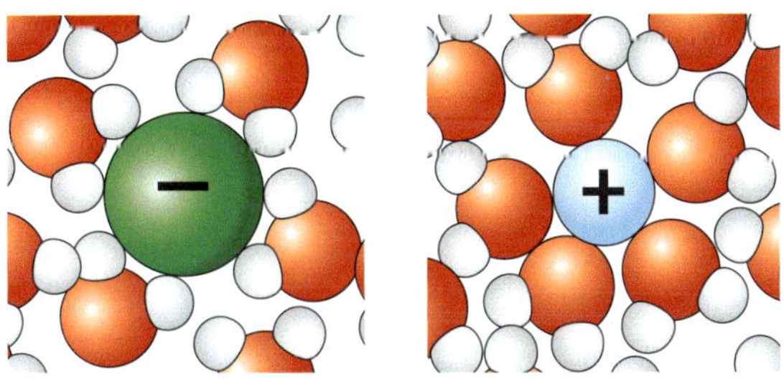

7 Zwei Ionen mit ihrer Hydrathülle

Aufgaben

1 Erkläre, warum Salze spröde sind.

2 Beschreibe, wie sich Salze in Wasser lösen. Verwende Fachbegriffe.

3 Begründe, warum der Rückweg für die gelösten Ionen ins Gitter unmöglich ist.

Die Eigenschaften der Salze erklären

Material A

Ionen wandern

Materialliste: Netzgerät, Kabel mit Klemmen, Graphitelektroden, Pipette, Filterpapier, Kaliumnitrat-Lösung, Kupferchlorid, Kaliumpermanganat

Baue den Versuch wie in Bild 1 auf. Tränke das Filterpapier mit Kaliumnitrat-Lösung. Gib jeweils einen Kristall Kupferchlorid und Kaliumpermanganat auf die Startlinie. Lege dann 20–25 V Gleichstrom an. Halte das Filterpapier durch Auftropfen von etwas Wasser ständig feucht.

1 ○ Beschreibe deine Beobachtungen.

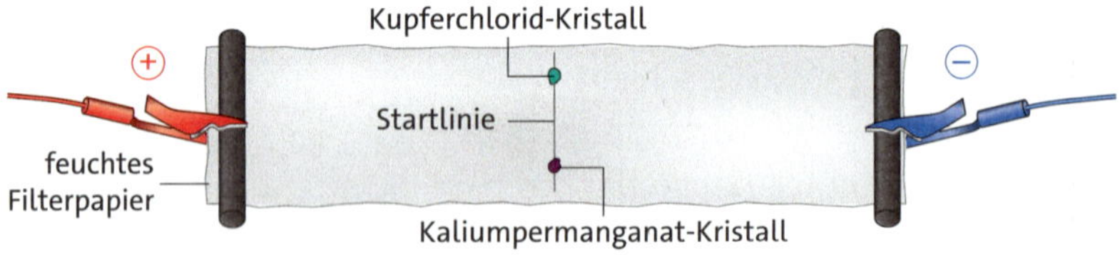

1 Ionen zwischen Plus- und Minuspol

2 ◐ Erkläre, welche Ionen zu welchem Pol wandern. Erkläre auch, welche Ladung Permanganat-Ionen haben müssen.

Material B

Kristallbildung beobachten

Materialliste: Mikroskop, Teelöffel, Becherglas, Objektträger, Deckglas, Pipette, Kochsalz, Wasser, Brenner, Holzklammer

1 Löse einen Teelöffel Salz in 10 Teelöffeln heißem Wasser auf.

2 Gib mit der Pipette 1 Tropfen Salzlösung auf den Objektträger.

3 Halte den Objektträger mit der Holzklammer und bewege ihn immer wieder leicht über die Brennerflamme, sodass das Wasser verdampft.

4 Mikroskopiere den Rand des Tropfens bei schwacher Vergrößerung. Wenn du die ersten Kristalle erkennst, kannst du auch bei mittlerer Vergrößerung mikroskopieren.

5 ○ Beschreibe deine Beobachtungen. Fertige eine Skizze der Kochsalzkristalle an.

6 Versuche mit deinem Handy die Kristalle über das Objektiv des Mikroskops zu fotografieren. Dazu musst du sehr sorgsam den passenden Abstand des Handys zum Objektiv finden.

2 Kochsalzkristalle unter dem Mikroskop

7 ◐ Beschreibe die Form der Kochsalzkristalle.

8 ● Erkläre die Form der Kochsalzkristalle. Zeichne dazu ein Ionengitter eines Kochsalzkristalls.

Material C

Salze lösen sich in Wasser

Materialliste: 5 Reagenzgläser, Reagenzglasständer, Thermometer, Spatel, Ammoniumnitrat, Calciumchlorid, Kaliumchlorid, Kaliumnitrat, Natriumchlorid, Wasser

1 Gib in jedes Reagenzglas 3 ml Wasser und einen Spatel eines der fünf Salze. Schüttle vorsichtig, bis das Salz gelöst ist, und miss dann sofort die Temperatur.

2 ○ Protokolliere die Temperaturveränderungen in einer Tabelle. Vergleiche deine Werte.

3 ● Lies den Text. → 3 Erkläre mithilfe der Informationen darin, die verschiedenen Versuchsergebnisse.

Beim Lösen eines Salzes laufen immer zwei Vorgänge ab: das Herauslösen der Ionen aus dem Ionengitter und die anschließende Umlagerung von Wassermolekülen. Für das Herauslösen der Ionen aus dem Ionengitter muss ein gewisser Energiebetrag, die Gitterenergie, aufgewendet werden. Lagern sich Wassermoleküle um die herausgelösten Ionen, wird Energie frei, die sogenannte Hydratationsenergie.
Ist die Hydratationsenergie größer als die Gitterenergie, so wird Energie an die Umgebung abgegeben. Die Lösung erwärmt sich.
Ist stattdessen die benötigte Gitterenergie größer als die frei werdende Hydratationsenergie, so kühlt sich die Lösung ab.

3

Material D

Wie funktioniert das Streusalz?

Auf Eis befindet sich immer eine sehr dünne Schicht von geschmolzenem Wasser. Dieser „Wasserfilm" wird auch dann vom Eis nachgebildet, wenn man ihn wegwischt. Wir sagen: „Eis und Wasser sind im Gleichgewicht." Wenn nun Salz darauf gestreut wird, löst das Wasser das Salz und die Wassermoleküle lagern sich um die gelösten Ionen (Hydratation).
Ist das Wasser dem Eis-Wasser-Gleichgewicht entzogen, wird neues Wasser gebildet. Dadurch schmilzt das Eis. Dieser Vorgang setzt sich fort, bis alles Salz gelöst ist.
Zudem gefriert die entstandene Salzlösung erst unter −20 °C, da die Salz-Ionen die Gitterbildung beim Eis stören. Zusätze von Calciumchlorid oder Magnesiumchlorid setzen den Gefrierpunkt noch weiter herunter. Diese Salze sind zudem weniger schädlich für die Umwelt.

4

5 Streudienst im Winter

1 Lies den Text:
a ◐ Erkläre das Schmelzen des Eises durch den Lösevorgang von Salz mit einer Zeichnung.
b ● Erkläre, welcher Effekt verhindert, dass das aufgetaute Wasser wieder gefriert.

Salzlösungen – verschieden konzentriert*

1 Das Tote Meer

Das Wasser des Toten Meeres ist viel salzhaltiger als andere Meere. Wie lässt sich der Salzgehalt verschiedener Meere angeben?

Konzentrationen angeben • Unter Konzentration versteht man den Anteil eines Stoffs an einer Lösung. Um die Salzkonzentration verschiedener Meere zu vergleichen, kann man den Salzgehalt in $\frac{g}{l}$ angeben. Das Tote Meer enthält z. B. bis zu 360 $\frac{g}{l}$ Salz. Wasser aus den anderen Weltmeeren liegt im Durchschnitt bei 38 $\frac{g}{l}$.

Konzentrationsangabe mit Mol • In der Chemie gibt man die Konzentration von Lösungen oft auch in $\frac{mol}{l}$ an. Was bedeutet das?

Ein Beispiel: In einem Liter Wasser sind 29,25 g Kochsalz (NaCl) gelöst. Die Konzentration beträgt dann 29,25 $\frac{g}{l}$. Wie viel $\frac{mol}{l}$ sind das? Dazu berechnet man zuerst die molare Masse von NaCl. Im Periodensystem findet man für Na eine Atommasse von 23,0 u und für Cl 35,5 u. Dies ergibt eine molare Masse von 58,5 $\frac{g}{mol}$ für NaCl. → 2

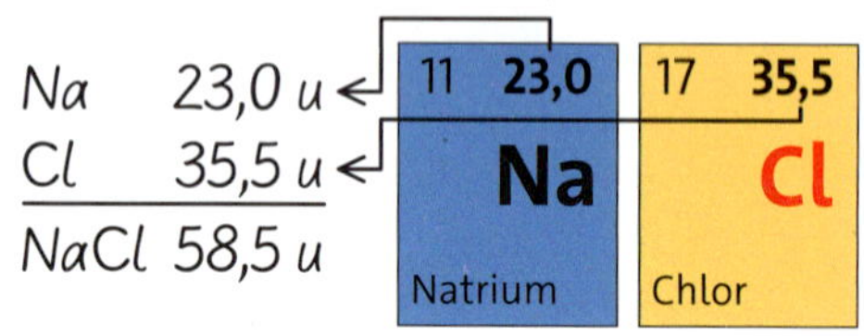

2 Die molare Masse bestimmen

Dann teilt man die 29,25 g durch die molare Masse von 58,5 $\frac{g}{mol}$ und kommt dabei auf 0,5 mol. Man weiß jetzt, dass 0,5 mol Natriumchlorid in einem Liter Wasser gelöst sind. Die Konzentration beträgt also 0,5 $\frac{mol}{l}$. Man sagt auch: Die Lösung ist 0,5-molar.

Die Konzentration von Lösungen kann man in $\frac{g}{l}$ oder in $\frac{mol}{l}$ angeben.

Aufgaben

1 ○ Nenne zwei Möglichkeiten, um Konzentrationen von Salzlösungen anzugeben.

2 ◐ Erkläre folgende Angabe: Kochsalzlösung 2 $\frac{mol}{l}$.

die Konzentration
molar

Material A

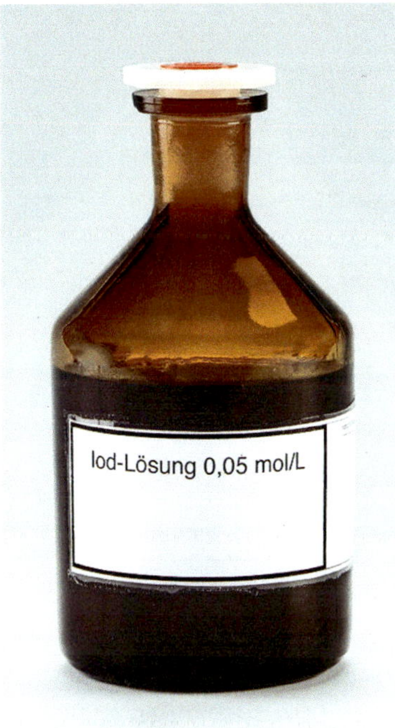

3 0,05 $\frac{mol}{l}$ Iod-Lösung

Mol, molare Masse und Konzentration

1 ▢ Erkläre die Begriffe Mol, molare Masse und Konzentration.

2 ◔ Berechne mithilfe des Periodensystems die molare Masse von LiCl, $MgCl_2$ und Fe_2O_3.

3 ◔ Ermittle die Masse von:
- 1 mol $CaCl_2$
- 0,5 mol $AlBr_3$
- 3,5 mol Na_2S
- 5 mol $KMnO_4$

4 ◔ Berechne, wie viel Mol der Stoffproben vorliegen:
- 46,00 g Na
- 145,20 g Ge
- 299,25 g Rb

5 ◔ Gib die Konzentration in $\frac{mol}{l}$ an:
- Weltmeer mit 38 $\frac{g}{l}$ NaCl
- Totes Meer mit 360 $\frac{g}{l}$ NaCl

6 ◔ Berechne die Masse von Iod in einem Liter der Lösung links. → 3

7 ● Gib an, wie groß die molare Masse eines Stoffs ist, von dem in 40 g 0,5 mol enthalten sind.

Material B

Konzentrationsangaben

1 ◔ Gib bei den folgenden Salzlösungen jeweils die Konzentration in $\frac{mol}{l}$ an:
- bei einer Lithiumchlorid-Lösung (LiCl) mit der Konzentration 42,4 $\frac{g}{l}$
- bei einer Aluminiumchlorid-Lösung ($AlCl_3$) mit der Konzentration 400,5 $\frac{g}{l}$
- bei einer Kupfersulfat-Lösung ($CuSO_4$) mit der Konzentration 79,85 $\frac{g}{l}$

2 ◔ Umgekehrt kann man aber auch $\frac{mol}{l}$ in $\frac{g}{l}$ umrechnen.
Gib jeweils die Konzentration in $\frac{g}{l}$ an:
- bei einer 2-molaren Rubidiumchlorid-Lösung (RbCl)
- bei einer 0,5-molaren Kaliumnitrat-Lösung (KNO_3)
- bei einer 1,6-molaren Natriumphosphat-Lösung (Na_3PO_4)
- bei einer 0,07-molaren Calciumdihydrogenphosphat-Lösung $Ca(H_2PO_4)_2$

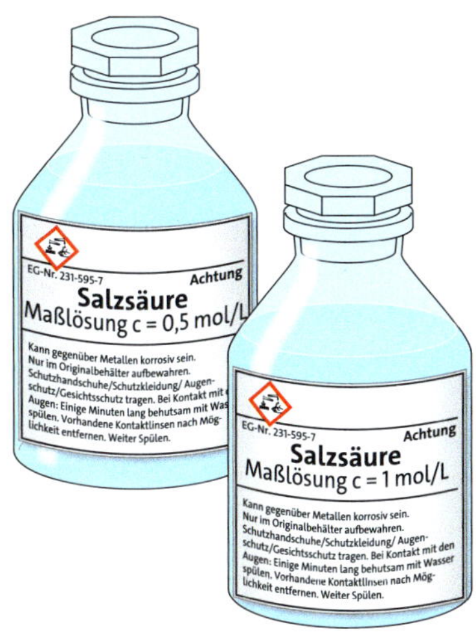

4 Säuren mit verschiedenen Konzentrationen

Was ist eigentlich Mineralwasser?

1 Verschiedene Sorten von Mineralwasser

Was haben die verschiedenen Mineralwassersorten gemeinsam und wodurch unterscheiden sie sich?

Analyse • Wenn du ein Etikett einer Mineralwasserflasche untersuchst, findest du darauf immer das Ergebnis einer Analyse. → 2 Aus der Analyse kannst du ablesen, in welcher Menge bestimmte Mineralien im Wasser enthalten sind. In Klammern sind die Mineralien in Ionenform angegeben.

Woher kommen diese Ionen? • Mineralwasser wird aus tiefen Brunnen gefördert. Bis das Wasser in diese Tiefe gelangt, legt es einen weiten Weg zurück. Zunächst sickert Regenwasser in die Erde und dringt so weit ein, bis es auf eine wasserundurchlässige Schicht trifft.

Auf seinem monatelangen Weg durch die verschiedenen Gesteinsschichten löst es kleine Mengen der Gesteine. So reichert es sich nach und nach mit verschiedenen Ionen an.

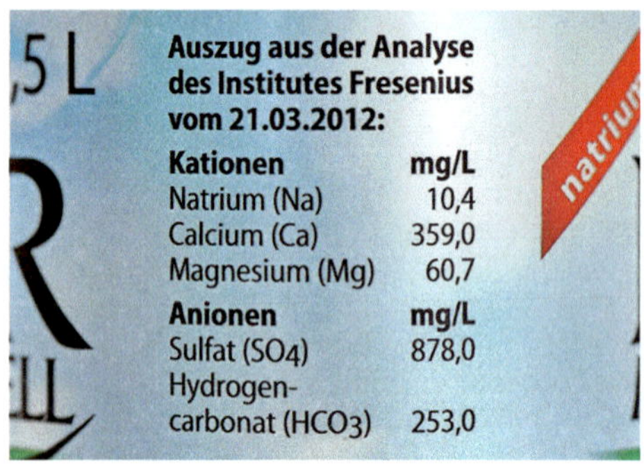

2 Analyse eines Mineralwassers

Je nachdem, durch welche Gesteine das Wasser sickert, nimmt es verschiedene Ionen mit.

Verschiedene Mineralwassersorten unterscheiden sich in ihrem Gehalt an verschiedenen Ionen.

Aufgaben

1 ○ Erkläre den Begriff Mineralwasser.

2 ◐ Beschreibe, woher Mineralwasser seine Mineralien bekommt.

Material A

Mineralwasser entsteht

1 Erkläre die Entstehung von mineralhaltigem Tiefenwasser mithilfe von Bild 3.

2 In der Werbung von Mineralwasser heißt es oft: *„auf natürliche Art gefiltert"*. Erkläre diese Aussage.

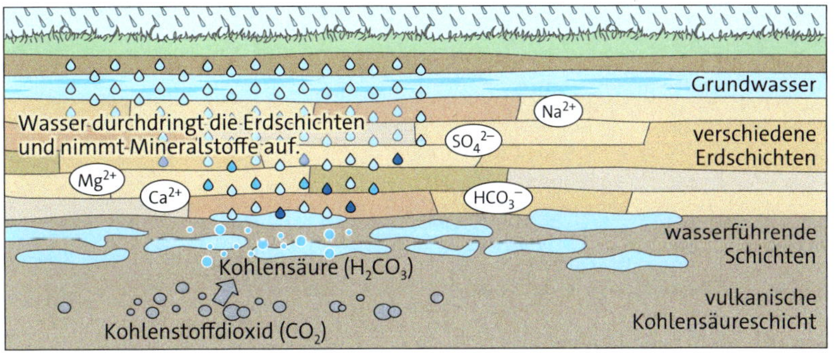

3 Mineralwasserentstehung

Material B

Ist Mineralwasser gesund?

1 Lies den Text. → 4 Gib an, welche Funktionen die einzelnen Mineralien im Körper haben.

Mineralien im Check

Natrium reguliert den Wasserhaushalt im Körper. Magnesium ist wichtig für Knochen und Muskeln. Ab einem Gehalt von 50 mg pro Liter darf sich ein Mineralwasser als „magnesiumhaltig" bezeichnen. Mithilfe von Calcium festigt unser Körper Knochen und Zähne. Enthält ein Mineralwasser mehr als 150 mg pro Liter Calcium, nennt man es „calciumhaltig".

4

Material C

Mineralien werden sichtbar

Materialliste: Mineralwasser, Leitungswasser, Sektverschluss (Agraffe), feuerfestes Uhrglas, Teelicht

1 Gib eine Teelöffelportion Mineralwasser auf ein feuerfestes Uhrglas.

2 Stelle das Uhrglas auf den Sektverschluss über ein brennendes Teelicht.

3 Beobachte einige Minuten lang, was geschieht. Beschreibe deine Beobachtung.

4 Wiederhole den Versuch mit Leitungswasser.

5 Vergleiche deine Beobachtungen beim Experiment mit Mineral- und Leitungswasser. Erkläre die Ergebnisse.

6 Beschreibe, welches Ergebnis zu erwarten wäre, wenn der Versuch mit Meerwasser durchgeführt würde.

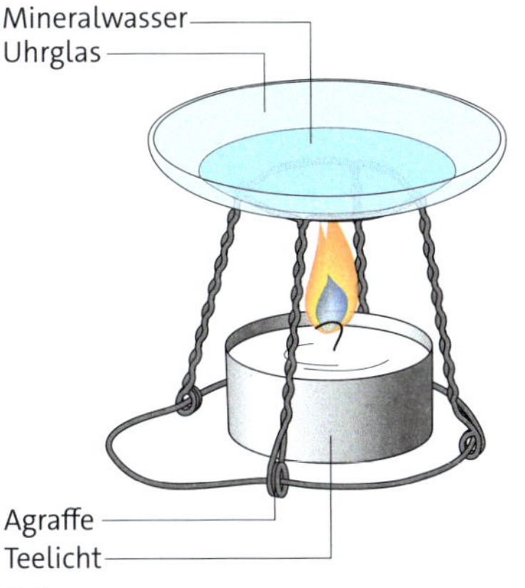

5 Versuchsdurchführung

Vielfältige Salze – das Beispiel Nitrate

1 Die meisten Mineraldünger enthalten viel Nitrat.

2 Vor allem Blattgemüse enthält oft viel Nitrat.

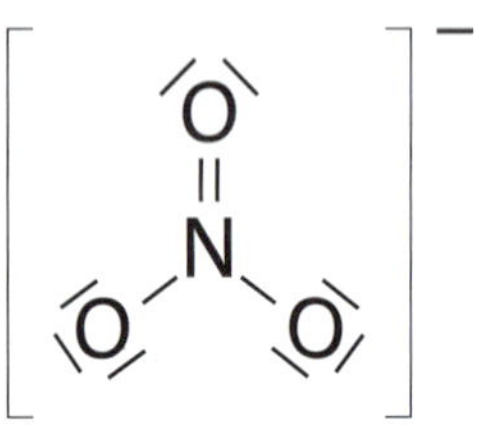

3 Struktur des Nitrat-Ions

Salze sind vielfältig einsetzbar. Nitrate beispielweise finden als Dünger Verwendung. Wie sind Nitrate aufgebaut?

Zusammengesetzte Ionen • Salze sind so vielfältig, weil sich viele positiv und negativ geladene Ionen in verschiedenen Kombinationen zusammenlagern können. Und das ist noch nicht alles: Es gibt auch Ionen, die aus mehreren Atomen zusammengesetzt sind. Ein Beispiel für solche Ionen ist das Nitrat-Ion. → 3

Das Nitrat-Ion • Beim Nitrat-Ion (NO_3^-) sind um das Stickstoff-Atom herum drei Sauerstoff-Atome über Elektronenpaarbindungen angelagert. Ein weiteres Elektron kann keinem der Atome zugeordnet werden. Das Gesamt-Ion ist daher einfach negativ geladen. In der Formelzeichnung in Bild 3 ist das durch ein Minus über der Klammer ausgedrückt.

Entstehung von Nitraten • Im Boden und in Gewässern werden Nitrate aus dem Stickstoff der Luft durch bestimmte Bakterien gebildet. Dieser Vorgang wird Stickstofffixierung genannt.

Vorkommen von Nitraten • Wegen der Stickstofffixierung kommen Nitrate in Böden und Gewässern vor. Darüber hinaus begegnen uns Nitrate und daraus entstehende Nitrite (NO_2^-) als Zusatzstoffe in Wurstwaren. Sie dienen dort der Haltbarkeit und lassen die Lebensmittel frischer rot aussehen. Im Körper werden Nitrate nicht gebraucht. Sie sind gesundheitlich umstritten und vor allem für Babys und Schwangere sogar gefährlich.

Der Stickstoffkreislauf • Wenn man Pflanzen untersucht, stellt man fest, dass sie viele verschiedene Stickstoffverbindungen enthalten. Den Stickstoff dafür nehmen sie mit dem Wasser in Form von Nitraten auf.

das Nitrat-Ion
die Stickstofffixierung
die Nitrifikation
der Stickstoffkreislauf

Wenn die Pflanzen verwesen, wandeln bestimmte Bakterien die Stickstoffverbindungen wieder in Nitrate um. Diesen Vorgang nennt man Nitrifikation. → 4

Nitrate in Düngern • Wenn auf Äckern immer wieder Pflanzen abgeerntet werden, dann nimmt der Stickstoffgehalt der Äcker ab. In den Folgejahren wachsen die Pflanzen dann dort nicht mehr so gut oder zeigen Mangelerscheinungen, z. B. gelbliche Verfärbungen an den Blättern. → 5 Dagegen werden nitrathaltige Dünger verwendet. → 1

Überdüngung • Bei starker Düngung mit nitrathaltigem Dünger oder Gülle, die auch Nitrate enthält, können Nitrate in Gewässer und sogar ins Grundwasser gelangen. Um das zu verhindern, kann auch das Anpflanzen von sogenannter Gründüngung gegen Stickstoffmangel helfen. → 6 Solche Pflanzen haben an den Wurzeln stickstofffixierende Bakterien. So wird fehlender Stickstoff im Boden wieder nachgeliefert.

Pflanzen brauchen Stickstoff zum Wachsen. Diesen nehmen sie in Form von Nitraten auf.

6 Feld mit Gründüngung

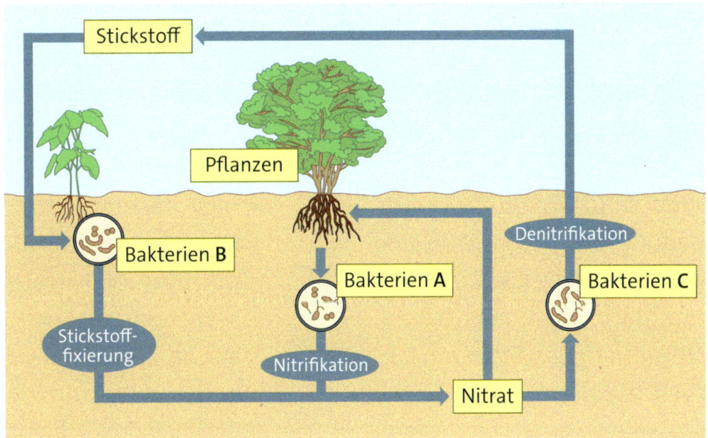

4 Der Stickstoffkreislauf

5 Stickstoffmangel führt zu Gelbfärbung.

Aufgaben

1 ○ Nenne die chemische Formel des Nitrat-Ions.

2 ◔ Gib an, wo Nitrate vorkommen.

3 ◔ Beschreibe den Stickstoffkreislauf. → 4

4 ● Kühe fressen Pflanzen. Erkläre, wie der Stickstoff der Pflanzen wieder in den Kreislauf zurückkommt. → 4

Vielfältige Salze – das Beispiel Nitrate

Material A

Wir untersuchen die Nitratbelastung von Salat

Wenn Pflanzen mit Nitraten gedüngt werden, setzen sie nicht die ganzen Nährsalze um. Daher bleiben Reste von Nitraten in den Pflanzen zurück, vor allem in den Blättern.

Materialliste: Salatkopf, andere Gemüse (z. B. Rucola, Grünkohl, Spinatblätter), Waage, Reibschale mit Pistill, Messzylinder (50 ml), Wasser, Nitratteststäbchen

1 Der Salat muss erst „verflüssigt“ werden.

1 Bestimme den Nitratgehalt der äußeren ungewaschenen Salatblätter:

- Miss nach Anleitung den Nitratgehalt von Wasser mithilfe von Nitratteststäbchen.
- Wiege genau 5 g von den äußeren Blättern des Salatkopfs ab und gib sie in die Reibschale. Füge exakt 45 ml Wasser dazu und zerreibe die Salatblätter gut mit dem Pistill. Miss den Nitratgehalt der Flüssigkeit.
- Ziehe vom gemessenen Gesamtnitratgehalt den Nitratgehalt des zugefügten Wassers ab. → 2
- Multipliziere diesen Wert jetzt noch mit dem Faktor 10. (Denn das gemessene Nitrat stammt aus 5 g Salatblättern von 50 g der Lösung.) → 2

2 Bestimme wie bei Versuch 1 den Nitratgehalt von Blättern im Innern des Salatkopfs auf folgende Weise:

- Nimm 10 g innere Salatblätter und 40 ml Wasser.
- Multipliziere den Nitratgehalt nach Abzug des Nitrats aus dem Wasser mit dem Faktor 5, da die Salatblätter jetzt nur ein Fünftel der untersuchten Flüssigkeit sind.

3 Wiederhole die Versuche 1 und 2 mit gut gewaschenen Salatblättern und vergleiche die Ergebnisse.

4 Wiederhole die Versuche 1 und 2 mit Salat und weiterem Gemüse aus verschiedenen Regionen und aus ökologischer Erzeugung. Vergleiche die Ergebnisse.

Berechnung des Nitratgehalts
(äußere Blätter des Salats)

1. Nitratgehalt der Probe

$190\,\frac{mg}{l}$	–	$12\,\frac{mg}{l}$		=	$178\,\frac{mg}{l}$
Messergebnis des Salats mit Wasser		Messergebnis des Wassers			Nitratgehalt der Probe

2. Nitratgehalt der Salats

$178\,\frac{mg}{l}$	·	10		=	$1780\,\frac{mg}{l}$
Nitratgehalt der Probe					Nitratgehalt der Salatblätter

2 Beispielrechnung

Material B

Nitrate und Gesundheit

Je Kilogramm Körpergewicht empfiehlt die Weltgesundheitsorganisation WHO eine maximale Aufnahme von 3,65 mg Nitrat pro Tag.

1 Begründe, warum es für Salat je nach Jahreszeit verschiedene Grenzwerte gibt. → 4

2 Berechne, wie viel Kopfsalat du im Winter maximal essen solltest. Nenne Alternativen für Salat.

3 Lies den nebenstehenden Text und erstelle einen Flyer, der über Folgendes informiert:
- Gesundheitsgefahren durch Nitrate
- Wie kommen die Nitrate in den Salat?
- Tipps, wie man Salat zubereiten sollte

3 Mineralwasser für Babys unterliegt besonders strengen Grenzwerten.

Anbauart	Zeitraum	Grenzwert
Freiland	01.05.–31.08.	$2500 \frac{mg}{kg}$
Glashaus/Folie	01.04.–30.09.	$3500 \frac{mg}{kg}$
Glashaus/Folie	01.10.–31.03.	$4500 \frac{mg}{kg}$

4 Nitrat-Grenzwerte für Kopfsalat

Belasten Nitrate die Gesundheit?

Nitrate selbst sind für unseren Körper unschädlich. Nitrat konkurriert im Blut allerdings mit dem Transport von Iodid in die Schilddrüse. Wenn das Angebot an Iodid knapp und die Nitratbelastung hoch ist, versucht die Schilddrüse, den Iodidmangel durch Vergrößerung auszugleichen. Wenn ihr dies nicht gelingt, kann es zu Iodmangel-Folgeschäden kommen.
Das größere Problem bei den Nitraten ist aber, dass sie in Folgeprodukte umgewandelt werden können: in Nitrite und in Nitrosamine. Diese Folgeprodukte sind gesundheitsschädlich.

Nitrite: Die Umwandlung von Nitraten in Nitrite geschieht z. B. während der Aufbewahrung von Lebensmitteln, durch Bakterien in unserer Mundhöhle oder im Darm. Nitrit behindert den Sauerstofftransport der roten Blutkörperchen. Dafür sind Säuglinge besonders empfindlich, sodass für sie schon kleine Mengen an Nitrit zum Ersticken führen können.
Vor allem bei Wurst und Käse werden Nitrat und Nitrit als Konservierungsstoffe verwendet. Darüber hinaus lassen sie Wurst frisch und schön rot aussehen. Zusatzstoffe müssen auf der Verpackung angegeben sein. Sie verstecken sich oft unter den Bezeichnungen E 250 Natriumnitrit, E 251 Natriumnitrat und E 252 Kaliumnitrat.

Nitrosamine: Wenn man Lebensmittel erhitzt, die Nitrite enthalten, können die Nitrite mit Eiweißen reagieren. Dabei entstehen Nitrosamine. Tierversuche deuten darauf hin, dass Nitrosamine Krebs erzeugen können.

Vielfältige Salze – das Beispiel Gips

1 Gipser bei der Arbeit

Gips ist auch in Zeiten moderner Werkstoffe in vielen Bereichen unverzichtbar. Wie ist Gips aufgebaut?

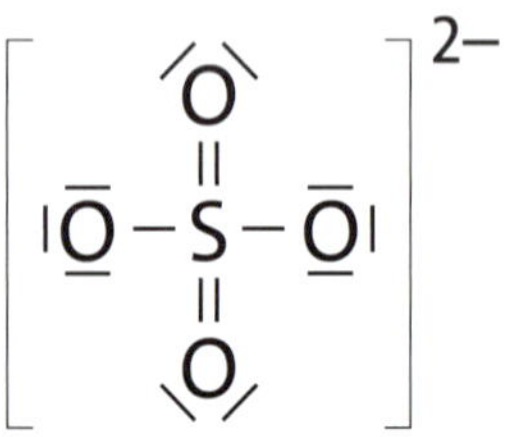

2 Struktur des Sulfat-Ions

Aufbau • Gips besteht aus Calcium- (Ca^{2+}) und Sulfat-Ionen (SO_4^{2-}). Beim Sulfat-Ion sind, ähnlich wie beim Nitrat-Ion, Sauerstoff-Atome über Elektronenpaarbindungen mit Schwefel verbunden. Insgesamt hat das Sulfat-Ion zwei zusätzliche Elektronen und ist daher zweifach negativ geladen. → 2 Die Calcium- und Sulfat-Ionen bilden ein Ionengitter. In diesem Ionengitter kann noch zusätzlich Wasser, das sogenannte Kristallwasser, eingebaut werden. Gips wird daher mit folgender Formel dargestellt:

$CaSO_4 \cdot 2\,H_2O$

Gewinnung von Gips • Gips wird als Rohstoff vorwiegend bergmännisch aus Gipsgestein gewonnen. Er fällt heute auch häufig als Nebenprodukt verschiedener großtechnischer Verfahren an. Beispielsweise wird bei der Entschwefelung der Abgase von Kraftwerken Schwefel in Form von Gips „entsorgt".

In der Technik • Technisch nutzt man folgende Eigenschaft von Gips: Beim Erhitzen bis 130 °C wird das im Gips enthaltene Kristallwasser teilweise entzogen. Das Kristallwasser kann beim Anrühren dieses „gebrannten Gipses" mit Wasser wiederaufgenommen werden. Dabei kommt es zu einer Volumenzunahme der Kristalle. Wasseraufnahme und anschließendes Trocknen des Gipses wird als Abbinden bezeichnet. Dabei härtet er langsam aus. Dies wird für verschiedene Zwecke genutzt, z. B. zum Anlegen eines Gipsverbands oder zum Sichern von Spuren.

Gips besteht aus Calcium- und Sulfat-Ionen. Im Gitter dieser beiden Ionen kann sich Wasser in Form von Kristallwasser einlagern.

Aufgaben

1 Beschreibe den Aufbau des Sulfat-Ions.

2 Erkläre den Begriff Kristallwasser.

3 Gib an, für welche Zwecke Gips verwendet wird. Recherchiere dabei noch andere Beispiele als die im Text genannten.

das Sulfat-Ion
das Kristallwasser

Material A

Wir brennen Gips

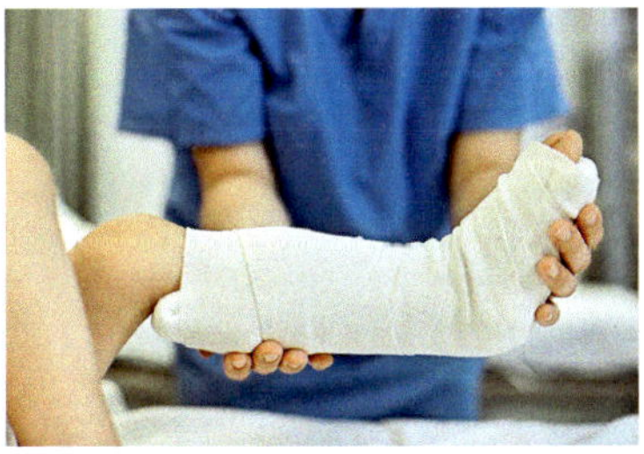

3 Anlegen eines Gipsverbands

Ein Gipsverband wird locker angelegt, weil Gips beim Abbinden durch das aufgenommene Kristallwasser um 1–2 % an Volumen zunimmt.
Das Abbinden von Gips kannst du in einem Versuch selber testen.

Materialliste: Reagenzgläser, Reagenzglashalter, Gasbrenner, Calciumsulfat, innerer Teil einer Streichholzschachtel, Spatel, Becherglas (50 ml), Pflanzenöl, Münze, Wasser

1 Gib in ein Reagenzglas 5 cm hoch Calciumsulfat. Erhitze kräftig, bis du eine Veränderung beobachtest. Erhitze nicht zu lange, sonst kann der Gips später kein Wasser mehr aufnehmen.

2 ▢ Protokolliere deine Beobachtungen und erkläre.

3 Gib jetzt den gebrannten Gips aus deinem Reagenzglas in das Becherglas. Gieße dann langsam so viel Wasser dazu, dass ein zäher Brei entsteht.

4 Gib diesen Brei in die Streichholschachtel.

5 Öle nun eine Münze gut ein und drücke sie in den Gipsbrei. Hole sie nach 1–2 Minuten vorsichtig wieder heraus.

6 ◕ Erkläre, warum selbst feinste Rillen gut abgedrückt sind.

Material B

Wir untersuchen Kupfersulfat

Beim Salz Kupfersulfat bilden die Sulfat-Ionen mit Kupfer-Ionen (Cu^{2+}) ein Gitter. In dieses Gitter kann ebenso wie bei Gips Kristallwasser eingelagert werden.
$CuSO_4 \cdot 5\,H_2O$

Materialliste: Reagenzglas, Reagenzglashalter, Gasbrenner, Kupfersulfat, Wasser

1 Gib in ein Reagenzglas 1–2 cm hoch blaues Kupfersulfat.

2 Erhitze das Kupfersulfat, bis du eine Veränderung beobachten kannst.

3 ▢ Fertige ein Protokoll an.

4 ◕ Erkläre deine Beobachtungen.

5 Mit Kupfersulfat kann Wasser nachgewiesen werden, das bei einem Versuch entsteht.

4 Wasserhaltiges Kupfersulfat

◕ Beschreibe, wie man dabei vorgehen müsste. Mache mit deinem wasserfreien Kupfersulfat den Test dazu.

Vielfalt der Salze

Zusammenfassung

Gewinnung von Kochsalz • Natriumchlorid – unser Kochsalz – kann in unseren Regionen in Bergwerken durch Abbau unter Tage gewonnen werden.
Die Salzlager unter der Erde entstanden aus urzeitlichen Meeren, bei denen das Wasser immer wieder verdunstete.
Im Mittelmeerraum wird Salz gewonnen, indem man Meerwasser in großen Becken verdunsten lässt.

Eigenschaften von Salzen • Neben dem Kochsalz gibt es noch eine ganze Reihe weiterer Salze. Alle Salze haben folgende typische Eigenschaften:
- Sie haben hohe Schmelzpunkte.
- Sie bilden Kristalle.
- Sie sind spröde.
- Sie sind meist gut wasserlöslich.
- Als Schmelze oder in Wasser gelöst leiten sie gut den elektrischen Strom.

Der Aufbau der Salze • Salze bestehen aus Ionen. Ionen können bei chemischen Reaktionen aus Atomen durch Abgabe oder Aufnahme einzelner Elektronen entstehen.
Dies geschieht, um den Edelgaszustand zu erreichen. Es entstehen also immer volle Schalen.
Aus diesem Grund sind Ionen entweder positiv oder negativ geladen.
Bei Salzen in festem Zustand bilden die positiv und negativ geladenen Ionen durch ihre gegenseitige Anziehung ein Ionengitter. → 1
Die typischen Eigenschaften der Salze lassen sich durch diesen Aufbau erklären.

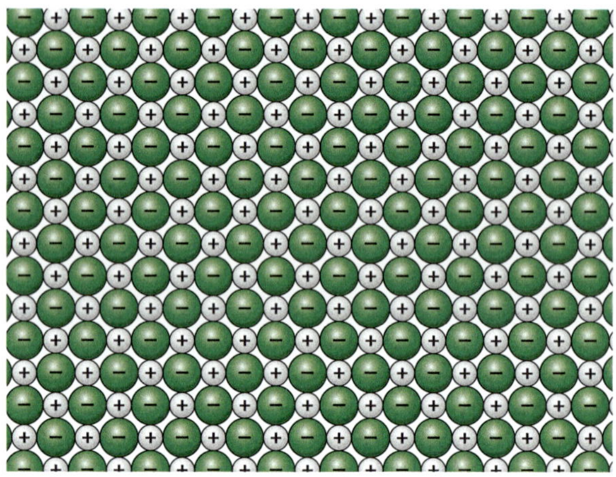

1 Ionengitter eines Kochsalzkristalls

Mineralwasser • Mineralwasser entsteht durch Regenwasser, dass durch verschiedene Gesteinsschichten sickert. Verschiedene Sorten von Mineralwasser unterscheiden sich in ihrem Gehalt an verschiedenen Ionen. → 2

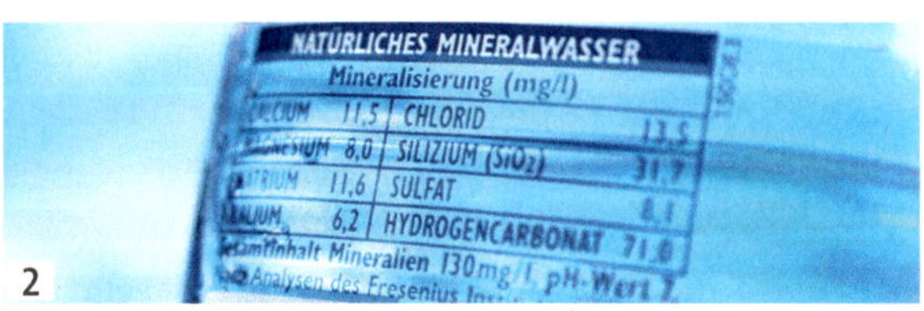

2

Vielfältige Salze • In der Natur kommen auch Ionen vor, bei denen mehrere Atome zusammen ein Ion bilden. Beim Nitrat-Ion z. B. ist ein Stickstoff-Atom mit drei Sauerstoff-Atomen verbunden – und zwar über Elektronenpaarbindungen. Durch ein zusätzliches Elektron werden diese verbundenen Atome zu einem NO_3^--Ion.
Nitrate spielen vor allem als Pflanzendünger eine wichtige Rolle und sind ein Teil des weltweiten Stickstoffkreislaufs.

Teste dich! (Lösungen im Anhang)

Eigenschaften der Salze

1 ▢ Beschreibe die Möglichkeiten der Kochsalzgewinnung.

2 ▢ Erläutere, wie bei chemischen Reaktionen aus Atomen Ionen werden können.

3 Salze sind eine Stoffgruppe mit gemeinsamen Eigenschaften.
a ▢ Nenne die Eigenschaften der Salze.
b ◪ Erkläre diese Eigenschaften mithilfe des Aufbaus der Salze als Ionengitter.

4 Iod ist ein lebenswichtiges Spurenelement. Mangel an Iod kann zu Erkrankungen der Schilddrüse führen (Kropf).
a ◪ Gib die Formel des Wirkstoffs Kaliumiodid an.
b ◪ Zeichne das Kalium-Ion im Modell und gib seine Ladung an.

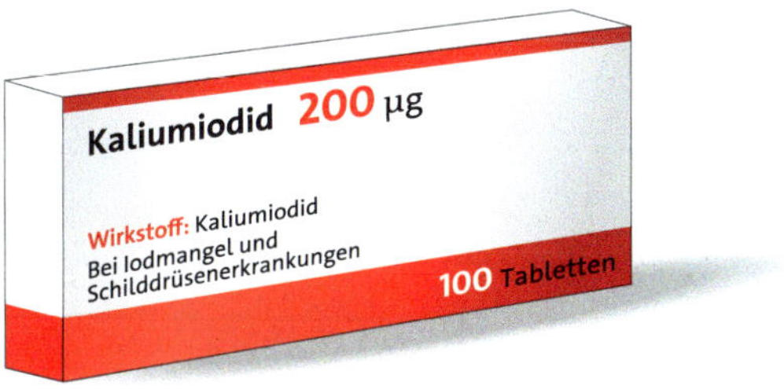

3 Medikament gegen Iodmangel

Mineralwasser und Konzentrationen

5 Das Salz im Toten Meer ist anders zusammengesetzt als das Salz der Ozeane. → 4
a ◪ Benenne die in Bild 4 aufgeführten Ionen.
b ◪ Wenn das Wasser verdunstet, lagern sich die enthaltenen Ionen zu Salzen zusammen. Gib die Formel möglicher Salze an, die dabei entstehen können.
c ◪ Erkläre den Aufbau eines Salzes am Beispiel von Kaliumchlorid.

Positiv geladene Ionen, Gehalt in $\frac{mg}{kg}$		Negativ geladene Ionen, Gehalt in $\frac{mg}{kg}$	
Mg^{2+}	ca. 36000	Cl^-	ca. 190000
Ca^{2+}	ca. 14000	Br^-	ca. 1000
Na^+	ca. 33000	F^-	ca. 2
K^+	ca. 6000	I^-	ca. 0,1

4 Gehalt an Ionen im Wasser des Toten Meeres

6 ▢ Erkläre, warum verschiedene Sorten von Mineralwasser eine unterschiedliche Ionenzusammensetzung haben.

7 ● Konzentrationen:
a Erkläre die Angabe $0{,}5\,\frac{mol}{l}$.
b Wie viel g Natrium sind in einer 2-molaren Kochsalzlösung enthalten.

Vielfältige Salze

8 ◪ Zeichne das Sulfat-Ion und das Nitrat-Ion. Erkläre ihren Aufbau.

9 ◪ Beschreibe den Stickstoffkreislauf.

10 ◪ Erkläre die Begriffe Brennen und Abbinden von Gips.

Säuren und Alkalien – ätzende Stoffe

Zitronen enthalten Citronensäure. Können wir uns damit verätzen?

Laugenbrötchen werden mit Natronlauge gebacken. Sind sie völlig ungefährlich?

Und wenn sich im Klärwerk Säuren und Alkalien aus unseren Abwässern treffen ...?

Säuren und Alkalien – zwei Stoffgruppen

1 Reinigungsmittel mit Säuren

2 Reinigungsmittel mit Alkalien

3 Gefahrenpiktogramm: Ätzwirkung

Schmutz wegätzen – das geht mit Säuren und Alkalien.

Säuren • Im Haushalt gibt es viele Säuren und saure Lösungen: Essig, Sprudelwasser, Citronensäure, Ameisensäure und Salzsäure. Kalkränder an Waschbecken oder Duschbrausen lassen sich mit Säurelösungen entfernen. Der Kalk wird „weggeätzt“. Kalkschleier auf frisch verlegten Fliesen oder Bodenplatten beseitigt man mit Salzsäure. Der Kalk „geht in Lösung“, wobei etwas Kohlenstoffdioxid entsteht. Säuren und saure Lösungen greifen auch unedle Metalle wie Magnesium, Zink oder Eisen an. Auch hier geht das Metall in Lösung. Als zusätzliches Produkt entsteht dabei Wasserstoff. Alle Säuren schmecken sauer. Das kennst du von den Fruchtsäuren. Bei gefährlichen Säuren oder sauren Lösungen darf man wegen der Ätzwirkung den Geschmack nicht testen.

Alkalien • Auch Alkalien gibt es zu Hause: Seife, Soda, Waschpulver oder Rohrreiniger. Alkalische Lösungen, die man auch Laugen nennt, werden zur Schmutzbeseitigung (Putzen und Waschen) vielfältig genutzt. Sie fühlen sich „seifig“ an. Kalilauge und Natronlauge werden in großen Mengen in der Industrie verwendet. Mit diesen stark ätzenden Lösungen kann man auch Lacke von Möbeln entfernen.

Gemeinsame Eigenschaften • Saure und alkalische Lösungen leiten den elektrischen Strom. Dies spricht dafür, dass sie geladene Teilchen, Ionen, enthalten müssen.
Stark mit Wasser verdünnt sind saure und alkalische Lösungen meist ungefährlich, dürfen aber niemals in die Augen gelangen. Reine Säuren und Alkalien bzw. ihre konzentrierten Lösungen sind wegen der Ätzwirkung sehr gefährlich.

die Säure
die Alkalie
die Lauge
der Indikator
der pH-Wert

Indikatoren • Saure und alkalische Lösungen reagieren mit vielen Farbstoffen. Dabei ändert sich der Farbton dieser Farbstoffe. Rotkohlsaft ist dafür ein Beispiel. Sein Farbstoff ist im sauren Bereich rot, im schwach alkalischen Bereich blau, im mittleren braugrün bis grün und im stark alkalischen gelb. Ist die Lösung weder sauer noch alkalisch, sondern neutral, so zeigt Rotkohlsaft eine blauviolette Farbe. → 4 Solche Farbstoffe, kann man als Indikatoren (= „Anzeiger“) für saure, neutrale und alkalische Lösungen nutzen.

pH-Wert • Der pH-Wert gibt an, wie konzentriert eine saure bzw. alkalische Lösung ist, das heißt, wie viele Säure- und Alkalieteilchen enthalten sind. Hierbei handelt es sich um H^+- und OH^--Teilchen. Saure Lösungen haben einen pH-Wert unter 7. Ein pH-Wert von 0 bedeutet, dass es sich um eine extrem saure Lösung handelt. Alkalische Lösungen haben einen pH-Wert über 7. Extrem alkalische Lösungen haben einen pH von 14. Neutrale wässrige Lösungen haben den pH-Wert 7. Die pH-Skala reicht also von pH 0 bis pH 14 mit pH 7 exakt in der Mitte. Von einer pH-Wert-Stufe zur nächsten steht allerdings nicht eine Verdopplung der H^+- bzw. OH^--Konzentration, sondern jeweils eine Verzehnfachung!

Säuren und Alkalien reagieren mit vielen Stoffen, z. B. mit Indikatoren. Der pH-Wert ist ein Maß dafür, wie sauer oder alkalisch eine Lösung ist.

4 Rotkohlsaft – von pH = 0 (links) bis pH = 14 (rechts)

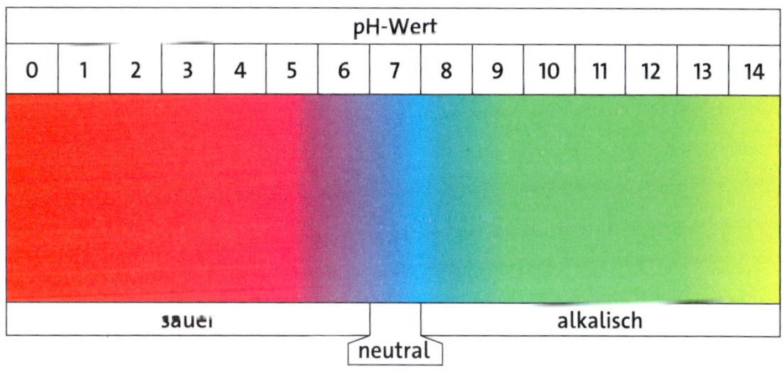

5 Die pH-Skala

Aufgaben

1 ▢ Nenne einige Säuren und einige Alkalien.

2 ▢ Liste gemeinsame Eigenschaften von Säuren und von Alkalien auf.

3 ◪ Erläutere, wie Indikatoren funktionieren.

4 ◪ Erläutere, was der pH-Wert über eine Lösung aussagt.

Säuren und Alkalien – zwei Stoffgruppen

Material A

Säuren und Kalk

Kalk findet man häufig in der Natur. Viele Lebewesen bilden nämlich Kalk als Baumaterial. Mit Säuren kannst du Kalk nachweisen: Kalk reagiert mit Säuren – und weil eines der Reaktionsprodukte das Gas Kohlenstoffdioxid ist, stellt man dann ein Aufschäumen fest.

Materialliste: Pipette, säurefeste Unterlage, Eierschalen, Muscheln, Marmor, Kalkstein, Calciumcarbonat, verschiedene Gesteinsproben vom Schulgelände, verdünnte Salzsäure

1 Tropfe mit der Pipette etwas Säure auf die verschiedenen Probestücke.

2 ○ Beobachte genau und notiere deine Ergebnisse.

1 Muschelschalen bestehen aus Kalk.

Material B

Säuren und Metalle

Alle Säuren reagieren mehr oder weniger gut mit unedlen Metallen. Eines der Reaktionsprodukte ist ein Gas.

Materialliste: Pipette, 8 Reagenzgläser, Reagenzglasständer, Gasbrenner, Dreifuß, Abdampfschale, Magnesiumband, Eisenpulver, Zinkpulver, verdünnte Schwefelsäure, 25%ige Essigsäure

1 Gib in drei Reagenzgläser jeweils etwas von einem Metall und 1 cm hoch verdünnte Schwefelsäure. Fange das entstehende Gas mit einem umgedrehten Reagenzglas auf und mache die Knallgasprobe. Wiederhole dann den gesamten Versuch mit Essigsäure.

2 ◐ Beobachte und halte die Ergebnisse tabellarisch fest.

3 Gib nach Ende der Reaktion den flüssigen Rest eines Reagenzglases in die Abdampfschale. Erhitze, bis die Flüssigkeit verdampft ist.

4 ● Beschreibe, was du nach dem Abdampfen feststellst.

Material C

Alkalien greifen an

Konzentrierte alkalische Lösungen sind sehr aggressiv gegenüber dem Keratin, aus dem unsere Hornhaut und unsere Haare bestehen.

Materialliste: 2 Reagenzgläser, Pipette, Reagenzglasständer, Reagenzglashalter, Vogelfeder, Haarsträhne, Natronlauge (32%ig)

Achtung • Schutzhandschuhe verwenden!

1 ○ Gib in ein Reagenzglas eine abgetrennte Haarsträhne und in das andere eine Vogelfeder. Dazu gibst du jeweils 10 ml Natronlauge. Beobachte, was passiert.

2 ◐ Überlege, warum Abflussreiniger die gleiche Alkalie enthält, die in Natronlauge gelöst ist.

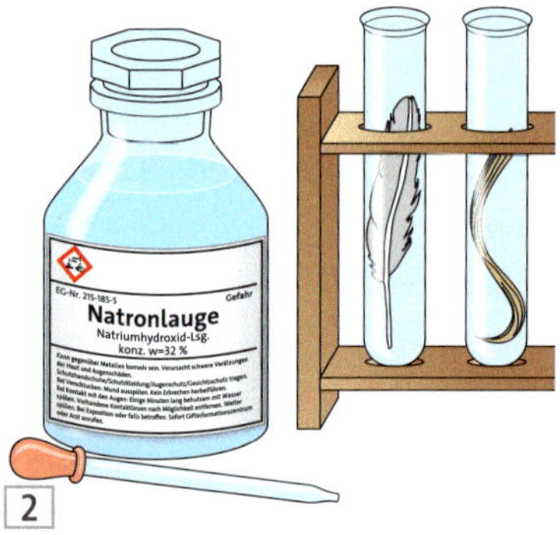

2

Material D

Indikatoren

Manche Indikatoren kann man sich selbst zubereiten. → 3

Rotkohlindikator

Frisch:
Klein geschnittener Rotkohl wird mit wenig Wasser gekocht. Flüssigkeit danach abgießen.

Konserve:
Rotkohlblätter auf dem Heizkörper trocknen, danach zerbröseln. Bei Bedarf wie Tee aufbrühen, ziehen lassen und abseihen.

3

Materialliste: Reagenzgläser, Reagenzglasständer, Pipette, Rotkohlindikator, Universalindikator, Phenolphthalein, Bromthymolblau, Stoffe aus dem Haushalt (Speiseessig – 5%ig, Kernseife, WC-Reiniger, Essigreiniger, Spülmaschinentabs) und aus dem Labor (verdünnte Säuren und Alkalien)

1 Untersuche die Stoffe aus dem Haushalt und die verdünnten Säuren und Alkalien auf ihren pH-Wert. Benutze dazu den selbst gemachten Rotkohlindikator und die drei anderen Indikatoren.

2 Protokolliere deine Ergebnisse in einer Tabelle.

3 Erläutere, wie man am besten den pH-Wert von Orangensaft bestimmen könnte.

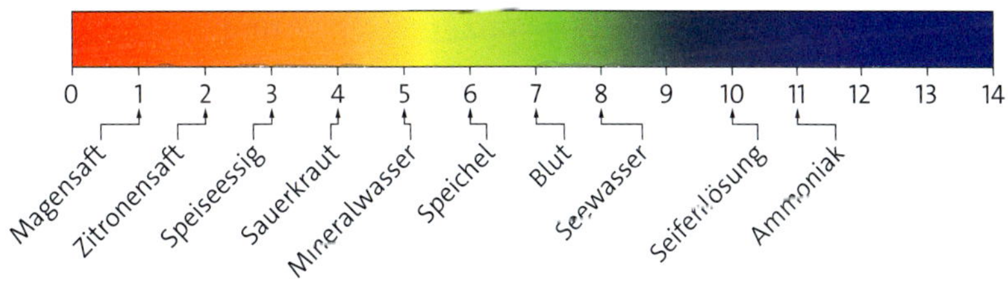

4 Farbverlauf bei Universalindikator – zugeordnete Lösungen

Material E

pH-Wert und Verdünnung

In Bild 5 wird eine Säure immer wieder um den Faktor 10 verdünnt.

1 Formuliere eine Regel, wie sich der pH-Wert beim Verdünnen einer Säure ändert.

2 Erkläre, warum pH = 6 für viele Fischarten noch erträglich, pH = 5 aber tödlich ist.

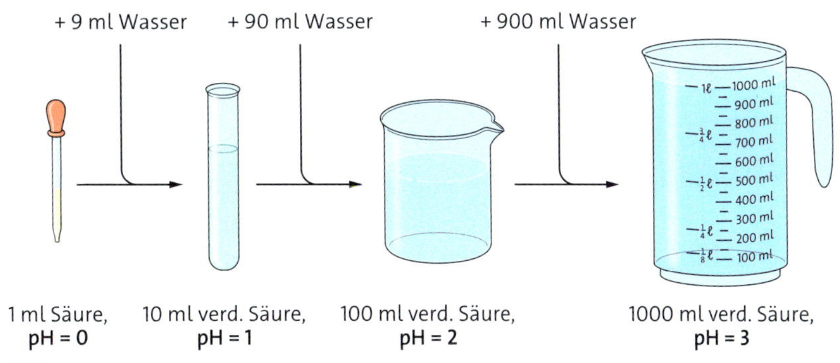

5 Mehrfaches Verdünnen einer Säure

Die entscheidenden Teilchen

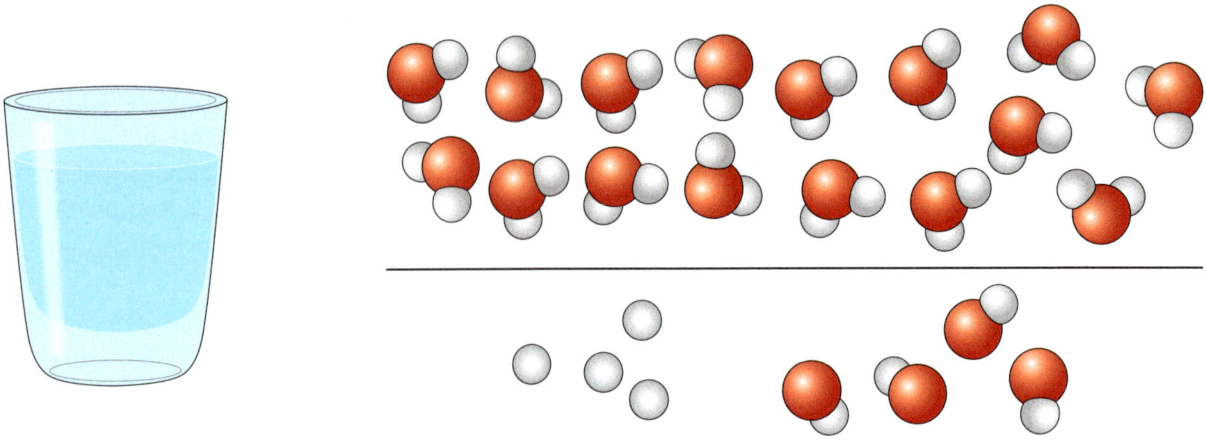

1 Ein kleines Glas Wasser – eine Fülle von Teilchen

Ein Schnapsglas mit 18 g Wasser: Darin befinden sich gut 60 Billiarden zerfallene Wassermoleküle und 10 Millionen Mal so viele komplette Wassermoleküle.

Bruchstücke des Wassers • In einer Portion reinem Wasser gibt es nicht nur H_2O-Moleküle. Ein geringer Teil davon liegt in „zerbrochener" Form vor – als H^+- und OH^--Teilchen. In neutralem Wasser ist die Anzahl dieser beiden Teilchen gleich. In sauren Lösungen überwiegt die Anzahl der H^+-Teilchen, in alkalischen Lösungen ist die Zahl der OH^--Teilchen größer.

Säuren • Säuren sind also Stoffe, die grundsätzlich die Anzahl der H^+-Teilchen im Wasser erhöhen. Wird eine Säure in Wasser gegeben, spricht man von saurer Reaktion.

Alkalien • Alkalien sind Stoffe, die grundsätzlich die Anzahl der OH^--Teilchen erhöhen. Wird eine Alkalie in Wasser gegeben, so nennt man den Vorgang alkalische Reaktion.

Oxonium- und Hydroxid-Ion • Das H^+-Teilchen ist sehr winzig. Es besteht ja nur aus einem Atomkern des Wasserstoffs – einem Proton. Es bindet sich daher an ein Wassermolekül an. Diese entstehenden H_3O^+-Teilchen werden Oxonium-Ionen genannt. Das OH^--Teilchen, auch Hydroxid-Ion genannt, ist groß genug. Es bewegt sich als Gegenspieler zu den Oxonium-Ionen in der wässrigen Lösung.

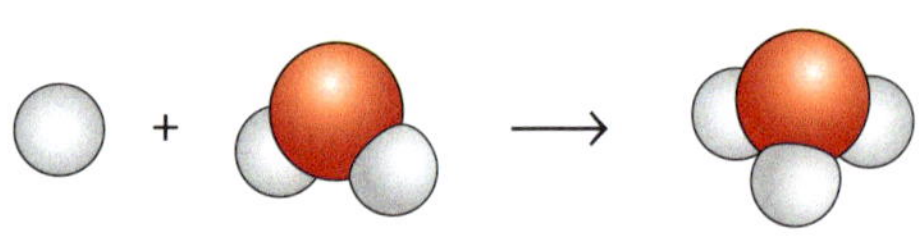

2 $$H^+ + H_2O \rightarrow H_3O^+$$

Säuren liefern H^+-Teilchen, Alkalien OH^--Teilchen. In sauren Lösungen überwiegt der H^+-Teilchenanteil, in alkalischen Lösungen die Zahl der OH^--Teilchen.

das **Oxonium-Ion**
das **Hydroxid-Ion**
das **Säurerest-Ion**
die **Neutralisation**

Säurerest-Ion • Neben den H^+-Teilchen bringt jede Säure ein negativ geladenes Säurerest-Ion ein, denn die Ladungen innerhalb jeder Lösung müssen ausgeglichen sein. Salzsäure (HCl) bringt z. B. ein Chlorid-Ion (Cl^-) ein:

Salzsäure	→	Wasserstoff-Ion	+	Chlorid-Ion
HCl	→	H^+	+	Cl^-

Metall-Ion • Alkalien wie Natronlauge (NaOH) liefern zum Ladungsausgleich außer den Hydroxid-Ionen (OH^-) noch positiv geladene Metall-Ionen in die Lösung:

Natronlauge	→	Natrium-Ion	+	Hydroxid-Ion
$NaOH$	→	Na^+	+	OH^-

Neutralisation • Wenn saure und alkalische Lösungen zusammenkommen, treffen H^+-Teilchen (bzw. H_3O^+-Teilchen) und OH^--Teilchen aufeinander. Dabei reagieren diese beiden Ionen zu neutralen Wassermolekülen. → 3 So kann ein Überschuss der einen oder anderen Teilchenart in der Lösung ausgeglichen werden. Die Lösung ist dann neutral. Deshalb heißt diese Reaktion Neutralisation. Die Lösung hat dann einen pH-Wert von 7.

Salzbildung • Bei der Neutralisation bleiben sowohl die Metall-Ionen als auch die Säurerest-Ionen in Lösung. Vertreibt man alle Wassermoleküle, z. B. durch Eindampfen der Lösung, bleibt ein Salz als Feststoff zurück. Die Ionen haben sich zu einem Kristallgitter zusammengelagert. → 4

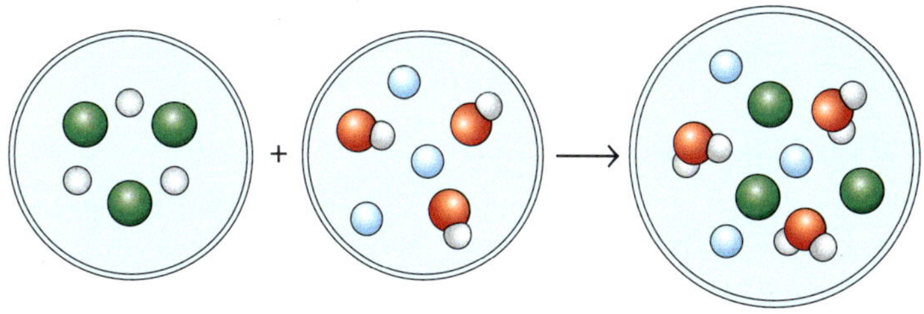

3

Salzsäure + Natronlauge	→	neutrale Natriumchlorid-Lösung
$H^+ + Cl^-$ + $Na^+ + OH^-$	→	$H_2O + Na^+ + Cl^-$

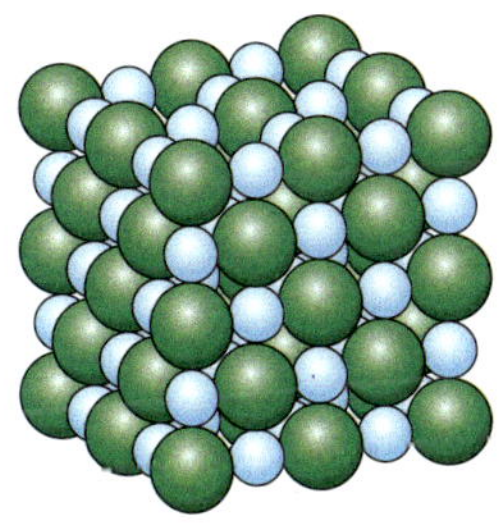

4

Natrium-Ion	+	Chlorid-Ion	→	Natriumchlorid
Na^+	+	Cl^-	→	$NaCl$

Bei der Neutralisation entsteht eine neutrale Salzlösung (pH = 7). Wird diese eingedampft, lagern sich die Ionen zu Ionengittern (= Salzkristallen) zusammen.

Aufgaben

1 ▢ Gib an, welche Ionen in sauren und in alkalischen Lösungen im Überschuss vorhanden sind.

2 ◩ Erkläre an einem Beispiel den Begriff Säurerest-Ion.

3 ■ Erkläre, was bei einer Neutralisationsreaktion geschieht. Notiere eine allgemeine Reaktionsgleichung.

Die entscheidenden Teilchen

Material A

Die gemeinsamen Teilchen

Untersuche, welche Ionen in sauren und alkalischen Lösungen vorkommen.

Materialliste: 3 Reagenzgläser, Reagenzglasständer, Kochsalz, verdünnte Salzsäure ⟨!⟩, verdünnte Natronlauge ⟨ätzend⟩, Universalindikator

1 Gib in das erste Reagenzglas etwas Kochsalzlösung, in das zweite etwas Salzsäure und in das dritte etwas Natronlauge. Füge jeweils 2 Tropfen Universalindikator zu.

2 ○ Übertrage Tabelle 1 in dein Heft und notiere deine Beobachtungen darin.

3 ◐ Überlege mithilfe der Tabelle, welches Ion für die Eigenschaften der Säure bzw. der Lauge verantwortlich sein muss.

	Reagenzglas 1	Reagenzglas 2	Reagenzglas 3
Im Reagenzglas enthaltene Ionen	?	?	?
Farbe des Indikators	?	?	?

1 Auswertung des Versuchs

Material B

Neutralisationen

Neutralisationen sind im Labor wichtig, aber auch z. B. in Klärwerken.

Im Klärwerk

Unsere Abwässer sind oft deutlich sauer oder alkalisch. Dann müssen sie im Klärwerk neutralisiert werden, und zwar entweder mit Salzsäure oder mit Kalkwasser (Calciumhydroxid-Lösung). Denn nur Wasser mit einem neutralen pH-Wert darf anschließend in die Umwelt entlassen werden.

Materialliste: kleines Becherglas, Rührstab, Pipette, Brenner mit Dreifuß, Porzellanschale, verdünnte Salzsäure ⟨!⟩, verdünnte Natronlauge ⟨ätzend⟩, Universalindikator

1 Gib in das Becherglas ca. 10 ml Säure und 2 Tropfen Indikator. Füge dann ca. 5 ml Lauge hinzu. Tropfe nun langsam Lauge dazu. Rühre jeweils gut um, bis du eine deutliche Farbveränderung bemerkst. Gib danach die neutralisierte Lösung in die Porzellanschale und dampfe die Lösung sehr langsam und ganz vorsichtig ein.

Achtung • Zum Schluss des Eindampfens können die Reste spritzen!

2 ◐ Formuliere ein Versuchsprotokoll mit Reaktionsgleichungen.

3 ◐ Erkläre, aus welchem Stoff der Rückstand in der Porzellanschale bestehen muss.

4 ● Formuliere eine Reaktionsgleichung für den Fall, dass saure Abwässer in ein Klärwerk eingeleitet und mit Kalkwasser neutralisiert werden.

Material C

Magensäure neutralisieren

Im Magen sorgen bestimmte Drüsen dafür, dass eine saure Lösung abgesondert wird, die für die Verdauung des Speisebreis wichtig ist. Diese Lösung ist der Salzsäure sehr ähnlich. Sie hat bei nüchternem Magen einen pH-Wert von 1, bei vollem Magen einen pH-Wert von 2 bis 4.
Manchmal sondern die Drüsen zu viel Magensäure ab. Es kommt zum unangenehmen Sodbrennen. Dieses schmerzhafte Gefühl kann man durch Einnahme von neutralisierenden Substanzen beseitigen. Die neutralisierende Wirkung von Magentabletten kannst du selbst in einem Versuch testen.

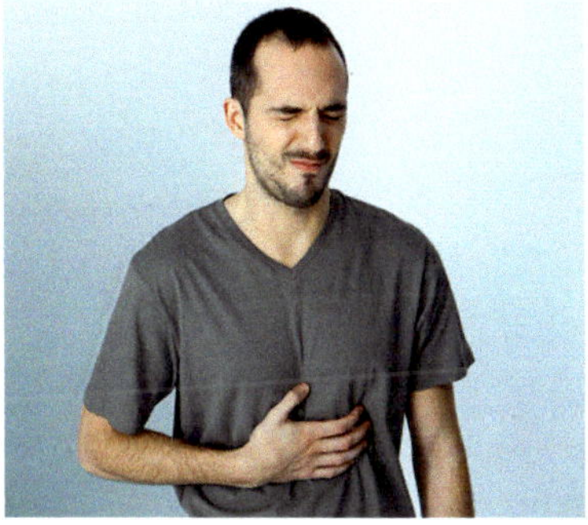

2 Schmerzhaftes Sodbrennen

Materialliste: kleines Becherglas, verdünnte Salzsäure ⟨!⟩, Universalindikator, mehrere Magentabletten (Rennie®, Talcid® oder Riopan®)

1 Fülle verdünnte Salzsäure 1–2 cm hoch in das Becherglas und gib 2 Tropfen Universalindikator dazu. Füge dann eine Magentablette zu, rühre um und beobachte die Flüssigkeit.

2 Erkläre die Wirkung des Medikaments im Magen.

Material D

Rallye zu den Salzen

Bei Neutralisationen können nach dem Eindampfen viele verschiedene Salze entstehen.

1 Übertrage die Tabelle in dein Heft und ergänze sie. Dazu musst du überall im Buch nach Informationen suchen. Nutze auch das Stichwortverzeichnis im Anhang.
Ergänze die Tabelle, wenn du noch weitere Salze findest.

Säure	Säurerest-Ion	Alkalie	Salzlösung mit	Salzname	Salzformel
Salzsäure HCl	Chlorid Cl^-	?	Na^+ und Cl^-	Natriumchlorid	?
Schwefelsäure H_2SO_4	Sulfat SO_4^{2-}	Kaliumhydroxid KOH	?	?	K_2SO_4
Salpetersäure HNO_3	Nitrat NO_3^-	Calciumhydroxid $Ca(OH)_2$	Ca^{2+} und NO_3^-	?	$Ca(NO_3)_2$
Essigsäure CH_3COOH	Acetat CH_3COO^-	?	?	Lithiumacetat	?

3 Salze und ihre Namen

Salzsäure

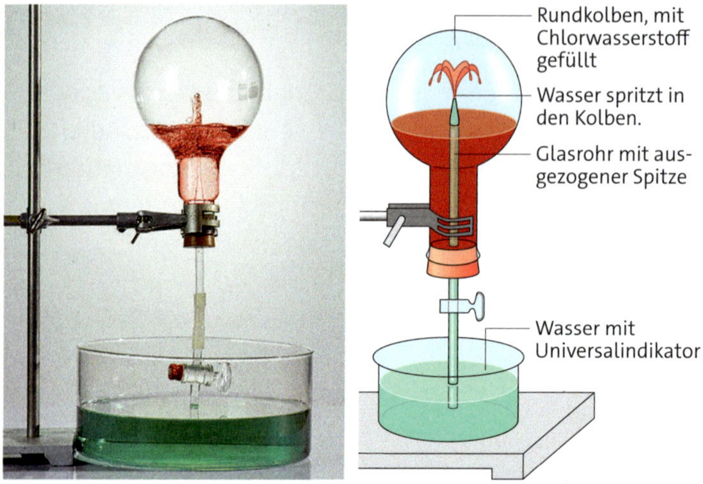

1 Der Springbrunnenversuch

Chlorwasserstoff ist gut in Wasser löslich und bildet dabei Salzsäure. Das zeigt der Springbrunnenversuch.

Chlorwasserstoff • Wenn man konzentrierte Schwefelsäure auf Kochsalz tropft, entsteht ein Gas: Chlorwasserstoff mit der Formel HCl. Es ist farblos und stark ätzend. In Wasser ist es extrem gut löslich und bildet dabei Salzsäure.

Der „Springbrunnenversuch" • Man füllt einen Rundkolben mit Chlorwasserstoff. Darunter stellt man ein Gefäß mit Wasser, das mit Universalindikator angefärbt wurde. Beide Gefäße werden durch ein Glasröhrchen verbunden. Sobald ein paar Tropfen Wasser in den Kolben kommen, löst sich sofort viel Gas darin. Im Kolben bildet sich also ein Unterdruck. Deshalb spritzt in Bild 1 das Wasser hoch in den Kolben. Die ursprünglich grüne Farbe des Universalindikators schlägt nach Rot um. Dies zeigt die Bildung von Säure im Kolben an.

Eigenschaften von Salzsäure • In einem Liter Wasser können sich bis zu 400 Liter Chlorwasserstoffgas lösen. Dann ist konzentrierte Salzsäure entstanden. Sie heißt auch „rauchende" Salzsäure, weil sie über dem offenen Gefäß mit der Luftfeuchtigkeit Nebel bildet. Salzsäure reagiert wie andere Säuren mit Kalk und mit Metallen. Dabei bilden sich ihre Salze, die Chloride.
Eine Mischung von konzentrierter Salzsäure mit konzentrierter Schwefelsäure wird „Königswasser" genannt. Es reagiert sogar mit Gold, der „Königin der Metalle", und löst es auf.

Vorkommen • In der Natur kommt Salzsäure außer in Vulkanseen vor allem im Magen von Menschen und Wirbeltieren vor. In der Industrie ist sie eine der wichtigsten Grundchemikalien.

Chlorwasserstoff löst sich gut in Wasser. Dabei entsteht Salzsäure.

Aufgaben

1 ○ Nenne Eigenschaften von Salzsäure.

2 ◐ Beschreibe den Springbrunnenversuch.

3 ● Erkläre, warum Wasser nach dem Einleiten von Chlorwasserstoffgas den elektrischen Strom leitet.

die Salzsäure
der Chlorwasserstoff

Material A

Bildung von Salzen

1 Säure und Metall

Materialliste: Magnesiumband, Zinkgranulat, Kupferpulver, verdünnte Salzsäure, 3 Reagenzgläser, Reagenzglasständer, Pipette, Spatel

a Gib in je ein Reagenzglas 2 cm Säure und 2 cm Magnesiumband, ein Korn Zink bzw. eine Spatelspitze Kupferpulver. Beobachte. Dampfe die Lösungen nach der Reaktion ein.

b Benenne die entstandenen Salze.

c Formuliere die Wort- und Symbolgleichungen zu den ablaufenden Reaktionen.

2 Säure und Metalloxid

Materialliste: Magnesiumoxid, Zinkoxid, Kupferoxid, verdünnte Salzsäure, 3 Reagenzgläser, Reagenzglasständer, Spatel

a Gib in je ein Reagenzglas 2 cm Säure und eine Spatelspitze der Metalloxide. Dampfe die Lösungen nach der Reaktion ein.

b Benenne auch hier die entstandenen Salze.

c Formuliere einen Merksatz, auf welchen verschiedenen Wegen Salze entstehen können.

2 Zink in Salzsäure

Material B

Chlorid-Ionen identifizieren

Die Analytik ist ein vielfältiger Bereich in der Chemie. Ob Verschmutzungen in Gewässern, Belastungen in Böden, Pestizide in Lebensmitteln oder Schadstoffe im Kinderspielzeug – immer ist das Urteil der analytischen Chemiker gefragt.
Sie untersuchen, wie viel von welchen Stoffen in einer Probe enthalten ist. In diesem Versuch kannst du mit Silbernitrat Chlorid-Ionen nachweisen.

Der weiße Niederschlag aus schwer löslichem Silberchlorid weist Chlorid-Ionen nach.

Materialliste: Silbernitrat-Lösung (0,1-molar), Pipette, Reagenzgläser, Natriumchlorid-Lösung, Natriumnitrat-Lösung, Calciumchlorid-Lösung, Salzsäure (2n), Essigsäure (5%ig).

1 Gib in das Reagenzglas 2–3 cm hoch von einer Lösung, die getestet werden soll.

2 Gib dazu einige Tropfen der Silbernitrat-Lösung. Beobachte.

3 Wiederhole den Versuch mit den anderen Proben.

3 Nachweis von Chlorid-Ionen

Ein Multitalent – die Schwefelsäure

1 Schwefelsäure ist zur Produktion von Kunstdüngern, Farbstoffen und Waschmitteln notwendig.

Schwefelsäure spielt nicht nur in der Industrie eine wichtige Rolle, sondern auch im Haushalt und in der Natur.

Konzentrierte Schwefelsäure • Reine, also 100%ige Schwefelsäure ist eine farblose, ölige Flüssigkeit mit einer hohen Dichte ($1{,}8\,\frac{g}{ml}$). Sie besteht aus H_2SO_4-Molekülen.

Reaktion mit Wasser • Konzentrierte Schwefelsäure reagiert sehr heftig mit Wasser. Daher ist sie auch stark wasseranziehend (hygroskopisch). Man muss sie gut verschlossen aufbewahren, sonst zieht sie Luftfeuchtigkeit an und verdünnt sich selbst. Viele Stoffe zerstört sie so, dass dabei Wassermoleküle entstehen, mit denen sie dann reagieren kann. → 4 Daher ist konzentrierte Schwefelsäure sehr gefährlich.

	Schwefelsäure	+	Wasser	→	Oxonium-Ion	+	Hydrogensulfat-Ion
2	H_2SO_4	+	H_2O	→	H_3O^+	+	HSO_4^-

	Hydrogensulfat-Ion	+	Wasser	→	Oxonium-Ion	+	Sulfat-Ion
3	HSO_4^-	+	H_2O	→	H_3O^+	+	SO_4^{2-}

Verdünnte Schwefelsäure • Erst nach dem Verdünnen hat Schwefelsäure die typischen Eigenschaften einer Säure. Denn beim Verdünnen mit Wasser dissoziiert sie. Unter Dissoziieren versteht man die Auftrennung eines Moleküls in mehrere Moleküle, Atome oder Ionen. Von den H_2SO_4-Molekülen spalten sich hierbei H^+-Ionen ab. → 2
Neben einem H_3O^+-Ion entsteht dabei als Säurerest-Ion ein HSO_4^--Ion, das Hydrogensulfat-Ion. Dieses Ion kann ein weiteres H^+-Ion abgeben. → 3
Dabei entstehen SO_4^{2-}-Ionen als Säurerest-Ionen. Sie heißen Sulfat-Ionen.
Die Schwefelsäure gehört zu den sogenannten starken Säuren, da sie in Wasser ihre H^+-Ionen sehr leicht und fast vollständig abgibt. Eine Schwefelsäure-Lösung enthält also fast ausschließlich Ionen (H_3O^+, HSO_4^- und SO_4^{2-}).

die Schwefelsäure
hygroskopisch
dissoziieren
das Hydrogensulfat-Ion
das Sulfat-Ion

Vorsicht beim Verdünnen • Wenn konzentrierte Schwefelsäure mit Wasser reagiert, wird sehr viel Energie frei. Die Säure wird dabei sehr heiß. Daher muss man beim Verdünnen die schwere Säure ins Wasser gießen. Wenn man es umgekehrt macht, bleibt das Wasser oben auf der Säure und erwärmt sich sehr stark. Es kann dann heftig verdampfen und Säuretröpfchen mitreißen.

Vorkommen • Freie Schwefelsäure ist in der Natur kaum zu finden. Die Salze der Schwefelsäure, die Sulfate und Hydrogensulfate, kommen dagegen häufig vor.
Ein Beispiel ist Calciumsulfat, das unter dem Namen Gips bekannt ist. Die Calciumsulfat-Kristalle in der Natur werden auch als Selenit oder Marienglas bezeichnet. → 5
Sulfate finden unter anderem Verwendung in Waschmitteln. → 1

Verwendung der Schwefelsäure • Schwefelsäure wird als Batterieflüssigkeit in Autobatterien eingesetzt. In der chemischen Industrie ist sie mit einer Menge von über 400 000 Tonnen allein in Deutschland eine der wichtigsten Chemikalien zur Produktion von Düngemitteln und Farben. Außerdem ist Schwefelsäure für unzählige Produktionen als Katalysator von Bedeutung. Arzneistoffe, Farbstoffe für Textilien und einige Chemiefasern könnten ohne Schwefelsäure kaum hergestellt werden.

4 Konzentrierte Schwefelsäure reagiert mit Baumwolle, mit Zucker und mit Papier.

5 Calciumsulfat in der Natur (Marienglas)

Konzentrierte Schwefelsäure besteht aus H_2SO_4-Molekülen. Sogar ihr Verdünnen ist gefährlich. Als Grundchemikalie ist sie für die chemische Industrie unverzichtbar.

Aufgaben

1 Nenne die Säurerest-Ionen der Schwefelsäure mit Namen und mit Formel.

2 Beschreibe Vorsichtsmaßnahmen beim Umgang mit Schwefelsäure.

3 Nenne Vorkommen und Verwendung von Schwefelsäure und ihrer Salze.

Ein Multitalent – die Schwefelsäure

Material A

Schwefelsäure auf der Waage

Ein Becherglas mit konzentrierter Schwefelsäure wurde offen auf einer Waage stehen gelassen. → 1 2

1 ○ Erkläre, warum die Masse im Lauf der Zeit zunimmt.

1 Zu Beginn

2 Ein Tag später

Material B

Temperaturverlauf beim Verdünnen

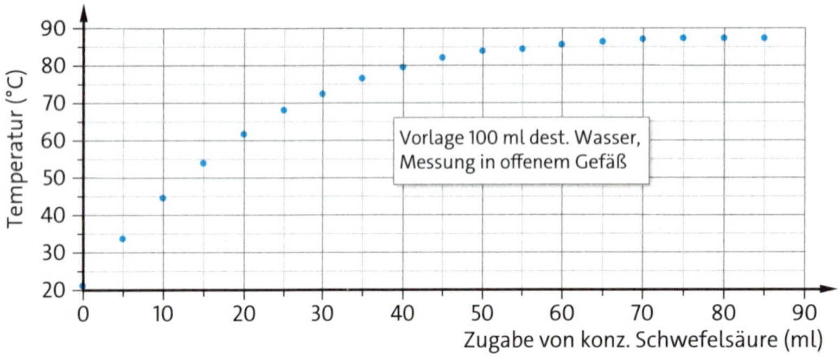

3 Temperaturverlauf bei Zugabe von Schwefelsäure zu Wasser

Du weißt bereits, dass sich konzentrierte Schwefelsäure beim Verdünnen mit Wasser erwärmt. Das soll hier genauer untersucht werden.
Dazu wurde Wasser mit vielen kleinen Portionen konzentrierter Schwefelsäure versetzt. Kurz nach jeder Zugabe von Säure wurde die Temperatur gemessen. → 3

1 ◐ Beim Verdünnen von konzentrierter Schwefelsäure mit Wasser kommt es zu einer chemischen Reaktion. Formuliere die Reaktionsgleichung.

2 ● Erkläre, warum die Temperaturzunahme bei dem Versuch nicht unendlich weitergeht.

Material C

Wie wirken WC-Reiniger?

Materialliste: saurer WC-Reiniger, Spatel, Reagenzglas, Universalindikator

Löse eine Spatelspitze WC-Reiniger in Wasser und untersuche die Lösung mit Universalindikator.

1 ◐ Erkläre deine Beobachtungen.

2 ● Wie entfernt der Reiniger Kalkablagerungen?

WC-Reiniger Pulver
Gefahr
Enthält Natriumhydrogensulfat.
Kann gegenüber Metallen korrosiv sein. Verursacht schwere Verätzungen der Haut und Augenschäden.

4 WC-Reiniger-Etikett

Erweitern und Vertiefen

Vielfach nützlich

Für Schwefelsäure und ihre Salze gibt es viele nützliche Anwendungen.

Zum Trocknen • Manche Stoffe im Chemielabor würden sofort mit Wasser reagieren. Man muss sie so aufbewahren, dass sie nicht einmal mit Luftfeuchtigkeit in Kontakt kommen. Dabei hilft konzentrierte Schwefelsäure: Ein Exsikkator ist ein verschließbares Glasgefäß. → 5 Unten gibt man konzentrierte Schwefelsäure in das Gefäß. Sie nimmt die Luftfeuchtigkeit auf. Weiter oben ist eine Siebplatte als Abstellfläche für die Stoffe, die trocken gehalten werden sollen.

In Batterien • Jede Batterie hat einen Plus- und einen Minuspol. Damit aus Batterie und Kabeln ein geschlossener Stromkreis wird, muss der Strom auch innen in der Batterie fließen können. Daher enthalten viele Batterien Salze oder Säuren, also auch Ionen. Autobatterien enthalten Blei-Atome und Blei-Ionen. Diese reagieren miteinander, tauschen dabei Elektronen aus und setzen so den Stromfluss in Gang. Außerdem enthalten Autobatterien Schwefelsäure – sodass in der Batterie Bleisulfat entsteht.

Als Abführmittel • Natriumsulfat oder Glaubersalz ist ein Salz, das stark abführend wirkt. In der Medizin wird es daher zur Behandlung von Verstopfungen angewendet. In der Alternativmedizin ist es ein beliebtes Mittel zur Entschlackung, zum Beispiel zu Beginn einer Fastenkur.

Beim Röntgen • In normalen Röntgenbildern ist unser Magen und Darm ziemlich unsichtbar. Das ändert sich, wenn man etwas Bariumsulfat Lösung trinkt. Bariumsulfat ist also ein Röntgenkontrastmittel. → 7 Außerdem ist Bariumsulfat in Wasser fast unlöslich. Daher werden keine gefährlichen Barium-Ionen freigesetzt.

Aufgaben

1 ○ Nenne ein Salz, das in Autobatterien enthalten ist.

2 ◐ Erkläre die Funktion des Exsikkators.

3 ◐ Erkläre die Rolle von Bariumsulfat beim Röntgen.

5 Exsikkator

6 Autobatterie

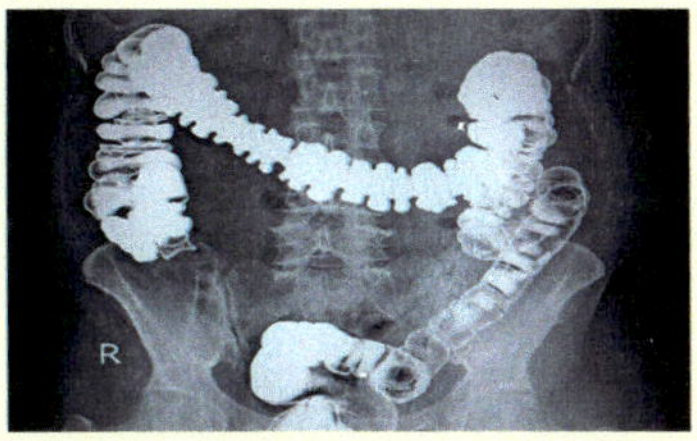

7 Röntgenbild des Dickdarms

Kohlensäure

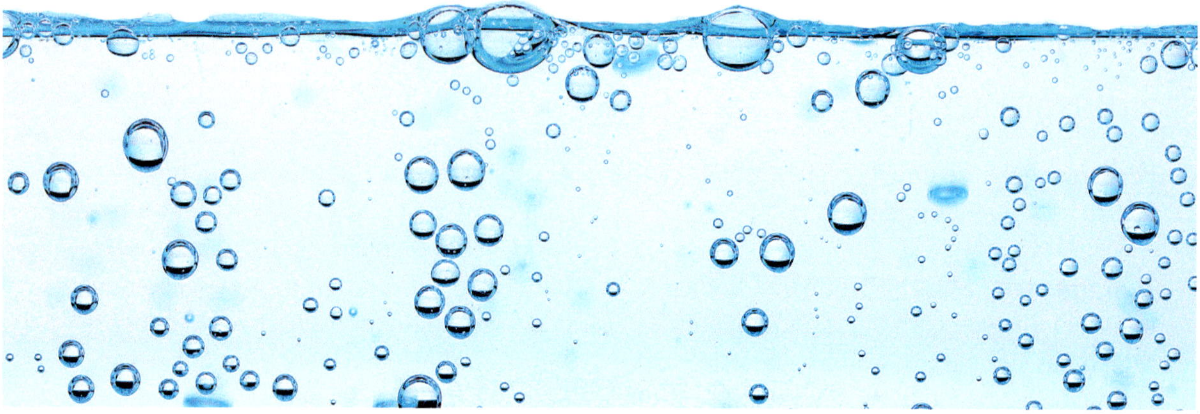

1 Ist Kohlensäure ein Gas oder eine Säure?

Viele Getränke enthalten Kohlensäure. Könnte das nicht gefährlich sein?

Gase in Flüssigkeiten • Man kann Gase in Flüssigkeiten drücken. Die Gasteilchen verteilen sich dann zwischen den Molekülen der Flüssigkeit. So ist es auch bei Kohlenstoffdioxid. Wenn man dieses Gas mit Überdruck in Wasser drückt, erhält man Sprudelwasser. Und wenn man die Sprudelflasche öffnet, entweicht das Gas auch allmählich wieder. Durch Schütteln und durch Erwärmen entweicht das Gas noch schneller.

Bildung von Kohlensäure • Sprudelwasser schmeckt aber nicht nur sprudelig, sondern auch sauer. Kohlenstoffdioxid reagiert nämlich auch mit Wasser. Dabei entsteht Kohlensäure:

Kohlenstoffdioxid	+ Wasser	→ Kohlensäure
CO_2	$+ H_2O$	$\rightarrow H_2CO_3$

Trotzdem ist Sprudelwasser ungefährlich. Das liegt daran, dass nur ein sehr kleiner Teil des Kohlenstoffdioxids zu Kohlensäure reagiert.

Abgabe von H^+-Ionen • Die Moleküle der Kohlensäure können ein H^+-Ion abgeben. Als Säurerest-Ion bleibt ein Hydrogencarbonat-Ion (HCO_3^-) übrig. Dieses Ion kann ein weiteres H^+-Ion abgeben. Dann bleibt als Säurerest-Ion ein Carbonat-Ion (CO_3^{2-}) übrig.

Kohlenstoffdioxid reagiert in geringem Umfang mit Wasser zu Kohlensäure.

Aufgaben

1 ○ Erkläre das Zischen beim Öffnen einer Sprudelflasche.

2 ◐ Kohlensäure kann zwei H^+-Ionen abgeben und auf diese Weise zwei Säurerest-Ionen bilden. Fomuliere dazu die Reaktionsgleichungen.

die Kohlensäure
das Hydrogencarbonat-Ion
das Carbonat-Ion

Material A

Eine unbeständige Säure

Kohlenstoffdioxid entweicht leicht aus Sprudelwasser, vor allem bei Unterdruck und bei Erwärmen.

Materialliste: Kolbenprober, Sprudelwasserflasche, Stück Gummischlauch, Becherglas, Kalkwasser

1 Verbinde die offene Flasche über das Schlauchstück mit dem Kolbenprober. Die Verbindung muss luftdicht sein. → 2 Bewege dann den Kolbenprober nach oben und wieder nach unten. Beobachte dabei genau. Ziehe dann den Kolbenprober wieder hoch und drücke das aufgefangene Gas in Kalkwasser.

2 ▢ Beschreibe und erkläre deine Beobachtungen.

2 Unterdruck anlegen

Materialliste: Becherglas, Brenner mit Dreifuß, Sprudelwasser, Universalindikator

3 Gib ca. 100 ml Sprudelwasser mit einigen Tropfen Indikator in das Becherglas. Erhitze bis zum Kochen und beobachte genau.

4 ▢ Erkläre das Versuchsergebnis.

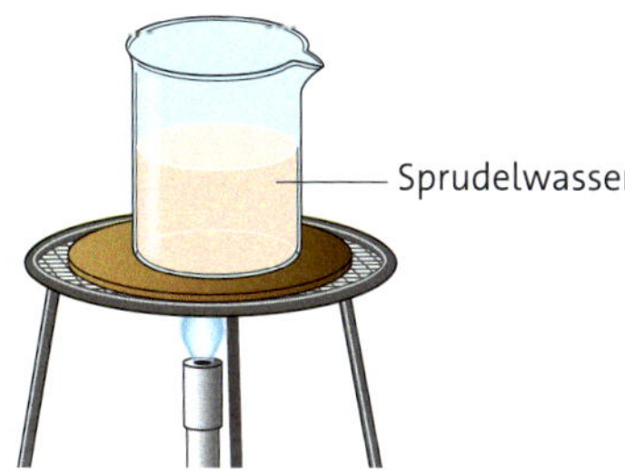

3 Sprudelwasser erwärmen

Material B

Sprudelwasser herstellen

Materialliste: Becherglas, Kohlenstoffdioxid, Universalindikator

1 Gib in das Becherglas Wasser und etwas Indikator. Lass dann die Lehrkraft Kohlenstoffdioxid in das Wasser geben. Du kannst den Versuch auch mit Indikatorpapier und einem Sprudler zu Hause machen.

2 ◔ Erstelle ein Versuchsprotokoll.

3 ◔ Beschreibe die Anlage in Bild 4 und erkläre, auf welche Weise dort Sprudelwasser hergestellt wird.

4 ● Vergleiche die industrielle Herstellung von Sprudelwasser in Bild 4 mit der Funktionsweise eines haushaltsüblichen Sprudlers.

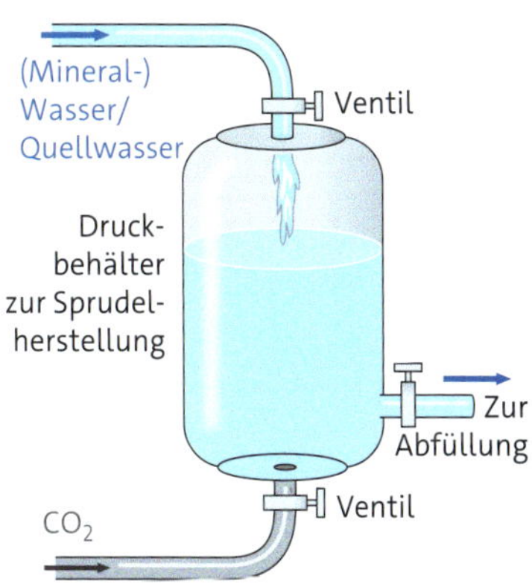

4 Herstellung von Sprudelwasser in der Industrie

Kalk in der Natur

1 Tropfsteinhöhle

Ein großer Anteil der Gebirge auf der Erde besteht aus Kalkstein. Höhlen mit Tropfsteinen gibt es nur in solchen Gesteinsformationen. Woraus besteht dieses Gestein?

Salze der Kohlensäure • Kohlensäure kann zwei Säurerest-Ionen bilden. Entsprechend gibt es auch zwei Typen von Salzen der Kohlensäure: Carbonate und Hydrogencarbonate.

Gebirge aus Salzen • Das bekannteste Carbonat ist Calciumcarbonat ($CaCO_3$), der Kalkstein. Aus Kalkstein bestehen Gebirge mit ihren Tropfsteinhöhlen. Reiner Kalkstein ist weiß, z. B. als Kreidekalk oder als weißer Marmor. Meist ist er aber z. B. mit Ton gemischt und dann braun oder grau. Auch Schneckenhäuser, Muscheln, Korallen und Eierschalen bestehen aus Calciumcarbonat.

Calciumcarbonat + Kohlensäure → Calciumhydrogencarbonatlösung

$$CaCO_3 + H_2CO_3 \rightarrow Ca^{2+} + 2\,HCO_3^-$$

2

Verwitterung von Kalkstein • Calciumcarbonat ist in Wasser praktisch unlöslich. Dennoch werden Figuren aus Kalkstein, ja sogar Gebirge abgetragen. Regenwasser enthält nämlich immer etwas Kohlensäure, die sich aus Kohlenstoffdioxid und Wasser bildet. Und Säuren reagieren mit Kalk. In diesem Fall entsteht dabei Calciumhydrogencarbonatlösung. → 2 Der Kalkstein wird dann als Calciumhydrogencarbonatlösung „weggeschwemmt".

Wasserhärte • Dieses Calciumhydrogencarbonat ist ein Bestandteil der sogenannten Wasserhärte. Wasser aus Brunnen in Regionen mit Kalksteingebirgen ist also meist hart.

Die Salze der Kohlensäure heißen Carbonate bzw. Hydrogencarbonate. Calciumcarbonat ist das wichtigste Carbonat. Calciumhydrogencarbonatlösung ist Teil der Wasserhärte.

das Carbonat
das Hydrogencarbonat
die Wasserhärte

Tropfsteine • Kalkgebirge sind durch die Auflösung des Kalksteins von Spalten und Höhlen durchzogen. Dort tropft das harte Wasser oft von der Decke und lässt Tropfsteine wachsen. Es findet dort nämlich die umgekehrte Reaktion statt wie bei der Auflösung von Kalkstein. → 4
Die gebildete Kohlensäure zerfällt in Wasser und Kohlenstoffdioxid. Kalkstein bleibt zurück.
Auf die gleiche Weise führt hartes Wasser auch zu Kalkablagerungen in Wasserrohren oder in Kaffeemaschinen.

Aus gelöstem Calciumhydrogencarbonat kann in Tropfsteinhöhlen oder Wasserrohren wieder Kalkstein werden.

Andere Carbonate • Natriumcarbonat (Na_2CO_3) mit dem Handelsnamen Soda wird schon seit dem Altertum zur Herstellung von Waschlauge verwendet. Die Ägypter nutzten es z. B. bei der Mumifizierung ihrer Pharaonen. Heute ist es ein wichtiger Grundstoff der chemischen Industrie. Es ist an der Herstellung von Glas, Seifen, Waschmitteln und manchen Farbstoffen beteiligt. Natriumhydrogencarbonat ($NaHCO_3$) mit dem Handelsnamen Natron wird ebenfalls vielfältig verwendet. Es ist Bestandteil im Backpulver, in Brausepulver, in Zahnpasta oder in Sportgetränken. Dabei hat es oft die Aufgabe, ein Gas freizusetzen, nämlich Kohlenstoffdioxid.

3 Auch Fossilien bestehen oft aus Kalkstein.

Calciumhydrogencarbonatlösung → Calciumcarbonat + Kohlensäure

$$Ca^{2+} + 2\,HCO_3^- \rightarrow CaCO_3 + H_2CO_3$$

4

Aufgaben

1 ▢ Nenne Vorkommen von Calciumcarbonat in der Natur.

2 ◐ Hartes Wasser führt nicht nur zur Bildung von Tropfsteinen in Höhlen, sondern auch zu Kalkablagerungen an Küchengeräten. Erkläre, wie diese Ablagerungen zustande kommen.

3 ● Calciumcarbonat kann man durch Säurezugabe nachweisen. Es kommt dann zu einem Aufschäumen. Erkläre, welches Gas für dieses Aufschäumen verantwortlich ist.

Kalk in der Natur

Material A

Carbonate und Säuren

Materialliste: Reagenzgläser, durchbohrter Stopfen mit gewinkeltem Glasröhrchen, Reagenzglasständer, Spatel, Pipette, Calciumcarbonat, Kalkstein, Eierschalen, Muscheln, verdünnte Salzsäure, Kalkwasser

1 Gib eine Spatelspitze Calciumcarbonat und verdünnte Salzsäure in ein Reagenzglas. Leite das entstehende Gas in Kalkwasser. Untersuche entsprechend auch die anderen Stoffe.

2 ○ Protokolliere deine Beobachtungen.

3 ◐ Erkläre die Reaktion und formuliere eine Reaktionsgleichung.

4 ◐ Erkläre, wie Kalkränder im Haushalt oder eine verkalkte Kaffeemaschine gereinigt werden können.

Material B

Kalkflecken auf Marmor

Herr Meyer will Flecken auf einer Fensterbank aus Marmor wegputzen. Er fragt sich, ob Essigreiniger dazu geeignet ist.

1 ◐ Erkläre, weshalb der Essigreiniger ungeeignet sein könnte.

Material C

Backpulver verstehen

Materialliste: 2 Reagenzgläser, Klammer, durchbohrter Stopfen mit gewinkeltem Glasröhrchen, Gasbrenner, Becherglas, Spatel, Natriumhydrogencarbonat, Kalkwasser, Weinsäure, Spülmittel

1 Backpulver enthält oft Natriumhydrogencarbonat.

1 Gib 2 cm hoch Natriumhydrogencarbonat in ein Reagenzglas und erhitze vorsichtig. Leite das entstehende Gas in ein Reagenzglas mit Kalkwasser und beobachte.

2 ◐ Notiere Beobachtungen und eine Reaktionsgleichung.

3 Gib je eine Spatelspitze Natriumhydrogencarbonat und Weinsäure in das Becherglas und mische gut. Gieße dann 2 ml Wasser mit einigen Tropfen Spülmittel darüber.

4 ◐ Erkläre, warum Backpulver Gebäck locker macht.

Material D

Eigenes Brausepulver

Achtung • Versuch nur im Klassenzimmer durchführen!

Materialliste: Natriumhydrogencarbonat und Citronensäure aus der Apotheke, Zucker, Pappbecher, Teelöffel

1 Mischt kleine Mengen der Feststoffe und gebt dann etwas Wasser hinzu. Führt ausnahmsweise auch Geschmacksproben durch.

2 ○ Protokolliert eure Beobachtungen. Wozu dienen die einzelnen Stoffe?

3 ● Versucht eure Brausemischungen zu optimieren.

Material E

Der Kalkkreislauf in der Natur

Du kennst bereits den ständigen Wasserkreislauf in der Natur: Flüssiges Wasser, z. B. im Meer, verdunstet zu Wasserdampf. Der Wasserdampf kondensiert zu Regentropfen. Der Regen ergibt schließlich einen Fluss, der dann wieder ins Meer fließt ...
Auch Kalk, Calciumhydrogencarbonat und Kohlenstoffdioxid bilden zusammen einen ähnlichen Kreislauf.

1 ● Beschreibe anhand von Bild 2, wie Kalkgebirge ständig aufgelöst und gleichzeitig aber auch neu gebildet werden.

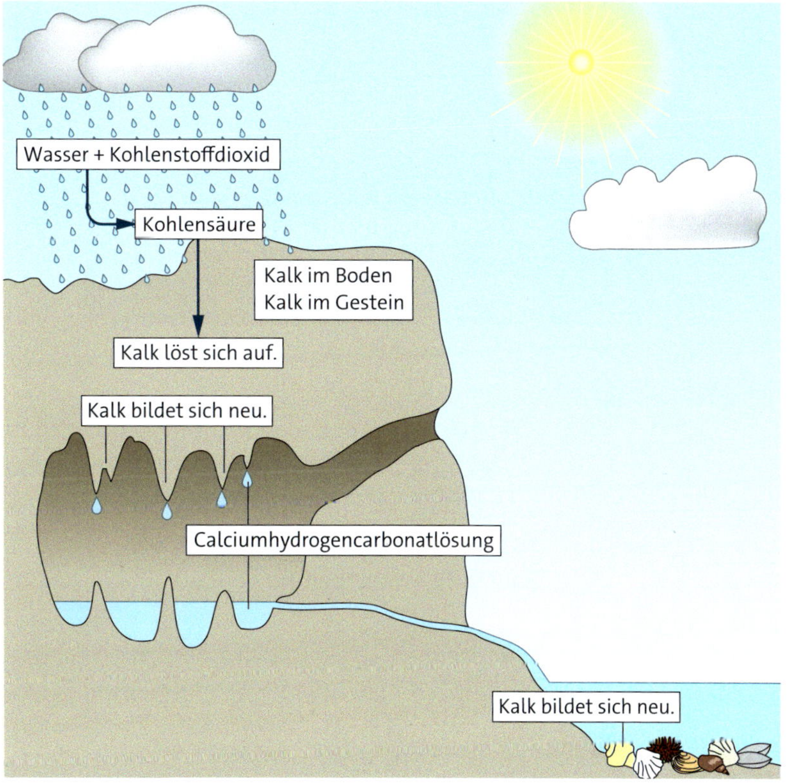

2 Meere und Kalkgebirge „verschwinden“ ständig und bilden sich neu.

Material F

Hin und zurück

Lies den nebenstehenden Text.

1 ◐ Erkläre, warum sich Kalkablagerungen vor allem an Geräten bilden, in denen Leitungswasser erhitzt wird.

2 ● Notiere mögliche Gründe, warum sich Tropfsteine nur in wenigen Höhlen bilden.

Auflösung und Entstehung von Kalk

Kalk kann durch Kohlensäure aufgelöst werden. Es gibt aber auch die umgekehrte Reaktion. Dabei entsteht Kalk – und Kohlensäure wird freigesetzt.
Das ist in der Chemie häufig. Es gibt eine Hinreaktion und umgekehrt auch eine Rückreaktion. Manchmal läuft die Hinreaktion besser ab, manchmal aber auch die Rückreaktion. Das hängt von den äußeren Bedingungen ab, z. B. vom Druck oder von der Temperatur. Bei unserem Beispiel begünstigt eine hohe Temperatur die Rückreaktion:

$$\text{Kalk} + \text{Kohlensäure} \underset{\text{Wärme}}{\overset{\text{Kälte}}{\rightleftharpoons}} \text{Calciumhydrogencarbonatlösung}$$

Kalk in der Technik

[1] Kalkmörtel

Kalkstein ist beim Bauen nicht nur als Marmor oder als Naturstein interessant. Viel Kalkstein wird auch zu Kalkmörtel – einem der ältesten Baustoffe – verarbeitet.

Kalk brennen • Kalk ($CaCO_3$) wird in großen Öfen bei über 1000 °C gebrannt.

Kalk	→	Branntkalk	+	Kohlenstoffdioxid
$CaCO_3$	→	CaO	+	CO_2

Kalk löschen • Der gebrannte Kalk findet in Mörteln Anwendung. Dazu wird er mit Wasser „gelöscht". Das geschieht heute meist im Kalkwerk. In einer stark exothermen Reaktion entsteht dabei „Löschkalk".

Branntkalk	+	Wasser	→	Löschkalk
CaO	+	H_2O	→	$Ca(OH)_2$

Kalk beim Bauen • Löschkalk wird mit Sand gemischt als Mörtel verwendet. Nach der Verarbeitung nimmt er über längere Zeit aus der Luft Kohlenstoffdioxid auf. Er „bindet ab" zu Kalkstein.

Löschkalk	+	Kohlenstoffdioxid	→	Kalk	+	Wasser
$Ca(OH)_2$	+	CO_2	→	$CaCO_3$	+	H_2O

Damit ist der Kreislauf geschlossen. → [2]

Kalk findet in der Technik als Mörtel Verwendung. Der technische Kalkkreislauf zeigt, wie bei der Verarbeitung über die Stationen Branntkalk und Löschkalk wieder Kalk entsteht.

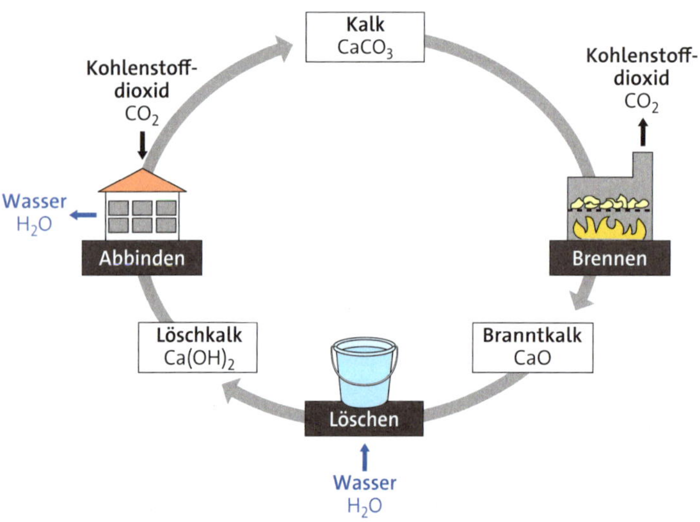

[2] Der technische Kalkkreislauf

Aufgaben

1 ○ Beschreibe mithilfe von Bild 2 den technischen Kalkkreislauf.

2 ◐ Begründe, warum man von einem Kreislauf spricht.

Material A

Der Kalkkreislauf

1 Wir brennen Kalk

Materialliste: Rohr aus feuerfestem Material (Stahlrohr mit ca. 20 cm Durchmesser), verzinktes Drahtgitter (Maschenweite 18 mm), drei Backsteine, Haartrockner mit Abstandsrohr, Kalkschotter (Körnung 15–25 mm), Holzkohlebriketts, Grillanzünder, Holzspan

a Baut die Steine wie in Bild 3 auf, legt das Gitter darauf und dann einige Grillanzünder.
b Darauf wird nun das Rohr gestellt. Der Ofen wird von oben zuerst mit einer Schicht Holzkohle befüllt, dann von unten mit einem brennenden Span entzündet.
c Nach und nach gibt man darauf ein Gemisch von Kalk und Holzkohle, bis der Ofen zur Hälfte gefüllt ist.
d Während des Kalkbrennens wird mit dem Haartrockner ca. 90–120 Minuten warme Luft durch das Loch geblasen. → 3
e Nach dem Abkühlen wird der fertige gebrannte Kalk ohne Kohlereste vorsichtig in einen Metalleimer gefüllt.

3 Versuchsaufbau

f ○ Vergleiche den Kalkstein vor und nach dem Brennen.
g ◐ Vergleiche das Gewicht von 10 Steinen des Kalksteins mit 10 Stückchen gelöschtem Kalk. Erkläre.

2 Kalk löschen

Materialliste: Becherglas (400 ml), Indikatorpapier, Spatel, Branntkalk aus Versuch 1

a Wir geben in das mit 200 ml Wasser gefüllte Becherglas vorsichtig 2–3 Stück des gebrannten Kalks und untersuchen mit Indikatorpapier.
b ◐ Erkläre deine Beobachtungen.
c ◐ Gib an, ob die beobachtete Reaktion exotherm oder endotherm ist.
d Der restliche Löschkalk kann in einem Metalleimer mit der 1,5-fachen Menge Wasser abgelöscht werden und wird anschließend weiterverarbeitet.

3 Kalkmörtel

Materialliste: Löschkalk aus Versuch 2

a Der Löschkalk wird mit etwas Wasser verdünnt und mit einem Pinsel auf Backsteine o. Ä. aufgetragen. Alternativ kann man auch mit der 4- bis 6-fachen Menge Sand einen Mörtel herstellen und einige Steine vermauern.
b Erkläre, was beim Festwerden des Mörtels passiert.

Alkalien

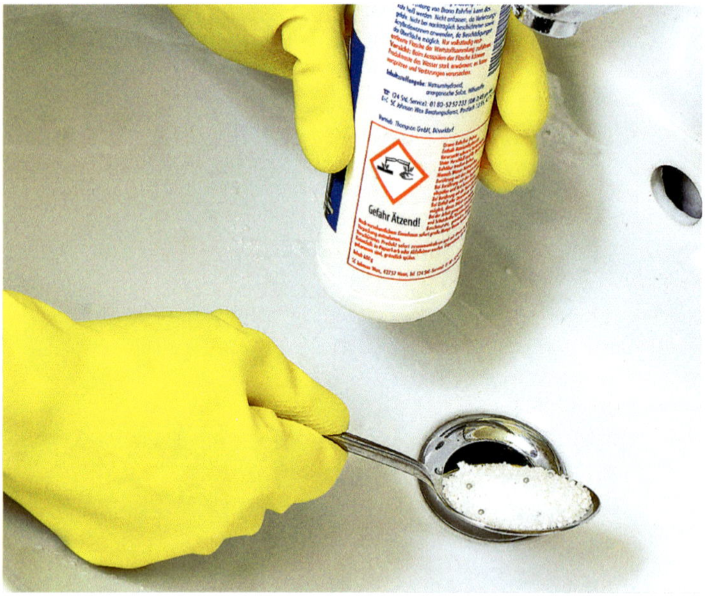

1 Rohrreiniger

Rohrreiniger zersetzen Schmutz mithilfe der Wirkung von Alkalien.

Ätznatron • Natriumhydroxid trägt den Namen Ätznatron. Der Name weist auf seine stark ätzende Wirkung hin. Es wird gerne in Abflussreinigern eingesetzt, da es sehr gut Haare und fettige Hautschuppen auflösen kann. Die Formel NaOH verrät, dass Natriumhydroxid beim Auflösen in Wasser Hydroxid-Ionen (OH^-) abgibt und die Lösung alkalisch macht. → 2 Es entsteht Natronlauge.

Natriumhydroxid gehört zu den wichtigsten chemischen Grundstoffen. Es kommt bei der Herstellung von Seifen, Farbstoffen, Zellstoff und der Aluminiumherstellung aus Bauxit zum Einsatz.

Natriumhydroxid	→	Natrium-Ion	+	Hydroxid-Ion
$NaOH$	→	Na^+	+	OH^-

2

Calciumhydroxid	→	Calcium-Ion	+	Hydroxid-Ionen
$Ca(OH)_2$	→	Ca^{2+}	+	$2\ OH^-$

3

Ätzkali • Kaliumhydroxid (KOH) ist auch unter dem Namen Ätzkali bekannt. Es wird ebenfalls in Abflussreinigern verwendet. Beim Lösen in Wasser werden OH^--Ionen freigesetzt, die Lösung wird alkalisch. Es entsteht Kalilauge. Kaliumhydroxid wird in großen Mengen zur Herstellung von Schmierseife, Glas, Farbstoffen und Batterien verwendet.

Calciumhydroxid • Dieser Stoff kommt auf der Baustelle als „Weißkalk“ oder „Löschkalk“ zum Einsatz. Wenn man Calciumhydroxid in Wasser auflöst, entsteht „Kalkwasser“. → 3 Diese Calciumlauge dient z. B. zum Nachweis von Kohlenstoffdioxid.

Natrium-, Kalium- und Calciumhydroxid werden in Haushalt, Gewerbe und Industrie vielfältig genutzt. Sie besitzen jedoch Gefahrstoffpotenzial.

Aufgaben

1 Beschreibe, wie man sich die Wirkung von Natriumhydroxid und Kaliumhydroxid im Haushalt zunutze macht.

2 Gib an, wofür Calciumhydroxid eingesetzt wird.

das Ätznatron
das Ätzkali

Material A

Auf der Suche nach Alkalien

Materialliste: Reagenzglas, Universalindikator, Kernseife, Waschlotion, Backofenspray, Schmierseife, Waschmittel

1 Untersuche die einzelnen Stoffe im Reagenzglas mit je 2 Tropfen Indikator. Nach jeder Untersuchung muss das Reagenzglas gut gespült werden. Feste Stoffe müssen vorher in Wasser gelöst werden.

2 ▢ Protokolliere deine Versuchsergebnisse. Nenne die Stoffe, die (in Wasser gelöst) Alkalien enthalten.

3 ◪ Erkläre, warum Seifenwasser im Auge brennt.

Name des Hydroxids	Name der Lauge	Ionen in der Lösung
Natriumhydroxid/Ätznatron	Natronlauge/Natriumlauge	Na^+, OH^-
Kaliumhydroxid/Ätzkali	Kalilauge/Kaliumlauge	K^+, OH^-
Calciumhydroxid	Kalkwasser/Calciumlauge	Ca^{2+}, 2 OH^-

4 Übersicht über einige Hydroxide und Laugen

Material B

Rohrreiniger untersuchen

Materialliste: Reagenzglas, Pinzette, Universalindikator, Rohrreiniger

Achtung • Schutzhandschuhe tragen!

1 Trenne mit der Pinzette die einzelnen Bestandteile des Rohrreinigers. Untersuche diese dann jeweils durch Lösen in Wasser und mit dem Indikator.

2 ● Nenne einen Bestandteil, der reinigungsaktiv ist.

5 Stoffe in einem Rohrreiniger

Material C

Kalkwasser selbst herstellen

Materialliste: Becherglas (ca. 200 ml), Filterpapier, Trichter und passender Erlenmeyerkolben, Trinkhalm, Spatel, Calciumhydroxid

1 Löse eine Spatelspitze Calciumhydroxid im Becherglas in ca. 100 ml Wasser. Filtriere das entstandene Gemisch in den Erlenmeyerkolben. Das Filtrat ist eine klare Lösung.

2 Blase mehrmals vorsichtig mit dem Trinkhalm ausgeatmete Luft in das selbst hergestelle Kalkwasser.

Achtung • Nicht am Trinkhalm saugen!

3 ● Erkläre, warum das Filtrieren beim Herstellen von Kalkwasser notwendig ist.

6 Trübung von Kalkwasser

Erweitern und Vertiefen *

H^+-Räuber und OH^--Diebe

Ammoniak • Ammoniak (NH_3) ist in manchen Reinigern, z. B. in Glasreinigern, enthalten. Es hat einen stechenden Geruch. Eine Ammoniak-Lösung zeigt bei Indikatoren eine deutlich alkalische Reaktion. Dabei besitzt reiner Ammoniak gar keine OH^--Ionen. Es verbindet sich aber im Wasser mit H^+-Teilchen zu Ammonium-Ionen (NH_4^+). Damit wird die H^+-Konzentration erheblich verringert. NH_3 ist ein H^+-Räuber.

$$NH_3 + H^+ \rightarrow NH_4^+$$

Soda • Waschsoda mit dem chemischen Namen Natriumcarbonat wird zu Hause als Waschmittel verwendet. Beim Lösen in Wasser zerfällt dieser salzartige Stoff Na_2CO_3 in seine Ionen Natrium (Na^+) und Carbonat (CO_3^{2-}). Das Carbonat-Teilchen ist aber im Wasser ein echter H^+-Räuber: Es wird zum Hydrogencarbonat (HCO_3^-).

$$CO_3^{2-} + H^+ \rightarrow HCO_3^-$$

Ähnlich wie Soda reagiert auch Pottasche, Kaliumcarbonat.

Metalloxide • Sehr viele Metalloxide zeigen in Wasser eine alkalische Reaktion, denn die Oxid-Ionen (O^{2-}) sind im Wasser sehr wirkungsvolle H^+-Räuber.

$$O^{2-} + H^+ \rightarrow OH^-$$

Die Konzentration der H^+ nimmt ab, die der OH^--Teilchen zu. Die Lösung wird alkalisch.

Kohlenstoffdioxid • Angenehm frisch, etwas säuerlich schmeckt unser Sprudelwasser. Das liegt an der Kohlensäure. Mineralwasser ist eine kohlensaure Lösung.
Löst man Kohlenstoffdioxid in Wasser, so betätigen sich die CO_2-Moleküle als OH^--Diebe und verändern damit das H^+/OH^--Gleichgewicht zugunsten der Wasserstoff-Ionen. Die Lösung wird sauer.

$$CO_2 + OH^- \rightarrow HCO_3^-$$

Von diesen Hydrogencarbonat-Ionen (HCO_3^-) ist jede Menge im Sprudel vorhanden, wie du auf dem Etikett nachlesen kannst. → 1

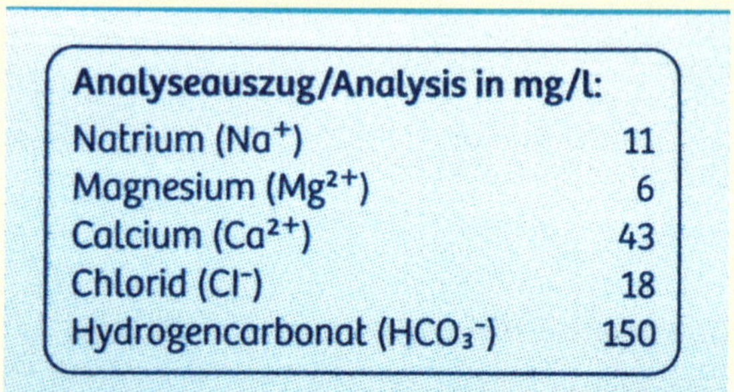

1 Analyse des Instituts / Analysis by Institute

Aufgaben

1 Erkläre die alkalische Reaktion von Ammoniak.

2 Begründe, warum man durch Einpressen von Kohlenstoffdioxid in Leitungswasser ein Getränk mit angenehm säuerlichem Geschmack erhält.

Material D

Ammoniakwasser herstellen

Ammoniakgas löst sich sehr gut in Wasser. Die Lösung heißt Salmiakgeist und wird als Putzmittel genutzt. → 2 Kannst du nachweisen, dass dabei eine alkalische Reaktion abläuft?

Materialliste: Becherglas, Rotkohlsaft-Indikator, 20-ml-Spritze, Flasche mit Ammoniak-Lösung (20%ig)

1 Fülle das Becherglas zur Hälfte mit Wasser und gib 2 ml Rotkohlsaft-Indikator hinzu.

2 Halte die Spritze im Abzug in die geöffnete Ammoniakflasche und ziehe sie mit dem Gas über der Flüssigkeit voll auf.

3 Drücke das Gas anschließend in das Wasser im Becherglas.

2 Ammoniak in Glasreiniger

4 Nenne die Ionen, die in der Ammoniak-Lösung vorliegen.

Material E

Holzasche als Waschmittel?

In den Notzeiten nach den beiden Weltkriegen in Deutschland gab es kaum Waschmittel zu kaufen. Daher griff man auf ein altbewährtes Rezept mit Holzasche zurück.
Kann man aus Holzasche eine Lauge herstellen?

Materialliste: Becherglas (400 ml), Dreifuß, Drahtnetz, Gasbrenner, Erlenmeyerkolben (500 ml), Holzasche aus dem Ofen, Löffel, Filterpapier, Filtertrichter, Universalindikatorlösung oder Indikatorpapier, Pipette

1 Befülle das Becherglas gut zur Hälfte mit Wasser. Gib 3 Löffel voll Holzasche hinein und erhitze das Gemisch unter Rühren mit dem Gasbrenner bis zum Kochen.

2 Filtriere nach dem Abkühlen, sodass du die klare Lösung im Erlenmeyerkolben auffängst.

3 Prüfe die Lösung mit Universalindikatorlösung oder Indikatorpapier.

4 Entnimm einen Tropfen der Lösung mit der Pipette und verreibe ihn zwischen Daumen, Zeige- und Mittelfinger.

5 Holzasche enthält eine Reihe von Metalloxiden, auch Kaliumoxid (K_2O) und Calciumoxid (CaO). Erläutere, wie diese Stoffe die alkalische Reaktion hervorrufen.

3 Antiker Holzasche-Waschzuber mit Waschbrett

Säuren und Laugen – ätzende Stoffe

Zusammenfassung

Eigenschaften • Säuren haben ebenso wie die Alkalien eine Reihe von gemeinsamen Eigenschaften. → 1
Die H_3O^+-Ionen sind für die gemeinsamen Eigenschaften der Säuren, die OH^--Ionen für die gemeinsamen Eigenschaften der Alkalien verantwortlich.

Eigenschaft	Säuren	Alkalien
Ionen in Lösung	H_3O^+	OH^-
leiten elektrischen Strom	ja	ja
Färbung Universalindikator	rot bis gelb	blau bis blaugrün
pH-Wert	0 bis fast 7	über 7 bis 14
reagieren mit	unedlen Metallen und Kalk	
Besonderheiten	schmecken sauer	fühlen sich seifig an

1 Eigenschaften von Säuren und Alkalien

Schwefelsäure und Wasser • Konzentrierte Schwefelsäure besteht aus H_2SO_4-Molekülen. Erst wenn diese mit Wasser reagieren, entstehen die H_3O^+-Ionen der Säure. Dabei können zwei Säurerest-Ionen entstehen: HSO_4^- und SO_4^{2-}. Die aus ihnen entstehenden Salze heißen Hydrogensulfate und Sulfate.
Konzentrierte Schwefelsäure ist auch deshalb gefährlich, weil sie aus sehr vielen Stoffen Wasser zur Verdünnung abspaltet und die Stoffe dadurch völlig zerstört.

Salzsäure • Das Chlorwasserstoffgas (HCl) löst sich gut in Wasser. Dabei entsteht Salzsäure. Ihre Salze sind die Chloride mit dem Säurerest-Ion Cl^-.

Die Neutralisation • Wenn Säuren und Alkalien zusammentreffen, lagern sich die H_3O^+-Ionen der Säure und die OH^--Ionen der Alkalie zusammen. Dabei bildet sich neutrales Wasser. Die negativ geladenen Rest-Ionen der Säure und die positiv geladenen Ionen der Alkalie bilden ein Salz. Bei der Neutralisation entsteht also eine Salzlösung. Wird diese eingedampft, lagern sich die Ionen zu Ionengittern (= Salzkristallen) zusammen.

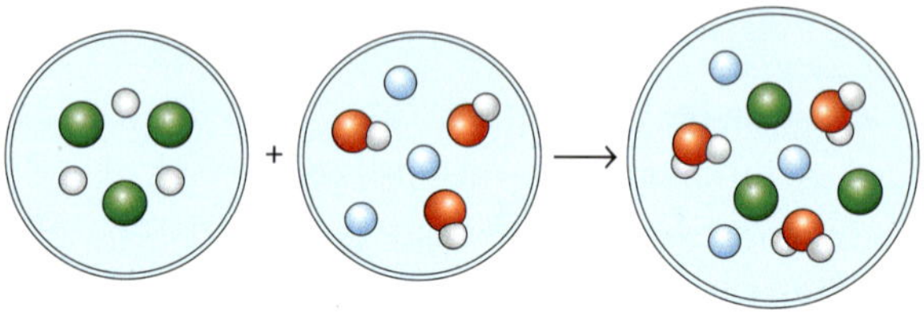

Salzsäure + Natronlauge → neutrale Natriumchlorid-Lösung

2 $H^+ + Cl^- + Na^+ + OH^- \rightarrow H_2O + Na^+ + Cl^-$

Wie entstehen Alkalien? • Alkalien bilden sich bei der Reaktion von Wasser mit Metallen oder auch mit Metalloxiden. Alkalien entstehen außerdem beim Lösen von festen Hydroxiden in Wasser.
Beispiele:

Natrium + Wasser → Natronlauge + Wasserstoff
Calciumoxid + Wasser → Calciumlauge
Natriumhydroxid + Wasser → Natronlauge

Name der Lauge	Name des festen Hydroxids	Ionen in der Lösung
Natronlauge	Natriumhydroxid	Na^+ und OH^-
Calciumlauge (Kalkwasser)	Calciumhydroxid (Löschkalk)	Ca^{2+} und OH^-
Kalilauge	Kaliumhydroxid (Ätzkali)	K^+ und OH^-

3 Einige wichtige Alkalien

Teste dich! (Lösungen im Anhang)

1 Nenne gemeinsame Eigenschaften von Säuren.

2 Nenne gemeinsame Eigenschaften von Alkalien.

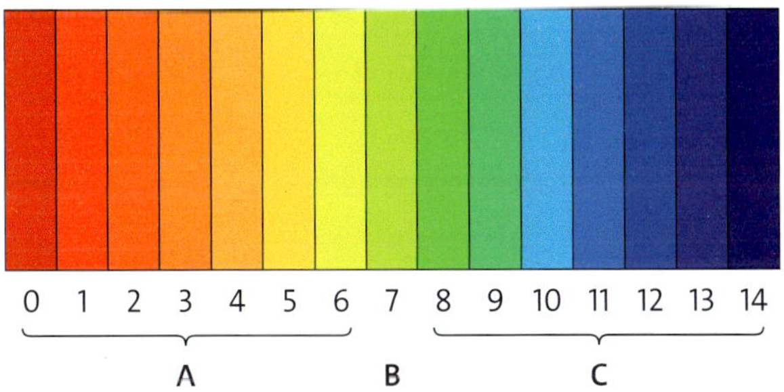

4 pH-Skala

Name der Säure	Ionen in Lösung	Name der Salze
Salzsäure		
	H_3O^+ und SO_4^{2-}	
		Hydrogen-carbonate
Essigsäure		
	H_3O^+ und HSO_4^-	

5 Säuren und ihre Salze

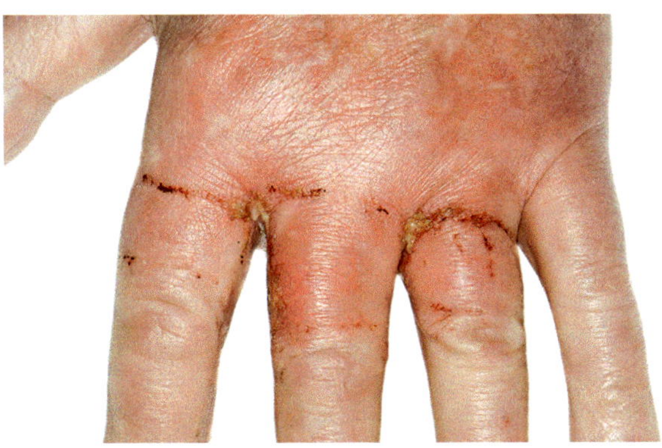

6 Verätzung der Haut durch konzentrierte Schwefelsäure

3 Welche Ionen sind für die gemeinsamen Eigenschaften von Säuren, welche für die gemeinsamen Eigenschaften von Alkalien verantwortlich?

4 Was gibt der pH-Wert an?

5 Wofür stehen die Buchstaben A, B und C in der Zeichnung? → 4

6 Welche Säure ist stärker: konzentrierte Essigsäure (pH 2,5) oder die Magensäure (ca. pH 1,5)?

7 Wie kann man den pH-Wert einer Lösung bestimmen?

8 Was ist ein Säurerest-Ion?

9 Übertrage die Tabelle von Bild 5 in dein Heft und fülle sie aus.

10 Erkläre den Begriff Neutralisation.

11 Welche Stoffe entstehen bei einer Neutralisation?

12 Das Salz Natriumsulfat entstand bei einer Neutralisation. Welche Säure und welche Lauge haben reagiert?

13 Erkläre, warum konzentrierte Schwefelsäure schwere Verletzungen verursachen kann. → 6

14 Nenne Anwendungen von Alkalien.

15 Beschreibe die Herstellung von Kalkwasser.

Elektrische Energie und chemische Prozesse

Moderne Kommunikation und die Internetnutzung basieren auf einer zuverlässigen und leistungsstarken Technik mit Stromspeichern. Nur so reißt der Datenstrom nicht ab.

Batterien dienen der mobilen Energieversorgung. Welche Batterien gibt es und wie funktioniert eine Batterie?

Benzin und Diesel haben in naher Zukunft ausgedient. Umwelt und Klima sollen auf Dauer nicht weiter belastet werden und auch die Erdölvorräte sind nur begrenzt. Was ist der Antrieb der Zukunft?

Elektronenübertragung

1 Reaktion von Magnesium mit Kupferoxid

Eine klassische Redoxreaktion, wie wir sie kennen: Magnesium reagiert mit Kupferoxid. Was passiert dabei auf Teilchenebene?

Oxidation – eine Sauerstoffaufnahme • Bei der Reaktion von Magnesium mit Kupferoxid nimmt Magnesium Sauerstoff auf. Es wird dabei zu Magnesiumoxid oxidiert. Kupferoxid gibt Sauerstoff ab, es wird zu metallischem Kupfer reduziert. → 2 Das Sauerstoff-Ion wechselt den Partner. Wie ist das möglich?

Magnesium	+	Kupferoxid	→	Magnesiumoxid	+	Kupfer
Mg	+	CuO	→	MgO	+	Cu

2

Magnesium	→	Magnesium-Ion	+	Elektronen
Mg	→	Mg^{2+}	+	2 e^-

3 Elektronenabgabe – eine Oxidation

Kupfer-Ion	+	Elektronen	→	Kupfer
Cu^{2+}	+	2 e^-	→	Cu

4 Elektronenaufnahme – eine Reduktion

Oxidation – eine Elektronenabgabe • Magnesium gibt zwei Elektronen ab und wird zum Magnesium-Ion. → 3 Das positiv geladene Magnesium-Ion kann nun leicht eine Bindung mit einem negativ geladenen Sauerstoff-Ion eingehen.

Reduktion – eine Elektronenaufnahme • Das Kupfer-Ion im Kupferoxid nimmt dagegen zwei Elektronen auf und wird zu metallischem Kupfer reduziert. → 4 Die Bindung zum Sauerstoff-Ion wird gelöst.
Bei einer Oxidation handelt es sich daher um eine Elektronenabgabe und bei einer Reduktion um eine Elektronenaufnahme.
Eine Redoxreaktion ist folglich eine Elektronenübertragung.
Kann eine Elektronenübertragung auch ohne Sauerstoff stattfinden?

Elektronenübertragung ohne Sauerstoff • Taucht man einen Eisennagel in eine Kupfersulfat-Lösung findet ebenfalls eine Elektronenübertragung statt. Hier reagieren Eisen-Atome mit Kupfer-Ionen. → 6
Die positiv geladenen Kupfer-Ionen wirken als Elektronenakzeptoren. Sie nehmen Elektronen auf und werden zu Kupfer-Atomen reduziert. Die Blaufärbung der Lösung nimmt ab. → 5
Die Eisen-Atome wirken als Elektronendonatoren. Sie geben Elektronen ab und gehen als positiv geladene Eisen-Ionen in Lösung.
Sauerstoff ist also nicht für die Elektronenübertragung notwendig.

der Elektronenakzeptor
der Elektronendonator

Edel oder unedel • Metalle haben ein unterschiedliches Reaktionsbestreben gegenüber Sauerstoff und anderen nichtmetallischen Elementen. Magnesium reagiert sehr heftig bei der Oxidation, Kupfer oxidiert nur langsam, Silber und Gold oxidieren fast gar nicht. Metalle, die sehr leicht Elektronen abgeben, werden als unedle Metalle bezeichnet. Dazu gehören z. B. Lithium, Natrium, Kalium und Aluminium. Sie oxidieren sehr leicht. Metalle, die sehr schwer Elektronen abgeben wie Silber und Gold, werden als Edelmetalle bezeichnet.

Redoxreihe der Metalle • Taucht man ein Zinkblech in eine Kupfersalz-Lösung, dann überzieht sich das Zink mit Kupfer. Die blaue Kupfersulfat-Lösung entfärbt sich. Wenn man aber ein Kupferblech in eine Zinksulfat-Lösung gibt, dann ist keine Reaktion zu beobachten. Dies liegt daran, dass Zink unedler als Kupfer ist. Zink gibt daher leichter Elektronen ab und ist leichter oxidierbar. Sortiert man die Metalle nach ihrer Oxidierbarkeit erhält man die Redoxreihe der Metalle. → 7

5 Eisennägel in Kupfersulfat-Lösungen

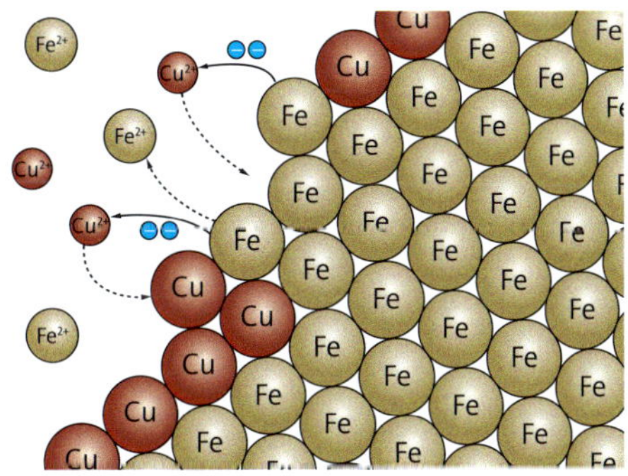

6 Eintauchen eines Eisennagels in Kupfersulfat-Lösung im Modell

Bei der Oxidation werden Elektronen abgegeben, bei der Reduktion aufgenommen. Atome unedler Metalle geben die Elektronen leichter ab als Atome edler Metalle.

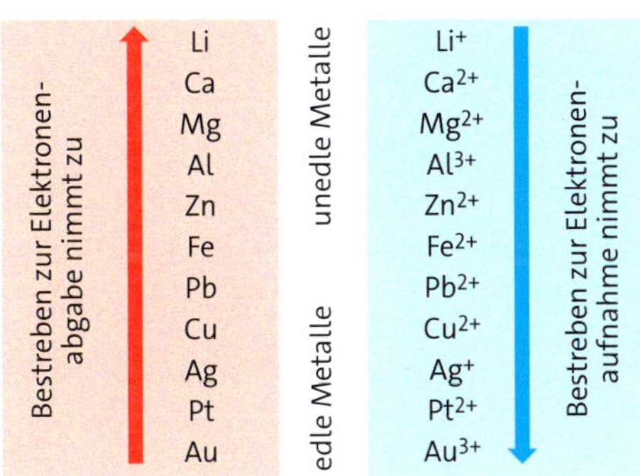

7 Redoxreihe der Metalle

Aufgaben

1 Gib an, an welche Metall-Ionen Kupfer-Atome Elektronen abgeben können. Begründe deine Antwort.

2 Erkläre die Begriffe Elektronenakzeptor und Elektronendonator am Beispiel der Reaktion von Magnesium mit Kupferoxid.

Elektronenübertragung

Material A

Lehrerversuch: Magnesium und Kupferoxid

Materialliste: Gasbrenner, feuerfeste Unterlage, Magnesiumpulver, Kupfer(II)oxid, Spatel

Achtung • Versuch im Abzug durchführen! Nicht direkt in die Flamme schauen!

1 Der Versuch wird nach der Anleitung durchgeführt. → 1

2 Beschreibe die Ausgangsstoffe und die Produkte der Reaktion.

3 Notiere die Reaktionsgleichung und erläutere die Reaktion.

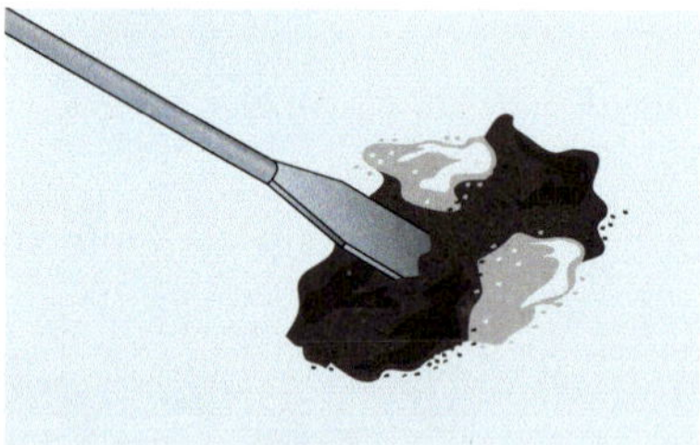

1 ① 0,3 g Magnesiumpulver und 1 g Kupfer(II)oxidpulver werden auf einer feuerfesten Unterlage vermischt.
② Das Feststoffgemisch wird zu einer Strecke ausgezogen. Die Pulverlinie wird an einem Ende mit dem Brenner entzündet.

Material B

Magnesium-Kupfersulfat-Reaktion: ein Zwei-Schalen-Versuch

Materialliste: 2 Petrischalen, Kupfersulfat-Lösung, Kupfer-Blechstreifen, Kabel, Magnesiumchlorid-Lösung, Magnesium-Anspitzer, Filterpapierstreifen

1 Stelle die beiden Schalen eng nebeneinander. Fülle die eine mit Kupfersulfat-Lösung, die andere gleich hoch mit Magnesiumchlorid-Lösung.

2 Stelle den Spitzer in die „Magnesiumschale" und das Kupferblech über den Rand in die „Kupferschale". Verbinde die Metallstücke mit Klemmen und Kabeln mit dem Rotor. → 2

3 Befeuchte einen Filterpapierstreifen und lege ihn als Verbindung über die Ränder, sodass er in beide Lösungen taucht.

4 Fertige eine Versuchsskizze an.

5 Notiere die jeweiligen Reaktionen in den beiden Schalen. Gib an, ob dort eine Oxidation oder eine Reduktion abläuft.

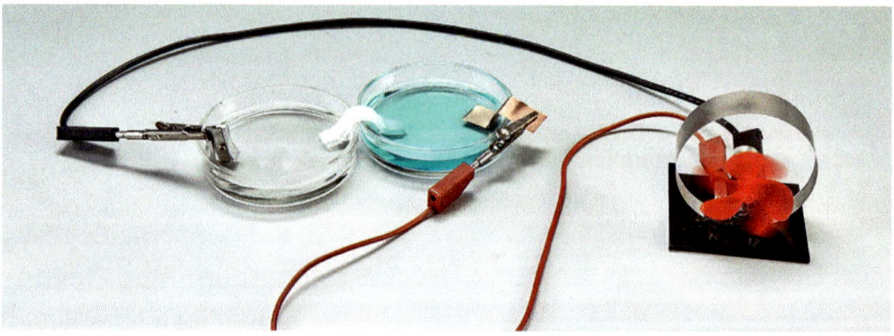

2 Zwei-Schalen-Versuch

Material C

Was ist edler?

Materialliste: 2 Porzellanschalen, feuerfestes Reagenzglas, schwarzes Kupferoxidpulver, Eisenpulver, schwarzes Eisenoxidpulver, Kupferpulver

Achtung • Feuerfestes Reagenzglas benutzen!

1 Mische in einer Porzellanschale 2 g schwarzes Kupferoxidpulver mit 1 g Eisenpulver. In der zweiten Porzellanschale mischst du 1 g schwarzes Eisenoxidpulver mit 1 g Kupferpulver.

2 Gib die Mischungen in je ein Reagenzglas und erhitze kräftig mit dem Brenner.

3 Gib die Inhalte der Reagenzgläser nach dem Erkalten auf Uhrglasschalen.

4 ▢ Dokumentiere deine Beobachtungen.

5 ◪ Nenne die Reaktionsprodukte.

Material D

Redoxreihe

Materialliste: 16 Bechergläser, 4 Eisennägel, jeweils 4 Blechstreifen von Kupfer, Zink und Silber, Zinkchlorid, Eisensulfat, Kupfersulfat und Silbernitrat

Dein Lehrer oder deine Lehrerin hat für dich viermal folgende vier Lösungen vorbereitet:
5%ige Lösungen von Zinkchlorid, Eisensulfat, Kupfersulfat und Silbernitrat.

1 Reinige die Eisennägel und die Blechstreifen von Kupfer, Zink und Silber.

2 Tauche in die erste Reihe jeweils einen Eisennagel. In die zweite Reihe tauchst du die Blechstreifen von Kupfer, in die dritte Reihe die Zinkstreifen und in die vierte Reihe die Streifen von Silber.

3 Beobachte die vier Versuchsreihen einige Minuten.

4 ▢ Fertige eine Tabelle an, aus der ersichtlich wird, welche Metalle und welche Lösungen miteinander reagieren und welche nicht.

5 ◪ Erkläre die Beobachtungsergebnisse anhand der Redoxreihe der Metalle.

3

Vom Ion zum Atom – die Elektrolyse

1 Wenn man Strom an eine Zinkiodid-Lösung anlegt, ...

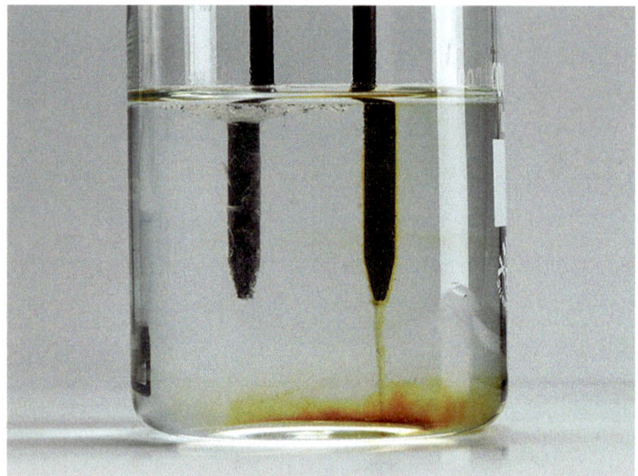

2 ... bilden sich Zink (silbern, links) und Iod (gelb, rechts).

Salzlösungen und Salzschmelzen leiten den elektrischen Strom. Dies macht man sich in der chemischen Industrie zunutze.

Zerlegung durch Strom • In Bild 1 wird an die Lösung von einem Salz (Zinkiodid) Strom angelegt. Bild 2 zeigt das Ergebnis: Am Minuspol bildet sich Zink, am Pluspol Iod.
Das Salz Zinkiodid ist also mithilfe von Strom in die Elemente Zink und Iod zerlegt worden. Einen solchen Vorgang bezeichnet man als Elektrolyse (griech.: Zerlegung durch Strom).

Vom Ion zum Atom • Das Salz Zinkiodid besteht aus Ionen: aus Zink-Ionen (Zn^{2+}) und aus Iodid-Ionen (I^-). Bei der Elektrolyse nehmen die Zink-Ionen Elektronen auf. Dadurch werden sie zu Zink-Atomen.
Am Minuspol läuft also folgende Reaktion ab:

Zink-Ion + Elektronen → Zink-Atom

$$Zn^{2+} + 2\,e^- \rightarrow Zn$$

Am Pluspol entsteht Iod. Dort geben Iodid-Ionen Elektronen in den Stromkreis ab:

Iodid-Ionen → Iod-Atome + Elektronen

$$2\,I^- \rightarrow I_2 + 2\,e^-$$

Elektrolyse und Edelgasregel • Zink-Ionen und Iodid-Ionen erfüllen die Edelgasregel: Sie haben eine volle äußere Elektronenschale. Bei der Elektrolyse aber halten sie sich nicht mehr an die Edelgasregel. Beispielsweise haben die Iod-Atome, die dabei entstehen, sieben Außenelektronen. Damit verstoßen sie gegen die Edelgasregel. Der Grund dafür ist, dass die Teilchen durch den angelegten Strom gezwungen werden, Elektronen aufzunehmen oder abzugeben. Deshalb geschieht die Elektrolyse auch nur, weil man Energie dafür aufwendet.

die Elektrolyse
das Bauxit

Nutzung der Elektrolyse • In der chemischen Industrie nutzt man Elektrolysen für verschiedene Zwecke. Ein Beispiel ist die Gewinnung von Aluminium.

Rohstoffe für Aluminium • Die Herstellung von Aluminium beginnt mit Bauxit, einem Aluminiumerz. Bauxit wird in großen Bergwerken vor allem in tropischen Ländern abgebaut und anschließend zu Aluminiumoxid aufbereitet. Aluminiumoxid ist ein Salz, besteht also aus Ionen.

Der Elektrolyseofen • Das Aluminiumoxid wird in einem großen Ofen geschmolzen. → 3 Unten ist der Ofen mit einer Kohleschicht ausgekleidet, die als Minuspol dient. Dort bildet sich geschmolzenes Aluminium und wird regelmäßig abgesaugt. → 4 Als Pluspol dienen Kohleblöcke, die von oben in die Schmelze ragen. Hier bilden sich Kohlenstoffmonooxid und Kohlenstoffdioxid. → 5

Sehr aufwendig • Die Gewinnung von Aluminium benötigt sehr viel Energie. Daher ist es sinnvoll, sparsam mit diesem Metall umzugehen. Zudem entstehen bei der Gewinnung von Aluminium giftige und gefährliche Stoffe, die die Umwelt belasten.

Bei einer Elektrolyse kann ein Salz in seine Elemente zerlegt werden. Aluminium wird bei einer Elektrolyse aus geschmolzenem Aluminiumoxid gewonnen.

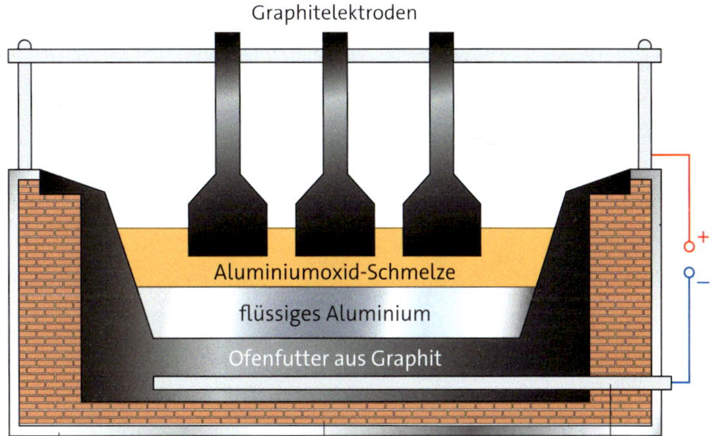

3 Aluminiumgewinnung im Elektrolyseofen

4

Aluminium-Ion	+	Elektronen	→	Aluminium-Atom
Al^{3+}	+	$3\,e^-$	→	Al

5

Kohlenstoff-Atom	+	Sauerstoff-Ion	→	Kohlenstoffmonooxid	+	Elektronen
C	+	O^{2-}	→	CO	+	$2\,e^-$
Kohlenstoff-Atom	+	Sauerstoff-Ionen	→	Kohlenstoffdioxid	+	Elektronen
C	+	$2\,O^{2-}$	→	CO_2	+	$4\,e^-$

Aufgaben

1 ○ Nenne die Stoffe, die bei der Elektrolyse einer Zinkchlorid-Lösung entstehen.

2 ◐ Begründe, warum Elektrolysen immer nur dann ablaufen, wenn man elektrische Energie aufwendet.

3 ◐ Vergleiche die Gewinnung von Eisen (im Hochofen) mit der Gewinnung von Aluminium.

Vom Ion zum Atom – die Elektrolyse

Material A

Elektrolyse einer Zinkiodid-Lösung

Materialliste: U-Rohr, 2 Kohleelektroden, Zinkiodid-Lösung ⟨!⟩, Spannungsquelle

1 Gib die Zinkiodid-Lösung in das U-Rohr. Stecke die Kohleelektroden in beide Öffnungen. Schalte Gleichstrom ein, bis sich Bläschen bilden, und beobachte ca. 5 Minuten.

2 ◐ Erstelle ein Versuchsprotokoll. Verwende bei der Erklärung folgende Fachbegriffe: Atom, Ion, Nichtmetall-Ion, Metall-Atom, Elektronenaufnahme, Elektronenabgabe.

3 ◐ Erkläre, ob es sich bei dem gezeigten Versuch um eine chemische Reaktion handelt.

4 ● Erstelle die Reaktionsgleichungen für den ablaufenden Vorgang.

5 ○ Schließe anstelle der Stromquelle einen kleinen Elektromotor an den Versuchsaufbau an. Was kannst du nun beobachten?

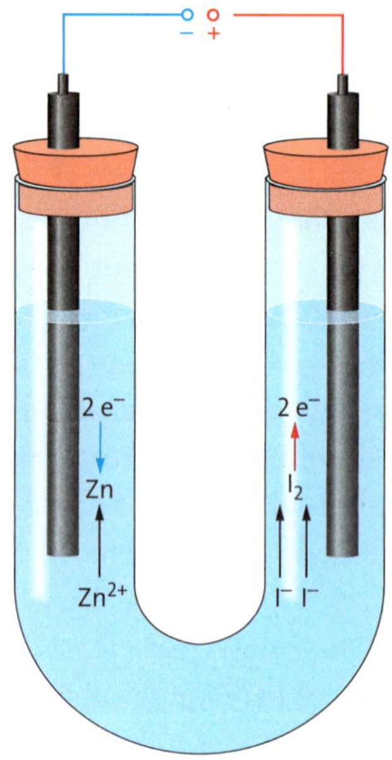

1 Vorgänge bei der Elektrolyse

Material B

Aluminium und Umwelt

Aluminium ist ein begehrtes Metall. Die Aluminiumgewinnung ist jedoch ein sehr aufwendiges Verfahren.
Der Abbau von Bauxit erfolgt im Tagebau. Da das Erz in meterdicken Schichten unter der Oberfläche lagert, müssen dabei große Flächen aufgegraben werden. Damit sind Abholzung und Zerstörung von Lebensräumen verbunden.
Bauxit wird anschließend in Raffinerien zerkleinert, mit Natronlauge gemischt und erhitzt, um Aluminiumoxid zu gewinnen. Als Rückstand entsteht dabei sogenannter Rotschlamm. → 2 Dieser enthält ätzende Natronlauge und giftige Schwermetalle. Gelangt Rotschlamm in die Umwelt, kann er z. B. zu Artensterben in Flüssen und Seen führen.
Bei der Elektrolyse wird aus Aluminiumoxid schließlich elementares Aluminium gewonnen. Sie benötigt sehr große Energiemengen. Ein Aluminiumwerk verbraucht dabei so viel Energie im Jahr wie eine mittlere Großstadt.

2 Rotschlamm-Deponie

1 ◐ Beschreibe die Stufen der Aluminiumgewinnung in einem Flussdiagramm.

2 ◐ Erläutere die Umweltprobleme, die mit der Aluminiumherstellung verbunden sind.

Material C

Strukturlegetechnik

Schreibe die rechts dargestellten Begriffe jeweils auf ein Kärtchen.
Versuche sie sinnvoll anzuordnen, z. B. als Mindmap oder als Flussdiagramm. Diskutiere deine Anordnung auch mit deinem Nachbarn. Klebe sie anschließend in dein Heft.

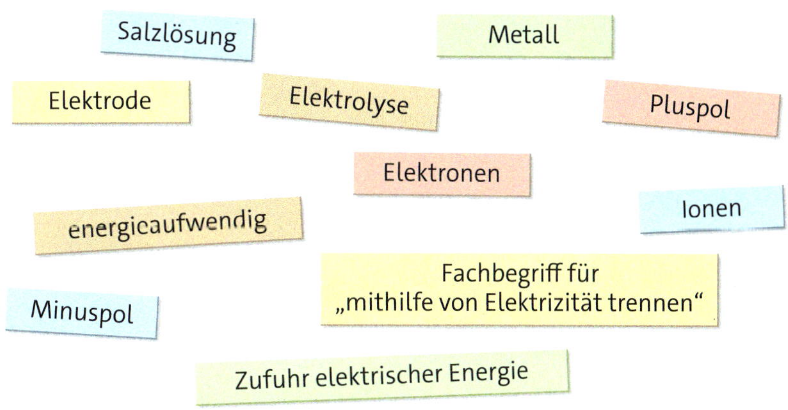

3 Begriffe rund um die Elektrolyse

Material D

Galvanisches Verkupfern

Mithilfe der Elektrolyse kann man z. B. ein unedles oder preiswertes Metall mit einer dünnen Schicht eines hochwertigen, edleren Metalls überziehen.

Materialliste: Becherglas, Eisennagel, Kupferblech, Kupfersulfat-Lösung, angesäuert mit Essigsäure (5%ig), Wasser, Spülmittel, Spannungsquelle, Ethanol

1 Reinige den Eisennagel gründlich mit Ethanol. Verbinde ihn dann mit dem Minuspol. Das Kupferblech muss mit dem Pluspol verbunden werden.

4 Versuchsaufbau (Schema)

2 Hänge beide Metallgegenstände in ein Becherglas mit Kupfersulfat-Lösung. Sie dürfen sich nicht berühren. Lass den Strom etwa 15 Minuten lang fließen.
Nimm dann den verkupferten Gegenstand aus der Lösung. Spüle ihn mit Wasser ab und lass ihn trocknen.

Für galvanische Überzüge nutzt man nicht nur Kupfer, sondern auch andere Metalle. So kann man mit Nickel oder Chrom Überzüge herstellen, die den galvanisierten Gegenstand schützen oder verschönern. Besonders schön wird es mit Silber oder Gold …

3 ○ Beschreibe deine Beobachtungen.

4 ◐ Nenne Gründe, weshalb manche Gegenstände aus Eisen verkupfert werden.

5 ● Formuliere die Reaktionsgleichung für die abgelaufene Reaktion.

Chemie macht Strom

1 Batterien heute

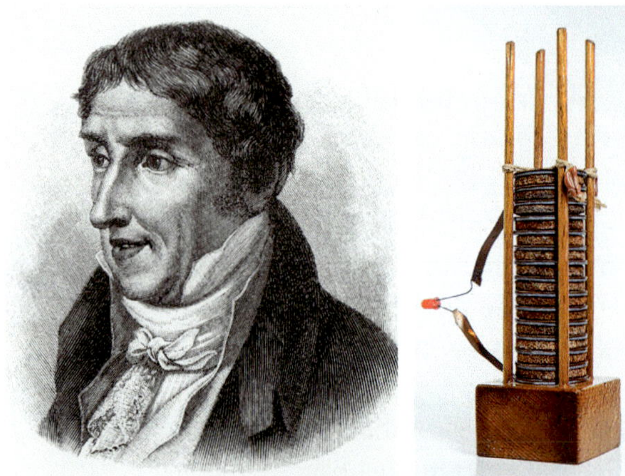

2 Volta und seine Voltasäule (Nachbau) um 1800

Noch vor weniger als 250 Jahren war elektrische Energie im Alltag der Menschen nicht vorhanden. Seit 1960 nahm die Entwicklung einen so rasanten Verlauf, dass die Menschen elektrische Energie fast immer mit sich führen. Sie wird in Form von Batterien und Akkus transportiert und eingesetzt.

Galvanismus • Der italienische Professor der Anatomie und Medizin Luigi Galvani machte im Jahr 1780 durch Zufall eine interessante Entdeckung: Ein Froschschenkelnerv löste Muskelzuckungen aus, als er mit Instrumenten aus Kupfer und Eisen bearbeitet wurde. Galvani selbst konnte dies nicht erklären.

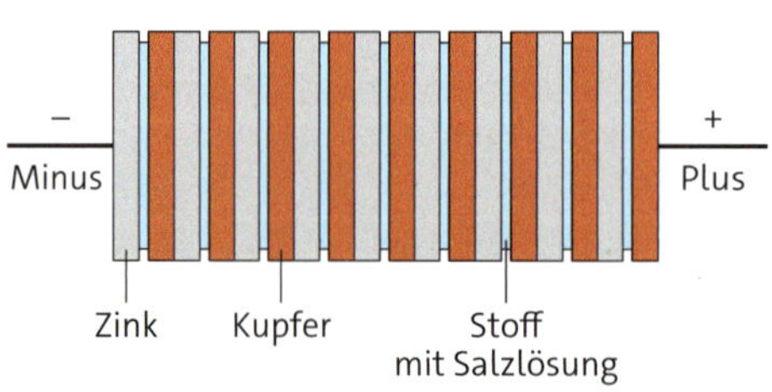

3 Voltasäule aus „galvanischen Zellen“

Erfindung von Volta • Der Physikprofessor Alessandro Volta (Italien) erfuhr 1792 von den „Froschversuchen“, forschte ebenfalls und konnte im Jahr 1800 die Voltasäule bauen. → 2 Mehrere Kupfer- und Zinkplatten waren in Schichten abwechselnd übereinandergelegt. Dazwischen lagen mit Wasser, Salzlösung oder Säure angefeuchtete Textilstücke. An das oberste Teil (die Zinkplatte) und das unterste Teil (die Kupferplatte) wurde ein Draht montiert. Nachdem der Draht zu einem Kreislauf geschlossen wurde, floss elektrischer Strom.

Batterie • Heute gibt es eine Vielzahl an äußeren Formen bei Batterien. → 1 Sie sind meist auch in ihrem Innern unterschiedlich aufgebaut. Im Prinzip können sie alle auf die „galvanische Zelle“ („galvanisches Element“) zurückgeführt werden. In der Voltasäule gehören eine Kupferschicht, eine Zinkschicht und ein Textilstück mit Salzlösung zu einem „galvanischen Element“. → 3

die **Batterie**
die **Elektrode**
der **Elektrolyt**

Batterien – genauer betrachtet • Batterien aus dem Supermarkt haben trotz großer äußerlicher Unterschiede wichtige Gemeinsamkeiten:

- In einer Batterie wird chemische Energie in elektrische Energie umgewandelt.
- Alle Batterien besitzen zwei Pole: einen Plus- und einen Minuspol. Sie sind die Verlängerungen von metallischen Elektroden oder Kohleelektroden im Innern.
- Batterien funktionieren nur, wenn die Elektroden in eine wässrige Lösung (Elektrolyt) getaucht sind.
- Wenn sich beide Pole berühren oder leitend ohne Verbraucher verbunden werden, entsteht ein Kurzschluss. Die Batterie leert sich dann schnell.
- Bei undichtem Gehäuse kann die auslaufende Lösung das elektrische Gerät zerstören oder beschädigen

Batterieformen • Zum vielfältigen Einsatz gibt es im Geschäft viele verschieden große Batterien.
In einer Flachbatterie sind drei galvanische Zellen. → 4 In einem 9-Volt-Block findet man sechs Zellen.

Batterien enthalten zwei unterschiedliche Elektroden in einer wässrigen Lösung, dem Elektrolyten. Die zwei Pole berühren sich nicht direkt, stehen aber über den Elektrolyten in Verbindung. Bei einer Batterie wird chemische Energie in elektrische Energie umgewandelt.

4 Zerlegte 4,5-Volt-Flachbatterie

1,5-Volt-Rundzellen	9-Volt-Blockbatterie	4,5-Volt-Flachbatterie

5 Die Vielfalt der Batterien mit Handelsnamen

Aufgaben

1 ▢ Schreibe in einer Tabelle auf, welche Wissenschaftler die Entwicklung von Batterien begonnen haben: Name, Jahr, Entdeckung/Erfindung.

2 Alessandro Volta stapelte in seiner „Säule" galvanische Elemente.
a ▢ Schreibe die Namen der Bestandteile dieser Zellen auf.
b ◐ Zeichne ein galvanisches Element aus der Voltasäule und beschrifte die Teile/Stoffe.

3 ● Bild 4 zeigt dir den Aufbau einer Flachbatterie mit 4,5 Volt. Es ist eine Zink-Kohle-Batterie. Erkläre den Zusammenhang mit galvanischen Zellen.

Chemie macht Strom

Material A

Auf dem Weg zum Strom

Im Supermarkt eingekaufte Waren sollen sich angeblich eignen, um Strom herzustellen. Ob das wohl stimmt? Überprüfe es durch geeignete Versuche.

Materialliste: Zitrone, andere Früchte (Orange, Apfel, Banane, Birne, Grapefruit, Kartoffel), Kupfernagel, Zinknagel, Kabel, Krokodilklemmen, Rotor oder Spannungsmessgerät

1 ▢ Stecke in eine Zitrone einen Kupfernagel und an einer anderen Stelle einen Zinknagel. Die Nägel dürfen sich in der Frucht nicht berühren. Verbinde dann die beiden Nägel jeweils mithilfe eines Kabels mit einem Rotor oder einem Spannungsmessgerät. → 1

2 ▢ Wiederhole Versuch 1 mit anderen Früchten (Orange, Apfel, Banane, Birne, Grapefruit, Kartoffel).

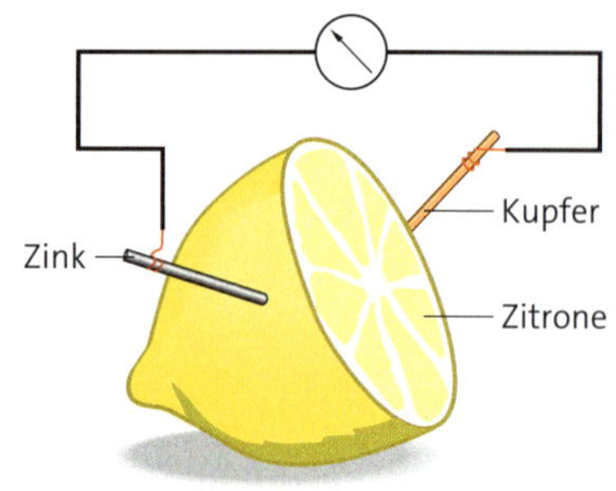

1 Aufbau zu Versuch 1

3 ▢ Durch die Messung entsteht eine Rangfolge der Früchte. Dokumentiere diese.

Material B

Obst und Gemüse gegen Kartoffelhalbzelle

In Obst und Gemüse bzw. in deren Säften liegen ganz unterschiedliche Konzentrationen an Ladungsträgern (Ionen) vor. Du kannst eine Reihe von Kartoffel-Obst- bzw. Kartoffel-Gemüse-Batterien testen.

Materialliste: 2 Eisennägel, Kabel, Krokodilklemmen, Spannungsmessgerät, Kartoffel, Apfel, Banane, Birne, Zucchini, Kohlrabi, Aubergine und anderes Obst und Gemüse

1 Halbiere eine große Kartoffel. Stecke außen einen Eisennagel hinein, der über Krokodilklemme und Kabel mit einem Voltmeter verbunden ist. Verfahre ebenso mit anderen Obst- und Gemüsestücken.

Welches Obst oder Gemüse liefert die höchste Spannung gegen die Kartoffelhalbzelle?

2 ▢ Liste die getesteten Obst- und Gemüsesorten in einer Tabelle aufsteigend nach der gemessenen Spannung auf.

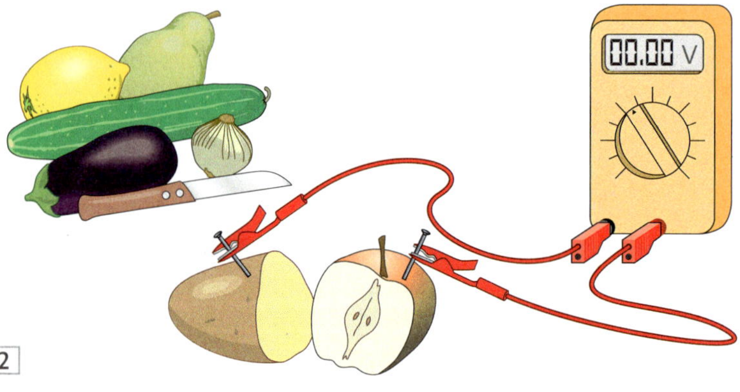

2

Erweitern und Vertiefen

Das Daniell-Element

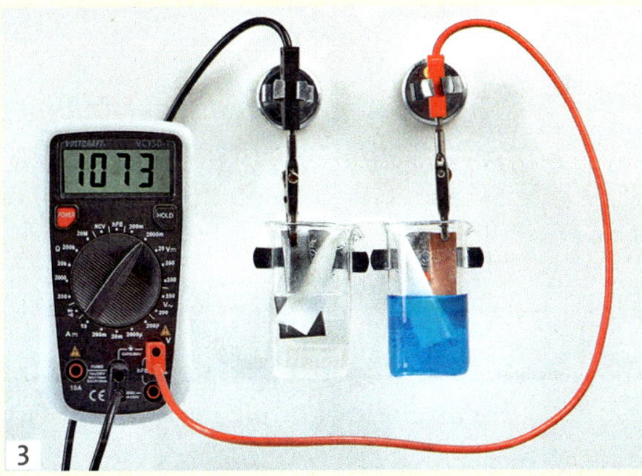

3

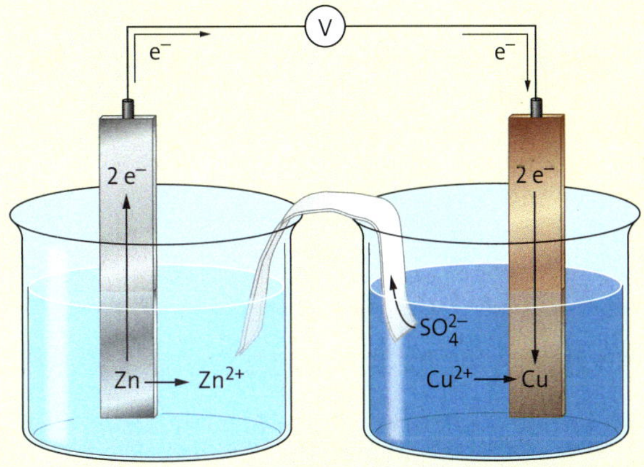

Eine einfache Batterie • Das Daniell-Element ist eine einfache Batterie. Es besteht aus Metallstiften – einer aus Zink, der andere aus Kupfer. Diese werden als Elektroden bezeichnet. Die Elektroden stecken in einer leitfähigen Flüssigkeit – dem Elektrolyten. Beim Daniell-Element steckt die Zinkelektrode in einer Lösung aus Zinksulfat, die Kupferelektrode in einer aus Kupfersulfat. Beide Lösungen werden durch ein in Kaliumnitrat-Lösung getränktes Filterpapier verbunden. → 3

Wie funktioniert diese Batterie? • Beim Zinkstift trennen sich von Zink-Atomen jeweils zwei Elektronen ab. Zink wird also oxidiert.

Zink-Atom	→	Zink-Ion	+	Elektronen
Zn	→	Zn^{2+}	+	$2\,e^-$

Die Elektronen wandern durch das Kabel zum Kupferblech. Aus der Kupfersulfat-Lösung kommen Kupfer-Ionen an den Metallstift und nehmen die Elektronen auf. Sie werden also reduziert zu Kupfer-Atomen.

Kupfer-Ion	+	Elektronen	→	Kupfer-Atom
Cu^{2+}	+	$2\,e^-$	→	Cu

Um die Ladungen zwischen den Bechergläsern auszugleichen, gehen Sulfat-Ionen (SO_4^{2-}) durch das Filterpapier aus der Kupfersulfat-Lösung in die Zinksulfat-Lösung über. Mit der Zeit löst sich der Zinkstift auf und die Batterie funktioniert nicht mehr.

Aufgaben

1 ▢ Gib an, ob Zink oder Kupfer das edlere Metall ist.

2 ◔ Welches Metall ist beim Daniell-Element Elektronendonator und welches Metall Elektronenakzeptor? Begründe deine Antwort.

Strom aus Zink und Luft

1 Hörgerät mit Batteriefach

Hörgeräte sind heute sehr klein und passen gut ins Ohr. Kleine Batterien, Knopfzellen, sorgen für wenig Gewicht. Doch die Funktionsweise von Batterien ist geblieben.

Zink-Luft-Batterie • Wenn Zink verbrennt, entsteht Wärmeenergie und es bildet sich Zinkoxid. → 2 Hier findet wieder eine Elektronenübertragung statt: Zink-Atome geben Elektronen frei und werden so zum Elektronenspender, dem Donator. → 3 Diese Elektronen werden auf Sauerstoff-Atome aus der Luft übertragen, die also die „Aufnehmer" sind, die Akzeptoren. → 4
Die so entstandenen Sauerstoff-Ionen (O^{2-}) verbinden sich mit den neu entstandenen Zink-Ionen (Zn^{2+}) und bilden weißes Zinkoxid.
Wenn man den „Weg der Elektronen" verlängert und sie durch Kabel fließen lässt, kann ihre Energie auch elektrische Geräte antreiben.

Zink-Luft-Knopfzellen • In Zink-Luft-Batterien ist mit Zink nur ein Stoff in der Zelle enthalten. Deswegen sind sie leichter. Sauerstoff kommt über ein kleines Luftloch in die Zelle. Die Ausgangsstoffe speichern viel Energie auf kleinem Raum. Diese chemische Energie aus Zink und Sauerstoff wird in elektrische Energie umgewandelt.

Die Zink-Luft-Batterie arbeitet nach dem Donator-Akzeptor-Prinzip. Zink-Atome geben Elektronen ab, Sauerstoff-Atome nehmen sie auf.

Zink	+	Sauerstoff	→	Zinkoxid
$2\,Zn$	+	O_2	→	$2\,ZnO$

2

$$2\,Zn \rightarrow 2\,Zn^{2+} \rightarrow 4\,e^-$$

3 Elektronenabgabe

$$O_2 + 4\,e^- \rightarrow 2\,O^{2-}$$

4 Elektronenaufnahme

Aufgabe

1 ▢ Nenne Geräte, bei denen Batterien möglichst klein sein müssen.

2 ◪ Das Donator-Akzeptor-Prinzip ist ein Prinzip des Gebens und Nehmens. Erläutere dies in Bezug auf die Zink-Luft-Zelle.

Material A

Kein Luftzutritt

Unbenutzte Zink-Luft-Knopfzellen sind auf der Unterseite mit einer Klebefolie abgedeckt. Sie verschließt die Luftlöcher. → 5

Materialliste: Zink-Luft-Knopfzelle, Multimeter, Kleinmotor

1 Miss bei einer ungebrauchten Knopfzelle (mit Folie) die Spannung zwischen dem Plus- und Minuspol.

2 Schließe danach den Kleinmotor an die Batterie an und beobachte.

3 Entferne die Folie bei gleicher Anordnung und beobachte dabei den Motor. Miss erneut die Spannung der Knopfzelle.

4 Neue Knopfzellen sind mit Folie luftdicht abgeklebt. Begründe, warum die Folie vor Gebrauch entfernt werden muss.

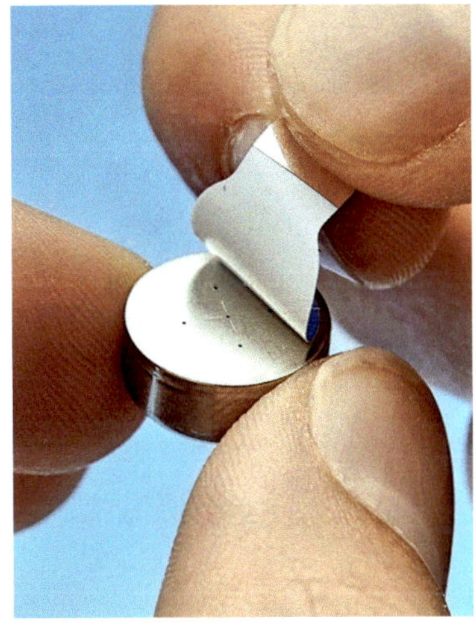

5 Knopfzelle mit abziehbarer Folie

Material B

Einblick nehmen

Hier kannst du die Bauteile einer Zink-Luft-Knopfzelle näher kennenlernen.

6 geöffnete Zink-Luft-Knopfzelle

Materialliste: 2 Zink-Luft-Knopfzellen (ungebraucht und gebraucht), Spitzzange, Universalindikatorpapier

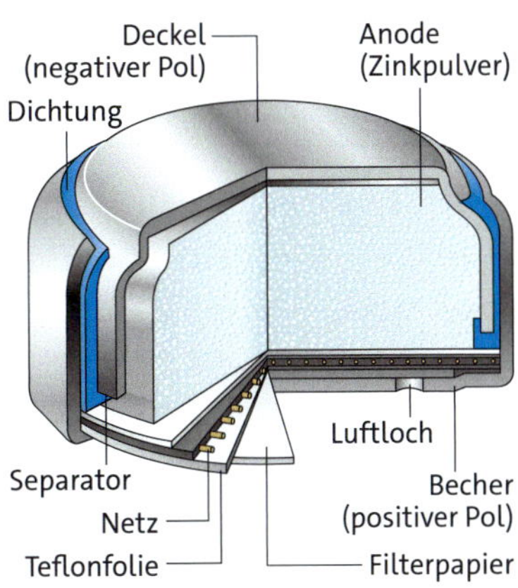

7 Aufbau der Zink-Luft-Knopfzelle

1 Bei beiden Knopfzellen wird der äußere Stahldeckel nach außen gebogen, so dass man die inneren Bestandteile entnehmen und getrennt betrachten kann. → 6

2 Halte ein angefeuchtetes Indikatorpapier an die graue Masse im Stahldeckel.

3 Beschrifte ein weißes Blatt Papier mit „Bestandteile einer Zink-Luft-Knopfzelle“.

4 Beschrifte die Einzelteile. Fertige ein Foto von dieser Materialcollage an.

Immer wieder laden und entladen

1 Autobatterie

Jeder kennt die Autobatterie, die im Motorraum ihren Platz gefunden hat. Lange Zeit steht sie beinahe unbemerkt zur Verfügung, doch wenn sie „leer" ist, kann das Auto nicht mehr starten. Was da wohl passiert ist? Sie lädt sich doch eigentlich bei laufendem Motor von selbst auf.

Akku oder Batterie • Akku ist eine Kurzform für Akkumulator (lat. accumulator: Anhäufer) und bedeutet heute meist „Stromspeicher" oder „Stromquelle". Im Gegensatz zur Batterie können Akkus bei günstiger Handhabung bis zu 1000-mal wieder aufgeladen werden. Dabei wird elektrische Energie aufgenommen und in Form von chemischer Energie gespeichert.
Elektroautos der Zukunft sind auf leistungsfähige Akkus angewiesen. Hier kommen meist Lithium-Ionen-Akkumulatoren zum Einsatz.

Beispiel Autobatterie • Die sogenannte Autobatterie ist eigentlich ein „Bleiakku" und besteht aus sechs Zellen, die jeweils 2 V Gleichspannung liefern. In den Akkuzellen befinden sich gitterförmige Platten, die mit porösem Bleisulfat gefüllt sind und in halbkonzentrierter Schwefelsäure stehen. → 2
Beim Laden der Autobatterie werden die Pluspol-Platten zu Bleioxid umgewandelt und die Minuspol-Platten zu Blei.
Liefert der Akku Strom, so läuft dieser chemische Prozess umgekehrt.
Unter Elektronenfluss wird sowohl die Bleiplatte als auch die Bleioxidplatte wieder zu Bleisulfat.

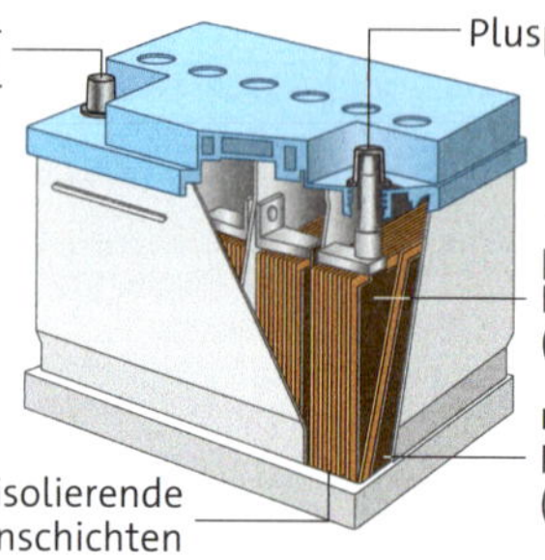

2 Blick in die Autobatterie

Im Akku und in der Batterie finden chemische Prozesse mit Elektronenübertragung statt. Akkumulatoren sind wiederaufladbare Energiespeicher.

Aufgabe

1 ○ Erstelle eine Liste von Geräten und Teilen im Auto, die mit Strom angetrieben werden.

Material A

Einen Akku selbst bauen

Mit den richtigen Materialien kannst du einen Akku im Versuch selbst bauen.

Materialliste: U-Rohr, 2 Graphitstäbe, Kabel, Klemmen, durchbohrte Stopfen passend zum U-Rohr, 50 ml 5 %ige Zinkiodid-Lösung, Kleinelektromotor (aus der Solartechnik), Gleichspannungsquelle, Messgerät für Gleichspannung

1 Baue den Versuch auf. → 3 An den Graphitelektroden kannst du die Leerlaufspannung messen.

a Aufladen: Schließe eine Gleichspannungsquelle an die Graphitstäbe an und schalte für ca. 30 Sekunden lang bei 6 V ein. Entferne dann die Spannungsquelle. Schreibe deine Beobachtungen an den Elektroden auf.

b Entladen: Jetzt kannst du testen, ob der Kleinmotor zum Laufen kommt.

c Wiederhole das Aufladen und das Entladen mehrere Male. Protokolliere die Veränderungen.

d Einen Zink-Iod-Akku hat man für den praktischen Einsatz nicht entwickelt. Begründe anhand deiner Beobachtungen aus Teil a und b.

e Begründe: „Der Zink-Iod-Akku ist kein echter Akku." Es fehlt eine wichtige Eigenschaft, wie du sie von Batterien kennst.

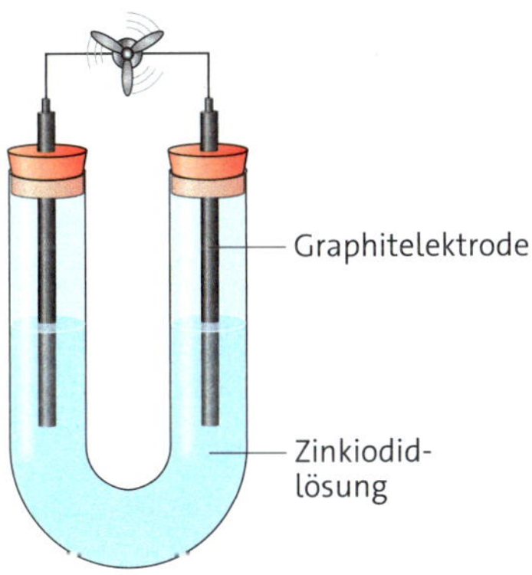

3 Zink-Iod-Akku

Material B

Lithium-Zukunft

Die Nachfrage nach Lithium ist groß. Seit dem Jahr 2000 steigt sie jährlich um 20 Prozent. Das hat den Preis für Lithium enorm in die Höhe getrieben: von 2000 US-Dollar im Jahr 2004 auf zuletzt knapp 6000 US-Dollar je Tonne. Lithium-Ionen-Akkus kommen z. B. bei Kameras, Smartphones und Computern zum Einsatz. → 5 Ein neu entstehender großer Markt für Lithium-Ionen-Akkus sind die Elektroautos.

4

1 Berechne, was 2030 eine Tonne Lithium auf dem Weltmarkt kostet, wenn der bisherige Preisanstieg so anhält.

2 Es gibt nur ca. 35 Millionen Tonnen Lithium auf der Erde. Erläutere, welches Zukunftsproblem sich daraus entwickeln kann.

5 Lithium-Ionen-Akku für Handys

6 Salzebene in Bolivien mit dem größten Lithiumvorkommen

Ausgedient, aber gefährlich

1 Alte, teilweise ausgelaufene Batterien

Batterien und Akkumulatoren haben eine begrenzte „Lebensdauer". Während Batterien in der Regel nach dem Einmalgebrauch weggeworfen werden, können Akkus je nach Bauweise sogar 1000-mal und mehr wieder aufgeladen und eingesetzt werden. Doch was passiert danach?

Umweltsünden • Noch in den 1970er Jahren wurden verbrauchte Batterien mit dem Hausmüll entsorgt. Zunehmende Meldungen über Verschmutzungen des Erdreichs in der Nähe von Mülldeponien mit Quecksilber erforderten gesetzliche Regelungen. Das Trinkwasser in vielen Orten zeigte bedenkliche Schwermetallanteile an, zum Beispiel von Blei.

Das Batteriegesetz • In den 1990er Jahren wurde in der Batterieverordnung festgelegt, dass bestimmte schadstoffhaltige Batterien nicht mehr verkauft werden durften.

Im seit 2009 gültigen Batteriegesetz wurde eine Rücknahmepflicht der Hersteller und des Handels ebenso eingeführt wie ein Pfandsystem für Autobatterien und die Pflicht zum Recycling. Jeder Verbraucher ist zur Abfalltrennung verpflichtet. Für leere Batterien und kaputte Akkus gibt es überall Sammelboxen, dort wo Batterien verkauft werden.

Recycling • Die Wiederverwertung von Wertstoffen aus ausgedienten Altbatterien und Altakkus ist aus zwei Gründen wichtig:

1. Wir vermeiden eine Belastung der Umwelt mit Schadstoffen.
2. Durch Wiederverwendung von Wertstoffen kann der Verbrauch seltener Rohstoffe vermindert werden.

Batterien dürfen nicht im Hausmüll entsorgt werden, da sie giftige Schwermetalle wie Quecksilber oder Blei enthalten können. Hersteller und Händler von Batterien sind verpflichtet, gebrauchte Batterien zurückzunehmen.

Aufgaben

1 ○ Erläutere, warum die Benutzung von Akkus für die Umwelt besser ist als die Nutzung von Batterien.

2 ◐ Begründe, warum es für Batterien und Akkus ein anderes Recyclingsystem geben muss als für den üblichen Hausmüll.

Material A

Projekt „Batterierecycling“

Supermärkte und andere Stellen, die Batterien verkaufen, sind mit Sammelboxen ausgestattet.

1 Nenne mehrere Gründe, warum alte Batterien zurückgegeben werden müssen.

2 Sammelbehälter für Altbatterien

2 Batterie-Umfrage:

a Entwickelt in der Gruppe einen Fragebogen. Fragt darin:
- welche Batterien in eurem Bekanntenkreis verwendet werden,
- welche Geräte mit den Batterien betrieben werden und
- was mit den Batterien nach ihrem Gebrauch passiert.

b Führt mit diesem Fragebogen eine Umfrage unter Familienangehörigen, Mitschülerinnen und Mitschülern sowie Lehrkräften durch.

c Erstellt in der Gruppe ein Plakat mit euren Ergebnissen und präsentiert diese der Klasse.

d Vergleicht die Umfrageergebnisse. Diskutiert, wo Verbesserungen im Umgang mit Batterien nötig sind.

Material B

Schwermetalle – eine Gefahr für die Umwelt

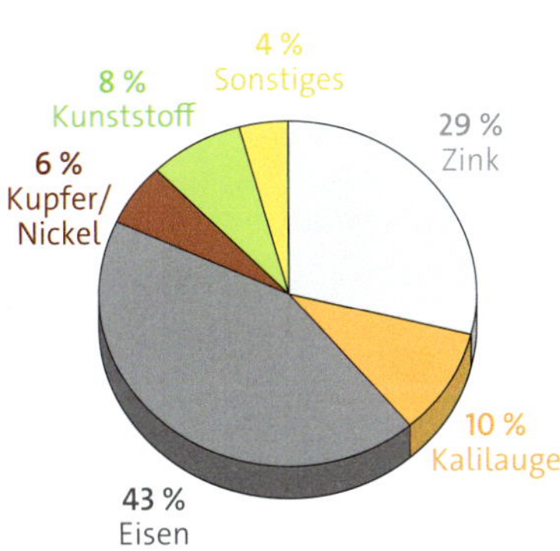

3 Inhaltsstoffe in Zink-Luft-Batterien

In Batterien sind es oft Schwermetalle wie Zink und Blei, die für eine sichere und stabile Erzeugung von elektrischem Strom gebraucht werden. Doch auch die Elektrolyte wie Kalilauge können als Abfallstoffe anfallen.

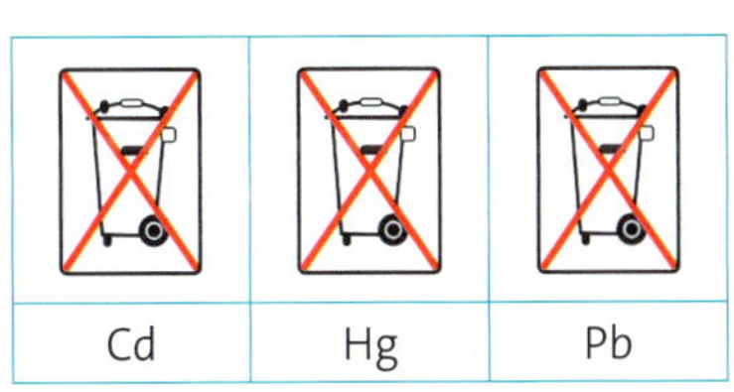

4 Mögliche Schilder auf Batterien oder Akkus

1 Erstelle mithilfe der Beschriftungen auf Batterien eine Liste mit den aufgedruckten Informationen. Verwende vorwiegend 9-Volt-Blocks.

2 Auch auf Akkus findest du Informationen. Erstelle ebenfalls eine Liste und vergleiche mit Aufgabe 1.

Brennstoffzellen

1 Wasserstoff-Tankstelle

Benzin basiert auf Erdöl und steht deshalb nur noch begrenzt zur Verfügung. Deshalb sucht man nach alternativen Treibstoffen, die außerdem umweltfreundlicher sind.

Die Knallgasreaktion • Wie du bereits weißt, liefert die Reaktion von Wasserstoff mit Sauerstoff viel Energie. In der Brennstoffzelle macht man sich diese Reaktion zunutze.

Die Brennstoffzelle • Um Benzin- und Dieselmotoren zu ersetzen, werden Elektromotoren gebaut. Die Elektromotoren können mit einer Brennstoffzelle gekoppelt sein.
In der Brennstoffzelle reagiert Wasserstoff mit dem Sauerstoff der Luft. → 2
Dabei wird die in den Ausgangsstoffen gespeicherte chemische Energie in elektrische Energie umgewandelt.
Als Reaktionsprodukt entsteht einfach nur unschädliches Wasser.

Aufbau • Eine Brennstoffzelle besteht aus zwei Kammern, die durch eine halbdurchlässige Membran getrennt sind. In die eine Kammer fließt Wasserstoff, in die andere wird Luft eingespeist, die den Sauerstoff liefert. → 3

	Wasserstoff	+	Sauerstoff	→	Wasser
2	$2\,H_2$	+	O_2	→	$2\,H_2O$

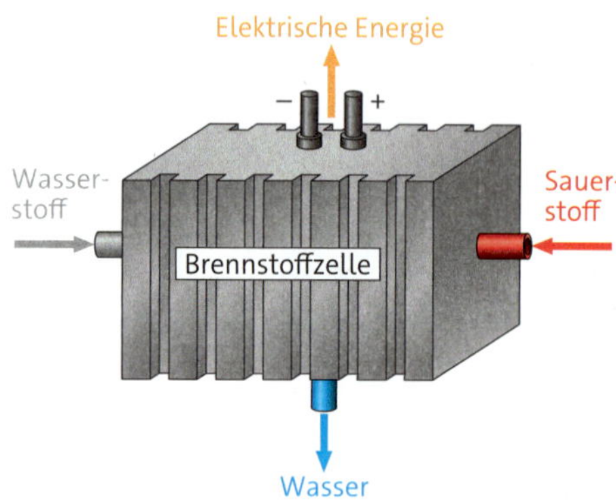

3 Schema einer Brennstoffzelle

In Brennstoffzellen reagieren Wasserstoff und Sauerstoff zu Wasser. Dabei wird chemische Energie in elektrische Energie umgewandelt.

Aufgaben

1 ○ Erkläre folgenden Werbespruch: „Mit Wasserstoff fahren Sie abgasfrei!"

2 ◐ Beschreibe den Aufbau und die Funktionsweise der Brennstoffzelle.

die Brennstoffzelle

Material A

Wasserstoff als Energiespeicher

Bei diesem Lehrer-Schüler-Versuch werden Portionen von reinem Wasserstoff und von Knallgas (Wasserstoff-Sauerstoff-Gemisch) in kleinen Kolbenprobern oder Spritzen ohne Kanüle bereitgehalten.

Materialliste: Wasserstoff und Sauerstoff aus Vorratsflaschen, Spülmittellösung (Spülmittel und Wasser 1:1), Kolbenprober oder Spritze ohne Kanüle

1 Über dem Waschbecken hältst du deine Hand wie eine flache Schale und gibst etwas Spülmittellösung hinein. Die Lehrkraft drückt eine Portion Wasserstoff in die Flüssigkeit. Der Schaum wird mit einem Streichholz entzündet.

2 Danach wird der Versuch mit Knallgas wiederholt, wobei die Schaumportion nicht größer als eine halbe Walnuss sein darf!

3 Der Knall deutet auf eine starke Reaktion hin. Erkläre, warum es in der Brennstoffzelle keinen Knall gibt.

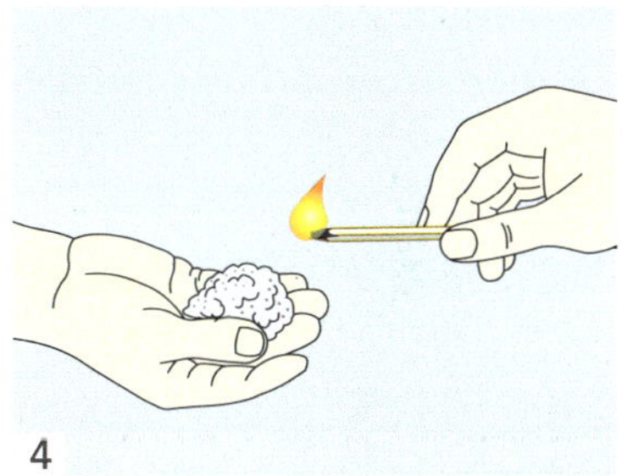

4

Material B

Bau einer Brennstoffzelle

Materialliste: Glasschale, 2 Edelstahltopfreiniger, 2 Kabel mit Krokodilklemmen, 9-V-Batterie, kleiner Motor, Stoppuhr, verdünnte Kalilauge

1 Gieße etwas verdünnte Kalilauge in die Schale, sodass der Boden bedeckt ist. Lege die Topfreiniger hinein und verbinde sie über die Klemmen mit der Batterie. Die Topfreiniger dürfen sich dabei nicht berühren. Lass den Versuch 3 min laufen. → 5

2 Ersetze dann die Batterie durch den Motor und stoppe die Zeit, in der der Motor läuft. → 6 Beschreibe die Beobachtungen.

3 Verbinde den Versuch erneut mit der Batterie und lass diesmal 6 min laufen. Wie lange läuft nun der Motor?

4 Formuliere eine Reaktionsgleichung und eine Erklärung zum Versuch. Gehe dabei auch auf die Bläschenbildung ein.

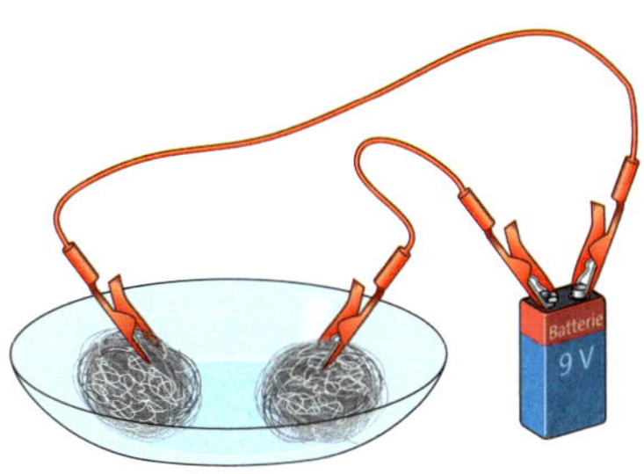

5 Erzeugen von Wasserstoff

6 Nutzung des Wasserstoffs

Elektrische Energie und chemische Prozesse

Zusammenfassung

Elektronenübertragung • Bei Redoxreaktionen findet eine Elektronenübertragung statt. Bei der Oxidation werden Elektronen abgegeben, bei der Reduktion aufgenommen. Atome unedler Metalle geben die Elektronen leichter ab als Atome edler Metalle. Sie sind daher leichter oxidierbar. Sortiert man die Metalle nach ihrer Oxidierbarkeit, erhält man die Redoxreihe der Metalle. → 1

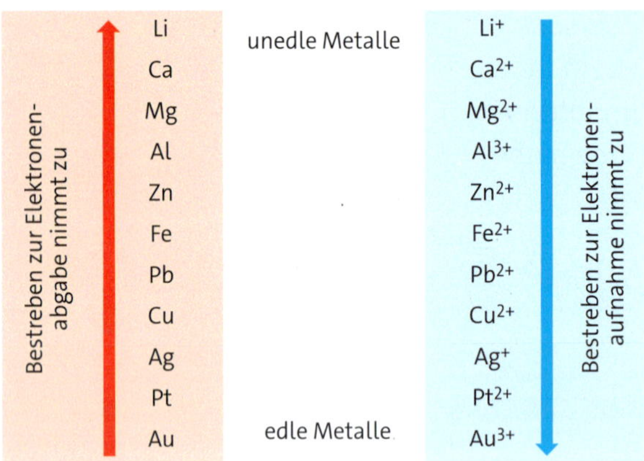

1 Redoxreihe der Metalle

Batterien • Batterien haben chemische Energie gespeichert und wandeln diese in elektrische Energie um. Sie enthalten zwei unterschiedliche Elektroden in einer wässrigen Lösung, dem Elektrolyten. Die zwei Pole berühren sich nicht direkt, stehen aber über den Elektrolyten in Verbindung.

Akkumulatoren • Batterien und Akkus sind im Aufbau ähnlich. Im Gegensatz zur Batterie kann man den Akku wieder aufladen: Durch Zufuhr von elektrischer Energie bilden sich die Ausgangsstoffe zurück. Der Ladevorgang kann, je nach Elektrodenmaterial, mehr oder weniger oft wiederholt werden.

Elektrolyse • Ionen können durch die Abgabe oder Aufnahme von Elektronen auch wieder zu Atomen werden. Wenn dies mithilfe des elektrischen Stroms geschieht, spricht man von einer Elektrolyse. Auf diese Weise kann man z. B. aus Kochsalz metallisches Natrium und Chlor gewinnen.

$$2\ NaCl \rightarrow 2\ Na + Cl_2$$

Aluminium wird z. B. bei einer Elektrolyse aus geschmolzenem Aluminiumoxid gewonnen.

Brennstoffzellen • In Brennstoffzellen reagiert Wasserstoff mit Sauerstoff. Die dabei frei werdende Energie liefert z. B. die Antriebskraft für Motoren. Wasserstoffautos sind besonders umweltfreundlich, sie stoßen nur Wasser als Verbrennungsprodukt aus.

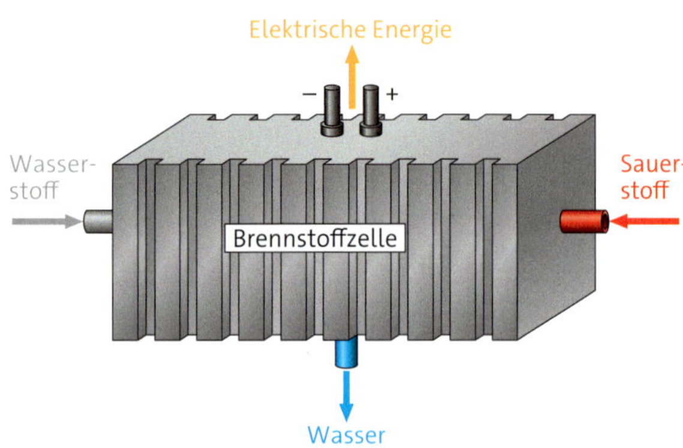

2 Brennstoffzelle (Schema)

Ausgedient, aber gefährlich • Die Abfallprodukte von Akkus und Batterien sind umweltschädlich, aber gleichzeitig Wertstoffe. Durch getrenntes Sammeln und Recycling gelangen sie wieder in den Stoffkreislauf zurück.

Teste dich! (Lösungen im Anhang)

Elektronenübertragung

1 ○ Formuliere einen Merksatz mit den folgenden Begriffen:

um – eine – Elektronenaufnahme – bei – der – handelt – Oxidation – um – eine – Reduktion – und – bei – der – Elektronenabgabe – es – sich

2 ◐ Gib mithilfe der Redoxreihe der Metalle an, welche Metall-Atome von Zink-Ionen oxidiert werden können und welche Metall-Ionen Zink-Atome oxidieren können. Begründe.

Elektrolyse

3 ◐ Erkläre das Funktionsprinzip der Elektrolyse.

4 Bauxit wird in Bergwerken abgebaut und dann zu Aluminiumoxid verarbeitet. Die anschließende Elektrolyse zu Aluminium verbraucht sehr viel elektrischen Strom.

a ○ Erläutere, welche Rolle der elektrische Strom bei der Reaktion spielt.

b ◐ Erkläre mithilfe der Edelgasregel, warum die Bildung von Aluminium-Atomen aus Ionen so energieaufwendig ist.

Batterien und Akkumulatoren

5 ○ Schreibe auf, welche grundsätzlichen Bestandteile von Batterien auch in Akkus enthalten sind.

6 ◐ Erkläre die Entstehung elektrischer Energie in einer Batterie bzw. einem Akku allgemein.

3 Bauxit-Abbau

4 Akku nach langjährigem Einsatz

7 ● Stelle für die Reaktionen in der Zink-Luft-Batterie Gleichungen auf (Wort, Symbol).

8 ◐ In Bild 4 siehst du den Zustand eines Akkus, wenn er nicht mehr aufladbar ist. Erkläre deinen Mitschülern anhand der Beobachtungen die Notwendigkeit der Müllsortierung und des Recyclings von Batterien und Akkus.

Brennstoffzellen

9 ○ Zeichne den schematischen Aufbau einer Brennstoffzelle.

Kohlenstoff – der Molekülbauer

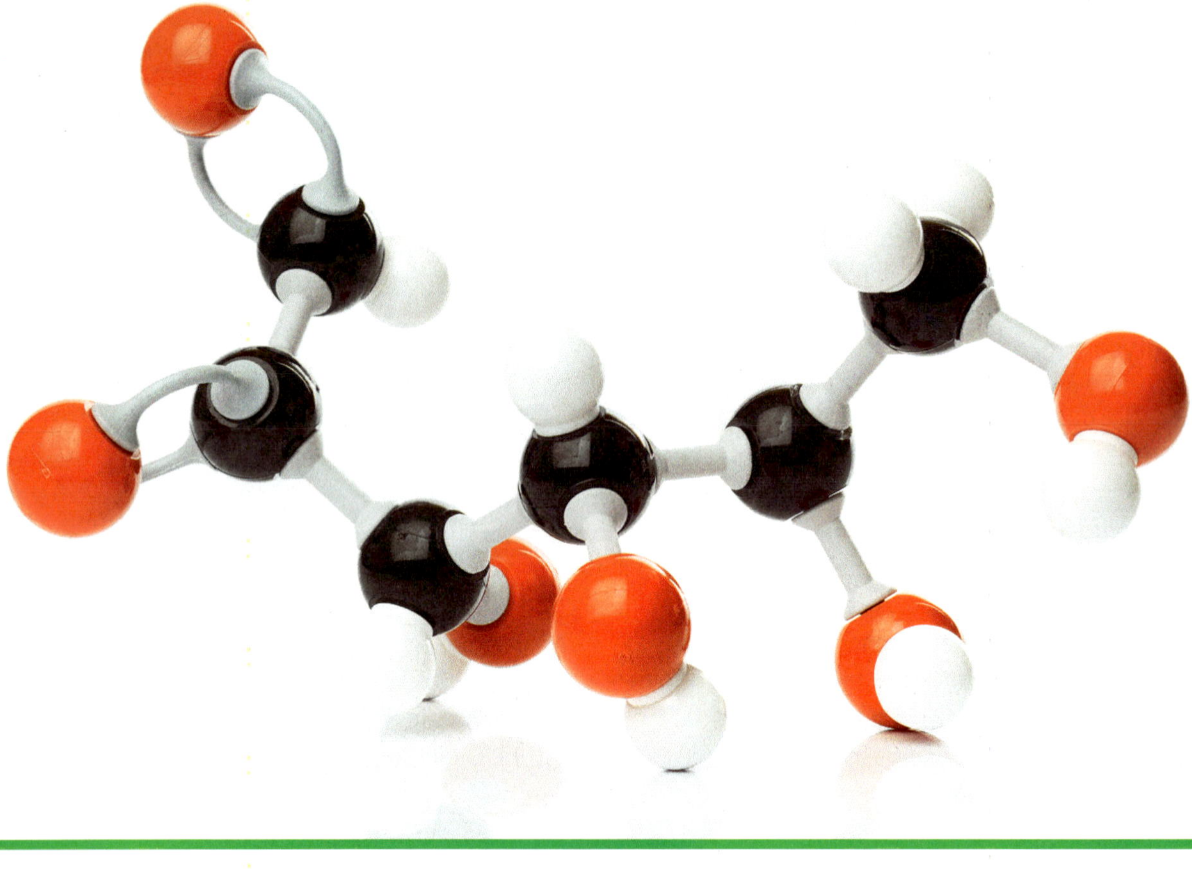

Keine Atomsorte kann sich so gut zu Ketten- oder Ringmolekülen verbinden wie Kohlenstoff.

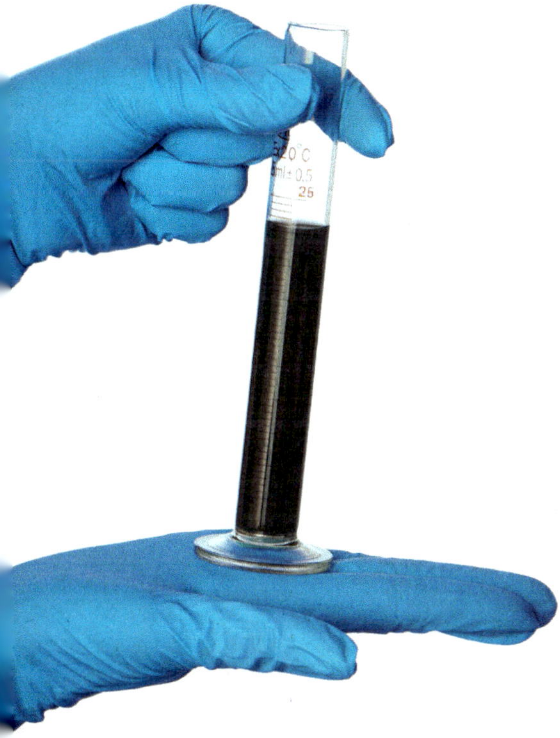

Erdöl besteht aus vielen verschiedenen ketten- und ringförmigen Molekülen.

Ob als Massenware oder maßgeschneiderter technischer Werkstoff – Kunststoffe sind aus unserem Leben nicht mehr wegzudenken.

Kohlenstoff gibt es fast überall

1 Kohlenstoff wird sichtbar beim verkohlten Toast.

Jeder kennt das Phänomen: Man vergisst den Kuchen im Ofen oder der Toaster ist zu heiß eingestellt und so werden Kuchen bzw. Toast schwarz – sie „verkohlen".

Kohlenstoff • Stoffe, die beim Erhitzen schwarz werden, enthalten Kohlenstoff. Schon seit Urzeiten ist er den Menschen bekannt. Als Brennmaterial in Form von Holzkohle oder als Zeichenmaterial fand er damals schon Verwendung. Erst Ende des 18. Jahrhunderts entdeckte der französische Chemiker Lavoisier, dass es sich dabei um ein chemisches Element handelt.

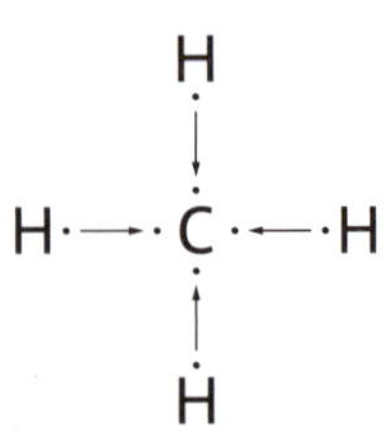

2 Kohlenstoff ist vierbindig.

Bindigkeit • Kohlenstoff ist ein Nichtmetall und steht in der IV. Hauptgruppe. Er besitzt vier Außenelektronen, über die Bindungen zu anderen Atomen eingegangen werden können. → 2 Ein einzelnes Kohlenstoff-Atom kann also beispielsweise vier Elektronenpaarbindungen zu vier Wasserstoff-Atomen eingehen. Beide Elemente befinden sich damit im Edelgaszustand. Der Stoff, der dabei entsteht, ist Methan (CH_4). Kohlenstoff ist in seinen Verbindungen also vierbindig. → 2 Typische Bindungspartner sind Sauerstoff, Wasserstoff oder Stickstoff.

Kohlenstoffverbindungen und ihre Reaktionsprodukte • Wie du weißt, entsteht bei der Verbrennung von Holz Kohlenstoffdioxid (CO_2). Das bedeutet, dass in Holz Kohlenstoff gewesen sein muss. Da bei jeder Verbrennung von Kohlenstoffverbindungen auch Wasser entsteht, muss darin auch Wasserstoff enthalten sein.

Kohlenstoff ist vierbindig und bildet oft Verbindungen mit Sauerstoff, Wasserstoff oder Stickstoff.

Fotosynthese • Das Element Kohlenstoff ist in vielen Verbindungen auf der Erde gespeichert. Der wichtigste Stoff ist hierbei das Kohlenstoffdioxid.

vierbindig
die Fotosynthese
die Zellatmung
der Kohlenstoffkreislauf

Pflanzen nehmen Kohlenstoffdioxid auf und produzieren in der Fotosynthese mithilfe von Sonnenlicht und Wasser energiereiche Stoffe, z. B. Traubenzucker. → 3 Dabei wachsen die Pflanzen. Zusätzlich entsteht als Nebenprodukt Sauerstoff. Der Kohlenstoff wird in sogenannte Biomasse umgewandelt.

Zellatmung • Umgekehrt wandeln alle Lebewesen auf der Erde über ihre Atmung Traubenzucker und Sauerstoff wieder in Kohlenstoffdioxid und Wasserdampf um. → 4 Dabei werden Zucker abgebaut und zur Energiegewinnung genutzt. Diese in den Zellen stattfindenden Reaktionen nennt man Zellatmung. Ein Teil des so umgewandelten Kohlenstoffs bleibt jedoch dauerhaft im Organismus gespeichert.

Kohlenstoffkreislauf • Kohlenstoff ist unter anderem auch in Gesteinen und fossilen Brennstoffen wie Erdöl, Erdgas und Kohle gespeichert. Diese sind vor vielen Millionen Jahren aus tierischen und pflanzlichen Überresten unter hohem Druck und Sauerstoffabschluss entstanden. Durch Verbrennung oder Zersetzung dieser Brennstoffe wird der darin enthaltene Kohlenstoff wieder in Kohlenstoffdioxid umgewandelt. Somit schließt sich der Kohlenstoffkreislauf. → 5

Im Kohlenstoffkreislauf wird Kohlenstoff in verschiedene Verbindungen umgewandelt. Kohlenstoffdioxid ist der wichtigste Stoff im Kohlenstoffkreislauf.

$$\text{Wasser} + \text{Kohlenstoffdioxid} \rightleftarrows \text{Traubenzucker} + \text{Sauerstoff}$$
$$6\,H_2O + 6\,CO_2 \rightleftarrows C_6H_{12}O_6 + 6\,O_2$$

3

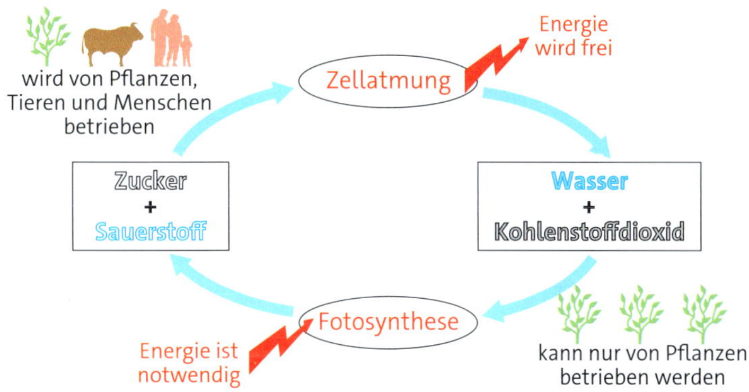

4 Fotosynthese und Zellatmung

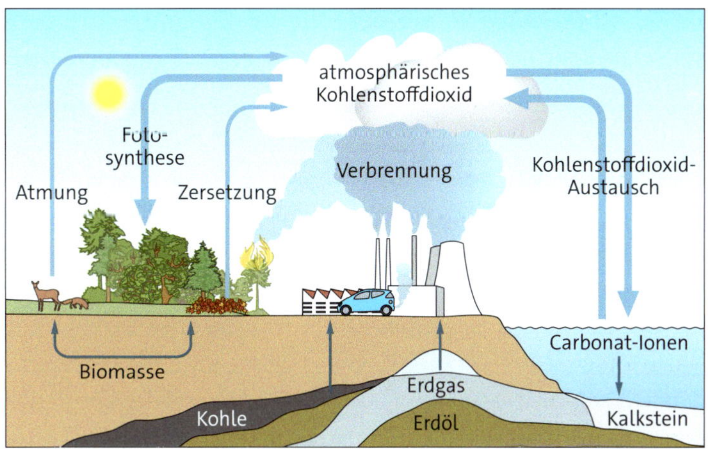

5 Kohlenstoffkreislauf

Aufgaben

1 ○ Erkläre den Begriff Verkohlen.

2 ◐ Kohlenstoff bildet vier Elektronenpaarbindungen aus. Erkläre.

3 ● Beschreibe den Kreislauf des Kohlenstoffs. → 5

Kohlenstoff gibt es fast überall

Material A

Dem Kohlenstoff auf der Spur

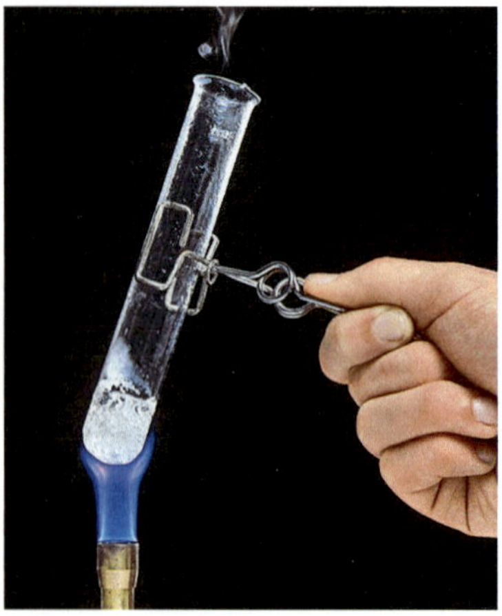

1 Stoffe erhitzen

Im folgenden Versuch werden verschiedene Stoffe erhitzt. Finde heraus, in welchen Stoffproben Kohlenstoff enthalten ist.

Materialliste: Brenner, 5 Reagenzgläser, Reagenzglasständer, Reagenzglashalter, feuerfeste Unterlage, Kochsalz, Haushaltszucker, Holz, Tafelkreide, Wasser

1 Gib jeweils eine kleine Probe des zu untersuchenden Stoffs in ein Reagenzglas.

2 Erhitze die Probe zuerst schwach, dann kräftig. Schwenke dabei das Reagenzglas leicht.

3 Stelle das Reagenzglas zum Abkühlen in den Reagenzglasständer und erhitze die nächste Probe.

4 ▢ Fertige ein Versuchsprotokoll dazu an.

5 ▢ Gib an, in welchen Stoffproben Kohlenstoff enthalten.

Material B

Kohlenstoffkreislauf

Der englische Theologe und Naturforscher Joseph Priestley war mit seinen Versuchen Ende des 18. Jahrhunderts seiner Zeit weit voraus. Er untersuchte die Reinigung „verdorbener" Luft mithilfe von Pflanzen. Dabei setzte er verschiedene Lebewesen und Gegenstände unter eine luftdicht abgeschlossene Glasglocke und beobachtete. Er kam zu folgenden Ergebnissen: Eine Maus unter der Glasglocke starb nach kurzer Zeit. Ebenso erlosch eine Kerze unter der Glasglocke. Auch Maus und Kerze zusammen hielten nicht lange durch. Erst als er eine Pflanze zusammen mit der Maus und der Kerze unter die Glocke stellte, überlebten beide.
Priestley folgerte daraus, dass Pflanzen in der Lage sind, „verdorbene" Luft zu reinigen.

1 ▢ Beschreibe Bild 2 und stelle es mit Priestleys Experiment in Verbindung.

2 ◪ Erkläre Priestleys Experiment mithilfe des Kohlenstoffkreislaufs.

2 Glasglockenexperiment

Ein Element – viele Strukturen

Strukturen • Kohlenstoff kommt auf der Erde in drei verschiedenen Formen, sogenannten Modifikationen, vor: Graphit, Diamant und Fullerene. Die jeweilige Modifikation ergibt sich durch die Struktur der Bindungen. Die Struktur bestimmt die Eigenschaften des Stoffs.

Graphit • Graphit ist in Schichten aufgebaut. → 3 Die C-Atome in einer Schicht sind von drei C-Nachbarn umgeben und bilden eine Wabe. Der Kohlenstoff ist hier dreibindig. Das vierte freie Elektron ist über die ganze Schicht verteilt. Dadurch ist die Struktur blättrig schichtartig und macht Graphit sehr weich. Beim Schreiben mit einem Bleistift, dessen Miene aus Graphit besteht, werden diese Schichten auf das Papier abgerieben. Entlang der Schichten ist Graphit elektrisch leitfähig.

Diamant • Die Struktur eines Diamanten ist wesentlich stabiler als die des Graphits. Hier ist jedes C-Atom von vier nächsten Nachbarn umgeben. → 5 Die vier C-Bindungen sind alle gleich lang und stehen im selben Winkel. Aufgrund der stabilen Molekülstruktur ist Diamant eines der härtesten Materialien auf der Erde und wird deshalb oft in Bohrköpfen verwendet. Da es hier keine freien Elektronen gibt, wirkt der Diamant als Isolator und ist nicht elektrisch leitend.

Fulleren • Die C-Atome sind hier in Sechs- und Fünfecken angeordnet und bilden eine fußballartige Molekülform: das Buckminster-Fulleren. → 7 Es besteht aus 60 Kohlenstoff-Atomen und könnte als Graphitkugel bezeichnet werden, allerdings mit anderen Eigenschaften. Das C_{60}-Molekül erhielt seinen Namen von dem amerikanischen Architekten Richard Buckminster Fuller, da der Bau dessen kuppelartigen Bauwerken ähnelt. → 8

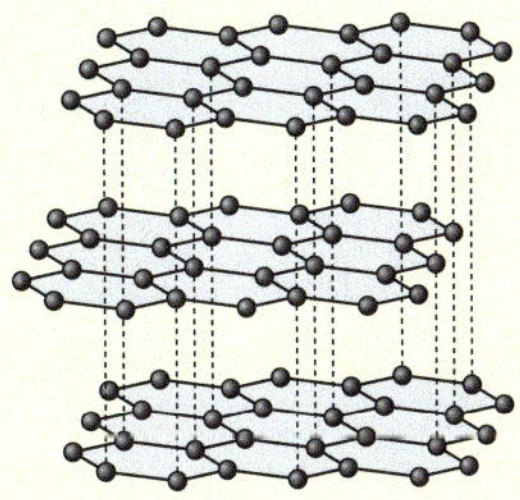

3 Graphitstruktur

4 Graphit in Bleistiften

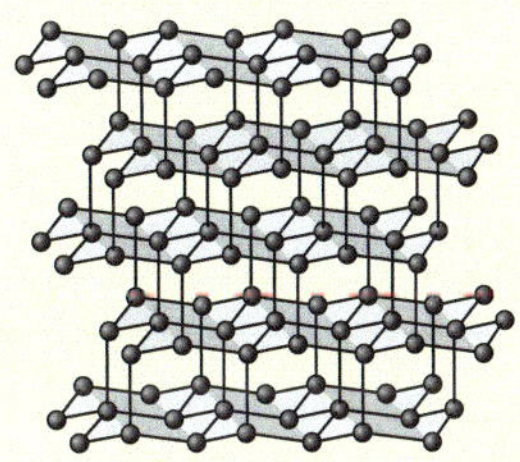

5 Diamantstruktur

6 Diamant

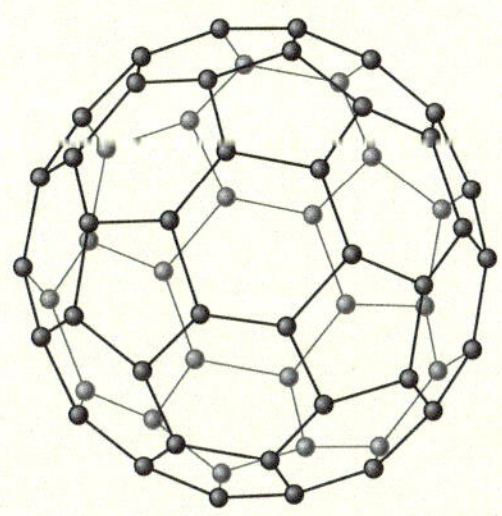

7 Fullerenstruktur

8 Kuppelbau von R. Buckminster Fuller

Aufgabe

1 ▢ Beschreibe die drei Kohlenstoffstrukturen.

Methanmoleküle – sehr energiereich

1 Erdgas – wichtiger Energieträger, nicht nur beim Kochen

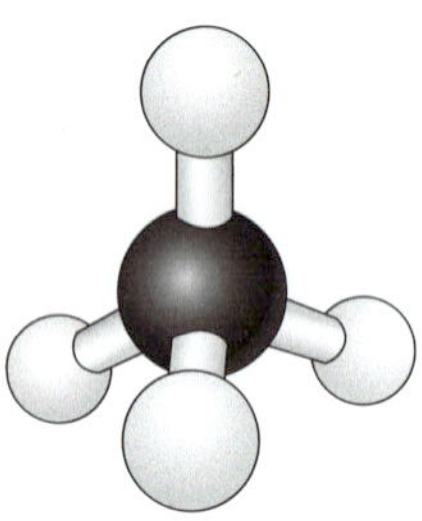

2 Methan

Unser Energiebedarf ist riesig. Warme Häuser, warmes Wasser und elektrische Energie rund um die Uhr. Wo kommt diese Energie her?

Primärenergie • Verkehr, Industrie und Haushalte brauchen große Mengen an Energie. Der gesamte Energieverbrauch wird als Primärenergieverbrauch bezeichnet. Den größten Anteil daran tragen in Deutschland derzeit Erdöl und Erdgas. → 3

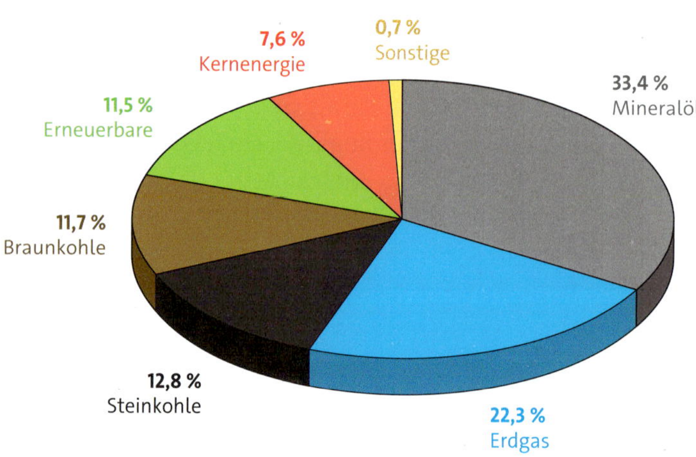

3 Primärenergiemix in Deutschland

Erdgas und Biogas • Ein großer Teil des Energiebedarfs von Deutschland wird von Erdgas und Biogas gedeckt. Diese Gase bestehen zu 75 bis 99 Prozent aus Methan (CH_4). Der Rest setzt sich zusammen aus Ethan (C_2H_6), Schwefelwasserstoff (H_2S) und Stickstoff (N_2). Der Anteil von Biogas liegt bei etwa 1 Prozent des Erdgases.

Erdgaslagerstätten • Erdgas findet man, wie der Name schon sagt, in der Erde. Entstanden ist es vor vielen Millionen Jahren. Auf dem Boden urzeitlicher Meere lagerten sich tote Pflanzen und Tiere ab. Nach der Überlagerung mit Schlamm zersetzten Bakterien die Stoffe. Auch Hitze und Druck unter immer dickeren Gesteinsschichten veränderten die Stoffe. Schließlich wurde das Gas aus diesen Schichten herausgepresst und stieg auf bis zu undurchlässigen Erdschichten. → 4
Ganz ähnlich ist auch Erdöl entstanden. Daher findet man diese beiden Stoffe auch immer zusammen.

die Primärenergie
das Erdgas
das Methan

Verwendung • Methan hat eine wichtige Eigenschaft, die erklärt, warum es in so großem Maß genutzt wird: Es ist leicht brennbar und die Reaktion der Verbrennung verläuft exotherm. Die frei werdende Wärme wird entweder direkt zum Heizen genutzt oder in Gaskraftwerken wird Wasser verdampft. Der Wasserdampf wird dann auf Turbinen geleitet, die einen Generator zur Stromerzeugung antreiben. Etwa 11 Prozent des Stroms in Deutschland werden derzeit so erzeugt.

Methan und Treibhauseffekt • Bei der Verbrennung von Methan entstehen Kohlenstoffdioxid und Wasser. → 5 Die Reaktionsprodukte sind dabei ungiftig. Doch ein Reaktionsprodukt, das Kohlenstoffdioxid, hat einen gewaltigen Nachteil: Durch den Ausstoß enormer Mengen dieses Gases ist es der Hauptverursacher des Klimawandels.
Methan selbst ist ebenfalls ein klimaschädliches Gas. Es wirkt um ein Vielfaches stärker als Kohlenstoffdioxid.
Allerdings enthält die Atmosphäre bis jetzt nur sehr wenig Methan. Daher halten sich seine Auswirkungen auf das Klima in Grenzen.

Erdgas und Biogas sind wichtige Energieträger. Sie bestehen hauptsächlich aus Methan.
Bei der exothermen Verbrennung entsteht das klimaschädliche Gas Kohlenstoffdioxid.

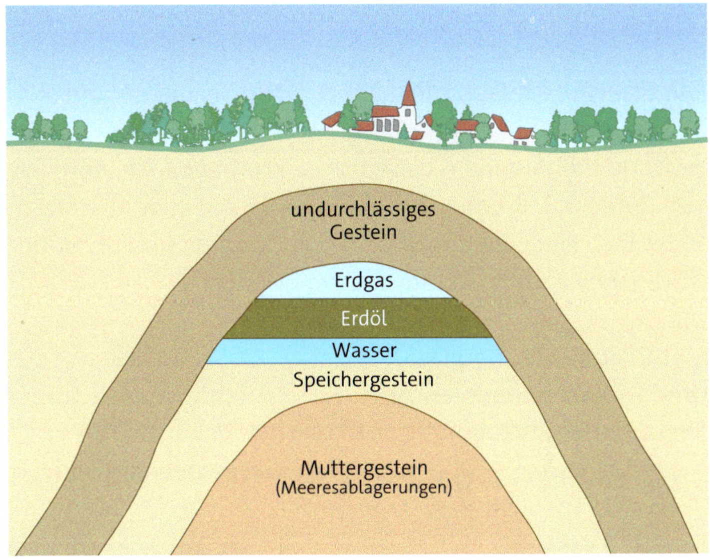

4 Erdgaslagerstätte

	Methan	+	Sauerstoff	→	Wasser	+	Kohlenstoffdioxid
5	CH_4	+	$2\,O_2$	→	$2\,H_2O$	+	CO_2

Aufgaben

1 ○ Gib an, woraus Erdgas besteht.

2 ◐ Nenne zehn Vorgänge, bei denen du im Laufe eines Tages zum Primärenergieverbrauch der Bundesrepublik Deutschland beiträgst.

3 ● Familie Hansen hat eine Gasheizung im Keller, die auch das Warmwasser bereitet. Erkläre, warum es immerhin ein kleiner Schritt gegen den Klimawandel ist, wenn die Hansens nur noch duschen, statt zu baden.

Methanmoleküle – sehr energiereich

Material A

Die Energie im Gas messen

In Kartuschenbrennern befindet sich unter dem Brenner verflüssigtes Gas. Finde heraus, wie viel Energie in dem Gas steckt.

Materialliste: Becherglas, Dreifuß, Kartuschenbrenner, Thermometer, Waage

Gehe dazu in folgenden Schritten vor:
- Wiege den Kartuschenbrenner. → 1 Notiere das Ergebnis.
- Fülle 400 ml Wasser ab und miss die Temperatur. Notiere diesen Messwert.
- Erhitze das Wasser mithilfe des Kartuschenbrenners für 90 Sekunden und miss erneut die Temperatur des Wassers. Notiere auch diesen Wert.
- Wiege zum Abschluss den Brenner erneut. Notiere den Wert.

1 ▢ Gib an, wie viel Gas verbrannt wurde. Gib außerdem an, um wie viel Grad das Wasser erwärmt wurde.

2 Um 1 ml Wasser um 1 Grad zu erwärmen, braucht man 4,2 Joule Energie.

a ◔ Berechne, wie viel Energie dem Wasser zugeführt wurde.

b ● Berechne, wie viel Energie in 100 g Gas enthalten sind.

1

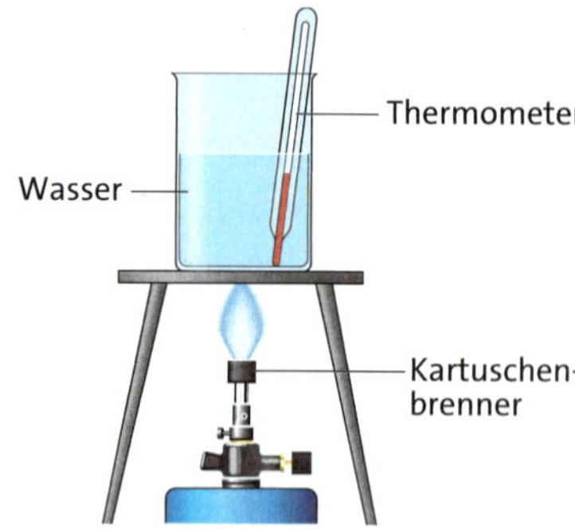

2 Erhitzen des Wassers

Material B

Biogas – wie geht das?

Biogasanlagen sollen ein Baustein der Energiewende sein.

1 ◔ Gib an, aus welchen Rohstoffen Biogas gewonnen wird.

2 ◔ Erkläre den Nutzen, der aus Biogas gezogen wird.

3 ● Schreibe einen Text über Aufbau und Funktion von Biogasanlagen.

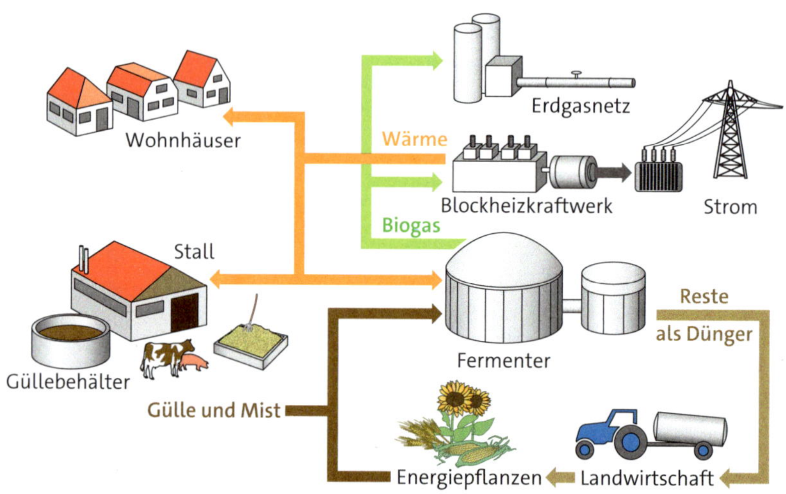

3 Biogasanlage – Aufbau und Funktion

Material C

Technologie für den Klimaschutz?

Familie Hansen hat in eine solarthermische Anlage investiert. Diese dient der Warmwasserbereitung und soll den Klimawandel bremsen.

1 Schaue dir den schematischen Aufbau der Anlage in Bild 4 an und notiere die Aufgaben folgender Bauteile: Gasheizung, Kollektor, Pufferspeicher, Pumpe, Wärmetauscher.

2 Beschreibe mit eigenen Worten das Funktionsprinzip dieser Anlage.

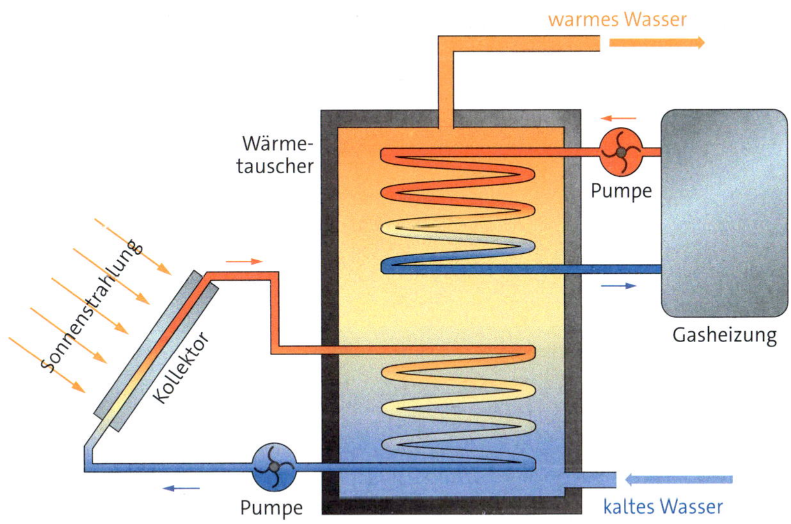

4 Warmwassererzeugung mit Erdgas und Solarthermie

3 Der Bundestag will Technologien fördern, die den Klimawandel bremsen. Gib den Abgeordneten eine begründete Empfehlung, ob solche Anlagen mit Steuergeldern gefördert werden sollten.

Material D

Biogas – ein Standbein der Energiewende?

Die aus Biogas gewonnene Energie in Deutschland steigt stetig an.

1 Beschreibe das Diagramm. → 5

2 Nenne Vor- und Nachteile dieser Entwicklung.

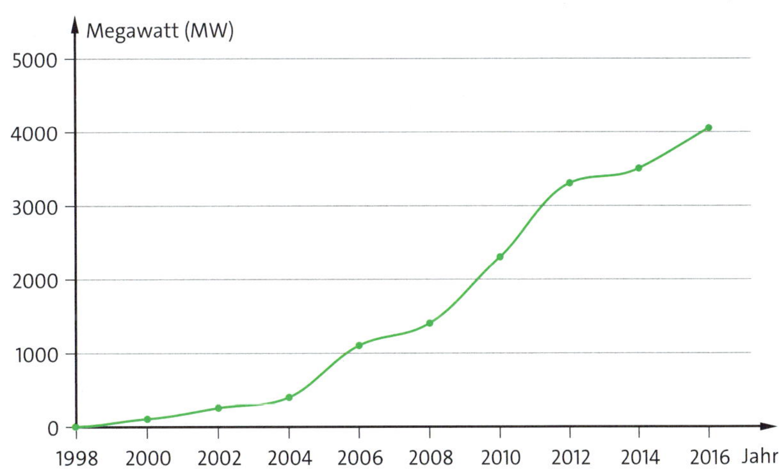

5 Entwicklung der Biogasenergiemenge in Deutschland

Methan und seine „Verwandten“

1 Die ersten vier Moleküle der Alkane; Transport von verflüssigtem Methan

Methan hat die Formel CH_4. Es gehört somit zu den sogenannten Kohlenwasserstoffen.

Kohlenstoff bildet Ketten • Kohlenwasserstoffe sind Stoffe, die aus Kohlenstoff und Wasserstoff aufgebaut sind. Zu dieser Gruppe gehört Methan, das ein Kohlenstoff-Atom und vier Wasserstoff-Atome besitzt. → 2 Es gibt auch Moleküle, die aus mehreren Kohlenstoff-Atomen bestehen, z. B. Ethan (C_2H_6). Die beiden Kohlenstoff-Atome sind über eine Einfachbindung miteinander verbunden. → 3 Jedes Kohlenstoff-Atom hat außerdem drei Wasserstoff-Atome als Bindungspartner. Wenn weitere Kohlenstoff-Atome hinzukommen, werden diese über Einfachbindungen verknüpft und bilden eine Kette.

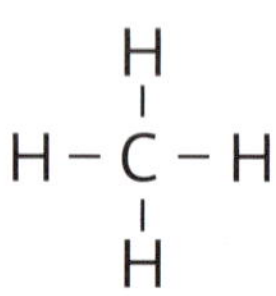

2 Methan

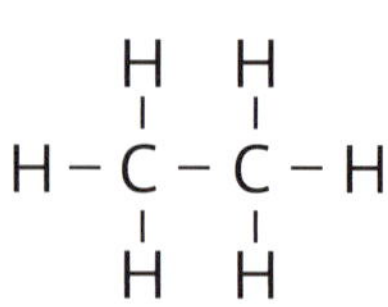

3 Ethan

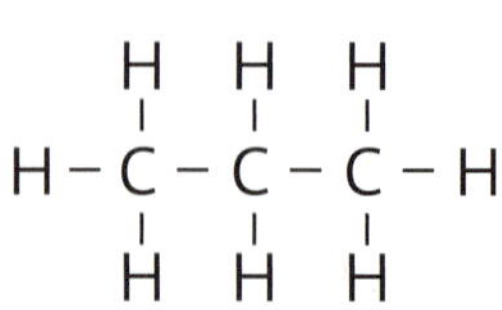

4 Propan

Alkane • Kohlenwasserstoffe, die nur Einfachbindungen enthalten, zählt man zu der Stoffgruppe der Alkane. Ihre Namen enden auf -an. Manche ihrer Namen leiten sich aus dem Griechischen je nach Anzahl der Kohlenstoff-Atomen ab (z. B. penta = fünf, Pentan hat fünf Kohlenstoff-Atome). Allgemein ist C_nH_{2n+2} die Summenformel der Alkane. Dabei steht *n* für die Anzahl der Kohlenstoff-Atome.

Homologe Reihe • Ähnlich gebaute Stoffe, z. B. die Alkane, kann man in einer homologen Reihe anordnen. Die Formel der Alkane nimmt dabei immer um eine CH_2-Einheit zu.

Kohlenwasserstoffe, die nur Einfachbindungen enthalten, nennt man Alkane.

Aufgaben

1 ○ Erkläre den Begriff Kohlenwasserstoffe.

2 ◔ Begründe, ob der Stoff $C_{17}H_{34}$ ein Alkan ist.

der Kohlenwasserstoff
das Alkan
die homologe Reihe

Material A

Eine logische Struktur

Name	Anzahl C-Atome
Methan	1
Ethan	2
Propan	3
Butan	4
Pentan	5
Hexan	6
Heptan	7
Octan	8
Nonan	9
Decan	10

5 Homologe Reihe der Alkane

Kohlenstoff steht in der IV. Hauptgruppe des Periodensystems. Er bildet daher vier Elektronenpaarbindungen aus, um den Edelgaszustand zu erreichen.
Wasserstoff ist als Bindungspartner des Kohlenstoffs gut geeignet. Aber auch Bindungen zu anderen Kohlenstoff-Atomen sind kein Problem.

1 ○ Begründe, warum sich die Alkane immer um eine CH_2-Einheit unterscheiden.

2 ◐ Übernimm die Tabelle von Bild 5 in dein Heft und setze die homologe Reihe bis Decan fort.
Recherchiere die Siedetemperaturen und die Aggregatzustände der Alkane. Die Siedetemperaturen findest du im Anhang des Buches.

3 ◐ Berechne die Formel der Alkane mit 12, 23 und 37 Kohlenstoff-Atomen.

Material B

Modelle bauen

1 ● Modelle helfen dabei, sich den Aufbau von Molekülen vorzustellen. In Bild 6 siehst du verschiedene Materialien aus dem Alltag, die man zum Modellbau nutzen kann.

a ○ Wähle Materialien aus, die dir zum Nachbau folgender Molekülmodelle geeignet erscheinen: Methan, Butan und Heptan.
Achte darauf, für die Atome und für die Bindungen in einem Molekül jeweils immer dasselbe Material zu verwenden.

b ◐ Baue Methan noch einmal mit einem anderen Baumaterial. Denke daran, dass die Bindungen nicht unbedingt dargestellt werden müssen. Vergleiche die beiden Methanmodelle.

c ● Bewerte die Baumaterialien. Welche eignen sich gut, welche weniger gut zum Darstellen von Atomen und Molekülen?

6 Materialien zum Atombau

Verwandt und doch so unterschiedlich

1 Flüssiggas Butan im Feuerzeug

2 Schmieröl ist zähflüssig.

3 Kerzen aus Paraffin

Alkane sind bei Raumtemperatur gasförmig, flüssig oder fest. Das liegt an der Kettenlänge der Moleküle.

Siedetemperatur • Je größer die Kettenlänge der Alkanmoleküle, desto höher ist die Siedetemperatur. → 4
Die kurzkettigen Alkane Methan bis Butan sind bei Raumtemperatur gasförmig. Pentan bis Nonan sind dünnflüssig, während längerkettige Alkane zähflüssig sind.
Ab einer Kettenlänge von ca. 17 Kohlenstoff-Atomen sind die Alkane fest und wachsartig. Gemische aus festen Alkanen werden als Paraffine bezeichnet und als Kerzenwachs verwendet.

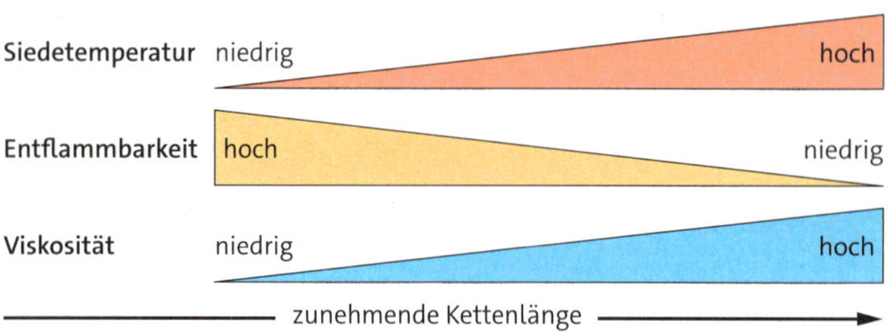

4 Einfluss der Kettenlänge auf die Stoffeigenschaften

Entflammbarkeit • Je länger die Kohlenstoffkette ist, desto schwerer lassen sich die Alkane entzünden. → 4
Längerkettige Alkane rußen beim Brennen stärker. Daher nutzt man sie weniger zur Energiegewinnung.

Viskosität • Die Viskosität beschreibt die Zähflüssigkeit eines Stoffs. Alkane mit längeren Molekülketten (ab ca. elf Kohlenstoff-Atome) sind ölig bis sehr zähflüssig. → 4 Sie werden deshalb oft als Schmierstoffe eingesetzt.

Kräfte zwischen Alkanmolekülen • Die Eigenschaften der Alkane kann man so erklären: Es gibt Anziehungskräfte zwischen den Molekülen, vor allem bei den langkettigen Alkanen. Kann es sich dabei um Dipolkräfte handeln? Dazu muss man sich die Elektronegativitätswerte anschauen:
Die Elektronegativität von Kohlenstoff liegt bei 2,5 und die von Wasserstoff bei 2,1. Der Unterschied beträgt also nur 0,4. Das bedeutet, dass die

die **Viskosität**
die **Van-der-Waals-Kräfte**

C-H-Bindung nur ganz schwach polar ist. Dipolkräfte können daher kaum eine Rolle spielen. Es muss noch andere Kräfte zwischen den Molekülen geben.

Van-der-Waals-Kräfte • Man denkt immer, dass die Elektronen in Atomen ganz gleichmäßig verteilt sind. → 5 Die Elektronen bewegen sich aber ständig und Atome oder Moleküle stoßen auch gegeneinander. Daher sind Atome oder Moleküle oft für einen kurzen Moment „verformt". → 6 In diesen Momenten gibt es in den Teilchen Bereiche mit positiven und mit negativen Teilladungen. Dies führt zu Anziehungskräften zwischen den Teilchen, die nicht von Dauer sind. Diese Anziehungskräfte sind insgesamt schwach. Man nennt sie Van-der-Waals-Kräfte nach dem niederländischen Physiker Johannes Diderik van der Waals, der sie entdeckt hat.

Mehr Atome, mehr Van-der-Waals-Kräfte • Wenn die Kettenlänge größer ist, wirken auch mehr Van-der-Waals-Kräfte zwischen den Molekülen. → 7 Langkettige Moleküle haften daher stärker aneinander. Um langkettige Alkane gasförmig werden zu lassen, muss man diese Anziehungskräfte überwinden. Dazu ist mehr Energie nötig als bei kurzkettigen Alkanen. Deshalb sind die Siedetemperaturen deutlich höher. Auch die Viskosität und die Entflammbarkeit eines Stoffs hängen davon ab, wie viele Van-der-Waals-Kräfte es zwischen den Molekülen gibt.

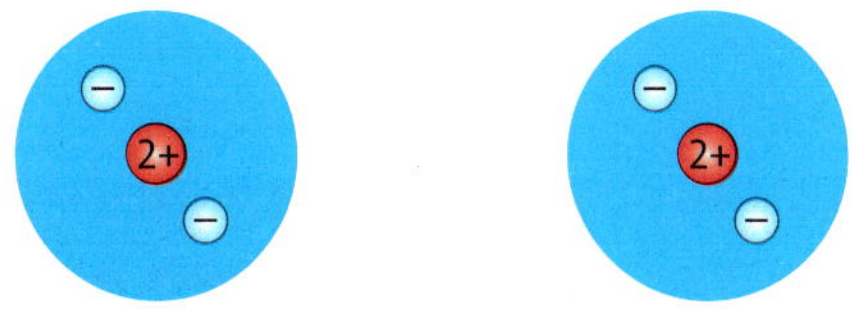

5 Zwei „normale" Helium-Atome

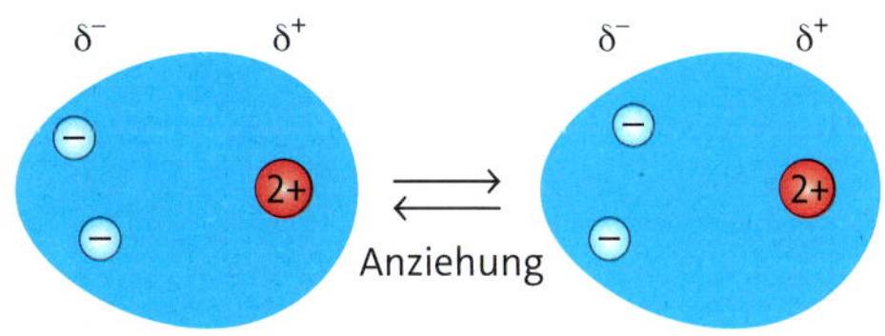

6 Zwei „verformte" Helium-Atome können sich gegenseitig anziehen.

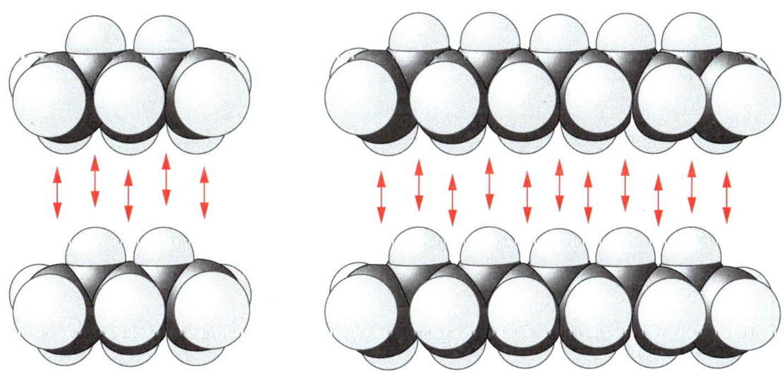

7 Je größer die Moleküle, desto mehr Van-der-Vaals-Kräfte

Van-der-Waals-Kräfte sind schwache Anziehungskräfte zwischen Teilchen. Je größer die Moleküle sind, desto mehr Van-der-Waals-Kräfte gibt es.

Aufgabe

1 Eigenschaften der Alkane

a ▢ Beschreibe verschiedene Eigenschaften von Alkanen im Zusammenhang mit der Kettenlänge.

b ◪ Erkläre, warum die Eigenschaften von der Länge der Kohlenstoffkette abhängen.

Verwandt und doch so unterschiedlich

Material A

Lehrerversuch: Flammenvergleich

Es werden Methan, Wundbenzin (Gemisch aus Pentan/Hexan,) und Paraffin (Gemisch aus langkettigen Alkanen) entzündet und verbrannt. Bild 1 zeigt die Flammentypen, die man dabei beobachten kann.

1 Flammenvergleich von Alkanen

1 Ordne die Flammen den drei Stoffen zu.

2 Erkläre die unterschiedlichen Flammentypen der drei Stoffe und gehe dabei auf ihren Aufbau ein.

3 Paraffin kann man nicht mit einem Streichholz entzünden. Dazu braucht man höhere Temperaturen und oft einen Docht. Deshalb wird Paraffin als Kerzenwachs eingesetzt. Erkläre.

Material B

Diagramme zeichnen

1 Stelle die in Tabelle 2 aufgelisteten Messwerte der ausgewählten Alkane in geeigneten Diagrammen dar.

Name des Alkans	Schmelztemperatur	Dichte (als Flüssigkeit)
Methan	−183 °C	0,42 $\frac{g}{ml}$
Butan	−138 °C	0,58 $\frac{g}{ml}$
Hexan	−95 °C	0,65 $\frac{g}{ml}$
Octan	−57 °C	0,70 $\frac{g}{ml}$

2 Eigenschaften einiger Alkane

Material C

Lehrerversuch: Viskosität im Vergleich

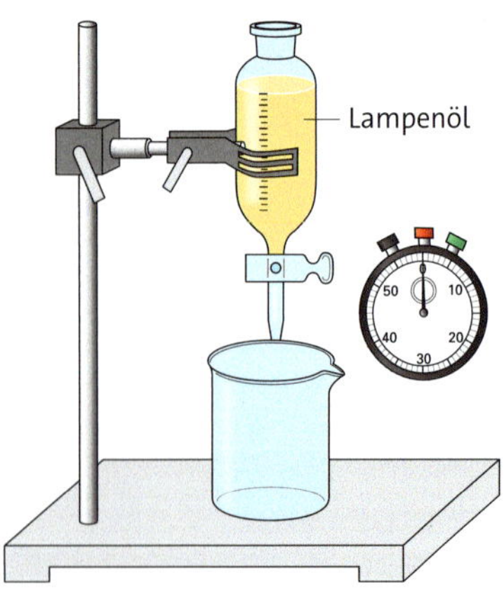

3 Versuchsaufbau

Materialliste: Tropftrichter (100 ml), 3 Bechergläser (250 ml), Stativmaterial, Stoppuhr, Lampenöl, Waschbenzin, Motorenöl, Unterlage

1 Der Trichter wird senkrecht in das Stativ eingespannt und ein Becherglas direkt daruntergestellt.

2 Die erste Stoffprobe wird bis zur oberen Markierung im Trichter eingefüllt.

3 Der Hahn wird langsam geöffnet und die Zeit gestoppt, bis die Flüssigkeit durchgelaufen ist.
Danach wird der Trichter gereinigt und der Versuch mit den anderen beiden Stoffproben wiederholt.

4 Fertige ein Protokoll zum Versuch an.

5 Vergleiche die Viskosität von Lampenöl, Waschbenzin und Motorenöl.

Erweitern und Vertiefen

Der Begriff „organisch“

Der Chemiker Friedrich Wöhler schrieb am 28. Februar 1828 an einen anderen führenden Chemiker, Jöns Jakob Berzelius, einen Brief. Darin berichtet Wöhler von seiner sensationellen Entdeckung:

> „Lieber Herr Professor!
>
> […] und ich täglich oder vielmehr stündlich in der gespannten Hoffnung lebe, einen Brief von Ihnen zu erhalten, so will ich ihn doch nicht abwarten, sondern schon wieder schreiben, denn ich kann, so zu sagen, mein chemisches Wasser nicht halten und muss Ihnen sagen, dass ich Harnstoff machen kann, ohne dazu Nieren oder überhaupt ein Thier, sey es Mensch oder Hund, nöthig zu haben. Das cyansaure Ammoniak ist Harnstoff. […]“
>
> Wöhler, 1828

Anorganische und organische Stoffe • Berzelius glaubte, dass man in der Chemie grundsätzlich zwei Arten von Stoffen unterscheiden müsse: anorganische und organische Stoffe. Nach seiner Ansicht konnten organische Stoffe nur von Lebewesen hergestellt werden. Dazu sei eine „Lebenskraft“ notwendig. Im Gegensatz dazu seien anorganische Stoffe in der unbelebten Natur, also beispielsweise in Mineralien oder Erzen, zu finden.

4 Friedrich Wöhler

5 Jöns Jakob Berzellius

Eine Sensation • Friedrich Wöhler gelang im Jahre 1828 aus einem anorganischen Stoff durch Erhitzen Harnsäure herzustellen, die bisher nur aus dem Urin von Menschen und Tieren bekannt war. Die Theorie, dass organische Stoffe nur von Lebewesen produziert werden könnten, verlor immer mehr an Bedeutung. Jedoch hat sich der Begriff der organischen Chemie bis heute gehalten. Die organische Chemie oder kurz Organik wird heute definiert als die Chemie der Kohlenstoffverbindungen, da man feststellte, dass der Kohlenstoff das zentrale Element all dieser Verbindungen ist. Die in Lebewesen ablaufenden Stoffwechselprozesse werden als Biochemie bezeichnet.

Aufgaben

1 ○ Beschreibe die Entdeckung von Wöhler.

2 ◐ Erkläre, warum der Begriff „organische Chemie“ nicht uneingeschränkt verwendet werden kann.

Doppelt und dreifach gebunden

1 Ethan, Ethen und Ethin – wichtige Grundstoffe der chemischen Industrie

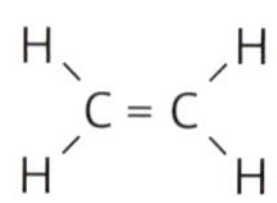

2 Ethen in Lewis-Schreibweise

3 Ethin in Lewis-Schreibweise

4 Grüne Bananen werden mit Ethen reif.

Die Alkane haben nur Einfachbindungen. Es gibt aber auch Kohlenwasserstoffe mit Doppel- und Dreifachbindungen zwischen den Kohlenstoff-Atomen.

Alkene • Kohlenwasserstoffe mit einer doppelten Elektronenpaarbindung nennt man Alkene. Ihre Namen leiten sich von den Alkanen mit der Endsilbe -en ab. In der Lewis-Schreibweise wird die Doppelbindung mit einem doppelten Strich dargestellt. → 2
Wegen der Doppelbindung besitzen Alkene grundsätzlich zwei Wasserstoff-Atome weniger als die entsprechenden Alkane.

Alkine • Ein Kohlenstoff-Atom kann sogar bis zu drei Elektronenpaarbindungen zu einem anderen Kohlenstoff-Atom eingehen. → 4 Wenn eine C≡C-Dreifachbindung vorhanden ist, spricht man von einem Alkin. Die Namen der Alkine leiten sich ebenfalls von den Alkanen ab, allerdings mit der Endsilbe -in. Ihnen fehlen vier Wasserstoff-Atome im Vergleich zum Alkan.

Ungesättigt • Die Alkane bezeichnet man als gesättigt. Die Alkene und Alkine dagegen nennt man ungesättigt, da sich an die Doppel- bzw. Dreifachbindung noch weitere Atome anlagern können.

Kohlenwasserstoffe, die eine Doppel- bzw. Dreifachbindung aufweisen, nennt man Alkene bzw. Alkine.

Aufgaben

1 ○ Beschreibe die Unterschiede zwischen Alkanen, Alkenen und Alkinen.

2 ◐ Nenne den Namen des Stoffs mit der Formel C_4H_6.

3 ◐ Erkläre den Unterschied zwischen gesättigten und ungesättigten Kohlenwasserstoffen.

das Alken
das Alkin
gesättigt
ungesättigt

Material A

Homologe Reihen

Auch die Alkene und Alkine bilden homologe Reihen.

1 Fertige eine Tabelle bis Decen/Decin für die Alkine und Alkene an. Nimm Bild 5 zu Hilfe.

2 Begründe, warum es die Stoffe Methen und Methin nicht gibt.

3 Recherchiere die Siedetemperaturen der ersten vier Alkene bzw. Alkine. Was fällt dir auf? Beschreibe.

Name	Summenformel	Strukturformel
Ethen	C_2H_4	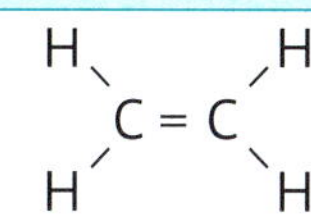
Propen	...	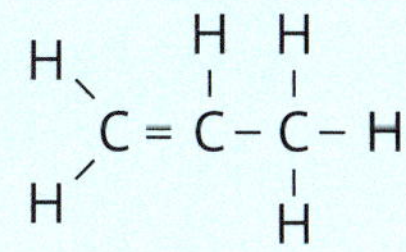
...	...	...

5 Homologe Reihe der Alkene

4 Für die Alkane gilt die allgemeine Formel C_2H_{2n+2}. Finde die allgemeine Formel für die Alkene und für die Alkine. Wähle zwei eigene Beispielstoffe und gib die Formeln an.

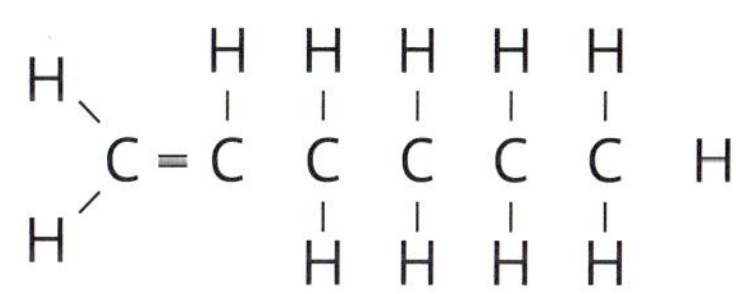

6 Struktur von Hexen

Material B

Moleküle darstellen

So viele Kohlenwasserstoffe – da kommt es darauf an, den Überblick zu bewahren.

1 Zeichne Ethan, Ethen und Ethin in Lewis-Schreibweise und vergleiche die Moleküle miteinander.

2 Zeichne das Alken Buten. Was fällt dir auf?

3 Zeichne Hepten. Wie viele Möglichkeiten gibt es?

4 Baue mithilfe eines Molekülbaukastens nacheinander folgende Kohlenwasserstoffe: Methan, Octen, Butin.

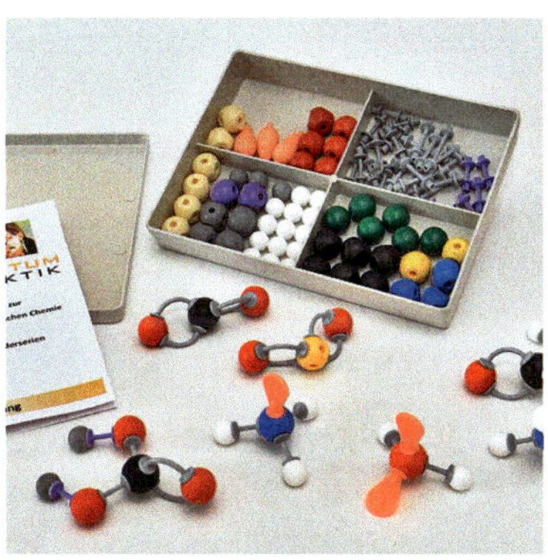

7 Molekülbaukasten

5 Baue das Molekül Octan. Lass das Molekül nun in zwei kurzkettige Moleküle zerfallen. Welche Möglichkeiten findest du?

6 Benenne den abgebildeten Kohlenwasserstoff. → 8

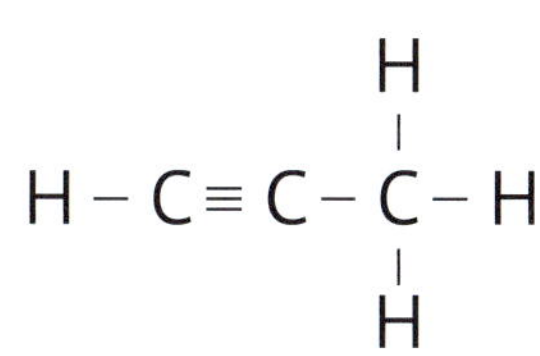

8 Wie lautet der Name dieses Kohlenwasserstoffs?

Verzweigte Ketten

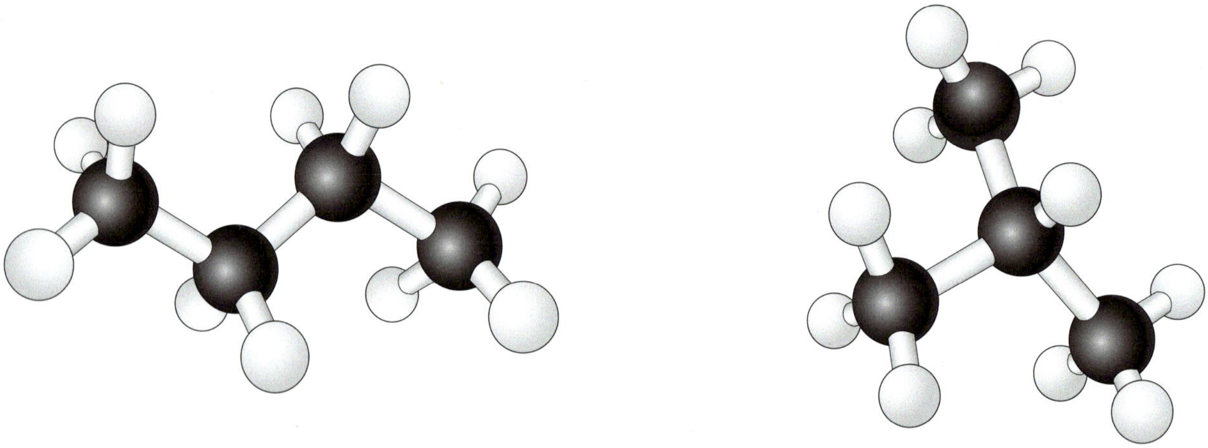

1 Zweimal Butan und doch nicht gleich?

Butan hat die Formel C_4H_{10}. Aber wenn man ein Molekül mit dieser Formel zeichnen will, gibt es plötzlich zwei Möglichkeiten.

Isomerie • Für Butan lassen sich zweierlei Strukturen zeichnen. Die Summenformel ist aber für beide Moleküle gleich. → 1
Beide Moleküle bestehen aus vier Kohlenstoff- und zehn Wasserstoff-Atomen, aber der Aufbau und die Stoffeigenschaften sind verschieden. Zum Beispiel sind die Schmelz- und Siedetemperaturen nicht genau gleich. Dies nennt man Isomerie. Beide Moleküle sind Isomere des Butans.

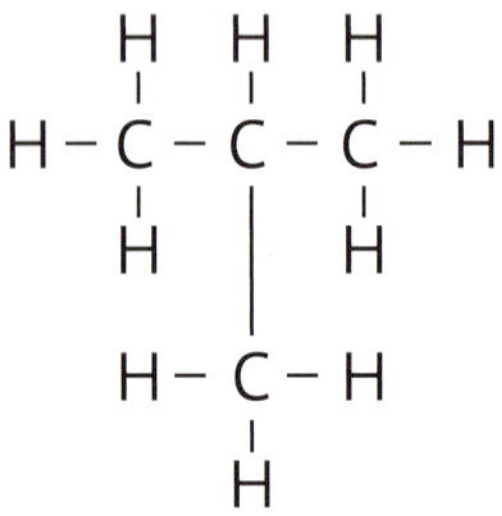

2 Isobutan

Verbindungen, die die gleiche Formel, aber eine unterschiedliche Struktur haben, nennt man Isomere.

Nomenklatur • Um die Moleküle trotzdem unterscheiden zu können, benennt man sie unterschiedlich. Dazu gibt es bestimmte Regeln: Wenn die Kohlenstoff-Atome des Moleküls in einer Linie liegen, spricht man von einem n-Kohlenwasserstoff, zum Beispiel von n-Butan. Das n steht für normal bzw. für unverzweigt: Es gibt nur eine Kohlenstoffkette.
Das verzweigte Butan heißt i-Butan oder Isobutan → 2. Das i bedeutet, dass es sich um einen verzweigten Kohlenwasserstoff handelt, ein Isomer des n-Butans.
Die systematische Benennung der Kohlenwasserstoffe nennt man Nomenklatur.

Als Nomenklatur bezeichnet man die systematische Benennung der Kohlenwasserstoffe.

Aufgaben

1 ○ Erkläre den Begriff Isomerie.

2 ◔ Benenne und zeichne zwei Isomere von Pentan.

die Isomerie
die Nomenklatur

Methode

Kohlenwasserstoffe benennen

1. Nur das Kohlenstoffgerüst beachten. Die längste Kohlenstoffkette im Molekül suchen. Achtung: Sie kann auch um die Ecke gehen! Die Anzahl der C-Atome bestimmt den Namen des Stoffs und bildet den Stammnamen.

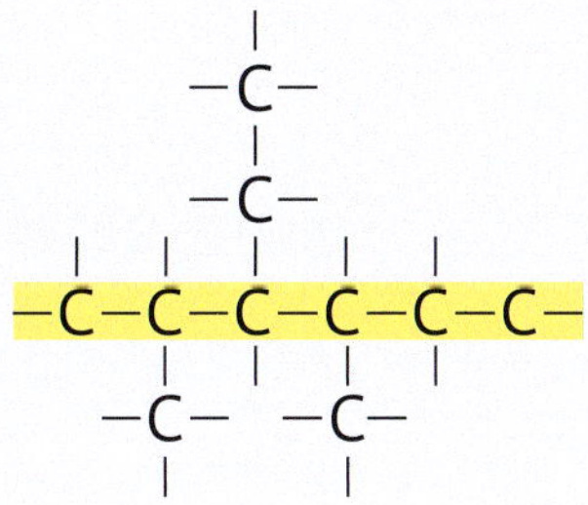

Am Beispiel:
Die längste Kette hat 6 C-Atome:
→ Hexan

2. Die Seitenketten benennen. Die Anzahl der C-Atome bestimmt den Namen der Seitenkette. Seitenketten erhalten die Endung -yl.
Die Seitenketten alphabetisch ordnen.

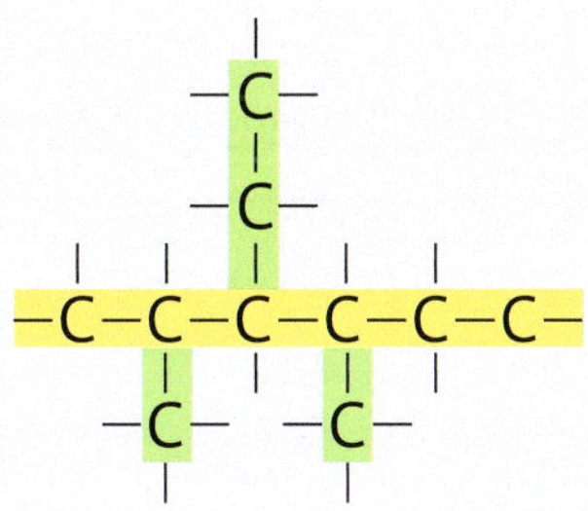

Es gibt zwei Arten von Seitenketten, die an die Hauptkette geknüpft sind:
→ Ethyl-methyl
(Ethyl leitet sich von Ethan ab, Methyl von Methan.)

3. Die Anzahl der Seitenketten bestimmen und mit den griechischen Zahlwörtern Di-, Tri-, Tetra- oder Penta- kennzeichnen. Die Bezeichnung der Seitenketten dem Stammnamen voranstellen.

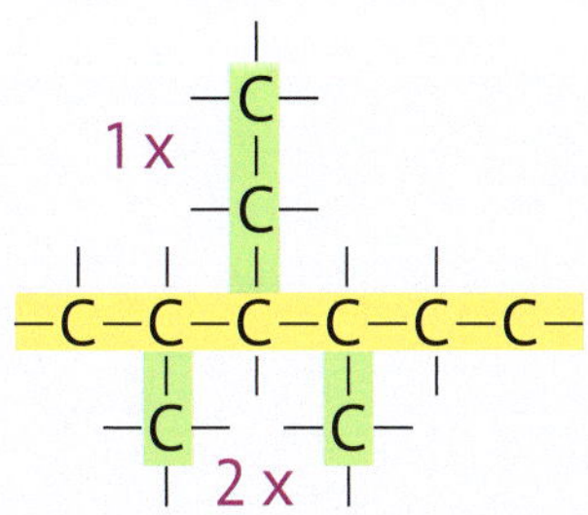

Es gibt eine Ethyl- und zwei Methylgruppen:
→ Ethyl-dimethylhexan

4. Die Hauptkette nummerieren. Die Verknüpfungsstellen der Seitenketten mit der Hauptkette mit Ziffern angeben.
Wenn es mehrere Möglichkeiten der Bezifferung gibt (z. B. indem man von links oder von rechts zählt), nimmt man die kleineren Ziffern.

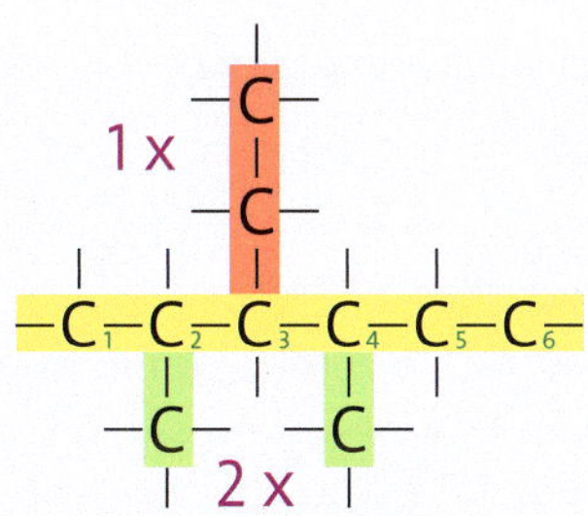

Der komplette Name lautet:
3-Ethyl-2,4-dimethylhexan

Zusatzregel Bei Alkenen und Alkinen die Lage der Mehrfachbindung angeben. Beispiel: Bei 2-Buten liegt die Doppelbindung zwischen dem zweiten und dritten C-Atom.

Verzweigte Ketten

Material A

Isomere oder nicht?

Isomere kann man sehr gut mit dem Molekülbaukasten darstellen.

1 ○ Baue 3-Ethylhexan. Gib an, von welchem n-Alkan es ein Isomer ist.

2 ◐ Baue alle möglichen Isomere des Heptans. Wie viele gibt es?

n-Pentan
2,2-Dimethylpropan
3-Methylpentan
2,3-Dimethylbutan
3,4-Dimethylhexan
2-Methylbutan
3-Ethylpentan
n-Hexan

1 Isomere oder „Einzelgänger"?

3 ◐ In Bild 1 sind acht Alkane genannt. Nenne diejenigen, die isomer zueinander sind.

4 ● Richtig oder falsch? 3,4-Dimethylheptan ist ein Nonan-Isomer. Begründe.

Material B

Moleküle systematisch zeichnen und benennen

Gehe beim Zeichnen und beim Benennen der Kohlenwasserstoffe gemäß den Regeln auf der vorherigen Seite vor.

1 ○ Zeichne die Strukturen folgender Moleküle:
- 2-Methylpentan
- 2,2,4-Trimethylhexan
- 3-Ethyl-2-Methylpentan
- 3-Ethyl-2,2-Dimethylpentan
- n-Nonan

2 ◐ Benenne die in Bild 2 dargestellten Moleküle.

3 ● Noah und Lisa streiten sich über das Molekül in Bild 3.

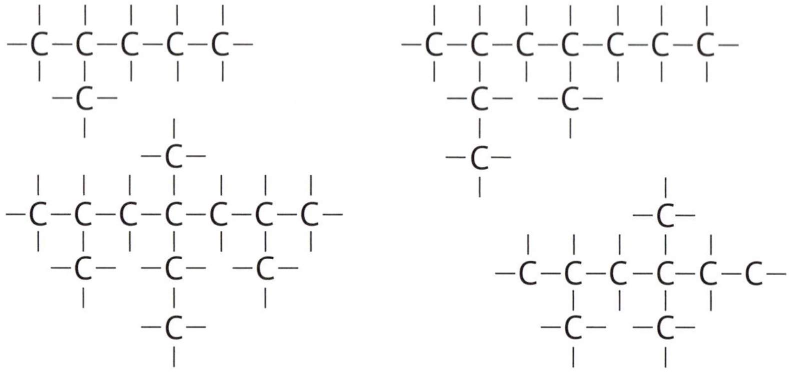

2 Die Struktur ist klar. Wie aber lautet der Name?

Noah ist sich sicher, dass es 3-Ethylbutan heißt. Lisa dagegen meint, der Name sei 3-Methylpentan.
Wer hat recht? Begründe.

4 ● Zeichne ein verzweigtes Alken und versuche es eindeutig zu bennenen.

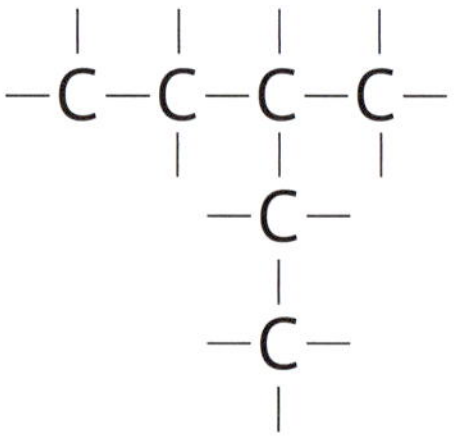

3 Noahs Molekül

Vielfalt der Kohlenstoffverbindungen

Isomere • Je mehr Atome in einem Molekül enthalten sind, desto mehr isomere Verbindungen gibt es. → 4
Dabei kann der Kohlenstoff nicht nur lange Ketten bilden, sondern auch verzweigte Moleküle oder Ringe. Ringförmige Verbindungen nennt man Cycloverbindungen. → 5

Mit Mehrfachbindungen • Auch bei ringförmigen Verbindungen gibt es Doppel- und Dreifachbindungen. Man spricht also entweder von Cycloalkanen, von Cycloalkenen oder von Cycloalkinen.

Formeln • Die allgemeine Formel der Cycloalkane lautet C_nH_{2n}, die der von Alkenen entspricht. Zum Beispiel hat Cyclohexan die gleiche Summenformel wie Hexen (C_6H_{12}). Die beiden Moleküle sind somit Isomere.

Benzol • Die wohl bekannteste Cycloverbindung ist das Benzol (C_6H_6). → 6 Benzol gehört zu den Cycloalkenen und wird genauer als Benzen bezeichnet.
Die sechs Kohlenstoff-Atome sind dabei über Einfach- bzw. Doppelbindungen miteinander verbunden. Die Doppelbindung kann zwischen C-Atomen auch wechseln. Dies wird als eingezeichneter Kreis im Molekül dargestellt. → 6 Benzol besitzt einen charakteristisch aromatischen Geruch. Es ist farblos, leicht entzündlich und brennt mit stark rußender Flamme.
Außerdem gilt Benzol als krebserregend und giftig.

Kohlenwasserstoff	Anzahl der Isomere
C_4H_{10}	2
C_5H_{12}	3
C_6H_{14}	5
C_7H_{16}	9
C_8H_{18}	18
$C_{20}H_{42}$	366 319
$C_{40}H_{82}$	62 491 178 805 831

4 Isomere bei Alkanen

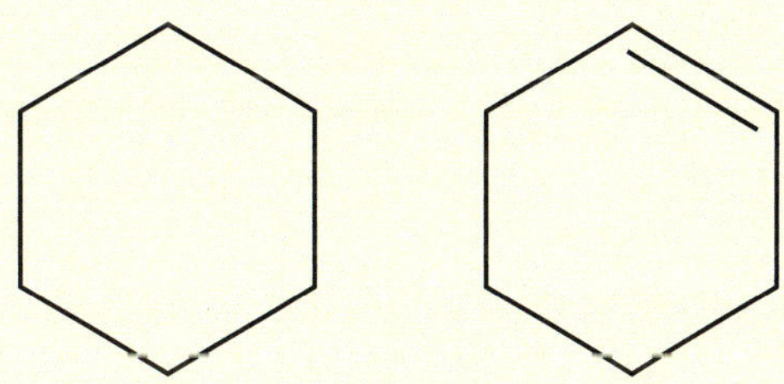

5 Cyclohexan und Cyclohexen

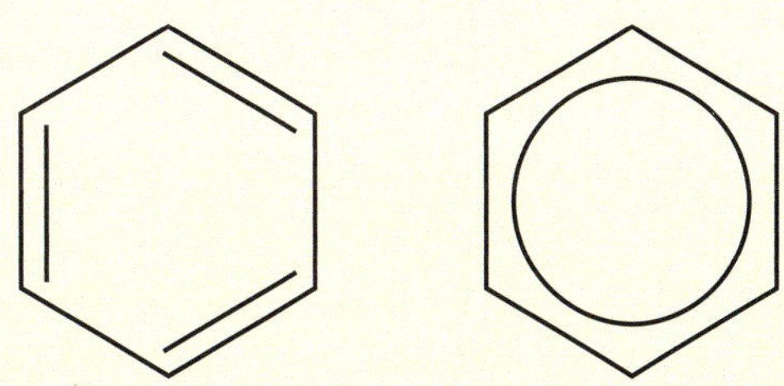

6 Benzol

Aufgaben

1 ◔ Zeichne die Strukturen zweier Isomere von C_8H_{16}.

2 ● Ermittle die allgemeinen Summenformeln von Cycloalkenen und Cycloalkinen.

3 ● Vergleiche Cyclohexen mit Benzol.

Erdöl – zu schade zum Verbrennen

1 Benzin – ein Produkt aus Erdöl

An Tankstellen gibt es verschiedene Treibstoffe. Alle werden aus Erdöl hergestellt.

Zusammensetzung • Je nachdem, wo auf der Welt das Erdöl gefördert wird, ist es anders zusammengesetzt. Es ist jedoch immer ein Gemisch verschiedener Kohlenwasserstoffe: Kurzkettige, langkettige und verzweigte Moleküle sowie Cycloverbindungen sind in unterschiedlichen Mengen darin vorhanden. Andere Stoffe wie Schwefelverbindungen sind ebenfalls im Erdöl zu finden.

Energieträger • Mit 33 Prozent hat Erdöl den größten Anteil am deutschen Primärenergieverbrauch. An der Stromerzeugung ist es aber kaum beteiligt. → 3 Wie passt das zusammen? Erdöl ist in anderen Bereichen kaum zu ersetzen. Als Heizöl und vor allem als Treibstoff für Autos, Flugzeuge und Schiffe sind Erdölprodukte vorerst noch ziemlich unverzichtbar. Der größte Teil des Erdöls wird für diese Zwecke verbrannt.

Rohstoff • Erdöl ist aber nicht nur ein Brennstoff. Es dient auch als Rohstoff für viele Alltagsprodukte: Kunststoffe, Lacke, Farben, Klebstoffe und auch viele Kosmetika, Medikamente und Kleidungsstoffe werden aus Erdöl hergestellt. → 2

2 Erdölprodukte

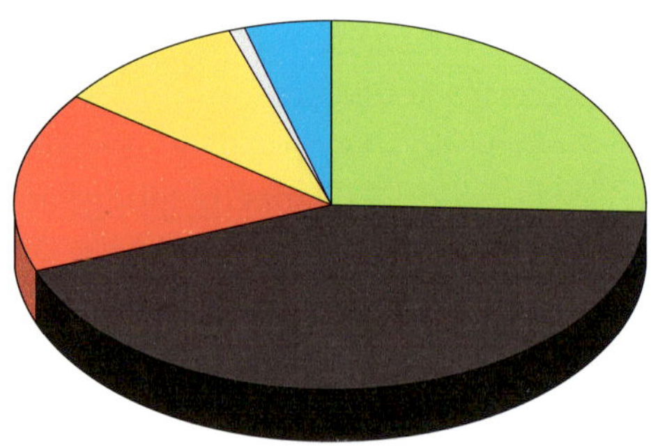

25,8 % Erneuerbare
43,5 % Kohle
15,9 % Kernenergie
9,6 % Erdgas
0,8 % Erdöl
4,4 % Sonstige

3 Strommix Deutschland 2014

das **Erdöl**
die **Erdölreserve**

Verbrennung von Erdölprodukten • Bei der Verbrennung von Erdölprodukten handelt es sich um exotherme Reaktionen. Dabei entstehen immer Wasser und das klimaschädliche Gas Kohlenstoffdioxid.
Es entstehen auch noch weitere Produkte, da die Verbrennung der Kraftstoffe nie komplett abläuft. Das giftige Kohlenstoffmonooxid und andere giftige Gase sind die wichtigsten Schadstoffe. Seit Mitte der 1980er Jahre werden Kraftfahrzeuge mit Katalysatoren ausgerüstet. Diese sorgen dafür, dass die Verbrennung der Kraftstoffe viel besser abläuft. Dann bleiben fast nur noch Kohlenstoffdioxid und Wasser als Reaktionsprodukte übrig.
Das Entstehen des Treibhausgases Kohlenstoffdioxid können die Katalysatoren aber auch nicht verhindern.

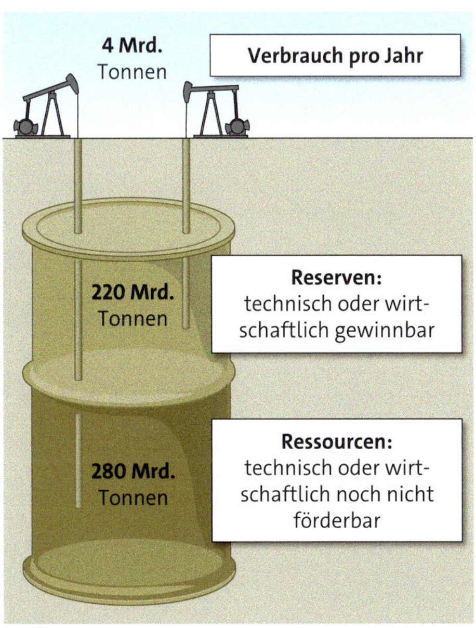

4 Erdölreserven weltweit 2014

Gibt es genug Erdöl? • Die Erdölreserven sind begrenzt. Schätzungen, wie lange die Vorräte noch reichen, sind schwierig. Denn der Verbrauch und das Auffinden neuer Reserven sind kaum vorhersagbar. Man geht aber zurzeit davon aus, dass die Reserven in ca. 50 Jahren aufgebraucht sein könnten.

Schäden durch Erdöl • Erdöl wird von den Förderstätten mit Pipelines und großen Tankern transportiert. Wenn es durch Unfälle in die Umwelt gelangt, kann dies extreme Schädigungen für die Umwelt bedeuten.

Erdöl ist ein bedeutender Energieträger und ein wichtiger Rohstoff für viele Produkte.
Bei der Verbrennung entsteht das klimaschädliche Kohlenstoffdioxid.

Aufgaben

1 ○ Nenne Verwendungsmöglichkeiten des Rohstoffs Erdöl.

2 ◐ Stelle dir einen Tag ohne Erdölprodukte vor. Berichte, worauf du alles verzichten müsstest.

3 ◐ Werte Bild 4 aus. Wie lange reichen demnach die Erdölreserven?

4 ● Die Nutzung öffentlicher Verkehrsmittel wird als Schritt gegen den Klimawandel angepriesen. Was ist deine Meinung dazu? Begründe sie.

Erdöl – zu schade zum Verbrennen

Material A

Erdöl kann die Umwelt verschmutzen

Wenn es beim Transport von Erdöl einen Unfall gibt, kann der wertvolle Rohstoff in die Umwelt gelangen und schwere Schäden verursachen.

Materialliste: 2 Blumentöpfe mit Erde, großes Becherglas, Kressesamen, Vogelfeder, Erdöl ◇◇◇◇, Tropfpipette

1 Wie stark verschmutzt Öl das Wasser? Befülle dazu ein großes Becherglas mit 1 Liter Wasser. Gib nun mit der Tropfpipette tropfenweise Öl hinzu. Rühre nach jedem Tropfen um und rieche an dem Becherglas.

a ▢ Nach wie vielen Tropfen kannst du das Öl riechen?

b ● 1 Tropfen Öl entspricht einem Volumen von ungefähr 1 ml. Es gibt Supertanker, die bis zu 650 Millionen Liter Rohöl aufnehmen können. Rechne hoch, wie viel Liter Wasser ein solcher Tanker im Fall eines Unglücks verseuchen würde.

2 Wie wirkt sich Öl auf Seevögel aus? Befülle dazu ein Becherglas mit Wasser. Gieße nun etwas Öl darauf, sodass sich eine dünne Schicht des Öls auf dem Wasser bildet. Tauche dann eine Vogelfeder zur Hälfte in das Becherglas.

a ▢ Vergleiche und beschreibe die beiden Hälften der Vogelfeder.

b ◐ Verwende deine Beobachtungen, um die Auswirkungen eines Tankerunglücks auf die Seevögel zu beschreiben.

3 Wie wirkt sich Öl auf den Boden aus? Befülle dazu zwei kleine Blumentöpfe mit Erde. Gib in den ersten 20 ml Wasser und einige Kressesamen. In den zweiten gibst du ebenfalls Kressesamen, aber anstelle des Wassers 20 ml Öl. Vergiss nicht, die Töpfe zu beschriften. Befeuchte die beiden Töpfe in den kommenden sieben Tagen regelmäßig mit Wasser.

a ▢ Erstelle ein Beobachtungstagebuch, bei dem du an jedem Tag deine Beobachtungen notierst.

b ◐ Stelle dir vor, es gibt einen Riss in einer Pipeline und große Mengen Öl treten aus. Beschreibe die Auswirkungen auf das betroffene Gebiet.

1 Rayong Beach, Thailand, am 31. Juli 2013

2 Nach einem Ölunfall in den Niederlanden

Material B

Erdöl ist nicht gleich Erdöl

Man stellt sich Erdöl als dunkle, zähflüssige Masse vor. Das kann so sein, muss es aber nicht. Je nachdem, aus welcher Region das Erdöl stammt, kann es hell und dünnflüssig oder sogar schwarz und fest sein. → 3

„Viskosität" beschreibt, wie dick- oder dünnflüssig eine Flüssigkeit ist. Je größer die Viskosität, desto dickflüssiger die Substanz.

1 Die Viskosität des Erdöls hängt vom Verhältnis der kurzkettigen zu den längerkettigen Kohlenwasserstoffen ab.

Begründe, ob Erdöl aus der Nordsee oder aus Australien einen größeren Anteil an langkettigen Kohlenwasserstoffen hat.

3 Erdöl aus unterschiedlichen Fördergebieten

Material C

Wo stehen wir?

Bild 4 zeigt die Entwicklung des Primärenergieverbrauchs in Deutschland.

1 Nenne 10 Fakten, die du aus dem Diagramm entnehmen kannst.

2 Zeichne das Diagramm für die Zeit bis 2030, wie du es dir wünschst. Nenne Maßnahmen zur Realisierung.

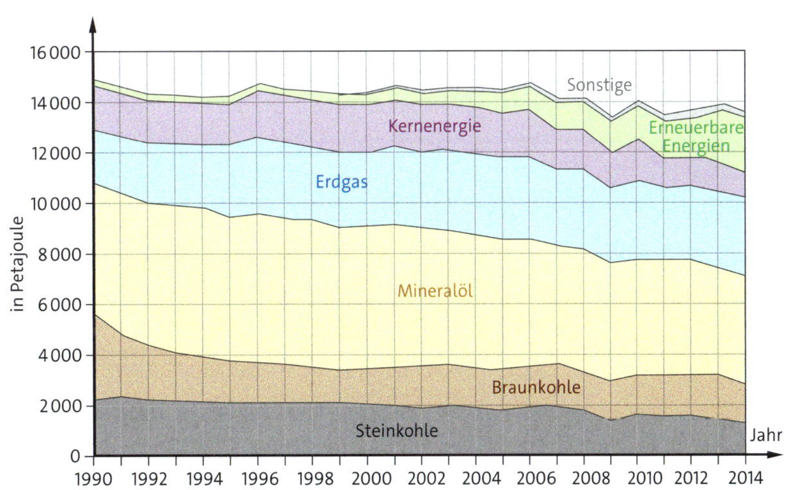

4 Primärenergieverbrauch Deutschlands 1993–2013

Aufbereitung von Erdöl

1 Raffinerien sind riesige Anlagen zur Erdölaufbereitung.

2 Öltanker

Erdöl ist ein Stoffgemisch aus verschiedenen Kohlenwasserstoffverbindungen. Um es zu verwenden, muss es in Fabriken, sogenannten Raffinerien, aufgearbeitet werden. Wie gelangt das Erdöl in diese Raffinerien und was wird dort gemacht?

Transport • Von den Förderstätten wird das Erdöl durch Rohrleitungen, sogenannten Pipelines, oder mittels riesiger Tankschiffe in die Raffinerien transportiert. → 2 3

Fraktionierte Destillation • Zunächst muss das Stoffgemisch Erdöl aufgetrennt werden. Dies geschieht durch eine fraktionierte Destillation. Dabei gewinnt man Stoffgruppen, sogenannte Fraktionen, die als Gemeinsamkeit einen ähnlichen Siedepunkt aufweisen. Dadurch erhält man zum Beispiel Kerosin, Benzin oder Schmieröle.

Cracken • Bei der fraktionierten Destillation erhält man je nach Herkunft des Erdöls unterschiedliche Mengen der verschiedenen Fraktionen. Dabei hat man zu viele langkettige Schmieröle und zu wenige kurzkettige Kohlenwasserstoffe der Benzinfraktion. Doch gerade diese werden von der Wirtschaft stark nachgefragt. Beim Cracken werden langkettige Kohlenwasserstoffe in kürzere Ketten gespalten. Dazu werden die Stoffe unter der Anwesenheit von Katalysatoren erhitzt. Dadurch erhält man zum Beispiel mehr vom gewünschten Benzin.

In Raffinerien wird das Erdöl aufgearbeitet. Fraktionierte Destillation und Cracken sind dabei Verarbeitungsschritte.

3 Pipeline

Aufgaben

1 ○ Nenne zwei Transportmöglichkeiten für Erdöl.

2 ◐ Gib an, wozu die fraktionierte Destillation dient. Erkläre, was man dabei unter Fraktionen versteht.

3 ● Hat die kurzkettige Benzinfraktion oder die langkettige Schmierölfraktion einen höheren Siedepunkt? Begründe.

die Raffinerie
die Pipeline
die fraktionierte Destillation
das Cracken

Material A

Fraktionierte Destillation

1 ○ Betrachte Bild 5. Nenne einige Verwendungsmöglichkeiten für verschiedene Stoffgruppen, die bei der fraktionierten Destillation gewonnen werden.

2 ◐ Schreibe den Text zur fraktionierten Destillation in dein Heft. → 4 Setze in die Lücken (A) bis (J) die richtigen Begriffe bzw. Temperaturwerte ein.

3 ◐ Ist Benzin ein Reinstoff? Begründe deine Antwort.

Fraktionierte Destillation

Bei diesem Verfahren wird das **(A)** zunächst auf ca. 400 °C erhitzt. Dies geschieht in einem **(B)**. Daraufhin siedet ein großer Teil des Erdöls. Die Kohlenwasserstoffdämpfe steigen im Destillationsturm auf und **(C)** dabei ab. Je nach **(D)** kondensieren sie an den verschiedenen Glockenböden. Hierbei erhält man unter anderem Benzine im Siedebereich von **(E)** oder Gasöl im Siedebereich von **(F)**.

Der Rückstand, der nicht siedet, wird in einen weiteren Röhrenofen geleitet und nochmals **(G)**. Diese Erdölanteile kommen zur Vakuumdestillation. Unter stark vermindertem Druck sieden diese nun. Hier gewinnt man nach dem Kondensieren zum Beispiel **(H)** oder **(I)**. Als fester Rückstand bleibt **(J)**. Dieser Anteil findet im Straßenbau Verwendung.

4

Bitumen, Erdöl, erhitzt, kühlen, Röhrenofen, Siedepunkt, leichtes Schmieröl, schweres Schmieröl, 30–180 °C, 250–350 °C

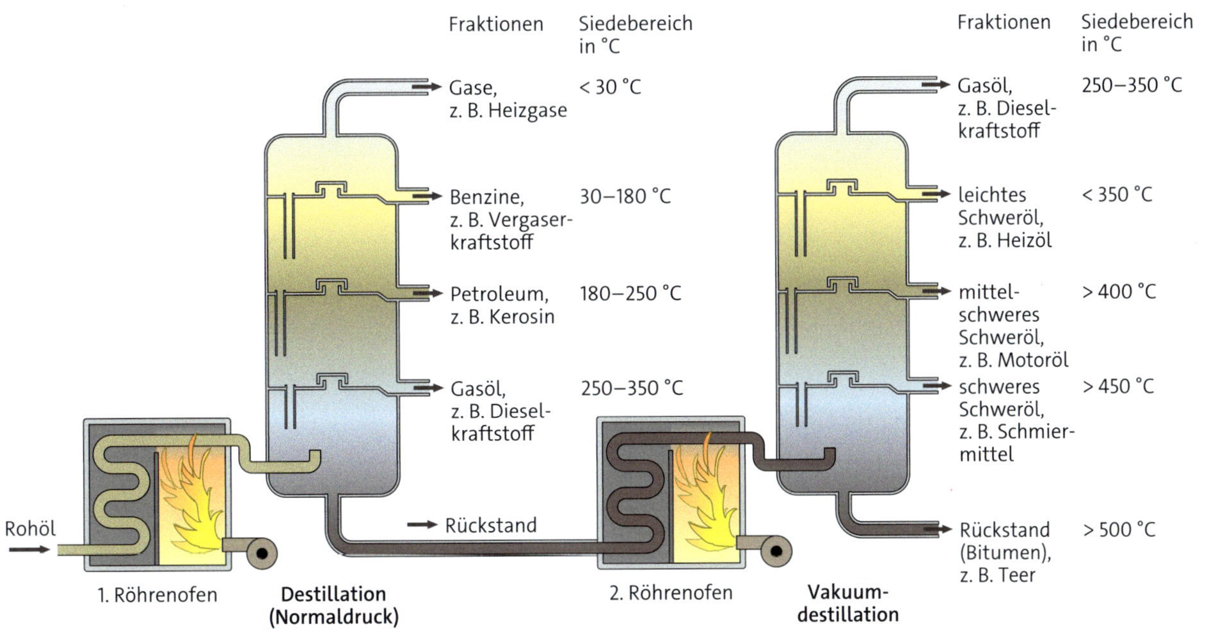

5 Anlage zur fraktionierten Destillation (Schema)

Erweitern und Vertiefen *

Stickoxide – Ist der Diesel schuld?

Was sind Stickoxide? • Unter Stickoxiden versteht man die beiden Oxide des Stickstoffs: Stickstoffmonooxid (NO) und Stickstoffdioxid (NO_2). Diese werden oft auch unter der Formel NO_x zusammengefasst.

Woher kommen Stickoxide? • Stickoxide entstehen, wenn Stickstoff mit Sauerstoff reagiert. Diese beiden Stoffe sind der Hauptbestandteil der Atmosphäre.
Für diese Reaktion sind allerdings hohe Temperaturen notwendig. Diese Bedingung ist in Verbrennungsmotoren gegeben. Mehrere Reaktionen sind für die Entstehung verantwortlich:

$$N_2 + O \rightarrow NO + N$$
$$N + O_2 \rightarrow NO + O$$
$$2\,NO + O_2 \rightarrow 2\,NO_2$$

Da beim Dieselmotor die Verbrennungstemperatur höher ist als bei Benzinern, entstehen hier mehr Stickoxide.
Außerdem lassen sich mittels Katalysatoren, die es nur für Benzinmotoren gibt, die Stickoxide leicht abbauen.

Welche Wirkungen haben Stickoxide? • Stickoxide haben vielfältige Wirkungen auf das Atmungssystem. Zum einen reizen sie die Atemwege, weil sie sehr reaktiv sind. Zum anderen können sie Blutgefäße verengen, was zu Kreislaufbeschwerden führen kann.

1 Autoverkehr – eine der Hauptquellen für Stickoxide

Außerdem bilden Stickoxide durch chemische Reaktionen mit Luftbestandteilen auch weitere Schadstoffe. So können das atemreizende Gas Ozon (O_3), Feinstäube und auch Salpetersäure (HNO_3) entstehen.

Stickoxide entstehen bei Verbrennungsvorgängen in Automotoren. Speziell bei Dieselmotoren entstehen relativ viele Stickoxide. Stickoxide belasten das Atmungs- und Kreislaufsystem.

Aufgaben

1 ○ NO_x – erkläre was mit dieser Formel gemeint ist.

2 ○ Nenne die gesundheitlichen Gefahren, die von Stickoxiden ausgehen.

3 ◔ Benziner oder Diesel – welcher dieser Motoren trägt mehr zur Stickoxidbelastung bei? Begründe deine Antwort.

Vorsicht beim Umgang mit Diagrammen

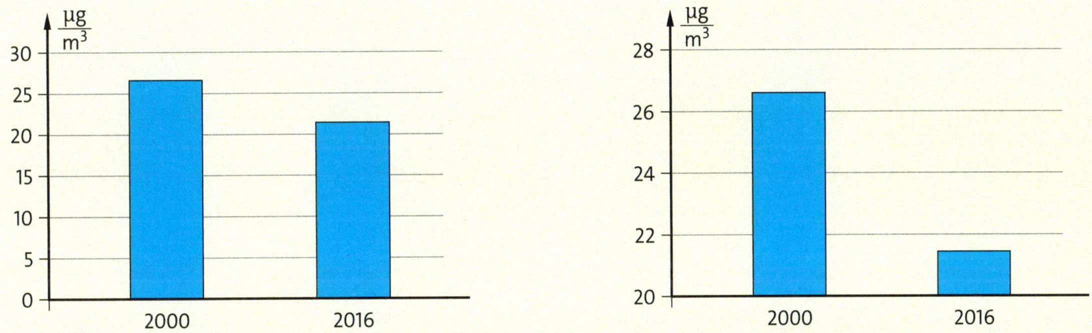

2 Zwei Diagramme zur durchschnittlichen Stickoxidbelastung in Städten im Jahre 2000 und 2016

Genau hinschauen • Selbst wenn die Zahlen stimmen, können Diagramme leicht täuschen und Fakten verzerren. → 2
Die zwei Diagramme in Bild 2 zeigen die durchschnittliche Stickoxidbelastung in deutschen Städten in den Jahren 2000 und 2016. Während das linke Diagramm einen leichten Rückgang anzeigt, vermittelt das rechte Diagramm einen rasanten Rückgang.
Falsche Daten? Nein! Beide Diagramme sind auf Basis der gleichen Daten erstellt worden. Wo liegt der Unterschied?
Die *y*-Achse beginnt beim linken Diagramm bei 0, beim rechten startet sie bei 20. Dadurch werden Unterschiede stärker betont.

Wie liest man Diagramme? • Wir sind verleitet, uns zuerst die Balken in einem Diagramm anzuschauen. Diesen sollte aber erst der dritte Blick gelten. Zunächst sollte man schauen, was das Diagramm überhaupt abbildet. Hierfür hilft ein Blick auf die Überschrift und die Größen an den Achsen. Der zweite Blick sollte unbedingt der Skalierung gelten. Beginnt die Skala bei 0 oder ist nur ein Ausschnitt zu sehen? Nun macht es Sinn, die Länge der Balken zu betrachten. So kann man vermeiden, durch die Darstellung getäuscht zu werden.

Aufgaben

1 ○ Hersteller von Automobilen wollen die Umweltfreundlichkeit betonen. Begründe, welches der beiden Diagramme ihnen dabei am meisten hilft. → 2

2 ◐ Beurteile das Diagramm in Bild 3. Gehe dabei wie auf dieser Seite beschrieben vor.

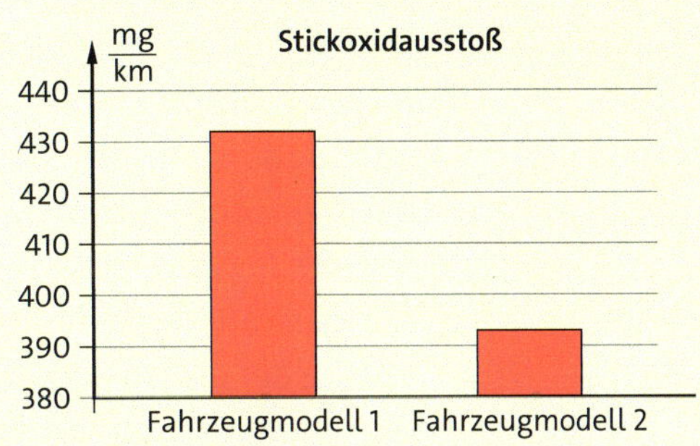

3 Zwei Fahrzeugmodelle im Vergleich

Kohlenstoffdioxid und Treibhauseffekt

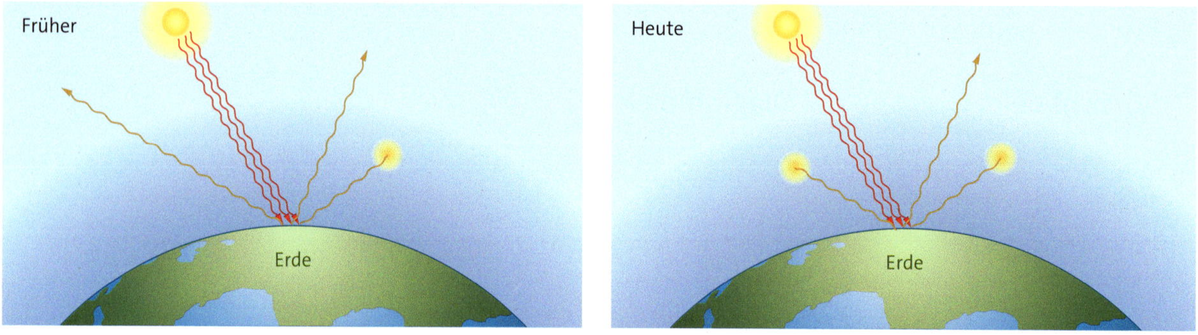

1 Was mit der Wärmestrahlung der Sonne geschieht – früher und heute

Jeder hat längst vom Klimawandel gehört. Die Gründe zu verstehen ist aber nicht ganz einfach.

Wärmestrahlung • Es beginnt damit, dass Wärmestrahlung von der Sonne kommt. Man muss wissen, dass es unterschiedliche Arten der Wärmestrahlung gibt. Das kann man sich ähnlich vorstellen wie beim Licht. Es gibt blaues, rotes und grünes Licht – Licht ist also nicht einfach gleich Licht. Wenn Wärmestrahlung auf einen Stoff trifft, gibt es drei Möglichkeiten:

- Die Strahlung geht hindurch: Transmission.
- Die Strahlung wird umgelenkt wie an einem Spiegel: Reflexion.
- Die Strahlung wird von dem Stoff aufgenommen: Absorption.
- Bei der Absorption erwärmt sich der Stoff. Dadurch wird er – wie alle erwärmten Stoffe – selbst zum Wärmestrahler. Je wärmer er ist, desto mehr Wärmestrahlung gibt er ab.
- Welche der drei Möglichkeiten eintritt, hängt von der Art der Wärmestrahlung und vom Stoff ab, auf den sie trifft.

Die Erde als Treibhaus • Die Wärmestrahlung der Sonne trifft auf die Atmosphäre der Erde. Sie geht dort nahezu ungehindert hindurch und trifft dann auf die Erdoberfläche. Dort wird ein großer Teil der Wärmestrahlung absorbiert. Die Erde wird also wärmer und gibt nun selbst mehr Wärmestrahlung ab – allerdings eine andere Art als die der Sonne.
Weil es eine andere Art der Wärmestrahlung als die der Sonne ist, werden Teile dieser Wärmestrahlung nun von der Erdatmosphäre absorbiert. → 1
Dadurch erwärmt sich die Atmosphäre. Das ist der Treibhauseffekt! Dieser Effekt ist aber natürlich und ermöglicht uns das Leben, wie wir es kennen. Ohne diesen natürlichen Treibhauseffekt wäre es auf der Erde viel zu kalt.
Was nun aber sehr gefährlich ist: Wir verändern die Zusammensetzung der Atmosphäre. Mehr Kohlenstoffdioxid wird in die Atmosphäre gegeben, wodurch mehr Wärmestrahlung absorbiert wird. Als Folge steigt die durchschnittliche Temperatur.

der Treibhauseffekt
die Wärmestrahlung
die Transmission
die Reflexion
die Absorption

Blick in die Vergangenheit • Wissenschaftler haben in der Antarktis Eisbohrkerne gewonnen. Durch Untersuchung des uralten Materials konnten sie den Kohlenstoffdioxidgehalt der letzten 400 000 Jahre ermitteln und auch die Temperatur, die jeweils herrschte. → 2
Es ist festzuhalten, dass der Gehalt an Kohlenstoffdioxid in dieser langen Zeit noch nie so hoch war wie heute!

Folgen • Mögliche Folgen des Klimawandels sind: längere Dürren an manchen Orten, aber auch stärkere Überschwemmungen an anderen Teilen der Erde, heftigere Stürme, Anstieg des Meeresspiegels durch Abschmelzen des Landeises ...

Warum mehr Kohlenstoffdioxid? • Es gibt einen natürlichen Kohlenstoffkreislauf. Wesentliche Faktoren sind dabei Fotosynthese und Zellatmung. Sie halten den Kohlenstoffdioxidgehalt der Atmosphäre eigentlich auf einem recht gleichmäßigen Wert. Viel Kohlenstoff ist aber auch fest gebunden in Kohle, Erdöl und Erdgas. Seit etwa 200 Jahren geben die Menschen durch Verbrennen dieses Kohlenstoffs immer mehr Kohlenstoffdioxid in die Atmosphäre ab. Als Folge steigt der Anteil an Kohlenstoffdioxid in unserer Lufthülle. → 3

Wir erhöhen den Anteil an Kohlenstoffdioxid in der Atmosphäre. Dies hat einen Anstieg der Temperatur zur Folge.

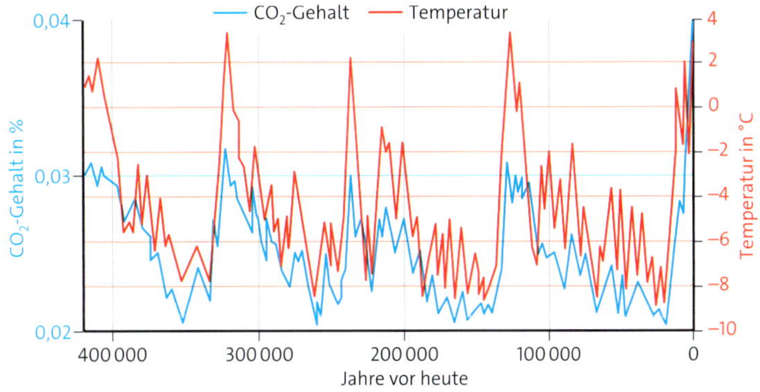

2 Zusammenhang zwischen Kohlenstoffdioxidgehalt und Durchschnittstemperatur in den letzten 400 000 Jahren

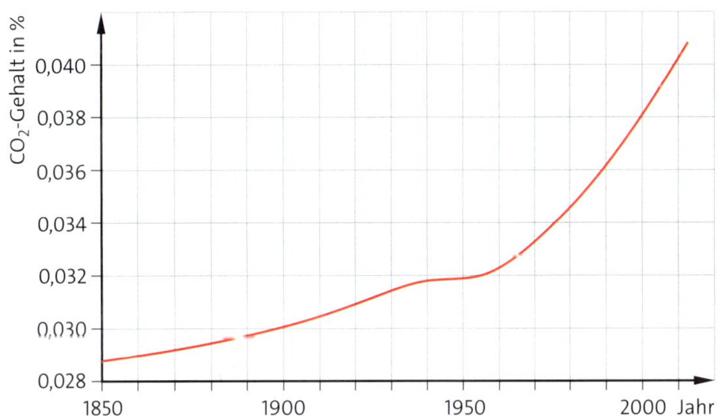

3 Anteil von CO_2 in der Atmosphäre

Aufgaben

1 ○ Gib an, was mit Wärmestrahlung passieren kann, wenn sie auf einen Stoff trifft.

2 ◐ Begründe, warum die Wärmestrahlung der Sonne von der Atmosphäre nicht absorbiert wird, die der Erde aber zumindest teilweise.

3 ◐ Beschreibe die Auswirkungen des CO_2-Anstiegs in der Atmosphäre.

Kohlenstoffdioxid und Treibhauseffekt

Material A

Transmission oder Absorption?

Materialliste: Heizplatte, Glühlampe, Becherglas

1 Versuch zu Transmission und Absorption von Wärmestrahlung

1 Untersuche, wie sich Glas gegenüber Wärmestrahlung verschiedener Strahler verhält.

a ○ Halte deinen Finger 3 cm über eine heiße Herdplatte. Kannst du die Wärmestrahlung spüren? Wiederhole den Versuch, halte aber jetzt den Finger 3 cm über eine heiße Glühlampe.

b ◐ Wiederhole die unter a beschriebenen Versuche. Halte aber diesmal eine Schicht Glas zwischen deinen Finger und die Wärmequelle. → 1 Beschreibe deine Beobachtungen.

c ○ Halte ein Becherglas jeweils für 10 Sekunden in 2 cm Abstand über die Wärmequellen. Fasse das Glas dann vorsichtig an. Was stellst du fest?

d ◐ Erkläre die Beobachtungen unter Verwendung der Begriffe Transmission und Absorption.

Material B

Modellversuch zum Treibhauseffekt

Untersuche, ob eine Atmosphäre mit viel Kohlenstoffdioxidtatsächlich zu einer Erwärmung führt.

Materialliste: Stativmaterial, Lichtquelle, Glasschale, Wasser, Klarsichtfolie, Thermometer, Styropor, schwarzes Papier, Kohlenstoffdioxid aus Gasflasche

1 ◐ Baue den Versuch wie in Bild 2 auf. Ordne den Begriffen Sonne, Wolken, Atmosphäre und Erdboden zu, welche Teile des Versuchsaufbaus ihnen entsprechen.

2 ◐ Miss 15 Minuten lang alle 60 Sekunden die Temperatur in dem Styroporgefäß, das mit Luft gefüllt ist. Stelle die Messergebnisse tabellarisch und grafisch dar. Du kannst dafür auch ein Tabellenkalkulationsprogramm verwenden.

3 ◐ Wiederhole den Versuch. Fülle aber diesmal das Styroporgefäß mit Kohlenstoffdioxid. Trage die Messergebnisse in ein Diagramm ein. Welche Schlussfolgerungen kannst du ziehen?

4 ● Es gibt andere Treibhausgase, z. B. Methan. Untersuche die Treibhauswirkung dieses Gases.

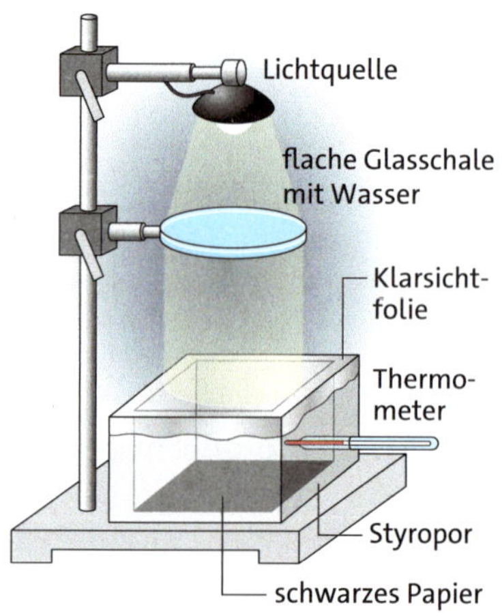

2 Treibhauseffekt simulieren

Material C

Anstieg des Meeresspiegels

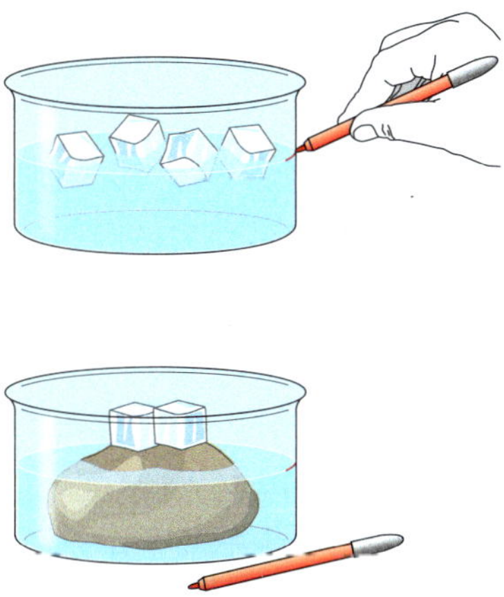

3 Modellversuch zum Abschmelzen des Polareises

Das Eis der Arktis schwimmt im Wasser, das der Antarktis liegt auf dem Festland. Macht das einen Unterschied?

Materialliste: Eiswürfel, Folienschreiber, 2 Glasschalen, Steine, Wasser, Haartrockner

1 Gib 4 Eiswürfel in ein Glas mit Wasser. Markiere den Pegelstand mit einem Folienschreiber. Lass das Eis schmelzen und vergleiche den Pegelstand mit dem zu Beginn.

2 ○ Lege einen Stein in die zweite Glasschale und befülle es anschließend zur Hälfte mit Wasser. Lege nun zwei Eiswürfel auf den Stein. Markiere den Pegelstand. Warte, bis die Eiswürfel geschmolzen sind, oder verwende den Haartrockner. Vergleiche den neuen mit dem alten Pegelstand.

3 ◐ Begründe, ob das Schmelzen am Nord- oder am Südpol zu einem Anstieg des Meeresspiegels führt.

Material D

Ich und der Klimawandel

Der Klimawandel lässt sich kaum rückgängig machen. Aber, und das ist wichtig: Jeder hat einen Einfluss darauf, wie stark der Klimawandel sein wird.

1 ◐ Übertrage die Tabelle von Bild 4 in dein Heft und fülle sie aus.

2 ◐ Ergänze die Tabelle um mehrere Zeilen und trage weitere Tätigkeiten ein. Tausche deine Tabelle mit der deines Tischnachbarn aus. Besprecht eure Lösungsideen.

Tätigkeit	Verstärkt den Klimawandel	Ist ein Beitrag gegen den Klimawandel	Hat keinen Einfluss auf den Klimawandel	Begründung
Abschalten von Stand-by	?	?	?	?
Eine Wanderung unternehmen	?	?	?	?
In den Urlaub fliegen	?	?	?	?
Glühlampen durch LED ersetzen	?	?	?	?
Roden von Wäldern	?	?	?	?
Fußball spielen	?	?	?	?

4 Einflüsse auf den Klimawandel

Welt der Kunststoffe

1 Kunststoffe im Einsatz

Kunststoffe haben die Welt in den letzten 100 Jahren stark verändert. Sie sind heute in allen Lebensbereichen zu finden.

Was sind Kunststoffe? • Kunststoffe sind Stoffe, die aus sogenannten Makromolekülen bestehen. Makromoleküle sind sehr große Verbindungen, die mehrere Tausend Atome enthalten. Kunststoffe werden meist industriell aus Erdöl hergestellt und umgangssprachlich auch als Plastik bezeichnet.

Arten von Kunststoffen • Kunststoffe lassen sich in drei Gruppen einteilen: Thermoplaste, Duroplaste und Elastomere. Diese drei Gruppen unterscheiden sich in ihren Eigenschaften und ihrer Verwendung. → 2

Wozu nutzt man Kunststoffe • Kunststoffe können fast überall eingesetzt werden. Ein großer Anteil wird für die Herstellung von Verpackungen verwendet, zum Beispiel für Kosmetika und Lebensmittel. Im Bauwesen braucht man Kunststoffe beispielsweise für die Herstellung von Fenstern, Böden und Dämmmaterial. Moderne Hochleistungskunststoffe werden bei elektrischen Geräten, im Fahrzeugbau, in der Medizintechnik und für die Herstellung von Sportartikeln genutzt.

Kunststoff	Im Modell	Eigenschaften	Beispiel
Thermoplaste	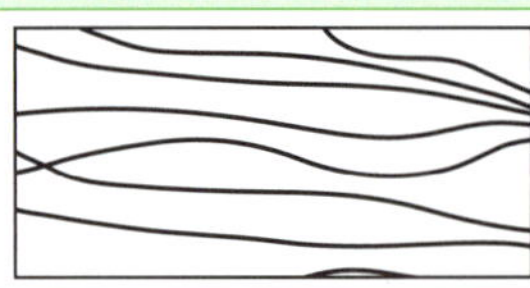	• werden beim Erwärmen weich • lange Kettenmoleküle	Joghurtbecher 
Duroplaste	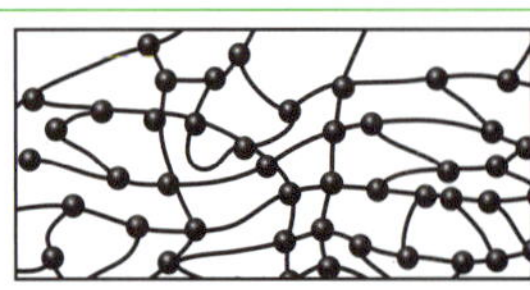	• bleiben beim Erwärmen formstabil • engmaschig verknüpftes Molekül	Steckdose 
Elastomere	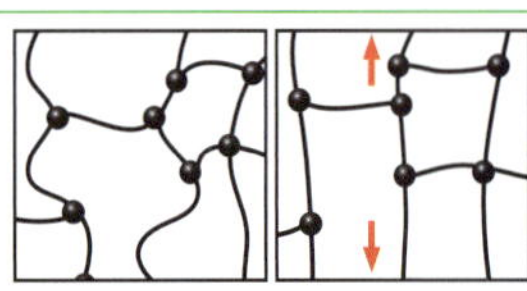	• verformen sich unter Krafteinwirkung und gehen danach in Form zurück • weitmaschiges Netzmolekül	Schwamm 

2 Kunststoffe im Überblick

das **Makromolekül**
das **Monomer**
das **Polymer**
die **Polymerisation**

Wie stellt man Kunststoffe her? • Wenn man sich den Aufbau von Polyvinylchlorid (PVC) anschaut, erkennt man, dass immer gleiche Atomgruppen aufeinanderfolgen. → 3 Ausgangsstoff für die Herstellung eines solchen Kunststoffs sind einzelne Moleküle, die sogenannten Monomere. Beim PVC ist dies Vinylchlorid. → 4 Bei der Herstellung des Kunststoffs wird durch den Einsatz eines Hilfsstoffs die Doppelbindung gespalten und die Vinylchloridmoleküle lagern sich aneinander. → 5 Einen solchen Vorgang nennt man Polymerisation, die Produkte Polymere. Polymerisationen sind typisch für die Herstellung vieler Kunststoffe.

Wie entsorgt man Kunststoffe? • In Deutschland werden Abfälle aus Kunststoffverpackungen gesondert gesammelt und wiederverwertet. Ungefähr die Hälfte dieser Kunststoffabfälle wird in Kraftwerken oder Müllverbrennungsanlagen zur Gewinnung von Strom und Wärme verbrannt. Die andere Hälfte der Kunststoffabfälle wird zur Herstellung neuer Kunststoffprodukte benutzt. Dazu werden die Kunststoffabfälle sortiert, gereinigt und eingeschmolzen. Ein solches Verfahren nennt man werkstoffliches Recycling. Aus PET-Flaschen können dadurch wieder synthetische Fasern für Sportbekleidung gewonnen werden. → 6

Kunststoffe bestehen aus Makromolekülen. Sie werden aus einzelnen Molekülen durch Polymerisation hergestellt.

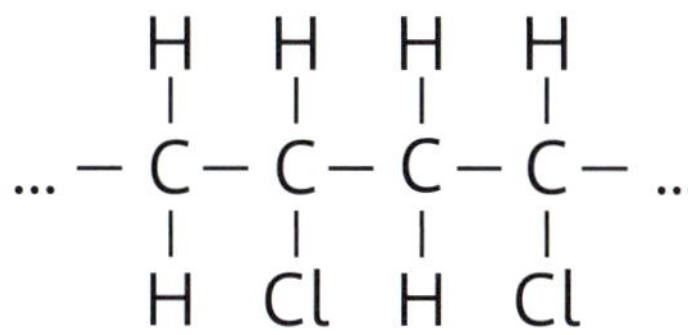

3 Polyvinylchlorid (PVC)

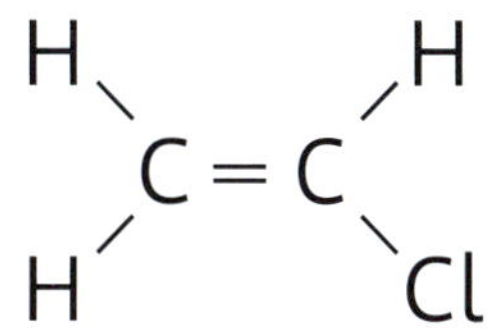

4 Vinylchlorid

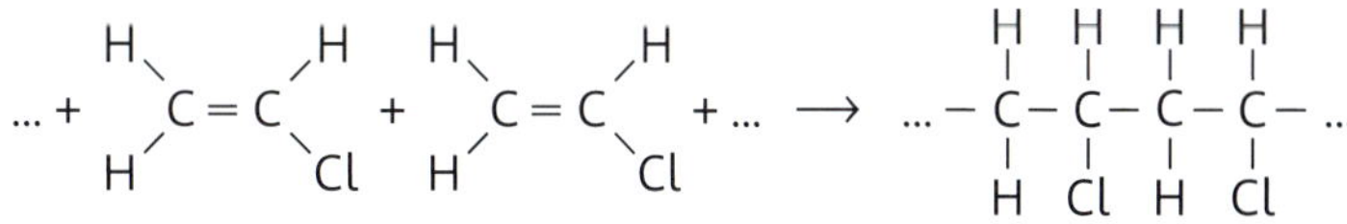

5 Reaktion von Vinylchlorid zu Polyvinylchlorid (PVC)

6 Von der Flasche zum Pulli

Aufgaben

1 ○ Sieh dich im Fachraum um und gib an, welche Gegenstände aus Kunststoff bestehen.

2 ○ Nenne drei Gruppen von Kunststoffen und beschreibe ihre Eigenschaften.

3 ◐ Erkläre die Begriffe Monomer, Polymer und Makromolekül.

4 ◐ Beschreibe die Herstellung von PVC.

Welt der Kunststoffe

Material A

Früher und heute

Der erste mit technischen Mitteln hergestellte Kunststoff wurde 1851 von Charles Nelson Goodyear erfunden. Goodyear hatte den weißen Milchsaft des Kautschukbaumes mit Schwefel versetzt und dadurch einen elastischen Gummi erhalten. Dadurch konnte er mit seiner Firma die ersten Kutschen und Fahrräder mit Gummireifen ausstatten.
Heutzutage können wir uns Kunststoffe nicht mehr aus unserem Alltag wegdenken. Aufgrund ihrer herausragenden Eigenschaften wurden viele Alltagsgegenstände durch Gegenstände aus Kunststoff ersetzt. Fußballschuhe waren früher aus Leder, heute sind sie aus Hightechkunststoff. Während es Kochlöffel nach wie vor aus Holz gibt, wird die spülmaschinentaugliche Kunststoffvariante immer beliebter. Auch das umstrittene Amalgam in Zahnfüllungen musste den Kunststofffüllungen weichen.

1 ○ Nenne weitere Gegenstände, die früher nicht aus Kunststoff waren, aber es heute sind.

2 ◐ Gib verschiedene Vor- und Nachteile für den Einsatz von Kunststoff an.

1 Fußballschuhe früher

2 Fußballschuhe heute

3 Antikes Fahrrad mit Holzrädern

4 Fahrrad heute mit Gummireifen

Material B

Herstellung eines Kunststoffs

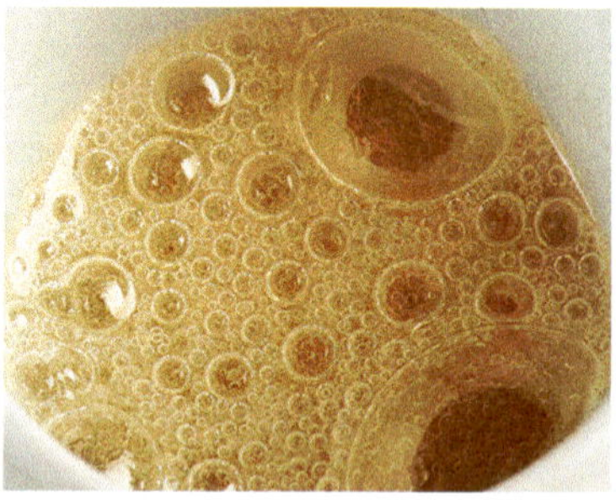

5 Verfärbung der Schmelze

Materialliste: Becherglas, Gasbrenner, Tiegelzange, Teelichthülle, Citronensäure

In ein Becherglas wird etwa 2 cm hoch Citronensäure gegeben. Die Säure wird mit einem Gasbrenner so lange erhitzt, bis die Gasentwicklung geringer wird und die Schmelze sich dunkelgelb färbt. → 5

1 ○ Führe den Versuch wie beschrieben durch. Gieße die Schmelze mithilfe einer Tiegelzange in eine Teelichthülle. Beschreibe den entstandenen Kunststoff.

2 ○ Tauche ein Streichholz in die Schmelze und versuche Fäden zu ziehen. Wiederhole den Versuch nach 15 Minuten.

Material C

Kunststoffe klassifizieren

Nimm Proben von:
- Polyethylenterephthalat (PET), z. B. Getränkeflasche
- Polyethen (PE), z. B. Plastiktüte
- Polypropen (PP), z. B. Joghurtbecher
- Polyamid (PA), z. B. Dübel
- Aminoplast (UF), z. B. alte Steckdose oder Lichtschalter

1 ○ Untersuche, ob es sich um Thermoplaste oder Duroplaste handelt. Erwärme dazu (im Abzug!) die verschiedenen Proben vorsichtig mit einem Heißluftföhn.

2 ◐ Bestimme die Dichte der Kunststoffproben. Zur Verfügung hast du eine Waage, einen Messzylinder, Wasser und ein Überlaufgefäß.

3 ◐ Stelle die Ergebnisse der Untersuchungen übersichtlich in einer Tabelle dar.

Material D

Plastik – nicht immer ein Segen

Die Millionen Tonnen an Plastik, die jährlich produziert werden, müssen auch wieder ordnungsgemäß entsorgt werden. Plastik wird aber zum Problem, wenn es in der Natur entsorgt wird. Über Wind und Wasser wird Plastikmüll aufgrund seines geringen Gewichts schnell verbreitet.
Im Meer sammeln sich daher Unmengen an Müll. Das Umweltbundesamt schätzt dies auf 80 Millionen Tonnen. Davon lagern rund 70 % auf dem Meeresgrund, 15 % schwimmen auf dem Meer und 15 % werden an die Strände gespült. Das teils zersetzte Plastik wird von Vögeln, Fischen und anderen Tieren aufgenommen, was für sie tödlich enden kann.

Häufig gelangt Plastik auch in Form von kleinsten Plastikkügelchen über unser Abwasser in den Wasserkreislauf. Dieses Mikroplastik kann zum Beispiel in Zahnpasta oder wetterfester Kleidung enthalten sein.

1 ○ Beschreibe, wie Plastik ins Meer gelangt. → 6

2 ◐ Gib an, wie Mikroplastik über die Nahrungskette weitergegeben wird.

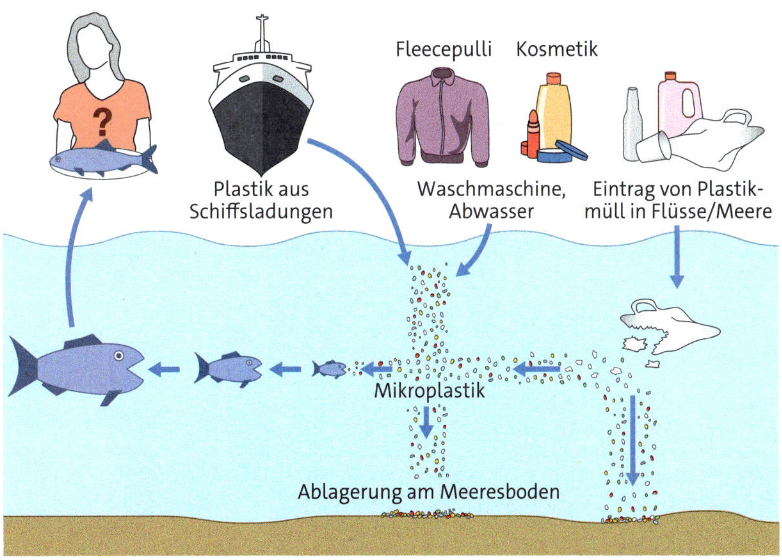

6 Plastik im Wasserkreislauf

Kohlenstoff – der Molekülbauer

Zusammenfassung

Kohlenwasserstoffe • Sehr viele Stoffe in unserer Welt enthalten Kohlenstoff und Wasserstoff. Dies liegt an der Vierbindigkeit des Kohlenstoffs. Es können sich Ketten mit Einfach-, Zweifach- und Dreifachbindungen bilden und es gibt auch verzweigte Ketten und Ringstrukturen.
Die Benennung dieser vielfältigen Stoffe erfolgt nach festen Regeln. Dabei wird immer wieder auf die Namen der unverzweigten Kohlenwasserstoffe – die Alkane – zurückgegriffen.

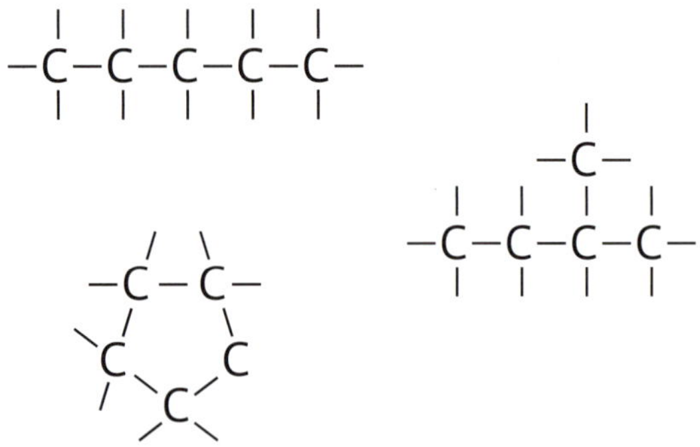

1 Einige Vertreter der vielen Kohlenwasserstoffe

Erdöl und Erdgas • Erdöl und Erdgas bestehen aus Kohlenwasserstoffen. Diese Stoffe sind wichtige Energieträger. Die Energie, die beim Verbrennen frei wird, nutzen wir zum Heizen, zur Stromgewinnung oder als Treibstoffe für Fahrzeuge.
Bei der Verbrennung entstehen als Abgase hauptsächlich Wasser und Kohlenstoffdioxid. Diese Stoffe sind zwar ungiftig, Kohlenstoffdioxid ist aber der Hauptverursacher des vom Menschen ausgelösten Treibhauseffekts.

2 Erdölprodukte sind wichtige Energieträger – aber mit Vorsicht zu „genießen".

Kunststoffe • Kunststoffe bestehen aus Makromolekülen und werden meist industriell aus Erdöl gewonnen. Sie lassen sich in die drei Gruppen Thermoplaste, Duroplaste und Elastomere einteilen.
Ein Verfahren, mit dem sich Kunststoffe herstellen lassen, ist die Polymerisation.
Dabei lagern sich viele einzelne Moleküle, sogenannte Monomere, zu Polymeren zusammen.
Ein großer Teil von Kunststoffen wird für die Herstellung von Verpackungen genutzt. → 3

3 Kunststoffverpackungen

Teste dich! (Lösungen im Anhang)

1 ○ Ergänze in deinem Heft folgende Summenformeln von Alkanen:
C_9H $C_{32}H$ $C\,H_{24}$ $C\,H_{60}$

2 Folgende Summenformeln gehören zu Alkenen: $C_{17}H_{34}$ $C_{29}H_{58}$ $C_{56}H_{112}$

a ○ Gib die allgemeine Summenformel der Alkene an.

b ○ Hier siehst du Summenformeln einiger Alkine: C_9H_{16} $C_{24}H_{46}$ $C_{55}H_{108}$
Gib die allgemeine Summenformel der Alkine an.

3 In Bild 4 sind zwei Isomere von Hexan abgebildet.

a ◐ Erkläre an diesem Beispiel den Begriff Isomer.

b ◐ Zeichne die Strukturformeln drei weiterer Isomere von Hexan.

4 Für die Benennung von Kohlenwasserstoffen gibt es genaue Regeln.

a ● Zeichne die Strukturformel von 4-Ethyl-2,2,3,3-Tetramethyloctan.

b ● Benenne den Kohlenwasserstoff aus Bild 5.

5 Der Treibhauseffekt gilt als eine der größten Herausforderungen der Menschheit im 21. Jahrhundert.

a ◐ Nenne drei zu erwartende Folgen des Klimawandels.

b ◐ Nenne drei Dinge, die du in deinem täglichen Leben tun kannst, um den Klimawandel nicht weiter zu fördern. Begründe die Wirksamkeit deiner gewählten Beispiele.

c ● Bild 6 zeigt eine häufig verwendete Darstellung zum Treibhauseffekt. Diese enthält aber Fehler. Was ist nicht korrekt?

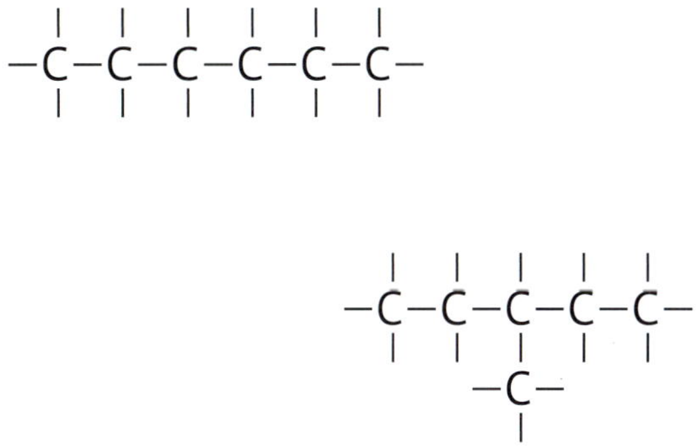

4 Zwei Isomere von Hexan

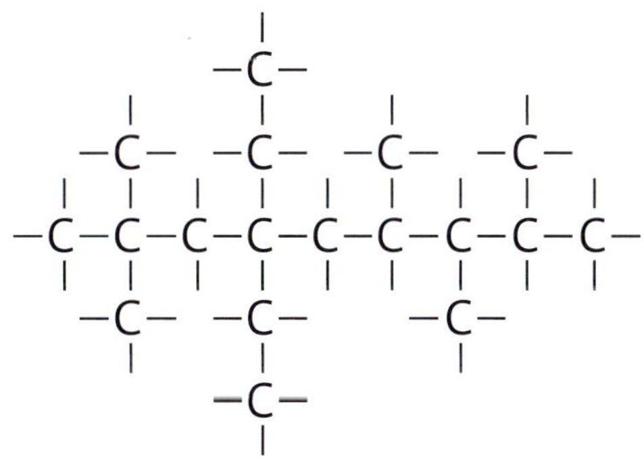

5 Kohlenwasserstoffe können verzweigte Ketten bilden.

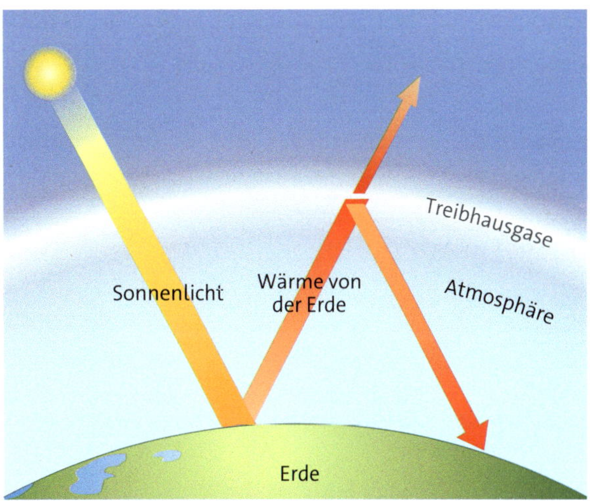

6 Der Treibhauseffekt – eine Zeichnung mit Fehlern

Alkohole, Carbonsäuren und Kohlenhydrate

Zum Abschluss eines festlichen Essens wird eine brennende Nachspeise serviert. Die Himbeeren werden mit Alkohol flambiert. Alkohol wird auf vielerlei Weise genutzt.

Viele Früchte schmecken sauer. Welche Säuren sind da im Spiel?

Haushaltszucker gehört zu den Kohlenhydraten. Wie sind Kohlenhydrate aufgebaut?

Was steckt im Alkohol?

1 Der Alkohol Ethanol im Alltag – andere Alkohole im Labor

Im Alltag ist mit „Alkohol" meist der Trinkalkohol gemeint, der in Bier oder Wein enthalten ist. In der Chemie ist mit „Alkoholen" eine besondere Gruppe von Kohlenwasserstoffen gemeint.

Funktionelle Gruppe • In Kohlenwasserstoffen kann ein Wasserstoff-Atom durch andere Atome oder Atomgruppen ersetzt sein, z. B. durch eine Hydroxylgruppe. → 2 In der Chemie bezeichnet man solche Atomgruppen als funktionelle Gruppen. Kohlenwasserstoffe, die eine Hydroxylgruppe haben, gehören zur Stoffgruppe der Alkohole, oft auch Alkanole genannt. Die Hydroxylgruppe kann man auch OH-Gruppe nennen. Sie bestimmt die chemischen und physikalischen Eigenschaften aller Alkohole.

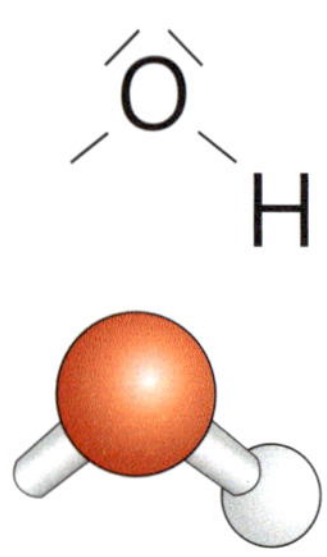

2 Hydroxylgruppe

$$\begin{array}{c} \phantom{CH_3 -{}} OH \phantom{{}- CH_3} \\ \phantom{CH_3 -{}} | \phantom{{}- CH_3} \\ CH_3 - CH - CH_3 \end{array}$$

3 Ein sekundärer Alkohol

Stoffe, die als funktionelle Gruppe eine oder mehrere Hydroxylgruppen haben, nennt man Alkohole.

Siedetemperatur • Ethanol siedet bei 78 °C. Das entsprechende Alkan, nämlich Ethan, siedet schon viel früher, bei −89 °C. Dieser Unterschied kann nur an der funktionellen Gruppe liegen: Hydroxylgruppen sind durch Teilladungen am Sauerstoff-Atom und am Wasserstoff-Atom stark polar. Dadurch bilden sich – wie bei Wassermolekülen – zwischen den Ethanolmolekülen Wasserstoffbrücken aus. → 4 Diese halten die einzelnen Moleküle zusammen. Daher siedet Ethanol nicht so leicht wie Ethan, in dem es nur schwächere Van-der-Waals-Kräfte gibt.

Benennung • Die Namen der Alkohole leiten sich aus den entsprechenden Alkanen mit der Endsilbe -ol ab. Butanol ist also ein Alkohol mit vier Kohlenstoff-Atomen.
Der Trinkalkohol ist Ethanol. Seine Formel lautet C_2H_5OH. Die Hydroxylgruppe steht am Ende der Formel, damit sie gut erkennbar ist. Alkohole bilden ebenfalls eine homologe Reihe.

die **funktionelle Gruppe**
die **Hydroxylgruppe**
das **Alkanol**

Wertigkeit • Ein Alkoholmolekül kann auch mehrere Hydroxylgruppen besitzen. Wenn ein Alkohol eine OH-Gruppe besitzt, spricht man von einem einwertigen Alkohol. Sind zwei OH-Gruppen vorhanden, ist er zweiwertig, bei drei OH-Gruppen dreiwertig ...

Klassifizierung • Außerdem muss man sich das Kohlenstoff-Atom anschauen, an das die OH-Gruppe gebunden ist. Wenn dieses Kohlenstoff-Atom nur einen Kohlenstoffnachbarn besitzt, ist es ein primärer Alkohol. Wenn es zwei Kohlenstoffnachbarn hat, spricht man von einem sekundären, bei drei Nachbarn von einem tertiären Alkohol. → 3

Verschiedene Alkohole • Methanol (CH_3OH) ist der einfachste Alkohol. Es ist schon in geringen Mengen giftig, z. B. kann man bei der Aufnahme von Methanol erblinden. Methanol ist ein wichtiger Grundstoff für die Herstellung von Kunststoffen und Kraftstoffen. Ein weiterer verbreiteter Alkohol ist Propanol (C_3H_7OH). Es wird unter anderem als Desinfektionsmittel in der Medizin und als Frostschutzmittel in Scheibenwaschanlagen verwendet. → 5 Glycerin ist ein bekannter dreiwertiger Alkohol. → 6 Es ist dickflüssig, ungiftig und schmeckt süß. Glycerin wird z. B. als Feuchthaltemittel in Zahnpasta und Stempelfarbe verwendet. → 7

Die Anzahl der OH-Gruppen und ihre Positionierung im Molekül ermöglicht eine große Vielfalt bei den Alkoholen.

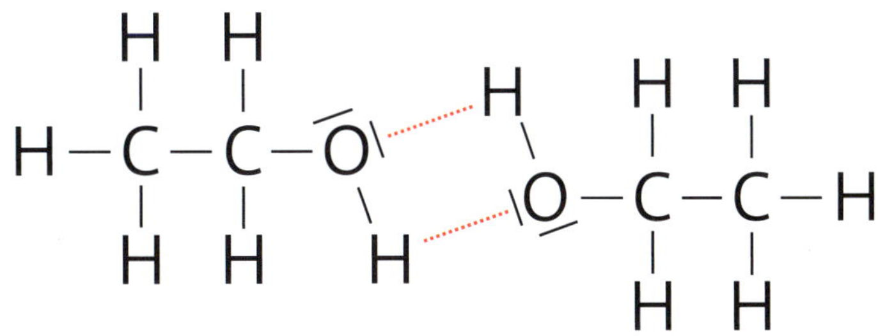

4 Wasserstoffbrücken im Ethanol

5 Propanol in Frostschutzmitteln

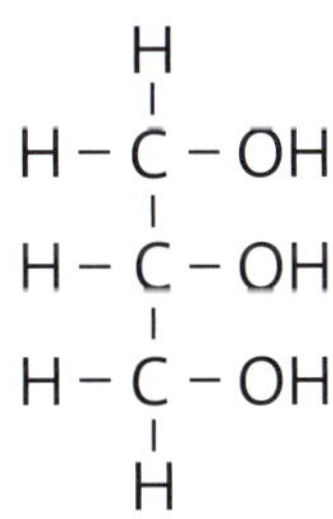

6 Glycerin – ein dreiwertiger Alkohol

7 Glycerin in Stempelfarbe

Aufgaben

1 Erkläre, was eine funktionelle Gruppe ist.

2 Zeichne und benenne einen zweiwertigen und einen sekundären Alkohol. Vergleiche die Strukturen.

3 Nenne zwei verschiedene Alkohole und ihre Verwendung.

Was steckt im Alkohol?

Material A

Ist Ethanol brennbar?

Um herauszufinden, ob Ethanol brennbar ist, führt man folgenden Versuch durch.

Materialliste: Ethanol, Porzellanschale, Streichhölzer, Tropfpipette, feuerfeste Unterlage, Holzspan

1 Ethanolkamin

2 Flambieren von Feigen

1 Stelle die Porzellanschale auf die Unterlage und gib mithilfe der Pipette ca. 5 Tropfen Ethanol in die Schale. Entzünde das Ethanol mit dem Holzspan und beobachte.

2 Kamine gibt es auch ohne Holz – nämlich die sogenannten Ethanolkamine. → 1
Erkläre die Funktionsweise dieser Kamine.

3 Brennenden Alkohol gibt es auch beim Flambieren von Speisen. → 2
Ist nach dem Flambieren noch Alkohol in der Speise? Erkläre.

Material B

Nomenklatur der Alkohole

Die folgenden Regeln sind bei der Benennung von Alkoholen zu beachten:

1. Die längste Kohlenstoffkette bestimmt den Stammnamen.
2. An den Namen des Kohlenwasserstoffs wird die Endung -ol gehängt.
3. Mit einer Zahl wird angegeben, an welchem Kohlenstoff-Atom sich die Hydroxylgruppe befindet. Dem Kohlenstoff-Atom mit der OH-Gruppe wird dabei die niedrigste mögliche Nummer gegeben. → 3
4. Sind zwei, drei oder mehr OH-Gruppen vorhanden, so wird der Endung -ol das entsprechende Zahlwort di-, tri- usw. vorangestellt.
5. Nun können die Seitenketten benannt und nummeriert werden.

1 Benenne die Alkohole in den Bildern 4 und 5:

2 Zeichne folgende Moleküle:
a 3-Hexanol
b 2-Methyl-2-butanol
c 1,2-Ethandiol

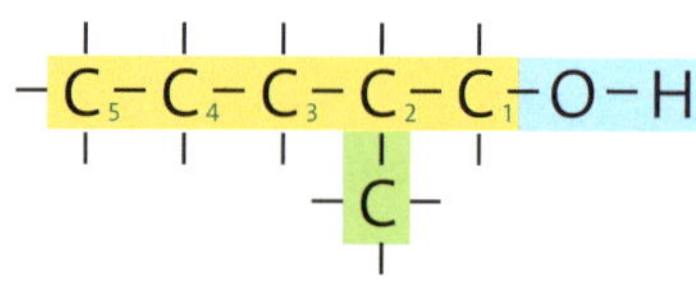

3 Beispiel: 2 Methyl-1-Pentanol

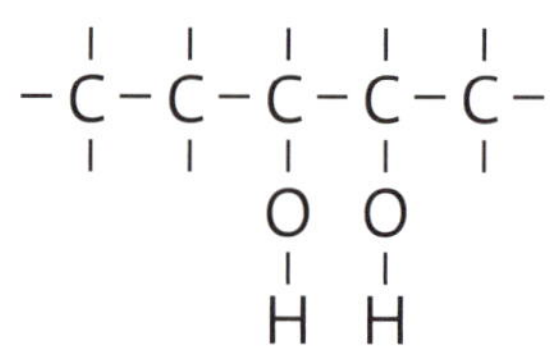

4

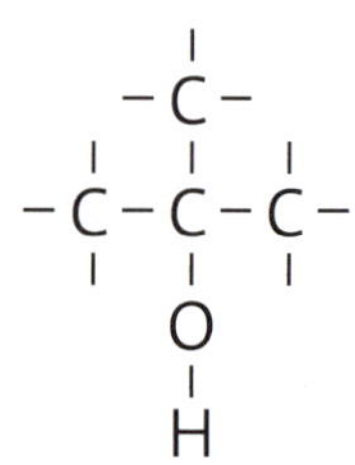

5

Material C

Bestimmung der Dichte von Ethanol

Die Dichte eines Stoffs ist der Quotient von Masse und Volumen. → 6
So hat 1 Liter Wasser, das 1 kg wiegt, eine Dichte von $1 \frac{kg}{l}$.
Aber welche Dichte hat Ethanol?

Materialliste: Ethanol, Glasschale, Pipette, Waage

1 Ermittle die Masse von 10 ml Ethanol. Wiege dazu zuerst die leere Glasschale. Gib danach mithilfe der Pipette exakt 10 ml in die Schale. Wiege nun die Schale erneut. Bestimme aus der Gewichtsdifferenz die Masse von 10 ml Ethanol.

2 ● Berechne die Dichte von Ethanol und vergleiche mit dem offiziellen Wert von $0{,}79 \frac{g}{ml}$.

6 Versuchsmaterial und Formel

Material D

Vergällung von Alkohol

Die Verwendung des Trinkalkohols Ethanol ist vielfältig. Er wird unter anderem auch zur Herstellung kosmetischer Produkte, als Rohstoff in der chemischen Industrie und zur Herstellung von Kraftstoffen verwendet.
Um Alkohol von der Branntweinsteuer zu befreien, wird er deshalb vergällt. Der Begriff „vergällen" (= verbittern) leitet sich vom Begriff Galle ab. Das heißt, man gibt einen äußerst bitteren Stoff dazu, damit der Alkohol nicht mehr genießbar ist. Der Brennspiritus, den wir im Haushalt verwenden, wird unter anderem mit Isopropylalkohol vergällt. Dieser Alkohol hat eine Siedetemperatur von 82 °C.
Ein weiterer Stoff, der zugesetzt wird, Methylethylketon, hat eine Siedetemperatur von 79,6 °C. Die Siedepunkte beider Stoffe liegen also im gleichen Bereich wie der Siedepunkt von Brennspiritus (Ethanol) mit 78 °C.

1 ○ Erkläre den Begriff Vergällen.

2 ◐ Welche Kennzeichnung muss Brennspiritus erhalten? Begründe.

7 Parfüm enthält vergällten Alkohol.

3 ● Erkläre, warum es wichtig ist, dass die zugesetzten Stoffe ähnliche Siedetemperaturen haben wie der zu vergällende Stoff.

Was steckt im Alkohol?

Erweitern und Vertiefen

Gewinnung von Alkohol

Gärung • Trinkalkohol (Ethanol) wird durch alkoholische Gärung hergestellt. Dabei reagieren zuckerhaltige Lösungen mithilfe von Hefe zu Ethanol und Kohlenstoffdioxid.

$C_6H_{12}O_6 \rightarrow 2\,C_2H_5OH + 2\,CO_2$

Traubenzucker → Ethanol + Kohlenstoffdioxid

Dies geschieht unter Sauerstoffabschluss. Wenn Sauerstoff vorhanden wäre, würde der Zucker – wie in unserem Körper – in Wasser und Kohlenstoffdioxid umgewandelt.

> Alkohol gewinnt man durch alkoholische Gärung.

Destillation • Bei der alkoholischen Gärung entstehen maximal 18%ige Ethanol-Lösungen. Bei einem höheren Anteil würden nämlich die Hefezellen absterben. Um hochprozentigen Alkohol (Branntwein) zu erhalten, destilliert man z. B. vergorenes Obst oder Getreide. → 1 Dadurch wird das Ethanol vom Wasser getrennt und der Anteil des Alkohols im Destillat erhöht sich auf bis zu 96 %.

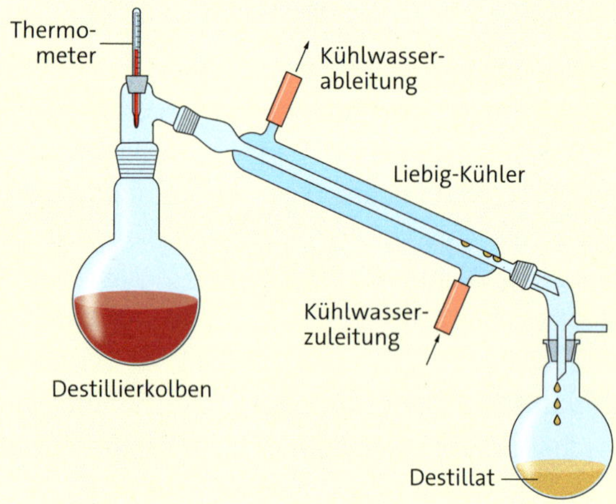

1 Die Destillation von Wein liefert Branntwein.

Aufgaben

1 ○ Beschreibe den Vorgang der alkoholischen Gärung.

2 ◐ Wie könnte man zeigen, dass nach der Destillation wirklich fast reiner Alkohol entstanden ist? Notiere einen Vorschlag.

3 ● Erkläre, wie das Trennverfahren Destillation funktioniert. → 1

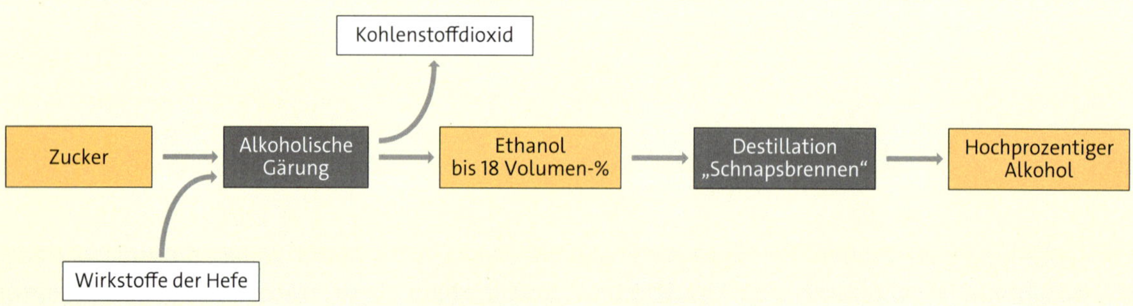

2 Vom Traubensaft zum hochprozentigen Alkohol

Erweitern und Vertiefen

Alkohol ganz alltäglich?

Chemikalie und Genussmittel • Alkohol findet man in vielen Produkten, z. B. in Arzneimitteln, Parfüms oder Putzmitteln. Am häufigsten begegnet er uns jedoch in alkoholischen Getränken. Wegen seiner berauschenden und teilweise auch entspannenden Wirkung wird er seit Jahrtausenden häufig konsumiert. Die Auswirkungen auf den Körper werden dabei meist übersehen.
In geringen Mengen gilt Alkohol als Genussmittel. In größeren Mengen wirkt er aber als Zellgift. Der Abbau im Körper dauert mehrere Stunden.

Auswirkungen • Kurzfristige Wirkungen von Alkohol, z. B. eine verringerte Sehfähigkeit, sind in Tabelle 4 dargestellt. Wie stark sich ein Schluck Alkohol auf den Promillegehalt im Blut auswirkt, ist bei jedem Menschen unterschiedlich. Dies hängt z. B. vom Körpergewicht und vom Geschlecht ab.
Wenn man oft Alkohol trinkt, kommt es zu langfristigen Wirkungen. Durch den Giftstoff werden Organe geschädigt, Gehirnzellen abgetötet und der Blutdruck erhöht, was zu einem Herzinfarkt führen kann.
Abhängigkeit ist eine weitere Gefahr. Da die Alkoholsucht ein schleichender Prozess ist, wird sie oft unterschätzt und nicht rechtzeitig bemerkt.
Alkoholabhängige sind meist zuerst psychisch abhängig. Probleme werden scheinbar durch den Alkohol gelöst. Dies führt zur körperlichen Abhängigkeit, in der ein Leben ohne Alkohol für den Abhängigen unmöglich erscheint.

3 Ohne Alkohol keine Stimmung?

Promille im Blut	Auswirkungen
0,2–0,5	Puls und Atmung beschleunigt, Blutgefäße erweitert, Wärmegefühl, verringerte Schmerzempfindung, Geschmackssinn und Sehfähigkeit etwas verringert
0,5–1,5	Selbstüberschätzung, schlechtere Muskelkoordination, eingeschränktes Reaktions- und Erinnerungsvermögen
1,5–3,0	Hemmungslosigkeit, geweitete Pupillen, rotes Gesicht, Übelkeit, Erbrechen
3,0–4,0	alle Sinne betäubt, völlige Orientierungslosigkeit
über 4,0	Gefahr von Koma, Atemstopp und Herzstillstand

4 Auswirkungen von Alkohol

Aufgaben

1 ○ Nenne mögliche Ursachen für den hohen Alkoholkonsum in unserer Gesellschaft.

2 ● „Alkohol ist eine Droge." Nimm begründet Stellung zu dieser Aussage.

Carbonsäuren*

1 Aus Wein wird Weinessig hergestellt.

Essig wird schon seit 3000 Jahren zum Konservieren von Lebensmitteln benutzt. Wie entsteht aus Wein Essig?

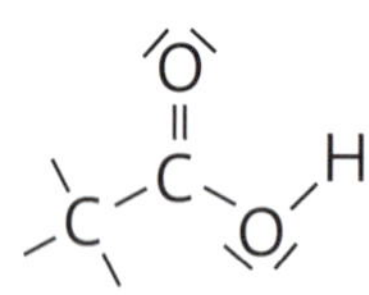

2 Carboxylgruppe

Essigsäureherstellung • Lässt man Wein längere Zeit offen stehen, schmeckt er irgendwann sauer. Dies kommt daher, dass Essigsäurebakterien in den Wein gelangen und in Gegenwart von Sauerstoff den Alkohol Ethanol in Ethansäure (Essigsäure) umwandeln. Dieser Vorgang wird als Essigsäuregärung bezeichnet.

Bei dieser Reaktion wird also Ethanol durch den Luftsauerstoff zu Essigsäure oxidiert. → 3

Carbonsäuren • Ethansäure gehört zu den Carbonsäuren. Carbonsäuren sind Säuren, die ihren Namen vom ursprünglichen Alkan mit der Endung -säure erhalten, in diesem Fall Ethan. Oft verwendet man auch Alltagsnamen. Da Ethansäure in verdünnter Form in Essig enthalten ist, trägt sie auch den Alltagsnamen Essigsäure. Die funktionelle Gruppe der Carbonsäuren ist die sogenannte Carboxylgruppe (–COOH). → 2 Wie Alkane und Alkohole bilden auch Carbonsäuren eine homologe Reihe.

Säurestärke • In Wasser gelöst zeigen Carbonsäuren saure Eigenschaften. Deshalb wird Essig oder Essigessenz in vielen Haushalten verwendet, um beispielsweise Kalkablagerungen durch die Säure zu lösen.

Ethanol + Sauerstoff → Wasser + Ethansäure (Essigsäure)

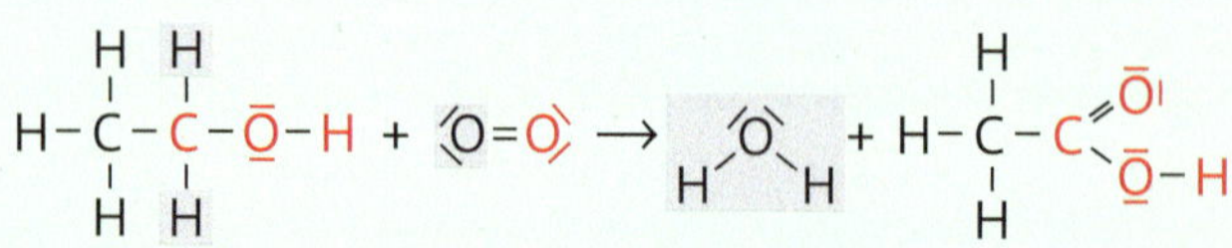

3

Essigsäure + Wasser → Acetat-Ion + Oxonium-Ion

$CH_3COOH + H_2O \rightarrow CH_3COO^- + H_3O^+$

4

die Carbonsäure
die Carboxylgruppe

Leitet man konzentrierte Essigsäure in Wasser ein, so reagiert die Säure mit dem Wasser und zerfällt in Säurerest-Ionen und Oxonium-Ionen. → 4 Die Carboxylgruppe ist dabei für die saure Reaktion der Carbonsäuren verantwortlich.

Weitere Carbonsäuren • Die einfachste Carbonsäure ist die Methansäure (HCOOH). Sie ist auch unter dem Namen Ameisensäure bekannt, da sie früher aus toten Ameisen gewonnen wurde, die diese zur Abwehr nutzen. → 6 Eine weitere bekannte Carbonsäure ist die Butansäure mit dem Trivialnamen Buttersäure. Sie ist bekannt für ihren unangenehmen Geruch nach ranziger Butter. Viele langkettige Carbonsäuren, z. B. Palmitinsäure und Stearinsäure, sind am Aufbau von Fetten beteiligt und werden deshalb auch Fettsäuren genannt.

Löslichkeit • Die Carboxylgruppe im Molekül ist wasserliebend, der Kohlenwasserstoffteil dagegen ist fettliebend. Bei kurzkettigen Carbonsäuren überwiegt somit die Wasserfreundlichkeit. Sie sind in Wasser löslich, jedoch nicht in Ölen und Fetten. Langkettige Carbonsäuren lösen sich gut in Ölen und Fetten, jedoch nicht in Wasser. → 5

Durch Oxidation von Alkoholen können Carbonsäuren entstehen. Der Name der Carbonsäure leitet sich vom Namen des ursprünglichen Alkans mit der Endung -säure ab.

Name	Formel	Schmelztemperatur	Löslichkeit in Wasser	Löslichkeit in Hexan
Methansäure (Ameisensäure)	HCOOH	8 °C		
Ethansäure (Essigsäure)	CH_3COOH	17 °C		
Butansäure (Buttersäure)	C_3H_7COOH	−5 °C		
Hexadecansäure (Palmitinsäure)	$C_{15}C_{31}COOH$	63 °C		
Octadecansäure (Stearinsäure)	$C_{17}H_{35}COOH$	71 °C		

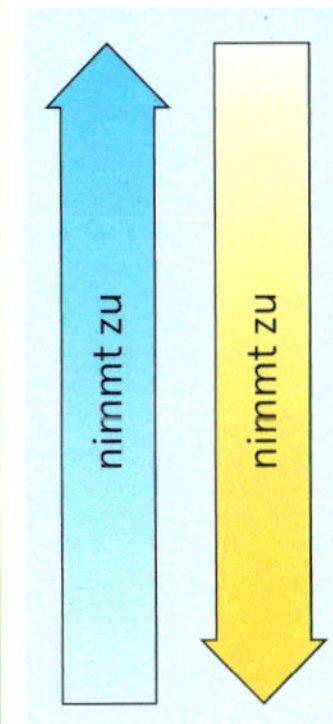

5 Eigenschaften einiger Carbonsäuren

6 Waldameisen spritzen Methansäure.

Aufgaben

1 ○ Beschreibe, wie man aus einem Alkohol eine Carbonsäure gewinnen kann.

2 ◐ Skizziere die Formelgleichung zur Herstellung von Buttersäure aus Butanol.

3 ◐ Ordne folgende Stoffe nach ihrer Löslichkeit in Wasser und begründe: Butan, Ethansäure, Methansäure, Butansäure.

Carbonsäuren*

Material A

Essigsäuregärung

Materialliste: Rotwein oder Weißwein, 2 Bechergläser, pH-Papier, Essigmutter

1 Fülle Rotwein bzw. Weißwein etwa 3 cm hoch in zwei Bechergläser. Gib in ein Becherglas zum Wein Essigmutter. Diese kann die Essigsäuregärung beschleunigen.

2 Prüfe den pH-Wert und den Geruch der Proben.

3 Überprüfe nach einigen Tagen erneut die Proben auf den pH-Wert und den Geruch.

4 ○ Fertige ein Versuchsprotokoll an.

1 Essig mit Essigmutter

5 ◐ Gib die Wort- und Formelgleichung für die stattgefundene Reaktion ausgehend vom Ethanol an.

Für die Entstehung von Essig ist eine Essigmutter nötig. Dies ist eine gallertartige, Fäden ziehende Masse aus Essigsäurebakterien. Sie kann sich bilden, wenn Wein oder andere leicht alkoholhaltige Flüssigkeiten längere Zeit offen stehen gelassen werden.

Material B

Konservierung mit Essig

Es gibt viele Möglichkeiten, Lebensmittel haltbar zu machen, z. B. Räuchern bei Fischen, Zuckern bei Marmelade oder Säuern bei Essiggurken.
Im folgenden Versuch können Birnen, Kirschen, Paprika, Kürbis usw. eingelegt und mit Essig konserviert werden.

Materialliste: Obst/Gemüse, Essig, Wasser, Kräuter, Schneidebrett, Edelstahltopf, Heizplatte, Messer, Messbecher, Kochlöffel, Glas mit Schraubverschluss, Geschirrtuch

Wasche das Obst und zerkleinere es mit dem Messer. Bereite den Essigsud zu, indem du 0,5 Liter Essig und 0,25 Liter Wasser im Topf mischst. Gib die Kräuter hinzu und koche den Sud auf. Gib das Obst hinein und koche es, bis es gar ist. Reinige die Gläser und fülle das gare Obst hinein. Lass den Essigsud noch einmal aufkochen und gib ihn anschließend heiß in die Gläser, bis das Obst komplett bedeckt ist. Verschließe die Gläser luftdicht, stelle sie für 5 Minuten auf den Kopf und lass sie dann unter einem Geschirrtuch abkühlen.

2 Eingelegtes Gemüse

1 ○ Erstelle ein eigenes Beschriftungsetikett für dein Schraubglas.

2 ● Nenne mögliche Gründe, weshalb Essig als Konservierungsmittel wirkt.

Material C

Säureeigenschaften der Carbonsäuren

Materialliste: 7 Reagenzgläser, Rotkohlsaft, Universalindikator, Kalkstein, Magnesiumband, Zinkblech, Kupferblech, Alufolie, Essigsäure (5%ig)

1 Fülle in sieben Reagenzgläser je 1 cm hoch Essigsäure ein.

2 Gib in das erste Reagenzglas einige Tropfen Rotkohlsaft und in das zweite Reagenzglas Universalindikator.

3 In das dritte Reagenzglas gibst du ein Stück Kalkstein und in die weiteren je ein Stück Magnesiumband, Zinkblech, Kupferblech und Alufolie.

4 ▢ Beobachte die Veränderungen und erstelle ein Versuchsprotokoll.

5 ◐ Erkläre die Beobachtungen. Gib an, welcher Bestandteil der Essigsäure für die saure Reaktion verantwortlich ist.

6 ◐ Leite aus deinem Wissen über anorganische Säuren ab, ob Gold mit Essigsäure reagiert.

3 Kalkstein in Essigsäure

Material D

Der Säure auf der Spur

In Lebensmitteln sind viele Carbonsäuren zu finden. Dazu zählt auch die Ascorbinsäure, die man eher unter dem Namen Vitamin C kennt. Mithilfe von Teststäbchen kann man den Vitamin-C-Gehalt in Lebensmitteln bestimmen.

Materialliste: Reagenzgläser, Reagenzglasständer, Wasser, verschiedene Fruchtsäfte, Brausetablette, Ascorbinsäure, Vitamin-C-Teststäbchen

Prüfe mithilfe der Teststäbchen verschiedene Lebensmittelproben im Reagenzglas.
Löse auch ein Stück der Brausetablette in Wasser auf und miss den Vitamin-C-Gehalt.
Gib auch etwas Ascorbinsäure in ein Reagenzglas und teste die Lösung ebenfalls.

1 ▢ Fertige ein Protokoll an, in dem du deine Beobachtungen tabellarisch festhältst.

2 ▢ Vergleiche deine Ergebnisse mit den Zahlen in Bild 1.

Lebensmittel	Vit. C pro 100 g
Petersilie	160 mg
Paprika	90 mg
Spinat	70 mg
Orange	50 mg
Kalbsleber	40 mg
Tomate	38 mg
Kartoffel	17 mg
Apfel	12 mg
Milch	1 mg
Nudeln	0 mg

4 Gehalt an Vitamin C

Ester – dufte Stoffe*

1 Ananas verbreitet einen angenehmen Duft.

Viele Früchte wie z. B. die Ananas verbreiten einen angenehmen Duft. Diese Duftstoffe sind oft Ester. Sie können auch künstlich hergestellt und Lebensmitteln zugesetzt werden.

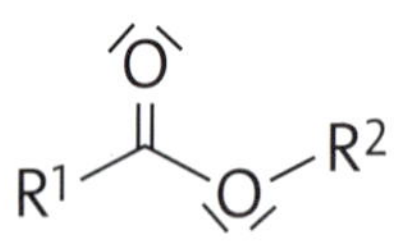

2 Funktionelle Gruppe der Ester

Carbonsäureester • Wenn Alkohole und Carbonsäuren miteinander reagieren, entstehen neue Stoffe mit neuen Eigenschaften: die Carbonsäureester. Dabei reagiert ein Molekül Alkohol mit einem Molekül Carbonsäure zu einem Molekül Ester und einem Molekül Wasser. → 3 Die funktionelle Gruppe dieser Stoffgruppe ist die Estergruppe R^1-COO-R^2. → 2 R^1 und R^2 stehen für beliebige Kohlenwasserstoffreste. Ananas enthält Butansäureethylester. → 1 Dieser ist aus einem Butansäure- und einem Ethanolmolekül entstanden.

Eigenschaften • Ester kurzkettiger Carbonsäuren und Alkohole sind leichtflüchtige und intensiv riechende Stoffe. Die meisten Carbonsäureester lösen sich schlecht in Wasser, jedoch beispielsweise gut in Ethanol. Je größer die Kettenlänge der Bausteine, desto fester ist der Aggregatzustand der Ester. Zu den Estern, die bei Zimmertemperatur zähflüssig oder fest sind, gehören die Fette, Öle und Wachse.

Verwendung • Erfrischend riechende Ester werden als Aromastoffe, z. B. in Süßigkeiten, eingesetzt. Ester werden außerdem als Lösungsmittel für Farben, Lacke und Klebstoffe verwendet. Essigsäureethylester ist beispielsweise in Nagellackentferner enthalten.

Ester werden aus Säuren und Alkoholen hergestellt. Dabei entsteht neben dem Ester auch Wasser.

Aufgaben

1 Benenne den Ester, der aus Essigsäure und Pentanol hergestellt wurde.

2 Notiere die Formel von Butansäureethylester.

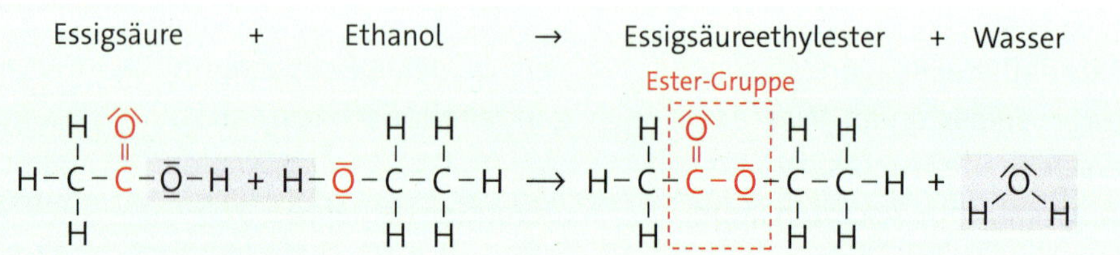

3

der **Carbonsäureester**
die **Estergruppe**

Material A

Formeln der Ester

1 Übertrage die Tabelle in dein Heft und notiere die fehlenden Namen und Strukturformeln.
Recherchiere auch das Vorkommen der entsprechenden Ester.

Säure	**Alkohol**	**Ester**	**Vorkommen (natürlich oder künstlich)**
Ethansäure	Ethanol	Essigsäureethylester	Klebstoffe
Ethansäure	1-Pentanol	?	?
Butansäure	Methanol	?	?
Butansäure	Ethanol	?	?
Butansäure	1-Pentanol	?	?
Pentansäure	1-Pentanol	?	?

4

Material B

Synthese von Essigsäureethylester

Materialliste: Brenner, Dreifuß, Drahtnetz, Becherglas, Pipette, Reagenzglas, Reagenzglashalter, Thermometer, Ethanol, Essigsäure (5%ig), konzentrierte Schwefelsäure, destilliertes Wasser

1 Fülle das Becherglas mit 150 ml Wasser und erhitze es auf dem Dreifuß auf genau 90 °C. Halte die Temperatur möglichst konstant.

2 Gib in ein Reagenzglas 2 ml Ethanol und 2 ml Essigsäure. Die Lehrkraft gibt anschließend noch 1 ml konzentrierte Schwefelsäure hinzu.

3 Erwärme das Gemisch vorsichtig im Wasserbad bei 90 °C für mindestens 3 Minuten.

4 Füge dem Reaktionsprodukt anschließend 5 ml destilliertes Wasser hinzu. Der Ester schwimmt nun oben.

5 Rieche vorsichtig durch Fächeln mit der Hand am Reagenzglas. Beschreibe den Geruch.

6 Gib die Reaktionsgleichung an und benenne die Edukte und Produkte.

5 Klebstoffe riechen oft nach Essigsäureethylester.

Fette sind Ester*

1 Fetthaltige Lebensmittel

Fette sind ein wichtiger Bestandteil unserer Nahrung. Sie verbergen sich sowohl in tierischen als auch pflanzlichen Lebensmitteln.

Struktur • Fette sind Ester, die aus vier Bausteinen bestehen: aus Glycerin (ein dreiwertiger Alkohol) und aus drei Fettsäuren (langkettige Carbonsäuren). → 2 Ein Fettmolekül kann entweder drei gleiche oder verschiedene Fettsäuren enthalten. Deshalb werden Fette auch Triglyceride bezeichnet.

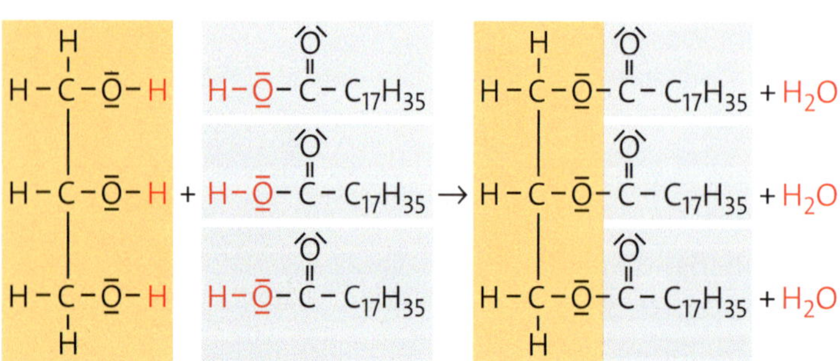

2 Bildung eines Fettmoleküls

Gesättigt und ungesättigt • Fettsäuren, die nur Einfachbindungen zwischen den Kohlenstoff-Atomen besitzen, bezeichnet man als gesättigt. Ein Beispiel dafür ist die Palmitinsäure. Tierische Lebensmittel enthalten überwiegend gesättigte Fettsäuren. Ungesättigte Fettsäuren, z. B. Ölsäure, enthalten mindestens eine C=C-Doppelbindung. Sie sind überwiegend in pflanzlichen Lebensmitteln und Fisch enthalten. Je mehr ungesättigte Fettsäuren ein Fett enthält, desto flüssiger ist es, z. B. Olivenöl. Je mehr gesättigte Fettsäuren es enthält, desto fester ist es, z. B. Kokosfett.

Fette sind lebensnotwendig • Fette erfüllen vielfältige Funktionen für den Körper. Zum einen sind sie Energielieferanten. Zum anderen sind sie notwendig, damit der Körper fettlösliche Vitamine aufnehmen kann. Da der Körper bestimmte Fettsäuren nicht selber bilden kann, müssen diese über die Nahrung aufgenommen werden. Diese bezeichnet man auch als essenzielle Fettsäuren.

Fette sind Ester aus dem dreiwertigen Alkohol Glycerin und langkettigen Fettsäuren.

Aufgaben

1 Beschreibe den Aufbau eines Fettmoleküls.

2 Erkläre, wie sich gesättigte und ungesättigte Fettsäuren unterscheiden.

gesättigt
ungesättigt
das Triglycerid

Material A

Fettfleckprobe

Fette und Öle verdunsten sehr langsam. Deshalb hinterlassen sie typische Flecken auf Papier und Stoffen.
Mit dem folgenden Versuch kannst du testen, ob Nahrungsmittel Fett enthalten.

Materialliste: Mörser, Pistill, Spatel, Papier, Nüsse, Sonnenblumenkerne, Getreidekörner, Mohn, Obstkerne, Obststücke, Kartoffelstücke, Käse, Wurst, Fleisch, Brot, Honig, Pflanzenöl, Wasser, Pipette, Schneidebrett, Messer

1 Lege dir die Proben bereit, beschrifte dein Papier mit den zu untersuchenden Proben. → 3

2 Lege jeweils für Wasser und Öl eine Kontrollprobe an.

3

3 Zerkleinere im Mörser verschiedene Nüsse, Sonnenblumenkerne, Getreidekörner, Mohn, Obstkerne, Obststücke, Kartoffelstücke. Verreibe davon jeweils eine kleine Probe auf dem Papier. Verreibe auch Proben von Käse, Wurst, Fleisch, Brot und Honig auf dem Papier.

4 Lass die Flecken trocknen und halte dazu das Blatt ins Gegenlicht.

5 ▢ Notiere deine Beobachtungen in einer Tabelle. Gib an, welche Proben Fett enthalten. Erkläre die Unterschiede zum Wassertropfen.

Material B

Löslichkeit von Fetten

Materialliste: 10 Reagenzgläser, Stopfen, 2 Pipetten, Trichter, Spatel, Messzylinder, Kokosfett, Schmalz, Olivenöl, Sonnenblumenöl, Wasser, Waschbenzin, Kochsalz

1 Fülle in 5 Reagenzgläser jeweils 3 ml Wasser und in 5 weitere Reagenzgläser 3 ml Waschbenzin.

2 Nun gibst du bei der Versuchsreihe mit Wasser jeweils etwas Kokosfett, Schmalz, Olivenöl, Sonnenblumenöl und Kochsalz in je ein Reagenzglas.

3 Genauso gehst du bei der Versuchsreihe mit Waschbenzin vor.

4 Verschließe die Reagenzgläser mit einem Stopfen. Schüttele sie anschließend kräftig.

4

5 ◔ Dokumentiere deine Ergebnisse. Erkläre anschließend deine Beobachtungen.

Kohlenhydrate*

1 Traubenzucker ist ein schneller Energielieferant.

2 Tee süßen mit Rübenzucker

3 Kartoffeln enthalten Stärke.

Kohlenhydrate sind unsere Hauptenergielieferanten. Traubenzucker, Rübenzucker und Stärke nehmen wir mit der Nahrung auf. Wie sind Kohlenhydrate aufgebaut?

Einfachzucker • Glucose ist in unserer Alltagssprache auch als Traubenzucker bekannt. Sie entsteht bei der Fotosynthese und ist am Stoffwechsel von Menschen, Tieren und Pflanzen beteiligt. Früchten und Honig verleiht sie den süßen Geschmack. Glucose hat die Summenformel $C_6H_{12}O_6$.
Das Glucosemolekül ist ein 6-Ring aus fünf Kohlenstoff-Atomen und einem Sauerstoffatom. → 4 Da sie nur aus einem Ring besteht, wird sie auch als Einfachzucker oder Monosaccharid bezeichnet.
Ein weiterer Einfachzucker ist die Fructose. Du kennst sie auch als Fruchtzucker. Fructose ist überwiegend in Früchten zu finden. Sie besitzt die gleiche Summenformel wie die Glucose, unterscheidet sich aber von der Glucose im Molekülaufbau. Fructose besteht aus einem 5-Ring, der aus vier Kohlenstoff-Atomen und einem Sauerstoff-Atom gebildet wird. → 5

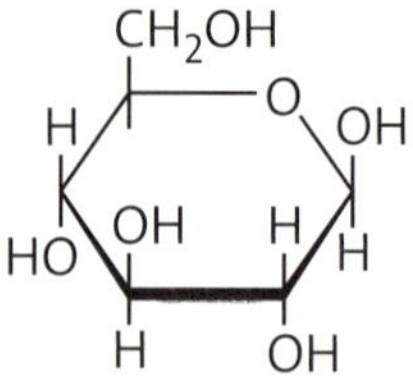

4 Glucose

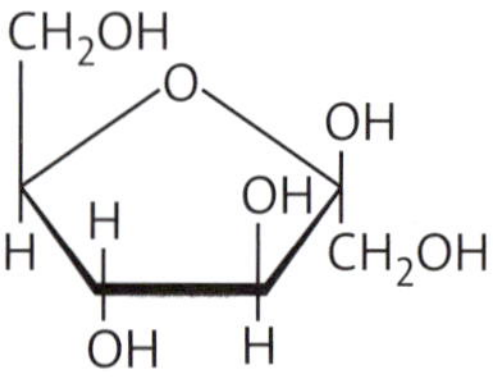

5 Fructose

Zweifachzucker • Unser Haushaltszucker wird meist aus Zuckerrüben oder Zuckerrohr gewonnen. Er trägt den Namen Saccharose. Saccharose besteht aus zwei Bausteinen, einem Glucose- und einem Fructosemolekül. → 6 Kohlenhydrate, die aus zwei miteinander verknüpften Monosaccharidmolekülen aufgebaut sind, nennt man Zweifachzucker oder Disaccharide.

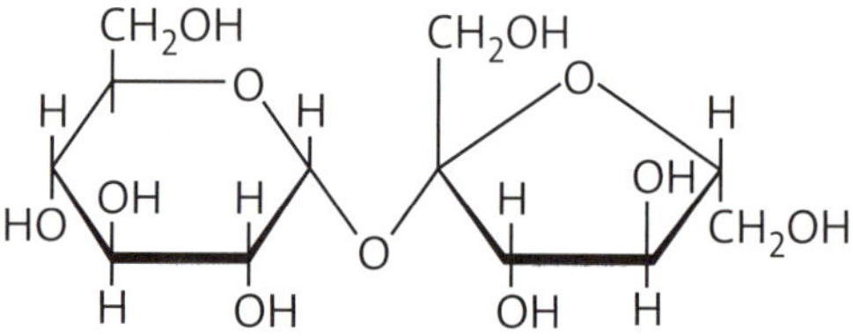

6 Saccharose

das Monosaccharid
das Disaccharid
das Polysaccharid

Maltose ist ebenfalls ein Zweifachzucker. Sie ist aus zwei Glucosemolekülen aufgebaut. Maltose kommt als Malzzucker in keimenden Getreide vor.

Vielfachzucker • Stärke ist ein Hauptbestandteil von Getreide und Kartoffeln. → 3 Brot und Teigwaren enthalten viel Stärke. Stärke ist aus vielen Glucosemolekülen aufgebaut. → 7 Kohlenhydrate, die aus vielen miteinander verknüpften Monosaccharidmolekülen bestehen, werden als Vielfachzucker oder Polysaccharide bezeichnet.

Ein weiterer Vielfachzucker ist die Cellulose. Sie ist ein wichtiger Baustoff in Pflanzen und kann vom Menschen nicht verdaut werden. Reine Cellulose wird aus Holz und Stroh gewonnen und ist als Zellstoff im Handel. Aus Cellulosefasern können Textilien und Papier hergestellt werden. → 8 Cellulosemoleküle bestehen ebenfalls aus vielen Glucoseeinheiten. Diese sind aber im Vergleich zur Stärke anders verknüpft und angeordnet. → 7

Zuckerkonsum • Wir verwenden Zucker bewusst zum Süßen von Getränken oder zum Backen. In vielen Lebensmitteln ist Zucker aber auch versteckt enthalten, z. B. in Säften und Ketchup. Jeder Deutsche verbraucht im Schnitt ca. 32 kg Zucker im Jahr. Das entspricht durchschnittlich 87 g Zucker pro Tag, also 29 Würfeln Zucker. Zu viel Zucker kann der Gesundheit jedoch schaden. Beispielsweise fördert Zucker Übergewicht und Karies.

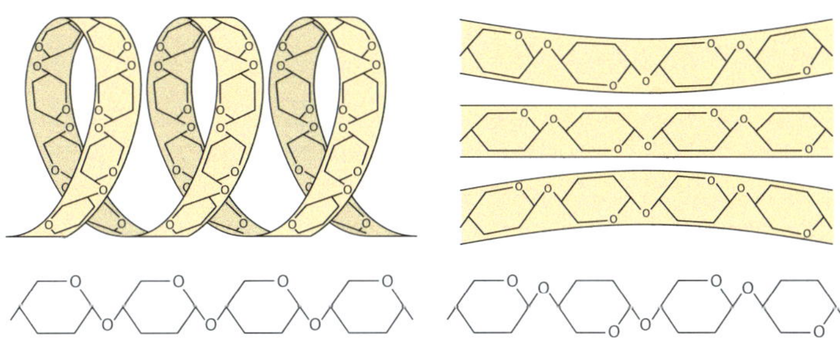

7 Stärke und Cellulose

8 Papier wird aus Cellulosefasern hergestellt.

Kohlenhydrate werden in Einfach-, Zweifach- und Vielfachzucker unterteilt.

Aufgaben

1 ○ Nenne jeweils ein Beispiel für einen Einfach-, Zweifach- und Vielfachzucker.

2 ◐ Gib an, welches Bauelement Haushaltszucker, Stärke und Cellulose gemeinsam haben.

3 ◐ Beschreibe anhand von Bild 7 den Aufbau von Cellulose und Stärke. Nenne Produkte, in denen Cellulose und Stärke enthalten ist.

Kohlenhydrate*

Material A

Versteckter Zucker

Viele Menschen nehmen mehr Kalorien zu sich, als sie verbrennen. Vor allem die versteckte Zuckermenge in einigen Lebensmitteln ist ein Problem. Dieser überschüssige Zucker wird in Fett umgewandelt und vor allem in der Unterhaut gespeichert. Die Folge ist Übergewicht. In Großbritannien ist beispielsweise fast ein Drittel der Jugendlichen übergewichtig.
Im April 2018 wurde in Großbritannien eine Zuckersteuer auf stark zuckerhaltige Getränke eingeführt. Das Ziel ist, über den Preis des Lebensmittels ein Umdenken bei den Menschen zu erreichen.

1 In der Tabelle siehst du den Zuckergehalt von verschiedenen Lebensmitteln.
a ○ Berechne, wie viel Würfel Zucker im jeweiligen Produkt stecken. Ein Zuckerwürfel entspricht 3 g.
b ◐ Begründe, welche Produkte du nur in geringen Mengen verzehren solltest.

2 ◐ Diskutiere mit einem Partner die Vor- und Nachteile einer Zuckersteuer.

Lebensmittel	**Zucker pro 100 g bzw. 100 ml**
Schokolade	40 g
Mehrkornbrötchen	3 g
Müsliriegel	30 g
Pfirsiche	9 g
Dosenpfirsiche	18 g
Früchtetee	0 g
Fruchtsaft	11 g
Ketchup	22,5 g
Tomaten	3,4 g
Feldsalat	0,7 g
Fruchtjoghurt	13 g
Naturjoghurt	5 g

1 Zuckergehalt verschiedener Lebensmittel

Material B

Einfachzucker nachweisen

Materialliste: 2 Pipetten, Spatel, Benedict-Reagenz, destilliertes Wasser, Traubenzucker, Fruchtzucker, Rohrzucker, Stärke, Honig, Apfel, Reagenzgläser, Reagenzglasständer, Messer, Schneidebrett, Brenner, Dreifuß, Drahtnetz, großes Becherglas

1 Gib jeweils eine Spatelspitze Fruchtzucker, Traubenzucker, Rohrzucker, Stärke, Honig und den zerkleinerten Apfel in je ein Reagenzglas.

2 Füge den Reagenzgläsern nun jeweils 3 ml destilliertes Wasser hinzu.

3 Gib zu jedem Reagenzglas 3 ml Benedict-Reagenz.

4 Stelle die Reagenzgläser in ein siedendes Wasserbad.

5 Beobachte die Farbveränderungen.

6 ◐ Gib an, welche der Lebensmittel Einfachzucker enthalten.

2 Benedict-Reagenz (links); positiver Nachweis von Einfachzuckern (rechts)

Material C

Stärkenachweis

Gibt man Iod-Kaliumiodid-Lösung zu einer Probe, die Stärke enthält, so färbt sich die Probe schwarzblau. Dies beruht auf der Molekülstruktur von Stärke.

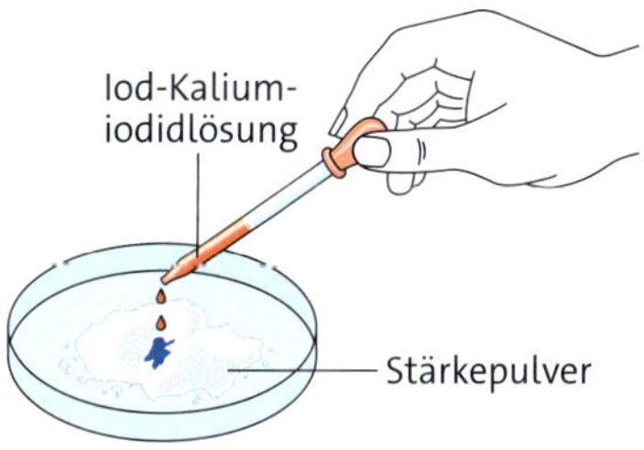

3 Iod-Kaliumiodid-Lösung auf Stärkepulver

Die Makromoleküle der Stärke sind spiralförmig gewunden. In ihre Zwischenräume können sich Iodid-Ionen einlagern. Dadurch tritt die Blaufärbung auf. Mit Iod-Kaliumiodid-Lösung lässt sich also Stärke nachweisen.

Materialliste: Stärkelösung, Kartoffeln, Haferflocken, Traubenzucker, Mehl, Vollkornnudeln, Toastbrot, Apfel, Banane, Würfelzucker, Käse, Kartoffel- oder Maisstärke, Papiertaschentuch, Iod-Kaliumiodid-Lösung, Pipette, Tüpfelplatte, Wasser

1 Fertige eine Tabelle mit den zu untersuchenden Stoffen an. In dieser kennzeichnest du, ob Stärke enthalten ist oder nicht.

2 Gib auf die Tüpfelplatte Proben von Stärkelösung, Kartoffel, Würfelzucker, Haferflocken, Mehl, Brot, Traubenzucker usw.

3 Tropfe auf die einzelnen Proben jeweils 1–2 Tropfen Iod-Kaliumiodid-Lösung.

4 ○ Dokumentiere deine Beobachtungen in der Tabelle.

Material D

Cellulose nachweisen

Materialliste: Holz, Papier, Pappe, Watte, Baumwolle, Kartoffel, Toastbrot, Filterpapier, Traubenzucker, Würfelzucker, Petrischalen, Tropfpipetten, Iod-Zinkchlorid-Lösung

1 Gib in je eine Petrischale Proben von Holz, Papier, Papier, Watte, Baumwolle, Filterpapier, Toastbrot, Kartoffel, Traubenzucker und Würfelzucker.

2 Tropfe jeweils einige Tropfen Iod-Zinkchlorid-Lösung auf die Proben.

3 ○ Notiere deine Beobachtungen. Gib an, welche Proben Cellulose enthalten.

Cellulose lässt sich mit Iod-Zinkchlorid-Lösung nachweisen. Dabei schieben sich Iodteilchen zwischen die langen Molekülketten der Cellulose und rufen so eine Blaufärbung hervor

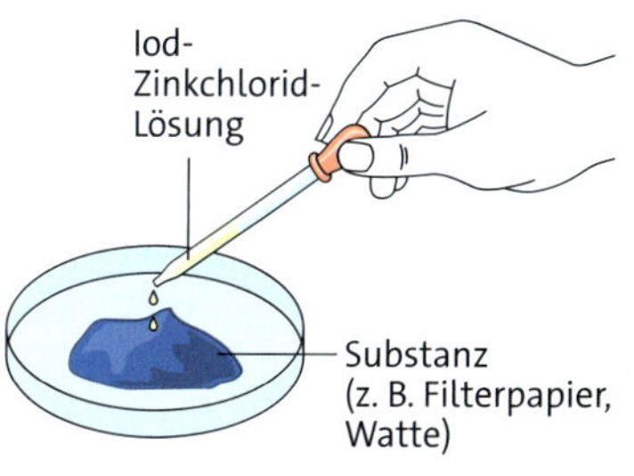

4 Farbreaktion von Cellulose

4 ◐ Erstelle eine Tabelle. Ordne darin die getesteten Stoffe den Kategorien „Einfachzucker", „Zweifachzucker" und „Vielfachzucker" zu.

Alkohole, Carbonsäuren und Kohlenhydrate

Zusammenfassung

Funktionelle Gruppen • Kohlenwasserstoffe können auch sogenannte funktionelle Gruppen enthalten. Diese verleihen dem jeweiligen Stoff typische Eigenschaften.

Alkohole • Die funktionelle Gruppe der Alkohole ist die OH-Gruppe, auch Hydroxylgruppe genannt. Sie besteht aus einem Sauerstoff- und einem Wasserstoff-Atom. Die Namen der Alkohole leiten sich aus dem entsprechenden Alkan mit der Endsilbe -ol ab. Pentanol ist beispielsweise ein Alkohol mit fünf Kohlenstoff-Atomen. Ein Alkoholmolekül kann auch mehrere dieser OH-Gruppen enthalten. Hierbei spricht man von mehrwertigen Alkoholen. Glycerin besitzt beispielsweise drei OH-Gruppen und ist ein dreiwertiger Alkohol.
Je nachdem, wie viele Kohlenstoffnachbarn das C-Atom mit der OH-Gruppe hat, spricht man von primären, sekundären oder tertiären Alkoholen.

Carbonsäuren • Die funktionelle Gruppe der Carbonsäuren ist die sogenannte Carboxylgruppe (–COOH). Der Name der Carbonsäure leitet sich vom ursprünglichen Alkan mit der Endung -säure ab, z. B. Butansäure.
Die Carboxylgruppe ist für die saure Reaktion der Carbonsäuren verantwortlich. Leitet man z. B. Essigsäure in Wasser, zerfällt sie in Säurerest-Ionen und Oxonium-Ionen (H_3O^+).

Ester • Carbonsäureester entstehen bei der Reaktion von Alkoholen mit Carbonsäuren. Die funktionelle Gruppe dieser Stoffgruppe ist die Estergruppe R^1-COO-R^2. R^1 und R^2 stehen für beliebige Kohlenwasserstoffreste.
Viele Duftstoffe sind Ester. Butansäuremethylester ist beispielsweise in Erdbeeren enthalten und verbreitet einen fruchtigen Geruch. → 1

1 Butansäuremethylester in Erdbeeren

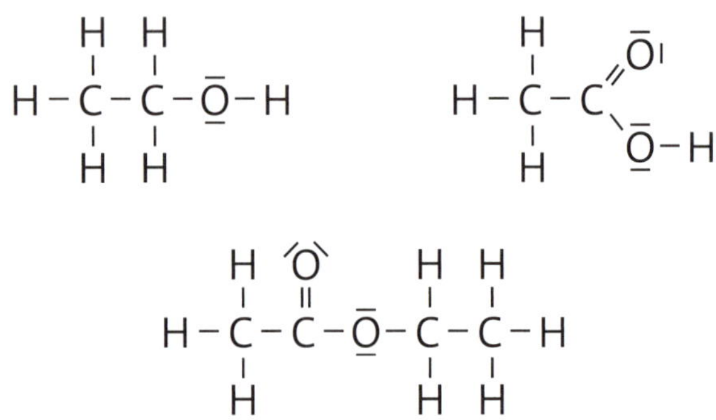

2 Ethanol, Essigsäure und Essigsäureethylester

Kohlenhydrate • Bei den Kohlenhydraten unterscheidet man Einfach-, Zweifach- und Vielfachzucker, je nachdem, wie viele Bausteine miteinander verknüpft sind. Bekannte Einfachzucker sind die Glucose und die Fructose. → 3 4 Ein bekannter Zweifachzucker ist die Saccharose.

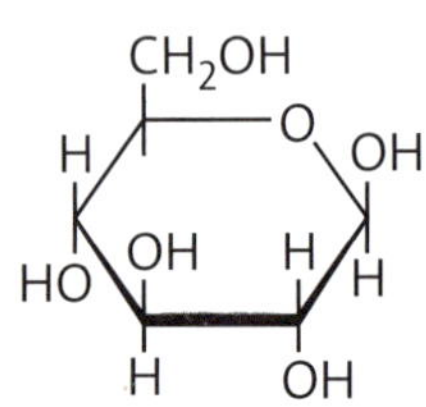

3 Glucose

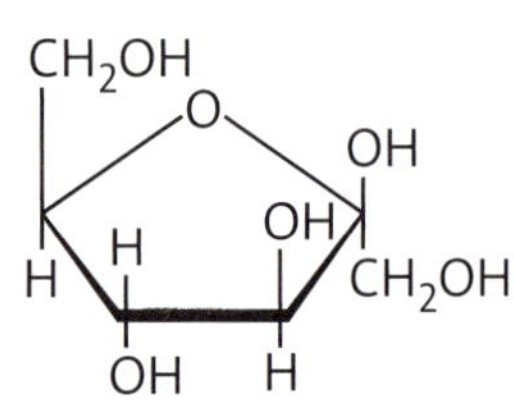

4 Fructose

Teste dich! (Lösungen im Anhang)

Alkohole

1 Zeichne die Lewisformeln von 1-Propanol, 2,3-Pentandiol und 3-Heptanol.

2 Benenne die Moleküle in Bild 5.

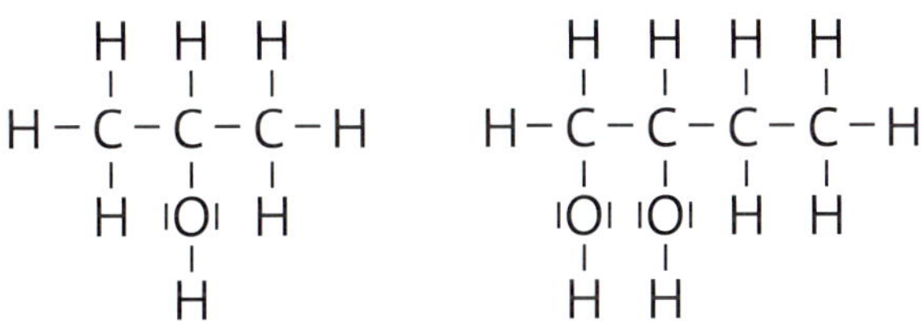

5 Alkohole

3 Zeichne einen primären, sekundären und tertiären Alkohol.

4 Ethanol hat einen höheren Siedepunkt als das entsprechende Alkan Ethan.

a Gib an, welche Anziehungskräfte dafür verantwortlich sind.

b Zeichne zwei Ethanolmoleküle und kennzeichne, zwischen welchen Atomen der Moleküle sich die Anziehungskräfte bilden.

Carbonsäuren

5 Essigsäuregärung

a Beschreibe, wie aus Ethanol Essigsäure entsteht.

b Gib die Wort- und Formelgleichung für die Reaktion an.

6 Benenne die Carbonsäuren in Bild 6.

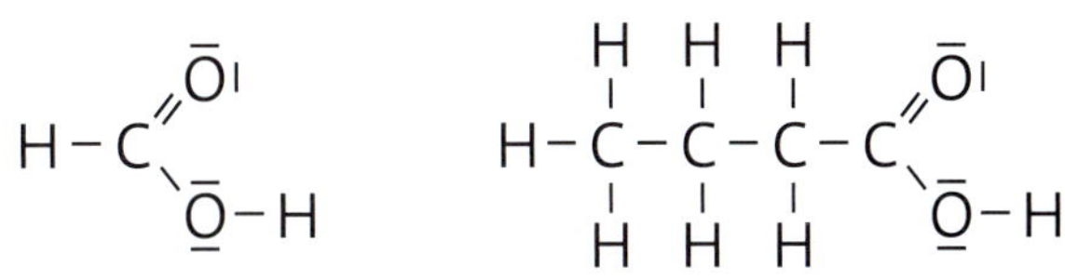

6 Carbonsäuren

7 Begründe, ob sich Hexadecansäure oder Pentansäure besser in Wasser löst.

8 Saure Reaktion

a Gib an, welcher Teil des Carbonsäuremoleküls für die saure Reaktion verantwortlich ist.

b Nenne die Ionen, die entstehen, wenn eine Carbonsäure in Wasser gegeben wird.

Ester und Fette

9 Benenne den Ester, der aus Butansäure und Ethanol hergestellt wurde.

10 Erkläre den Satz: „Fette sind Ester."

Kohlenhydrate

11 Glucose und Saccharose

a Nenne die Alltagsnamen für Glucose und Saccharose.

b Beschreibe, wie sich Saccharose von Glucose im Aufbau unterscheidet.

12 Gib an, aus welchem Kohlenhydrat Papier hergestellt wird. Beschreibe den Aufbau dieses Kohlenhydrats.

Sauber und schön

Wäsche waschen – Woche für Woche: Die Chemie macht's möglich. Aber wie werden Grasflecken, Soße, Lehm, Schweiß und Tinte von der Kleidung entfernt?

Knoblauch und Gewürze, Küchenkräuter und Chili – mit und in Speiseöl lassen sich viele köstliche Aromen einfangen und konservieren. Welche besonderen Eigenschaften haben Öle?

Nur Gutes für unsere Haut: Cremes und Lotionen – Mischungen aus Wasser und Öl. Aber was hält die beiden Stoffe zusammen, die sonst Gegenspieler sind?

Lösungsmittel

1 Ingwertee

2 Kräuterbutter

3 Fruchtliköre

Köstlichen Geschmack einzufangen und wohlschmeckende Aromen zu konservieren, ist gar nicht so einfach. In der Küche gelingt das mit heißem Wasser, Öl/Fett oder Alkohol.

Lösungsmittel Wasser • Wir nutzen Wasser als vielfältiges Lösungsmittel. Heißes Wasser löst besonders gut. Bei der Zubereitung einer Hühnersuppe löst das heiße Wasser z. B. Eiweiße, Mineralstoffe und Geschmacksstoffe aus Fleisch und Knochen. Bei Heißgetränken wie Kaffee und Tee werden die Geschmacks-, Farb- und Wirkstoffe mit kochendem Wasser extrahiert. → 1

Lösungsmittel Öl/Fett • Auch Speiseöl ist ein guter Aromaträger. Einige für uns wichtige Vitamine sind in Öl gut löslich. Deshalb reichert man mit Öl viele Salate an. In Öl lassen sich aber auch Pflanzenteile gut konservieren. Dabei geht ein Teil der Aromen durch Lösen ins Öl über. Dies ist beispielsweise bei Knoblauch, Chili und Rosmarin der Fall. Feste Fette werden ebenfalls als Lösungsmittel genutzt, z. B. bei der Herstellung von Kräuter- oder Salbeibutter. → 2 Die Kakaobutter in unserer Schokolade löst und trägt beispielsweise Aromen wie Vanille-, Mokka-, Nuss- und Fruchtgeschmack.

Lösungsmittel Alkohol • Liköre gewinnt man, indem man zum Beispiel Früchte mit Alkohol auslaugt und danach Zucker und Wasser zusetzt. → 3 Bei bräunlichen Branntweinen wie Cognac, Rum oder Whisky hat der Alkohol bei der Holzfasslagerung wertvolle Aromastoffe aus dem Eichenholz herausgelöst.

Bei der Verarbeitung von Lebensmitteln und bei der Zubereitung von Speisen und Getränken werden Wasser, Öl/Fett oder Alkohol als Lösungsmittel eingesetzt.

das Lösungsmittel
unpolar
hydrophil
lipophil

Gegenspieler Wasser und Öl • Öl und Wasser lassen sich nicht mischen. → 4 Zu stark sind die Unterschiede im Molekülbau.

Das Wassermolekül ist ein Dipol. Das Sauerstoff-Atom kann mit seinen zwei nichtbindenden Elektronenpaaren Brücken zu Wasserstoffatomen bilden und damit andere Moleküle anziehen. → 5 Eine OH-Gruppe begünstigt also immer die Wasserlöslichkeit. Solche Stoffe verhalten sich hydrophil, also wasserliebend.

Dazu sind die Fett- und Ölmoleküle nicht in der Lage. Sie besitzen keine OH-Gruppen und bestehen größtenteils aus langkettigen Kohlenwasserstoffen. Kohlenwasserstoffe bezeichnet man aufgrund ihrer nur schwach polaren C-H-Bindung als unpolar. Sie lösen sich gut in unpolaren Lösungsmitteln, das heißt, sie sind lipophil (fettliebend). Deshalb löst sich Pflanzenöl auch in Benzin oder Paraffin und umgekehrt. Flüssigkeiten mit hydrophilem Charakter können auch gut Salze lösen. Hier kommt es zu Wechselwirkungen zwischen den Ladungen der Ionen und den Teilladungen an den Hydroxylgruppen.

Alleskönner Ethanol • Im Alkohol Ethanol stecken beide Wirkungen. Das Molekül hat sowohl eine unpolare Alkylgruppe als auch eine polare Hydroxylgruppe. → 6 Es kann daher, sowohl Fettiges als auch Wässriges lösen. Ethanol ist auch das ideale Lösungsmittel für Duft- und Aromastoffe. Parfüms bestehen zu über 80 Prozent aus Ethanol.

4 Pflanzenöl löst sich nicht in Wasser.

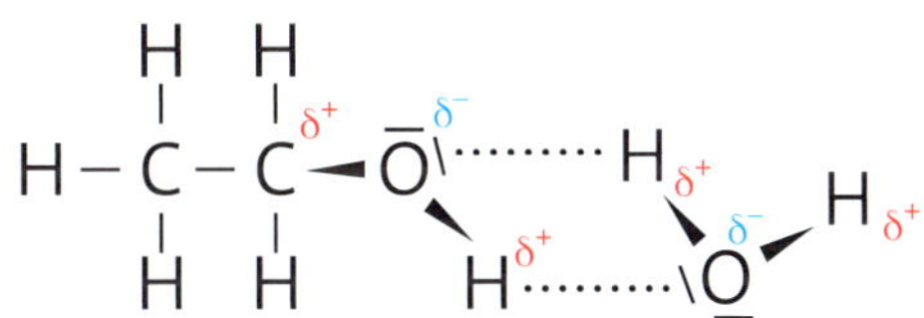

5 Wasserstoffbrücken zwischen Ethanol und Wasser

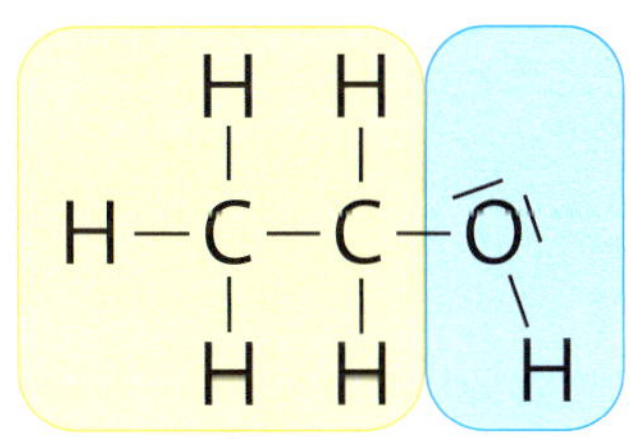

6 Bau eines Ethanolmoleküls

Ähnliche Flüssigkeiten lösen sich ineinander. „Gleiches löst sich in Gleichem gern."

Aufgaben

1 ○ Nenne jeweils zwei Beispiele, bei denen Wasser, Öl/Fett und Alkohol als Lösungsmittel genutzt werden.

2 ◐ Beschreibe den Unterschied zwischen hydrophiler und lipophiler Eigenschaft von Lösungsmitteln.

Lösungsmittel

Material A

Schoko-Enfleurage

In Frankreich hat man früher mit der Enfleurage-Methode Duftstoffe von Jasmin- und Hyazinthenblüten auf Fette wie Schmalz übertragen und so duftende Cremes hergestellt. Du kannst diese Methode nachahmen, um Orangenschokolade herzustellen.

Achtung • Das Produkt ist zum Verzehr gedacht, daher nicht im Chemieraum arbeiten!

Materialliste: Wasserbad (40 °C), Kuvertüre, Teelöffel, naturreine Orange, Zestenreißer, Plastikbecher, Petrischale

1 Gib 2 Teelöffel Kuvertüre in den Plastikbecher. Schmilz diese unter Rühren im Wasserbad auf und verstreiche sie auf dem Boden und der Wand des Bechers.

2 Mit dem Zestenreißer ziehst du hauchdünne Streifen von der Orangenschale (Zesten) ab, bis du 3–4 Teelöffel damit füllen kannst.

3 Gib die Zesten in eine Petrischale.
Stülpe den Becher mit der erhärteten Schokolade darüber und lass den Ansatz über Nacht stehen. Am nächsten Tag drehst du den Becher um.

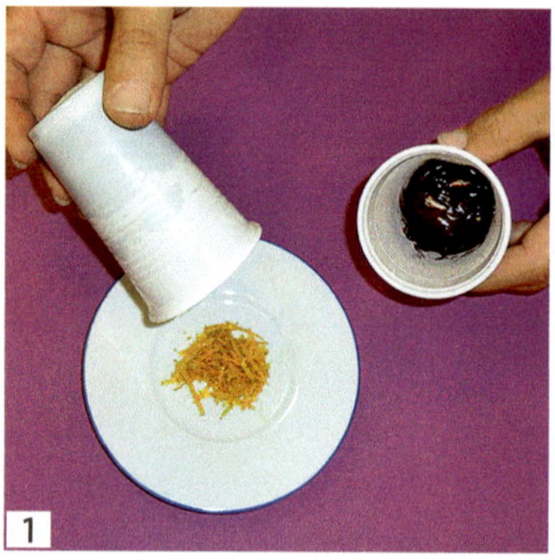

1

Die fertige Orangenschokolade löst man durch leichten Druck auf die Becherwand.

4 ▢ Erkläre, warum es notwendig ist, die Schokolade möglichst großflächig zu verstreichen.

Material B

Speiseöl als Aromaträger

2

Nicht nur in der Küche, sondern auch im Kosmetikbereich werden Öle als Lösungsmittel für Düfte, Aromen und Wirkstoffe genutzt.

Hier lernst du eine Methode kennen, bei der ein duftendes Öl entsteht: die Mazeration.

Materialliste: Becherglas (400 ml), Sonnenblumenöl, stark duftende Rose, großes Uhrglas, Löffel, Sieb

1 Zum Ansetzen der Mazeration werden die Blütenblätter einer Duftrosenblüte vom Blütenkelch abgenommen.

2 Fülle das Becherglas zur Hälfte mit Speiseöl. Gib die Blütenblätter hinein und rühre mit einem Löffel um. Decke das Gefäß mit einem Uhrglas ab und stelle es 14 Tage lang in einen dunklen Raum. Danach gießt du das Duftöl durch ein Sieb ab.

3 ▢ Nenne Kräuter und Gewürze, die in Speiseöl eingelegt sind, damit Geschmacksstoffe übertragen werden.

Material C

Welches Lösungsmittel?

Alkohole sind gute Lösungsmittel. Aber nicht alle eignen sich gleich gut für jeden Stoff.

1 ▢ Übernimm die Formeln von Ethanol und Decanol in dein Heft. Markiere jeweils mit Blau den stark polaren, mit Gelb den schwach polaren Teil der Moleküle.

2 ▢ Welcher der beiden Alkohole eignet sich besser zum Lösen von unpolarem Speiseöl?

3 ● Wenn man Alkohole und Wasser mischt, so löst sich Wasser nur in den ersten drei Alkoholen der homologen Reihe in jedem Mischungsverhältnis. Ab Butanol lösen sich nur noch geringe Mengen Alkohol im Wasser. Erkläre.

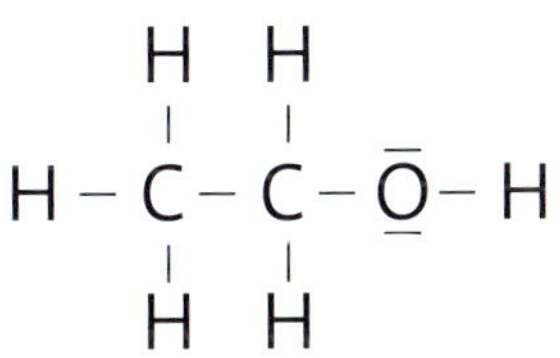

3 Ethanol

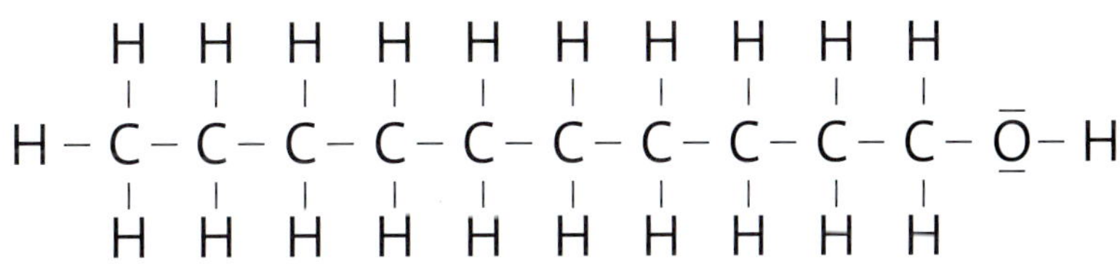

4 Decanol

Material D

Moleküle im Vergleich

1 Vergleiche die Molekülstrukturen: → 5

◐ Gib an, welche der fünf Stoffe sich gut mit Wasser mischen bzw. darin auflösen und welche sich in Salatöl auflösen. Begründe deine Entscheidung.

2 ◐ Formuliere einen Merksatz aus folgenden Textbausteinen:

> Einfluss – Bei – OH-Gruppen – größer – als – der Einfluss – der – polaren Lösungsmitteln – ist – der – Kohlenwasserstoffkette – der

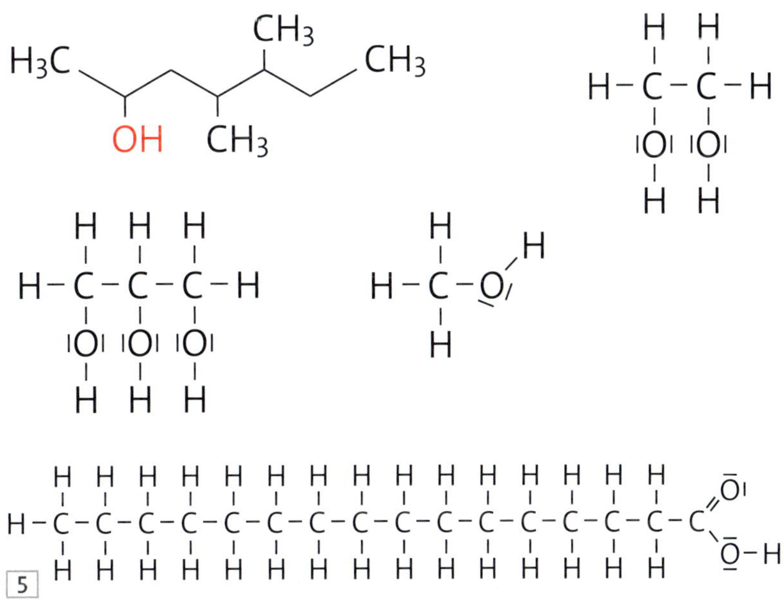

5

3 ● Benenne die Moleküle in Bild 5.

Tenside als Schmutzlöser

1 Verschiedene Wasch- und Reinigungsmittel

Wasch- und Reinigungsmittel gibt es in Hülle und Fülle. Wie entfernen sie Schmutz und welche Rolle spielen Tenside dabei?

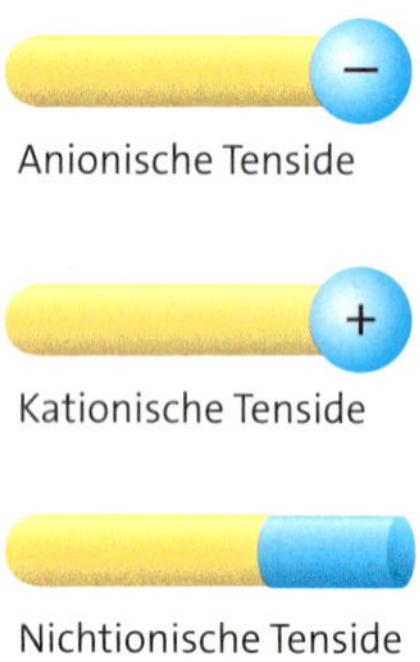

2 Tenside

Tenside • Die wichtigsten Stoffe zum Waschen und Reinigen sind Seifen und andere Tenside. Während man Seife meist direkt nutzt, sind andere Tenside zusammen mit weiteren Wirkstoffen in unseren Wasch- und Reinigungsmitteln enthalten. Seifen- und andere Tensidteilchen sind für die Schmutzablösung verantwortlich, man bezeichnet sie als waschaktiv. Sie bestehen aus langkettigen, lipophilen Molekülen mit einem hydrophilen „Köpfchen". → 2 Der fettliebende Teil kann wasserunlösliche Schmutzteilchen an sich binden, der wasserliebende Teil ist für die Wasserlöslichkeit verantwortlich.

Schmutzablösung • An ein Schmutzteilchen können sich so viele Tensidmoleküle binden, bis es vollständig umhüllt ist. Dadurch können Verschmutzungen abgelöst, zerkleinert und fein verteilt (emulgiert) werden. → 3 Zusätzlich setzen Tenside die Oberflächenspannung des Wassers herab.
Manche Tenside, besonders Seifen, können mit Kalk im Wasser reagieren. Dabei flocken sie aus und bilden unlösliche Beläge, die Kalkseife. In Gebieten mit kalkhaltigem Wasser (hartes Wasser) sollten deshalb Reinigungsmittel mit sogenannten nichtionischen Tensiden bevorzugt werden. Diese sind unempfindlich gegenüber Wasserhärte.

Seifen und andere Tenside dienen als waschaktive Substanzen in Wasch- und Reinigungsmitteln.

Aufgabe

1 Begründe, warum es wichtig ist, dass Seifen und andere Tenside lipophile und hydrophile Bereiche im Molekül besitzen.

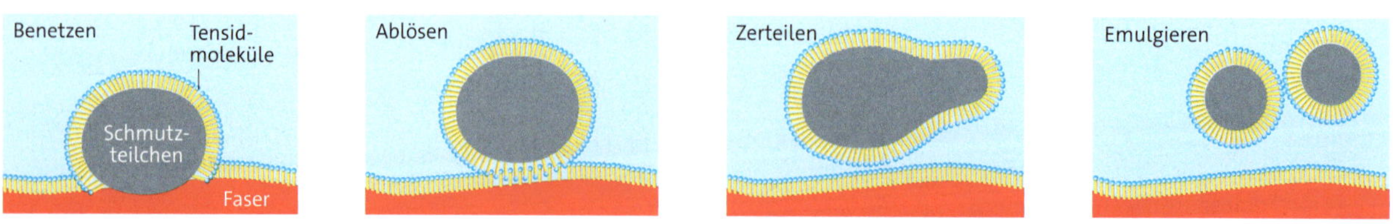

3 Der Reinigungsprozess im Modell

das Tensid

Material A

Wirkung von Tensiden

Seifen- und Tensidteilchen helfen zum einen Fett- und Partikelschmutz von den Fasern der Textilien oder von Flächen abzulösen. Zum anderen können sie dabei helfen, den abgelösten Schmutz in der Waschlauge oder dem Spülwasser fein zu verteilen, sodass er ins Abwasser übergeht.

Materialliste: Kernseife, Spülmittel, Waschmittel ⟨!⟩, 6 Reagenzgläser, passende Stopfen, Pipette, Reagenzglasgestell, Speiseöl, Ruß- oder Lehmpulver, Spatel

1 Fülle die Reagenzgläser jeweils mit 2 ml Wasser und stelle sie in das Reagenzglasgestell. Gib in drei der Reagenzgläser mittels Pipette jeweils 1 ml Speiseöl, in die anderen drei eine Spatelspitze Ruß oder Lehm. Nun werden die 6 Gläser mit Stopfen verschlossen und nacheinander kräftig geschüttelt.

2 Beobachte und warte 1 Minute lang. Gib dann in einen Öl- und einen Rußansatz etwas abgeschabte Kernseife, verschließe und schüttle erneut. Gib in 2 weitere Gläser einige Tropfen Spülmittel und in die letzten 2 eine Spatelportion Waschmittel. Schüttle auch diese Ansätze gut durch und beobachte.

4 Kernseife

3 ▢ Beschreibe, wie sich die Ölportion und der Ruß vor der Zugabe von Tensiden im Wasser verhalten.

4 ◔ Auf einer Waschmittelverpackung soll die besondere Wirkung der Tenside hervorgehoben werden. Formuliere dazu einen gut verständlichen Werbetext.

Material B

Drop Speed

Materialliste: Tropftrichter, Stativmaterial, Becherglas, Spülmittellösung, Glasstab, Stoppuhr

1 Spanne den Tropftrichter im Stativ ein und befülle ihn mit Wasser. Stelle ein Becherglas unter den Auslauf und drehe den Hahn gerade so weit auf, dass er ungefähr mit einem Tropfen pro Sekunde tropft.

2 Benetze einen Glasstab mit der Tensidlösung, tauche ihn in den Tropftrichter und rühre schnell um. Beobachte nun die Geschwindigkeit der Tropfen.

3 ◔ Beschreibe, was das Einbringen der Tensidlösung in dem Experiment bewirkt.

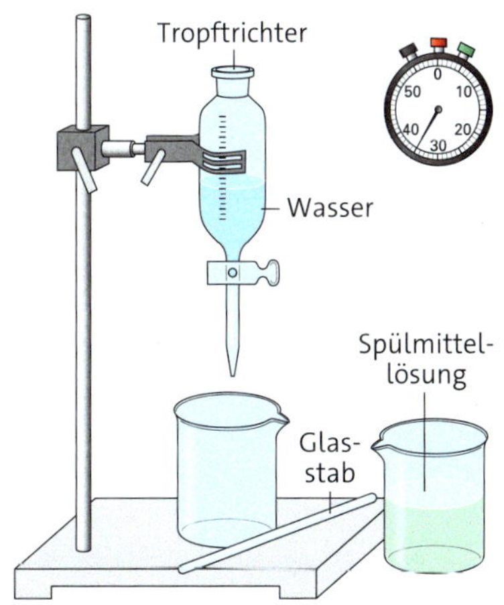

5 Versuchsaufbau

Weitere Wirkstoffe in Waschmitteln

1 Die Rasenbleiche – Handarbeit für weiße Wäsche

Noch bis Mitte des 20. Jahrhunderts war es ein aufwendiges Verfahren, weiße Wäsche wieder schön sauber zu bekommen. Heute erledigen dies verschiedene Zusatzstoffe in unseren Waschmitteln.

Bleichmittel • Es gibt eine Reihe von farbigen Schmutzflecken, die von den Tensiden nicht abgelöst werden. Diese zerstört man mithilfe von Sauerstoff, der im Waschprozess freigesetzt und aktiviert wird. Früher ließ man den Luftsauerstoff und Sonnenstrahlung als Farbkiller wirken. Man legte die Wäsche einfach auf den Rasen, auf die „Bleiche". → 1
Heute kommen Stoffe wie Natriumpercarbonat, sogenannte Bleichmittel, als Waschmittelbestandteile zum Einsatz. Sie setzen unter Wärmeeinwirkung ebenfalls aktiven Sauerstoff frei.

Enthärter • Im Leitungswasser befinden sich von Natur aus gelöste Mineralsalze, die die Seifen- und Tensidwirkung erheblich stören können. Bei Heißwäsche können sich zum Beispiel wasserunlösliche Kalkseife und Kalkablagerungen bilden. Deshalb enthalten Waschmittel Stoffe gegen diese natürliche Wasserhärte, sogenannte Enthärter. Waschmittelphosphate und Zeolithe kommen dabei zum Einsatz.

Optische Aufheller • Um die Wäsche aufzuhellen und Gelbstich darin zu entfernen, werden den Waschmitteln sogenannte optische Aufheller zugesetzt. Sie werden vom Gewebe aufgenommen und reflektieren das Licht so, dass die Wäsche weißer wirkt.

Enzyme • Verschiedene Enzyme werden den Waschmitteln zugesetzt, um zum Beispiel nicht lösliche Essensreste von den Fasern der Kleidung zu lösen. Die Enzyme spalten dabei Eiweiße, Fette oder Stärke.

Waschmittel enthalten neben den waschaktiven Substanzen auch Bleichmittel, Enthärter, optische Aufheller und Enzyme.

Aufgaben

1 ○ Nenne Stoffe, die in Waschmitteln den Tensiden beigefügt werden.

2 ◐ Erläutere, welche Wirkung Luftsauerstoff in Verbindung mit Wasser und Sonnenlicht auf Schmutzflecken hat.

Material A

Wasserhärte

Im Leitungswasser ist je nach Region mehr oder weniger gelöster Kalk enthalten. Calcium-Ionen im Wasser stören aber die Seife und andere Tenside bei der Reinigungsarbeit. Dieser Versuch zeigt anhand der Schaumbildung, wie Seifenteilchen vom Kalk im Wasser regelrecht blockiert werden.

Materialliste: Leitungswasser, Kalkwasser ◇ ◇, stilles Mineralwasser, destilliertes Wasser, Kernseife, Waschmitteltensid, Reagenzglasgestell, 8 Reagenzgläser, Erlenmeyerkolben

1 Gib kleine Späne der Kernseife in einen Erlenmeyerkolben und löse sie durch Schwenken in 20 ml destilliertem Wasser auf.

2 Mische in einem weiteren Erlenmeyerkolben 20 ml destilliertes Wasser mit 2 ml flüssigem Tensidkonzentrat.

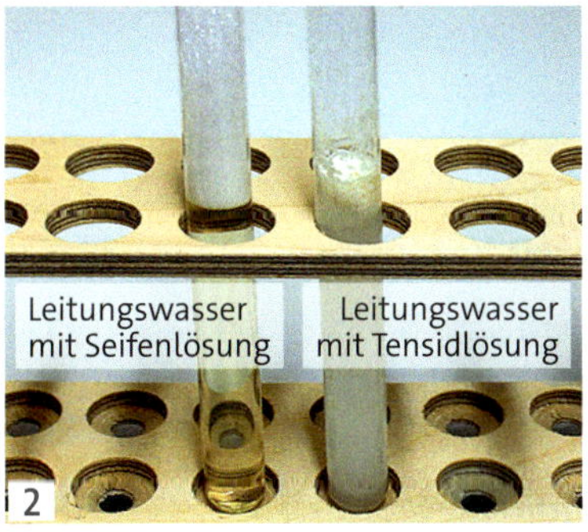

2

3 Fülle in je ein Reagenzglas zur Hälfte Kalkwasser, stilles Mineralwasser, Leitungswasser und destilliertes Wasser.

4 Gib in jedes der vier Reagenzgläser 5 Tropfen der Seifenlösung. Verschließe sie mit einem Stopfen und schüttle sie.
Prüfe, ob sich eine Schaumportion bildet und ob diese längere Zeit bleibt oder zusammenfällt.

5 Wiederhole den Versuch mit der verdünnten Tensidlösung. Beobachte erneut, ob sich Schaum bildet.

Material B

Sauerstoffbleiche

Materialliste: 8 kleine Baumwolllappen, rotes Obst, Füllertinte, grünes Gras oder Laub, Faserstiftfarbe, Seife, Messer, Spatel, Bleichmittel (Percarbonat-Peroxid-Kombination) ◇, Topf, Rührstab, Heizplatte

1 Vorbereitend werden vier Stofflappen gezielt mit jeweils einem Farbmaterial beschmutzt.

2 Gib die Stofflappen in einen Topf mit Wasser. Gib 3 Spatelportionen geschabte Seife hinzu und erhitze die Wäsche 10 Minuten lang unter Rühren, ohne dass es kocht.

3

3 Nimmt die Lappen heraus und spüle sie kurz unter kaltem Wasser ab. Beurteile das Waschergebnis.

4 Wiederhole den Versuch mit vier weiteren Lappen, wobei du dem Wasser 3 Spatelportionen Bleichmittel zusetzt. Vergleiche die Waschergebnisse.

Cremes – eine interessante Mischung

1 Creme für die Haut – Creme für den Gaumen

Fettiges und Wässriges wollen von Natur aus nicht zusammenbleiben. Viel zu unterschiedlich sind die chemischen Bauformen der Moleküle. Und doch kann man mit einem besonderen Hilfsstoff stabile Gemische produzieren, die man Cremes nennt.

Wasser und Öl • Schüttelt man ein Gemisch aus Wasser und Öl kräftig durch, so bilden sich zunächst kleine Tröpfchen der beiden Phasen, die sich zunächst sichtlich vermischen. Solche Gemische nennt man Emulsion, den Vorgang Emulgieren.

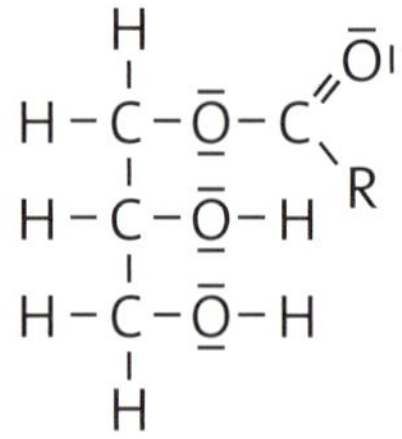

2 Monoglycerid (R entspricht einem sehr langen Kohlenwasserstoffrest)

Aber schon nach kurzer Zeit bewegen sich die Öltröpfchen nach oben, die Wassertröpfchen nach unten. Eine Entmischung findet statt, und am Ende hat man eine mit Öl überschichtete Wasserportion. Die ölige Phase hat eine geringere Dichte.

Emulgatoren • Will man verhindern, dass sich Öl und Wasser entmischen, benötigt man Hilfsstoffe mit einer wasserliebenden und einer fettliebenden Seite im Molekül. Diese Hilfsstoffe bezeichnet man als Emulgatoren. Für Cremespeisen nimmt man häufig Lecithine, die in natürlichen Fetten, im Eidotter und in Soja vorkommen. Für kosmetische Cremes werden meist Mono- und Diglyceride als Emulgatoren verwendet. → 2 Diese Substanzen sind wie ein Fettmolekül gebaut, haben aber anstatt drei nur eine oder zwei Fettsäuren und dafür ein oder zwei Hydroxylgruppen.

die Emulsion
der Emulgator

Cremes und Haut • Unsere Hautoberfläche wird von Natur aus mit Fett und mit Feuchtigkeit gut versorgt. Wir besitzen dafür unzählige Talgdrüsen und Schweißdrüsen. → 3 Kosmetische Cremes können helfen, die Haut zu pflegen und Störungen der Hautoberfläche zu heilen.

Emulsion mit Wirkstoffen • Das Grundgerüst jeder kosmetischen Creme ist gleich. Es besteht aus Ölen und Wasser. Das Verhältnis von Öl zu Wasser kann dabei von Creme zu Creme unterschiedlich sein. Hinzu kommt immer ein Emulgator, der dafür sorgt, dass die kleinen Fetttröpfchen in der Wasserportion oder die Wassertröpfchen in der Ölportion sich nicht entmischen. Wachsartige Stoffe und feste Fette sorgen für die richtige Beschaffenheit, also ob das Präparat eher eine steife Hautcreme oder eine flüssige Hautmilch wird. Mit Parfümölen oder natürlichen ätherischen Ölen bekommt eine Creme eine angenehme Duftnote. Für eine längere Haltbarkeit kommen meist Konservierungsstoffe zum Einsatz. Zahlreiche Wirkstoffe stehen bei der Cremeherstellung zur Verfügung, für jeden Hauttyp und für jedes Hautproblem jeweils geeignete.

Kennzeichnung • Nach der INCI (International Nomenclature of Cosmetic Ingredients) trägt jede Creme im Handel eine Auflistung aller Inhaltsstoffe in englischer Sprache. Die Stoffe können damit international einheitlich benannt werden. → 4

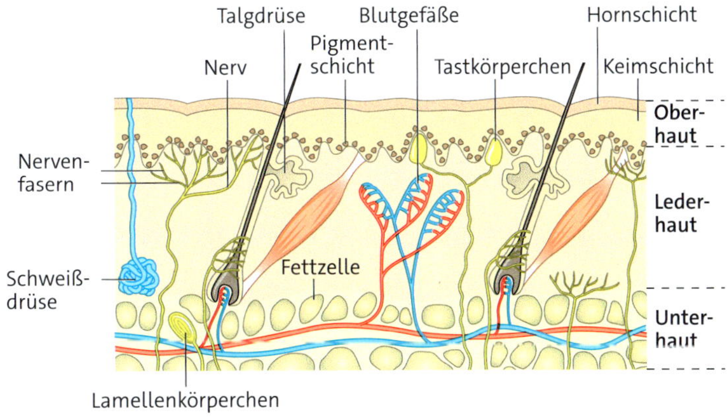

3 Aufbau der Haut

Ingredients:
Aqua, Paraffinum Liquidum, Cera Microcristallina, Glycerin, Myristyl Alcohol, Paraffin, Panthenol, Decyl Oleate, Octyldodecanol, Aluminum Stearates, Citric Acid, Magnesium Sulfate, Magnesium Stearate, Parfum, Limonene, Geraniol, Hydroxycitronellal, Linalool, Citronellol, Benzyl Benzoate, Cinnamyl Alcohol

4 Inhaltsstoffe Creme

Cremes sind Gemische lipophiler und hydrophiler Stoffe.
Damit keine Entmischung stattfindet werden Emulgatoren hinzugegeben.
Emulgatoren besitzen in ihrem Molekülbau wasser- und fettliebende Bestandteile.

Aufgaben

1 ◯ Nenne die drei Grundzutaten, die man für die Cremeherstellung benötigt.

2 ◐ Erkläre, welche Rolle ein Emulgator bei der Cremeherstellung spielt.

Cremes – eine interessante Mischung

Material A

Wo steckt der Emulgator?

1 ▢ Gib an, mit welchen Mitteln die Cremes und Schokomassen stabil gemacht werden. → 1 Suche bei den Inhaltsstoffen nach:
- Vollei/Volleipulver
- Eigelb
- Soja
- Lecithin
- Mono- und Diglyceride

2 ▢ Fertige eine Aufstellung an:
Produktbezeichnung – verwendete Emulgatoren

Schokopudding
Zutaten: fettarme Milch, Sahne, Zucker, fettarmes Kakaopulver, Molkenerzeugnis, Mono- und Diglyceride von Speisefettsäuren, Speisegelatine, modifizierte Stärke

Milchschokolade
Zutaten: Kakaobutter, Zucker, Vollmilchpulver, Süßmolkenpulver, Kakaomasse, Butterreinfett, Sojalecithine, Vanilleextrakt

Schoko-Eiscreme
Zutaten: entrahmte Milch, Schlagsahne, Zucker, Glucosesirup, Molkenerzeugnis, fettarmes Kakaopulver, Kakaomasse, Mono- und Diglyceride von Speisefettsäuren, Lecithine, Guarkernmehl, Speisesalz

Mayonnaise
Zutaten: 80 % Rapsöl, Eigelb, Wasser, Zucker, Branntweinessig, Gewürze, Iodsalz

1

Material B

Emulgator im Einsatz

Materialliste: 2 Reagenzgläser mit Stopfen, Reagenzglasständer, Wasser, Eigelb, Speiseöl, Pipetten

1 Gib in jedes der zwei Reagenzgläser 3 ml Wasser und 3 ml Speiseöl.
Die Reagenzgläser werden mit einem Stopfen verschlossen, gut geschüttelt und in den Reagenzglasständer gestellt.

2 Lass die zwei Ansätze kurze Zeit ruhen und beobachte.

3 Gib nun zu einer Mischung 2 Tropfen Eigelb und schüttle noch mal kräftig. Lass die Mischung kurz ruhen und beobachte die Wasser-Öl-Eigelb-Mischung.

4 ▢ Beschreibe deine Beobachtung. Gib an, welche Aufgabe das Eigelb hat.

2 Mayonnaise – eine Emulsion mit Eigelb

Material C

Geschüttelt – nicht gerührt

Bei der Herstellung einer kosmetischen Creme musst du sehr sauber arbeiten – schließlich ist das Produkt ja für deine Haut bestimmt. Also nur gründlich gereinigte Gefäße und Geräte benutzen!

Materialliste: Avocadoöl, Sheabutter, Tegomuls 90 (Emulgator), Wasser, α-Bisabolol, Aloe-vera-Gel, Parfümöl, Citronensäure-Lösung, Schraubdeckelglas, Becherglas, Dezimalwaage, Wasserbad auf Heizplatte, Thermometer, Spatel, Glasstab, Schüssel mit kaltem Wasser, Handtuch, Cremedosen oder -gläschen, Etiketten

Bestandteil	Hinweis
Avocadoöl	enthält viele Vitamine und wird nicht so schnell ranzig
Sheabutter	gibt der Creme die weiche Beschaffenheit
Tegomuls 90	Emulgator
Wasser	Das Mengenverhältnis Wasser zu Öl ist für die Beschaffenheit der Creme von Bedeutung, d. h. ob sie milchiger oder cremig-fester ist.
α-Bisabolol	Wirkstoff, der im ätherischen Öl der Kamille vorkommt
Aloe vera	Das Gel der Aloe-vera-Pflanze gilt als vielfältiges Heilmittel.
Parfümöl	z. B. ätherische Öle von Salbei, Minze, Rose, Lavendel oder Jasmin
Citronensäure-Lösung	Damit wird die Creme auf einen pH-Wert von 5,5 eingestellt.

3 Bestandteile der Creme und ihre Funktionen

1 Gib in ein Schraubdeckelglas 35 g Avocadoöl, 10 g Sheabutter und 15 g Tegomuls 90.

2 Erhitze das Schraubdeckelglas in einem Wasserbad auf 65 °C. Kontrolliere die Temperatur mit dem Thermometer.

3 Erhitze in einem Becherglas 180 ml Wasser bis zum Sieden. Lass das Wasser anschließend auf ca. 70 °C abkühlen.

4 Gieße nun das warme Wasser zur warmen Fettphase in das Schraubdeckelglas und verschließe es. Umfasse das Glas mit einem Handtuch und schüttele es kräftig. Stelle das Glas zum Kühlen in eine Schüssel mit kaltem Wasser. Öffne und schließe mehrmals den Schraubdeckel zum Druckausgleich.

5 Füge der handwarmen Creme nun 30 Tropfen α-Bisabolol, 2 g Aloe vera und 12 Tropfen Parfümöl hinzu. Rühre die Substanzen mit dem Spatel intensiv in die Creme ein.

6 Gib zum Schluss ca. 5 Tropfen Citronensäure-Lösung zur Creme und prüfe mit dem Indikatorpapier, bis du einen pH-Wert von 5,5 erreicht hast.

7 Die fertige Creme wird auf kleine Döschen verteilt. Sie sollte zügig verbraucht werden.

8 ○ Recherchiere die Wirkung von α-Bisabolol und Aloe vera.

Zusammenfassung

Lösungsmittel • Wasser, Öl/Fett und Alkohol sind typische Lösungsmittel bei der Verarbeitung von Lebensmitteln und bei der Zubereitung von Speisen und Getränken.
Sie unterscheiden sich in ihrem Löseverhalten. Öl und Wasser lassen sich beispielsweise nicht mischen. Die Fett- und Ölmoleküle bestehen größtenteils aus langkettigen Kohlenwasserstoffen. Sie sind daher unpolar und lösen sich nicht im polaren Wasser. Dagegen lösen sie sich aber gut in unpolaren Lösungsmitteln. Man bezeichnet sie daher auch als lipophil (fettliebend).
Der Alkohol Ethanol kann sowohl Fettiges als auch Wässriges lösen. Das Molekül besitzt sowohl eine unpolare Alkylgruppe als auch eine polare Hydroxylgruppe.

Cremes – eine interessante Mischung • Die Grundstoffe einer Creme sind Öl und Wasser. Damit diese sich nicht entmischen, werden Emulgatoren hinzugegeben.
Emulgatoren besitzen in ihrem Molekülbau wasser- und fettliebende Bestandteile.

1 Herstellung einer Creme

Tenside • Seifen und andere Tensidteilchen sind in unseren Wasch- und Reinigungsmitteln enthalten und für die Schmutzablösung verantwortlich. Tensidmoleküle besitzen einen lipophilen und hydrophilen Teil. → 2 Der fettliebende Teil kann wasserunlösliche Schmutzteilchen an sich binden, der wasserliebende Teil ist für die Wasserlöslichkeit verantwortlich.

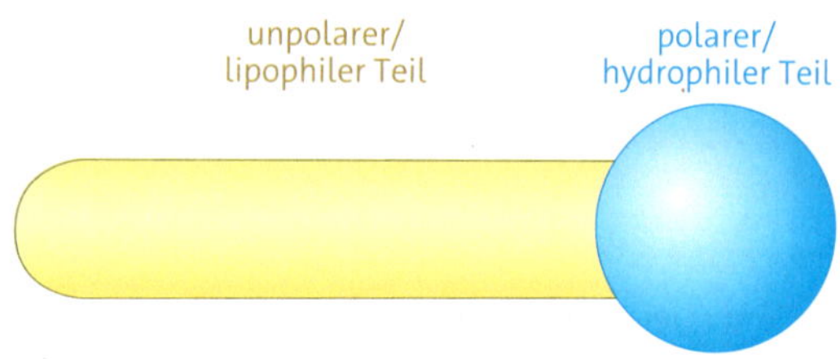

2 Tensid

Weitere Wirkstoffe in Waschmitteln • Verschiedene Zusatzstoffe in Waschmitteln erfüllen unterschiedliche Aufgaben:
Bleichmittel entfernen Schmutzpartikel, die von Tensiden nicht entfernt werden konnten. Enthärter verhindern die Bildung von Kalkseife und Kalkablagerungen, die durch hartes Wasser entstehen können. Durch Enzyme lassen sich schwer entfernbare Essenreste von der Kleidung lösen. Mit optischen Aufhellern lässt sich der Gelbstich aus Kleidung entfernen.

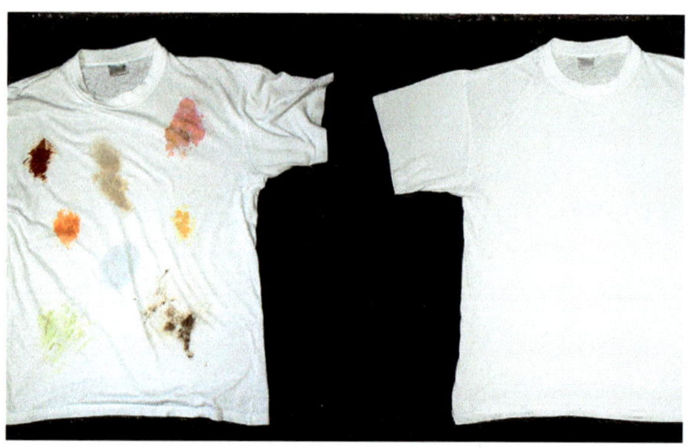

3 Wie erhält man wieder makellos weiße Kleidung?

Teste dich! (Lösungen im Anhang)

Lösungsmittel

1 Gib an, welche drei Flüssigkeiten beim Kochen und beim Konservieren in der Küche als Lösungsmittel verwendet werden.

2 Begründe, warum Alkohole sowohl in Wasser als auch in Öl löslich sind. → 4

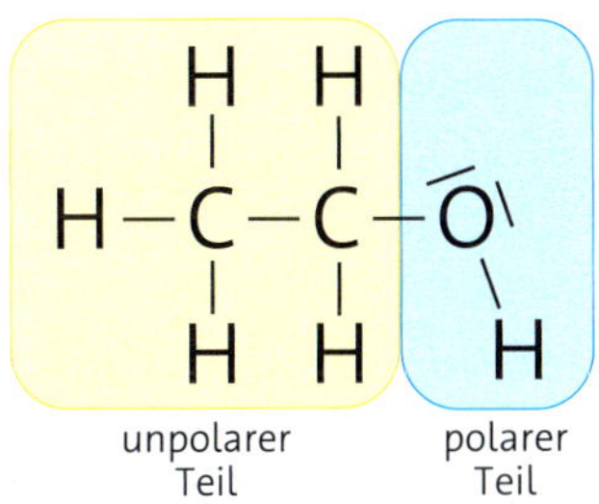

4 Bau eines Ethanolmoleküls

3 Begründe, warum sich Methanol und Glycerin wasserliebend, Pentanol und Hexanol dagegen wasserabstoßend verhalten.

Tenside

4 Beschreibe einen Versuch, der die Oberflächenspannung des Wassers zeigt.

5 Erläutere die Wirkung von Seife bzw. Waschmitteltensiden auf die Oberflächenspannung des Wassers.

6 Begründe, warum Tensidmoleküle jeweils eine lipophile und eine hydrophile Seite besitzen müssen, um als waschaktive Substanzen wirken zu können.

7 Beschreibe, in welcher Schrittfolge Tenside Schmutz von der Textilfaser ablösen.

Weitere Wirkstoffe in Waschmitteln

8 Beschreibe, wie man in früheren Zeiten Farbflecken auf weißer Wäsche beseitigt hat.

9 Erläutere, welche chemische Eigenschaft Bleichmittel besitzen müssen, um ihre Wirkung zu entfalten.

10 Nenne die Schmutzarten, gegen die Enzyme in Waschmitteln wirksam sind.

11 Begründe, warum man Waschmitteln sogenannte Enthärter zusetzt.

Cremes

12 Öl und Wasser
a Beschreibe, wie sich die beiden Flüssigkeiten beim kräftigen Schütteln verhalten. → 5
b Erkläre, was nach einigen Minuten nach dem Schütteln zu beobachten ist.

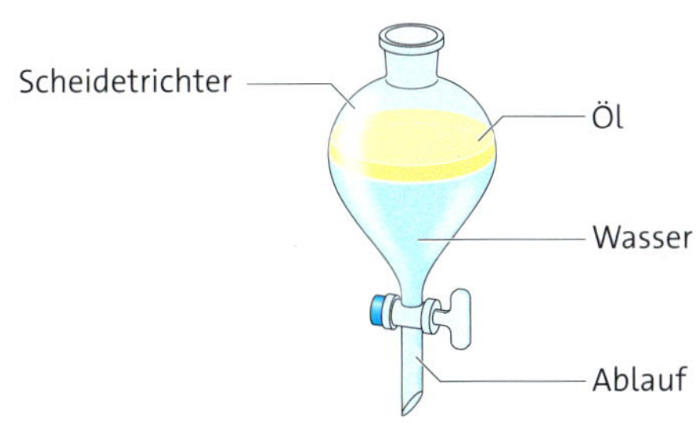

5 Ölschicht auf Wasserschicht im Scheidetrichter

13 Erläutere die Gemeinsamkeiten von Tensiden in Waschmitteln und Emulgatoren in Cremes.

14 Nenne die Grundbestandteile eine Rezeptur für kosmetische Cremes.

Anhang

Operatoren

Keine Missverständnisse mehr bei Aufgaben

Die meisten Aufgaben in diesem Buch beginnen mit einem Verb:

- **Nenne** die fünf ...
- **Beschreibe** die Vermehrung eines ...
- **Begründe**, weshalb die ...
- **Erläutere** an einem Beispiel ...
- ...

Diese Verben geben an, was du tun sollst.

Ordne

Teile in Gruppen ein. Lege z. B. Listen an.

Aufgabe: Ordne zu, ob es sich bei den Beispielen um Reinstoffe oder Stoffgemische handelt: Milch, Mineralwasser, Apfelsaft, Müll, Waschpulver, Eisenpulver.

Lösung:
Stoffgemische: Milch, Mineralwasser, Apfelsaft, Müll, Waschpulver
Reinstoff: Eisenpulver

Beschreibe

Formuliere so genau (mit Fachwörtern), dass man sich alles vorstellen kann.

Aufgabe: Beschreibe, mit welchem Versuch du überprüfen kannst, dass es sich bei einem Gas um Kohlenstoffdioxid handelt.

Lösung: Mit der Kalkwasserprobe kann man überprüfen, ob es sich bei einem Gas um Kohlenstoffdioxid handelt.
Dafür wird ein unbekanntes Gas in klares Kalkwasser geleitet. Trübt sich die Flüssigkeit, handelt es sich bei dem Gas um Kohlenstoffdioxid.

Erläutere

Erkläre ausführlich und liefere Beispiele.

Aufgabe: Ohne Wasser – kein Leben. Erläutere die Rolle, die Wasser in unserem Leben spielt. Gehe dabei auf die Verwendung, unseren Wasserbedarf und die Funktionen im Organismus ein.

Lösung: Ohne Wasser gäbe es auf unserem Planeten kein Leben. Wasser spielt in vielen Lebensbereichen eine wichtige Rolle: Es ist Durstlöscher, wird für die tägliche Hygiene, zum Kochen und Wäschewaschen benötigt. Außerdem wird es in der Industrie und der Landwirtschaft für die Herstellung von Produkten benötigt.
Wasser ist ein wichtiger Bestandteil in jeder lebenden Zelle und erfüllt verschiedene Funktionen in unserem Körper: Es dient als Baustoff, Lösungsmittel, Transportmittel und Wärmeregulator.

Nenne

Notiere Namen oder Begriffe.

Aufgabe: Nenne die Eigenschaften von Wasserstoff.

Lösung: farb-, geruch- und geschmackloses Gas, brennbar, unterhält die Verbrennung aber nicht

Erkläre – Begründe

Notiere eine oder mehrere Ursachen.

Aufgabe: Erkläre, warum Salze spröde sind.

Lösung: Im Ionengitter führt eine winzige Verschiebung um eine Ionenschicht dazu, dass Abstoßungskräfte zwischen den Ionen ausgelöst werden. Ionen mit gleicher Ladung, die nun benachbart liegen, stoßen sich gegenseitig ab. Daher sind Salze spröde, das heißt, die Kristalle brechen bei geringem Stoß oder Druck leicht.

Berechne

Löse die Aufgabe durch eine Rechnung. Gib das Ergebnis immer mit der richtigen Einheit an.

Aufgabe: Berechne, wie viel Zucker man in einer Kanne mit 500 ml Tee bei 60 °C lösen kann.

Lösung: Bei 60 °C lösen sich in 100 ml Wasser 250 g Zucker. In 500 ml lösen sich demnach bei 60 °C: 5 · 250 g Zucker = 1250 g Zucker.

Vergleiche

Stelle Gemeinsamkeiten und Unterschiede dar.

Aufgabe: Vergleiche die Atommodelle von Dalton, Rutherford und Bohr.

Lösung: Dalton stellte sich Atome als kleine, massive Kugeln vor.
Rutherford stellte die Theorie des Kern-Hülle-Modells auf. Atome bestehen demnach aus einem sehr kleinen positiven Kern und einer großen Hülle, in der sich die negativ geladenen Elektronen befinden.
Bohr erweiterte Rutherfords Modell. Demnach befinden sich die Elektronen in der Hülle auf verschiedenen Energieniveaus, den sogenannten „Elektronenschalen".

Zeichne

Fertige ein genaues, vollständiges Bild an. Verwende zum Beispiel ein Lineal.

Aufgabe: Zeichne ein Energiediagramm für eine endotherme Reaktion.

Lösung:

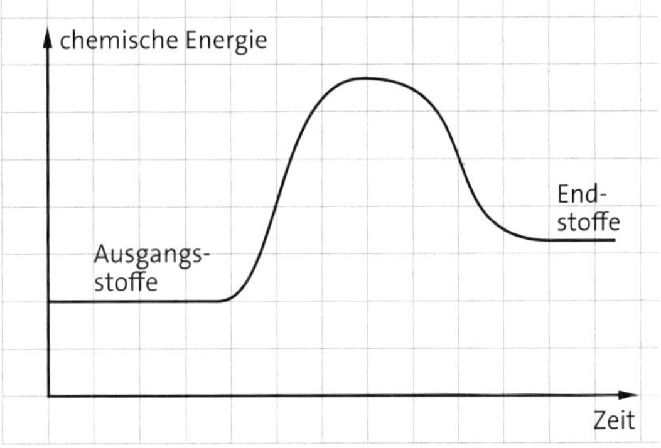

Chemikant/-in

Ausbildungsdauer: 3,5 Jahre

Erwarteter Schulabschluss: überwiegend mittlerer Schulabschluss, teilweise auch Hauptschulabschluss

Wichtige Schulfächer: Chemie, Physik, Mathematik

Ausbildungsvergütung: 850–1140 €

Art der Ausbildung: duale Ausbildung

Tätigkeiten: Chemikanten stellen aus Rohstoffen in großindustriellen Anlagen chemische Erzeugnisse wie Farben, Waschmittel oder Kosmetika her. Dazu messen sie die Rohstoffe ab, befüllen die Apparaturen, steuern und überwachen die Anlagen.
Es werden Proben entnommen und auf Qualität überprüft. Der gesamte Fertigungsablauf wird jeweils durch die Chemikanten protokolliert.
Die Durchführung kleinerer Reparaturen an den Anlagen sind ebenfalls Aufgaben der Chemikanten.

Weiterbildungsmöglichkeiten: Industriemeister oder Techniker

1 Steuerung und Überwachung von Anlagen

Chemielaborant/-in

Ausbildungsdauer: 3,5 Jahre

Erwarteter Schulabschluss: Hochschulreife oder guter mittlerer Bildungsabschluss

Wichtige Schulfächer: Chemie, Physik, Biologie, Mathematik und Englisch

Ausbildungsvergütung: 850–1140 €

Art der Ausbildung: duale Ausbildung

Tätigkeiten: Chemielaboranten untersuchen Stoffe und Produkte auf ihre Qualität.
Weiterhin stellen sie Stoffgemische her, entwickeln und optimieren Syntheseverfahren.
Es werden Messungen durchgeführt, Versuchsabläufe protokolliert und am Computer ausgewertet.
Für Chemielaboranten ist Arbeitssicherheit ein wichtiges Thema, da häufig mit gefährlichen Stoffen hantiert wird.
Exaktes Arbeiten ist eine absolute Grundvoraussetzung in diesem Beruf.

Weiterbildungsmöglichkeiten: Industriemeister oder Techniker. Unter bestimmten Voraussetzungen ist auch ohne Hochschulreife eine Studienzulassung möglich.

2 Überprüfung der Warenqualität

Chemisch-techn. Assistent/-in (CTA)

Ausbildungsdauer: 2 Jahre

Erwarteter Schulabschluss: in der Regel mittlerer Schulabschluss

Wichtige Schulfächer: Chemie, Physik, Mathematik, Informatik

Ausbildungsvergütung: –

Art der Ausbildung: Berufsfachschule

Tätigkeiten: CTAs haben sehr ähnliche Aufgaben wie Chemielaboranten. Sie untersuchen Proben von Rohstoffen oder Produkten auf ihre Qualität, setzen Versuchsreihen an und führen diese durch. Dabei werden die Ergebnisse protokolliert und teilweise mit dem Computer ausgewertet.
Chemisch-technische Assistenten stellen Stoffgemische her und entwickeln oder optimieren Syntheseverfahren. Exaktes Arbeiten und die Beachtung der Arbeitssicherheit sind unabdingbar für CTAs.

Weiterbildungsmöglichkeiten: Industriemeister oder Techniker. Unter bestimmten Voraussetzungen ist auch ohne Hochschulreife eine Studienzulassung möglich.

3 Arbeit im Labor

Pharmazeutisch-techn. Assistent/-in (PTA)

Ausbildungsdauer: 2,5 Jahre

Erwarteter Schulabschluss: in der Regel mittlerer Schulabschluss

Wichtige Schulfächer: Chemie, Biologie, Mathematik, Deutsch

Ausbildungsvergütung: schulische Ausbildung ohne Vergütung. Praktikanten erhalten 670 €.

Art der Ausbildung: Berufsfachschule und Praktikum

Tätigkeiten: PTAs stellen unter Aufsicht der Apotheker Salben und Medikamente her. Ebenfalls unter Aufsicht verkaufen sie verschreibungspflichtige Medikamente.
Der Verkauf nicht verschreibungspflichtiger Medikamente und die Beratung der Kunden zur Anwendung der Produkte gehören ebenfalls zum Tätigkeitsfeld der Pharmazeutisch-technischen Assistenten.
Einfache physikalische und chemische Arzneimittelanalysen werden von PTAs durchgeführt.

Weiterbildungsmöglichkeiten: Industriemeister Fachrichtung Chemie oder Pharmazie

4 Beschäftigung in Apotheken

Wasserstoff (H)

Wasserstoff ist bei Zimmertemperatur ein geruch- und farbloses Gas. Mit einer Dichte von $0{,}09 \frac{g}{l}$ ist es das Element mit der geringsten Dichte überhaupt.

Aufgrund dieser Eigenschaft wurde es früher benutzt, um Luftschiffe zu füllen. Allerdings ist Wasserstoff brennbar, was 1937 zum Unglück des Zeppelins „Hindenburg" führte.

Wasserstoff wird bei −252 °C flüssig und bei −259 °C fest.

Das Wasserstoff-Atom hat die Masse von 1 u. Der Kern des Wasserstoff-Atoms enthält 1 Proton.

Lithium (Li)

Lithium ist das Metall mit der geringsten Dichte ($0{,}53 \frac{g}{cm^3}$). Mit einem Haushaltsmesser lässt sich Lithium schneiden, wobei die Schnittkanten silbrig weiß glänzen. Dieser Glanz verschwindet an der Luft nach einigen Minuten.

Wenn man Lithium zu Wasser gibt, kann man beobachten, wie es mit dem Wasser reagiert.

Lithium schmilzt bereits bei 181 °C und wird bei 1330 °C gasförmig.

Lithium-Atome haben eine Masse von 7 u. Im Kern dieser Atome befinden sich 3 Protonen.

Helium (He)

Helium ist ein ausgesprochen reaktionsträges Gas. Es ist farb- und geruchlos. Seine Dichte ist mit $0{,}18 \frac{g}{l}$ weitaus geringer als die von Luft.

Diese Eigenschaft in Kombination damit, dass das Gas nicht brennbar ist, macht Helium zum idealen Füllgas für Ballons.

Helium wird erst bei einer Temperatur von −269 °C flüssig. Bei normalem Druck wird es auch bei weiterer Abkülung nicht fest.

Helium-Atome haben eine Masse von 4 u. Der Kern der Helium-Atome enthält 2 Protonen.

Beryllium (Be)

Beryllium ist ein stahlgraues, sehr hartes und bei Raumtemperatur sehr sprödes Metall. Es hat eine Dichte von $1{,}85 \frac{g}{cm^3}$ und gehört zur Gruppe der Leichtmetalle.

Wenn man es auf eine Temperatur von mindestens 1287 °C erwärmt, wird es flüssig. Erwärmt man es weiter, so kann man feststellen, dass es ab 2969 °C in den gasförmigen Zustand übergeht.

Ein Beryllium-Atom hat im Kern 4 Protonen und eine Masse von 9 u.

Bor (B)

Bor ist ein sehr hartes Element. Von allen Elementen ist nur Kohlenstoff in der Form des Diamanten härter. Bor ist ein reaktionsträger Stoff, der erst bei hohen Temperaturen mit anderen Stoffen reagiert. Die Dichte von Bor beträgt 2,46 $\frac{g}{cm^3}$.

Will man Bor in flüssiger Form vorliegen haben, so muss man es auf eine Temperatur von 2076 °C erwärmen. Die Siedetemperatur liegt bei 3930 °C.

Bei einer Masse von 11 u weisen Bor-Atome im Kern 5 Protonen auf.

Stickstoff (N)

Stickstoff ist ein farb- und geruchloses Gas mit einer Dichte von 1,25 $\frac{g}{l}$. Mit rund 78 % ist es der Hauptbestandteil unserer Atmosphäre. Da Stickstoff ein reaktionsträges Element ist, verwendet man es als Schutzgas für feuergefährliche Stoffe.

Will man flüssigen Stickstoff haben, so muss man diesen Stoff auf eine Temperatur von −196 °C bringen. Festen Stickstoff erhält man ab −210 °C.

Mit 7 Protonen im Kern beträgt die Masse eines Stickstoff-Atoms 14 u.

Kohlenstoff (C)

Kohlenstoff ist ein ausgesprochen interessantes Element. Es kommt in mehreren Formen vor: als Graphit, wie man es aus Bleistiftminen kennt (Dichte 2,26 $\frac{g}{cm^3}$), oder als Diamant (Dichte 3,51 $\frac{g}{cm^3}$) sowie in Form von Fullerenen (1,68 $\frac{g}{cm^3}$). Bei Raumtemperatur ist Kohlenstoff reaktionsträge, bei höheren Temperaturen geht er mit sehr vielen Elementen Bindungen ein.

Kohlenstoff schmilzt erst bei 3547 °C und wird bei 4827 °C gasförmig.

Mit 6 Protonen im Kern bringt es ein Kohlenstoff-Atom auf eine Masse von 12 u.

Sauerstoff (O)

Sauerstoff ist ein farb- und geruchloses Gas, mit einer Dichte von 1,43 $\frac{g}{l}$. Mit rund 21 % ist es das zweithäufigste Element unserer Atmosphäre. Für sehr viele Organismen ist Sauerstoff lebensnotwendig.

Im Handel erhält man Sauerstoff in blauen Stahlflaschen.

Will man Sauerstoff verflüssigen, so muss man diesen Stoff auf −183 °C abkühlen. Bei einer weiteren Abkühlung auf −218 °C wird Sauerstoff fest.

Ein Sauerstoff-Atom hat im Kern 8 Protonen und eine Masse von 16 u.

Fluor (F)

Das bei Raumtemperatur gasförmige, leicht gelbliche und giftige Fluor ist das reaktivste aller Elemente. Bei Raumtemperatur reagiert es mit fast allen bekannten Stoffen unter Flammenbildung. Fluor hat eine Dichte von $1{,}7\,\frac{g}{l}$.

Bei −220 °C hat Fluor seinen Schmelzpunkt und bei anschließender Erwärmung auf −188 °C wird es gasförmig.

Mit 9 Protonen im Kern weist ein Fluor-Atom eine Masse von 19 u auf.

Natrium (Na)

Natrium ist ein Feststoff. Es bildet sehr schnell eine Oxidschicht, und deshalb ist die silberweiße Farbe von Natrium nur an frischen Schnittflächen erkennbar. Aufgrund seiner hohen Reaktionsfreudigkeit mit Luft und mit Wasser wird Natrium in Paraffinöl aufbewahrt. Bei einer Atommasse von 23 u besitzt ein Natrium-Atom 11 Protonen.

Aufgrund der Dichte von $0{,}97\,\frac{g}{cm^3}$ zählt Natrium zu den Leichtmetallen.

Die Schmelztemperatur von Natrium liegt bei 98 °C und es siedet bei 890 °C.

Neon (Ne)

Das Gas Neon ist ein farbloses, geruchloses und äußerst reaktionsträges Element. Es hat eine Atommasse von 20 u und besitzt im Atomkern 10 Protonen.

Auf der Erde kann man Neon nur relativ selten finden, im Weltraum dagegen gehört es zu den drei häufigsten Elementen.

Die Schmelz- und die Siedetemperatur von Neon liegen sehr dicht beieinander. Neon schmilzt bei −249 °C und siedet bei −246 °C.

Bekannt ist Neon vor allem wegen seiner Bedeutung als Füllgas für Leuchtstoffröhren. Die Dichte dieses Gases liegt bei $0{,}90\,\frac{g}{l}$.

Magnesium (Mg)

Magnesium-Atome haben eine Atommasse von 24 u und besitzen im Atomkern jeweils 12 Protonen.

Magnesium ist ein silberweißes, festes und unedles Metall. Die Dichte dieses Metalls beträgt $1{,}74\,\frac{g}{cm^3}$, deshalb zählt man Magnesium zu den Leichtmetallen.

Nach dem Entzünden verbrennt Magnesium mit blendend weißem Licht zu einem weißen Pulver (Magnesiumoxid). Diesen Lichteffekt macht man sich u. a. bei Feuerwerken zunutze.

Magnesium siedet bei 1110 °C und seine Schmelztemperatur beträgt 650 °C.

Aluminium (Al)

Aluminium ist ein silberweißes, unedles Leichtmetall mit einer Dichte von $2{,}7\,\frac{g}{cm^3}$. Es ist ein guter Wärme- und Stromleiter und besitzt eine Atommasse von 27 u.

Aufgrund seiner geringen Dichte und der Korrosionsbeständigkeit wird Aluminium oft zur Herstellung von Auto- und Flugzeugteilen eingesetzt.

Aluminium ist das dritthäufigste Element der Erde und hat 13 Protonen in seinem Atomkern.

Bei ca. 660 °C schmilzt das Metall und die Siedetemperatur liegt bei 2470 °C.

Phosphor (P)

Phosphor ist ein Nichtmetall mit 15 Protonen in den Atomkernen. Die Atommasse beträgt 31 u.

Phosphor gibt es in verschiedenen Formen: Weißer Phosphor ist sehr giftig und hat eine Dichte von $1{,}8\,\frac{g}{cm^3}$. Die Dichte von rotem Phosphor dagegen ist mit $2{,}2\,\frac{g}{cm^3}$ etwas größer. Außerdem gibt es noch violetten und schwarzen Phosphor.

Für den Menschen von besonderer Bedeutung ist eine Phosphorverbindung, die ein Bestandteil der DNA, unser Erbinformation, ist.

Die Siedetemperatur von weißem Phosphor liegt bei 280 °C, er schmilzt bei 44 °C.

Silicium (Si)

Silicium ist ein dunkelgrauer, metallisch glänzender, fester Stoff. Er ist heutzutage ein unverzichtbarer Bestandteil von Elektrogeräten wie Fernsehern, Radios, Handys und Computern.

Bei einer Temperatur von 1410 °C beginnt dieses Halbmetall zu schmelzen und ab 2357 °C wird Silicium gasförmig.

Aufgrund seiner großen Vorkommen in zahlreichen Verbindungen ist Silicium das zweithäufigste Element der Erde. Es hat eine Dichte von $2{,}3\,\frac{g}{cm^3}$.

Mit seinen 14 Protonen im Kern hat es eine Atommasse von 28 u.

Schwefel (S)

Schwefel ist ein leuchtend gelber und geruchloser Stoff, der oft am Kraterrand von Vulkanen zu finden ist. Das Nichtmetall mit einer Dichte von $2{,}1\,\frac{g}{cm^3}$ hat eine Atommasse von 32 u.

Bei einer Temperatur von 115 °C beginnt der feste Stoff zu schmelzen, die Siedetemperatur liegt bei 445 °C.

Schwefel verbrennt mit schwachblauer Flamme zu dem stechend riechenden Gas Schwefeldioxid.

Im Atomkern eines Schwefel-Atoms befinden sich 16 Protonen.

Chlor (Cl)

Das gelbgrüne, stechend riechende Gas Chlor ist vor allem Schwimmbadbesuchern bekannt. Da bereits wenige Milligramm Chlor in einem Liter Wasser Krankheitserreger abtöten können, wird es zur Desinfektion in das Badewasser gegeben.

Mit einer Dichte von $3{,}22\,\frac{g}{l}$ ist Chlor ca. 2,5-mal schwerer als Luft.

Chlor ist sehr giftig, besitzt in seinem Atomkern 17 Protonen und hat eine Atommasse von 35 u.

Das Element Chlor liegt als zweiatomiges Molekül vor.

Die Siedetemperatur beträgt −35 °C, das Element schmilzt bei −102 °C.

Argon (Ar)

Argon ist ein reaktionsträges Gas, das in seinem Atomkern 18 Protonen besitzt.

Die Dichte von Argon beträgt $1{,}78\,\frac{g}{l}$.

Siede- und Schmelztemperatur des Elements liegen sehr dicht beieinander. Bei −186 °C beginnt flüssiges Argon gasförmig zu werden und bei −189 °C wird festes Argon flüssig.

Wie Neon wird auch Argon in Leuchtstoffröhren verwendet.

Argon ist in kleinen Mengen in unserer Luft enthalten und hat eine Atommasse von 40 u.

Laborgeräte

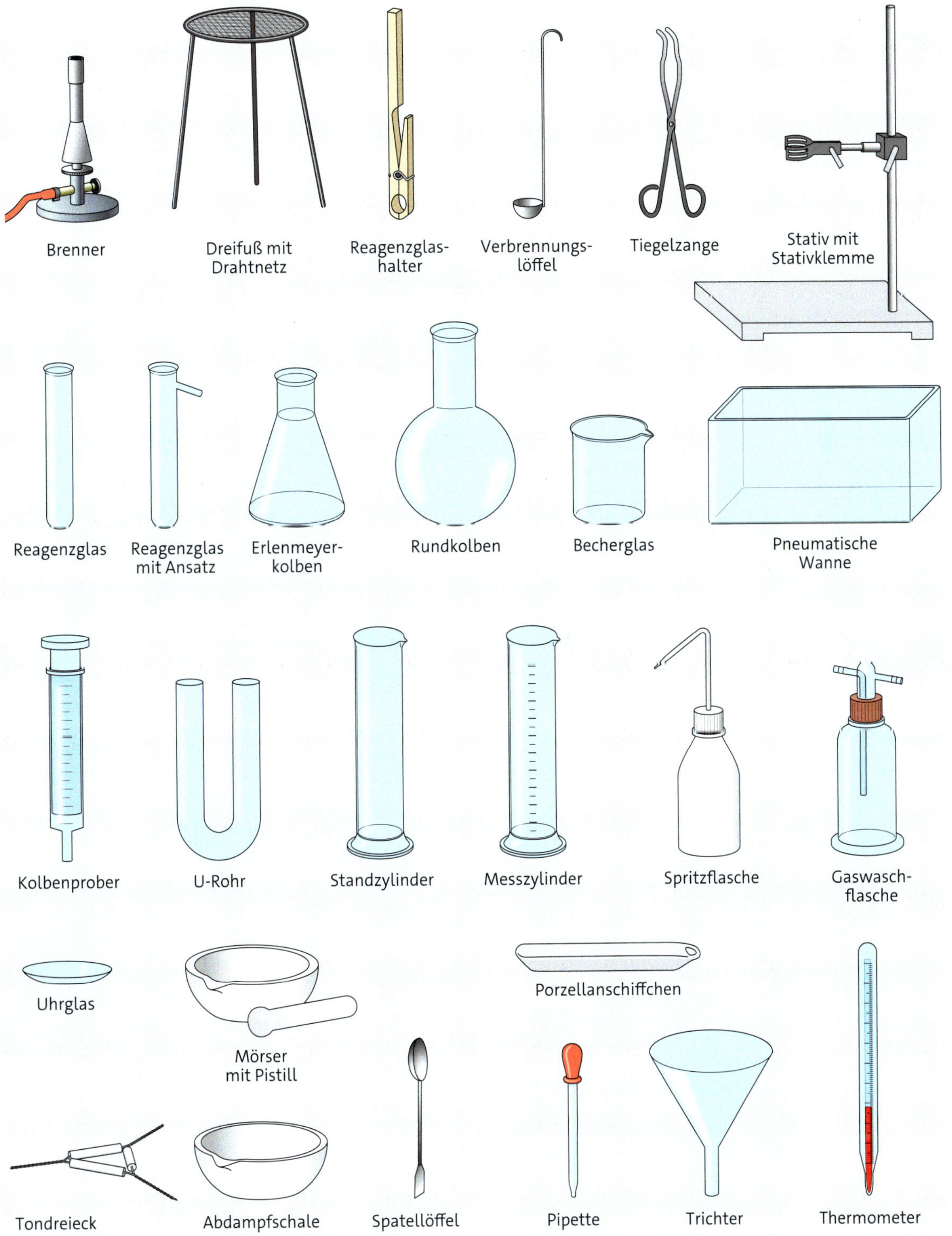

Rundgang durch den Fachraum – S. 29

1
- Die Versuchsanleitung vor jedem Experiment genau durchlesen.
- Immer die Schutzbrille tragen.
- Nicht im Sitzen arbeiten.
- Immer mit kleinen Mengen arbeiten.
- Alle Geräte nach dem Versuch reinigen und wieder aufräumen.

2 ätzend – verstärkt Feuer – explosiv
Gase unter Druck – organschädigend – umweltgefährlich
entzündlich – giftig – gesundheitsgefährdend

3
1. Stellschrauben für Gas- und Luftzufuhr kontrollieren und gegebenenfalls schließen.
2. Gaszufuhr über einen Schlauch mit dem Gashahn verbinden.
3. Gashahn durch gleichzeitiges Drücken und Drehen öffnen.
4. Feuerzeugflamme an den Flammenaustritt halten und Stellschraube für Gaszufuhr öffnen.
5. Stellschraube für Luftzufuhr öffnen.

4 Pipette – Messzylinder – Becherglas

5

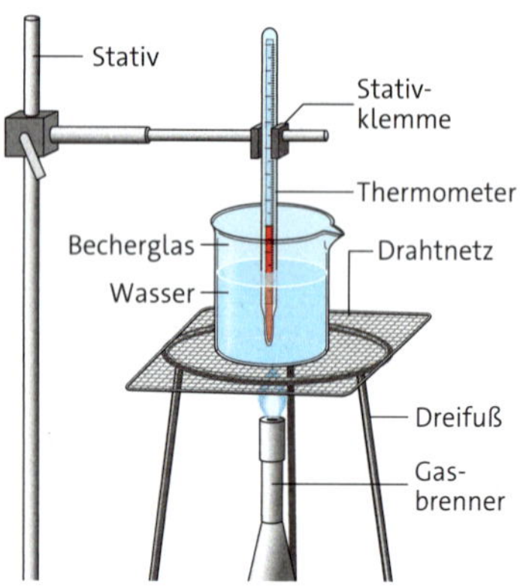

6 a

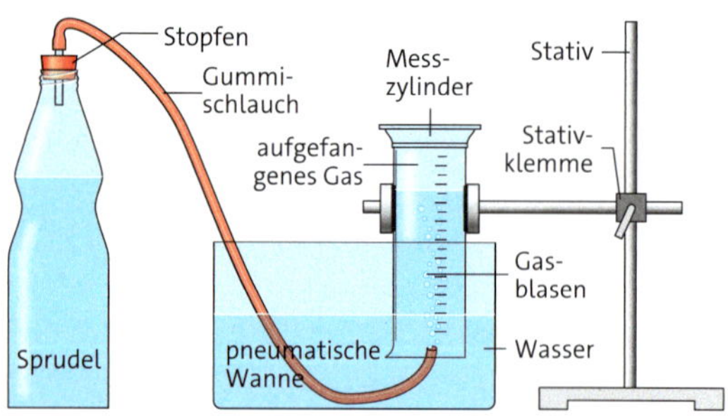

b

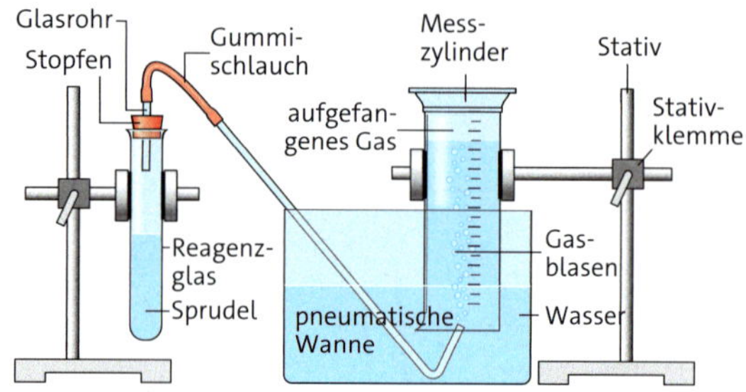

Eine Welt aus Stoffen – S. 69

1 a Metall: Aluminium | steinartiger Stoff: Glas | Kunststoff: Silikon | Naturstoff: Papier
b Kuchenformen aus Aluminium, Glas, Silikon und Papier sind zum Kuchenbacken geeignet, weil sie sich beim Erhitzen nicht verformen.

2 a *Mit den Sinnen erkennbare Stoffeigenschaften:* Farbe, Aggregatzustand, Oberfläche, Durchsichtigkeit, Glanz, Geruch, Geschmack (nicht im Labor testen!)
b *Mit Experimenten bestimmbare Stoffeigenschaften:* elektrische Leitfähigkeit, Magnetisierbarkeit, Härte, Dichte, Schmelztemperatur; Wärmeleitfähigkeit
c *Elektrische Leitfähigkeit:* Ein Lämpchen wird an eine Stromquelle angeschlossen, wobei der Stromkreis an einer Stelle unterbrochen ist. Die Lücke wird mit dem zu testenden Gegenstand geschlossen. Wenn das Lämpchen leuchtet, ist der Stoff, aus dem der Gegenstand besteht, ein elektrischer Leiter.
Magnetisierbarkeit: Man überprüft, ob der Gegenstand von einem Magneten angezogen wird.
Härte: Man überprüft, ob sich der Stoff mit einem Zahnstocher oder einem Eisennagel ritzen lässt.
Dichte: Man bestimmt die Masse und das Volumen des Gegenstands und teilt anschließend den Wert für die Masse durch den Wert für das Volumen.

3 Wasserdampf wird an einer kalten Scheibe wieder zu flüssigem Wasser – Kondensieren.
Fett wird beim Erhitzen flüssig – Schmelzen.
Wasser wird zu Wasserdampf – Verdampfen oder Verdunsten.
Das Gas Wasserstoff wird beim Einfüllen in eine Druckgasflasche flüssig – Kondensieren.
Schokolade zerfließt in der Sonne – Schmelzen.
Ein Eiswürfel wird in der Sonne zu Wasser und anschließend gasförmig – Schmelzen und Verdunsten.

4 Olivenöl hat eine Schmelztemperatur zwischen –10 °C und 20 °C. Die Schmelztemperatur von Sonnenblumenöl liegt unter –10 °C, die von Margarine oberhalb von 20 °C.

5 Ein Reinstoff besteht aus einem einzigen Stoff. Er lässt sich nicht mehr auftrennen.
Ein Stoffgemisch besteht aus mindestens zwei Reinstoffen.

6 homogen: Meerwasser (Lösung flüssig/fest), Legierung
heterogen: Rauch, Emulsion

7 a Filtrieren
b Eindampfen
c Destillieren

8

Trennverfahren	
Windsichter	Trennung von leichten und schweren Bestandteilen
Magnetabscheider	Trennung von Eisen und anderen Metallen
Schwimm-Sink-Anlage	Trennung von unterschiedlichen Kunststoffen

Luft und Verbrennung – S. 97

1 Stickstoff, Sauerstoff, Edelgase und Kohlenstoffdioxid

2 Mit der Kalkwasserprobe kann man überprüfen, ob es sich um Kohlenstoffdioxid handelt. Trübt das unbekannte Gas klares Kalkwasser, so handelt es sich um Kohlenstoffdioxid.

3 Beobachtung: Die Flamme erlischt nach kurzer Zeit. Erklärung: Damit ein Feuer brennen kann, braucht es Sauerstoff. Der Sauerstoff in der eingeschlossenen Luft wird bei der Verbrennung der Kerze verbraucht. Sobald im Becherglas kein Sauerstoff mehr vorhanden ist, erlischt die Kerze.

4 a Er hat vergessen, den Brennstoff ausreichend zu zerteilen.
b Zeitungspapier kommt nach ganz unten. Darauf verteilt man feine Holzspäne. Darüber stapelt man kleines Feuerholz und nach ganz oben kommen die dicken Holzscheite.

5 Die Eisenwolle brennt, da sie feiner zerteilt ist als ein Eisennagel. Die Eisenwolle hat eine viel größere Oberfläche. Das ermöglicht einen besseren Kontakt mit dem Sauerstoff der Luft, der für die Verbrennung benötigt wird.

6 a Kerzenwachs und Docht. Das Kerzenwachs besteht hauptsächlich aus Paraffin und der Docht aus geflochtenen Baumwollfäden.
b Es entstehen Kohlenstoffdioxid und Wasser.
c Die Aussage stimmt nicht. Bei einer Kerze brennt nicht der Docht, sondern das gasförmige Wachs.

7 a Durch das Schließen der Türen und Fenster wird die Zufuhr von Frischluft verhindert.
b In Garagen, Autowerkstätten und Tankstellen sind brennbare Stoffe (zum Teil in der Luft fein verteilt) und Sauerstoff vorhanden. Damit kein Feuer ausbrechen kann, darf die Zündtemperatur nicht erreicht werden. Das wäre aber bei einem offenen Feuer an diesen Orten der Fall.
c Wenn man Spiritus auf heiße Grillkohlen gießt, kommt es zu einer Stichflamme.
d Beim Löschversuch mit Wasser würde das Wasser sofort explosionsartig verdampfen und heiße Fetttröpfen mit sich reißen.
e Steine sind keine Brennstoffe. Sie verhindern, dass sich das Feuer auf die angrenzende Wiese ausbreitet.

Chemische Reaktion – was ist das? – S. 123

1 Die Mitschülerin hat recht, es findet eine chemische Reaktion statt. Im Motor wird Benzin mit Sauerstoff zu Kohlenstoffdioxid und Wasser verbrannt. Es findet eine Stoffumwandlung statt.

2 a Holz + Sauerstoff → Kohlenstoffdioxid + Asche
b Aus dem braunen, festen Holz werden grauweiße, poröse Asche und grauer Rauch. Es hat eine Stoffumwandlung stattgefunden. Beim Verbrennen von Holz sind außerdem auch Flammen zu beobachten, die Wärme an die Umgebung abgeben. Es wird also auch Energie freigesetzt.
c Die Würstchen und der Teig verändern ihre Farbe und ihren Geschmack. Es findet eine Stoffumwandlung und damit eine chemische Reaktion statt.

3 a Er braucht noch Eisen für die Reaktion
b Für die 16 Gramm Schwefel braucht er 28 Gramm Eisen.
c Er kann höchstens 44 Gramm Eisensulfid herstellen, weil das Gesetz der Massenerhaltung besagt, dass die Masse der Produkte gleich der Masse der Edukte ist, und die Edukte wiegen zusammen 44 Gramm.

4 a Die Verbrennung von Benzin ist eine chemische Reaktion. Für jede chemische Reaktion braucht man eine Aktivierungsenergie.

b Man kann das Benzin beispielsweise stark erhitzen oder mit einer Lupe Licht bündeln.

5 a Es handelt sich um eine exotherme Reaktion, da Energie frei wird.
b Durch das Knicken des Metallplättchens wird Energie zugeführt, damit die Reaktion in Gang kommt. Es handelt sich also um Aktivierungsenergie.
c Das Energiediagramm findest du auf Seite 117 im Buch (Bild 2).

Metalle – wertvoll und wichtig – S. 149

1 Verformbarkeit, Wärmeleitfähigkeit, glänzende Oberfläche, elektrische Leitfähigkeit

2 Legierungen entstehen durch Zusammenschmelzen von einem Metall mit mindestens einem weiteren Stoff.
Legierungen haben oft andere Eigenschaften als die reinen Metalle.
Stahl ist eine Eisenlegierung, die neben Eisen vor allem Kohlenstoff und andere Metalle enthält.
Blei ist ein Schwermetall mit einer hohen Dichte ($11{,}3\,\frac{g}{cm^3}$).

3 Malachit ist ein Kupfererz. Es kann in Kupferoxid umgewandelt werden. Wenn Kupferoxid zu Kupfer reagiert, nennt man dies eine Reduktion. Die umgekehrte Reaktion, also die Reaktion von Kupfer mit Sauerstoff zu Kupferoxid, nennt man eine Oxidation. Oft laufen Reduktion und Oxidation gleichzeitig ab, z. B. bei der Reaktion von Kupferoxid und Kohlenstoff zu Kupfer und Kohlenstoffdioxid. In diesem Fall wird Kupferoxid reduziert und Kohlenstoff oxidiert.

4 Kupfer ist ein edleres Metall als Zink. Es hat daher ein geringeres Bestreben, den Sauerstoff an sich zu binden, als Zink. Aluminium ist unedler als Zink. Es hat ein größeres Bestreben als Zink, mit dem Sauerstoff eine Verbindung einzugehen. Zinkoxid kann daher mit Aluminium reduziert werden.

5 Im Hochofen wird nicht nur Kohle verbrannt. Es findet vor allem auch die Reaktion von Kohlenstoffmonooxid mit Eisenoxid statt. Auch diese Reaktion ist exotherm und setzt zusätzliche Energie frei.

6 a Das Eisenoxid wird durch Aluminium zu Eisen reduziert. Dabei wird viel Energie frei.
b Beim Thermitverfahren wird flüssiges Eisen zwischen die zwei Schienenstücke gegossen. Dadurch erhält man eine glatte Nahtstelle.

7 Unedle Metalle reagieren leicht mit anderen Stoffen, wohingegen Edelmetalle kaum Reaktionen mit anderen Stoffen eingehen.

8 Eisen rostet unter Anwesenheit von Sauerstoff und Wasser.
Metalle lassen sich vor Korrosion schützen, indem man die Metalloberfläche mit einem korrosionsbeständigen Metall überzieht.

Ordnung der Elemente – S. 185

1 Dalton stellte sich Atome als kleine, massive Kugeln vor.
Rutherford stellte die Theorie des Kern-Hülle-Modells auf. Atome bestehen aus einem sehr kleinen, positiv geladenen Kern und einer großen Hülle, in der sich die negativ geladenen Elektronen befinden.
Bohr erweiterte Rutherfords Modell. Demnach befinden sich die Elektronen in der Hülle auf verschiedenen Energieniveaus, sogenannten „Elektronenschalen".

2

Element	Protonen	Neutronen	Elektronen
N	7	7	7
Pb	82	125	82
U	92	146	92

3 a 14 u
b 414 g
c 3 mol

4 a Isotope
b Die beiden Lithium-Atome in Bild 5 unterscheiden sich in ihrer Massenzahl. Dies liegt daran, dass sie eine unterschiedliche Neutronenzahl besitzen. Die beiden Atome haben jedoch die gleiche Ordnungszahl, d. h. die gleiche Anzahl an Elektronen und Protonen.

5 a Es handelt sich um ein Schwefel-Atom.
b Nein, es befindet sich nicht im Edelgaszustand, da auf der äußersten Schale nur 6 Elektronen sind. Mit 8 Elektronen wäre die äußerste Schale voll und damit im Edelgaszustand.
c Kohlenstoff: 2 Elektronen in der ersten und 4 Elektronen in der zweiten Schale
Magnesium: 2 Elektronen in der ersten, 8 Elektronen in der zweiten und 2 Elektronen in der dritten Schale
Chlor: 2 Elektronen in der ersten, 8 Elektronen in der zweiten und 7 Elektronen in der dritten Schale

d

Element	Protonen	Neutronen	Elektronen
Na	11	12	11
Br	35	45	35
Ar	18	22	18

e Calcium: 4. Periode, II. Hauptgruppe, 20 Protonen, 20 Neutronen, 20 Elektronen
Selen: 4. Periode, VI. Hauptgruppe, 34 Protonen, 45 Neutronen, 34 Elektronen
Argon: 3. Periode, VIII. Hauptgruppe, 18 Protonen, 22 Neutronen, 18 Elektronen

6 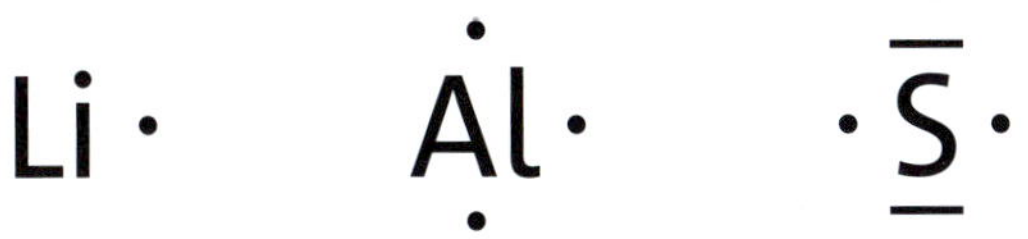

7 Die Elemente der I. Hauptgruppe, die Alkalimetalle, besitzen ein Elektron auf der äußersten Schale. Sie sind sehr reaktionsfreudige Elemente. Sie zeigen typische Verfärbungen in der Brennerflamme. Aufgrund ihrer geringen Dichte zählen sie zu den Leichtmetallen.

Drei Wege zum Edelgaszustand – S. 205

1 Beiden Atomen fehlt ein Elektron für eine volle äußerste Schale. Sie nähern sich so weit an, dass ein Teil ihrer Schalen überlappt. Von beiden Atomen befindet sich je ein Elektron in dem gemeinsamen Bereich beider Atomhüllen. Durch dieses gemeinsame Elektronenpaar hat nun jedes Wasserstoff-Atom 2 Elektronen auf der äußersten Schale.

2 Das gemeinsame Elektronenpaar und die positiv geladenen Kerne ziehen sich gegenseitig an.

3 Je nach Aufbau der Atomhülle brauchen die Atome unterschiedlich viele Elektronenpaarbindungen, um den Edelgaszustand zu erreichen. Das Sauerstoff-Atom hat 6 Elektronen auf der äußersten Schale. Ihm fehlen 2 Elektronen bis zum Edelgaszustand. Durch das Eingehen von zwei Elektronenpaarbindungen erhält das Sauerstoff-Atom eine voll besetzte äußerste Schale.
Stickstoff hat 5 Elektronen auf der äußersten Schale. Ihm fehlen 3 Elektronen bis zum Edelgaszustand. Durch das Eingehen von drei Elektronenpaarbindungen hat das Stickstoff-Atom 8 Elektronen auf der äußersten Schale.

4 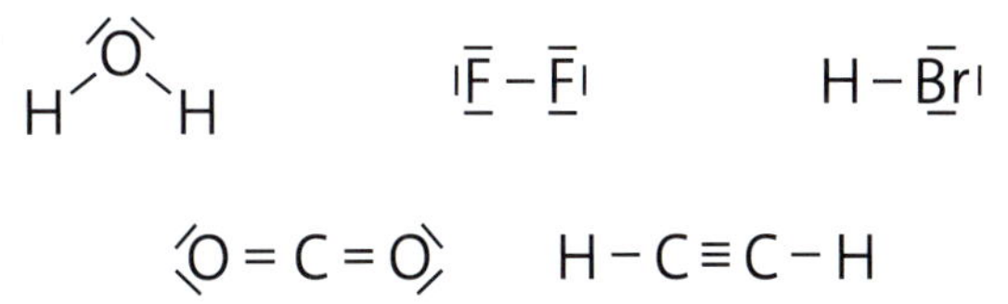

5 Die eine Atomsorte gibt ein oder mehrere Elektronen ab und erreicht damit den Edelgaszustand. Beispielsweise gibt Natrium ein Elektron ab. Seine äußere Schale existiert nicht mehr. Die weiter innen liegende volle Schale wird zur neuen Außenschale.
Die andere Atomsorte nimmt ein oder mehrere Elektronen auf und erreicht damit den Edelgaszustand. Chlor besitzt z. B. mit 7 Elektronen eine fast volle Außenschale. Durch die Aufnahme eines Elektrons erreicht es die voll besetzte Schale mit 8 Elektronen.

6 Die Elemente der V. bis VII. Hauptgruppe nehmen bei der Ionenbildung Elektronen auf, um den Edelgaszustand zu erreichen.
Sie haben daher mehr Elektronen als Protonen, wodurch die negative Ladung überwiegt.

7 Calciumfluorid, Natriumiodid, Kaliumbromid, Magnesiumchlorid

8

Summenformel	Beteiligte Ionen	Name der Ionenverbindung
$MgCl_2$	Mg^{2+} und Cl^-	Magnesiumchlorid
NaBr	Na^+ und Br^-	Natriumbromid
K_2O	K^+ und O^{2-}	Kaliumoxid
KCl	K^+ und Cl^-	Kaliumchlorid
$CaBr_2$	Ca^{2+} und Br^-	Calciumbromid
MgO	Mg^{2+} und O^{2-}	Magnesiumoxid
$AlCl_3$	Al^{3+} und Cl^-	Aluminiumchlorid

9 Die Außenelektronen der Aluminium-Atome werden nur schwach vom Kern angezogen. Sie können leicht ihren Aufenthaltsbereich verlassen. Die Elektronen können sich frei durch das Metall bewegen. Man bezeichnet sie als sogenanntes Elektronengas.

10 Metalle halten durch die Anziehung zwischen den positiv geladenen Atomrümpfen und dem negativ geladenen Elektronengas zusammen.

11 Die äußeren Elektronen der Metall-Atome sind keinem Atom mehr fest zugeordnet. Sie bewegen sich frei durch das Metall. Man bezeichnet sie daher auch als delokalisierte Elektronen.

12 Beim Verformen gleiten die im Metallgitter angeordneten Atomrümpfe aneinander vorbei. Sie bleiben dabei ständig von den Elektronen umgeben und halten daher auch in ihrer neuen Position fest zusammen.

13 Beim Erhitzen eines Metalls wird sowohl dem Atomrumpf als auch den freien Elektronen Energie zugeführt. Die Atomrümpfe schwingen stärker und stoßen die benachbarten Atomrümpfe an. So wird die Wärmeenergie über das ganze Metall weitergegeben.
Die freien Elektronen nehmen die Energie in Form von zusätzlicher Bewegungsenergie auf und verteilen sie so auch weiter über das Metall.

Wasser – genau untersucht – S. 233

1 Ohne Wasser gäbe es auf unserem Planeten kein Leben. Wasser spielt in vielen Lebensbereichen eine wichtige Rolle: Es ist Durstlöscher, wird für die tägliche Hygiene, zum Kochen und Wäschewaschen benötigt und ermöglicht verschiedene Freizeitbeschäftigungen. Außerdem wird es in Industrie und Landwirtschaft für die Herstellung von Lebensmitteln und anderen Produkten benötigt. Wasser ist ein wichtiger Bestandteil in jeder lebenden Zelle und erfüllt verschiedene Funktionen in unserem Körper: Es dient als Baustoff, Lösungsmittel, Transportmittel und Wärmeregulator.

2 Für die Herstellung einer Jeans werden ca. 11 000 l virtuelles Wasser verbraucht. Diese erstaunliche Zahl setzt sich aus allen Produktionsschritten zusammen: Anbau der Baumwolle und deren Bewässerung, Färbeprozess, Veredlung der Jeans usw.

3 Vergleiche deine Lösungen mit Bild 1 auf Seite 212.

4 Trinkwasser muss in Deutschland einige Qualitätskriterien erfüllen. Es muss frei von Krankheitserregern sein, Mineralstoffe aufweisen, geschmacksneutral sowie farb- und geruchlos sein. Die Aufbereitung von Oberflächen- bzw. Grundwasser übernimmt deshalb das Wasserwerk.
Beim Grundwasser hat bereits der Boden bei der Versickerung wie ein Filter gewirkt, jedoch sind weitere Schritte nötig, um die Gütekriterien zu erfüllen.
Über Rohrleitungen wird das Oberflächenwasser aus Flüssen, Seen oder aus dem Grundwasser über Pumpen zum Wasserwerk transportiert. Dort wird dem Rohwasser Sauerstoff zugeführt, um z. B. Eisen und Mangan in unlösliche Bestandteile umzuwandeln. Diese können dann herausgefiltert werden. Dadurch verändern sich der Geschmack und die Färbung des Wassers.
Überschüssige Kohlensäure wird durch den Zusatz von Laugen oder durch Ausgasen entfernt.
In Trinkwasserbehältern wird das fertige Trinkwasser dann gesammelt, bevor es über Rohrleitungen zum Verbraucher gelangt.

5 Wasser ist ein Dipol.
Wasser ist nach außen neutral.
Wasser kann man herstellen.

6 Es müssen polare Bindungen im Molekül vorhanden sein, die zu einer positiven und einer negativen Teilladung im Molekül führen. Außerdem dürfen die Mittelpunkte der positiven und der negativen Teilladungen nicht an der gleichen Stelle zusammenfallen.

7 a CH_4: Elektronegativitätsunterschied:
0,4 – kein Dipol
b CO_2: Elektronegativitätsunterschied:
1,0 – aber trotzdem kein Dipol, weil die Mittelpunkte der positiven und der negativen Teilladungen zusammenfallen
c NH_3: Elektronegativitätsunterschied:
0,9 – Dipol
d NO_2: Elektronegativitätsunterschied:
0,5 – schwacher Dipol

8 Durch die Oberflächenspannung des Wassers entsteht zwischen dem Wasser und der Luft eine Grenzfläche, die wie eine dünne Haut vom Wasserläufer betreten werden kann.

9 Wasser besitzt eine gewinkelte Molekülstruktur, die Wasserstoffbrücken ausbildet. Dies führt im Eis zu einer sperrigen Struktur, die viel Raum einnimmt. Eis besitzt daher eine geringere Dichte als flüssiges Wasser. Deshalb schwimmen Eisberge auf Eis.

Vielfalt der Salze – S. 257

1 Kochsalz wird in unseren Regionen aus Bergwerken abgebaut. Im Mittelmeerraum wird Salz durch Verdunstung von Meerwasser in großen Becken gewonnen.

2 Ionen entstehen, wenn Außenelektronen eines Atoms auf ein anderes Atom überspringen.

3 a Salze haben hohe Schmelztemperaturen. Sie sind meist gut in Wasser löslich. Als Lösung oder Salzschmelze leiten sie den elektrischen Strom. Salze bilden Kristalle. Diese Kristalle sind sehr spröde.
b Die hohen Schmelztemperaturen werden durch die starke Anziehung der Ionen verursacht. Salze brechen trotzdem leicht, wenn durch einen Stoß gleich geladene Ionen nebeneinanderrutschen. Wassermoleküle können sich durch ihre Dipole gut um geladene Ionen herum anordnen. Ionen sind Ladungsträger für elektrischen Strom, es sein denn, sie sitzen unbeweglich im Gitter.
Die Kristallformen werden durch die Anordnung der Ionen in den Gittern verursacht.

4 a KI
b Das Kalium-Ion ist einfach positiv geladen (K^+). Es hat 2 Elektronen in der ersten, 8 Elektronen in der zweiten und 8 Elektronen in der dritten Elektronenschale.

5 a Mg^{2+} = Magnesium-Ion, Ca^{2+} = Calcium-Ion, Na^+ = Natrium-Ion, K^+ = Kalium-Ion, Cl^- = Chlorid-Ion, Br^- = Bromid-Ion, F^- = Fluorid-Ion, I^- = Iodid-Ion
b $MgCl_2$, $MgBr_2$, MgF_2, MgI_2, $CaCl_2$, $CaBr_2$, CaF_2, CaI_2, NaF, NaCl, NaBr, NaI, KI, KCl, KBr, KF
c Das Salz Kaliumchlorid ist aus positiv geladenen Kalium-Ionen und negativ geladenen Chlorid-Ionen zusammengesetzt, die sich gegenseitig anziehen und damit ein Ionengitter bilden.

6 Je nachdem, durch welche Gesteinsschichten das Wasser sickert, nimmt es verschiedene Ionen mit. Da sich die Gesteinsschichten in den einzelnen Quellgebieten unterscheiden, unterscheidet sich auch die Zusammensetzung der Ionen.

7 a 0,5 $\frac{mol}{l}$ bedeutet: In einem Liter sind 0,5 mol eines Stoffs gelöst.
b 46 g

8

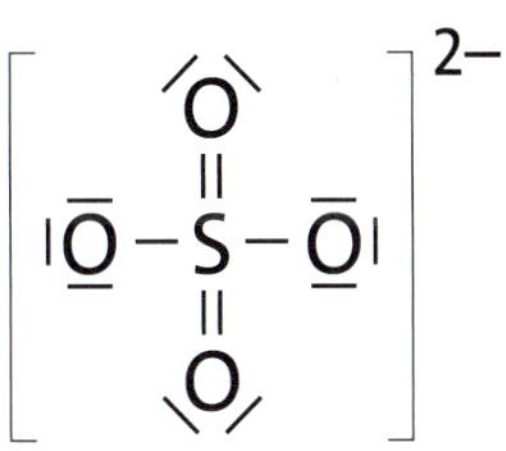

Das Sulfat-Ion

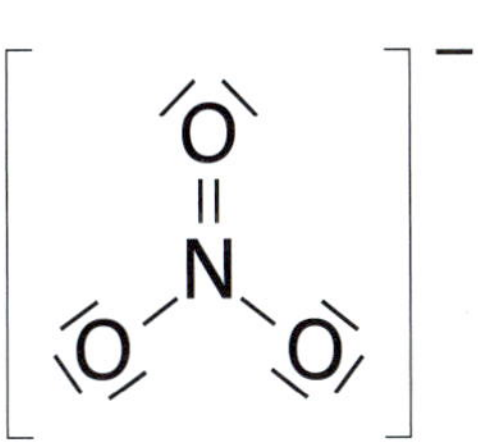

Das Nitrat-Ion

9 Pflanzen enthalten zahlreiche Stickstoffverbindungen. Sie nehmen den Stickstoff in Form von Nitraten über Wasser auf. Wenn Pflanzen verwesen, wandeln bestimmte Bakterien die Stickstoffverbindungen wieder in Nitrate um.

10 Beim Erhitzen von Gips bis 130 °C gibt der Gips einen Teil seines Kristallwassers ab. Man bezeichnet den entstehenden Gips auch als „gebrannten Gips".
Das Kristallwasser kann beim Anrühren dieses „gebrannten Gipses" mit Wasser wieder aufgenommen werden. Dabei kommt es zu einer Volumenzunahme der Kristalle. Wasseraufnahme und anschließendes Trocknen des Gipses wird als Abbinden bezeichnet. Dabei härtet er langsam aus.

Säuren und Alkalien – ätzende Stoffe – S. 287

1 Säuren ...
- reagieren mit unedlen Metallen und Kalk.
- leiten den elektrischen Strom (enthalten also Ionen).
- schmecken sauer (kein Geschmackstest!).
- färben Universalindikator rot bis gelb.

2 Alkalien ...
- wirken ätzend.
- leiten den elektrischen Strom (enthalten also Ionen).
- fühlen sich seifig an.
- färben Universalindikator blaugrün bis blau.

3 Für die gemeinsamen Eigenschaften der Säuren sind die H_3O^+-Ionen verantwortlich, für die gemeinsamen Eigenschaften der Alkalien die OH^--Ionen.

4 Der pH-Wert gibt die Stärke von Säuren bzw. Alkalien an.

5 A = sauer, B = neutral, C = alkalisch

6 Die Magensäure ist stärker als die Essigsäure.

7 Den pH-Wert einer Lösung kann man mit Indikatoren bestimmen.

8 Das Säurerest-Ion ist der Rest eines Säuremoleküls, der bleibt, wenn ein H^+-Ion abgespalten wird. Unterschiedliche Säuren haben verschiedene Säurerest-Ionen. Säurerest-Ionen sind negativ geladen.

9

Name der Säure	Ionen in Lösung	Name der Salze
Salzsäure	H_3O^+ und Cl^-	Chloride
Schwefelsäure	H_3O^+ und SO_4^{2-}	Sulfate
Kohlensäure	H_3O^+ und HCO_3^-	Hydrogen-carbonate
Essigsäure	H_3O^+ und CH_3COO^-	Acetate
Schwefelsäure	H_3O^+ und HSO_4^-	Hydrogen-sulfate

10 Bei einer Neutralisation reagieren H_3O^+-Ionen der Säure und OH^--Ionen der Alkalie zu neutralem Wasser. Das positiv geladene Ion der Alkalie und das Säurerest-Ion bilden dabei ein Salz.

11 Bei der Neutralisation entsteht eine neutrale Salzlösung. Dampft man diese ein, lagern sich die Ionen zu Ionengittern (= Salzkristallen) zusammen.

12 Dabei haben Natronlauge (Natriumlauge) und Schwefelsäure reagiert.

13 Um sich zu verdünnen, greift die konzentrierte Schwefelsäure die Haut an und zerstört sie. Dabei verdünnt sie sich mit dem entstehenden Wasser.

14 Abflussreiniger, Backofenspray, Abbeizmittel sind Anwendungen von Alkalien.

15 Kalkwasser kann aus Calciumoxid und Wasser hergestellt werden. Nach der Reaktion muss es noch filtriert werden, da es schwer löslich ist.

Elektrische Energie und chemische Prozesse – S. 311

1 Bei der Oxidation handelt es sich um eine Elektronenabgabe und bei der Reduktion um eine Elektronenaufnahme.

2 Lithium, Calcium, Magnesium und Aluminium sind unedler als Zink. Sie können von Zink-Ionen oxidiert werden.
Eisen, Blei, Kupfer, Silber, Platin und Gold sind edler als Zink. Sie können daher Zink-Atome oxidieren.

3 Bei einer Elektrolyse wird durch Zufuhr von elektrischem Strom ein Salz in seine Elemente zerlegt. Ionen werden dabei durch die Abgabe bzw. Aufnahme von Elektronen wieder zu Atomen.

4 a Der Strom liefert die Elektronen, um aus den Al^{3+}-Ionen wieder Atome zu bilden.
b Der Edelgaszustand des Ions ist energetisch sehr günstig. Um aus einem Ion wieder ein Atom zu bilden, ist daher viel Energie notwendig.

5 2 Elektroden (z. B. Zink und Kupfer), Elektrolyt (z. B. Kalilauge), Trennschicht zwischen den Elektroden

6 Die eine Elektrode gibt Elektronen ab (Donator). Sie wandern zur anderen Elektrode. Dort werden sie von (Akzeptor-)Ionen aus dem Elektrolyten aufgenommen.

7 Zink + Sauerstoff → Zinkoxid
$2\,Zn + O_2 \rightarrow 2\,ZnO$
$2\,Zn \rightarrow 2\,Zn^{2+} + 4\,e^-$
$O_2 + 4\,e^- \rightarrow 2\,O^{2-}$

8 In der Batterie sind mehrere Metalle enthalten, auch Schwermetalle, die als Umweltgifte gelten. Sie dürfen nicht in den Hausmüll gegeben werden. Die Metalle werden oft aus seltenen Rohstoffen hergestellt und sollen wiedergewonnen werden.

9 Vergleiche deine Lösung mit Bild 3 auf Seite 308.

Kohlenstoff – der Molekülbauer – S. 351

1 C_9H_{20} $C_{32}H_{66}$ $C_{11}H_{24}$ $C_{29}H_{60}$

2 a C_nH_{2n}
b C_nH_{2n-2}

3 a Isomere sind Stoffe mit der gleichen Summenformel, aber unterschiedlicher Strukturformel. Im Beispiel haben beide Isomere die Summenformel C_6H_{14}.
b

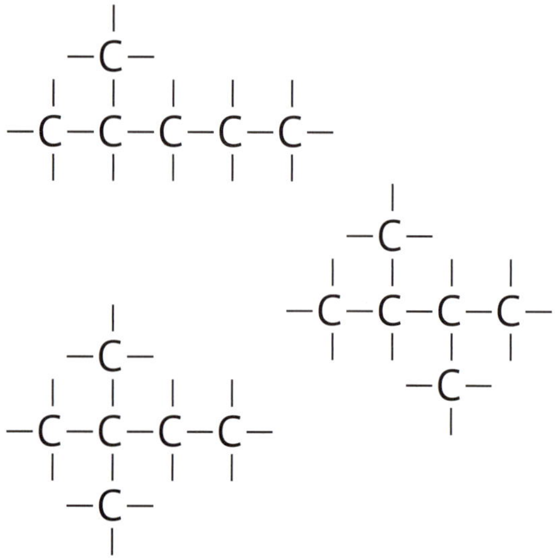

4 a

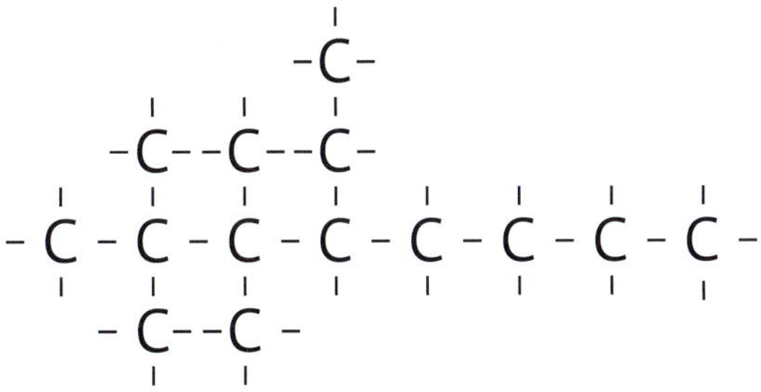

b 4,4-Diethyl-2,2,6,7,8-Pentamethylnonan

5 a Anstieg des Meeresspiegels, vermehrte und stärkere Stürme, je nach Ort mehr Dürren oder auch mehr Überschwemmungen
b Bevorzugt duschen, statt zu baden, da die Erwärmung des Wassers viel Energie benötigt, die auch durch Kohlekraftwerke zur Verfügung gestellt wird
Fahrgemeinschaften bilden, mit den öffentlichen Verkehrsmitteln oder mit dem Fahrrad fahren, um Abgase zu vermeiden
Hauswasser durch eine solarthermische Anlage erwärmen, da hier bei der Wassererwärmung kein Kohlenstoffdioxid entsteht
c Zum einen befinden sich die Treibhausgase nicht wie eine Glocke irgendwo oben, sondern sind Teil der Atmosphäre. Vor allem aber wird nicht ein Teil der Wärmestrahlung der Erde von den Treibhausgasen in Richtung der Erdoberfläche reflektiert.

Alkohole, Carbonsäuren und Kohlenhydrate – S. 373

1

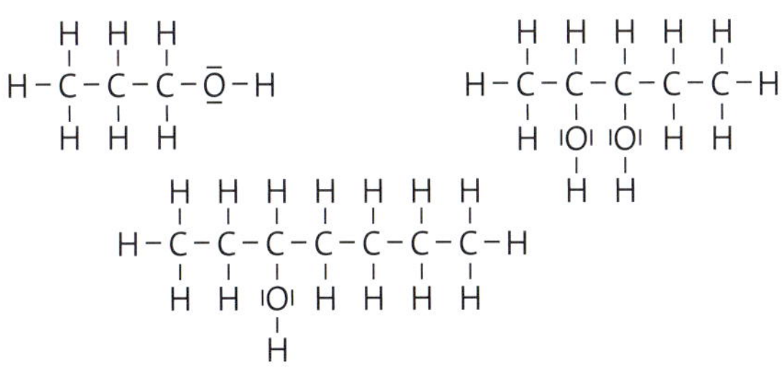

2 2-Propanol, 1,2-Butandiol

3

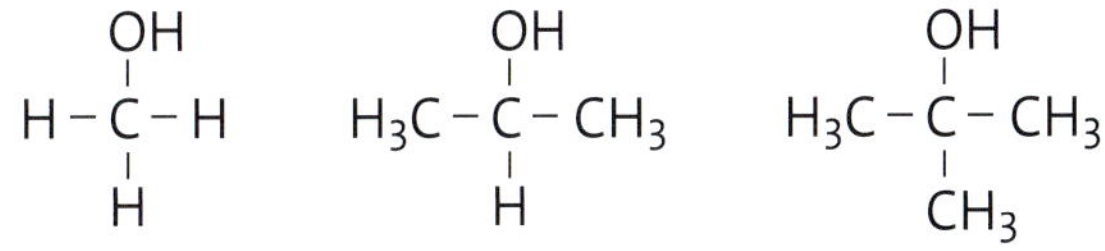

primärer Alkohol | sekundärer Alkohol | tertiärer Alkohol

4 a Wasserstoffbrücken
b Vergleiche deine Lösungen mit Bild 4 auf Seite 355.

5 a Essigsäurebakterien wandeln in Gegenwart von Sauerstoff Ethanol in Ethansäure (Essigsäure) um.
b Siehe Bild 3 auf Seite 360

6 Methansäure (Ameisensäure), Butansäure (Buttersäure)

7 Pentansäure löst sich besser in Wasser als Hexadecansäure, da die Kohlenwasserstoffkette kürzer ist und so die wasserliebende Carboxylgruppe überwiegt.

8 a Die Carboxylgruppe ist für die saure Reaktion des Carbonsäuremoleküls verantwortlich.
b Säurerest-Ion und Oxonium-Ion

9 Butansäureethylester

10 Ein Fettmolekül besteht aus einem Glycerinmolekül, an das über Esterbindungen drei Fettsäuren gebunden sind.

11 a Glucose – Traubenzucker,
Fructose = Fruchtzucker
b Saccharose ist ein Disaccharid, also ein Zweifachzucker. Sie ist aus zwei miteinander verknüpften Einfachzuckern aufgebaut.
Glucose ist ein Monosaccharid, also ein Einfachzucker. Sie besteht nur aus einem Baustein.

12 Papier wird aus Cellulose hergestellt. Cellulose gehört zu den Polysacchariden, den Vielfachzuckern. Cellulosemoleküle bestehen aus vielen Glucoseeinheiten. Im Gegensatz zu Stärkemolekülen bilden die Cellulosemoleküle lang gestreckte Ketten.

Lösungen der Testaufgaben

Sauber und schön – S. 389

1 Wasser, Alkohol und Öl/Fett

2 Das Ethanolmolekül besitzt sowohl eine polare Hydroxylgruppe als auch eine unpolare Alkylgruppe. Es kann daher sowohl Wässriges als auch Fettiges lösen.

3 Methanol ist ein kurzkettiger Alkohol mit nur einem C-Atom; die wasserliebende Wirkung der OH-Gruppe ist daher stärker.
Glycerin besitzt drei C-Atome und drei OH-Gruppen. Die wasserliebenden OH-Gruppen überwiegen hier.
Pentanol hat eine Kohlenwasserstoffkette aus 5 C-Atomen, Hexanol aus 6 C-Atomen.
Die wasserfeindliche Wirkung der langen unpolaren Kohlenwasserstoffketten überwiegt hier.

4 Gibt man eine Büroklammer auf Wasser, schwimmt diese aufgrund der Oberflächenspannung auf dem Wasser.

5 Spülmittel oder Seife zerstören die Oberflächenspannung des Wassers. Eine darauf schwimmende Büroklammer geht nun unter.

6 Der lipophile (fettliebende) Teil kann wasserunlösliche Schmutzteilchen an sich binden, der hydrophile (wasserliebende) Teil ist für die Wasserlöslichkeit verantwortlich.

7 An ein Schmutzteilchen binden sich so viele Tensidmoleküle, bis es vollständig umhüllt ist. Als Nächstes erfolgt die Ablösungen des Schmutzteilchens von der Faser, dann die Zerkleinerung und schließlich die feine Verteilung.

8 Durch die sogenannte Rasenbleiche. Man legte weiße Wäsche auf den Rasen und ließ die Sonne und den Luftsauerstoff darauf wirken.

9 Sie müssen aktiven Sauerstoff besitzen.

10 Eiweiße, Fette und Stärke

11 Man setzt Enthärter den Waschmitteln zu, damit die Seifen- und Tensidwirkung nicht von Mineralsalzen im Wasser blockiert wird und sich keine unlösliche Kalkseife bildet.

12 a Beim kräftigen Schütteln vermischen sich die beiden Flüssigkeiten teilweise. Es bilden sich dabei große Öltropfen in der Wasserphase.
b Nach einiger Zeit entmischen sich die Flüssigkeiten wieder. Die Ölschicht schwimmt wieder auf der Wasserschicht.

13 Tenside und Emulgatoren besitzen in ihrem Molekülbau einen hydrophilen und einen lipophilen Teil.

14 Öl, Wasser, Emulgator, festes Fett (z. B. Sheabutter), ätherisches Öl, Parfümöl, weitere Wirkstoffe

Schmelz- und Siedetemperaturen

Name	Schmelztemperatur in °C	Siedetemperatur in °C
Aluminium	660	2470
Beryllium	1287	2969
Blei	327	1751
Caesium	28	690
Eisen	1538	3000
Gold	1064	2970
Kalium	63	774
Kupfer	1085	2595
Lithium	181	1330
Magnesium	650	1100
Natrium	98	890
Nickel	1455	2730
Quecksilber	–39	357
Rubidium	39	688
Zink	420	907
Zinn	232	2620

1 Metalle

Name	Schmelztemperatur in °C	Siedetemperatur in °C
Bor	2076	3930
Silicium	1410	2630

2 Halbmetalle

Schmelz- und Siedetemperaturen

Name	Schmelztemperatur in °C	Siedetemperatur in °C
Argon	−189	−186
Chlor	−102	−35
Fluor	−220	−188
Helium	−727	−269
Kohlenstoff	3547	4827
Neon	−249	−246
Phosphor (weiß)	44	280
Sauerstoff	−218	−183
Schwefel	115	445
Stickstoff	−210	−196
Wasserstoff	−259	−252

3 Nichtmetalle

Name	Schmelztemperatur in °C	Siedetemperatur in °C
Lithiumbromid	550	1265
Kaliumchlorid	770	1413
Natriumchlorid (Kochsalz)	800	1461
Natriumfluorid	990	1704
Magnesiumoxid	2800	3600
Kaliumnitrat	334	400
Natriumsulfat	888	890
Natriumnitrat	308	380

4 Salze

Name	Schmelztemperatur in °C	Siedetemperatur in °C
Methan (Erdgas)	−183	−162
Ethan	−183	−89
Propan	−188	−42
Butan	−139	−0,5
Pentan	−130	36
Hexan	−95	69
Heptan	−91	98
Octan	−57	126
Nonan	−54	151
Decan	−30	174

5 Alkane

Name	Schmelztemperatur in °C	Siedetemperatur in °C
Ethen	−169	−104
Propen	−185,3	−48
But-1-en	−185	−6
Pent-1-en	−138	30

6 Alkene

Name	Schmelztemperatur in °C	Siedetemperatur in °C
Ethin	−81	−84
Propin	−103	−23
But-1-in	−126	8
Pent-1-in	−106	39–41

7 Alkine

Name	Schmelztemperatur in °C	Siedetemperatur in °C
Ethanol (Spiritus)	−114,5	78
2–Propanol (Isopropylalkohol)	−88	82

8 Alkohole

Name	Schmelztemperatur in °C	Siedetemperatur in °C
Methansäure (Ameisensäure)	8	101
Ethansäure (Essigsäure)	17	118
Butansäure (Palmitinsäure)	−5	163
Hexadecansäure (Palmitinsäure)	63	351
Octadecansäure (Stearinsäure)	68–70	370

9 Carbonsäuren

Einstufung von Gefahrstoffen nach der GHS-Verordnung

Gefahrenpiktogramm und Piktogrammcode		Mit dem Gefahrenpiktogramm gekennzeichnete Stoffe und Gemische	Signalwort
	GHS01	explosive und sehr gefährliche selbstzersetzliche Stoffe und Gemische sowie sehr gefährliche organische Peroxide	Gefahr oder Achtung
	GHS02	entzündbare, selbsterhitzungsfähige und gefährliche selbstzersetzliche Stoffe und Gemische, pyrophore Stoffe sowie Stoffe und Gemische, die bei Berührung mit Wasser entzündbare Gase entwickeln	Gefahr oder Achtung
	GHS02	gefährliche organische Peroxide	Gefahr oder Achtung
	GHS03	Stoffe und Gemische mit oxidierender Wirkung	Gefahr oder Achtung
	GHS04	Gase unter Druck	Achtung
	GHS05	Stoffe und Gemische, die korrosiv auf Metalle wirken	Achtung
	GHS05	Stoffe und Gemische, die schwere Verätzungen der Haut und/oder schwere Augenschäden verursachen	Gefahr
	GHS06	lebensgefährliche und giftige Stoffe und Gemische	Gefahr
	GHS07	gesundheitsschädliche Stoffe und Gemische	Achtung
	GHS07	Stoffe und Gemische, die Haut- und/oder Augenreizungen verursachen und/oder allergische Hautreaktionen, Reizungen der Atemwege und/oder Schläfrigkeit und Benommenheit verursachen können	Achtung
	GHS08	Stoffe und Gemische, die bei Verschlucken und Eindringen in die Atemwege tödlich sein können und/oder eine Gefahr für die Gesundheit darstellen. Diese Stoffe und Gemische schädigen bestimmte Organe und/oder können Krebs erzeugen, die Fruchtbarkeit beeinträchtigen, das Kind im Mutterleib schädigen und/oder genetische Defekte und/oder beim Einatmen Allergien, asthmaartige Symptome oder Atembeschwerden verursachen.	Gefahr oder Achtung
	GHS09	Stoffe und Gemische, die sehr giftig oder giftig für Wasserorganismen sind	Achtung oder –

Gefahrenhinweise, ergänzende Gefahrenmerkmale und ergänzende Kennzeichnungselemente

Gefahrenhinweise (H-Sätze)

Gefahrenhinweise für physikalische Gefahren

H200	Instabil, explosiv
H201	Explosiv, Gefahr der Massenexplosion.
H202	Explosiv; große Gefahr durch Splitter, Spreng- und Wurfstücke.
H203	Explosiv; Gefahr durch Feuer, Luftdruck oder Splitter, Spreng- und Wurfstücke.
H204	Gefahr durch Feuer oder Splitter, Spreng- und Wurfstücke.
H205	Gefahr der Massenexplosion bei Feuer.
H220	Extrem entzündbares Gas.
H221	Entzündbares Gas.
H222	Extrem entzündbares Aerosol.
H223	Entzündbares Aerosol.
H224	Flüssigkeit und Dampf extrem entzündbar.
H225	Flüssigkeit und Dampf leicht entzündbar.
H226	Flüssigkeit und Dampf entzündbar.
H228	Entzündbarer Feststoff.
H240	Erwärmung kann Explosion verursachen.
H241	Erwärmung kann Brand oder Explosion verursachen.
H242	Erwärmung kann Brand verursachen.
H250	Entzündet sich in Berührung mit Luft von selbst.
H251	Selbsterhitzungsfähig; kann in Brand geraten.
H252	In großen Mengen selbsterhitzungsfähig; kann in Brand geraten.
H260	In Berührung mit Wasser entstehen entzündbare Gase, die sich spontan entzünden können.
H261	In Berührung mit Wasser entstehen entzündbare Gase.
H270	Kann Brand verursachen oder verstärken; Oxidationsmittel.
H271	Kann Brand oder Explosion verursachen; starkes Oxidationsmittel.
H272	Kann Brand verstärken; Oxidationsmittel.
H280	Enthält Gas unter Druck; kann bei Erwärmung explodieren.
H281	Enthält tiefkaltes Gas; kann Kälteverbrennungen oder -verletzungen verursachen.
H290	Kann gegenüber Metallen korrosiv sein.

Gefahrenhinweise für Gesundheitsgefahren

H300	Lebensgefahr bei Verschlucken.
H301	Giftig bei Verschlucken.
H302	Gesundheitsschädlich bei Verschlucken.
H304	Kann bei Verschlucken und Eindringen in die Atemwege tödlich sein.
H310	Lebensgefahr bei Hautkontakt.
H311	Giftig bei Hautkontakt.
H312	Gesundheitsschädlich bei Hautkontakt.
H314	Verursacht schwere Verätzungen der Haut und schwere Augenschäden.
H315	Verursacht Hautreizungen.
H317	Kann allergische Hautreaktionen verursachen.
H318	Verursacht schwere Augenschäden.
H319	Verursacht schwere Augenreizung.
H330	Lebensgefahr bei Einatmen.
H331	Giftig bei Einatmen.
H332	Gesundheitsschädlich bei Einatmen.
H334	Kann bei Einatmen Allergie, asthmaartige Symptome oder Atembeschwerden verursachen.
H335	Kann die Atemwege reizen.
H336	Kann Schläfrigkeit und Benommenheit verursachen.
H340	Kann genetische Defekte verursachen <*Expositionsweg angeben, sofern schlüssig belegt ist, dass diese Gefahr bei keinem anderen Expositionsweg besteht*>.
H341	Kann vermutlich genetische Defekte verursachen <*Expositionsweg angeben, sofern schlüssig belegt ist, dass diese Gefahr bei keinem anderen Expositionsweg besteht*>.
H350	Kann Krebs erzeugen <*Expositionsweg angeben, sofern schlüssig belegt ist, dass diese Gefahr bei keinem anderen Expositionsweg besteht*>.
H350i	Kann beim Einatmen Krebs erzeugen.
H351	Kann vermutlich Krebs erzeugen <*Expositionsweg angeben, sofern schlüssig belegt ist, dass diese Gefahr bei keinem anderen Expositionsweg besteht*>.
H360	Kann die Fruchtbarkeit beeinträchtigen oder das Kind im Mutterleib schädigen <*konkrete Wirkung angeben, sofern bekannt*> <*Expositionsweg angeben, sofern schlüssig belegt ist, dass die Gefahr bei keinem anderen Expositionsweg besteht*>.
H360F	Kann die Fruchtbarkeit beeinträchtigen.
H360D	Kann das Kind im Mutterleib schädigen.
H360FD	Kann die Fruchtbarkeit beeinträchtigen. Kann das Kind im Mutterleib schädigen.
H360Fd	Kann die Fruchtbarkeit beeinträchtigen. Kann vermutlich das Kind im Mutterleib schädigen.
H360Df	Kann das Kind im Mutterleib schädigen. Kann vermutlich die Fruchtbarkeit beeinträchtigen.
H361	Kann vermutlich die Fruchtbarkeit beeinträchtigen oder das Kind im Mutterleib schädigen <*konkrete Wirkung angeben, sofern bekannt*> <*Expositionsweg angeben, sofern schlüssig belegt ist, dass die Gefahr bei keinem anderen Expositionsweg besteht*>.
H361f	Kann vermutlich die Fruchtbarkeit beeinträchtigen.
H361d	Kann vermutlich das Kind im Mutterleib schädigen.
H361fd	Kann vermutlich die Fruchtbarkeit beeinträchtigen. Kann vermutlich das Kind im Mutterleib schädigen.
H362	Kann Säuglinge über die Muttermilch schädigen.
H370	Schädigt die Organe <*oder alle betroffenen Organe nennen, sofern bekannt*> <*Expositionsweg angeben, sofern schlüssig belegt ist, dass diese Gefahr bei keinem anderen Expositionsweg besteht*>.
H371	Kann die Organe schädigen <*oder alle betroffenen Organe nennen, sofern bekannt*> <*Expositionsweg angeben, sofern schlüssig belegt ist, dass diese Gefahr bei keinem anderen Expositionsweg besteht*>.
H372	Schädigt die Organe <*alle betroffenen Organe nennen*> bei längerer oder wiederholter Exposition <*Expositionsweg angeben, wenn schlüssig belegt ist, dass diese Gefahr bei keinem anderen Expositionsweg besteht*>.
H373	Kann die Organe schädigen <*alle betroffenen Organe nennen, sofern bekannt*> bei längerer oder wiederholter Exposition <*Expositionsweg angeben, wenn schlüssig belegt ist, dass diese Gefahr bei keinem anderen Expositionsweg besteht*>.

Gefahrenhinweise für Umweltgefahren

H400	Sehr giftig für Wasserorganismen.
H410	Sehr giftig für Wasserorganismen mit langfristiger Wirkung.
H411	Giftig für Wasserorganismen, mit langfristiger Wirkung.
H412	Schädlich für Wasserorganismen, mit langfristiger Wirkung.
H413	Kann für Wasserorganismen schädlich sein, mit langfristiger Wirkung.

Ergänzende Gefahrenmerkmale

Physikalische Eigenschaften

EUH001	In trockenem Zustand explosionsgefährlich.
EUH006	Mit und ohne Luft explosionsfähig.
EUH014	Reagiert heftig mit Wasser.
EUH018	Kann bei Verwendung explosionsfähige/entzündbare Dampf/Luft-Gemische bilden.
EUH019	Kann explosionsfähige Peroxide bilden.
EUH044	Explosionsgefahr bei Erhitzen unter Einschluss.

Gesundheitsgefährliche Eigenschaften

EUH029	Entwickelt bei Berührung mit Wasser giftige Gase.
EUH031	Entwickelt bei Berührung mit Säure giftige Gase.
EUH032	Entwickelt bei Berührung mit Säure sehr giftige Gase.
EUH066	Wiederholter Kontakt kann zu spröder oder rissiger Haut führen.
EUH070	Giftig bei Berührung mit den Augen.
EUH071	Wirkt ätzend auf die Atemwege.

Umweltgefährliche Eigenschaften

EUH059	Die Ozonschicht schädigend.

Ergänzende Kennzeichnungselemente/Informationen über bestimmte Stoffe und Gemische

EUH201	Enthält Blei. Nicht für den Anstrich von Gegenständen verwenden, die von Kindern gekaut oder gelutscht werden könnten.
EUH201A	Achtung! Enthält Blei.
EUH202	Cyanacrylat. Gefahr. Klebt innerhalb von Sekunden Haut und Augenlider zusammen. Darf nicht in die Hände von Kindern gelangen.
EUH203	Enthält Chrom (VI). Kann allergische Reaktionen hervorrufen.
EUH204	Enthält Isocyanate. Kann allergische Reaktionen hervorrufen.
EUH205	Enthält epoxidhaltige Verbindungen. Kann allergische Reaktionen hervorrufen.
EUH206	Achtung! Nicht zusammen mit anderen Produkten verwenden, da gefährliche Gase (Chlor) freigesetzt werden können.
EUH207	Achtung! Enthält Cadmium. Bei der Verwendung entstehen gefährliche Dämpfe. Hinweise des Herstellers beachten. Sicherheitsanweisungen einhalten.
EUH208	Enthält <*Name des sensibilisierenden Stoffes*>. Kann allergische Reaktionen hervorrufen.
EUH209	Kann bei Verwendung leicht entzündbar werden.
EUH209A	Kann bei Verwendung entzündbar werden.
EUH210	Sicherheitsdatenblatt auf Anfrage erhältlich.
EUH401	Zur Vermeidung von Risiken für Mensch und Umwelt die Gebrauchsanleitung einhalten.

Sicherheitshinweise (P-Sätze)

Sicherheitshinweise – Allgemeines

P101	Ist ärztlicher Rat erforderlich, Verpackung oder Kennzeichnungsetikett bereithalten.
P102	Darf nicht in die Hände von Kindern gelangen.
P103	Vor Gebrauch Kennzeichnungsetikett lesen.

Sicherheitshinweise – Prävention

P201	Vor Gebrauch besondere Anweisungen einholen.
P202	Vor Gebrauch alle Sicherheitshinweise lesen und verstehen.
P210	Von Hitze/Funken/offener Flamme/heißen Oberflächen fernhalten. Nicht rauchen.
P211	Nicht gegen offene Flamme oder andere Zündquelle sprühen.
P220	Von Kleidung/.../brennbaren Materialien fernhalten/entfernt aufbewahren.
P221	Mischen mit brennbaren Stoffen/... unbedingt verhindern.
P222	Kontakt mit Luft nicht zulassen.
P223	Kontakt mit Wasser wegen heftiger Reaktion und möglichem Aufflammen unbedingt verhindern.
P230	Feucht halten mit ...
P231	Unter inertem Gas handhaben.
P232	Vor Feuchtigkeit schützen.
P233	Behälter dicht verschlossen halten.
P234	Nur im Originalbehälter aufbewahren.
P235	Kühl halten.
P240	Behälter und zu befüllende Anlage erden.
P241	Explosionsgeschützte elektrische Betriebsmittel/Lüftungsanlagen/Beleuchtung/... verwenden.
P242	Nur funkenfreies Werkzeug verwenden.
P243	Maßnahmen gegen elektrostatische Aufladungen treffen.
P244	Druckminderer frei von Fett und Öl halten.
P250	Nicht schleifen/stoßen/.../reiben.
P251	Behälter steht unter Druck: Nicht durchstechen oder verbrennen, auch nicht nach der Verwendung.
P260	Staub/Rauch/Gas/Nebel/Dampf/Aerosol nicht einatmen.
P261	Einatmen von Staub/Rauch/Gas/Nebel/Dampf/Aerosol vermeiden.
P262	Nicht in die Augen, auf die Haut oder auf die Kleidung gelangen lassen.
P263	Kontakt während der Schwangerschaft und der Stillzeit vermeiden.
P264	Nach Gebrauch ... gründlich waschen.
P270	Bei Gebrauch nicht essen, trinken oder rauchen.
P271	Nur im Freien oder in gut belüfteten Räumen verwenden.
P272	Kontaminierte Arbeitskleidung nicht außerhalb des Arbeitsplatzes tragen.
P273	Freisetzung in die Umwelt vermeiden.
P280	Schutzhandschuhe/Schutzkleidung/Augenschutz/Gesichtsschutz tragen.
P281	Vorgeschriebene persönliche Schutzausrüstung verwenden.
P282	Schutzhandschuhe/Gesichtsschild/Augenschutz mit Kälteisolierung tragen.
P283	Schwer entflammbare/flammhemmende Kleidung tragen.
P284	Atemschutz tragen.
P285	Bei unzureichender Belüftung Atemschutz tragen.
P231 + P232	Unter inertem Gas handhaben. Vor Feuchtigkeit schützen.
P235 + P410	Kühl halten. Vor Sonnenbestrahlung schützen.

Sicherheitshinweise – Reaktion

P301	BEI VERSCHLUCKEN:
P302	BEI BERÜHRUNG MIT DER HAUT:
P303	BEI BERÜHRUNG MIT DER HAUT (oder dem Haar):
P304	BEI EINATMEN:
P305	BEI KONTAKT MIT DEN AUGEN:
P306	BEI KONTAMINIERTER KLEIDUNG:
P307	BEI Exposition:
P308	BEI Exposition oder falls betroffen:
P309	BEI Exposition oder Unwohlsein:
P310	Sofort GIFTINFORMATIONSZENTRUM oder Arzt anrufen.
P311	GIFTINFORMATIONSZENTRUM oder Arzt anrufen.
P312	Bei Unwohlsein GIFTINFORMATIONSZENTRUM oder Arzt anrufen.
P313	Ärztlichen Rat einholen/ärztliche Hilfe hinzuziehen.
P314	Bei Unwohlsein ärztlichen Rat einholen/ärztliche Hilfe hinzuziehen.
P315	Sofort ärztlichen Rat einholen/ärztliche Hilfe hinzuziehen.
P320	Besondere Behandlung dringend erforderlich (siehe ... auf diesem Kennzeichnungsetikett).
P321	Besondere Behandlung (siehe ... auf diesem Kennzeichnungsetikett).
P322	Gezielte Maßnahmen (siehe ... auf diesem Kennzeichnungsetikett).
P330	Mund ausspülen.
P331	KEIN Erbrechen herbeiführen.
P332	Bei Hautreizung:
P333	Bei Hautreizung oder -ausschlag:
P334	In kaltes Wasser tauchen/nassen Verband anlegen.
P335	Lose Partikel von der Haut abbürsten.
P336	Vereiste Bereiche mit lauwarmem Wasser auftauen. Betroffenen Bereich nicht reiben.
P337	Bei anhaltender Augenreizung:
P338	Eventuell vorhandene Kontaktlinsen nach Möglichkeit entfernen. Weiter ausspülen.
P340	Die betroffene Person an die frische Luft bringen und in einer Position ruhig stellen, die das Atmen erleichtert.
P341	Bei Atembeschwerden an die frische Luft bringen und in einer Position ruhig stellen, die das Atmen erleichtert.
P342	Bei Symptomen der Atemwege:
P350	Behutsam mit viel Wasser und Seife waschen.
P351	Einige Minuten lang behutsam mit Wasser ausspülen.
P352	Mit viel Wasser und Seife waschen.
P353	Haut mit Wasser abwaschen/duschen.
P360	Kontaminierte Kleidung und Haut sofort mit viel Wasser abwaschen und danach Kleidung ausziehen.
P361	Alle kontaminierten Kleidungsstücke sofort ausziehen.
P362	Kontaminierte Kleidung ausziehen und vor erneutem Tragen waschen.
P363	Kontaminierte Kleidung vor erneutem Tragen waschen.
P370	Bei Brand:
P371	Bei Großbrand und großen Mengen:
P372	Explosionsgefahr bei Brand.
P373	KEINE Brandbekämpfung, wenn das Feuer explosive Stoffe/Gemische/Erzeugnisse erreicht.
P374	Brandbekämpfung mit üblichen Vorsichtsmaßnahmen aus angemessener Entfernung.
P375	Wegen Explosionsgefahr Brand aus der Entfernung bekämpfen.
P376	Undichtigkeit beseitigen, wenn gefahrlos möglich.
P377	Brand von ausströmendem Gas: Nicht löschen, bis Undichtigkeit gefahrlos beseitigt werden kann.
P378	... zum Löschen verwenden.
P380	Umgebung räumen.
P381	Alle Zündquellen entfernen, wenn gefahrlos möglich.
P390	Verschüttete Mengen aufnehmen, um Materialschäden zu vermeiden.
P391	Verschüttete Mengen aufnehmen.
P301 + P310	BEI VERSCHLUCKEN: Sofort GIFTINFORMATIONSZENTRUM oder Arzt anrufen.
P301 + P312	BEI VERSCHLUCKEN: Bei Unwohlsein GIFTINFORMATIONSZENTRUM oder Arzt anrufen.
P301 + P330 + P331	BEI VERSCHLUCKEN: Mund ausspülen. KEIN Erbrechen herbeiführen.
P302 + P334	BEI KONTAKT MIT DER HAUT: In kaltes Wasser tauchen/nassen Verband anlegen.
P302 + P350	BEI KONTAKT MIT DER HAUT: Behutsam mit viel Wasser und Seife waschen.
P302 + P352	BEI KONTAKT MIT DER HAUT: Mit viel Wasser und Seife waschen.
P303 + P361 + P353	BEI KONTAKT MIT DER HAUT (oder dem Haar): Alle kontaminierten Kleidungsstücke sofort ausziehen. Haut mit Wasser abwaschen/duschen.
P304 + P340	BEI EINATMEN: An die frische Luft bringen und in einer Position ruhig stellen, die das Atmen erleichtert.
P304 + P341	BEI EINATMEN: Bei Atembeschwerden an die frische Luft bringen und in einer Position ruhig stellen, die das Atmen erleichtert.
P305 + P351 + P338	BEI KONTAKT MIT DEN AUGEN: Einige Minuten lang behutsam mit Wasser spülen. Vorhandene Kontaktlinsen nach Möglichkeit entfernen. Weiter spülen.
P306 + P360	BEI KONTAKT MIT DER KLEIDUNG: Kontaminierte Kleidung und Haut sofort mit viel Wasser abwaschen und danach Kleidung ausziehen.
P307 + P311	BEI Exposition: GIFTINFORMATIONSZENTRUM oder Arzt anrufen.
P308 + P313	BEI Exposition oder falls betroffen: Ärztlichen Rat einholen/ärztliche Hilfe hinzuziehen.
P309 + P311	BEI Exposition oder Unwohlsein: GIFTINFORMATIONSZENTRUM oder Arzt anrufen.
P332 + P313	Bei Hautreizung: Ärztlichen Rat einholen/ärztliche Hilfe hinzuziehen.
P333 + P313	Bei Hautreizung oder -ausschlag: Ärztlichen Rat einholen/ärztliche Hilfe hinzuziehen.
P335 + P334	Lose Partikel von der Haut abbürsten. In kaltes Wasser tauchen/nassen Verband anlegen.
P337 + P313	Bei anhaltender Augenreizung: Ärztlichen Rat einholen/ärztliche Hilfe hinzuziehen.
P342 + P311	Bei Symptomen der Atemwege: GIFTINFORMATIONSZENTRUM oder Arzt anrufen.
P370 + P376	Bei Brand: Undichtigkeit beseitigen, wenn gefahrlos möglich.
P370 + P378	Bei Brand: ... zum Löschen verwenden.
P370 + P380	Bei Brand: Umgebung räumen.
P370 + P380 + P375	Bei Brand: Umgebung räumen. Wegen Explosionsgefahr Brand aus der Entfernung bekämpfen.
P371 + P380 + P375	Bei Großbrand und großen Mengen: Umgebung räumen. Wegen Explosionsgefahr Brand aus der Entfernung bekämpfen.

Sicherheitshinweise – Aufbewahrung	
P401	... aufbewahren.
P402	An einem trockenen Ort aufbewahren.
P403	An einem gut belüfteten Ort aufbewahren.
P404	In einem geschlossenen Behälter aufbewahren.
P405	Unter Verschluss aufbewahren.
P406	In korrosionsbeständigem/... Behälter mit korrosionsbeständiger Auskleidung aufbewahren.
P407	Luftspalt zwischen Stapeln/Paletten lassen.
P410	Vor Sonnenbestrahlung schützen.
P411	Bei Temperaturen von nicht mehr als ... °C aufbewahren.
P412	Nicht Temperaturen von mehr als 50 °C aussetzen.
P413	Schüttgut in Mengen von mehr als ... kg bei Temperaturen von nicht mehr als ... °C aufbewahren.
P420	Von anderen Materialien entfernt aufbewahren.
P422	Inhalt in/unter ... aufbewahren.
P402 + P404	In einem geschlossenen Behälter an einem trockenen Ort aufbewahren.
P403 + P233	Behälter dicht verschlossen an einem gut belüfteten Ort aufbewahren.
P403 + P235	Kühl an einem gut belüfteten Ort aufbewahren.
P410 + P403	Vor Sonnenbestrahlung geschützt an einem gut belüfteten Ort aufbewahren.
P410 + P412	Vor Sonnenbestrahlung schützen und nicht Temperaturen von mehr als 50 °C aussetzen.
P411 + P235	Kühl und bei Temperaturen von nicht mehr als ... °C aufbewahren.

Sicherheitshinweise – Entsorgung	
P501	Inhalt/Behälter ... zuführen.

Entsorgungsratschläge (E-Sätze)

E 1 Verdünnen, in den Ausguss geben (WGK 0 bzw. 1)
E 2 Neutralisieren, in den Ausguss geben
E 3 In den Hausmüll geben, gegebenenfalls im Polyethylenbeutel (Stäube)
E 4 Als Sulfid fällen
E 5 Mit Calcium-Ionen fällen, dann E 1 oder E 3
E 6 Nicht in den Hausmüll geben
E 7 Im Abzug entsorgen
E 8 Der Sondermüllbeseitigung zuführen (Adresse zu erfragen bei der Kreis- oder Stadtverwaltung), Abfallschlüssel beachten
E 9 Unter größter Vorsicht in kleinsten Portionen reagieren lassen (z. B. offen im Freien verbrennen)
E 10 In gekennzeichneten Behältern sammeln:
1. „Organische Abfälle – halogenhaltig"
2. „Organische Abfälle – halogenfrei"
dann E 8
E 11 Als Hydroxid fällen (pH = 8), den Niederschlag zu E 8
E 12 Nicht in die Kanalisation gelangen lassen
E 13 Aus der Lösung mit unedlem Metall (z. B. Eisen) als Metall abscheiden (E 14, E 3)
E 14 Recycling-geeignet (Redestillation oder einem Recyclingunternehmen zuführen)
E 15 Mit Wasser vorsichtig umsetzen, frei werdende Gase absorbieren oder ins Freie ableiten
E 16 Entsprechend den speziellen Ratschlägen für die Beseitigungsgruppen beseitigen

Entsorgung von Chemikalienabfällen

Nach dem Experimentieren werden die Reste in die dafür vorgesehenen Sammelbehälter gegeben:

nicht gefährliche und wasserlösliche Chemikalien	nicht gefährliche und feste Chemikalien	Säuren und Laugen	giftige anorganische Chemikalien	halogenfreie organische Chemikalien	halogenhaltige organische Chemikalien
z. B. Natriumchlorid, Natriumcarbonat, Wasserstoffperoxidlösung	z. B. Eisen, Indikatorpapier	z. B. Salzsäure, Natronlauge	z. B. Kupfersulfat	z. B. Petroleumbenzin, Methanol	z. B. Trichlormethan

Die weitere Behandlung und Entsorgung bzw. Übergabe der Abfälle zur Sondermüllentsorgung erfolgt durch die Lehrerin bzw. den Lehrer.

Gefahrstoffliste

Gefahrstoff	Signalwort	Piktogrammcode	H-Sätze und EUH-Sätze	E-Sätze
Aceton (Propanon)	Gefahr	GHS02 GHS07	H225 H319 H336 EUH066	1-10-14
Aluminium, Grieß	Gefahr	GHS02	H261	6-9
Aluminium, Pulver (stabilisiert)	Gefahr	GHS02	H261 H228	6-9
Aluminiumbromid, wasserfrei	Gefahr	GHS05 GHS07	H302 H314	2
Aluminiumchlorid, wasserfrei	Gefahr	GHS05	H314	2
Aluminiumiodid	Gefahr	GHS05	H314	2
Ameisensäure (Methansäure) $w \geq 90\,\%$ $10\,\% \leq w < 90\,\%$ $2\,\% \leq w < 10\,\%$	 Gefahr Gefahr Achtung	 GHS05 GHS05 GHS07	 H314 H314 H315 H319	 1-10 1-10 1-10
Ammoniak, wasserfrei	Gefahr	GHS04 GHS06 GHS05 GHS09	H221 H331 H314 H400	2-7
Ammoniaklösung $10\,\% \leq w < 25\,\%$ $5\,\% \leq w < 10\,\%$	 Gefahr Achtung	 GHS05 GHS07	 H314 H315 H319 H335	 2 2
Ammoniumchlorid	Achtung	GHS07	H302 H319	2
Bariumchlorid	Gefahr	GHS06	H301 H332	1-3
Bariumchloridlösung $3\,\% \leq w < 25\,\%$	Achtung	GHS07	H302	1
Bariumhydroxid	Gefahr	GHS05 GHS07	H302 H314 H332	1-3
Bariumhydroxid-8-Wasser	Gefahr	GHS05 GHS07	H302 H314 H332	1-3
Bariumoxid	Achtung	GHS07	H302 H315 H319 H332	1-3
Benzoesäure	Achtung	GHS07	H302 H319	10-12
Benzol	Gefahr	GHS02 GHS08 GHS07	H225 H350 H340 H372 H304 H319 H315	10-12
Blei (bioverfügbar)	Gefahr	GHS07 GHS08	H302 H332 H360D H373	8
Blei(II)-acetat	Gefahr	GHS08 GHS09	H360Df H373 H410	8-14
Brennspiritus (Ethanol)	Gefahr	GHS02	H225	1-10
Brom	Gefahr	GHS06 GHS05 GHS09	H330 H314 H400	16
Bromthymolblaulösung (ethanolisch, $w = 0{,}1\,\%$)	Gefahr	GHS02	H225	10
Bromwasser $1\,\% \leq w < 5\,\%$	Gefahr	GHS06	H311 H330	16
Bromwasserstoff	Gefahr	GHS04 GHS05 GHS07	H314 H335	2
n-Butan	Gefahr	GHS02 GHS04	H220	2
Butan-1-ol	Gefahr	GHS02 GHS05 GHS07	H226 H302 H335 H315 H318 H336	7
Butansäure (Buttersäure)	Gefahr	GHS05	H314	10
Calcium	Gefahr	GHS02	H261	15
Calciumcarbid	Gefahr	GHS02	H260	15-16
Calciumchlorid	Achtung	GHS07	H319	1
Calciumhydroxid	Gefahr	GHS05	H318	2
Calciumoxid	Gefahr	GHS05	H318	2
Chlor	Gefahr	GHS06 GHS09	H331 H319 H335 H315 H400	16
Chlorethan (Ethylchlorid)	Gefahr	GHS02 GHS04 GHS08	H220 H351 H412	16
Chlormethan (Methylchlorid)	Gefahr	GHS02 GHS04 GHS08	H220 H351 H373	7-12
Chlorwasser, gesättigt $w \approx 0{,}7\,\%$	Achtung	GHS07	H332	16
Chlorwasserstoff	Gefahr	GHS04 GHS06 GHS05	H331 H314	2
Citronensäure	Achtung	GHS07	H319	3
Cyclohexan	Gefahr	GHS02 GHS08 GHS07 GHS09	H225 H304 H315 H336 H410	10-12

w: Massenanteil

Gefahrstoff	Signalwort	Piktogrammcode	H-Sätze und EUH-Sätze	E-Sätze
Dibenzoylperoxid	Gefahr	GHS01 GHS02 GHS07	H241 H319 H317	10-12
Diethylether (Ether)	Gefahr	GHS02 GHS07	H224 H302 H336 EUH019 EUH066	9-10-12
Eisen(III)-chlorid	Gefahr	GHS05 GHS07	H302 H315 H318	2
Eisen(II)-sulfat	Achtung	GHS07	H302 H319 H315	2
Eisen(II)-sulfatlösung $w \geq 25\,\%$	Achtung	GHS07	H302 H319 H315	2
Essigessenz	Gefahr	GHS05	H314	2-10
Essigsäure (Ethansäure)				
$w \geq 90\,\%$	Gefahr	GHS02 GHS05	H226 H314	2-10
$25\,\% \leq w < 90\,\%$	Gefahr	GHS05	H314	2-10
$10\,\% \leq w < 25\,\%$	Achtung	GHS07	H319 H315	2-10
Essigsäureethylester (Ethylacetat)	Gefahr	GHS02 GHS07	H225 H319 H336 EUH066	10-12
Ethan	Gefahr	GHS02 GHS04	H220	7
Ethanal (Acetaldehyd)	Gefahr	GHS02 GHS08 GHS07	H224 H351 H319 H335	9-10-12-16
Ethanallösung (Acetaldehydlösung) $w \geq 10\,\%$	Achtung	GHS08 GHS07	H351 H319 H335	9-10-12-16
Ethanol (Brennspiritus)	Gefahr	GHS02	H225	1-10
Ethen (Ethylen)	Gefahr	GHS02 GHS04 GHS07	H220 H336	7
Ethin (Acetylen)	Gefahr	GHS02 GHS04	H220 EUH006	7
Fehling'sche Lösung II	Gefahr	GHS05	H314	2
Formaldehydlösung s. Methanallösung				
n-Heptan	Gefahr	GHS02 GHS08 GHS07 GHS09	H225 H304 H315 H336 H410	10-12

Gefahrstoff	Signalwort	Piktogrammcode	H-Sätze und EUH-Sätze	E-Sätze
n-Hexan	Gefahr	GHS02 GHS08 GHS07 GHS09	H225 H361f H304 H373 H315 H336 H411	10-12
Hexan-1-ol	Achtung	GHS07	H302	10
Hex-1-en	Achtung	GHS04	H280	10-12
Hex-1-in	Achtung	GHS04	H280	10-12
Iod	Achtung	GHS07 GHS09	H332 H312 H400	1-16
Iodwasserstoff	Gefahr	GHS04 GHS05	H314	1
Isobutanol (2-Methylpropan-1-ol)	Gefahr	GHS02 GHS05 GHS07	H226 H315 H318 H335	10
Kalium	Gefahr	GHS02 GHS05	H260 H314 EUH014	6-12-16
Kaliumcarbonat	Achtung	GHS07	H302 H319 H315 H335	1
Kaliumhydroxid (Ätzkali)	Gefahr	GHS05 GHS07	H302 H314	2
Kaliumhydroxidlösung (Kalilauge)				
$w \geq 5\,\%$	Gefahr	GHS05 GHS07	H302 H314	2
$2\,\% \leq w < 5\,\%$	Gefahr	GHS05	H314	2
$0{,}5\,\% \leq w < 2\,\%$	Achtung	GHS07	H319 H315	2
Kaliumnitrat	Gefahr	GHS03	H271	1
Kaliumnitrit	Gefahr	GHS03 GHS06 GHS09	H272 H301 H400	1-16
Kaliumpermanganat	Gefahr	GHS03 GHS07 GHS09	H272 H302 H410	1-6
Kaliumpermanganatlösung $w \geq 25\,\%$	Gefahr	GHS07 GHS09	H302 H410	1-6
Kohlenstoffmonooxid	Gefahr	GHS02 GHS04 GHS06 GHS08	H220 H360D H331 H372	7
Kupferacetat	Achtung	GHS07	H302	11
Kupfer(II)-chlorid	Gefahr	GHS06	H301 H319 H315 H335	11
Kupfer(II)-chloridlösung $3\,\% \leq w < 25\,\%$	Achtung	GHS07	H302	11

Gefahrstoff	Signalwort	Piktogrammcode	H-Sätze und EUH-Sätze	E-Sätze
Kupfer(I)-oxid	Achtung	GHS07 GHS09	H302 H410	8-16
Kupfer(II)-oxid	Achtung	GHS07	H302	8-16
Kupfer(II)-sulfat, wasserfrei	Achtung	GHS07 GHS09	H302 H319 H315 H410	11
Kupfer(II)-sulfat-5-Wasser	Achtung	GHS07 GHS09	H302 H319 H315 H410	11
Kupfer(II)-sulfatlösung $w \geq 25\,\%$	Achtung	GHS07 GHS09	H302 H319 H315 H410	11
Lithium	Gefahr	GHS02 GHS05	H260 H314 EUH014	15-1
Lithiumchlorid	Achtung	GHS07	H302 H319 H315	1
Magnesium, Pulver (phlegmatisiert)	Gefahr	GHS02	H228 H261 H252	3
Magnesium, Späne	Gefahr	GHS02	H228 H261 H252	3
Mangan(IV)-oxid (Braunstein)	Achtung	GHS07	H332 H302	3
Methan	Gefahr	GHS02 GHS04	H220	7
Methanallösung (Formaldehydlösung)				
$w \geq 25\,\%$	Gefahr	GHS06 GHS08 GHS05	H351 H331 H311 H301 H314 H317 H335	10-12-16
$5\,\% \leq w < 25\,\%$	Gefahr	GHS06 GHS08	H351 H331 H311 H301 H319 H315 H317 H335	1-10
$0{,}2\,\% \leq w < 5\,\%$	Gefahr	GHS06 GHS08	H351 H331 H311 H301 H317	1-10
Methanol	Gefahr	GHS02 GHS06 GHS08	H225 H331 H311 H301 H370	1-10
Methansäure s. Ameisensäure				
Methansäuremethylester (Methylformiat)	Gefahr	GHS02 GHS07	H224 H332 H302 H319 H335	10-12
Natrium	Gefahr	GHS02 GHS05	H260 H314 EUH014	6-12-16
Natriumcarbonat	Achtung	GHS07	H319	1
Natriumhydroxid (Ätznatron)	Gefahr	GHS05	H314	2
Natriumhydroxidlösung (Natronlauge)				
$w \geq 5\,\%$	Gefahr	GHS05	H314	2
$2\,\% \leq w < 5\,\%$	Gefahr	GHS05	H314	2
$0{,}5\,\% \leq w < 2\,\%$	Achtung	GHS07	H315	1
Natriumnitrat	Gefahr	GHS03	H271	1
Nicotin	Gefahr	GHS06 GHS09	H310 H301 H411	10-16
n-Octan	Gefahr	GHS02 GHS08 GHS07 GHS09	H225 H304 H315 H336 H410	10-12
Oxalsäure	Achtung	GHS07	H312 H302	5
Oxalsäurelösung $w \geq 5\,\%$	Achtung	GHS07	H312 H302	5
Ozon	Gefahr	GHS04 GHS05 GHS07	H280 H314 H319 H335	7
n-Pentan	Gefahr	GHS02 GHS08 GHS07 GHS09	H225 H304 H336 H411 EUH066	10-12
Pentan-1-ol	Achtung	GHS02 GHS07	H226 H332	10-14
Petrolether	Gefahr	GHS02 GHS08	H225 H304 H412	10-12
Petroleum	Gefahr	GHS02 GHS08	H226 H304	10-12
Petroleumbenzin	Gefahr	GHS02	H225	10-12
Phenolphthaleinlösung (ethanolisch, $w > 1\,\%$)	Gefahr	GHS02	H225	1-10
Phosphor, rot	Gefahr	GHS02	H228 H412	6-9
Phosphor(V)-oxid	Gefahr	GHS05	H314	2
Phosphorsäure				
$w \geq 25\,\%$	Gefahr	GHS05	H314	2
$10\,\% \leq w < 25\,\%$	Achtung	GHS07	H319 H315	1
Propan	Gefahr	GHS02 GHS04	H220	7

Gefahrstoff	Signalwort	Piktogrammcode	H-Sätze und EUH-Sätze	E-Sätze
Propanal	Gefahr	GHS02 GHS07	H225 H319 H335 H315	9-10-12-16
Propan-1-ol	Gefahr	GHS02 GHS05 GHS07	H225 H318 H336	10
Propan-2-ol	Gefahr	GHS02 GHS07	H225 H319 H336	10
Propanon s. Aceton				
Propansäure (Propionsäure) 10 % ≤ *w* < 25 %	Achtung	GHS07	H319 H315 H335	2
Resorcin (1,2-Dihydroxybenzol)	Achtung	GHS07 GHS09	H302 H319 H315 H400	10
Rohöl (synthetisch)	Gefahr	GHS02 GHS08 GHS07 GHS09	H224 H304 H315 H336 H351 H411	10-12
Salpetersäure				
w ≥ 65 %	Gefahr	GHS03 GHS05	H272 H314	2
20 % ≤ *w* < 65 %	Gefahr	GHS05	H314	2
5 % ≤ *w* < 20 %	Gefahr	GHS05	H314	2
Salzsäure				
w ≥ 25 %	Gefahr	GHS05 GHS07	H314 H335	2
10 % ≤ *w* < 25 %	Achtung	GHS07	H315 H319 H335	2
Sauerstoff	Gefahr	GHS03 GHS04	H270	
Schiffs Reagenz	Achtung	GHS07	H319 H335	2
Schwefel	Achtung	GHS07	H315	3
Schwefeldioxid	Gefahr	GHS04 GHS06 GHS05	H331 H314	7
Schwefelsäure				
w ≥ 15 %	Gefahr	GHS05	H314	2
5 % ≤ *w* < 15 %	Achtung	GHS07	H319 H315	2
Schwefelwasserstoff	Gefahr	GHS02 GHS04 GHS06 GHS09	H220 H330 H400	2-7
Schwefelwasserstofflösung 0,1 % ≤ *w* ≤ 1 %	Achtung	GHS07	H332	2
Schweflige Säure 5 % ≤ *w* ≤ 10 %	Achtung	GHS07	H319 H3159 H335	2
Silbernitrat	Gefahr	GHS03 GHS05 GHS09	H272 H314 H410	12-13-14

Gefahrstoff	Signalwort	Piktogrammcode	H-Sätze und EUH-Sätze	E-Sätze
Silbernitratlösung 5 % ≤ *w* ≤ 10 %	Achtung	GHS07	H319 H315	12-13-14
Silberoxid	Gefahr	GHS03 GHS05	H271 H318 EUH044	12-13-14
Stickstoffdioxid	Gefahr	GHS04 GHS03 GHS06 GHS05	H270 H330 H314	7
Stickstoffmonooxid	Gefahr	GHS04 GHS06	H280 H310 H330	7
Strontiumchlorid	Achtung	GHS07	H302	1-11
Styrol	Achtung	GHS02 GHS07	H226 H332 H319 H315	10-12
Wasserstoff	Gefahr	GHS02 GHS04	H220	7
Wasserstoffperoxidlösung				
w ≥ 70 %	Gefahr	GHS03 GHS05 GHS07	H271 H332 H302 H314 H335	1-16
50 % ≤ *w* < 70 %	Gefahr	GHS03 GHS05 GHS07	H272 H332 H302 H314 H335	1-16
35 % ≤ *w* < 50 %	Gefahr	GHS05 GHS07	H332 H302 H315 H318 H335	1
8 % ≤ *w* < 35 %	Gefahr	GHS05 GHS07	H332 H302 H318	1
5 % ≤ *w* < 8 %	Achtung	GHS07	H332 H302 H319	1
Zink, Pulver, Staub (stabilisiert)	Achtung	GHS09	H410	3
Zinkbromid	Gefahr	GHS05 GHS09	H314 H400 H410	1-11
Zinkchlorid	Gefahr	GHS05 GHS07 GHS09	H302 H314 H410	1-11
Zinkchloridlösung 5 % ≤ *w* < 10 %	Achtung	GHS07	H319 H315	1-11
Zinkoxid	Achtung	GHS09	H410	3
Zinksulfat, wasserfrei	Gefahr	GHS05 GHS07 GHS09	H302 H318 H410	1-11
Zinn(II)-chlorid	Achtung	GHS07	H302 H315 H319 H335	1-11

Stichwortverzeichnis

Hinweis: Fett gedruckte Begriffe sind Lernwörter.

A

Abdampfschale 25
Abfallbeseitigung/-verwendung 37, 52, 64 f.
Absorption 342
Abwasserreinigung 216
Adsorption 61
Aggregatzustand 34, 48 f., 54, 68
- Teilchenmodell 48 f.

Akkumulator (Akku) 304, 306, 310
- laden/entladen 120

Aktivierungsenergie 112, 114, 117, 122
Alkalien 260 f., 264, 282, 286
Alkalimetalle 170, 178
alkalisch 260 f., 264
Alkane 322, 324 ff., 333
Alkanole 354
Alkene 328
Alkine 328
Alkohol (Ethanol) 354 ff., 372, 376 f.
- Auswirkungen 359
- Brennwert 231
- Gewinnung 358
- Klassifizierung/Wertigkeit 355
- Lösungsmittel 376 f.
- Nomenklatur 354, 356

alkoholische Gärung 358
Alkoholkonsum 359
Aluminium 138, 176, 200, 296
- Gewinnung 295
- Steckbrief 397
- Teilchenmodell 104

Aluminiumoxid 295
Ammoniak 284
Analyse 74, 219
Anion 195
Anschauungsmodell 165
Argon 182 f., 398
Atmosphäre 72, 90, 319
Atome 72, 152, 154 f., 158, 191, 294
- Aufbau 154, 162
- Durchmesser 158
- Elektronenverteilung 162
- Kennzahlen 155, 157

Atomhülle 155, 157, 162
Atomkern 154 f., 157, 162, 173
Atommasse 154, 160
Atommasseneinheit (u) 160
Atommodelle 152, 154 f., 165, 173 f., 184
- Kern-Hülle-Modell 154 f.
- Kugelteilchenmodell 152, 154
- Schalenmodell 162, 173 f.
- von Bohr 162, 173
- von Dalton 152
- von Demokrit 152
- von Rutherford 154 f., 157, 162, 173
- von Thomson 154

Atomrumpf 200 f.
Atomsorten *siehe* chemische Elemente
Ätzkali, Ärznatron 282
Ausgangsstoffe (Edukte) 77, 100 f., 105
Außenelektronen 162, 170, 173, 176 f., 200
Außenschalen 194

B

Batteriegesetz 306
Batterien 273, 298, 301 f., 304, 306, 310
Bauxit 295 f.
Becquerel, Antoine-Henri 159
Benzol 333
Beryllium (Steckbrief) 394
Berzelius, Jöns Jakob 327
Bewegungsenergie 108 f., 122
Bindigkeit 191
Biogas 318 ff.
Biomasse 315
Blei 127, 138, 143
Bleichmittel 382
Bodensatz (Sediment) 60
Bohr, Niels 162, 173
Bor (Steckbrief) 395
Brandbekämpfung, -ursachen 80 f.
Branntkalk (Calciumoxid) 280
Brennerflamme 21
Brennstoffe 76 f., 90, 116, 334
Brennstoffzelle 308, 310
Brennwert (Energiegehalt) 90, 231
Brom 180
Bronze 143
Brown, Robert 55
brownsche Bewegung 55
Butan 324, 330
Butansäure (Buttersäure) 361

C

Caesium 178 f.
Calciumcarbonat (Kalkstein) 276 f., 280
Calciumfluorid (Flussspat) 199, 240
Calciumhydroxid (Löschkalk) 280, 282
Calciumsulfat (Gips) 254, 271
Carbonat 276 f.
Carbonat-Ion 274
Carbonsäureester 364
Carbonsäuren 360 ff., 366, 372
Carboxylgruppe 360 f.
Cavendish, Henry 221
Cellulose 369, 371
Chemie in Alltag und Technik 12, 100 f.
Chemieberufe 392 f.
Chemiefachraum 24 f.
- Experimentier-, Sicherheitsregeln 14 f., 20
- Verhaltensregeln 14, 28

Chemikalienentsorgung 15, 413
chemische Bindung 204
- Doppel-, Dreifachbindung 191, 328
- Einfachbindung 322
- Elektronenpaarbindung 190 f., 204
- Ionenbindung 195, 204
- Mehrfachbindung 333
- Metallbindung 200, 204
- polare 224, 227, 229
- unpolare 227

chemische Elemente (Atomsorten) 155, 162, 218 f.
- Kennzahlen 155
- Ordnungssystematik 166, 170
- Reaktivität 134, 178, 180 ff.
- Strukturen 317

chemische Energie 109, 112, 116 f., 299, 308
chemische Reaktion 100 f., 104 ff.
- Aktivierungsenergie 112
- mit Elektronenübergang 195
- endotherme 120
- Energie 116, 122
- exotherme 116 f., 120, 135
- Nachweismethoden 74
- Reaktionsgleichung 101
- Stoffumwandlung 102
- Verbrennung 109

chemische Verbindung 218 f., 330
Chlor 180 f., 194, 198, 398
Chloramine 181
Chlorwasserstoff 268
Cracken 338
Cremes 384 f., 388
Curie, Marie u. Pierre 159
Cycloverbindung 333

D

Dalton, John 152
Daniell-Element 301
Dekantieren 60 f.
Demokrit 152
Destillation 60 f., 215, 358
- fraktionierte 338 f.

Diagramme 93 f., 114, 117, 341
Diamant 41, 317
Dichte 37, 41, 66
Dichteanomalie 228
Dieselmotor 340
Diffusion 55
Dipol 224, 229
Direktreduktion 137
Disaccharide (Zweifachzucker) 368
Dissoziieren 270
Döbereiner, Johann Wolfgang 114
Docht 84 f.
Donator-Akzeptor-Prinzip 302
Doppelbindung 191, 328
Dreifachbindung 191, 328
Dünger 216, 251, 271
Duroplaste 346

E

Edelgase 72 f., 182, 188
Edelgasregel 294
Edelgaszustand 182, 188, 190 f., 194
Edelmetalle 127, 138, 148, 291
Edukte (Ausgangsstoffe) 77, 100 f., 105
Eindampfen 60 f.
Einfachbindung 322
Eisen 46, 134 f., 148
- Direktreduktion 137
- Gewinnung 134 f., 137
- Stoffsteckbrief 43
- Teilchenmodell 104

Eisenlegierung 142
Eisenoxid (Hämatit) 43, 130, 134 f., 137, 221, 245
Elastomere 346
elektrische Leitfähigkeit 36, 41, 201
- Metalle 126
- Salze 240

Elektroden 299, 301
Elektrolyse 294 ff., 310
Elektrolyt 299, 301
Elektromotor 308
Elektronegativität (EN) 224, 227
Elektronen 154 f., 171, 173, 194, 200
- delokalisierte 200
- frei bewegliche 200 f.

Elektronenakzeptor/-donator 290, 302
Elektronenaufnahme/-abgabe 290 f., 302
Elektronengas 200
Elektronenpaarbindung 190 f., 204, 224, 228
Elektronenschalen 162, 171, 174
Elektronenübertragung **290, 304, 310**
Element (Atomsorte) 154 f., 166
- Elektronenverteilung 162
- Kennzahlen 168
- Ordnung 170 f., 174, 176

Elementfamilien 171
Elementgruppen 170
Elementsymbole 155, 176
Emulgator 384 f.
Emulsion 54, 384 f.
endotherm 120
Energie 108 f., 112, 116 f., 122
- chemische 109, 112, 116 f., 299, 308
- elektrische 298 f., 308
- thermische 116, 120

Energiediagramm 114, 117
Energieformen 108 f.
Energiefreisetzung 116 f.
Energiegehalt 117
Energiespeicherung 109, 116
Energieträger
- Biogas/Erdgas 319
- Erdöl 334
- Wasserstoff 230

Energieumsatz 101
Energieumwandlung 108, 116 f., 299, 308
Entladen/Laden 120
Entsorgungsratschläge (E-Sätze) 413
Enzyme 114, 382
Erdatmosphäre 342
Erde 72
- Atmosphäre 342
- Temperaturen 343
- Wasserverbrauch 211
- Wasserverteilung 209

Erdgas 231, 318 f., 321, 350
Erdgaslagerstätten 318
Erdöl 318, 334, 350
- Aufbereitung 338 f.
- Fördergebiete 337
- Verbrennung 335
- Zusammensetzung 334

Erdölreserven 335
Erlenmeyerkolben 24
Erstarren 49
Erze 130
E-Sätze 413
Essigsäure (Ethansäure) 360 ff.
Essigsäuregärung 360
Ester 364, 366, 372
Estergruppe 364
Ethan 318, 322, 328, 354
Ethanol *siehe* Alkohol
Ethansäure *siehe* Essigsäure
exotherm 116 f., 120
Experimentierregeln 14, 40
Exsikkator 273
Extrahieren, Extraktion 61

F

Feinstaub 92, 94 f.
fettliebend (lipophil) 377
Fettsäuren 366
Feuer 76, 80 f., 96
Feuerzeug 114
Filtrieren 60 f.
Flamme 20 f., 41, 76, 80, 84 f., 178 f.
Flammenfärbung 178 f.
Flammenkern/-mantel, -saum 85
Flammenzonen 85
Flammtemperatur 76
flüchtige Stoffe 45
Fluor 180, 190, 396
Flussspat (Calciumfluorid) 199, 240
Formeln (Methode) 198, 222
Fotosynthese 73, 314 f.
fraktionierte Destillation 338 f.
Fruchtzucker (Fructose) 368
Fuller, Richard Buckminster 317
Fulleren 317
funktionelle Gruppe 354 f., 372
Funktionsmodell 165

G

Galvani, Luigi 298
galvanisches Element 298
Galvanismus 298
Gasbrenner 20, 28, 241

Gase 25, 49, 188
- Nachweis 219
- Teilchenmodell 105

Gaszufuhr 20
Gedankenmodelle 158, 165
Gefahrenhinweise (H-Sätze) 16, 411
Gefahrenpiktogramm 15 ff., 410
Gefahrensymbole 17, 19, 410
Gefahrstoffe 15 ff.
Gefahrstoffliste 414 ff.
Gegenstand 32, 68
Gelber Sack / Gelbe Tonne 64 f.
Gemenge 52, 54
gesättigt 58, 328, 366
Gesetz der Massenerhaltung 105, 107
Gips (Calciumsulfat) 254, 271
Gitterenergie 245
Glasglockenexperiment 316
Glimmspanprobe 74, 219
Glucose (Traubenzucker) 368 f.
Glycerin 355, 366
Gold 138, 142 f.
Goldlegierung 142
Granit 53, 57
Graphit 43, 317
Grundwasser 209, 212 ff.
Grüner Punkt 64

H

Halogene 180
Hämatit (Eisenoxid) 43, 130, 134 f., 137
Handy 44 f., 120
Härte
- Legierung 142 f.
- Metalle 36, 127
- Stoffe 36, 41

Hauptgruppen des PSE 170, 178, 180, 182, 184
Helium 182 f., 188, 394
heterogen 52 f.
Hochofen 134, 136, 148
Hofmannscher Zersetzungsapparat 219
homogen 52 f.
homologe Reihe 322 f.
H-Sätze 16, 411
Hydratation 243, 245
Hydrathülle 243
Hydrogencarbonat 276
Hydrogencarbonat-Ion 274
Hydrogensulfat-Ion 270
hydrophil (wasserliebend) 361, 377, 380
Hydroxid-Ion 264 f.
Hydroxylgruppe (OH-Gruppe) 354
hygroskopisch (wasseranziehend) 270

I

Indikator, Watesmopapier 74, 89
Indikatoren
- Rotkohlsaft 261, 263
- Universalindikator 263

Iod 180
Ionen 194 f., 198, 243, 294
Ionenbindung 195, 204
Ionengitter 195, 243
Ionenverbindung (Formelschreibweise) 198
Isobutan 330
Isolator (Nichtleiter) 36
Isomerie 330, 333
Isotope 168 f.

K

Kalium 172, 178 f.
Kalk 279 f.
Kalkkreislauf 279 f.
Kalkseife 380, 382
Kalkstein (Calciumcarbonat) 276 f., 280
Kalkwasserprobe 74 f., 89
Katalysator 114, 335
Kation 195
Kern-Hülle-Modell 154 f.
Kerze 84 f., 96
Kettenlänge 322, 324
Kläranlage 216 f., 266
Klimawandel 319, 342 f.
Knallgasreaktion 219, 230, 308
Kochsalz (Natriumchlorid) 198, 236, 239 f., 242, 256
Kohlenhydrate 368 f., 372
Kohlensäure 274, 276
Kohlenstoff 166, 314 f., 330
- Bindigkeit 314
- Elektronegativität 324
- Kettenlänge 322, 324 f.
- Modifikationen 317
- Steckbrief 395
- Struktur 317

Kohlenstoffdioxid 72 f., 90, 116, 134, 274, 284, 314 f., 319
- Nachweis 74 f., 89

Kohlenstoffdioxidkreislauf 342 f.
Kohlenstoffdioxidlöscher (Schaumlöscher) 80 f.
Kohlenstoffkreislauf 315 f.
Kohlenstoffmonooxid 131, 134, 335
Kohlenwasserstoffe 322, 334, 350, 354
- Elektronenpaarbindung 328
- gesättigte/ungesättigte 328
- Nomenklatur (Methode) 330 f.

Koks 134, 136
Kolbenprober 25
Kompostierung 37, 40
Kondensation 212, 215
Kondensieren 49, 60
Königswasser 268
Konservierungsstoffe 253, 360, 362
Konzentration 246
Korrosion, Korrosionsschutz 140
Kreisdiagramm 93
Kristallwasser 254
Krypton 182 f.
Kugelteilchenmodell 152, 154
Kunststoffe 45, 65 f., 346 f., 350
Kupfer 130, 143, 166
Kupferoxid 130 f.
Kurzschluss 299

L

Laborgeräte 24 f., 399
Laden/Entladen 120
Lageenergie 108 f., 122
Laugen 260 f.
Lavoisier, Antoine L. de 221, 314
Legierung 54, 142 f., 148
Leichtmetalle 127, 178
Leitfähigkeit 36, 41, 126
Leuchtstoffröhre 182
Lewis, Gilbert Newton 176
Lewis-Schreibweise 176, 191
Lichtenergie 109, 117
lipophil (fettliebend) 361, 377, 380
Lithium 178 f., 305, 394
Löschkalk (Calciumhydroxid) 280, 282
Löschmethoden 83
Löschmittel 15
Lösevorgang 58
- Teilchenmodell 58

Löslichkeit 58 f.
- Feststoffe 58
- Gase 58

Lösung 54
- alkalische 260 f., 264
- Indikatoren 260

- konzentrierte 246
- neutrale 265
- pH-Wert 261
- saure 260 f., 264

Lösungsmittel 58, 388
- Alkohol 376
- Ester 364
- Fett 376
- Öl 376 f., 384
- unpolare/polare 377
- Wasser 58, 208, 376 f., 384

Lötzinn 143 f.
Luftbestandteile 72 f., 96, 183
Luftschadstoffe 72, 90, 92, 94 f., 116
Luftzufuhr 20

M

Magensäure 267
Magnesium 198, 290 f., 396
Magnetabscheider 65
Magnetisierbarkeit 36
Makromoleküle 346 f.
Malachit 130 f.
Maltose (Malzzucker) 369
Massenzahl 155, 160
Materialien 32, 36
Meerwasserentsalzung 215
Mehrfachbindung 333
Mendelejew, Dmitri 170
Messing 143
Messzylinder 24, 153
Metallberufe 146 f.
Metallbindung 200, 204
Metalle 44 f., 126 ff., 138, 140, 142, 148
- edle 127, 138, 148, 291
- Eigenschaften 126 f., 201
- elektrische Leitfähigkeit 127, 201
- Gewinnung 131, 148
- Härte 36, 127
- Korrosion/-sschutz 140
- Legierung 142
- Leitfähigkeit 36
- Magnetismus 127
- Metallbindung 200, 204
- Münzen 129, 142
- Oxidierbarkeit 291
- Redoxreihe 291
- Rost 140
- Schmelztemperatur 127 f.
- unedle 127, 138, 140, 148, 291
- Verformbarkeit 127, 201
- Wärmeleitfähigkeit 37, 127, 201

Metallgitter 201
Metallglanz 126, 138, 178
Metall-Ion 265
Metalloxide 130, 284
Metallsulfide 130
Methan 314, 318 f., 322
Methoden
- Formeln verstehen 222
- Formeln von Salzen aufstellen 198
- Kohlenwasserstoffe benennen 331
- Langzeitversuch zum natürlichen Recyceln 40
- Multi-Interview 164
- Punktdiagramm erstellen 94
- Symbolgleichung aufstellen 223
- Versuchsprotokoll 22 f.

Meyer, Lothar 170
Mineralien 249
Mineralwasser 248 f., 256
Modelle 104 f., 122, 165
- Atommodelle 152, 154
- Modellbau 323
- Teilchenmodelle *siehe* dort
- Theorien 156

Mol (mol) 160, 246
molare Masse 160, 246
Moleküle 72, 191, 218, 224, 228
- Formeln 222
- Makromoleküle 346 f.

Monomere 347
Monosaccharid (Einfachzucker) 368
Müllsortieranlage 65, 67
Mülltrennung 64 f., 68
Multi-Interview 164

N

Nanotechnologie 158
Nasslöscher 81
Natrium 176, 178, 194 ff., 198
- Flammenfärbung 179
- Steckbrief 396

Natriumcarbonat (Soda) 277, 284
Natriumchlorid *siehe* Kochsalz 236
Natriumhydroxid (Ätznatron) 282
Natron (Natriumhydrogencarbonat) 277
Natronlauge 265, 282
Nebel 54, 212
Nebengruppen im PSE 174
Neon 182 f., 396
neutrale Lösung 265
Neutralisation 265, 286
Neutronen 155, 168
Nichtleiter (Isolator) 36
Niederschlag 212
Nitrate
- Dünger 251
- Grenzwerte 253
- Stickstofffixierung 250 f.

Nitrat-Ion 250
Nitrifikation 251
Nitrite 250, 253
Nitrosamine 253
Nomenklatur 330
Not-Aus-Schalter 15

O

Oberflächenspannung 225, 380
Oberflächenwasser 212 f.
Octadecansäure (Stearinsäure) 361
OH-Gruppe (Hydroxygruppe) 354
Ölsäure 366
Operatoren (in Aufgaben) 390 f.
optische Aufheller 382
Ordnungszahl 155, 171
Oxidation 77, 85, 130 f., 290 f.
Oxide 130
Oxonium-Ion 264 f., 361

P

Palmitinsäure (Hexadecansäure) 361, 366
Papierchromatografie 63
Paraffin 84 f.
Perioden (Zeilen) im PSE 171, 173
Periodensystem der Elemente (PSE) 170 f., 174, 184
Phosphor (Steckbrief) 397
Phosphoreszenz 159
pH-Wert 261
Piktogrammcode 410
Pipeline 338
Pipette 24
Polarität 224, 227, 229
Polymere, Polymerisation 347
Polysaccharide (Vielfachzucker) 369
Polyvinylchlorid (PVC) 347
Priestley, Joseph 316
Primärenergie 318
Primärenergieverbrauch 337
Produkt (neuer Stoff) 77, 100 f., 105 f., 122, 135

Protokoll 22 f., 28
Protonen 154 f., 171
P-Sätze 16, 412 f.
Punktdiagramm 94

Q

qualitative/quantitative Analyse 74
Quecksilber 50, 127, 138, 166, 169

R

Radioaktivität 159
Raffinerie 338
Rauchgase 54, 80 f.
Reaktionsgleichung 101
Reaktionsprodukt 100 f., 105 f., 122, 135
Recycling 40, 65, 306, 310, 347
Redoxreaktion 131, 134, 290
Redoxreihe der Metalle 291
Reduktion 131, 290
Reduktionsmittel 131, 136
Reflexion 342
Reinigungsmittel 380
Reinstoffe 52 f., 68
Restmüll 64 f.
Resublimieren 48 f.
Ritzhärte 36
Roheisen 135 f.
Rohstoffe 130, 334
Röntgen, Wilhelm Conrad 159
Röntgenstrahlung 159
Rost 101, 140
Rotgold 142
Rottefähigkeit 37, 40
Rubidium 178 f.
Rutherford, Ernest 154 f., 157, 162, 173

S

Saccharose (Haushaltszucker) 368
Saline 237
Salzbildung 265
Salze 44 f., 58, 194 ff., 236 ff.
- Aufbau 242 f., 250, 256
- Eigenschaften 240, 242 f., 256
- Formeln (Methode) 198
- Gewinnung 236 f.
- in Lebensmitteln 238
- Lösevorgang 243, 245
- Schmelztemperatur 240, 242
- Zerlegung 294

Salzgehalt 238, 246
Salzkonsum 238
Salzlösung 246
Salzsäure 267 f., 286
Salzwasser 209, 215
Sauerstoff 72 f., 76 f., 85, 155, 218, 290 f.
- Elektronegativität 224
- Nachweis 74, 219
- Steckbrief 167, 395

Säulendiagramm 93
saure Lösung 260 f., 264
Säuren 260 f., 263 f., 267, 286
Säurerest-Ionen 265, 267, 270, 361
Säurestärke 360
Schalenbesetzung 162, 174
Schalenmodell 162, 173 f.
Schaumlöscher (Kohlenstoffdioxidlöscher) 80 f.
Schlacke 135 f.
Schmelzen 49, 58
Schmelztemperatur 36, 41, 48
Schmutzablösung 380
Schutzgas 73, 182
Schwefel 166, 198, 397
Schwefelsäure 267, 270 f., 286
- konzentrierte 270 ff.
- verdünnte 270 ff.
- Verwendung 271, 273

Schwefelwasserstoff 318
Schwelbrand 81
Schwermetalle 127, 307
Sedimentieren 60 f.
Sicherheitshinweise (P-Sätze) 16, 412 f.
Sicherheitsregeln 15, 20
Siedetemperatur 36, 48
Signalwörter 16 f., 410
Silber 126, 130, 138
Silicium (Steckbrief) 397
Solarthermie 321
Spannenergie 108 f.
Springbrunnenversuch 268
Sprödigkeit 240, 242
Stahl 135, 142
Stärke 369
Steckbrief *siehe* Stoffsteckbriefe
steinartige Stoffe 44 f.
Steinsalz 237, 239
Stickoxide 340 f.
Stickstoff 72 f., 250 f., 318, 395
Stickstofffixierung 250 f.
Stickstoffkreislauf 250
Stoffe 32, 68
- Aggregatzustand 34
- anorganische/organische 327
- brennbare 77
- Dichte 37
- Einteilung 53
- Entflammbarkeit 324
- flüchtige 45
- Gruppe 44
- homologe Reihe 322
- hydrophile 384 f.
- Kettenlänge 324
- leichtflüchtige 45
- Leitfähigkeit 36
- lipophile 384 f.
- Löslichkeit 58
- magnetisierbare 36
- messbare 36
- Rekorde 41
- Schmelztemperatur 36
- Siedetemperatur 36
- steinartige 44 f.
- strahlende 159
- Teilchenmodell 48, 104 f., 122
- Temperatur 49
- Viskosität 324
- Wärmeleitfähigkeit 37
- wiederverwertbare 65
- Zündtemperatur 76 f.

Stoffgemische 52 ff., 61, 68, 73, 143, 384 f.
- Aggregatzustand 54
- flüssige 54
- homogene/heterogene 52 ff.
- metallische 143
- Teilchenmodell 54
- Trennverfahren 60 f., 63
- Wertstoffe 64

Stoffgruppe (Stoffklasse) 44 f., 68
Stoffportion 160
Stoffsteckbriefe 42 f., 394 ff.
Stoffumwandlung 100 f.
Strahlungsenergie 342
Streusalz 237 f., 245
Streuversuch von Rutherford 154 f.
Strommix 334
Sublimieren 48 f.
Sulfat-Ion 254, 270
Suspension 54, 60
Süßwasser 209
Symbolgleichung (Methode) 223
Synthese 218

T

Teilchenmodelle
- Aggregatzustand 48 f.
- Aluminium 104
- Bewegung 55
- Eisen 104
- Feststoffe 105, 122
- Flüssigkeit 122
- Gase 105
- Lösevorgang 58
- Stoffe 48
- Stoffgemische 54

Temperaturen
- Aggregatzustand 50
- Erdtemperatur 343
- Gasbrenner 241
- Siede-/Schmelztemperatur 36, 48 f., 127 f.
- Zündtemperatur 76 f.

Tenside 380, 388
thermische Energie 116, 120
Thermitverfahren 135, 149
Thermolyse 85
Thermoplaste 346
Thomson, Joseph John 154
Transmission 342
Traubenzucker (Glucose) 368 f.
Treibhauseffekt 319, 342
Treibstoffe
- Brennwert 231
- Erdöl 334
- Wasserstoff 230 f., 308

Trennverfahren 60 f., 63, 68
- Abfall 65
- Destillation 358
- Entmischung 384 f.
- Feststoffe 60
- Verdampfen 49

Triglyceride 366
Trinkwasser 209, 213 ff.
Trockenlöscher 81
Tropfsteine 276 f.

U

Überdüngung 251
Umwelt
- Aluminiumgewinnung 296
- Schwermetalle 307

unedle Metalle 127, 138, 140, 148
ungesättigt 328, 366
unpolar 377

V

Vakuumdestillation 339
Van-der-Waals-Kräfte 325
Verbindung 218 f., 330
- in Alltag und Umwelt 90
- isomere 330
- Zerlegung 219

Verbrennung 77, 84 f.
- Energie 90, 116
- Entzündung 76, 81, 112
- Erdöl 335
- Feinstaub 92, 94 f.
- Kohlenstoff 90
- Kohlenstoffdioxid 335
- Nahrung 90
- Stickoxide 340 f.
- vollständige/unvollständige 84 f.

Verbrennungsdreieck 77
Verbundstoffe 64 f.
Verdampfen 49
Verdunstung 212
Verformbarkeit 126, 201
Verhaltensregeln 14, 28
Versickerung 212
Versuchsprotokoll 22 f., 28
Versuchszeichnung 25
Vielfachzucker (Polysaccharide) 369
vierbindig 314
Vinylchlorid 347
virtuelles Wasser 209 f.
Viskosität 324, 337
Vitamin C (Ascorbinsäure) 363
Volta, Alessandro 298
Voltasäule 298

W

Waals, Johannes Diderik van der 325
Wärmeenergie 108 f., 122
Wärmeleitfähigkeit 37, 126, 201
Wärmestrahlung 342
Waschmittel 380, 382, 388
Wasser 193, 208 ff., 224 f., 232
- Abfluss 212
- Aggregatzustand 48
- Analyse 219
- Aufbereitung 216
- Dichteanomalie 228
- Formeln 222
- Grundwasser 213 f.
- Ionen 264
- Konflikte 211
- Löslichkeit 225
- Lösungsmittel 58, 208, 376 f., 384
- Nachweis 74
- Oberflächenwasser 212 f.
- im Organismus 208, 210
- Reinigungsstufen 216 f.
- Struktur 228
- Trinkwasser 213 ff.
- Verbindung 218, 232
- Verbrauch 209, 211
- Verteilung 209
- virtuelles 209 f.
- Wasserhärte 276, 382
- Zerlegung 219, 221

Wasserbedarf 208
Wasserdampf 48, 212
Wassergewinnung 215
Wasserhärte 276
Wasserkreislauf 212 f.
wasserliebend (hydrophil) 377
Wasserlöslichkeit 58, 68
Wasserstoff 188, 218, 221, 230, 308, 322, 330
- Brennwert 231
- Elektronegativität 224, 324
- Formeln 222
- Nachweis 219 f.
- Steckbrief 391

Wasserstoffbrücken 224 f.
Wasserwerk 213 f.
Weißgold 142
Wertstoffe 64 f.
Windsichter 65 f.
Wöhler, Friedrich 327
Wortgleichung 223

X

Xenon 182 f.

Z

Zellatmung 315
Zerteilungsgrad 77
Zink 138, 143
Zink-Luft-Batterie 302, 307
Zinn 143
Zuckerkonsum 369 f.
Zündtemperatur 76 f.
Zweifachzucker (Disaccharide) 368

Bildquellenverzeichnis

action press: LEHTIKUVA OY: S. 50/2b, SOUTH WEST NEWS SERVICE LTD: S. 72/1 | akg-images: S. 13/5, Alfons Rath (mit freundlicher Genehmigung des Südtiroler Archäologiemuseum – www.iceman.it): S. 132/1, arcaid/Michael Harding: S. 317/8, IAM: S. 152/3, Science Photo Library: S. 154/3, S. 170/3, S. 171/4 | Beuth Verlag: S. 17/l., S. 19/3a, S. 28/1, S. 29/4, S. 39/l., S. 63/l., S. 75/l., S. 89/o., S. 91/o., S. 118/l., S. 133/u., S. 139/o., S. 145/l., S. 153/o., S. 179/o., S. 220, S. 231, S. 241, S. 244, S. 245, S. 260, S. 262, S. 263, S. 266, S. 267, S. 269, S. 275, S. 278, S. 283, S. 285, S. 292, S. 293, S. 296, S. 297, S. 309, S. 326, S. 326, S. 344, S. 348, S. 35, S. 357, S. 365, S. 367, S. 370, S. 371, S. 383, S. 410 | blickwinkel: S. 84/1, S. 324/3 | bpk: adoc-photos: S. 159/3, Museum für Vor- und Frühgeschichte, SMB/Claudia Plamp: S. 134/1 | Bridgeman Images: S. 132/2 | ClipDealer: Alexander Raths: S. 393/3 | Cornelsen Verlag: S. 17/u. | Cornelsen/D. Ruhmke, Berlin: S. 299/4 | Cornelsen/Detlef Seidensticker: S. 15/3, S. 16/1, S. 20/1a-1c, S. 24/3, S. 25/5, S. 25/7, S. 26/1-2, S. 27/5, S. 37/3-4, S. 38/2, S. 39/3, 5, S. 49/3, S. 51/3, S. 53/5, S. 54/2, S. 55/3, S. 58/2-3, S. 59/5, S. 61/3, S. 62/1-2, S. 66/1, S. 66/3, S. 72/2-3, S. 74/1, S. 75/4, S. 91/3, S. 91/5, S. 96/1, S. 103/3, S. 104/2-3, S. 105/4-5, S. 106/2, S. 113/3-6, S. 114/1, S. 117/2, S. 118/1-2, S. 119/4, S. 121/8, S. 122/2, S. 128/4, S. 129/7, S. 136/2, S. 138/3, S. 141/3-4, S. 144/1, S. 145/4-6, S. 148/1, S. 149/4, S. 153/4-5, S. 154/1b, S. 155/4a+b, 5-6, S. 156/1, S. 157/4, S. 160/2-3, S. 161/6, S. 162/1a-c, S. 163/3-4, S. 164/1, S. 167/3-4, S. 168/1a+b, S. 170/1, S. 172/1, S. 173/3, S. 174/1-2, S. 175/3, S. 176/1-4, S. 177/5, 7, S. 183/4, S. 184/1-3, S. 185/4-6, S. 186/o., S. 186/u., S. 187/r. o., S. 187/l. o., S. 189/4, S. 190/2-4, S. 191/5-8, S. 192/2, S. 193/3-4, S. 194/2+3, S. 195/5+6, S. 196/2, S. 197/3, S. 198/1+2, S. 199/5, S. 200/2-4, S. 201/5-6, S. 203/3-5, S. 204/1a-1c, S. 208/2, S. 209/3-4, S. 210/2, S. 211/3+6, S. 212/1, S. 213/2, S. 214/1+2, S. 215/3+4, S. 217/2+3, S. 218/2, S. 219/4-6, S. 220/1+2, S. 221/3, S. 222/1-4, S. 223/3a+b, S. 224/4, S. 225/5+7, S. 228/2+3, S. 229/4+5, S. 230/2, S. 231/3-5, S. 232/1-2, S. 233/4+5, S. 237/3, S. 239/6, S. 240/2, S. 241/3, S. 242/4, S. 242/1-3, S. 243/5-7, S. 244/1, S. 246/2, S. 247/4, S. 249/3, S. 250/3, S. 251/4, S. 252/2, S. 254/2, S. 256/1, S. 257/3, S. 261/5, S. 262, S. 263/4+5, S. 264/1+2, S. 265/3+4, S. 268/1b, S. 272/3+4, S. 275/2-4, S. 279/2, S. 280/2, S. 281/3, S. 286/2, S. 287/4, S. 291/6-7, S. 292/1, S. 293/3, S. 295/3, S. 296/1, S. 297/3+4, S. 298/3, S. 300/1+2, S. 301/3b, S. 303/7, S. 304/2, S. 305/3, S. 307/3, S. 308/3, S. 309/4-6, S. 310/1+2, S. 314/2, S. 315/4+5, S. 317/3, 5, 7, S. 318/2+3, S. 319/4, S. 320/1-3, S. 321/4-5, S. 322/1b, 2-4, S. 324/4, S. 325/5-7, S. 326/3, S. 328/1b, 2-3, S. 329/5a+5b, 6, 8, S. 330/1+2, S. 331/1-4, S. 332/1-3, S. 333/5+6, S. 334/2+3, S. 335/4, S. 337/4, S. 339/5, S. 341/1-3, S. 342/1+2, S. 342/2, S. 343/2, S. 344/1+2, S. 345/3, S. 346/2a, 2c, 2e, S. 347/3-5, S. 348/5, S. 349/6, S. 350/1, S. 351/4-6, S. 354/2+3, S. 355/4, S. 355/6, S. 356/3-5, S. 357/6, S. 358/1+2, S. 360/2+3, S. 361/5, S. 364/2+3, S. 366/2, S. 367/3+4, S. 368/4-6, S. 369/7, S. 371/3-4, S. 372/4, S. 372/2+3, S. 373/5+6, S. 377/5+6, S. 379/3-5, S. 379/5, S. 380/2+3, S. 381/5, S. 384/2, S. 385/3-4, S. 386/1, S. 388/2, S. 389/4, S. 394, S. 399, S. 400, S. 403/4+6, S. 405, S. 406, S. 407, S. 413 | Cornelsen/diGraph Medien-Service Maryse Forget & Robert Fontner-Forget: S. 390/l. | Cornelsen/Laura Carleton: S. 139/5, S. 160/1, S. 202/2, S. 316/2 | Cornelsen/Mahler, H., Fotograf, Berlin: S. 261/4 | Cornelsen/Matthias Pflügner: S. 14/1a-1c, S. 18/1, S. 22/1, S. 34/1, S. 67/4, S. 75/3, S. 97/7, S. 108/1-3, S. 110/1, S. 112/2, S. 120/1, S. 132/3-5, S. 158/1, S. 164/2+3, S. 230/3 | Cornelsen/Peter Slaby: S. 33/4, S. 33/5, S. 40/1, S. 43/2, S. 48/1a, S. 91/4, S. 137/3, S. 137/4, S. 378/1, S. 383/2, S. 383/3 | Cornelsen/Rainer Götze: S. 50/1, S. 61/4+5, S. 63/4, S. 77/2, S. 78/1-3, S. 79/4+5, S. 81/2, S. 82/1+3, S. 85/4, S. 86/1+2, S. 87/3+4, S. 88/1-3, S. 89/4-7, S. 93/3+4+6, S. 95/2, S. 96/2+6, S. 218/3, S. 249/5, S. 343/3, S. 389/5 | Cornelsen/Stephan Röhl: S. 32/2, S. 38/1, S. 46/1, S. 63/5, S. 104/1, S. 131/4, S. 135/7, S. 158/2, S. 196/1, S. 197/4, S. 228/1, S. 248/2, S. 260/1+2, S. 283/5, S. 299/5c, S. 323/6 | Cornelsen/Volker Döring: S. 15/2a, S. 21/6a-c, S. 28/3, S. 29/6, S. 160/4, S. 180/2, S. 194/1, S. 224/2, S. 282/1, S. 346/2d, S. 346/2b | Cornelsen/Volker Döring (Bearbeitung durch Detlef Seidensticker): S. 19/3b+c | Cornelsen/Volker Minkus: S. 24/2, S. 24/4, S. 25/6, S. 27/4, S. 97/8, S. 102/2, S. 107/3, S. 115/3, S. 119/3a-e, S. 133/6, S. 179/4a-c, S. 226/1+2, S. 241/4, S. 247/3, S. 268/1a, S. 271/4, S. 272/1+2, S. 292/2, S. 294/1+2, S. 301/3a, S. 303/5+6, S. 326/1, S. 354/1b | Cornelsen/Zeynep Arghan: S. 307/2 | Corneslen/Matthias Pfügner: ddp images: S. 152/2 | ddp images: 360° CREATIVE/Maximilian Stock Ltd.: S. 392/1, angeta: S. 348/1, cleo: S. 348/3, Georg: S. 61/6, Jacques Jacobsz: S. 45/4, lianem/Shotshop: S. 270/1a, Michael Osterrieder: S. 346/1a, Monkey Business 2: 27/3, Robert Kneschke/360° CREATIVE/Shots: S. 393/4, Robin Claudy/Shotshop: S. 256/2, Uwe Moser: S. 73/4 | Der Grüne Punkt - DSD - Duales System Holding GmbH & Co. KG: S. 64/2 | dpa Picture-Alliance: Andrea Warnecke: S. 99/l., Minden Pictures/Minden Pictur: S. 361/6, ZB - Fotoreport: S. 35/4, ZB: S. 15/2b | Eine Buchquelle dafür ist: Wallach, O.: Briefwechsel zwischen J. Berzelius und F. Wöhler. – Neudruck der Ausgabe von 1901. 2 Bde. Wiesbaden 1966 (Sändig): S. 327/ | Erdöl-Vereinigung, CH: S. 337/3 | F1online: S. 32/1, ableimages/Jutta Klee: S. 375/r., Beate Münter: S. 276/1, Imagebroker RM/J.W.Alker: S. 90/1, Radius Images: S. 50/2c, S. 346/1b, S. 368/2 | Fotografie aus dem Besitz der Museumsstiftung Post und Telekommunikation - Illustration Gerhard Stauf: S. 114/2 | Fotolia: AA+W: S. 81/4, akf: S. 347/6°, Andrey Popov: S. 44/1, BEAUTYofLIFE: S. 347/6b, Bernd Kröger: S. 31/l., by-studio: S. 52/2, chris32m: S. 120/2, Colibri: S. 181/4, contrastwerkstatt: S. 3/o., S. 10/Mitte, S. 208/1a, Couperfield: S. 103/4, Cpro: S. 121/3, DanBu.Berlin: S. 36/1, Daniela Stärk: S. 69/3d, dulsita: S. 313/r., exclusive-design: S. 69/3c, fotohansel: S. 307/4, Foto-Ruhrgebiet: S. 112/1, gio_tto: S. 298/2b, goldpix: S. 285/3, Holger Schultz: S. 117/3, Ivan Kurmyshov: S. 182/1, jfergusonphotos: S. 109/5, Jürgen Fälchle: S. I/, Klaus Eppele: S. 83/1b, S. 96/3, S. 304/1, Laila: S. 121/4, M.Dörr & M.Frommherz: S. 317/4, matteo: S. 51/4, monropic: S. 35/3, monticellllo: S. 68/2, nickolae: S. 298/2a, Nik: S. 31/r., PhotoSG: S. 35/2, S. 69/3°, S. 298/1, Rainer Schmittchen: S. 227/3, ReSeandra: S. 187/l., Schlierner: S. 252/1, seeyou | c. steps: S. 84/2, sima: S. 83/1a, Smileus: S. 4/M., S. 98/Mitte, stockphoto-graf: S. 50/2°, S. 129/6, sumire8: S. 24/1, Thomas Leiss: S. 216/1, TwilightArtPictures: S. 69/3b, viperagp: S. 4/o., viperagp: S. 70/mitte, Volker Z: S. 224/1, Zerbor: S. 13/3c, S. 147/5 | GlowImages: Blend Images LLC/Shestock: S. 190/1, BlendRM/ERproductions Ltd: S. 255/3, ImageBROKER RM: S. 92/2 /Michael Weber IMAGEPOWER: S. 381/4 | imago stock&people: blickwinkel: S. 199/3, Christian Schroth: S. 248/1, CHROMORANGE: S. 245/5, Florian Schuh: S. 308/1, Geisser: S. 324/2, imagebroker: S. 200/1, Jochen Tack: S. 92/1, Karina Hessland: S. 65/3, Michael Eichhammer: S. 355/7, Niehoff: S. 90/2 | imago: Imago sportfotodienst: S. 348/4, Niehoff: S. 12/2 | interfoto e.k.: Granger, NYC: S. 327/4, LOOKback: S. 71/l., Sammlung Rauch: S. 170/2 | juniors@wildlife: Ritterbach, J.: S. 305/6 | laif: CCOPhotostock/David Cobb: S. 138/2, REA/Pascal SITTLER: S. 356/1 | LOOK: Konrad Wothe: S. 48/2 | mauritius images: alamy: All Canada Photos: S. 338/3, Art Directors & TRIP: S. 152/1, Ed Lefkowicz: S. 32/3, GIPhotoStock Z: S. 284/1, Historic Collection: S. 382/1, Holger Burmeister: S. 380/1, Jochen Tack: S. 208/1d, John Wingfield: S. 97/9, Phil Degginger: S. 178/3, philipus: S. 140/1, Realimage: S. 350/3, S.E.A. Photo: S. 360/1b, sciencephotos: S. 74/2, S. 180/1, www.BibleLandPictures.com: S. 84/3, Bryan Reinhart/Masterfile RM: S. 314/1, Charles D. Winters/Science Source/Charles D. Winters: S. 101/2a+b, S. 269/2, Gaby Wojciech/Westend61: S. 97/10, imageBroker: action press/Michael Dietrich: S. 64/1. F1online/Imagebroker RM/Jochen Tack/Imagebroker RM/F1onl: S. 83/1f, Thomas Schneider: S. 237/4, Juice Images: S. 11/r., Science Faction / Michael Rosenfeld: S. 213/3, Pixtal: S. 289/l., Science Source: S. 106/1, Science Source/GIPhotoStock: S. 121/7, Stella/Nikky: S. 128/1+2, United Archives: S. 154/2, Westend61/HWO: S. 239/4, Science Photo Library/Wladimir Bulgar: S. 392/2 | OKAPIA KG: Friedrich Saurer: S. 45/3, imagebroker/bilwissedition: S. 327/5, imagebroker/Stefan Klein: S. 123/6, imagebroker/Torsten Krüger: S. 368/3, Martyn f. Chillmaid: S. 316/1 | panthermedia: Jens Brüggemann: S. 146/2 | Quantum Didaktik oHG: S. 329/7 | Science Photo Library: S. 19/2, ADAM HART-DAVIS: S. 280/1, Andrew Lambert Photography: S. 133/8, S. 283/6, Degginger, E.: S. 178/2, S. 244/2, Dotta, Alexandre: S. 178/1, DR P. MARAZZI: S. 287/6, Giphotostock: S. 139/4, S. 291/5, S. 363/3, Hayson, Phillip: S. 57/4a, Hutchings, Richard: S. 57/3, JAVIER TRUEBA/MSF: S. 271/5, MARTYN F. CHILLMAID: S. 16/2, S. 290/1, S. 370/2, MICHAEL SZOENYI: S. 57/4b, Winters, Charles D.: S. 269/3 | shutterstock: 5 second Studio: S. 13/3e, Africa Studio: S. 63/3, S. 149/3, S. 274/1, S. 378/2, Albert Russ: S. 199/4, Alexandar Iotzov: S. 233/6, Alexander Mak: S. 348/2, Alexander Prokopenko: S. 366/1a, Alexey Losevich: S. 253/3, Alhovik: S. 41/3, alice-photo: S. 151/r., Allocricetulus: S. 134/3, Alvaro Trabazo Rivas: S. 251/6, andras_csontos: S. 302/1, Andrey N Bannov: S. 127/3, Anton Gvozdikov: S. 142/1, baibaz: S. 52/1, baloon111: S. 7/u., S. 288/mitte, Bjoern Wylezich: S. 133/7, Charlie Bard: S. 60/2, Chepko Danil Vitalevich: S. 318/1b, Christian Lagerek: S. 338/1, Craevschii Family: S. 366/1b, Daniel_Santos: S. 365/5, Dariush M: S. 80/1, diogoppr: S. 154/1a, Dmitry Kalinovsky: S. 254/1, Dubova: S. 183/3, Dusan Po: S. 255/4, EcoPrint: S. 130/1, Edward Fielding: S. 111/2, Eldred Lim: S. 311/4, Elena Elisseeva: S. 37/2, Elovich: S. 123/4, ESB Professional: S. 208/1b, Everett Historical: S. 188/1, S. 230/1, Fablok: S. 166/1b, Fotana: S. 262/1, gameanna: S. 259/r., Georgios Alexandris: S. 141/2, ggw1962: S. 11/l., Goodluz: S. 146/1, S. 147/3, Gouvi: S. 48/1b, GracePhotos: S. 384/1a, GrooTrai: S. 202/1, Gurov Vladimir: S. 143/2, Henri Koskinen: S. 236/2, hkeita: S. 109/4, hxdbzxy: S. 111/3, Iaroslav Neliubov: S. 165/5, Igor Karasi: S. 338/2, ILEISH ANNA: S. 376/2, Image Point Fr: S. 267/2, imagedb.com: S. 377/4, inacio pires: S. 6/u., S. 234/Mitte, INSAGO: S. 318/1a, irin-k: S. 5/u., S. 186/mitte, Ivan Kireiev: S. 151/l., Jag_cz: S. 7/o., S. 258/Mitte, Jan Kaliciak: S. 273/5, jeab05: S. 20/4, Jeremys78: S. 41/4b, Jezper: S. 41/4a, S. 317/6, Jiri Hera: S. 235/l., Jiri Vaclavek: S. 240/1c, jörg röse-oberreich: S. 6/o., S. 206/Mitte, Juraj Kovac: S. 207/r., kajornyot: S. 336/1, KAMONRAT: S. 273/6, Karl Allgaeuer: S. 259/l., Kasa1982: S. 273/7, KatyaPulina: S. 372/1, Klaus Hertz-Ladiges: S. 123/5, Kondor83: S. 83/1e, S. 96/4, Krasula : S. 355/5, Kzenon: S. 359/3, Lano Lan: S. 111/4, lidante: S. 375/l., Liliya Kandrashevich: S. 56/2, Maks Narodenko : S. 364/1, MarcelClemens: S. 166/2, Mario7: S. 225/6, Mark Oleksiy/Oleksiy Mark: S. 134/2, Maxx-Studio: S. 5/o., S. 150/Mitte, Maya Kruchankova: S. 60/1, Melica: S. 59/4, S. 236/1, Michael Rosskothen: S. 188/2, MichaelJayBerlin: S. 8/o., S. 312/Mitte, Miles Davies: S. 346/2g, Morenovel: S. 208/1c, mycteria: S. 53/3, nanantachoke: S. 46/2, napocska: S. 205/3, nattawut thammasak: S. 207/l., Natursports: S. 58/1, Neil Podoll: S. 53/4, Nickolay Vinokurov: S. 246/1, NNCreated: S. 251/5, Nneirda: S. 240/1b, Ody_Stocker: S. 340/1, olavs: S. 101/3, Oleksandr Kalinichenko: S. 322/1a, Only Fabrizio: S. 166/1c, Phil McDonald: S. 126/1, PHOTO FUN: S. 277/4, pick: S. 278/1, Potapov Alexander: S. 299/5a+b, r.classen: S. 350/2, Reika: S. 131/3, Renata Sedmakova: S. 240/1a, Richard Peterson: S. 239/4, Rob Wilson: S. 334/1, Rocksweeper: S. 12/1, Roman Samborskyi: S. 76/1, Romrodphoto: S. 83/1d, ronfromyork: S. 127/2, Room 76: S. 44/2, sasimoto: S. 362/1, schankz: S. 102/1, Shaiith: S. 354/1a, S. 376/3, Singkham: S. 250/1, Skynavin: S. 147/4, Smileus: S. 250/2, Stasique: S. 116/1, s-ts: S. 13/3d, studioVin: S. 125/r., Sukharevskyy Dmytro/Sukharevskyy Dmytro (nevodka): S. 100/1, Suphaksorn Thongwongboot: S. 45/5, SUWIT NGAOKAEW: S. I/, Svetlana Lukienko: S. 357/7, tale: S. 13/3a, TanyaRozhnovskaya: S. 9/o., S. 374/Mitte, tcly: S. 125/l., Thomas Barrat: S. 122/3, Tibi Vesselenyi: S. 388/3, Toa55: S. 71/r., Tong Nawarit: S. 324/1, TTstudio: S. 328/1a, Vadim Sadovski: S. 42/1, Viktor1: S. 239/5, Vladimir Gjorgiev: S. 144/2, vm2002: S. 13/3b, Voyagerix: S. 144/3, S. 285/2, waldru: S. 165/4, wasanajai: S. 166/1a, whitemaple: S. 56/1, wim claes: S. 336/2, wk1003mike : S. 306/1, Yuangeng Zhang: S. 4/u., S. 124/Mitte, Yury Kosourov: S. 187/r., Zhou Eka: S. 121/6 | sofarobotnik: Augsburg: S. 1, S. I + IV | stock.adobe.com: bluedesign: S. 270/1c, Floydine/Sabine Dietrich: S. 360/1a, Fotolia/Jörg Lantelme: S. 356/2, Fotolia/Michael Tieck: S. 122/1, oxie99: S. 376/1, Ronstik: S. 369/8 | StockFood: Kirchherr, Jo: S. 384/1b, Living4Media/Arcaid Images: S. 182/2, Meier, Chris: S. 353/l., Moore, Hilary: S. 3/u., S. 30/Mitte, Peter Rees: S. 8/u., Plewinski, Antje: S. 368/1, Rees, Peter: S. 352/Mitte, seasons.agency/Neubauer, Mathias: S. 99/r., seasons.agency/Obert, Astrid: S. 388/1b | SZ Photo: SPL/Science Museum: S. 162/2 | TopicMedia: Angelika Antl: S. 235/r. | Visum: euroluftbild.de: S. 296/2, Panos Pictures/PANOS/Petterik Wiggers: S. 211/5, Photoshot: S. 311/3, Stefan Kiefer: S. 289/r., D.Harms: S. 130/2 | www.colourbox.de: S. 13/3f, S. 68/1, S. 83/1c, S. 96/5, S. 138/1, S. 218/1, S. 313/l., S. 328/4, S. 362/2, S. 386/2, Adrian Hâncu: S. 305/5, Daniela Stärk: S. 270/1b, Predrag Paunovic: S. 135/6, Sergejs Rahunoks @ YekoPhotoStudio: S. 353/r., yourphototoday/Bernd_Ducke: S. 121/5 | S. 324: Textzitat aus: Wallach, O.: Briefwechsel zwischen J. Berzelius und F. Wöhler. – Neudruck der Ausgabe von 1901. 2 Bde. Wiesbaden 1966 (Sändig)

Periodensystem der Elemente

Farbe	Bedeutung
blau	Metall
grün	Halbmetall
gelb	Nichtmetall

schwarz = Feststoff
weiß = Flüssigkeit
rot = Gas
hellblau = künstliches Element
* = radioaktives Element

[1] = Gruppennummerierung IUPAC (1989): Gruppennummern 1 bis 18

Periode	1[1] I. Hauptgruppe	2 II. Hauptgruppe	3 III. Nebengruppe	4 IV. Nebengruppe	5 V. Nebengruppe	6 VI. Nebengruppe	7 VII. Nebengruppe	8 VIII. Nebengruppe	9 VIII. Nebengruppe
1	1 1,008 2,1 H Wasserstoff								
2	3 6,94 1,0 Li Lithium	4 9,01 1,5 Be Beryllium							
3	11 22,99 0,9 Na Natrium	12 24,31 1,2 Mg Magnesium							
4	19 39,10 0,8 K Kalium	20 40,08 1,0 Ca Calcium	21 44,96 1,3 Sc Scandium	22 47,88 1,5 Ti Titan	23 50,94 1,6 V Vanadium	24 51,996 1,6 Cr Chrom	25 54,94 1,5 Mn Mangan	26 55,85 1,8 Fe Eisen	27 58,93 1,8 Co Cobalt
5	37 85,47 0,8 Rb Rubidium	38 87,62 1,0 Sr Strontium	39 88,91 1,3 Y Yttrium	40 91,22 1,4 Zr Zirconium	41 92,91 1,6 Nb Niob	42 95,94 1,8 Mo Molybdän	43 [98] 1,9 Tc* Technetium	44 101,07 2,2 Ru Ruthenium	45 102,91 2,2 Rh Rhodium
6	55 132,91 0,7 Cs Caesium	56 137,33 0,9 Ba Barium	57 138,91 1,1 La ● Lanthan	72 178,49 1,3 Hf Hafnium	73 180,95 1,5 Ta Tantal	74 183,84 1,7 W Wolfram	75 186,21 1,9 Re Rhenium	76 190,23 2,2 Os Osmium	77 192,22 2,2 Ir Iridium
7	87 [223] 0,7 Fr* Francium	88 226,03 0,9 Ra* Radium	89 227,03 1,1 Ac* ●● Actinium	104 [261] Rf* Rutherfordium	105 [262] Db* Dubnium	106 [266] Sg* Seaborgium	107 [264] Bh* Bohrium	108 [277] Hs* Hassium	109 [268] Mt* Meitnerium

Ordnungszahl	Atommasse in u
7	14,007
Elektronegativitätswert 3,0	Symbol N
Name: Stickstoff	

Die Atommassen in eckigen Klammern beziehen sich auf das längstlebige gegenwärtig bekannte Isotop des betreffenden Elements.

● Elemente der Lanthanreihe (Lanthanoide)

Periode					
6	58 140,12 1,1 Ce Cer	59 140,91 1,1 Pr Praseodym	60 144,24 1,2 Nd Neodym	61 [145] 1,2 Pm* Promethium	62 150,36 1,2 Sm Samarium

●● Elemente der Actiniumreihe (Actinoide)

Periode					
7	90 232,04 1,3 Th* Thorium	91 231,04 1,5 Pa* Protactinium	92 238,03 1,7 U* Uran	93 [237] 1,3 Np* Neptunium	94 [244] 1,3 Pu* Plutonium